陰亭遺稿 【上冊】

黄曾樾 ◎ 著

陳旭東 ◎ 整理

人民出版社

責任編輯：詹素娟
裝幀設計：東方天地

圖書在版編目（CIP）數據

蔭亭遺稿：全 2 册/黃曾樾 著；陳旭東 整理. —北京：人民出版社，2019.5
ISBN 978－7－01－020935－7

Ⅰ.①蔭…　Ⅱ.①黃…②陳…　Ⅲ.①社會科學-文集　Ⅳ.①C53

中國版本圖書館 CIP 數據核字（2019）第 114981 號

蔭亭遺稿
YINTING YIGAO

黃曾樾　著　陳旭東　整理

人民出版社 出版發行
（100706　北京市東城區隆福寺街 99 號）

北京中科印刷有限公司印刷　新華書店經銷

2019 年 5 月第 1 版　2019 年 5 月北京第 1 次印刷
開本：710 毫米×1000 毫米 1/16　印張：52.75　插頁：2
字數：780 千字

ISBN 978－7－01－020935－7　定價：269.00 圓（上、下册）

郵購地址 100706　北京市東城區隆福寺街 99 號
人民東方圖書銷售中心　電話 （010）65250042　65289539

黄曾樾先生像

黄曾樾先生藏印輯存（一）

黄曾樾先生藏印輯存（二）

總 序

陶淵明《讀山海經》首篇《孟夏草木長》，有句云："既耕亦已種，時還讀我書。"極見詩人恬淡閒適的讀書之樂，頗爲後學所稱賞。

弢庵陳氏寶琛先生，晚清遜帝溥儀之師，福建閩縣（今福州）人。光緒十一年（1885）遭貶返鄉，三十三年（1907）創辦福建優級師範學堂，是即我校福建師範大學之前身也。陳氏在鄉，修葺祖屋，曾構五樓，其一曰"還讀樓"，義本陶句。斯樓嫻雅臨江，居螺洲陳府群築之幽深處，花木掩映，藏書頗富，主人暇時披覽其中，其陶陶然悦樂之情足可想見矣。

我校自肇建以降，凡百有十載，秉承弢庵先生"化民成俗其必由學，溫故知新可以爲師"的教育宗旨，宣導讀書致用，修德淑世，滋培多士，迭出英才，爲華夏文教所作貢獻可謂卓越焉。僅就中文專業言之，於今文學院一級學科八個博士點的教學科研成果，易學、古代文學、現代文學、語言學、文藝學等學術領域的諸多前沿性創獲，學界同仁頗常稱許之。然萬事之成，必有本原。推考我校中文學科的發展歷史，百年之間，有弢庵先生及董作賓、葉聖陶、郭紹虞、陳遵統、嚴叔夏、章靳以、胡山源諸先生的先後引領，繼而有黃壽祺、黃曾樾、錢履舟、包樹棠、洪心衡、俞元桂、張貽惠、潘懋鼎、陳祥耀、穆克宏等先生的長期執教，終乃蔚爲蒸蒸日上的學術氣象。知者或云：光前裕後、繼往開來的學統文脈，其此之謂歟？

兹編名曰《還讀文存》，即取弢庵"還讀樓"暨陶令"時還讀我書"之意，輯録我校創建以來，從事中文教學與科研的老師宿儒的代表性著作而成之。一則紀念爲我校奉獻出學術心血的傑出學者，二則激勵今天的學人企踵賢哲而繼成薪火相傳的學術偉業。所輯作品,有詩文,有專論。如弢庵陳寶琛《滄趣樓文録》,彥堂董作賓《平廬文選》,易園陳遵統《晚清民初文學史》《中國學術概論》,普賢嚴叔夏《叔夏遺稿》,蔭亭黃曾樾《陳石遺先生談藝録》《埃及鈎沉》,笠山包樹棠《汀州藝文志》《史記會注考證校讀》,六庵黃壽祺《群經要略》《易學群書平議》,桂堂俞元桂《桂堂述學》《晚晴漫步》,張貽惠《古漢語語法》,潘懋鼎《中國語原及其文化》,陳祥耀《喆盦文叢》,穆克宏《文心雕龍》及《昭明文選》研究等書,皆不愧爲飽學之士冥思獨運的精粹創作,也足以展示我校百多年來衆多優秀學者富有特色的治學風采。

所謂"既耕亦已種"者,從廣義觀之,可以理解爲隱退躬耕之時,也可以引申爲正務修畢之際;那麼,"時還讀我書",則是不分年齡少長,不論在職與否,皆需時時創造條件、樂而讀書治學也。六庵教授晚年詩有"退閒補讀十年書"之句,昔時耄耋老人尚且如此用力進德修業,何況今日的年輕學人呢?

因此,《還讀文存》的編輯刊行,不僅在於回顧過去,更在於鞭策未來。

陸游《書事》詩云:"功名在子何殊我? 惟恨無人快著鞭。"在學術傳承途程上,認真學習和繼承光大我們優良的學術傳統,步武前修,揚鞭進取,當爲我輩後學義不容辭的責任。值此《文存》即將編成之日,我們熱切期盼著明天的學術曙光。

汪文頂

寫於福建師範大學

公元二〇一六年夏正丙申立秋後五日

前　言

陳旭東

　　黃曾樾（1898—1966），字蔭庭，後改蔭亭，號慈竹居主人，福建永安人。福州馬尾海軍製造學校肄業，法國里昂工業專科學校土木工程系學士，里昂大學文學博士，國學大師陳衍及門弟子。歷任京漢鐵路工務處工程師、福建省建設廳科長、南京市社會局局長、國民政府交通部後方勤務部秘書、福建驛運管理處副處長、林森縣（今閩侯縣）縣長、福州市政籌備處處長、福州市市長等職。曾先後任教於南平省立第三師範學校、北平女子師範大學、永安縣立中學、福建音樂專科學校等。1950 年 10 月調福建省立師範專科學校，繼而福州大學、福建師範學院（均爲福建師範大學前身校），講授歷代韻文選、中國文學史、外國文學史，後主講外國文學，直至退休。生平交遊廣闊，與章太炎、章士釗、趙熙、李宣龔、張大千、徐悲鴻、余紹宋諸名流書札往來，過從甚密。回閩任教，與廖元善、錢履周、包樹棠、黃壽祺、郭虛中、金雲銘、薩士武、鄭麗生諸先生，日以學問相砥礪。學貫中西，著述等身。博士論文《老子孔子墨子哲學比較研究》（法文）及《陳石遺先生談藝録》《埃及鈎沉》曾公開出版外，家藏稿多散佚。下面謹就先生著述情況稍作鈎稽，並就此次整理情況略作説明。至於先生之道德文章，則未敢置評，諒讀是書之大雅君子自有公論。

　　整理者綜合公私所藏及時人之記載，知見先生撰著、編注、輯録各類著述共二十七種，具體如下：

一、《永思堂詩稿》

　　《永思堂詩文外集》本。《永思堂詩文外集》一册，稿本。整理者所見爲光盤刻録書影，凡一百五十六拍。無格白綿抄紙，半葉八行，行二十字。封面題簽"永思堂（詩文）外集"，係先生手書；鈐"蔭亭"白文暨長方印。內收五集：《永思堂詩稿》《永思堂詩續》《永思堂詩外》《永思堂文續》《永思堂文外集》。卷端首題集名，次行署"永安黃曾樾"。

《永思堂詩稿》收詩作九十四篇，《永思堂詩續》四十六篇，《永思堂詩外集》四十四篇。詩作多經改乙，蓋初稿也。整理時，增刪改乙處，均於注文中注明原作某某，以見先生推敲鍛鍊字句之況。他集重收或已發表於報刊雜誌者，於題下注明又見何處。卷端所署"永安黃曾樾"，依例刪。

二、《永思堂詩續》

《永思堂詩文外集》本。説明見上。

三、《永思堂詩外》

《永思堂詩文外集》本。説明見上。

四、《慈竹居詩稿》

稿本。一册。整理者所見爲光盤刻録書影，共四十五拍（其一重拍不計）。書衣題簽未署名。內封又黏附一題簽"慈竹居詩稿"，署"遐翁"，鈐"恭綽"白文方印，係葉恭綽手書、鈐印。前有自序。據自序知，先生"生平詩稿，任其散失"，因友人錢履周先生索觀，遂倩人抄繕1949年以前所作詩二卷應之。今集分上下二卷，共收録一百四十篇。首題"慈竹居詩稿卷上，永安黃曾樾未定草"。"慈竹居叢稿"專用藍格抄紙，半葉十行，行二十五字。集中詩作有見於《永思堂詩稿》《永思堂詩續》者，而多數則於此僅見，可知散佚者多。又，甄選時當曾經推敲潤色，故與《永思堂詩稿》重收諸篇，偶有字句異同，此視爲定稿可矣。此次整理，集仍其舊，惟於兩見篇目下注明又見某處。書前序移至《慈竹居文外》卷上。卷端所署"永安黃曾樾未定草"，依例刪。

五、《慈竹居詩續》

稿本。一册。整理者所見爲光盤刻録書影，僅七拍，是否爲殘帙不可知。集係先生倩人抄存者，中多改乙。書衣題簽"慈竹居詩續"，未署名，字體風格如《慈竹居詩稿》書衣題簽。首題"慈竹居詩續",未署名。無界行竹紙,半葉八行,行二十五字。收錄詩作十六篇。因各詩均見於《慈竹居詩稿》,此次整理該集不復立目,僅於《慈竹居詩稿》各題下注明。惟《贈趙凌寒》四首,第一首擬刪,《慈竹居詩稿》以故僅存其三,今已據以補録。

六、《慈竹居詩鈔(附詩拾)》

錢履周抄本。一册。整理者所見爲光盤刻録書影,共二十八拍。封面署"六庵吟人惠存,履周鈔贈",蓋爲錢先生抄贈黄壽祺先生者。前爲《詩鈔》,共收録各體詩二十九首。前二十一首係"作者自選贈賀嶧甫君"者,後八首則録自《石遺室詩話》。其中《龍田師兄五十索詩》《心南招飲明圍索詩》二首爲他集所未見,其餘均載《慈竹居詩稿》,偶有異文。

附《慈竹居詩拾》一卷,係錢履周先生彙作者生前抄贈者并抄録已發表於《國聞週報·采風録》諸篇,以及王真、鄭麗生、黄養清等人蒐訪所得遺詩,共計六十五首。其中《謁墓》二首、《楊花》第四首、《寄畹華》四首、《北寧道上》第三四首、《檢得先公遺墨》第二首、《贈知新》一首、《蜕委》一首、《以郭大理畫蘭石爲健行壽侑以二十均》一首、《贈畏安》一首、《登掃葉樓賦陳寄龕禪師》二首,共十七首未見於他集,其餘均載《永思堂詩稿》《永思堂詩續》《慈竹居詩稿》等集,偶有異文。

後有附録三:一《祭賴占春文》,二《硯銘》,三《斷句》。末有錢履周先生跋,述緣起。

此次整理,《慈竹居詩鈔(附詩拾)》不予立目,經見各詩不復重收,惟於前見各詩下注明,有異文者出校;以未經見詩共計十九首,與另外蒐輯所得遺佚各詩彙爲《慈竹居詩遺》另編。《祭賴占春文》《硯銘》移録於《慈竹居文外》卷上;錢履周先生跋文移置附録一。《斷句》之前八句録自陳衍《石遺室詩話續編》卷一,後二句録自《石遺室詩話續編》卷六,《石遺室詩話續編》見《補遺》,故不重收。

七、《永思堂文稿》

稿本。一册。整理者所見爲光盤刻録書影,凡八十七拍。其中《續典論論文》缺葉。無格白綿抄紙，正文半葉八行，行二十二字。扉頁有陳衍題："永思堂文橐，衍署。"鈐"衍"朱文方印。次陳三立題識，鈐"散原"朱文長方印。再次爲卷一目録，凡三十篇。首題"永思堂文稿卷一，永安黃曾樾"。後有陳海瀛跋。目録、正文現均僅存卷一，此次整理不復分卷次，題署"永安黃曾樾"依例删。陳三立題識、陳海瀛跋，移置附録一。

八、《永思堂文續》

《永思堂詩文外集》本。《永思堂詩文外集》説明見前。

書前無目録，首題"永思堂文續，永安黃曾樾"。正文存九篇，依次爲：《林母陳太夫人壽詩文序》《雷君雨公哀辭》《文種范蠡補傳》《羅蘭夫人傳》《訶勒盍貞女傳》《讀書樓記》《洪生日記序》《蘭風沈氏宗譜叙》《戴禮傳》。除《文種范蠡補傳》外，其餘八篇均見於《慈竹居文續》（見下文）目録，而《慈竹居文續》正文僅存《訶勒盍貞女傳》及《雷君雨公哀辭》二篇。《訶勒盍貞女傳》，《永思堂文續》本爲初稿，《慈竹居文續》本爲終稿，故該文擬收録《慈竹居文續》下；《雷君雨公哀辭》則仍繫《永思堂文續》。又將《羅蘭夫人傳》移至《慈竹居文續》，使訶勒盍、羅蘭夫人、高保樂三傳盡歸一集。餘下七篇，仍題《永思堂文續》。原署"永安黃曾樾"，依例删。

九、《永思堂文外集》

《永思堂詩文外集》本。《永思堂詩文外集》説明見前。

首題"永思堂文外集，永安黃曾樾"。書前有"永思堂文外集卷一目録"，卷末署"永思堂文外集卷一終"。今僅存此一卷，凡二十篇。原目録按論、書序、書後、説、贈序、書、記、傳、文編次。然正文起《范增論》，終《讀後漢書宋均傳》，各體雜次。中間是否爲裝訂時所亂，不得而知。謹依原目録次序重排。題名删"集"字，作《永思堂文外》，以求劃一。原署"永安黃曾樾"，依例删。

十、《慈竹居集》

稿本。一册。整理者所見爲光盤刻録書影，共四十七拍。書影係據薩本珪先生藏複印本拍攝。《高蓋禪院宣和鐘拓本》一文邊欄外鈐"烏山退叟"白文方印,知薩本珪先生複印自稿本①。細審之,原抄紙當與《慈竹居詩稿》同,即係"慈竹居叢稿"專用稿紙。書前目録另紙抄存,字體與正文不同,係後補入者。首行題"慈竹居集,序及傳記目録",終題"本珪複印裝訂珍藏"。共列目二十二。然正文内容實則不限於"序及傳記",亦不止二十二篇。文中多缺頁,末篇《清名家詩鈔小傳》錯簡脱漏尤甚。此外,《抄本雲間清嘯集》引《檇李詩繫》至"嘗坐佃居官"以下遺失四百餘字(可從福建師範大學圖書館藏抄本《雲間清嘯集》補全),接"南來講學"云云,則已是另一篇文章的内容。原文當係先生爲清代蔣因培原藏《蘿莊圖》所作題跋,惜"南來講學"之前内容盡失,故正文失題而目録漏載。

又,集中《詩人詠閩》,内容與行文風格與《慈竹居叢談·談藝》相同,疑其與《慈竹居叢談》所用稿紙相同,致混淆而闌入,故移出該集,置《慈竹居叢談·談藝》後。《清名家詩鈔小傳》亦移出該集,收録於《左海珠塵》。經此調整,該集收録二十一篇,依序、記、傳、跋排序。又,書前原有陳海瀛先生《慈竹居集序》,移置附録一。

十一、《慈竹居文續》

稿本。一册。整理者所見爲光盤刻録書影,共四十三拍。封面題簽"慈竹居文續(卷上)"。扉頁有葉恭綽題簽"慈竹居文稿",署"遐翁",鈐"恭綽"白文方印。正文紅欄格紙,版心下印"教育部"三字。半葉十行,行二十六字。前列《慈竹居文續》目録,凡三十篇。今存十篇,其中《訶勒盎貞女傳》《雷君雨公哀辭(并序)》又見於《永思堂文續》,《瘦瓢山人别傳》已載《公餘生活》1944年第2卷第3期。另有十一篇該册雖未見,而存於其他集或已發表,目録如下:《陳石遺先生談藝録序》,見《永思堂文稿》,又見《陳石遺先生談藝録》卷首;《埃及鈎沉序》,見《埃及鈎沉》書前;《抑快軒文集序》,見《抑快軒文集》書前;《洪生日記序》《蘭風沈氏族譜序》《林母陳太夫人壽詩文序》《戴禮傳》《羅蘭夫人傳》《讀書樓記》,見《永思堂文

---

① 年初從連天雄兄處得複印件一册,係得自黄驌先生從原本複印者,書衣題"慈竹居集",無目録,正文次序與光盤刻録書影稍異,而闕頁則全同。

續》，其中《蘭風沈氏族譜序》又見《國學論衡》1936 年第 8 期，《戴禮傳》
又載《青鶴》第 4 卷第 3 期；《跋殘本鼇峰集》《張韻梅先生傳》見《慈竹居
集》。未見凡九篇：《疑佛》《新薇詞補序》《章行嚴先生六十壽序》《跋陳木
庵先生手書桐悄閣詞》《跋乾嘉名人手札》《跋元祐黨籍碑》《答丁立夫先生
論易書》《答丁立夫先生論易第二書》《慈竹居記》。此次整理，因上卷缺帙
較多，且卷下未見，故不復分卷。《陳石遺先生談藝録序》《洪生日記序》《蘭
風沈氏族譜序》《林母陳太夫人壽詩文序》《跋殘本鼇峰集》《戴禮傳》《張
韻梅先生傳》《雷君雨公哀辭》《讀書樓記》已見他集，均不復重録；《埃及鈎
沉序》，據 1940 年商務印書館《埃及鈎沉》收録；《抑快軒文集序》，則從《抑
快軒文集》補録；另將《永思堂文續》之《羅蘭夫人傳》移至《訶勒盎貞女
傳》後。經此調整，該集總收文十二篇，仍題爲《慈竹居文續》。正文篇章次
序與目録不同，謹依目録次序調整。

又該册末附《凡爾塞》譯稿一篇，書前目録無收。《談瀛·法國·四月
二十二日》文後自注"附《凡爾塞》譯稿"，然未見譯稿。今謹將該稿附
《談瀛》後，該集則不復收録。

《凡爾塞》一文後有書影三張，方格藍印稿紙，中縫印"私立福建協和大
學"。有各體詩十篇十五首，《讀詩偶題》《烏石山登高同意薌幼珊孟璽》二
篇已見於《慈竹居詩稿》，餘均未見他集收録，謹收録於《慈竹居詩遺》中，
該集則不復收録。又黏附一紙，爲詩《謁石遺先生墓》。是即《慈竹居詩稿》
之《展石遺先生墓》第三首，文稍異，詳見《慈竹居詩稿》，不復收録。

十二、《左海珠塵》

該集原有四卷，六十五篇。黃壽祺先生《在介眉教授家過端午節，並會
見蘇淵雷、吳仲匡兩詩人，賦此以別》（見附録一）詩"故人左海記珠塵"句
下自注云："亡友永安黃蔭亭曾樾，嘗博覽閩中先輩遺書，著論六十五篇，釐
爲四卷，名曰《左海珠塵》。今遺稿不知所在。"童第德先生《左海珠塵序》
（見附録一）言："頃寄所著《左海珠塵》見示，首列林子野、黃九煙、林如耆、
胡上琛諸公暨方外永覺禪師，志意皦然，可盟天日。"據黃、童二先生言，《左
海珠塵》曾結集，凡四卷，共六十五篇。論閩人閩事（或寓閩），故以"左海"

名集，“珠塵”殆爲先生自謙之詞。其中論次林垐（福清人）、黄周星（湖南湘潭人，寓閩）、林如翥（侯官人）、胡上琛（侯官人）、永覺禪師（建安人，鼓山湧泉寺方丈）諸人及其著作外，尚有六十篇所及何人何書，均不得而知。五人中亦僅見存《居易堂詩集及海外遺稿》《永覺和尚廣録探微》二篇，黄九煙、林如翥、胡上琛諸篇則均未見。

整理者從福建師範大學圖書館藏古籍中輯得先生論次“閩中先輩遺書”數篇，如徐延壽、高兆、陳軾、張遠諸人，或爲《左海珠塵》中舊稿。先生《抄本春靄亭雜録文稿書後》一文中有言：“（高兆）寫刻諸經板片，現藏鼓山湧泉寺，本書《閩人寫刻之書》篇已詳言之。”“本書”，或即指《左海珠塵》，則徐延壽、高兆、陳軾、張遠諸人或爲《左海珠塵》中舊稿之推測大抵可信。而該書尚有《閩人寫刻之書》一文，今恐亡佚。

此次整理，以論閩中先賢遺書九篇都爲一集，以作者生平先後編次。所論作者及其著作爲：宋沙縣鄧肅（1091—1132）《栟櫚文集》，明鼓山主持永覺禪師（1578—1657）《永覺和尚廣録》，明福清林垐（1606—1647）《居易堂詩集》《海外遺稿》，明閩縣徐延壽（1614—1662）《尺木堂集》，清侯官陳軾（1617—1694）《道山堂集》，清侯官高兆（1628—？）《春靄亭雜録文稿》，清侯官張遠（1648—1722）《無悶堂文集》，清長樂（一作建安）鄭方坤（1692—？）《清名家詩鈔小傳》，清霞浦游光繹（1758—1827）《炳燭齋詩》。原擬題《古典文獻論稿》，復改先生舊題，意所收録九篇皆論次“閩中先輩遺書”，雖難復其六十五篇之舊觀，當一鼎之臠可也，亦可不忘先生曾有是集也。後附《讀巢經巢詩》一文。各篇底本來源及其他説明，見書中相關注文。

十三、《陳石遺先生談藝録》

民國二十年（1931）三月上海中華書局聚珍版（後曾多次重印）。一册。内封 A 題“陳石遺先生談藝録”，内封 B 題“上海中華書局聚珍倣宋版印”。首題：“陳石遺先生談藝録，門人黄曾樾筆記。”半葉十二行，行十八字，黑口，單黑魚尾，四周單邊。版心魚尾上鎸“談藝録”，版心下鎸“中華書局聚珍倣宋版印”。書前有先生自序及林庚白序。先生自序又見《永思堂文稿》，内容多有不同，並存以供參考。

十四、《陳石遺先生論詩絶句注》

石遺原詩見《石遺室詩集》卷四。先生注本,所見有二:一爲文學院提供的光盤刻録書影,一爲連天雄兄所藏油印本。書影翻拍自先生執友阮西玄先生據徐宗元教授家藏殘稿録存的抄本。有跋言:"蔭亭兄逝世已十餘年矣,遺稿散失,屢求不得。今秋由北京徐宗元教授家屬寄殘稿兩册,睹物懷人,益增悽惻,揮淚録存。阮西玄識。一九八〇年中秋後五日,時年七十有二。"油印本書衣有先生手書"庭椿吾兄教正,弟黃曾樾敬呈"一行。庭椿,即鄭庭椿,永泰人,福建師範學院教授。首題:"陳石遺先生論詩絶句注,受業黃曾樾注。"此次整理以油印本爲底本,以抄本爲對校本,並參校相關文獻。石遺詩與先生注文,排版時字體墨色稍異,以示區分,便於省覽。

十五、《慈竹居叢談》

稿本。一册。整理者所見爲光盤刻録書影,凡八十七拍。書影據薩本珪先生藏複印件拍攝。版心有"教育部"三字,當與《慈竹居文續》同一種抄紙。半葉十行,行二十字。第一拍前半葉有書籤題"慈竹居叢談";後半葉題"慈竹居叢談目録",分:甲集,談往;乙集,談藝;丙集,談瀛。第二拍前半葉爲"甲集目録",立目四十七則,至陳太傅止。後半葉首行頂格題"慈竹居叢談",次行降一字題"甲集,談往",三行降二字題篇目,四行頂格正文。中多錯簡。

此次整理,甲集所收,一爲書前目録所載四十七則,次序如之;此外尚有數則顯屬"談往"者,間雜"談藝"中,遂移至卷末。又,甲集原《林畏廬》《嚴幾道》(正文次序相反)間有《謝枚如聯語》一篇,《陳石遺》後有《陳石遺聯語》《陳石遺談藝》二篇,書前甲集目録無收,因"談藝"而移置乙集。

書前目録四十七則外,多屬"談藝"。惟乙集原目無存,正文亦未標識起迄,其中數則顯屬"談往"者移至甲集,其餘據書影依序編次。但是"藝"的概念相當寬泛,閱乙集條目即可知。"談藝"者何嘗不是"談往",因而編輯時並未作太大調整。

光盤刻録書影中,丙集目録及正文均不存。黃家另有稿本一册,封面題:

"瀛談,印度蠡測,意大利管規,黄曾樾著,劉知新保存,閲後敬希送還。"正文紅欄格紙,意大利、印度二篇鋼筆藍墨書就,法國篇則爲毛筆黑墨,中多硃筆增補删改,蓋先生之手書未定稿。首題"永思堂札記",次行題"意大利管窺",後"永思堂札記"及"管窺"均删去。"印度蠡測"篇,首亦題"永思堂札記",復改作"談瀛",並删"蠡測"二字。法國篇首題"瀛談(法國之部)"。

此次整理,將該册所存意大利、印度、法國等國遊記,繫於《慈竹居叢談》之丙集《談瀛》下,爲意大利、印度、法國三篇。並附譯稿《凡爾塞》(詳見《慈竹居文續》説明)及《中法貿易概況》二篇。

先生言:"前次環遊大地,本擬與内子甘素閒偕行,適因吾母自閩北避地京畿,遽爾中止。吾遂發願,每至一地,必詳記其風土人情,沿途郵寄,以當卧遊。"(《埃及鈎沉後記》)先生於1934年4月6日至19日赴比、德、捷、奥、瑞各國,當均"記其風土人情",手稿不知是否尚存人世間。

又,先生作文時或稱"瀛談",或作"談瀛",已如上述,當指同一書。又如《埃及鈎沉序》言:"念我人士,對彼學術多未究心,而參考鈎稽亦苦無書可讀,敢爲媒介,藉作《瀛談》。"是作"瀛談",而《埃及鈎沉》文末識語又作"談瀛":"兹將《埃及鈎沉》託商務印書館刊行。關於他國者,統名曰《談瀛》,當繼此付印。"

又,《慈竹居叢談》書名,當係先生後來所改定者,原作《永思堂札記》。《永思堂文稿》收録有《永思堂札記序》一文,作於己巳年(1929),叙述撰述緣由甚詳。1944年第1卷第6期《公餘生活》刊發之《寫實派與自然派小説異同辨》,即出自舊稿《永思堂札記》卷三;《海外歸僑》1944年第1卷第4期發表《永思堂札記》二十九則(立目二十六);1945年發表於《龍鳳》雜誌之詩話、聯語,副標題多作"永思堂札記",或題"永思堂隨筆"。至1948年,先生爲郭白陽可光先生撰《瀟碧幃瑣録序》時,言"不揆檮昧,早欲自厠於著作之林,而天人錯迕,有志未逮,乃將耳目所及,筆爲《慈竹居叢談》"云云,是時當已改定作《慈竹居叢談》。此次整理,以《慈竹居叢談》爲題。

十六、《埃及鈎沉》

1940年6月商務印書館出版。一册。1934年,先生以"開羅萬國郵政參贊"身份,出席參加在埃及開羅召開的"萬國郵政聯盟"會議。原擬携夫人甘賢同往,因故未能成行,先生遂"每至一地,必詳記其風土人情,沿途郵寄,以當臥遊"。這是該書創作的初衷。後經整理,《耶路撒冷紀遊》一文先行刊發於《新動向》雜誌與《中央日報》。復經李拔可(宣龔)先生介紹,全書由商務印書館出版。

前有序,後有記,介紹寫作緣由及全書主要內容。正文分五章:金字塔第一,陵廟第二,博物院第三,社會第四,雜俎第五。以《耶路撒冷紀遊》附後。全書末附《譯名表》。

2009年,黃驪先生主持影印該書以分贈親友。影印本前附先生中晚年照各一,詩作《古意》,生平簡介,重印説明,劉學洙先生《中國最早的埃及學著作》,彭一萬先生《珠塵重光慰英靈》,及黃驪先生《後記》。

此次整理,以1940年原本爲底本。原有的插圖,據以影印,隨文重編。

十七、Étude comparative sur les philosophies de Lao Tseu, Khong Tseu, Mo Tseu

1925年法國巴黎 Editions Ernest Leroux 出版。一册。前有法蘭西研究院通訊院士埃德蒙・戈布羅序及先生自序。黃家曾請人翻譯該書,不知是否完稿。黃驪先生生前曾寄示二序。薩本珪先生《一位博學、清廉的船政學生黃曾樾》文後附二序及全書目録譯文,原注:"《老子、孔子、墨子哲學的對照研究》(法文。亦譯《老子孔子墨子哲學的比較》),是1925年黃曾樾在法國里昂大學文學系畢業時的畢業論文。今譯載作者寫的《前言》,該文《目録》和法蘭西研究院通訊院士埃德蒙・戈布羅寫的《序》(譯文作《前言》),譯件及文中插圖、照片由黃曾樾的四子黃炎提供。"[1] 陳石遺(衍)嘗言:"其師法國老博士某,甚器之,使著《中國周秦諸子哲學概論》,著録巴黎圖書館,得贈哲學博士,中國人所未有也。"(陳衍《石遺室詩話》卷三十二,見附録一)。先生同門葉長青先生又有"君所著《中國諸子學》"云云(《長青文集》,見附録一)。一作《老子孔子墨子哲学的对照研究》或《老子孔子墨

---

① 張作興主編:《船政文化研究》第三輯,海潮攝影藝術出版社2006年版,第323頁。

子哲學的比較》，一作《中國周秦諸子哲學概論》或《中國諸子學》，蓋一直譯，一意譯耶？

全書暫未有出版計劃，此次整理謹將埃德蒙·戈布羅序譯文收錄於《師友文錄》，先生自序則收錄於《慈竹居文外》卷上。

十八、《外國文學教學提綱》

一冊，油印本，繁體豎排。又作《世界文學教學提綱》《世界文學史概要》《世界文學史概要講義》。首題"外國文學教學提綱（古代至十八世紀外國文學）"；《古典主義》單元題"外國文學教學提綱，世界文學史概要"；《十八世紀文學》單元題"外國文學教學提綱，世界文學史概要講義"。首頁中縫題"中文系外國文學教學提綱，二年上"；《羅馬文學》起，中縫則題"中文／歷史系，外國／世界文學教學提綱，中文二／史三"；或"外國／世界文學教學提綱，中文系二上／歷史系三上"；《浪漫主義文學》單元起，題"世界文學教學提綱，史三上／教專二上"。書前無目錄。每單元後有參考書目。

這是先生講授外國文學的早期講義。大概是一邊教學，一邊刻印，且同時供中文、歷史系不同年級學生使用，所以在單元設置上稍顯重複。去除重複，依原書裝訂次序，分別有：希臘文學、羅馬文學、中古文學、文藝復興、古典主義、十八世紀文學、浪漫主義文學、寫實主義上——寫實主義、寫實主義下——自然主義、希伯來文學和阿剌伯[①]文學、印度文學、日本文學。

十九、《外國文學講稿（1956—1957）》

一冊，油印本，簡體橫排。封面題"外國文學，1956—1957"。書前有目錄，題"外國文學講稿目錄，黃曾樾初稿"。正文題"外國文學講稿，中文系本科三年級用，黃曾樾初稿"。共十二章，依次爲：希臘文學、羅馬文學、中古文學、文藝復興、古典主義、啓蒙運動、浪漫主義文學、現實主義、自然主義、現代歐洲文學、北歐文學、東歐文學。

---

① "阿剌伯"，今譯"阿拉伯"。爲保持原作風貌，書中譯名均仍其舊，請讀者自辨之。下文不另作説明。

二十、《外國文學講義》

一册,油印本,簡體橫排。首頁爲《外國文學教學計劃》,分列章節目録及講授課時安排。目次如下(正文章節設置更詳盡):一,古代——十九世紀末的西歐文學:古代及中世紀文學、文藝復興時期文學、古典主義(十七世紀文學)、十八世紀啓蒙運動文學、十九世紀浪漫主義文學、十九世紀批判現實主義文學;二,現代資本主義國家進步文學;三,東歐社會主義國家文學概述,保加利亞文學、匈牙利文學、民主德國文學、波蘭文學、捷克文學;四,東方文學概述,阿拉伯土耳其文學、朝鮮文學、日本文學、印度文學、越南文學。次列《外國文學參考資料及必讀作品》書目。正文前有《緒論》。

該講義應該是在前二稿的基礎上增補修訂而成,體例、内容均更爲完善。據引用書目的出版時間看,成稿應該不早於 1958 年。此後是否另有修訂,不得而知。

二十一、《海外文稿》

未見。是爲先生留學期間所作。《海外文稿自序》有"兹將東歸,檢理舊篋,得雜稿若干篇,不忍充去,乃都爲一集"云云,見《永思堂文稿》。

二十二、《廣雅堂詩箋》

未見。先生《廣雅堂詩箋序》言:"曾樾夙愛公詩之精深而文明,尤敬公心之憂深而慮遠,惜以本事不明,公之卓識孤懷每湮没而不顯。乃諮訪故老,蒐羅載記,遇有所得輒疏於各詩之下,一孔之愚亦附於後,雖不足抉公詩之精微,差可作探公詩之途徑。"詳見《慈竹居集》。先生《教師業務情況登記表(1963 年 5 月 10 日)》著作欄填有《廣雅堂詩箋》等,則顯然已完稿矣。

二十三、《珍尼達克小史》

未見。《訶勒盎貞女傳》後識言:"此文爲寇侵華北時應報館之約,寫以鼓勵人心者,故祇舉其概。詳見拙著《珍尼達克小史》。"詳見《慈竹居文續》。

二十四、《聖西門文選》（譯稿）

未見。《教師業務情況登記表（1963 年 5 月 10 日）》"曾做過何種研究工作"一欄填："翻譯《聖西門文選》。"著作欄填："《聖西門文選》（翻譯。在商務印書館審查中）。"今不知存否。

二十五、《惜抱軒文鈔》（編纂）

未見。先生於民國六年作《惜抱軒文鈔序》，言："擇抄其所尤好者若干篇，備朝夕觀摩，庶循先生之教，積以歲月之功，或於斯道獲窺途徑歟。抄録既竟，因識其緣起於卷端。"詳見《永思堂文外》。

二十六、《挐雅堂餘集》（輯録）

未見。《張韻梅先生傳》言："曾樾輯得先生未刻詩詞雜稿一卷，爲《挐雅堂餘集》。"見《慈竹居集》。

二十七、《陳左海先生書牘》（輯録）

抄本，一册。卷首題"陳左海先生書牘，後學黃曾樾輯"。"慈竹居叢稿"專用藍格抄紙，半葉八行，行二十字。共收陳壽祺信札三十二通。

以上先生撰、注、編輯各書共二十七種。此次整理先生集，其博士論文、外國文學講義及編纂各書暫不收録，其餘已見者分詩集、文集、論著三大類編次。

詩集收録《永思堂詩稿》一卷，《永思堂詩續》一卷，《永思堂詩外》一卷，《慈竹居詩稿》二卷。整理時另將所輯得散見各詩彙爲《慈竹居詩遺》一卷。《慈竹居詩遺》收録：《慈竹居詩鈔（附詩拾）》十九首，《慈竹居文續》光盤附八首，以及《滬濱喜晤庚白先生》一首，《三答子木》一首，爲鄭祖蔭《種竹山房詩鈔》題詞二首，爲曾克耑編《曾氏家學》題詞二首，和黃壽祺先生詩作一首，並附詞《浣溪沙》一首，共三十五首。

文集收録《永思堂文稿》一卷，《永思堂文續》一卷，《永思堂文外》一卷，《慈竹居集》一卷，《慈竹居文續》一卷。整理時謹將散見各體文言文及其博士論文自序譯稿繫爲一卷,爲《慈竹居文外》卷上,共十九篇。另將其白話文寫就提案、演講稿及其於南京市社會局任上簽署之公告① 等二十二篇,彙爲《慈竹居文外》卷下。上下卷酌情按文體及寫作或發表先後約略編次。

論著收録《陳石遺先生談藝録》《陳石遺先生論詩絶句注》《慈竹居叢談》《埃及鈎沉》五種。又將先生撰寫的外國文學研究論文《寫實派與自然派小説異同辨》彙爲一集,題曰《外國文學論稿》,置《慈竹居叢談》後。

需要説明的是,先生未刊諸稿,多爲殘篇斷簡,整理時仍盡量各繫集下並保留原書名,不僅是爲了便宜行事,更是爲了紀念先生曾有其書。整理所據文獻資料,多爲光盤刻録書影、複印件,部分底稿天頭地腳原有評語,因拍攝、複印不全,整理時均未收録。至於其他需要説明的情況,詳見正文各相關注文。集後附整理者所輯先生相關資料,供讀者參考。

書後附先生嗣父黄梓庠《翰雲草堂詩稿》四卷,以見其家學淵源。黄梓庠(1872—1900),字杞良,號澹盦。光緒二十三年(1897)拔貢生。有文名,善八分書,篆刻亦精卓。著有詩詞雜文等。《(民國)福建通志·文苑傳》有傳。陳三立先生言:"澹庵詩文,咸秀雅拔俗,亢爲一時才士,則知公子蔭亭勤勤媚古,長於文學,承傳有自,非偶然也。"(何振岱編《榕南夢影録》卷一)

又附《黄澹盦先生印譜》一卷。抗戰期間,先生曾委託商務印書館代印三百部,今傳本亦稀,附此用廣流傳。

---

① 　與其他單位共同簽發的公告暫不收録。

蔭亭遺稿總目

上册目録

永思堂詩稿

目 録

永思堂詩稿

登明翠閣 ①

崔巍傑觀摩雲起 ②，磴道盤挐蔭松梓 ③。杉關盤礴吉陽高，堆擲奔騰天
外峙。三千八坎白雲間，一十三峰紅葉裏。樵芝颸影入檻櫺，演仙杉翠壓床
几 ④。當年曾此賦長征，氣吞雲夢唾金紫 ⑤。自矜腸胃鬱千奇，合策殊勳蓋前
史。來因河畔豎旌旗，富士山頭驪駃騠。十年塵土滿征衫，重來頻齲山靈齒。
禹甸驚看壁壘多，撫髀只今歌變徵 ⑥。低徊長嘯淚滂沱，神龍何日起潭底？

歸舟雜詩 ⑦

閩江水勢瀉如傾，船似蠶叢峽裏行。泝過洪山回首處 ⑧，滔天巨浪咽榕城。
荻花楓葉迭吟商，古木叢陰泊晚涼。板屋兩椆鴉數點，前山兒女下牛羊。
一帆殘照捲黃昏，沙草依稀似舊痕。蘋蓼正繁楓欲死，四山紅葉抱孤邨。
推篷一望月如霜，星影沉江水射芒 ⑨。舉世正酣槐國夢 ⑩，船唇有客看天狼 ⑪。

---

① 原刪"同呂越前（以下己未）"八字。該題《慈竹居詩稿》卷上亦收録，係改定稿，稍異。
② "觀"，原作"閣"。
③ 該句下原刪"攀躋與汝趁秋光，劍州名勝無多子"。
④ 該句下原刪"爾時闐闐了無聲，嵐光潑眼霞成綺。飄袂涼廻古木風，量愁深比寒潭水"。
⑤ "吞雲夢"，原作"搖五嶽"。
⑥ 該句下原刪"倚閭何以慰重闈，粗糲難供況甘旨"。
⑦ 其二、六重見《永思堂詩外》之《歸舟雜紀》。
⑧ "回首處"原改爲"休北顧"，後又如故。
⑨ "射"，原作"作"。
⑩ 該句原作"十里人家秋色裏"。
⑪ "有客"，原作"徙倚"。

葫蘆山下客舟橫,淡月疎星夜氣清。別有一番風味在,深宵倚枕聽溪聲。
江北江南野店秋,巉巖萬叠一扁舟。西風忽送廉纖雨,兩岸蘆花入劍州。

歲暮感懷呈家大人並示養清弟 ①

徘徊斗室中,神馳三萬里。念我國與家,飄搖風雪裏。駕言探驪珠,少小
離桑梓。豈知天池深,神龍愁失水。嗟哉黃鵠心,羽短巢先毀。哀哀我嚴君,
沉疴何時起? 哀哀我慈母,寒閨莫長倚。誰知古俊英,心腸兒女比。

人生無百年,百年飛如矢。與汝爲弟兄,廿載參商似。江湖託死生,晨昏
缺甘旨。馬尾八炎涼,金首五彫礪。金首園在里昂。屈指聚處歡,龍潭幾月耳。不識
愛春光,晤對惟呵唯。今日徒相思,迢遞萬千里。鶺鴒風雪中,何枝得棲止?

窗外雪霏霏,遊子嘆無衣。無衣何足嘆,父老殲寒饑。寒饑亦何有? 營
多戰馬肥。馬肥軍容厲,甌山再合圍。父老嗟何幸,憚此豺虎威。豺虎本豺
虎,不殺罪誰歸? 願求射鵰術,射彼黃金鞿。胼胝以爲矢,忍寒莫歔欷。

丈夫心頭血,一滴染天地。如何爲思鄉,湧同兒女淚。到處是吾家,青山
有何異? 哀哉我所思,不與騷人類。凜冽雪霜威,蕭瑟枌榆悴。故園松柏多,
借問幾蒼翠? 蝮蛇一螫手,壯士即斷臂。云何待西江,竟入枯魚肆。

中秋夜感懷

夜如何其夜未央,西風排闥月浸床。仰看明月思故鄉,回頭往事搐中腸。
甌山昔日清秋節,弟妹滿庭珍菓列。與君歡愛羨無雙,比肩翻笑月常缺。少
壯誰知別恨多,豪懷思握魯陽戈。可憐故國《驪駒曲》,竟作天涯《薤露歌》。
《薤露》歌殘衆星沒,獨有當年一片月。人生能見幾回圓,徒倚闌干淚滑滑。
淚滑滑,恨綿綿,悲君轉作慰君篇。嘆我但餘愁歲月,與君總算好姻緣。千秋
錦瑟華年怨,望帝春心託杜鵑。借句

---

① 題下原注:"庚申至丙寅稿爲陳蓮生舅氏遺失,從別處抄者衹此十餘首。"該篇僅四首,或即
以下十餘首均爲"從別處抄者"。又載《民鳴》1930年第2卷第2期第116頁,題《歲暮感懷(呈
家大人並示養清弟)》,署"蔭亭"。

秋夜

夜闌群動息，明月生樹端。多情入我懷，起坐爲長嘆。憑欄一東顧，關塞路漫漫。涼飆吹衣裳，百感摧心肝。家家御綿纊，吾家衣葛單。離亂雙親老，江湖一雁寒。粗糲苦難飽，安敢祝加餐。霰霜更凜冽，摧折九畹蘭。愧無漆園達，一念一汍瀾。嗟哉五年別，恒沙量悲歡。萬緣蚊聚散，獨剩此心丹。落拓男兒事，肯歌《行路難》！

贈陳逸穎

荆棘頻年蔓九州，僕姑誰爲射天狗？止膰書生痼陸沉，甘棄妻孥背父母。西域勤探淑世材，傷心非爲印如斗。觥觥吾黨陳螺州，志堅識卓氣醇厚。却因修脯竟傾家，上有高堂下少孃。壯志從來多折磨，常風大翼豈能負。東歸過我納牢濱，悲喜交深離別久。同袍情愛更同舟，何以贈君此瓊玖。大任人生利濟心，無妨心盡身枯朽。輪輿梓匠各成材，盡心何患居隴畝。丈夫立世貴操持，肯隨世俗嗟奇偶。矧我與君方盛齡①，雲夢正思吞八九。相逢萬里別三年，今朝忻共一樽酒。明日君當萬里行，更盡一盃莫停手。兩隄綠樹映離筵，後會難期景難有。一聲汽笛各西東，停雲海角空翹首。

同賴靜軒登富維愛大教堂絶頂②

我生愛登躋，美人重相過。陟彼富維愛，寺觀何巍峩。相將凌絶頂，眼底萬景羅。樓臺明晚霽，樹色映長河。凝妝耀洲渚，輕煙拂松蘿。羲和鞭紅輪，天宇凝蒼波。斜陽妍野甸，倦翼綴危柯。金湯誇罨畫，士庶樂融和。佳人默無語，祇有淚滂沱。使我向東顧，氛埃一何多。恨無倚天劍，披荆出銅駝。我今亦有恨，恨與君殊科。憶昔初來此，舊雨共婆娑。參商五寒暑，雲山想玉

---

① "方"，原作"屆"。
② 又載《民鳴》1930年第2卷第2期116頁，題《同賴靜軒登維愛大教堂絶頂》，署"蔭亭"。

珂。萬里重相逢，何暇慰蹉跎。丈夫重意氣，肯妄傷坎軻。我肱已三折，爲欲起沉疴。幸留好身手，思握魯陽戈。慷慨握君手，聊爲下里歌。時哉不可失，同心意如何？

送賴靜軒歸國

潼水畸人蔚孤潔，夙緣與我同心結。聽潮馬尾七榮枯，探驪海角三寒熱。幾經憂患幾經愁，兩心百鍊堅如鐵。滿思抵足話巴山，二豎纏君重淒切。多愁我更鼓盆歌，湯藥難親腸欲裂。今朝喜子起沉疴，離筵悵又驛亭設。頭角崢嶸露妙年，深沉吾黨稱明哲。直諒多聞是我師，起予靜語同丹訣。蓮江濟濟記當年，吾子文章稱獨絕。亦有莆陽逸世才，酒酣耳熱歌嗚咽。我時追逐二子間，恍如泰岱比丘垤。子教我文葉子詩，望洋河伯初撟舌。嗟哉十載各東西，獨能與子如環鐍。幾回風雨夜聯床，豪情欲擊唾壺缺。子知我本楚狂人，睥睨金紫同拾掇。矯矯易折意殷勤，臨歧使我淚泉決。葡萄美酒琉璃盃，一盃一盃勸君歠。江湖後會渺難期，萬里相逢明日別。

謁尚比里盧梭故廬口占_{即華行夫人館盧梭處①}

闢耶《民約》論堂皇，盧子文章日月光。撼樹蚍蜉空仆像，誰知世有麥家郎。_{麥士脱兄弟，尚比里人，天主教中錚錚者。此地有盧梭銅像，爲其徒所仆。}

爲愛盧郎絕世才，四方來拜舊樓臺。美人名士皆黃土，一樹籐花寂寞開。_{門前紫籐花一株盛開，係盧梭手植者。}

畫圖省識欲銷魂_②，細雨棠梨杜宇魂。共弔佳人憐夢短，誰知漂母飯王孫。_{室中懸華夫人像。③}

萬仞危墻直在基，幾人講學重孩提？千年童教功臣在，賴有盧梭《愛密兒》_{盧梭傑作。}

---

① 《民鳴》1930 年第 2 卷第 2 期 117 頁收錄第一、二、四首，同題，署"蔭亭"。

② "欲銷魂"，原作"浣花村"。

③ 該首作者原刪，《民鳴》亦未收。

列明湖夜泛同馬克女士湖在瑞士日内瓦①

空濛瀲灧四時妍,好放胡姬柳下船。萬頃煙波明月夜,千家絃管早涼天。歌聲嫩似名湖水,客思愁生幼婦篇。馬克爲歌詩人拉馬丁《詠湖篇》,淒楚動人。按,拉氏此詩,乃自叙與其情人愛爾威兒泛湖事,法文詩中極佳作也。海角悲秋腸已斷,那堪錦瑟怨華年。

里昂即事②

錦茵銀燭按新腔,舞罷盈盈倚綺窗。細數廿橋微月下,衣香人影一雙雙。

奇鳥篇爲葉一芥賦以下丙寅

莆陽有奇鳥,今古難爲名。文彩迥絶類,璀璨炫八紘。餐芝飲沆瀣,不飛復不鳴。啄息見而畏,歧行見而驚,傖父見而怪,我見遽心傾。我心豈殊好,舉世何矇盲。古有不飛鳥,一舉萬里程;古有不鳴禽,一鳴震九閽。當其不飛鳴,燕雀羞弟兄。鳥兮殆其匹,斯世胡爲生? 衆耳樂瓦釜,疇解賞鏞鎛。肉眼熟丘垤,誰識測嵩衡? 遺俗古云累,嗟鳥何崢嶸。梳翎且戢翮,肯與斥鷃爭。培風一朝起,當作南溟征。屑爲絡繹吟,合報汝南更。風輪持大地,吹萬鳴不平。怒號競萬竅,擊颺調鏗玎。三籟盪萬類,實碩而聲宏。吾聞邁俗士,敝屣五侯鯖。雌伏群雞鶴,常懷高世情。身逃漢陰灌,心慕南陽耕。勿云壽幾何,萬一黃河清。勿謂愚公愚,曾玄觀厥成。雞鳴風雨夜,河没長庚明。麝死爲其臭,足刖爲連城。奇鳥復奇鳥,訇訇宏爾聲。

---

① 又載《民鳴》1930 年第 2 卷第 2 期 117 頁,同題,署"蔭亭"。
② 原題《里昂雜詩之一》,改今題。又載《民鳴》1930 年第 2 卷第 2 期 117 頁,題《里昂雜詩之一》,署"蔭亭"。又,《慈竹居詩稿》卷上有《瀛寰紀遊》詩組,亦收録該詩。

楊花 ①

憑欄陣陣撲征衣，底事顛狂作態飛。無處爲家同病在，因風起舞素心違。
梨花院落新愁長，芳草園林舊侶稀。俛仰可憐頭已白，問君何以答春暉 ②。

世態原來薄似紗，何須飄蕩笑楊花。沾泥不染丰神遠，墮地還飛意氣賒 ③。
豈爲忘情離故土，祇因賦性樂天涯。誰看萬紫千紅裏，一樹籠煙冷月華。

納涼甘宅院中偶成

迢暑坐槐陰，皎月隨風至。繁條曲檻搖，花影瑤階媚。促織絮墙隈，箕斗
插簷際。清茗沁心脾，頓忘塵根累。炎官斂餘威，小庭饒雅致。玉人步凌波，
笑看鸊鷉戲。嬋娟鬥月華，脈脈如相避。蘿月忽窺窗，涼露橫空墜。良時苦
不長，空房難獨寐。同心復同心，倘解吾心事。

秋日偶成示叔雍

西風捲年去，如掃霜林蘀。秋士本善悲，時況逢搖落。榮悴理循環，枯條
麗綺萼。今古悲秋人，哀哉一何弱。颯颯怨庭槐，黄花驕寂寞。睿哲一窮通，
襟懷自有託。陽九遘華年，趁構驚人作。刮目有微言，且看延平躍。

秋夜 ④

荒園料峭病槐黄，缺月雲陰吐晚涼。我與寒鴉共蕭瑟，更深來此對秋光。

---

① 又見《慈竹居詩拾》。
② "問君何以答春暉"，原作 "烏私慚未答春暉"。《慈竹居詩拾》同原作。
③ "還飛"，《慈竹居詩拾》作 "無聲"。
④ 又載《民鳴》1930 年第 2 卷第 2 期 136 頁，同題，署 "蔭亭"。

秋夜憶弟 ①

去年歇浦逢搖落，薊北閩南又此時。不盡離懷將盡夜，一聲哀雁起相思。深宵離思滿秋園，月色朦朧欲斷魂。砭骨西風吹夢冷，幾時姜被得同溫？

遊北海同素聞 ②

幾叢寒菊戰西風，馳道霜楓血染紅 ③。多少故宮禾黍意，與君閑話夕陽中。

九日寄養清 ④

金風黃葉故宮墻，墻上南飛雁幾行。骨肉饑寒千里路，功名塵土九廻腸。何年菊插枌榆社，此日糕題帝子鄉。燕水松楸勞遠望，關山戎馬又重陽。

寄弟 ⑤

回首燕江百感併，暗驚笛裏十年更。輪蹄岳瀆空皮骨，肝胆乾坤只弟兄。久客苦教看雁影，深宵誰與聽雞聲？宣南木落霜風緊，烽火何堪照眼明。

中央公園偶成

翠輦曾遊地，蕭蕭木葉飛。秋風如有意，客子正無衣。戰勝非難事，離憂莫怨誹。平生懷稷契，倚柱看斜暉。

---

① 又載《民鳴》1930 年第 2 卷第 2 期 136 頁，同題，署"蔭亭"。
② 原題《遊北海同尊堯》，改今題。又載《民鳴》1930 年第 2 卷第 2 期 136 頁，題《遊北海同尊堯》，署"蔭亭"。《慈竹居詩拾》題《同甘賢遊北海》。
③ "馳道霜楓血染紅"，《慈竹居詩拾》作"隄道江楓血染紅"。
④ 又載《民鳴》1930 年第 2 卷第 4 期 121 頁，題《九日寄弟》，署"蔭亭"。
⑤ 又載《民鳴》1930 年第 2 卷第 4 期 121 頁，題《寄養清弟》，署"蔭亭"。

小園

小園秋滿樹，無葉可藏鴉。奮翮欲飛去，烏雲陣陣遮。天寒憐翠袖，北地無修竹。三徑獨徘徊，殘陽掛枯木。

送傑民歸閩

驚寒孤雁又南飛，莫景離情兩不支。霜冷兔娥徒有樹，月明烏鵲正無枝。曾聞嶺嶠尊虞寄，安用屠沽隱漸離。莫便相逢傷落拓，明朝悵望各天涯。

鐵筆歌有序[①]

不佞自幼趨庭，則耳熟先君摯友智皐先生名。今歲索米長安，獲交檍生久，乃知爲先生喆嗣。因索觀先人著作，爲出《翰雲草堂鐵筆》一冊，拜覽之下，感慨系之。蓋譜中諸刻，吾家既不盡存，而年來故鄉叠遭兵燹，先大夫僅留手澤無羔乎？南望神傷，泫然命筆。

幾回滄海嘆揚塵，刻石磨崖豈足論。剜琬劚琰雕蟲技，一卷猶存良異矣。耳濡庭訓讀遺書，先子門多長者車。二梅齋智皐先生齋名主羊求侶，挐經講藝忘寒暑。玉堂金馬等粃糠，斷碑殘拓珍琳琅。摩挲斑剝侔鐘鼎，鈎勒波譎窮微茫。篆籀雕鏤瓊玖壽，鈎劃錯落龍蛇鬬。憲章岣嶁挹冰斯，書名應位丹徒右。曹勉菴年丈云：戊戌與先君寓都門，一日來訪，屬先公爲人作書。一面揮毫，一面與丈論書，有曰“説什麼王夢樓，説什麼王夢樓”。

翰雲印譜冠八閩，新薌詞老詡傳薪。錢塘張樊圃先生，謂先君爲及門之冠。士林豈意傷顏閔，滿架琅玕付劫塵。西來風雨何狂怒，摧剝彝倫湮國故。地坼天傾吾道非，幾紙蟲魚何足數。倘值宣和鑑藻宸，晁公標格定奇珍。可憐不遇吾丘衍，未作櫟園傳裏人。

---

① 又載《民鳴》1930年第2卷第4期第121頁，同題，署“蔭亭”。

得家書

道阻書勞望，書來轉緣眉。持書不忍讀，爲恐問歸期。

惻惻吟

惻惻復惻惻，遊子空嘆息。江湖十載浪奔馳，干戈母弟羈鄉國。滄海歸來一見難，幾時團聚誰能測？又見璇花滿御溝，白日朱顏難再得。難再得，可奈何？已無屠狗與賡歌。傷離念亂渾閑事，日薄崦嵫飲痛多。

贈陳健行歸閩 ①

歐西雨雪冰霜侶，薊北悲歌慷慨人。浩劫未除湖海氣，壯遊空問斗牛津。京塵鎮日緇衣色，劍水何年展釣綸。合覓屠沽褰幔飲，不堪烽火話南閩。②

休向昆明問劫灰，東南文物久蒿萊。榑桑旭日排雲出，嶺嶠陰雲驀地來。朔雪兩逢慚入洛，霸王一去莫登臺。黃塵落日搖鞭影，急難何如衣錦回。

豈爲千秋萬歲名，搖鞭慷慨出瑤京。盧循樓艦波濤險，夾漈書堂時張毅在莆田草木驚。無地可埋無量劫，有情難遣有涯生。圖南歲歲成辜負，刮目看君攬轡行 ③。

浮沉人海莫重論，未向蘭陔慰倚門。白髮幾時開笑口，青山到處著啼痕。延津誰起豐城劍，易水難招壯士魂。息壤無忘君去矣，長留肝胆照乾坤。

---

① 又載《民鳴》1930 年第 2 卷第 4 期第 122 頁，題《贈陳健行歸國》，署"蔭亭"。

② 該首《慈竹居詩拾》抄錄於《楊花》下（第三首），當係闌入。

③ 《慈竹居詩拾》僅餘"無地可埋無量劫，有情難遣有涯生。圖南歲歲成辜負，刮目看君攬轡行"二聯，以爲一絕，題《送陳健行》。

再贈健行並示林幼余 ①

宣南風勁百花摧，却賸疎梅冒雪開。鸂鶒驚寒明月下，繞枝三匝却飛回。利鎖名韁業未除，長途何必怨鹽車。輸他處士西湖上，子鶴妻梅伴著書。

幼余居近西湖，有賢妻佳子，故云。

哭靜軒 ②

馬江潮汐信，一日一來復。臨風思舊遊，心腸如轆轤。謦欬耳尚留，墓草嗟已宿。緬懷平生歡，使我眉峰簇。落落君寡儔，厚我符骨肉。賢豪謬相許，戒狂事含畜。殷殷告語情，歷歷如在目。誰知遽捨我，蓮江登鬼録。觥觥漥水英，便便孝先腹。風義柏孤標，襟懷蘭一掬。志事欲揚鑣，歲年驚轉轂。秋夜爲此詩，哀哉爲誰哭？

自意海外歸，蓮江能見子。何必累紙書，小別半年耳。黃浦卸行裝，或謂君已死。吾卒發狂罵，訛傳何遽爾！豈真有茲事，一月不我俟。吾至閩，君没已一月。奠君馬江濱，心酸淚難已。返過通濟橋，悽然步爲止。西風夕陽路，爾我常遊此。夜闌不忍歸，歸懷詠雩似。風景不殊昔，遊魂倘來止 ③？宣南風雨夜，惻惻歌蒿里。欲作秣陵書，祇餘淚盈紙。

常存嚶求意，欲罄天下才。幾人得如君，使我懷抱開。氣同性絶異，相得殊怪哉。平生喜縱酒，挈徒飲巷隈。畏酒常懦我，顧喜邀我陪。笑謂將群相，付此酒一盃。嗒然真喪我，玉山方將頹。吾雖昧茲樂，頗憐君志灰 ④。黃壚復經過，此路爲君廻。西州華屋淚，今始知其哀。長安勢利藪，朋友干戈媒。人琴渺何許，繞屋空徘徊。

靜坐觀群化，生死何得失。豈必待賢哲，玄旨誇齊物。今我不忘情，塵根爲梏桎。蕭條君身後，吾責豈遂畢。識君舞象年，同堂復同室。八稔聽江潮，

---

① 又載《民鳴》1930年第2卷第4期第123頁，題《再贈健行並示幼余》，署"蔭亭"。
② 又載《民鳴》1930年第2卷第3期第135頁，同題，署"蔭亭"。《慈竹居詩稿》卷上亦收録。
③ "遊魂倘來止"，原作"遊魂尚來否"。
④ "頗"，原作"竊"。

四載觀歐雪。我有同根親，參商遜君暚。孤露竟如此，天道尚何説。吾爲伯道憂，誰式柏舟節？莆陽葉一芥，當嘔心頭血。哭君當有詩，寫我腸千結。爲廢山陽篇，未讀聲已咽。

歲暮感懷①

蠻觸干戈歲又年，燕然銅柱夢如煙。雞林枉用尊名姓，蝦浦無由掃墓田。漫挾雲和來日下，忽驚風信到梅邊。休嗟湖海長爲客，弧矢男兒入世懸。

誰堪人海話悲歡，索米長安歲又闌。欺客陰陽雙轉轂，回天事業一憑欄。親朋無字愁腸結，盜賊如毛淚眼看。撩夢家山何歷歷，北堂華髮不勝寒。

弟妹牽情道路賒，何當夜雨話桑麻。蘭陔風燭燈前淚，戎馬關山夢裏家。誰信補天懷鍊石，可堪覆水論年華。英雄豎子千秋嘆，撫髀閑吟日又斜。

闌珊心事劫餘身，一曲勞歌倍愴神。四海交遊千里月，十年衣履九州塵。誰知海上屠鯨客，竟作燈前袖手人②。差喜同春逢德曜，寒窗爐火最相親。

與素閒圍鑪③

物役本難齊，歧説何紛擾。人生貴適志，鵬鳩不相曉。天池與蹄涔，得意亡大小。矧吾有同心，日入紅鑪遶。燈火倍相親，更深語未了。鹽鹽亂文史，辨析窮微眇。襟懷忻暫開，方寸滄江渺。勁風穿戶隙，馬蹄聲不蹻。三條名利客，得失誰多少。努力學莊生，忘情四郊殍。

除夕④

爆竹聲聲迫歲除，山林鐘鼎兩何如？雲間弱弟情千里，夢裏慈親雪一梳。

① 又載《民鳴》1930年第2卷第3期第135頁，同題，署"蔭亭"。
② "誰知海上屠鯨客，竟作燈前袖手人。"《民鳴》作："當年海上屠鯨客，歲暮燈前袖手人。"原稿同《民鳴》，後改如今文。
③ 又載《民鳴》1930年第2卷第4期第123頁，題《與尊堯圍鑪》，署"蔭亭"。原稿同《民鳴》，後改今題。
④ 又載《民鳴》1930年第2卷第4期第123頁，同題，署"蔭亭"。

坊曲追逋嫠婦淚，兵戈阻絕故鄉書。感時祇剩詩堪祭，點檢平生恨有餘。

莫拂征衫九土塵，關山端合破蹄輪，江湖呴沫緣應薄，歲月蹉跎恨又新。去國十年將盡夜，思親千里未歸人。誰堪物序傷遲莫，況復橫流到此身。

寄素聞北平 [①]

榕城季春月，霽色搖窗綠。檐前幾株樹，濃陰漸如幄。新篁挺怒芽，群花紛珠玉。黃鳥囀柔條，和風遞芬馥。萬彙爭向榮，我奚嘆煢獨？緬懷嬋娟子，迢遞《關山曲》。採採園中芳，終朝不盈掬。持此欲遺誰，勞我宣南目。

到南平 [②]

玉屏杉翠塔峰迷 [③]，海鳥驚疑返故栖。倦翮欲休休未得，舊巢更在萬山西。

青州 [④]

溪聲長咽古灘頭，苦訴紅羊劫未休 [⑤]。擊壤何堪思往事 [⑥]，荒涼非復舊青州 [⑦]。

同養清弟宿青州 [⑧]

襟期湖海樂長征，勞燕東西歲十更。誰意青州三月暮，弟兄茅店聽雞聲。

---

① 原題《寄尊堯》，後改今題。題下小字注"以下丁卯"已刪。又載《民鳴》1930 年第 2 卷第 5 期第 97 頁，題《奇尊堯》，署"蔭亭"。《慈竹居詩稿》卷上亦收錄，題《寄素聞北平》。

② 又載《民鳴》1930 年第 2 卷第 5 期第 97 頁，同題，署"蔭亭"。《慈竹居詩稿》卷上亦收錄，同題。

③ "峰"，原作"尖"，後改今字。《民鳴》《慈竹居詩稿》《石遺室詩話》均作"尖"。

④ 《慈竹居詩拾》收錄，有異文。

⑤ "休"，《慈竹居詩拾》作"收"。

⑥ "思"，《慈竹居詩拾》作"傷"。

⑦ "荒"，《慈竹居詩拾》作"淒"。

⑧ 又載《民鳴》1930 年第 2 卷第 5 期第 97 頁，同題，署"蔭亭"。《慈竹居詩稿》卷上亦收錄，同題。

到沙縣①

土語虬溪混故鄉，城西孤塔插天長。到來渾忘身仍客，此去家還五舍强。

由沙至永百六十里。

到家②

歲歲還家夢始真，還家景物太愁人。可憐一隻遼東鶴，小別才經十五春。

中秋夜同希法散步西湖

共入湖光卵色天，情懷如水事如煙。喚回十二年前夢，月正圓時好泛船。

悄倚③

悄倚江樓望欲休，西風催緊一天秋。非關念亂傷離別，葦白楓丹自可愁。

看菊④

秋圃忘憂恍舉盃，夕陽遲我共徘徊。群芳爾怨風霜酷，風緊霜嚴菊始開。

讀劍南詩⑤

生憂南宋偏安局，死望中原凱捷時。惹我傾河注海淚，西風一卷劍南詩。

---

① 《慈竹居詩稿》卷上亦收録。
② 同上。
③ 又載《民鳴》1930 年第 2 卷第 5 期第 97 頁，同題，署"蔭亭"。《慈竹居詩稿》卷上亦收録，同題。
④ 又載《民鳴》1930 年第 2 卷第 5 期第 97 頁，同題，署"蔭亭"。
⑤ 同上。

題趙松聲畫①

蓑笠寒江上，蘆花拂釣舟。白衣蒼狗意，一笑付東流。林下騎牛客，逍遥笛一枝。康莊隨處是，底用哭途岐。江聲與馬蹄，使我發深省。未蹈崎嶇平，浮生嗟急景。觀瀑溪橋上，清流洗俗氛。塵根何日了，長看敬亭雲。

春曉陪石遺師秀淵兄湖上觀梅次秀兄韻②

春寒料峭日藏景，湖上尋梅衿鬢冷。數枝照眼水邊斜，百本成林雪盈頃。此時車馬了無聲，花前花後三人并③。可惜名湖煙霧深，東風難泛瓜皮艇。

又絕句三首④

春風欲暖却成寒，湖上梅花喜未殘。愧我詩才非國寶，也隨正字一來看。
名園春冷遊人少，詩老衝寒興倍長。散策飛虹橋畔路，東風拂面帶梅香。
負了園林負了梅，冒寒誰肯出門來？遊人三月應如鯽，只是梅花不肯開。

題謙宣息園⑤

堂堂無諸城，冠蓋多於鯽。與世殊酸鹹⑥，林侯獨幽蟄。故家喬木蔭，通顯非無力。嶺南昔作吏，能聲著繁邑。掛冠及壯年，冷眼觀群物。拓此一弓園，

---

① 原題《趙君松聲鬻畫津門襟懷瀟灑一見傾心爲作四幀佳甚因各系以詩》。又載《民鳴》1930年第2卷第5期第98頁，題《爲趙松聲君題畫》，署"蔭亭"。
② 題下"以下戊辰"四字已刪。又載《民鳴》1930年第2卷第5期第98頁，同題，署"蔭亭"。《慈竹居詩稿》卷上亦收録，同題。
③ "此時車馬了無聲，花前花後三人并"，原作"海棠樹下靜凝眸，難得良師益友并"。《民鳴》同原作，《慈竹居詩稿》同今文。
④ 又載《民鳴》1930年第2卷第5期第98頁，同題，署"蔭亭"。《慈竹居詩稿》卷上亦收録，同題。
⑤ 又載《民鳴》1931年第3卷第2期第93頁，題《謙宣息園》，署"蔭亭"。《慈竹居詩稿》卷上亦收録，同題。
⑥ "世"，《慈竹居詩稿》作"俗"。

著意名曰息。曲廡長廊通，異卉名花集。壁懸御賜書，架插先芬刻《簾葭館拾遺》《竹佃閑話録》。更有忘憂樓，中隱齋之側。看鼓旗烏屏，峙東西南北。四時皆可飡，抱樓嵐翠色。信知築園人，邱壑羅胸臆。吟朋時一來，此樂真無極。走也走瀛寰，十載虛投筆。先人有敝廬，欲歸歸未得。今登君子堂，吾意常惻惻。

寒食日同社友醵飲匹園次石師韵 ①

休學詩人怨不辰 ②，書城無禁好藏身。上墳又負清明節，問字頻隨載酒人。家未能忘寧論國，富原無取敢嫌貧。勞薪入爨安吾分，勝逐安仁拜路塵。

送江伯修赴寧次仲純韵

文通才調今無敵，左海難容一欠伸。金粉六朝供彩筆，煙花三月送詩人。天荆地棘行囊澀，草長鶯飛景物新。風馬雲車從此遠，休忘雙荔故園春。伯修有雙荔園。

觀匹園雙海棠 ③

匹園性命是花木 ④，有花自謂能醫俗。小園半畝似庾信 ⑤，二分花木一分屋。屋前木筆木芙蓉，屋後桃梨梅竹菊。更有海棠雙麗姝 ⑥，嬌姿直壓群芳伏。聞雨樓邊錦幙張，花光閣外彩雲簇 ⑦。萼緑仙妃酒暈生，蕊珠夫人春睡足。弄晴飛燕倚新妝，帶雨玉環初出浴。信是鉛華出内家，花中絶艷應推獨 ⑧。主人詞老亦經師，藝此直同詩婢畜。乞陰誰奏劍南章，照妝欲燒東坡燭。

---

① 又載《民鳴》1930 年 第 2 卷第 5 期第 98 頁，同題。
② "休學詩人怨不辰"，原作"休學靈均怨不辰"。《民鳴》同原作。
③ 又載《民鳴》1931 年第 3 卷第 2 期第 93 頁，同題，署"蔭亭"。《慈竹居詩稿》卷上亦收録，同題。
④ "匹園性命是花木"，原作"石遺性命是花木"。《民鳴》同原作。
⑤ "小園半畝似庾信"，原作"柘園半畝老鉛槧"。《民鳴》同原作。
⑥ "更有海棠雙麗姝"，原作"更有海棠姊妹花"。《民鳴》同原作。
⑦ "外"，原作"前"。《民鳴》同原作。
⑧ "花中絶艷應推獨"，原作"花中絶艷推卿獨"。《民鳴》同原作。

壽鑑寶社兄五十

販履賣漿蘇鑑寶，屬橐縛袴膽輪囷。未酬馬上功名願，來作閩中宗派人。筆陣縱橫文有力，襟懷坦蕩物皆春。閉門讀《易》園林好，撫髀閒看世變新。

豹屏山古壙陶器出土詩以紀之 ①

豹屏山亦平爲路，何況豹屏山下墓。變遷陵谷事尋常，石馬昭陵超海去。昭陵六馬中，拳毛騧、颯露紫四年被盜賣，入美國費拉德費亞博物院。射烏樓下誰之壙，三穴甃磚距幾步。深丈高半潤三尺，左崩右塌中完固。一無棺槨與碑誌，祇剩罌罍密封錮。絶憐質細式新穎，斑剥青藍土花汙。表釉祇半裏釉全，塼文錢魚相參互。白馬三郎築夾城，塼有錢紋所深惡。壙居城下壙先城，斷爲唐物此眞據。塼文何早滋世議，舊範相沿豈新鑄。葬者賢愚何足數，知是貴人非衆庶。嗟彼生存處華屋，奇珍堆積應如庫。死猶令此牛眠富，陪壙廣營羅殉具。佳城一閉一千載，啓發我今亦奇數。當年泣涕埋藏固，此日窗櫺供指顧。永和陵寢渺無存，閩王王延鈞稱帝，年號永和，葬惠陵。玉魚金椀今何處？況從東海揚塵後，人間彝鼎難爲護。此器掩埋苦不深，發藏未敢慶奇遇。

遊攝山寺 ②

棲霞名紺宇，萬木擁參差。山靜蟬逾噪，泉清茗不辭。珍珠泉。寺陽齊佛洞，巖獻夏王碑。欲去頻回首，他年擊夢思。

精藍傳六代，頹塔只今留。壁破藤蘿補，苔肥歲月遒。斷雲埋古佛，飛來佛。奇石壽荒邱。秦皇劍石。衆籟銷沈際，鐘聲萬壑流。

---

① 又載《民鳴》1931年第3卷第2期第93頁，同題，署"蔭亭"。《慈竹居詩稿》卷上亦收錄，同題。全詩多處修改，與《慈竹居詩稿》亦多不同，故所改處不一一錄出，可參見《慈竹居詩稿》。《民鳴》與二者均有異文。

② 又載《民鳴》1931年第3卷第2期第94頁，同題，署"蔭亭"。《慈竹居詩稿》卷上亦收錄，同題。

言訪桃花澗,披榛更越巒。五峰屏四面,一壑徑千盤。旁午如將暝,觀天似未寬。一綫天。俗緣渾忘却,林鳥共忻懽。

登棲霞山絕頂 ①

直上棲霞俯大荒,東來鍾阜欲飛揚。淒迷雲樹連京口,浩蕩江流下建康。沙鳥風帆頻拂眼,霜秔露麥競登場。盪胸更倚三茅閣,細聽疎鐘到上方。

同幼余登掃葉樓寄懷養清弟 ②

尋秋挈侶上清涼,石磴千層竹萬行。訪古偶登樓掃葉,懷人忽憶室聞香。聞妙香室,吾家齋名。三山晻靄斜陽外,一水澄泓古堞旁。著眼無窮興廢事,風流何暇弔南唐。

青溪 ③

兩隄綠柳秋蕭瑟,一曲青溪水蔚藍。清秀于鱗題句後,斷腸誰解賦江南?

秦淮 ④

計窮曲逆悶難排,河畔微吟只愴懷。歌板酒旗零落盡,樓鴉流水認秦淮。

勝棋樓 ⑤

如此江山莫倚樓,瀟瀟木葉石城秋。驚天動地王侯業,樓上祀徐王,樓左祀曾侯。一例棋枰萬古愁。

---

① 又載《民鳴》1931年第3卷第2期94頁,同題,署"蔭亭"。
② 同上。
③ 同上。
④ 同上。
⑤ 又載《民鳴》1931年第3卷第2期95頁,同題,署"蔭亭"。

莫愁湖①

十里垂楊一頃蕖,柔波曾照幾儲胥? 休誇虎踞龍蟠地,不及湖名尚姓盧。

月夜有懷②

月明如水屋如舟,四望蒼茫獨倚樓。如此江南如此夜,索居爭得不言愁。
嫩寒新月未眠人,望遠憑高獨愴神。負盡少年無盡意,更教常負一家春。
參橫月落夜沉沉,碧海青天一寸心。墻角蛩聲檐角雁,時穿簾幙助孤吟。
樓高霜重夜淒淒,人在欄東月在西。月不長圓人易老,一生禁得幾分攜?

同林託山登雞鳴寺豁蒙樓訪石霞和尚

南朝一片傷心地,一度登臨一愴情。柳禿荷枯明鏡出,山昏林暗凍雲生。
暫逃塵網參禪諦,聊把經魚換市聲。射雉莫談齊武帝,君看辱井傍臺城。

倚樓

殘菊翻堦風滿樓,啼烏初在女墻頭。斜陽陡變千峰色,壯志驚看一葉秋。
莫挽陸沈空破浪,明知魚爛強同流。摩挲淚眼成孤憤,象罔爲鄰起暮愁。

託山寄示同遊豁蒙樓詩次韵答之

沈迷簿領滯瑶京,探勝呼群眼暫明。辱井只留金粉地,霸圖空賸石頭城。
六朝如夢供談笑,八表同昏苦戰爭。廣武登臨原若此,可堪漂泊怨浮生。來詩
有"無家遊子傷漂泊"句。

---

① 又載《民鳴》1931 年第 3 卷第 2 期第 95 頁,同題,署"蔭亭"。
② 原題《月夜書懷寄尊堯》,改今題。《慈竹居詩稿》卷上收錄其三、四首,題《有懷》。

口占寄尊堯

看君下值歸嫌晚，今況分飛二月餘。客底情懷渾欲絕，閨中眠食近何如？秋深愈動天涯感，目斷曾無尺素書。爭得粗酬萍絮恨，聽兒榕蔭學呼魚。

君書云："兒能呼魚矣。"

登金山

平生快意是躋攀，又向江樓覽翠鬟。潮落海門秋色裏，鐘來鐵甕暮雲間。驚波披瀲千颿影，遠黛依稀六代山。眼底幾多川逝感，却因邱壑破愁顔。

登金山慈壽塔寄懷仲純丈

浮圖突兀壓揚州，千里雲濤一覽收。三楚颿從天半落，六朝山向檻邊浮。閒聽清唄渾忘去，欲下層梯更少留。秋水靜談何日事，狼煙江上使人愁。

揚州雜詩

西風吹客到揚州，喜共詩人作薄遊。伯修同遊。[①] 未渡長江先一笑，金焦嵐翠恰當頭。

殘陽衰柳瘦西湖，湖上園林妙畫圖。徐園。如此淮南好風景，詩人合得一詩無？
平山堂上坐冬晴，無數峰巒向我青。留得神州清淨地，焚香他日讀《黃庭》。
三州嵐影瀲空冥，一抹寒林入曲欄。此是倪迂真畫稿，休教羅聘染丹青。
叢祠古木噪神鴉，禪榻茶煙兩鬢斜。笑看彌陀開笑口，笑人青鬢點霜華。
波遠雷塘何處邨，揚州水調莫重論。只今一聽吳孃曲，暮雨瀟瀟欲斷魂。
楊柳依依古大隄，吳娃隄上柳如眉。十年長作揚州夢，爭得閒身杜牧之。
亮節孤忠壯漢家，貞魂端合伴梅花。先生如此揚州死，何似錢吳感鬢華。

---

① "喜共詩人作薄遊（伯修同遊）"，原作"喜共詩人賦遠遊（伯修丈同遊）"。

由揚返鎮待渡即事

維揚處處足徘徊,渡口呼船倦眼開。北固山光招客去,南徐秋色渡江來。

寄養清弟時初返里

嶺嶠崎嶇念季方,故園一望一徬徨。廿年飄泊驚霜葉,八十龍鍾愴夕陽。敢向江湖矜爪嘴,曾將憂患鍊肝腸。只憐夜夜秦淮夢,越海超山繞北堂。

晚登清涼山絶頂

駐馬坡前路,山川氣倍清。松篁藏梵籟,天地塞秋聲。暮靄埋鍾阜,霜風撼石城。孤鴻西崦没,落日大江明。

陪立夫庭長松隱女士晚步太平門外

秋來無處足軒眉,挈侶尋幽散古悲。石馬草埋徐氏墓,靈旗風戰蔣侯祠。鐵蹄駄重難辭路,風翮霜嚴敢揀枝。樵牧喜歸冬作了,問君何事落天涯?

後湖獨步 ①

却憶尋秋泛後湖,清香荷海世間無。只今雁影藏枯葦,伴我湖壖數柳株。寂寞湖山鎖凍雲,水邊吟思亂鴉群。徘徊欲照湖中影,却爲遊鰷破鏡紋②。

---

① 《慈竹居詩稿》卷上亦收録。
② "爲",原作"見"。

雞鳴寺次壁間韻 ①

白下江山本畫圖,只餘煙水與平蕪。揭來多少邯鄲客,可被雞鳴喚醒無?

不寐有懷

自憐索米又長安,倩影相隨總是單。孤館寒衾難入夢,幾回展對到更闌。
撼窗殘葉戰霜酣,街鼓聲聲徹枕函。懸想嬌兒啼夜半,應驚好夢到江南。

大鐘亭 ②

　　鐘銅質,重四萬六千斤。初臥泥中,許文肅公振襗布政江南時,爲亭覆之。
鐘上有"洪武二十一年造"欵識,世乃競作景陽遺器考,不解何故。

知音喜汝遭文肅 ③,耳食紛紛任妄庸。洪武紀元明白在,斷渠不是景陽鐘。
拔爾泥塗覆爾亭,憑高還作不平鳴 ④。只憐舉世春婆夢,負爾朝朝暮暮聲。

同都歡晚登雞寺景陽樓訪石霞和尚不遇

壓檐鍾阜夕陽明,勝侶招提話倍清。千堞凍雲連嶂起,四山暮靄抱樓生。
欲參禪諦慳緣法,且借茶寮避世情。誰謂留行行不得 ⑤,上燈時節亂鐘聲 ⑥。

遊後湖公園

小有林亭勝,幾回去又留。風塵難脱鞅,邱壑與排愁。凍壓湖山静,煙籠

---

① 《慈竹居詩稿》卷上亦收録。
② 同上。
③ "喜汝",原作"爾幸"。
④ "還",原作"好"。
⑤ "誰謂留行行不得",原作"燈火滿城還不返",又改作"欲去復留□□□"。
⑥ "上燈時節亂鐘聲",原作"憑高好聽晚鐘聲"。

草樹幽。閒吟兼短眺,微意在鳧鷗。

燕子磯晚眺 [1]

石燕臨江險,時來一破顏。雲痕疑幻市,暮氣欲沈山。世變波爭起,年華水不還。天風吹雨雪,何事遍人間?

同都歡登掃葉樓因上清涼山晚眺 [2]

小作江南客,頻登掃葉樓。西風紅葉徑,殘照白蘋洲。駐馬看旋馬,駐馬坡有駐兵。排愁對莫愁。高人遺勝地,佳侶好遲留。

遲留同石友,更上翠微巔。一水真如練,群山欲化煙。寒松叢暮靄,朔吹緊霜天。勝地能高臥,何辭學半千 [3]。

石師臆及湖西探梅之遊惠詩寄懷依韵奉答

杖履曾隨印綠苔,精神詩老勝寒梅。又逢湖上花開日,旅雁江南却未回。

却憶冰肌映碧苔,三人耐冷對疏梅。當年湖畔須臾樂,憑仗生花筆喚回。秀淵兄同遊。

教及顓愚真廣化 [4],關懷原不待看梅 [5],遙知人與花俱好,詩未來時夢已回。

綠萼疏枝襯碧苔,夢魂常在水邊梅。歸來應及花時節,著意縈廻日百回。

伯修冒雪來訪 [6]

失喜高軒冒雪來,愁眉陡覺爲君開 [7]。侏儒遭際應長飽,貧女生涯肯自

---

① 《慈竹居詩稿》卷上亦收錄。
② 同上。
③ 原注"龔半千明末隱於此,號掃葉僧",復删。
④ 原注"世尊師爲廣化大教主",復删。
⑤ 原注"秋間荷惠寄懷詩",復删。
⑥ 原題《伯修丈冒雪來訪適余上值作此奉呈》。
⑦ 原作:"訒戴煩君冒雪來,坐曹失面使人哀。"

媒。翩鍛空餘填海願，眼明好看過江才。只憐彩筆扶輪手，卒歲同驚臘鼓催。

寄懷石遺師以下己巳①

師道久不明，斯文嘆淪斁。百工雜技藝，家法珍璵璧。吾黨胡遜之，緬懷在夙昔②。經師馬季長，升堂數玄植。宋景辭賦宗，靈修爲式則。子雲有芭譚，韓門有籍湜。百鳥依鸑鳳，羽毛變顏色。所以古哲人，嚶求以爲德。

南天一文星，光芒照四海。小謫自陳芳，金剛身自在。名聲動諸侯，弁髦視金紫。大雅歎消沈，挽之回正始。春風一披拂，枯條麗華綺。守先以待後，懷哉契深旨。氣類感苔岑，妙理倘然否？乃剷渺雲間，畢生殷仰止。

尺素從天來，江南二月終。開緘得新什，朗誦開心胸。陡憶去年時，匹園春意濃。海棠絶妖艷，梨白映桃紅。嘉會比蘭亭，觴詠氣如虹。我今迷簿領，視聽失明聰。杏花楊柳色，風片雨絲中。幾時隨杖履，得失付苓通？

海棠艷無香，玫瑰麗多刺。造物無全美，休論人世事。頗愛涪翁奇，澀語苦爲累。劍南稍閑適，又覺傷率易。誠齋矯清真，言言透紙背。更有簡齋陳，格遒思沈摯。冬簾與夏爐，過時而棄置。文字可無窮，穩矣安身地。

春暮同李問渠丈遊虎踞關因至古林寺

閉門春事忽闌珊，柳眼梅鬚取次殘。稍喜健遊詞客在，松關銀闕一盤桓。山花濃淡草萋萋，竹樹蘢蔥礀鳥啼。漫道江南春去了，春光却在冶城西③。十里濃陰一徑深，始知城市有山林④。婆娑萬樹風翻浪，更作成連海上音。逶迤蓬徑界桑畦⑤，深入瑯嬛路欲迷。不見觚稜穿樹出⑥，將疑身在武陵溪。

---

① 《慈竹居詩稿》卷上收録，無“以下己巳”四字注文。
② “夙”，原作“古”。
③ “却”，原作“正”。
④ “始知”，原作“居然”。
⑤ “界”，原作“劃”。
⑥ “觚”，原作“金”。

次韵有答 ①

薔薇一樹風兼雨,詞客飄零掩淚看。十萬金鈴何處覓,等閑春事又闌干。

病起愚園納涼同頌周景文

秋到江南暑未收,招涼何處足清遊？留人小有池亭勝,袪病尤饒草樹幽。
雪藕冰菱銷熱惱,荷香鳥韵散羈愁。低徊却共煙霞侶,短眺微吟晚不休。

半日偷閑眼暫開,池光柳色與徘徊。蟬聲斷續微風入,樹影參差倦鳥回。
華屋已歸新姓氏,遊人空弔舊亭臺。一園著眼驚桑海,何處南朝問劫灰？

秋熱難堪重以家難雖得急雨終不成寐

今年青女慵司令,秋半炎威苦未殘。一雨驟銷三伏暑,孤衾易覺五更寒。
勞生漂泊情誰慰？盡室流離淚不乾。待得重幃嗟已晚,重幃況復路漫漫。

養清書言盡室避匪慘狀作此寄之

西風又入小窗紗,坐對紅塵感鬢華。盜賊彌天詩有淚,江湖滿地客無家。
思鄉豈愛鱸魚膾,航海空浮博望槎。更爲稻粱分雁影,幾時菽水話桑麻？

寄葉一芥

蓮江八載友兼師,故國重逢喜不支 ②。宦味憐君清似水,世情泥我苦成
飴。敢因憂患傷懷抱,却爲干戈惜別離。見面一回人一老,可能無以慰相思。
一芥懶於作信,臨別拍照紀念。

---

① 原題《次韵有答某女士》。
② "不支",原作"自知"。

覽園納涼

斷蟬殘照柳婆娑，一曲《秦淮》畫意多。門外軟塵知幾丈，風廊乞我夢槐柯。

爲詹春三題畫

雲嵐縹渺樹參天，好放薰風綠水船。早晚向平婚嫁了，入山閑看出山泉。

有寄 ①

拔地浮天萬馬驕，盈盈共看浙江潮。石城今又逢搖落，人在西泠夢裏橋。

秋夜有懷

應將尺素付洪喬，望到江南草木凋。風露滿衣秋滿院，爲誰惆悵立中宵？

讀海藏樓詩

不唐不宋不曹劉，並畜兼收一不留。派啓同光真教主，畢生低首海藏樓。

讀散原精舍詩

七字能傳萬古悲，海藏偶作斷腸詞。思親原不關文字，却愛崝廬展墓詩。

---

① 《永思堂詩外》亦收錄。

中秋前二日與衆難公園茗坐旋
同邀貞壯先生覺林晚膳次衆難韵

入秋蔄苕已無花，衰柳池塘欲暮鴉。一角園林兩詞客，亂蟬聲裏認悽笳。
倦翩猶貪返照光，伴人林下話秋涼。平生事事思求簡，却膡談詩不厭詳。
愛汝銷魂絕句詩，起予選癖頗相宜。文章自是關情性，靜女難教鬬畫眉。
廿年眼裏諸夫子，詩比清秋月色新。刊落鉛華出真宰，江河不廢有斯人。

永思堂詩續

目　録

永思堂詩續

夜讀①

暗風淒厲夜蕭森,顧影真同失侶禽。壯志欲隨秋葉減,客愁漸逐晚涼深。雲間征雁無粗糲,檐際昏鴉有故林。坐對韋編磨歲月,候蟲多事起商音。

與江伯修夜話②

失喜清溪上,重逢彩筆人。圍爐溫舊夢,更僕數窮塵。別久情逾厚,宵深話倍真。枯榮何足道,凍樹已含春。

河兒晬日

吉祥濫調意偏長,祝汝聰明復壽康。不與時人衡雅俗,自家抹淚説衷腸。卅一年前吾晬日,阿爺歡喜勝今吾。生兒何益原頭土,望汝還同愈望符。有客爭誇兒可愛,豈知慈母太艱難。而今白髮兵戈裏,萬里南雲掩淚看。非關舐犢具深情,喜汝啞啞學乃兄。一種天真無處覓,人間愛惡太分明。

有感以下辛未

湖海平生氣盡虪,戴盆無復夢瞻天。拋將猿鶴沙蟲感,換取風花雪月權。穉子孀人新活計,斷縑殘簡舊因緣。小窗初霽黃梅雨,好讀《南華》第二篇。

---

① 《慈竹居詩稿》卷上亦收録。
② 同上。

夜坐

孤燈照影苦徘徊，窗外陰霾撥不開。肝膽輪囷餘熱淚，圖書跌宕老奇才。白衣蒼狗天同醉，黃紙紅旗夢亦灰。欲據高梧尋物外，却疑風雨助心哀①。

南遊雜詩②

月明滄海一空潭，靜夜樓船似佛庵。但覺臨風如羽化，渾忘身落大荒南。

浮海平生樂未央，置身暫在水雲鄉。遑知人世炎涼地，著眼蒼茫我亦忘③。

瓊樓玉宇滿山邱，土著華僑類楚囚。衆綠浮天長盛夏，不堪含淚認星洲④。

籠紗盤膝馬來人，矮肆群居沸市塵。長與皇家爲皂隸，爲誰一過一酸辛？華人生長星洲者，呼英政府爲皇家。

檳林椰樹翠摩空，拂面涼廻萬木風。信是星洲圖畫好，華僑血幻杜鵑紅。

十里濃陰一徑涼，左椰右橡自成行。颶輪疑擅長房術，轉瞬濱江看獸王⑤。

端的開疆爲殖民，反譏東亞欠文明。誰知小族巫來有，樂器新奇刻繡精。遊博物院。⑥

斷海壩連柔佛島，星洲長此有屏藩。舻稜刺眼驚新巧，妙計英人是撫番。遊柔佛島，皇宮在焉。⑦

合說天南別有天，萬花如海四時妍。喚回十二年前夢，秋半榴花八月蓮。

南來第一傷心事，接耳僑民訴苦聲。貨殖江河成日下，誅求草木逐春生。以上在新嘉坡作。⑧

明珠不羨詡東方，一事慚渠解辨亡。人自爭存吾自滅，衣冠上國愧炎黃。

---

① "却"，原作"翻"。

② 該題《慈竹居詩稿》卷上亦收錄，所收詩多寡不同。

③ 原注"南洋舟中作"。

④ 該首《慈竹居詩稿》未收錄。

⑤ 同上。

⑥ 同上。

⑦ 同上。

⑧ 同上。

斐利賓人自誇馬尼剌爲東方明珠。①

　　著肩紗翼勢如飛，曳地長裙翠帶圍。三百七年文采舊，江山無恙主人非。

斐利賓爲西班牙人佔領三百七十餘年，一八九八年始歸美②，故習慣、語言尚沿西俗。

　　國仇未報死何論，壯志黎沙薄帝閽。北望不堪沈陸痛，幾回抹淚吊英魂③。

　　菲種何妨出馬來，勝藍知恥作興儓。西人虐政空如虎，卅載維新萬劫廻④。

　　一肩行李犯濤來，櫛雨梳風闢草萊。能使西人除大辟，折衝誰識此驚才？

　　課農興學美人恩，林肯遺風此僅存。政出島民人樂業，臨風高展自由旛。

以上在馬尼剌作。⑤

　　玄顱空擲國終分，太息崗頭黯暮雲。嶺表正迎和議使，遼東已駐虎狼軍。

張繼、蔡元培到粵。

　　趙陀遺器說銅壺，遠史荒唐事有無？此日是非何處辨，紛紛南北盜相呼。

　　六榕深處拂征埃，却爲詩人首重回。髯鬚英靈頻詔我，命宮磨蝎枉言才。

六榕寺拜蘇長公像。

　　十年前此賦長征，又向羊城作越吟。昔日豪懷今在否？却驚塵土滿衣
襟。以上在廣州作。

十月望與子木夜話⑥

　　沉陸稽天萬感并，苔岑相對漫崢嶸。月明畏見山河影，風過驚聞嗚
咽聲⑦。城上烏頭啼已白，隍中魚尾火終頳。葬身與汝知何處，抉眼胥門
看越兵。

---

① 該首《慈竹居詩稿》未收録。
② 原作"一九九八"，顯誤。
③ 該首《慈竹居詩稿》未收録。
④ 同上。
⑤ 同上。
⑥ 原題《十月望與隨悔先生夜話》。《慈竹居詩稿》卷上亦收録。
⑦ "風"，原作"雁"。

前詩意有未盡再成兩章 ①

魚爛悲何及，無辜此衆生 ②。河山驚破碎，月色莫分明。遑惜爲奴辱，方矜植黨榮。彌天孤憤淚，能不爲君傾？

吾道今如此，相看淚滿巾。枕戈君與我，食肉爾何人？語默心逾苦，時危友更親。臨行頻復坐，早辦戰場身。

古意 ③

君心如明月，清光照大千。我亦一微塵，沾惠已無邊。

君心如玄髮，化作萬千絲。分我萬千一，公侯不易之。

君心如梅花，花瓣祇有五。五一若歸吾，矢以相終古。

君心如孤影，祇隨我一人。前生修未到，且俟再來身。

至鄭 ④

詩人含淚入中州，溝瘠流亡着眼愁。猶及花時看芍藥，鄭公祠下一勾留。
鄭州城有芍藥，高丈餘。

蓬轉何心到管城，如雲勝友快平生。祇憐滄海歸來後，鼇面征塵對曼卿。
遇老友石夢麟。

槐香日暖午薰人，誰識孤標寂寞濱。駭綠驚紅都過了，素花獨自殿殘春。
隴海公園槐香可愛。

---

① 《慈竹居詩稿》卷上亦收録。
② “無辜此衆生”，原作“將軍戚未生”。
③ 《慈竹居詩稿》卷上亦收録，同。又載《長風（上海）》1933 年第 1 卷第 2 期第 17 頁，同題，署“蔭亭”。有異文。
④ 題下原有“以下壬申”小字注。

搜書 ①

搜書求畫苦成痴，尚友娛情只遁辭。頗識古人甘苦處，發潛拾墜有心期。

爲漱六世叔題武夷九曲及林下彈琴圖 ②

年年夢繞武夷君，索米而今尚白門。誰意陸沈難挽處，幔亭無恙待曾孫 ③。
高山流水渺難尋，林下來彈變徵音。破碎青山凌亂水，不成韻調更傷心。

遊梁

小邦遺制劇精奇，上國文明此可知。只惜繁華今頓盡，摩挲無限想當時。
觀新鄭出土銅器。

今型古制絶堪傷，黃土漫天古大梁。何處風流問枚叔 ④，可憐詞賦久俳
倡。博物院有人種模型，奇陋可羞。

龍門 ⑤

欲廻大地無邊劫，色相何妨任毀傷。靈隱棲霞齊俯首，天留伊闕配雲崗。
屠門大嚼笑登龍，差善懸崖造像工。更有關林途半好，摩天松柏想英風。

白馬寺

洛上行都事可哀，九朝陵寢只蒿萊。姑從白馬參禪諦 ⑥，漫向紅羊問

---

① 《慈竹居詩稿》卷上亦收録。
② 同上。
③ "誰意陸沈難挽處，幔亭無恙待曾孫"，原作"差善幔亭無恙在，陸沈時節對銷魂"。《慈竹
居詩稿》卷上同原作。
④ "何處"，原作"莫問"。
⑤ 《慈竹居詩稿》卷上收録其一。
⑥ 原作"應從白馬尋真覺"。"應"又改爲"聊"。

劫灰①。瑞像神工天護惜，荒墳草没客徘徊②。梵宮壯麗誇中土，誰寶騰蘭手澤來？

入洛

風沙傾轂洛陽城，始信詩人刻畫精。千載至今猶昨日，更憐穴處有初民。
生涯盜墓洛陽人，墳土邙山處處新。捐監豐碑誇敕授，不禁爲汝一傷神。
憂心如沸復如煎，不待津橋聽杜鵑。誤把蝦夷儕索虜，侈談猶望靖康年。③
合結精廬傍洛濱，桃源何必問迷津。不聞理亂身心泰，此地真堪一避秦。
詞賦深慚入洛年，更堪散髮向伊川。遑遑笑似邯鄲客，三宿誰知學昔賢。④

喜養清弟至⑤

老母家鄉苦盜氛，十年累汝慰晨昏。艱難白下重相見，喜笑聲中有淚痕。
猛憶延津別汝時，澤民齊物重相期。只今人已渾無補，銀燭清尊照鬢絲。

隨悔齋即事

一枕南榮晝易昏，炎威解避雅人門。蟬吟斷續知風力，樹影迷離寫夢痕。
臭味酸鹹惟汝共，平生懷抱向誰論？端應抱樸存吾素，直把傷時淚暗吞。

次韻答閑閑先生

世波宦轍未能删，差喜騷人共往還。得意抹風批月際，忘懷淺酌低斟間。
地偏齋雅堪逃暑，樹密花濃勝入山。自笑長安名利客，何緣分得此中閑。

---

① "漫"，原作"莫"。
② 原作"荒墳宿草客徘徊"。
③ 該首係後來所增補。《慈竹居詩稿》卷上收録，題《憂心》。
④ 該首原擬删，今亦存此。
⑤ 《慈竹居詩鈔》收録其一。

以龍井茗寄李問渠丈西安

不見彭門李問渠,江雲秦樹兩年餘。偶逢古畫常思汝,應有新詩足起予。述作敢期千載後,功名已負此心初。勞薪入爨今何望,鐘鼎山林願總虛。

小別驚看萬劫加,眼枯何淚灑龍沙。無官張祜詩名賤,善哭唐衢意氣奢。爲汝滌襟聊寄茗,幾時逭暑共浮瓜?欲知白下閒踪跡①,除却書坊即畫家。

登雞鳴寺②

大悲樓閣避囂臨,半角紅墻出綠陰。曲往通幽忘市近,斜陽染樹訝秋深。倚欄不盡炎涼感,攬勝全銷得失心。一事自哀年少日,坐看沈陸作詩淫。

對月③

悄對清光漏忽闌④,河山幾似月團欒。感時意共蛩聲亂,干祿心隨夜色寒。自許頭顱堪報國,誰知憂患已摧肝。哀深未必詩能寫,四海冥棼袖手看。

賦性⑤

賦性原知總寡諧,微吟短眺遣生涯。月華未是無情物,不間炎涼入我懷。宵寒破夢漸驚秋,沸砌繁蟲劇衆咻。欲把清光湔俗慮⑥,翻疑月色只生愁。

---

① "欲知白下閒踪跡",原作"居諸白下真難遣"。
② 《慈竹居詩稿》卷上亦收錄。首聯異。
③ 《慈竹居詩稿》卷上亦收錄。有異文。
④ "悄",原作"愁",《慈竹居詩稿》作"獨"。
⑤ 《慈竹居詩稿》卷上亦收錄,題《宵寒》,蓋以其二居首。有異文。
⑥ "把",《慈竹居詩稿》作"挹"。

不爲

不爲嘆老嗟卑語，却乏掀天拔地辭。剩此書生微結習 ①，嘔心研淚寫秋詩。

風雪 ②

風雪關門嘆索居，爐邊兒女有歡娛。朝朝下飯瓢兒菜，急讀人間貨殖書 ③。

寄養清 ④

四載相望費夢思，對床驟樂各稱奇 ⑤。何期賞菊持螯日 ⑥，又是看雲憶弟時。有限光陰偏棄擲，無多骨肉更分離。危辭苦語終難寫，不盡心哀只自知。

隨梅齋晚坐與子木茗話

雨過秋館倍清幽，桂馥無功散暮愁。日落揮戈難駐脚，陸沈何地可埋憂？書城誰信身堪老，世事終憐葉易凋。悽絕平生孤憤在，獨携淚眼看神州。

返景穿林爾許清，風檐茗坐氣全平。肯將世事傷懷抱 ⑦，絕好貧交話性情。丹桂倍芳秋月夜，黃花偏艷晚霜晴。細推物理知盈縮，暴雨狂風莫浪驚。

不寐 ⑧

清風大月夜真良，世界玲瓏勝睡鄉 ⑨。不到參橫河淡後，誰知無價是秋光。

---

① “剩此”，原作“尚有”。
② 題下原注“補錄辛未作”。《慈竹居詩拾》收錄，爲《建康雜詩》第八首，有異文。
③ 原作“飽食酣眠急讀書”，又改作“飽食酣眠讀異書”。《慈竹居詩拾》作“飽讀人間不急書”。
④ 《慈竹居詩稿》卷上亦收錄。
⑤ “對床驟樂各稱奇”，原作“白門聽雨樂真奇”。
⑥ “賞”，原作“對”。
⑦ “肯將世事傷懷抱”，原作“何須遲暮傷懷抱”。
⑧ 又見陳衍編：《說詩社詩錄》卷二十五，民國二十元年鉛印本。題《清風》。《慈竹居詩稿》卷上亦收錄，同題。《慈竹居詩拾》收錄，爲《建康雜詩》第一首。
⑨ “玲瓏”，原作“玻璃”。《慈竹居詩拾》同原作。

答呂岐生

風雲才略銷磨盡，孤憤彌天總未平。世上原無無用物，休驚髀肉可憐生。

詣隨悔齋户外聞書聲 ①

書聲金石出柴門，欲叩還停淚暗吞。氣縱自華愁卒歲，董生何苦不窺園。

九月三日再詣隨悔齋賞桂花已盡謝餘馥未銷欣然有作 ②

緑葉芳根傲晚霜，餘香凝院極微茫。端應仙子能招隱，留供幽人續《辨亡》。

次韵衆難遊砲臺灣有感

過客休驚血尚殷，長留浩氣滿人間。絶憐灞上真兒戲，遂使遼東化鶴還。世事相看餘白眼，秋風何意犯朱顔。渠儂共抱芳時恨，海水群飛只等閒 ③。

雨花泉茗坐 ④

秋原雨霽作春妍，歷劫空臺尚有泉。舉事數爲行路惜，勞生深欠入山緣。天香縹緲分岩桂，霞綺氤氳散渚蓮。爲語雲端征雁道，投林總讓暮鴉先。

飲酒

肯爲悲秋淚浪揮 ⑤，深驚海水忽群飛。埋身藝苑心難死，斂迹歡場意已微。

---

① 《慈竹居詩稿》卷上亦收録。
② 同上。
③ "海水群飛只等閒"，原作"仙掌倚天只能閒"，又改作"滄海而今只等閒"。
④ 《慈竹居詩稿》卷上收録，題《雨花泉》。
⑤ "肯爲悲秋淚浪揮"，原作"血淚無端肯浪揮"。

無可奈何惟飲酒，聊堪慰藉是忘機。陽狂佛老都虛妄^①，一任緇塵化素衣。

九日同劍秋破荒鷄籠山登高因步臺城眺後湖懷養清弟^②

如許秋光照眼明，肯因嫩散廢山行。好携大海乘槎侶，來聽西風落葉聲。攬勝每生遺世想^③，登高頓起故園情。懸知吹帽黿峰上，應向江南苦望兄。

肯讓參軍獨擅名，登高能賦氣縱橫。襟懷縱惡山堪袚，菡萏雖枯水有情。壯志妄思齊物役，名湖難與息勞生。江南本是傷心地，莫咎齊梁拙用兵^④。

九月十五夜枕上作

凝紫樓頭大月懸，奇光穿户照孤眠。蛩聲到枕非無意，爲報秋風又一年。靜對秋光萬慮蠲，尚餘孤憤欲彌天。舒懷暗誦江南賦，不待終篇淚已漣。

郊行^⑤

氣爽秋高景物清，無邊樂事在郊行。風情誰似霜林好，奇彩天然畫不成。

宇宙

宇宙一洪爐，萬彙歸鎔鑄。百鍊始成金，造物豈無故？自古有奇才，原必須奇遇。曠觀古哲人，磨礱攖世務。拙哉壽陵子，乃學邯鄲步。與其失故吾，不若存吾素。萬感每椎心，西風入庭樹。綆短汲何深，韶光等閒度。無處覓莊生，有誰識堅瓠？久繫江之南，年年苦霜露。志欲俟河清，無藥將顏駐。楊朱古大賢，不免傷歧路。更哀屈賈徒，娥眉竟招妒。與日月爭光，《騷經》共

---

① "陽狂佛老都虛妄"，原作"陽狂披髮今何世"，又改作"陽狂披髮今何補"。
② 《慈竹居詩稿》卷上亦收錄。
③ "攬勝"，原作"訪古"。
④ "江南本是傷心地，莫咎齊梁拙用兵"，原作"臺城千古傷心地，不忍同君話戰爭"。
⑤ 《慈竹居詩鈔》亦收錄。

《鵬賦》。誰知痛至骨，世但珍辭句。云胡曠代才，反爲才所誤？我欲叩帝閣①，此理尚能悟②。平生烈士懷，肯妄嗟遲暮。頗疑天地心，常作冥鴻慕。幾時遺世綱，一去不返顧。

口號柬子木③

悲秋裘子善吟詩，古調尤饒幼婦辭。讀我五言腸斷句，可能無以尉哀思。賤子秋來閒欲死，課男餵女作生涯。慈爺嚴母從人笑，不泣牛衣意自佳。

中秋前一夕作補錄

去年海上中秋節，悄對團欒起別愁。今歲月圓人亦好，却愁無月作中秋。

有感④

木犀顑頷怨西風，莫怨西風本至公。前繼荷花今讓菊，同時況有拒霜紅。木葉紛紛辭故枝，辭枝時是再生時。了知枯樹藏春意，風緊霜繁莫浪悲⑤。

懷石遺師時遊華山⑥

倚天照海一文星，焜耀三峰慴巨靈。十丈蓮船自夸大，重陽菊酒嬾沈冥。霜風不改青柯色，師不登三峰，至青柯坪而止。詩句應驚白帝庭。媿我江南空濩落，昭華未共聽傳經。女弟子王真同遊。

---

① "我欲叩帝閣"，原作"我亦欲問天"。
② "尚能"，原作"誠難"。
③ 《慈竹居詩鈔》亦收錄。
④ 原題《桂花落盡有感》。
⑤ 《慈竹居詩稿》卷上有《隨悔齋偶成》二首，此其二。
⑥ 《慈竹居詩稿》卷上亦收錄，同題。《慈竹居詩拾》題《華山和石遺師》，缺尾聯。

棲遲

棲遲牢落歲云徂，歷劫情懷慘不舒。百鍊金剛成繞指，便成繞指更何如？

檜前古樹 ①

檜前古樹態難摹，月影描窗畫譜無。鐵幹銀柯新粉本，却將濃筆點棲烏。

次韵答幼蓮

茹茶咽恨莫傷神，苦惱原知有夙因。欲把寒江澆熱血，休彈古調向時人。兩肩家國驚離亂，滿眼衣冠競舊新。愧我補天無妙術，痛瘝在抱敢嫌貧。

溝壑填身事亦常，何須玩世作佯狂。應從苦海求甘旨，莫共時賢較短長。池上春生魚潑潑，枝頭風過鳥皇皇。潛形匿采原非惡，鋒折端因劍露鋩。

寶華山

峰廻嶂繞路羊腸，萬木還將一寺藏②。竹作荷鬚山作瓣，梵宮恰巧是蓮房。造像棲霞誇妙絶，精藍誰似寶華山？祇憐閱遍齊梁後，著眼滄桑自等閒。

---

① 《慈竹居詩稿》卷上亦收録。
② "萬木還將一寺藏"，原作"勝概誰知碙底藏"。

永思堂詩外

目 録

永思堂詩外

馬江懷古丁巳

寒流嗚咽繞祠垣,宿草迷離蔽墓門。棋局日非懷壯士,沙場時過吊忠魂。江聲不盡英雄恨借句,香火難酬國士恩。躑躅沈吟含淚去,斷崖畫角易黃昏。

遊鼓山

躋攀麥雨正霏霏,石磴盤挐入翠微。曲水遙從松磵落,浮雲競向石林飛。山中猿鶴無今古,天外蝦夷有是非。從罗巔峰可見琉球島。何日帆檣收海上,重臨淨土解征衣。

暮春雜感

鶯山春可愛,紅紫遍高低。寒淥入玄碧,煙柳鎖長隄。柔條群鳥噪,遠巒千樹齊。良辰苦易邁,倏忽聞鳩鵜。宇宙慘無色,啁啾乳燕嗁。燕嗁恨何有,春秋陽朔棲。哀哀立身者,時逝莫可稽。矧吾遘陽九,春去倍悽悽。

悽悽青陽晚,落英委山阪。采花忙蝶蜂,娛春摩紺憾。嗟余獨奚爲,耿耿守丹懇。豈獨惜居諸,所憂迥幽遠。淪胥嘆九壤,天狗欺屯蹇。丈夫重意氣,羞隨俗息偃。絲染悲哲人,途窮哭楊阮。嗟哉古又今,胼胝竭愚悃。

皇天分四時,翳春最可悲。延目倚窓櫺,絢綵眼迷離。風雨悠然至,綠葉辭春枝。榮瘁在須臾,趨炎亦奚爲? 生人有大任,物宰天地維。股肱合胼胝,曠遠在所期。嶷嶷張文成,義舉萬世師。古人不可作,翹首動遐思。

黃鳥嚶虛牝，令人動深軫。似告趁良辰，同心各勉黽。阿蒙舊吳下，聆茲裂肝腎。念我素心人，學殖侔春笋。四隅各分鑣，緬懷首頻引。遠期古所欽，區區詎難忍。寄聲二三子，世事同海蜃。骯髒七尺軀，寧為禽所蹍。

春興四首追和楊升菴示一芥

澤國陰霖漲淥川，天韶桃李媚江邊。白環磚石梨花雪，綠帶羅峰麥穗煙。破碎山河空錦繡，飢寒父老更顛連。冶春敢縱婆娑興，矯首天涯一惘然。蓮磚在馬江羅峰，以羅星塔得名。

喧喧笳鼓釣龍臺，歐冶城邊壁壘開。震旦烽煙盤圬峋，扶桑旭日閃蓬萊。千秋白馬清流恨，萬里紅羊浩劫灰。鐵騎搶攘春又盡，南冠相對苦徘徊。

烽塵七載鎖江樓，煙景濃春似莫秋。異域未歸雙節使，謂顧、王二專使也。神州猶動五諸侯。祇聞宣武屯江右，陸榮廷。安見陶公次石頭。李純。肉食和戎誇上策，厓山風雨不勝愁。

晝見天狼思鬱陶，鳴鳩杜宇更啼號。江南草長思黃石，子夜雞鳴誦楚騷。赤縣羽書空絡繹，芳園笙笢正喧嘈。海軍公園笢吹沸天，外交事絕無關懷。可憐攬轡登車志，搔首東風感二毛。余年始重二，已見二毛。

答蘇遂如

宋詩泰斗蘇與黃，千載誰能妄低昂？昔讀涪翁上蘇章，意厚辭卑夸氣藏。俗漓庋古重悲傷，主此奴彼立門墻。耳食聲吠氣獝猖，談龍可笑趙譏王。真理自古有否臧，蚍蜉撼樹不自量。勝清作者推劉方，惜抱崛崛起羅眾。長光焰燭，天劍生鋩，跨方越劉紹歐陽。陽湖新城怯且僵，元明操觚奚能望？蓋世鉅識惟湘鄉，列之畫像祀馨香。餘百年來共景行，嗟吾生晚思勴勴。英英遂如氣汪洋，好古思登作者堂。鉛槧劬校入微芒，吐屬瑰瑋音琅琅。充其所至何可當，玉局後身豈荒唐。愧余薄植空志強，性嗜編籍侔琅玕。曹邱有意妄揄揚，謦欬未親氣先驤。上書法古詞太剛，何啻文節上下床。猥荷萬里惠琳瑯，推許逾量心徬徨。緬懷前哲重肝腸，韓門昔有張文昌。筦窺獻芹冀相商，詆諆桐城太猖狂。欲觀禹域登太行，欲睹朝曦望扶桑。拗堂漫以擬滄浪，芥舟奚能比巨航！斯理雖微實昭彰，參離眾作知非誑。嗚嗟四子暨梅_{伯言}張_{廉卿}，金薤琳瑯任雷礔。安能乘風出八荒，上下追逐參翱翔。燕許辟易汗沱滂，決疑釋窒夙願償。傳播懿說流無央，師表四海保國光。寄語同心氣宜昌，斯文今日隄決防。譬猶夕照與晨霜，後起有責君莫忘。千載安知誰擅場？嗚乎，千載安知誰擅場！

孟夏初弦劉瑾夫前輩偕
鄉友八人來訪偕遊馬江諸勝句以紀之

羅峰勢鬱峍，羅星凌蒼翠。八載恣婆娑，莫饜遨遊意。魚子桐初花，忽駐長者駟。驚喜詢故鄉，泫然殞涕泗。勸我趁良辰，聊把幽懷寄。躑躅製造場，機輪精考備。經營仰前修，後起着充位。行行隴畝間，香稻猶未穗。阪草綠似煙，新秧錦如被。潮聲圯下喧，山花幽礀媚。盼睞忘邅遁，浮屠目前植。好奇競先登，睗睒環週四。指顧古戰場，共話興亡事。目斷五虎門，煙迷動邅思。回式忠烈墳，鬱勃增豪氣。廢壘弔斜陽，太息皆垂淚。山折路紆迴，忻瞥松擁寺。疾趨禮佛幢，方丈迥幽邃。老衲肅遊人，塵蹤且休憩。漫談無生理，頓忘俗緣累。清茗沁心脾，驟起幽棲志。出門聊縱觀，屋瓦若鱗比。安得住煙霞，閑觀世趨避。高曠若平遠，鶯山羅峰異。俛仰興未闌，暮色悠然至。_{天后宮在鶯山頂。}

遊長慶寺次均胡大_{孟禮}

炎官火傘欲焦人，共歆西禪避俗塵。宋荔唐鐘思往事，_{寺有宋荔兩株，及唐初建時故迹。}蓮花貝葉証前因。_{住持出示貝葉數種。}法尊龍象滄桑局，運阨風雲疾病身。獨有苕溪遺世者，嗜痂營訐倍相親。

長夏奉叔父六一泉納涼

市地紅塵難插腳，炎威張天烈如灼。歐冶城中難結廬，奉叔招涼向東廓。

六一泉清沁我心，五兩風輕滌我襟。俗氛鎮日天真喪，被除恍若久山林。山林樂事恐未足，漁唱風鈴聞斷續。隄畔修篁媚綠渠，檻外澄泓盪寒玉。千畦更聽桔橰聲，簇簇晶丸照眼明。枕簟華胥酣未極，城頭畫角忽哀鳴。叔言昔遊侍先子，畎畝桑麻農未耡。只今二十四年中，蒿目參差惟棘枳。我聆斯語我心哀，矯首神州蔓草萊。安能任運生祈父，幅員收拾樂春臺。天生我材洵苦窳，志獨嶙峋欽五殺。可憐長大橘逾淮，偷閑且此舒眉宇。四美由來苦易遷，忽看銀燭一城懸。披襟歸去斜陽晚，滿樹蟬聲咽暮烟。

懷甘希法

懷人多少意，矯首悟《停雲》。謦欬三年睽，乾坤萬劫紛。夢迷樵水曲，腸斷馬江濆。風雨西湖夜，豪談恍若聞。

歸舟雜紀

商颶催櫂釣龍臺，棹鼓寒流天倒開。風散漁謳隨水去，雲拖山色繞船來。
上游水勢瀉如傾，船似蠶叢峽裏行。一出洪山回首看，滔天巨浪咽榕城。
漁艇縱橫傍水湄，洪山橋上日斜時。半江紅樹鱸魚美，只欠王郎七字詩。
西風斜日過囷關，落木瀟瀟逝水潺。幾縷寒煙深嶂表，一聲雞犬出重山。
風披蘆葦拂滄波，一舸浮沉鑽石過。紅樹青山恣臥賞，何須畫譜讀《宣和》。
荻花楓葉迭吟商，古木蓁陰繫晚涼。板屋兩間鴉數點，遠山兒女下牛羊。
一帆殘照捲黃昏，沙草依稀似舊痕。蘋蓼正繁楓欲死，四山紅葉抱孤村。
船唇徙倚月如霜，星影沉江作劍鋩。舉世正酣槐國夢，有人深夜看天狼。
輕颺搖曳映冰壺，盪破寒煙入畫圖。幾個野梟眠荻浦，一聲漁唱出菰蒲。
微雨胡盧泊莫陰，霜根欹側挺蒼岑。寒衾午夜滄江冷，一枕秋濤十里砧。
罨畫溪山綴荻扉，煙霞痼疾仰前徽。今朝識得江湖味，修竹灣頭好釣磯。
江北江南野店秋，巉巖萬叠一扁舟。金風忽送廉纖雨，兩岸蘆花入劍州。

秋興

又看紅樹雁南飛，故國樓臺淨夕暉。身世風塵憂患飽，江湖鴻雁稻粱微。
傳經絳帳初衷倍，埋骨沙場夙願違。八月山城霜露重，繞枝烏鵲欲何依？

東皋底事沸蝌蟆，風露高寒不自傷。比假蟊蛑知衛族，相煎其荳泣閱墻。
湘潭憔悴憂民瘼，禾黍悲歌吊國殤。莫假斧柯呼負負，兩行哀淚落斜陽。

那待途窮哭步兵，萑苻匝地劇堪驚。何人能障百川水，有客思屠大海鯨。
潭底蛟龍還晝睡，寰中草木已秋聲。八荒極目煙塵滿，何處江湖託此生？

笳鼓殷殷隱若雷，孤城峰擁倚雲開。九州浩劫傳秋色，十載畸懷付酒盃。
疾病無端纏弱體，乾坤豈欲老奇才。窮辛抑鬱男兒事，敢把丹心變死灰。

清明

龍磾風暖縠紋生，遠嶂春深萬木平。柳翠花紅鶯語滑，一城寒雨過清明。
長隄柳色常縈夢，江畔梨花更有情。最是相思忘不得，石蓮潭上七清明 ①。

題葉一芥伍間碎語

追蹤毅勇_{文正公}有吳摯甫張廉卿，火爐薪傳賴馬通伯王益吾。一自玉樓修賦
去，何人倔起主文壇？

撼樹蚍蜉搶地蜩，讕言俚語博稱妖。瓣香只下先生拜，佶屈聱牙續大招。

任教戎馬棲行伍，天縱何堪攢仰精。一任王_{綺湘}章_{太炎}誇末俗，雄師思與
撼長城。

底事門墻兢攬撃，文從字順有真傳。千年翰苑功臣在，惟有桐城幼婦篇。
_{一芥好作盤詰語，故以此規之。}

---

① "石蓮"，原作"蓮花"。

秋夜感懷和甘希法

秋蟲唧唧秋夜永,秋風嫋嫋秋柝警。撫髀默坐感蒼茫,俛仰身世動深省。豺狼當道塵漫天,居諸逝矣心悲哽。匹夫有責國興亡,胼胝手足夙所秉。紅羊浩劫尚能廻,心死斯民誠足怲。君不見結綺丘陵梓澤墟,富貴浮雲理正炳。感此辛勤攻鉛槧,筦樂張班吾引領。人生鹽井沈素絲,登道好自求修緶。

登延郡城樓

二水抱城隍,孤樓矗大荒。蔽天塵漠漠,颭野吹茫茫。昔蘊風雲氣,今猶田舍郎。登臨無限感,景物又重陽。

赴省留別諸友

十年歸故國,驚又策征鞍。雨雪江湖重,干戈歲月闌。交深酬唱苦,親老別離難。未遂澄清願,飄零敢妄嘆。

有感

秋風倚劍望齊州,南北龍沙觸思愁。斫地有歌空拔劍,問天無語續離憂。祇聞封豕雄相存,幾見明珠入海求。我自欲歌歌未得,淚隨牢納向東流。

寄家

問君何事困天涯,佳節良辰苦憶家。閱歷風塵思桂樹,蹉跎歲月負蘭花。無魚壯士羞彈鋏,留臂微蟲敢拒車。底用轉蓬傷世路,却驚東海荐長蛇。

幾時樂府奏刀環,閑話桑麻修竹灣。苦向窮方思白髮,難將大葯駐紅顏。敢因疾病思田里,肯對輪蹄說險艱。蝦浦燕江常入目,祇餘魂夢渡關山。

思家寄弟 [1]

四載離余季，鄉關別緒縈。龍磘離別淚，燕水鼓鼙聲。難享天倫樂，未酬湖海情。興亡夫有責，努力趁前程。

國破家何在，唇亡齒必寒。烽烟猶未息，枕蓆敢求安？遂我江湖志，煩君菽水歡。莫教重見日，相泣對南冠。

柬養清弟

昨夜入華胥，道左逢余季。亭亭似我長，斌斌呈百媚。温存語未終，行行已明翠。明翠閣在延平。潺潺潭水聲，隱隱甌山寺。在永安。社鼠尾城狐，榛蕪莽無際。睇眄復徘徊，驚問此何地。季言父母邦，浮流舊名字。赤縣遘明夷，天狗八荒墮。蕪我彈丸鄉，販夫挾汙吏。陵谷本風雲，分袂況年二。哥哥且傾耳，鴻嗷一何厲。哥哥且屏息，角聲一何恣。哥哥且引領，狼烟一何熾。哥哥且低垂，龍沙一何翳。鴻嗷鼕鼓聲，聲聲聲相繼。狼烟拂龍沙，逯撲譙樓幟。季言未及終，狂笑復垂涕。云非接輿狂，亦非楊朱涕。恥爲平子愁，肯作稽生醉。墜淚有新亭，離騷有湘纍。懷或鵩賦傳，史或鐵函寄。諸子隱痛深，弟痛非其類。哀哉衣冠倫，毛角足成四。吾聞驟破顔，鼓掌季言懿。造化生萬物，吾則軒轅裔。名爲物之靈，顧名曷思義？矧吾遘陽九，大任安可棄。人生有大任，大任在拯世。吾生有大懼，大懼不成器。生無利濟心，與物又何異？生無益於時，浮生亦何謂？就學吾韶齡，學究鄙吾穉。失學復壯年，劣師咎難避。蹉跎復蹉跎，志學年已至。投筆馬江濆，玄默麦初穗。籌人結侶儔，鴃舌勤研肄。貪多務得心，長我無一藝。恥爲晝墁終，求我初衷遂。桃李笑重光，塞納征帆繫。窺彼淑世材，神鬼方詭秘。敢作望洋觀，但作胼胝誓。亦有士同心，南錫交相勵。姑爲四紀期，共掃中原曀。行行重行行，千里亦云易。言已氣輪囷，潭底蛟龍出。夢醒僞與真，千載招橫議。倘因黃耳歡，精神逾關塞。憶此夢中言，無非情所寄。書以問伊人，倘亦同心思。

---

[1] 原題《思家却寄》。

七夕寄弟妹

男子志四方,蹤跡同飄梗。四海爲室家,一紀離鄉井。豈無愛慕心,良辰復美景①。憶昔在沙溪,同看牛女耿。弟妹侍慈親,共消秋夜永。爲茲利濟心,辜彼職定省。三過此佳期②,他鄉形吊影。今宵新月明,悵望思悲哽。繾綣別離情,簌簌枯桐響。高堂白髮多,齊州蕪葁莽。修名嘆渺茫,秋將鬢毛長。懷哉禹翟流,天倫樂難享。遥想北堂前,爭説星河朗。星河朗則何,何日同忻賞?傷心兩處同,作詩慰懷想。自命古達人,不覺淚沾幌。

無題

雪映梅花欲斷魂,倦遊何意入侯門?豈真遇合關緣法,邂逅雲英及未婚。
霧鬢雲鬟總入時③,輕衫纖履各相宜④。何勞脂粉汙顔色,月樣容華藕樣肌。
五陵轂擊朔風寒,北海跑冰帶笑看。最是丹青描不得,玉人斜倚玉蘭干。
上林鶯老柳如烟,輕步斜陽絕艷前。彷彿瑶臺明月下,萬花扶出廣寒仙。
漪瀾堂外芰荷香,裙屐如雲鬧晚涼。一自凌波廊下過,衆人舉首爲誰忙?
西窗一卷劍南詩,吟罷芳庭立小時。戀戀依依還脈脈,但從絃外寫相思。
無情時計促更籌,子夜當歸強少留。小弟解人頻問我,爲何一步一回頭。
虛牝年華感不禁,愛兒底事誤兒深。可憐隔巷成南北,一點靈犀夜夜心。

北海雜感

不盡興亡意,斜陽故苑樓。荷錢搖浪緑,烟柳弄春柔⑤。碧蘚金莖露,紅裙太液舟。陸沉如可痛⑥,戰骨遍神州⑦。漪瀾堂

① "復",原作"與"。
② "佳期",原作"良辰"。
③ "霧鬢雲鬟",原作"蓬髮旗袍"。
④ "輕衫纖履",原作"長裙大袖"。
⑤ "春",原作"風"。
⑥ "痛",原作"感"。
⑦ "遍",原作"滿"。

秋來腸斷處，木落五龍亭。鼇蝀霜容老，龍蛇戰血腥 ①。有梧餘敗葉，無竹養修翎。嘹唳西風裏 ②，鴻嗷不可聽。五龍亭

中央公園偶成

翠輦曾遊地，蕭蕭木葉飛。秋風如有意，客子正無衣。戰勝非難事，離憂莫怨誹。平生飢溺意，啜茗對斜暉 ③。

秋夜

深夜難成寐 ④，徘徊戀小園 ⑤。病槐疏月影，衰柳露秋痕 ⑥。不覺涼風襲，端應熱血翻。有誰知此意，太白耿天閭。

清涼山次易碩甫先生壁間均

清涼不厭百躋攀，潑眼嵐光滴翠鬟。最是江南奇絶處，漲城葱蒨抱城山。

清涼山晚眺

清涼勝概壓江南，暮色催歸興正酣。誰爲留行行不得，萬竿篁翠四山嵐。

次均答仲純社丈

南飛霜下鵲，欲借一枝難。風緊情逾怯，巢寒夢未安。永懷歸故國，何意滯微官？感汝殷勤甚，魚書拱璧看。

---

① “龍蛇”，原作“玄黃”。
② “嘹唳”，原作“忼慨”。
③ “平生飢溺意，啜茗對斜暉”，原作“平生懷稷契，倚柱看斜暉”。
④ “深”，原作“秋”。
⑤ “戀”，原作“愛”。
⑥ “露秋”，原作“淡烟”。

雨夜懷仲純丈再次前均

愛我多朋友,如君亦可難。人非惟汝諒,口是必心安。風雨思君子,威儀想漢官。飛虹橋畔月,何日得同看?

到杭州口占贈松隱

空濛瀲灧四時春,畫本天然妙入神。更有四郊邱壑勝,幾生修到武林人。

登南高峰

金牛足左之江右,勝侶同登興倍長。他日思量應不忘,南高秋裏看泉唐。

述哀_{補錄}

始信人間澈骨悲,荆天棘地著孤兒。六年異國懷三釜,此日荒山奠一巵。風木淒涼空泣血,飢寒辛苦未軒眉。難將粉骨酬家國,仰答平生遠大期。

寄叔雍北平

宣南回首渺愁余,春老榕垣錦不如。可惜眼中人萬里,幾多離思八行書。

虎邱

松篁夾道翠摩空,拂面涼廻木末風。新雨驟添初夏綠,野花猶帶晚春紅。劍池寂寞空山裏,吳苑繁華想像中。報越沼吳成底事,笑看蠻觸竟誰雄 ①。

---

① "報越沼吳成底事,笑看蠻觸竟誰雄",原作"兒女豈關家國事,夫差畢竟是英雄"。

遊靈谷寺同呂岐生

填胸億壑復千邱,却戀林坰溢九州①。一逕香浮靈谷樹,萬松韻泛孝陵秋。神龍無意興雲雨,古佛何心管咎休。好趁炎威難及處,誌公塔畔小勾留②。

次韻眾難春盡後二日坐曹有感

春去無心向習池,新詩陡把我神移。微憐巨筆屠龍手,閑坐衙齋寫《竹枝》。頗愛零花戀故枝,況當淑景擲人時。傷春騷思誰能識,付與吟風弄月詩。

次韻答眾難

早歲黃金比寸陰,只今無計耗雄心。婦人醇酒吾何敢,滄海歸來守藝林。赤縣風雲匝地陰,書生敢有濟時心。頗憐一代屠龍手,遊刃祇今翰墨林。杏花桃蕊柳垂陰,好鳥枝頭起別心。呴沫江湖何日事,羨他鷗鷺有榆林。東皇狡獪弄晴陰,愁煞飢蜂困蝶心。風雨中宵何太急,歸來黃鳥只空林。

訪隨園遺址

一自紅羊煽劫灰,六朝金粉只黃埃。隨園何必傷陵谷,猶賸倉山土一堆。卑格詖辭誤後生,隨園自誤太聰明。若從機巧論文字,駢體當時是鳳鳴。墓道譌呼作墓碑,傷心何止牧豬兒。是非身後誰能管,行樂輸君得及時。

由牧童偕往小倉山訪隨園墓,則墓道碑也。問之村人,皆堅指此爲墓碑。爲之一嘆。

欺世盜名倡性靈,倉山文字豈能真。達官暮死朝成傳,滿咮譏詞誤後人③。

---

① "填胸億壑復千邱,却戀林坰溢九州",原作"平生快意是探幽,況復他鄉挈勝儔"。
② "小",原作"一"。
③ "咮",原誤作"昏",當爲形譌,逕改。

花朝寄懷社友兼呈石師

去歲花朝春意濃，匹園萬紫間千紅。懸知左海多吟侶①，愁絶江南一寓公。高下柳條風片裏，淺深草色雨絲中。何時重與蘭亭會②，若賸高墻入望空③。

春雨懷人

二月江南爾許愁，雨絲風片似殘秋。抛將孤宧天涯意，檐滴聲中感舊遊。

有寄

拔地浮天萬馬驕，盈盈共看浙江潮。石城今又逢搖落，人在西泠夢裏橋④。

後湖秋泛同頌周景文弟

驟雨收殘暑，名湖好放舟。荷餘千蓋緑，雲帶六朝秋。篙影驚魚戲，船痕竄浴鷗。蓮房紅墜粉，翠羽緑迷眸。冉冉臨風弱，纖纖拍槳柔。櫂歌來細細⑤，雲鬟去悠悠⑥。返照妍晴旬，菰蒲繡亂洲⑦。掀簾窺蝶影，停棹認鶯喉。柳岸秋容瘦，鍾峰暮靄浮。金墉紆似帶，雉堞整如旒。倦翮還林疾，昏烟積嶂稠。風輪披荻浦，日脚掛松楸。旅雁聲如唳，僧鐘韻欲流⑧。依稀同泰寺，虧蔽豁蒙樓。人與湖山近，天將俗冗收。良朋同探討，畫稿對冥搜。鴻爪新泥雪，西風古石頭。何當逃簿領，散髮淡淹留。

---

① “侶”，原作“社”。
② “重”，原作“再”。
③ “若賸高墻入望空”，原作“萬仞宮墻入望空”。
④ “泠”，原作“泠”，當爲形譌，逕改。
⑤ “櫂”，原作“擢”，當爲形譌，逕改。
⑥ “雲鬟”，原作“鬟影”。
⑦ “繡”，原作“綴”。
⑧ “僧”，原作“梵”。

喜岐生至即席賦贈

且上秦淮舊酒樓，廿年離合莫回頭。故園南望驚焦土，邊警東來動旅愁。宦海可堪論得失，素心聊喜共觥籌。時危後會誰能料，欲寫深哀淚已流。

子木岐生次均勸慰有加再用前均奉答

如此江山莫倚樓，眼中人事萬千頭。好將豪竹哀絲興，來散千秋萬古愁。塞上何須悲失馬，樽前祇要競添籌。他鄉舊雨應難得，注海傾河淚倒流。

慈竹居詩稿

目　録

慈竹居詩稿卷上

登明翠閣 ①

舳艫突兀摩雲起，曲磴葱蘢接潭水。杉關盤薄吉陽高，堆擲奔騰插天峙。一十三峰紅樹間，三千八坎白雲裡。建邵颭檣入檻櫨，演仙杉翠壓床几。當年曾此賦長征，雲夢吞胸唾金紫。自矜腸胃鬱千奇，合策殊勳冠前史。十年塵土浣征衫，重臨頻齲巨靈齒。四郊多壘誰之恥？撫髀空山歌變徵。歌聲枉自震棲鴉，無計神龍起潭底。

哭靜軒 ②

馬江潮汐信，一日一來復。臨風思舊遊，心腸如轆轆。謦欬耳尚留，墓草嗟已宿。緬懷平生歡，頓使眉峰簇。落落君寡儔，厚我符骨肉。賢豪謬相許，戒狂事含畜。殷殷告語情，歷歷如在目。誰知遽捨我，蓮江登鬼錄。觥觥潭水英，便便孝先腹。風義柏孤標，襟懷蘭一掬。志事欲揚鑣，歲年驚轉轂。秋夜爲此詩，哀哉爲誰哭？

自意海外歸，蓮江能見子。何必累紙書，小別半年耳。黃浦卸行裝，或謂君已死。吾卒發狂罵，訛傳何遽爾。豈真有茲事，一月不我俟。吾至閩，君沒已一月。奠君馬江濆，心酸淚難已。返過通濟橋，悽然步爲止。西風夕陽路，爾我常遊此。夜闌不忍歸，歸懷詠雪似。風景不殊昔，遊魂倘來止。宣南風雨夜，惻惻歌蒿里。欲作秣陵書，祇餘淚盈紙。

---

① 《永思堂詩稿》亦收録，有異文。
② 《永思堂詩稿》亦收録。又載《民鳴》1930年第2卷第3期第135頁，同題，署"蔭亭"。

常存嚶求意，欲罄天下才。幾人得如君，使我懷抱開。氣同性絶異，相得殊怪哉。平生喜縱酒，挈徒飲巷隈。畏酒常懦我，顧喜邀我陪。笑謂將群相，付此酒一盃。嗒然真喪我，玉山方將頹。吾雖昧茲樂，頗憐君志灰。黃罏復經過，此路爲君廻。西州華屋淚，今始知其哀。長安勢利藪，朋友干戈媒。人琴渺何許，繞屋空徘徊。

靜坐觀群化，生死何得失。豈必待賢哲，玄旨誇齊物。今我不忘情，塵根爲桔桎。蕭條君身後，吾責豈遂畢。識君舞象年，同堂復同室。八稔聽江潮，四載觀歐雪。我有同根親，參商遯君暱。孤露竟如此，天道尚何説。吾爲伯道憂，誰式柏舟節？莆陽葉一芥，嘗嘔心頭血。哭君當有詩，寫我腸千結。爲廢山陽篇，未讀聲已咽。

與素閒圍罏 ①

物役本難齊，岐説何紛擾。人生貴適志，鵬鳩不相曉。天池與蹄涔，得意亡大小。矧吾有同心，日入紅罏遶。燈火倍相親，更深語未了。蘲鹽亂文史，辨析窮微眇。襟懷忻暫開，方才滄江渺。勁風穿户隙，馬蹄聲不蹻。三條名利客，得失誰多少？祇憐禹墨心，難忘四郊殍。

寄素閒北平 ②

榕城季春月，霽色搖窗綠。檐前幾株樹，濃陰漸如幄。新篁挺怒芽，群花紛珠玉 ③。黃鳥囀柔條，和風遞芬馥。萬彙爭向榮，我奚嘆煢獨？緬懷嬋娟子，迢遞《關山曲》。採採園中芳，終朝不盈掬。持此欲遺誰？勞我宣南目。

---

① 《永思堂詩稿》亦收録。又載《民鳴》1930 年第 2 卷第 4 期第 123 頁，題《與尊堯圍罏》，署"蔭亭"。

② 《永思堂詩稿》亦收録。又載《民鳴》1930 年第 2 卷第 5 期第 97 頁，題《奇尊堯》，署"蔭亭"。又按，"奇"當作"寄"。

③ "群"，《民鳴》作"鮮"。

到南平 ①

玉屏杉翠塔尖迷 ②，海鳥驚疑返故栖。倦翮欲休休未得，舊巢更在萬山西。

同養清弟宿青州 ③

襟期湖海樂長征，勞燕東西歲十更。誰意青州三月暮，弟兄茅店聽雞聲。

到沙縣 ④

土語虬溪混故鄉，城西孤塔插天長。到來渾忘身仍客，此去家還五舍強。
由沙至永百六十里。⑤

到家 ⑥

歲歲還家夢始真，還家景物太愁人。可憐一隻遼東鶴，小別才經十五春。

謁墓 ⑦

始信人間澈骨悲，荊天棘地著孤兒。六年絕域求三釜，此日荒山酹一卮。
迢遞泉臺憑蔭護，淒涼風木共漣洏。祇將肝膽酬家國，仰答平生遠大期。

---

① 《永思堂詩稿》亦收錄。又載《民鳴》1930 年第 2 卷第 5 期第 97 頁，同題，署"蔭亭"。
② "尖"，《民鳴》同，《永思堂詩稿》作"峰"。
③ 《永思堂詩稿》亦收錄。又載《民鳴》1930 年第 2 卷第 5 期第 97 頁，同題，署"蔭亭"。
④ 《永思堂詩稿》亦收錄。
⑤ "還"，原脱，據《永思堂詩稿》補。
⑥ 《永思堂詩稿》亦收錄。
⑦ 《永思堂詩外》收錄《述哀》一詩，首聯全同，餘多改乙。

春曉陪石遺師秀淵兄湖上觀梅次秀兄韻 ①

春寒料峭日藏景，湖上尋梅衿鬢冷。數枝照眼水邊斜，百本成林雪盈頃。此時車馬了無聲，花前花後三人并。可惜名湖煙霧深，東風難泛瓜皮艇。

又絕句三首 ②

春風欲暖却成寒，湖上梅花喜未殘。愧我詩才非國寶，也隨正字一來看。名園春冷遊人少，詩老衝寒興倍長。散策飛虹橋畔路，東風拂面帶梅香。負了園林負了梅，冒寒誰肯出門來？遊人三月應如鯽，只是梅花不肯開。

題謙宣息園 ③

堂堂無諸城，冠蓋多於鯽。與俗殊酸鹹，林侯獨幽蟄。故家喬木蔭，通顯非無力。嶺南昔作吏，能聲著繁邑。掛冠及壯年，冷眼觀群物。拓此一弓園，著意名曰息。曲廡長廊通，異卉名花集。壁懸御賜書，架插先芬刻《兼葭館拾遺》《竹佃閑話錄》。更有忘憂樓，中隱齋之側。看鼓旗烏屏，峙東西南北。四時皆可飧，抱樓嵐翠色。信知築園人，邱壑羅胸臆。吟朋時一來，此樂真無極。走也走瀛寰，十載虛投筆。先人有敝廬，欲歸歸未得。今登君子堂，吾意常惻惻。

觀匹園雙海棠 ④

匹園性命是花木，有花自謂可醫俗。半畝園林似瘐信，二分花木一分屋。

---

① 《永思堂詩稿》亦收錄。又載《民鳴》1930 年第 2 卷第 5 期第 98 頁，同題，署“蔭亭”。

② 同上。

③ 《永思堂詩稿》亦收錄，有異文。又載《民鳴》1931 年第 3 卷第 2 期第 93 頁，題《謙宣息園》，署“蔭亭”。

④ 《永思堂詩稿》亦收錄。又載《民鳴》1931年第 3 卷第 2 期第 93 頁，同題，署“蔭亭”。《永思堂詩稿》所收錄初稿，發表於《民鳴》，後多所改乙，詳見《永思堂詩稿》。《慈竹居詩稿》抄錄時又偶有刪改。

屋前木筆桂芙蓉,屋後桃梨竹梅菊。傾城更有兩株樹,直壓三山衆芳伏。花光閣前錦幰張,聞雨樓邊彩雲簇。萼綠仙妃酒生暈,蕊珠夫人夢初足。弄晴飛燕倚春妝,帶雨玉環罷新浴。鉛華信是出天家,絕艷花中共推獨。主人詞老亦經師,薮此真同詩婢畜。乞陰誰奏劍南章,照妝欲爇東坡燭。

豹屏山古壙陶器出土詩以紀之 ①

豹屏山亦有時平,何況豹屏麓中墓。變遷陵谷尋常事,石馬昭陵超海去。<small>昭陵六馬中,拳毛騧、颯露紫四年被盜賣,入美國費拉德費亞博物院。</small>射烏樓下誰之阡? 三壙甃磚距尋步。高盈四尺廣方半,右潰中頹左完固。曾無棺槨與銘誌,三數盌盤密封錮。奇形瓶缶似罍罍,青綠斕斑土花汙。裏全彩釉表衹半,塼刻錢魚兩參互。白馬三郎築夾城,塼有錢紋所深惡。壙居城下壙先城,斷作唐陶此真據。頗疑何早有錢紋,舊範相沿豈訛鑄? 賢愚葬此信難知,知是貴人斷非庶。襲豐履厚處華屋,堆積奇珍如武庫。死猶能令牛眠富,陪壙夥頤殉明具。佳城一閉一千載,發掘今朝信奇數。當年泣涕瘞藏固,此日窗櫺博瞻顧。永和陵寢久無存,<small>閩王王延鈞稱帝,年號永和,葬惠陵。</small>玉椀金魚渺何處。況從東海揚塵後,絕世鼎彝莫爲護。此器掩埋苦不深,發藏未敢慶奇遇。

遊攝山寺 ②

棲霞名紺宇,萬木擁參差。山靜蟬逾噪,泉清茗不辭。<small>珍珠泉。</small>寺陽齊佛洞,巖巘夏王碑。欲去頻回首,他年繫夢思。

精藍傳六代,頹塔只今留。壁破藤蘿補,苔肥歲月遒。斷雲埋古佛,<small>飛來寺。</small>奇石壽荒邱。<small>秦皇劍石。</small>衆籟銷沈際,鐘聲萬壑流。

言訪桃花澗,披榛更越巒。五峰屏四面,一壑徑千盤。旁午如將暝,觀天總未寬。<small>一綫天。</small>俗緣何計了,林鳥共忻懽。

---

① 《永思堂詩稿》亦收錄。又載《民鳴》1931年第3卷第2期第93頁,同題,署"蔭亭"。有異文。
② 《永思堂詩稿》亦收錄。又載《民鳴》1931年第3卷第2期第94頁,同題,署"蔭亭"。有異文。

月夜①

參橫斗轉夜沉沉,碧海青天一寸心。墻角蛩聲檐角雁,時穿簾幙助孤吟。樓高霜重夜凄凄,人在欄東月在西。月不長圓人易老,一生禁得幾分攜?

後湖獨步②

却憶尋秋泛後湖,清香荷海世間無。只今雁景藏枯葦,伴我湖壖數柳株。寂寞湖山鎖凍雲,水邊吟思亂鴉群。徘徊欲照湖中影,却爲遊鯈破鏡紋。

雞鳴寺次壁間韵③

白下江山本畫圖,只餘煙水與平蕪。竭來多少邯鄲客,可被雞鳴喚醒無?

大鐘亭④

鐘銅質,重四萬六千斤。初臥泥中,許文肅公振禕布政江南時,爲亭覆之。鐘上有"洪武二十一年造"欵識,世乃競作景陽遺器考,不知何故。

知音喜汝遭文肅,耳食紛紛任妄庸。洪武紀元明白在,斷渠不是景陽鐘。拔爾泥塗覆爾亭,憑高還作不平鳴。只憐舉世春婆夢,負爾朝朝暮暮聲。

燕子磯晚眺⑤

石燕臨江險,時來一破顏。雲痕疑幻市,暮氣欲沈山。世變波爭起,年華水不還。天風吹雨雪,何事遍人間?

---

① 《永思堂詩稿》題《月夜有懷》,此爲其三、四首。有異文。
② 《永思堂詩稿》亦收録。
③ 同上。
④ 《永思堂詩稿》亦收録。有異文。
⑤ 《永思堂詩稿》亦收録。

同都歡登掃葉樓因上清涼山晚眺 ①

小作江南客，頻登掃葉樓。西風紅葉徑，殘照白蘋洲。駐馬看旋馬，駐馬坡有駐兵。排愁對莫愁。高人遺勝地，佳侶好遲留。

遲留同石友，更上翠微巔。一水真如練，群山欲化煙。寒松叢暮靄，朔吹緊霜天。勝地能高臥，何辭學半千。

寄懷石遺師 ②

師道久不明，薪文嘆淪斁。百工雜技藝，家法珍瓌璧。吾黨胡遜之，緬懷在夙昔。經師馬季長，升堂數玄植。宋景辭賦宗，靈修爲式則。子雲有芭譚，韓門有籍湜。百鳥依鸞凰，羽毛變顏色。所以古哲人，嚶求以爲德。

南天一文星，光芒照四海。小謫自陳芳，金剛身自在。名聲動諸侯，弁髦視金紫。大雅歎消沈，挽之回正始。春風一披拂，枯條麗華綺。守先以待後，懷哉契深旨。氣類感苕岑，妙理倘然否？ 夃崩渺雲間，畢生殷仰止。

尺素從天來，江南二月終。開緘得新什，朗誦開心胸。陡憶去年時，匹園春意濃。海棠領衆卉，白白復紅紅。嘉會比蘭亭，觴詠氣如虹。我今迷簿領，視聽失明聰。杏花楊柳色，風片雨絲中。幾時隨杖履，得失付苓通。

海棠艷無香，玫瑰麗多刺。造物無全美，休論人世事。頗愛涪翁奇，澀語苦爲累。劍南稍閑適，又覺傷率易。誠齋矯清真，言言透紙背。更有后山陳，格遒思沈摯。冬簽與夏爐，過時而棄置。文字可無窮，穩矣安心地。

病起愚園納涼同頌周景文 ③

秋到江南暑未收，招涼何處足清遊？留人小有池亭勝，袪病尤饒草樹幽。雪藕冰菱銷熱惱，荷香鳥韵散羈愁。低徊却共煙霞侶，短眺微吟晚不休。

---

① 《永思堂詩稿》亦收録。
② 《永思堂詩稿》亦收録。有異文。
③ 《永詩堂詩稿》亦收録。

半日偷閑眼暫開，池光柳色與徘徊。蟬聲斷續微風入，樹影參差倦鳥回。華屋已歸新姓氏，遊人空弔舊亭臺。一園著眼驚桑海，何處南朝門劫灰①？

暑晨同呂歧生遊靈谷寺

填胸萬壑復千邱，却戀郊坰隘九洲。晴色曉浮靈谷樹，松濤韻泛孝陵秋。勞生莫療烟霞疾，勝覽欣攜丱角儔。恣話鄉心消夏日，彌天孤憤片時休。

虎邱②

嵐光滴翠接虛空，悄踏輕陰破曉風。新雨驟添初夏綠，野花猶炫晚春紅。歌喉寂寞殘鵑裏，禁籞繁華茂草中。凡楚存亡誰得喪，祇嬴王霸等芩通。

夜讀③

暗風淒厲夜蕭森，顧影真同失侶禽。壯志欲隨秋葉減，客愁漸逐晚涼深。雲間征雁無粗糲，檐際昏鴉有故林。坐對韋編磨歲月，候蟲多事起商音。

與江伯修夜話④

失喜清溪上，重逢彩筆人。圍爐溫舊夢，更僕數窮塵。別久情逾厚，宵深話倍真。枯榮何足道，凍樹已含春。

南遊雜詩⑤

月明滄海一空潭，靜夜樓船似佛庵。但覺臨風如羽化，渾忘身落大荒南。

① "門"，疑誤。《永詩堂詩稿》作"問"。
② 《永詩堂詩外》有同題詩作，僅"新雨驟添初夏綠"句同。
③ 《永詩堂詩續》亦收錄。
④ 同上。
⑤ 《永詩堂詩續》亦收錄，凡二十首，此收錄其中十一首。

浮海平生樂未央，置身暫在水雲鄉。遑知人世炎涼地，著眼蒼茫我亦忘。

籠紗盤膝馬來人，矮肆群居沸市塵。長與皇家爲皂隸，爲誰一過一酸辛？ <small>華人生長星洲者，呼英政府爲皇家。</small>

檳林椰樹翠摩空，拂面涼廻萬木風。信是星洲圖畫好，華僑血幻杜鵑紅。

合説天南別有天，萬花如海四時妍。喚回十二年前夢，秋半榴花八月蓮。

著肩紗翼勢如飛，曳地長裙翠帶圍。三百七年文采舊，江山無恙主人非。 <small>斐列賓爲西班牙佔領三百七十餘年，一八九八年始歸美[①]，故習慣、語言尚沿西俗。</small>

一肩行李犯濤來，櫛雨梳風闢草萊。能使西人除大辟，折衝誰識此奇才？ <small>陳謙善。</small>

玄顥空擲國終分，太息崗頭黯暮雲。嶺表正迎和議使，遼東已駐虎狼軍。

趙佗遺器説銅壺，遠史荒唐事有無？此日是非何處辨，紛紛南北盜相呼。

六榕深處拂征埃，却爲詩人首重回。奕奕英靈頻詔我，命宫磨蝎枉言才。 <small>六榕寺拜蘇長公像。[②]</small>

十年前此賦長征，又向羊城作越吟。昔日豪懷今在否，却驚塵土滿衣襟。 <small>以上在廣州作。</small>

十月望與子木夜話[③]

沉陸稽天萬感并，苔岑相對漫崢嶸。月明畏見山河影，風過驚聞嗚咽聲。城上烏頭啼已白，隍中魚尾火終頳。葬身與汝知何處，抉眼胥門看越兵。

前詩意有未盡再成兩章[④]

魚爛悲何及，無辜此衆生。河山驚破碎，月色莫分明。遑惜爲奴辱，方矜植黨榮。彌天孤憤淚，不禁爲君傾。

---

① "一八九八"，原本作"一九八九"，《永思堂詩續》作"一九九八"，均誤。
② 該首與《永思堂詩續》稍異。
③ 《永思堂詩續》亦收錄。
④ 《永思堂詩續》亦收錄。有異文。

吾道今如此,相看淚滿巾。枕戈君與我,食肉爾何人?語默心逾苦,時危友更親。臨行頻復坐,早辦戰場身。

古意 ①

君心如明月,清光照大千。我亦一微塵,沾惠已無邊 ②。
君心如玄髮,化作萬千絲。分我萬千一,公侯不易之。
君心如梅花,花瓣祇有五。五一若歸吾,矢以相終古。
君心如孤影,祇隨我一人 ③。前生修未到 ④,且俟再來身。

搜書 ⑤

搜書求畫苦成痴,尚友娛情只遁辭。頗識古人甘苦意,發潛拾墜有心期。

爲漱六世叔題武夷九曲及林下彈琴圖 ⑥

年年夢繞武夷君,索米寧知尚白門。差喜陸沈難挽處,幔亭無恙待曾孫。
高山流水渺難尋,林下來彈變徵音。破碎青山凌亂水,不成韻調更傷心。

龍門 ⑦

欲廻大地無邊劫,色相何妨任毀傷。靈隱棲霞齊俯首,天留伊闕配雲崗。

---

① 《永思堂詩續》亦收錄,同。又載《長風(上海)》1933 年第 1 卷第 2 期第 17 頁,有異文。
② “沾”,《長風》作“受”。
③ “祇”,《長風》作“終”。
④ “前”,《長風》作“此”。
⑤ 《永思堂詩續》亦收錄。
⑥ 《永思堂詩續》亦收錄。其一有異文。
⑦ 《永思堂詩續》亦收錄,凡二首,此其一。

登雞鳴寺 ①

雞籠山上雞鳴寺,延賞寒空又一臨。曲徑通幽忘市近,斜陽染樹訝秋深。倚欄不盡炎涼感,攬勝全銷得失心。一事自哀年少日,坐看沈陸作詩淊。

對月 ②

獨對清光漏忽闌,河山幾似月團欒。感時意共蛩聲亂,干禄心隨夜色寒。自許頭顱堪報國,誰知憂患已摧肝。哀深未必詩能寫,四海冥梦袖手看。

宵寒 ③

宵寒破夢漸驚秋,沸砌繁蟲劇衆咻。欲把清光湔俗慮,翻疑月色只添愁。賦性原知總寡諧,微吟短眺遣生涯。月華未是無情物,不間炎涼入我懷。

風雪 ④

風雪關門嘆索居,爐邊兒女有歡娛。朝朝下飯瓢兒菜,飽讀人間不急書。

寄養清 ⑤

四載相望費夢思,對床騎樂各稱奇。何期賞菊持螯日,又是看雲憶弟時。有限光陰偏棄擲,無多骨肉更分離。危辭苦語終難寫,不盡心哀只自知。

---

① 《永思堂詩續》亦收録。首聯異。
② 《永思堂詩續》亦收録。有異文。
③ 《永思堂詩續》亦收録,前後居次相反,題爲《賦性》。有異文。
④ 《永思堂詩續》亦收録。有異文。
⑤ 《永思堂詩續》亦收録。

不寐 ①

清風大月夜真良，世界玲瓏勝睡鄉。不到參橫河淡後，誰知無價是秋光。

詣隨悔齋户外聞書聲 ②

書聲金石出柴門，欲叩還停淚暗吞。氣縱自華愁卒歲，董生何苦不窺園。

九月三日再詣隨悔齋賞桂花已盡謝餘馥未銷欣然有作 ③

緑葉芳根傲晚霜，餘香凝院極微茫。端應仙子能招隱，留供幽人續《辨亡》。

雨花泉 ④

秋原雨霽作春妍，歷劫空臺尚有泉。舉事數爲行路惜，勞生深欠入山緣。
天香縹渺分巖桂，霞綺氤氳散渚蓮。爲語雲端征雁道，投林總讓暮鴉先。

九日同劍秋破荒雞籠山登高因步臺城眺後湖懷養清弟 ⑤

如許秋光照眼明，肯因懶散廢山行。好携大海乘槎侶，來聽西風落葉聲。
攬勝每生遺世想，登高頓起故園情。懸知吹帽龜峰上，應向江南苦望兄。

肯讓參軍獨擅名，登高能賦氣縱橫。襟懷縱惡山堪被，菌苔雖枯水有情。
壯志妄思齊物役，名湖難與息勞生。江南自古傷心地，不獨齊梁拙用兵。

---

① 《永思堂詩續》亦收録。
② 同上。
③ 同上。
④ 《永思堂詩續》亦收録，題《雨花泉茗坐》。
⑤ 《永思堂詩續》亦收録，其二尾聯異。

懷石遺師時遊華山 ①

倚天照海一文星，焜耀三峰憎巨靈。十丈蓮船自誇大，重陽菊酒嬾沈冥。霜風不改青柯色，師不登三峰，至青柯坪而止。詩句應驚白帝庭。媿我江南空濩落，昭華未共聽傳經。女弟子王真同遊。

簷前古樹 ②

簷前古樹態難摹，月影描窗畫譜無。鐵幹銀柯新粉本，却將濃筆點棲烏。

憂心 ③

憂心如沸復如煎，不待津橋聽杜鵑。競把蝦夷儕索虜，侈談猶望靖康年。

白桃花

故應孤抱謝歡場，縞袂翩翩淡夕陽。蜂蝶却疑非正色，紛從露井逐紅妝。

栽花 ④

爲留生意滿庭除，小圃晨昏自灌鋤。照眼朱朱兼白白，江南春色在吾廬。

題寒枝共命圖

偁伽啼澈五更風，花落陀羅一樹空。留得枝頭雙瘦影，年年相對怨殘紅。

---

① 《永思堂詩續》亦收録。
② 同上。
③ 《永思堂詩續》亦收録，題爲《入洛》，凡四首，此其三。
④ 《慈竹居詩拾》亦收録。

巢寒難借一枝安，比翼猶堪拾墜歡。爭奈風狂兼雨暴，畫圖祇換淚珠彈。

北戴河

翠閣朱甍倚碧峰，未秋海澨已西風。清幽卉木宜消夏，浩蕩波濤足盪胸。治事衙齋饒野趣，延賓別館似瓊宮。遊踪踏遍瀛寰勝，靜雅渾雄孰與同？

遊北戴河蓮峰至觀音寺 ①

穿林越澗下烟巒，來借僧寮一晌安。松翠上衣經院靜，海風吹浪日光寒。無邊景物忙中過，大好河山劫裏看。暗把心香資佛力，倘教溟渤息驚瀾。

同福飯店

樓頭一枕十分涼，潑眼嵐光與水光。海色連天深淺碧，潮音接耳去來忙。長廊晝靜宜清夢，古木陰濃易夕陽。盡掃塵氛屏俗慮，渾忘人世有滄桑。

晚步

雲水光中一索題，如棉沙徑忘高低。新栽苗圃青油幕，早熟膏梁錦繡畦。驢背駄嬌山上下，蓮峰濯秀海東西。微吟短眺閒乘興，暮色蒼然路欲迷。東、西蓮峰爲北戴河名勝。

不寐

老母何方可避兵，鄉愁入枕夢難成。民窮賊膽誰能恤，世變天心獨不驚。怎忍思量他日事，最難將息此時情。心潮一共波濤湧，亙古號啕吼不平。

---

① 又載陳衍編：《説詩社詩録》卷二十五，民國二十六年鉛印本。

寄家

結習無端復縱歌，不殊風景感山河。枌榆憔悴家何在，道路艱難夢易訛。寒色漸隨鄉思積，浪花寧比客愁多。先憂後樂吾安敢，常恐丹心付逝波。

北戴河雜詩①

綺霞倒影幻千奇，飄袂風廻剎那吹。著眼蒼茫渾一碧，不知海立抑天垂。
綠蔭朱甍深復深，海濱別館午沈沈。炎官亦有威窮處，力可廻天總是金。
殘陽有意戀紅妝，已墜虞淵復吐芒。反照潮平沙輭處，雙雙倩影水中央。
萬松深處一精藍，大海潮音上梵龕。如此薊南清絶地，世間何物是江南？
過了劉莊又單莊，金沙嘴上望秦皇。島烟海霧休開霽，一見榆關恐斷腸。
海上驚濤玉作堆，黑風忽捲入樓臺。洶洶來勢如臨敵，却是虛聲寂寞廻。

北寧路上②

榆關不守守灤河，灞上群兒奈爾何。來弔橋頭新戰迹，居人能説已無多。
縱教海水都成淚，難寫塘沽過客哀。解事颸輪如電掣，不容北望首千廻。

拔可丈枉顧示以于湖舟望詩次韻奉懷

高軒忽在門，懷思去鬱積。耀眼于湖詩，一字千鈞力。五言宗陸蘇，起予得鍼石。久埋簿領中，陡覺塵襟滌。閩派振同光，劣質難爲役。祇憐讀書種，栖栖鬚髮白。丈論詩，五古宗東坡、劍南。又云，吾閩讀書種子，惟石師一人。師現寓吳門，多病，故云。

---

① 該篇第二至五首又載《説詩社詩録》卷二十五，同題。
② 《説詩社詩録》卷二十五收録，全同。又載《青鶴》1936年 第4卷第6期第4頁，同題，署“蔭亭”，凡四首。《慈竹居詩拾》亦收録，題《北寧道上》，凡四首。第三、四首見《慈竹居詩拾遺》。

全家避地福州 ①

倉皇盡室竄榕城,兵火巖灘萬險并。依舊雲山千里別,不知道路幾番驚。
微官羈滯難將母,弱妹飄零苦望兄。差幸平安全七口,松楸又動故園情。

晤石師滬上以毛詩請業師爲暢言時
夏劍丞李拔可梁衆異黃公渚先生在座

澡雪精神松鶴姿,淞濱失喜拜經師。偶談名理頻驚座,細釋蟲魚善說詩。
序獨從蘇憑抉擇,風多於雅漫然疑。若知垂戒存微意,齊魯韓毛任兩歧。

次石師同遊燕子磯元韵 ②

曾聞振策上危磯,不及扁舟望翠微。步武舊遊辭竹杖 ③,登臨新雨滑苔衣 ④。
翩翩沙鳥波爭掠,片片風帆葉共飛。一代射洪豪興在,餘霞散綺軼玄暉。

纕蘅約同人在清涼山掃葉樓登高分韵得正字 ⑤

曹君直以詩爲命,常築詩壇頒律令。半千留得半畝園,點綴江山恣吟咏。
重陽登高亦常事,少長群賢斯爲盛。西江一老天所全,領袖群倫今詩聖 ⑥。亮
節還同掃葉僧,文章僧豈能季孟 ⑦。龍山玉山久銷歇,文物南朝嗟不競。謝公
四美一時并,大雅扶輪滋可慶。長江一線天際來,四山雨洗秋容淨。烟開返
照入深林,一角危樓清且清。吾師聞說登虎阜,嬾出遠遊謝酒病。 石遺師以病未

---

① 《說詩社詩錄》卷二十五收錄,題《聞全家逃兵至福州》。
② 《說詩社詩錄》卷二十五收錄,同題,有異文。
③ "辭",《說詩社詩錄》作"留"。
④ "登臨",《說詩社詩錄》卷二十五收錄,"經過"。
⑤ 《說詩社詩錄》卷二十五,《慈竹居詩鈔(附詩拾)》收錄。
⑥ 《說詩社詩錄》有注文:"散原先生在座。"
⑦ "能"字原脫,據《說詩社詩錄》補。

來。簿書叢裏漫抽毫，賴有諸賢足就正。

久不作詩九月望夜對月有感①

悄倚欄陰意萬重②，亂蛩相伴對秋容③。心寒最覺風霜早，才盡寧關筆墨慵。靜夜樓臺爭突兀，清輝嵐嶂越葱蘢。情知哀樂都無補，欲辦酣眠興却濃。

重陽豁蒙樓登高分韻得存字④

連朝風雨黯銷魂，秋霽雙眉倘暫軒。薄靄故妍霜後嶂，殘陽獨媚劫餘村。登高又值群公會，扶雅還看一老存。祇願逢辰常作健，漫愁同是去鄉園。石遺師在座

真成八表已同昏，賸水殘山合斷魂。如共低徊千劫在，不關興廢數峰存。寒花作意娛高會，孑影何心望故園。萬念秋深隨葉減，欲從禪榻學忘言。太虛在座

友松堂⑤

平陽之鮑，在明英宗時有隱君曰士高，潛德不耀，築友松堂於方山，課其子輝。以文學起家，官給諫，著直聲。土木之役，諫不納，遂以身殉焉。堂久圮，希初兄之世父公素先生意欲重建，作詩述志，屬曾樾和。曾樾既欽給諫父子之高風，美鮑氏子姓之雅志，欣然賦之。

五百年前一草堂，尚留姓字壯橫陽。友松豈獨覘懷抱，教子從知有義方。土木空屯餘涕淚，忠貞青史凜風霜。神州眼底今何世，濟美還看小阮郎。

---

① 《説詩社詩録》卷二十五收録。又載《文藝捃華》1936年第3卷第1期第39頁，同題，承前署"（侯官）黃曾樾（蔭亭）"。又載《青鶴》1935年第3卷第4期《近人詩録》第3頁，題《九月十五夜對月有感賦》，署"蔭亭"。

② "重"，《青鶴》作"里"。

③ "對"，《説詩社詩録》作"悄"。

④ 又載《文藝捃華》1936年第3卷第1期第39頁，同題，承前署"（侯官）黃曾樾（蔭亭）"。

⑤ 又載《文藝捃華》1936年第3卷第1期第40頁，同題，承前署"（侯官）黃曾樾（蔭亭）"。

夜永 ①

夜永霜高入夢難,起招孤影與憑欄②。情懷牢落從誰訴,却喜清輝照肺肝。
小樓遙挹蔣山青,雲黛烟鬟展畫屏。宜雨宜晴看不厭,月中相對更忘形。

携兒女遊山 ③

一秋十日九無悰,新霽寧辭出戶慵。好與林巒消永晝,且携兒女伴遊蹤。
雨餘衆綠爭供眼,風緊群蜚莫動容。已併千哀入寥廓,肯將得失芥吾胸。

不寐 ④

拼將酣睡慰蹉跎,破夢霜風入戶多。枕畔情懷千起滅,愁邊精力半銷磨。
已灰獸炭爐無熱⑤,久死人心井不波。憂患如山生似露,寒燈空照影嵯峨。

子木枉過夜談

心寒爐火不能温,夜迥爐邊有斷魂。祈死固應知世事,陽狂未必解煩冤。
祇將談笑鳴孤憤,漫把詩歌作罪言。非汝共誰論此意,且携冷眼向乾坤。

---

① 《説詩社詩録》卷二十五收録。又載《國學論衡》1936 年第 7 期《文苑》第 16 頁,同題,
承前署"(侯官)黃曾樾(蔭亭)"。《慈竹居詩拾》收録,依次爲《建康雜詩》第三、二首。

② "起招孤影與憑欄",《説詩社詩録》《國學論衡》作"巡簷拾級一憑欄",《建康雜詩》作
"起招孤影與盤桓"

③ 《説詩社詩録》卷二十五收録。又載《國學論衡》1936 年第 7 期《文苑》第 16 頁,同題,
承前署"(侯官)黃曾樾(蔭亭)"。又載《青鶴》1935 年第 3 卷第 6 期《近人詩録》第 4 頁,同題,
署"蔭亭"。

④ 《説詩社詩録》卷二十五收録。又載《國學論衡》1936 年第 7 期《文苑》第 16 頁,同題,
承前署"(侯官)黃曾樾(蔭亭)"。《慈竹居詩拾》亦收録,爲《建康雜詩》第四、五首,以為七絶。

⑤ "獸炭",《説詩社詩録》《國學論衡》作"塘火"。

寄題觀斗樓①

鮑公素先生重修平陽觀斗樓，結吟侶嘯詠其中，屬猶子希初徵詩於曾樾。拙詩不足觀也，重違友命，率爾操觚。

一樓跂腳句先登，何日鬮詩共佛鐙？彩筆懸知干北斗，禪機底處證南能。勞生逆旅殊難息，堆眼官書劇可憎。負了嬋嬛名紺宇，祇餘魂夢繞觚棱。

古意

嬋娟眼中淚，壯士心頭血。淚則日以流，血則日以竭。淚若變爲河，血則化爲鐵。鐵雖號錚錚，終被河流囓。血若沸爲湯，淚則凝爲雪。雪雖易消融，能止沸湯熱。千古杜鵑魂，一聲腸一絕。空留哀怨音，無補人天缺。

遊采石磯同高迪庵②

遊遍江南山，巉磯才一至。挈侶趁秋晴，黃葉自成世。尋常一樹石，經霜巧雕繪。厥勝在巖阿，誰會此中秘？底用上峨眉，始攬翠螺翠。更莫爇犀照③，白晝已多怪。虞常久不作，山水無生氣。且招太白魂，暫與豁蒙蔽。

論畫贈李問渠丈④

生恨不能畫，嗜畫却成癖。名人寸斷縑，珍之逾拱璧。千讀萬摩挲，百慮自辟易。陶情勝樂詩，樂詩缺形色。六合紛萬變，渲染入尺帛。偉哉丹青筆，平分造化力。一皴一點間，作者滯魂魄。所以愛畫人，尊之等英辟。吾友徐悲鴻，畫名

① 又載《國學論衡》1936 年第 7 期《文苑》第 16 頁，同題，承前署"（侯官）黃曾樾（蔭亭）"。
② 《說詩社詩録》卷二十五收録。又載《文藝捃華》1936 年第 3 卷第 1 期第 39 頁，同題，署"（侯官）黃曾樾（蔭亭）"。又載《青鶴》1936 年第 4 卷第 9 期《近人詩録》第 1 頁，題《遊采石磯同高迪庵》，署"蔭亭"。
③ 《說詩社詩録》作"更莫照然犀"。
④ 《說詩社詩録》卷二十五收録，有異文。

播重譯。湯定之張大千黃公渚夏劍承彭斗漱,六法各有得。彭門有苦李,筆奪蓬心席。幽蘭抱孤芳,不競名藉藉。氣類感苔岑,屢荷百朋錫。報以五七言,倘亦許同德。

問禮亭落成徵詩分韵得貨字 ①

經邦制墜聖不作②,篡弑相尋各爭霸。文獻不足禮失徵,問老宣尼曾命駕。柱下留言戴聖記,儋萊爭何不相下。禪宗昌熾永明年,聖迹鐫圖足驚訝。南朝片石連城價,況此神護未殘破。千載湮埋洛水濱③,一朝出土珍奇貨④。戴公枋國以禮化,吾道行看益光大。栒櫨丹艧與蓋覆,轃然不僅爲石賀⑤。

感憤⑥

病樹還留幾日陰,悽惶相對衹孤吟。殘生敢笑三秋葉,未死真憐一寸心。酒與排愁無奈醒⑦,書能遮眼不妨瑤。淚痕血點垂胸臆,杜老沉哀孰淺深⑧?

寄賴如棠永安⑨

眼枯無淚哭家山,夢斷沙溪路幾灣⑩。生死交期羊左後,人天福慧惠夷間。怒蛙負氣嗟何補,倦翮驚霜苦未還。林下談瀛騎欵段,爭能携手破愁顏。

---

① 又載《新亞細亞》1936 年第 12 卷第 3 期第 116 頁,題《詠問禮亭(得貨字)》,署"黃曾樾(蔭亭)"。《青鶴》1936 年第 4 卷第 4 期《近人詩錄》第 4 頁,同題,署"蔭亭"。《慈竹居詩拾》亦收錄,同題,偶有異文。

② "墜",《慈竹居詩拾》作"墮"。

③ "水",《新亞細亞》作"土"。

④ "珍",《慈竹居詩拾》作"稱"。

⑤ "石",《慈竹居詩拾》作"名"。

⑥ 《説詩社詩錄》卷二十五收錄,題《感憤寄賴如棠永安》。《慈竹居詩鈔》亦收錄,題《病樹》。又參見注解⑨。

⑦ "與",《説詩社詩錄》《青鶴》作"可"。

⑧ "杜老沉哀孰淺深",《説詩社詩錄》《青鶴》作"杜老沉哀豈算深"。

⑨ 《慈竹居詩鈔》亦收錄,題《感憤寄賴如棠永安》,有注云:"此詩兩首,其第一首見前。《詩鈔》題曰《病樹》。"又載《青鶴》1936 年第 4 卷第 5 期 3 頁,亦題《感憤寄賴如棠永安》,署"蔭亭",凡二首,有異文。按《慈竹居詩鈔》所錄《病樹》詩,即《感憤》。

⑩ "路",《青鶴》作"險"。

隨悔齋偶成[①]

幽齋來聽鳥呼風，此樂還能幾日同。漫説江南秋正好，霜楓一片可憐紅。

木葉紛紛辭故枝，辭枝時是再生時。了知枯樹藏春意，風緊霜繁莫浪悲。

十二月十日[②]

七載家鄉掩淚看，却因避地獲檀欒。慈祥倍昔人何憊，菽水從今夢不安。小聚可堪仍睽别，遠遊無計捄飢寒。歸來携得瀛談富，倘博慈顔一笑歡。

星洲書感

南荒炎瘴地，來孰華胄古。蓽輅啓山林，黠胡以力取。嫉我甚吉寧，苛政猛於虎。託命在刀俎，積痛塞寰宇。綺筵華厦間，碧眼神仙侶。蓬門板屋内，菜色粵閩賈。奔馳烈日下，終年汗如雨。更有勞力者，胼胝一何苦。間逢陶猗流，辛勤能建樹。業糖與樹膠，致資千萬鉅。可憐今昔殊，休將同日語。傷心殖貨場，政事爲基礎。桑榆不速補，吾僑盡成虜。泣告采風人，一一吾目睹。

星洲飲椰漿

星洲風景天下奇，連雲芳草茫無涯。四時花卉盡春色，潑眼濃緑無枯枝。市地橡林張翠幕，摩天椰樹含奇姿。子椰如瓠盛瓊液，剖飲解渴甘如飴。嫩瓤麗殼更清脆，雪白勝似佳人肌。馬來美味推第一，歌詠愧乏瓊琚辭。朔方羊酪那堪比，始信造物原無私。惜哉雙井世未顯，朽穀猶得邀題詩。

---

① 《説詩社詩録》卷二十五收録第一首，同題。又載《國學論衡》1936年第7期《文苑》第16頁，題《隨悔齋偶成贈裘子木》，亦僅録第一首，承前署“（侯官）黄曾樾（蔭亭）”。第二首《永思堂詩續》收録，見《有感》（其二）。

② 《慈竹居詩鈔（附詩拾）》有《離家》一首，云：七載家園帶淚看，避兵何意獲團欒？精神似昔親還健，菽水從今夢亦安。小聚休嗟仍遠别，壯游不僅救飢寒。歸來携得談瀛富，倘博慈顔一笑歡。

孟買博物館

陸離光怪安足論,孟城集古驚絕倫。博羅西域吉金石,中土瓷玉銅罍鐏。珍禽異獸奇巧製,並畜兼收難具陳。範金斲木造佛像,面目奕奕千百尊。多臂猙獰彼何神,劫灰傳自婆羅門。爛斑壁畫何時物,粉墨黯淡留殘痕。更驚彩繪神栩栩,燦爛金碧李將軍。何期海外逢舊雨,北派遠祖吾識真。有唐佛法極宏熾,大德將畫來中原。道昭父子日濡染,用拓六法之籬樊。南宗自此分壁壘,拔地萬古雙嶙峋。一如明季曾波臣,悟彼耶像陰陽分。寫真一旦得妙訣,不藉毫頰工傳神。晉玄唐畫魏石刻,釋教藝術同根親。得魚忘筌有玄喻,非等剽竊泯主賓。敻哉李曾今不作,此意邈邈誰能言!

瀛寰紀遊

海外風光待入詩,康黃不作解人誰。紀遊愧乏生花筆,肯讓劉郎擅《竹枝》。

南來喜復見明珠,卉木暄妍景不殊。祇愧黎沙碑下過,虞淵淪日手親扶。

馬尼剌弔黎沙。

痛哭星洲此四回,人為刀俎你誰哀?汗珠換米飢難捄,猶負虛聲擁鉅財。

星嘉坡。

漿逾乳酒肉鵝肪,祇欠同君仔細嘗。北望中原真一髮,幾回怊悵倚栟櫚。

星嘉坡飲椰漿憶素聞。

橡椰海碧浩無邊,山徑砥平軟似錦。鎮日颸輪馳不盡,大觀人世在南天。

由星嘉坡赴檳榔嶼。

淺草鋪茵碧似油,朱甍堊壁倚林邱。天南處處皆圖畫,畫裏仙源在雪洲。

雪蘭莪。

環湖草碧樹參天,照影湖波忽十年。空剩菩提依舊綠,楞伽無補海成田。

坎地。

西遊喜見舞天魔,響遏行雲復妙歌。能使君王腸斷絕,不留清淚灑山河。

孟買觀劇。

能言生死皆平等，敢目巴西是野蠻。將肉飼鷹原解事，何勞姓字落人間。

觀孟買巴西人天葬處。

暴君陵寢插天閶，滔祀觚稜震大荒。多事殘民窮力役，祇供過客話興亡。

埃及陵廟。

空憑聲淚與招魂，寧雪遺黎萬古冤。縱徹天泉禾黍痛，斷垣頑石總無言。

猶太哭墻。

十載重瀛生死別，尚留一拜大師緣。龍鍾含淚還相送，無語憑窗意萬千。

赴斯塔斯堡謁高保樂師。

爲愛盧郎側艷才，四方來拜舊樓臺。美人名士皆黃土，一樹籐花寂寞開。

尚比里訪盧梭故居，門前紫籐花一株盛開，係盧梭手植。

錦茵銀燭按新腔，舞罷盈盈倚綺窻。細數廿橋微月下，衣香人影一雙雙。

里昂。

六年玉手與調羹，碧海青天歲十更。不分霎時重笑語，還將往事認分明。

晤瑪麗亞。

房櫳依舊淚留痕，絕代容妝剩斷魂。一種温馨心上過，十年殘夢若爲温。

哀馬克。

明知絕望訂重來，我竟重來汝骨灰。怎使剛腸能不斷，天涯紅粉解憐才。

哀貝奧列夫人。

依舊湖波嫩似人，山花紅上女兒脣，祇憐玉樹埋塵後，水色嵐光不當春。

列明湖憶馬克同泛。

檳榔嶼極樂寺

島國觚稜賸劫灰，尚留絳宇翠屛隈。凌宵樓觀爭峰出，跋浪蛟龍聽法來。倚檻風翻榔樹海，拂塵身忘火雲堆。滄桑莫共闍黎語，野鶴閒鷗久見猜。

以道因碑爲幼余四十壽

我好《道因碑》，剛健含婀娜。我好我幼余，誰歟此健者？孤芳擢汙穢，攖抱祇民社。交遊遍寰宇，久親若君寡。年少盛意氣，心獨爲君下。君性尤落落，平生獨好我。愛深望亦奢，雲路追風馬。駿蹄苦未騁，飢寒肆轠鎖。忽忽四十年，萬事無一可。劫裏聚峨岷，齒啟淚先墮。才真不祥物，精金休躍冶。世除朋友真，萬緣盡虛假。駈蚄相託命，長途歷嵬砢。宵晦鷄自鳴，浪惡柁堅把。相期葆松筠，初衷寧遽捨。方才倘未灰，終當振華夏。抗懷寄象先，肯妄傷轞軻。喧赫軒冕流，螟蛉與螺蠃。勁節蘭臺公，心畫堅鋒寫。君書酷肖之，持此助瓊玿。

讀詩偶題

清詩何地著朱王，二鄭經巢、海藏吾師友顧亭林張廣雅。參透此中三昧後，目無餘子定非狂。

經巢摯語冠同光，趾美難將伏敬堂。字字筆鋒皆透紙，劣堪秋蟪儗江郎。

爭教祝敬作籬堞，末派江西總鈍根。舉世紛紛罪初祖，黃陳地下久含冤。

西江餘瀋醉群倫，誰識廬山面目真？自鑄瑰辭抒忠愛，寧將險語駭時人。散原先生晚居廬山。

桐城學者服通州，自詡元明第一流。棘地荊天餘苦語，枉拋心力作詩囚。范伯子自謂其詩爲元遺山後一人，周勤伯曾親聞之。

亦唐亦宋亦曹劉，并畜兼收一不留。派啟同光真教主，彌天萬古海藏樓。

散釋招聚秦淮修禊分韻得自字 ①

沴氣昏八表，被除向何地？促國日百里，歸獄到文字。吾徒乘禊辰 ②，却樹騷壇幟。南朝一水榭，中有無窮世。閏春桃柳遲，槎枒照肝肺。吞聲任淤壅，秦淮太更事。欲使河流清，當先去汙穢。詎知疏鑿手，施爲適相背。始信禰襪子，活國有奇計。酖毒罪山川，讆言果奚自？肯將無涯劫，掛此枯淚眥。且如永和人，寄興於象外 ③。

---

① 又載《青鶴》1936年第4卷第14期《近人詩錄》第1頁，題《釋戡丈招聚秦淮水榭修禊分韻得自字》，署"蔭亭"。

② "乘"，《青鶴》作"趁"。

③ "象"，《青鶴》作"衆"。

慈竹居詩稿卷下

同彝伯素聞登黄鶴樓

江湖爭得沫相濡,倚檻魂飛景物殊。武漢上遊空險要,東南半壁久榛蕪。
陶桓開濟今何在,廣雅規模漸欲無。熙皞不知寒日薄,遺黎掩淚苦踟躕。

得素聞萬安書却寄

骨折心摧淚亦枯,萬金書博笑顏無?廻環疾讀還徐讀,髮鬍長吁復短吁。
生死親朋難問訊,萍蓬骨肉轉江湖。分明是想空何易,惶恐灘頭久病軀。

雨夜 ①

鳴廊暗雨夜刁刁②,影與爲鄰未寂寥。坐對瓶花成我世,獨親茗椀失春宵。
心追野馬人終倦③,夢入孤燈燼易焦。多事聞雞驚起意,陡掀方寸沸天潮。

讀哀江南賦

楚弓楚得齊梁事,沉陸真驚挽不回。倉頡無靈庾信淺,更教何計寫心哀。
十載東南民力竭,幾人贏得好樓臺?誰知費盡千機巧,祇換昆明一掬灰。
草長花開鶯亂飛,不知城郭已全非。尋常百姓堂前燕,難逐春風一一歸。

---

① 《慈竹居詩拾》收録,以爲絶句二首,即《建康雜詩》第六、七首。
② "暗",《慈竹居詩拾》作"寒"。
③ "倦",《慈竹居詩拾》作"懲"。

暫閒

敢將拙宦誇中隱，却喜塵勞得暫閒。興至攤書同訪舊，倦來讀畫當看山。

寄懷高迪庵

靈谷同看浩蕩春，勝遊回首頓成塵。郵筒往復惟緘淚，詩句鐫摹總愴神。
去國光陰消暮雪，沉湘心事負花晨。羨君猶得琴臺畔，對泣牛衣是幸民。

次韻答迪庵

快雪時情春倍佳，祇嗟吟賞各天涯。有情芍藥垂垂發，無主園林處處皆。
不敢引吭歌楚些，可堪合眼夢秦淮。孑遺何日重携手，共把衡湘一拓懷。

憶鍾山

無端花事憶鍾山，照海烘天擁翠鬟。劫後園林餘地獄，夢中親故幾人閒？
匡時贏得丹心破，撫景難禁熱淚潸。屏絶萬緣貪一寂，枝頭翻厭鳥綿蠻。

夜雨不寐

不寐愁人苦夜長，敲窗寒雨助凄涼。懸知白髮淞江上，猶爲孤兒暗斷腸。
愁人不寐到宵深，檐溜如穿鐵石心。遙想玉顏梅嶺下，廻腸正誦《白頭吟》。

春盡

狂風飄艷竟無存，遠屋留陰晝易昏。身世驚殘蛺蝶夢，江山啼斷杜鵑魂。
連天劫火爭春色，過雨殘紅帶淚痕。不獨芳時無限恨，湘纍難起共誰論。

長沙見石榴花因憶京寓小園花木

京居苦湫隘，咫尺階前地。雜蓺四時花，慰眼饒生意。石榴貴晚實，頗招衆議怪。去歲忽纍纍，歡譁鬧童稚。不遑迫成熟，指樹爭標識。各據爲己私，兄妹誇相示。母老似兒童，指數龍鍾至。昏眼費搜尋，果小葉藏邃。少長咸咨嗟，狂風殞一二。朝朝祝易碩，果碩人離異。照眼楚江湄，紅驚劫火熾。懸知秣陵花，應與人憔悴。

覽遍瀛寰勝，小園獨縈思。七載費平治，玉腕勞栽蒔。澆灌課群兒，芟剪煩予季。亭亭檐際梅，盆苗所移植。桃梨相代謝，松柏挺蒼翠。遂令一弓園，江南春色萃。下值歸衡門，百卉爭呈媚。頓忘塵市喧，聊寄烟霞志。舉家紛四竄，胡騎一朝至。流離不自憐，小草還勞記。此時茉莉香，翻階繡毹恣。瀟湘盛蘭芷，未盡可人意。浮屠戒三宿，忘情故非易。廣平鐵石心，對此應垂淚。

郭蘭石先生畫蘭石

蘭石以書名，祁文端何子貞趙蓉舫并重。道州作松竹，狡獪時一弄。郭公真人豪，六法迥殊衆。玉堂揮翰手，乃作丹青用。漪漪蘭可紉，巖巖石可礱。不作凡花木，高懷振昏霿。許甌香黃癭瓢華新羅上官竹莊，寂寥誰伯仲？八閩畫苑中，莆陽一鳴鳳。濁世無真賞，衆口共一哄。珍此煤灰餘，劫中作清供。殘縑何足道，大廈折梁棟。引領望東南，擲筆爲長慟。

鈷鉧潭

溪畔小崢嶸，支離數峰石。傴僂幾株樹，瀟流與爭碧。何與鈷鉧名，自足慰逋客。千秋柳柳州，應此滯魂魄。身窮詩可昌，得計老山澤。流亡與貶謫，我今劇殊昔。四顧將安歸，旁皇日之夕。愚溪倘不愚，深山響霹靂。

朝陽巖

《永州八記》中，不數朝陽巖。遙瞻已心醉，幽險何庸探。蘢蔥萬木末，峭壁嵌精藍。巖隈藏古洞，黝邃何谽谺。陰森聳毛骨，疑此非塵寰。摩挲道州刻，文字愁爛斒。琅然何處琴，暗水鳴潺湲。凝神若有會，潑眼西山嵐。一曲瀟江水，返景千姿涵。宜晨復宜夕，應足凌邱潭。偶來一繕性，劫裏緣非慳。祇恐霜霰重，不得常躋攀。

淡巖

遠望若可愛，亂峰森玉筍。即之兩巨甕，石刻多堪哂。蹀躞將二程，所得唯一靜。隔絶俗子塵，暫此發深省。

息景巖藻孫同遊

朝陽名於唐，淡巖顯於宋。獨此息景奇，不爲古所重。真美難終閟，名已噪閭巷。我來值炎暑，砭骨烟嵐凍。水木絶明瑟，隱顯恣登降。憑高望蒼梧，憩碉歌《商頌》。廻光泛深林，頹波幻奇虹。零陵佳絶地，勝侶忻能共。絶俗悟性真，緣情生累衆。冥心接玄昊，妄迹歸昏霿。沈沈萬籟中，多事羈禽哢。一枕碉邊涼，好作江南夢。

同大千髥廬登獨秀峰

播逋獨得共登臨，一快平生作賦心。欲向峰頭看日落，可堪暝色逐秋深。孤高倍覺霜風緊，突兀偏教瘴雨侵。徙倚沈吟腸已斷，割愁空有劍如林。

三別好詩

殊俗酸鹹亦自訾，汪文楊記後山詩。都將身世無窮淚，付與廻腸盪氣辭。辭賦俳優已可哀，吊娟頌盜莫輕咍。銷魂絶代汪容甫，字字鎔經鑄史來。洛陽灰燼元仍在，建業羶腥國不堪。安得撫軍良史筆，伽藍一一記江南。貌枯骨艷意千錘，別闢町畦自一奇。欲與杜陵爭出手，敢疑弟子不如師。

題髯廬山水

劫裏相逢馬髯廬,絕憐臭味到詩臞。安排冷眼看桑海,收拾殘山入畫圖。吳惲前朝難獨步,張余并世合齊驅。秪愁坐對丹青好,欲訪仙源路已無。

重九和夢梅示藻葢

流亡無計可軒眉,落帽風光助客悲。登覽欲娛生露電,謳吟莫療眼瘡痍。斜陽自媚江山美,巢燕寧知棟宇危。一柱天南空突兀,衆峰爭奈總支離。

江南勝會已成塵,一代詞宗宰木新。此日登臨烟瘴地,中年懷抱亂離人。吟邊家國荆駝感,劫裏朋儔骨肉親。土木形骸君莫惜,苦餘意氣尚能春。_癸西、甲戌金陵登高,散原、石遺兩先生先後與會。

桂黔道中 ①

千山萬壑廻旋地,一縷驚魂底處安。毒瘴更教當極目,沈憂不散已摧肝。文章鄭莫今何補,志事尊陽歲亦闌。顛沛蠻荒遑自惜,坐看人海怒翻瀾。

又絶句八首 ②

湖湘轉徙入蠻天,爲口忘生亦自憐。官退何曾詩力進,愧無奇句答山川。
國敝但餘民況悴,山枯惟見石狰獰。誰知一片傷心地,竟負烟霞蓋世名。
斷知魚爛悲何及,瘴雨蠻烟一例恩 ③。未即埋輪從此逝,望門投止莫輕言 ④。
百結鶉衣窮亦樂,衣無可結始真窮。痌瘝不在群公抱,椎魯還誇太古風。

---

① 《慈竹居詩拾》題《湘黔道中》。
② 《慈竹居詩拾》收録第一、三、五至八,凡六首,題《湘黔道中雜詠》。
③ "恩",《慈竹居詩拾》作"思"。
④ "言",《慈竹居詩拾》作"之"。按,以上二字當以《慈竹居詩拾》爲勝。疑底稿"思"、"之"爲行草,《慈竹居詩稿》抄寫者訛爲"恩"、"言",而先生又未及校出。

道路盤旋蠶作繭①，峰巒起伏浪翻江。崎嶇閱遍人間世，肯爲蠻山氣便降。一車如矢貫屯雲，峭壁摩天路不分。呼吸死生驚未了，却愁蹒跚正迎君。歲入夷牢穬亦荒，地連六詔瘴雲黃。盤江一線千山底，解事吞聲待夕陽。九死殘魂到夜郎，飫經懸壁萬盤腸。流離未倦平生意，時上峰頭望建康。

謁橋陵②

橋陵佳氣鬱葱葱，萬禩山河一戰功。力牧徽猷今未沬，蚩尤殘暴爾終窮。神仙縹緲威靈在，弓劍虛無肸蠁通。閱遍瀛寰興廢地，信知土德日方中。

至貴陽宿二橋

一笑還疑幻與真，分明促膝意中人。溪聲撼夢村樓夕，玉手傳盃瘴雨春。別短已驚容況悴，時危空剩胆輪囷。憂深始信終難解，豪竹哀絲總愴神。

依舊

依舊芙蓉濯水新，劫灰無碍散花人。鬢青不改年時鏡，眉嫵長留咫尺春。萬種溫存甦斷夢，十年根觸黯流塵。秦淮何事堪回首，漫向巫陽質幻真。

次韻答行嚴先生

官書堆眼欲充寺，草萊心徑荒文字。我詩曹鄶不成邦，難與宗盟較同異。公學淵源江導岷，時流駴汗敢闖闒。流離巴蜀驚相見，醇醴能教野性馴。墜緒茫茫紹千載，公孫鄒子今如在。胸中光怪燭天衢，腕底波瀾翻學海。拘虛儒效誤孫卿，變夏危言世漫驚。看化神奇迴臭腐，端應絕學力昌名。

---

① "道路盤旋蠶作繭"，《慈竹居詩拾》作"道徑回環蠶作繭"。
② 又載《民族詩壇》1939 年第 3 卷第 6 期第 55 頁，同題，署"黃曾樾"。

次行嚴先生題拙作埃及鈎沉韵奉答

探奇沙磧非好事,心鈹鴻濛貞石字。更驚制作赫然存,不僅遺聞散書記。潛搜未遽通幽冥,故墟爬剔摩圖銘。叢殘彌漫孰掇拾,欲作野史今無亭。歡場歛跡伏牖下,細字昏燈眵目寫。天壤寧知人境廬,抗手心期祇班馬。是邦傑構震瀛海,將聖微言軼華夏。誰敿振筆鑄宏辭,宇宙縱橫恣錘冶。先生學海濤瀾潤,侯官不作匹儔寡。願揮霹靂蕩氛埃,淨掃淫哇還大雅。

遊廣華寺同辰子①

寺在塗山,景肖牛頭。曩曾偕遊,飯于祖師堂,忽忽十年矣。

輕扶纖手上危峰,共踏秋陰一萬重。遠黛寒嵐爭自媚,風期騷怨肯相容。僧厨黯憶牛頭味,禹迹空尋馬鬣封。賸向寺門清絕地,笑看霜樹鬥妝穠。

聞南京藏書盡亡②

有好皆爲累,耽書結習深。琳瑯三萬軸,灰燼一生心。世事真魚爛③,神州豈陸沈。楚弓人得意,莫使付炱蟬。

十月十四日

對月思清揚,歸懷忽乘電。自失困荒村,躑躅苺苔院。間日作飛書,爭抵須臾面。此心勞似水,晝夜遶淞甸。迨遭戎幕中,黃楊厄年閏。爲口竟忘生,反報加飧飯。悔過寶連波,靈臺終自譴。吾不汝瑕疵,書婉意何怨。別後已

---

① 《慈竹居文續》複印件後(光盤無此)附一紙,題《遊廣華寺同辰君》,即此詩。惟小序"景肖牛頭"作"景有牛首",末句"笑看霜樹鬥妝穠"作"默看霜樹鬥妝濃"。末署"拔可姻丈詩家誨正,曾樾敬呈"。謝泳《往事重思量》載《黃曾樾致李拔可信九通》,言"原信中夾有黃曾樾詩一首",即此詩。

② 《慈竹居詩拾》收録。

③ "真",《慈竹居詩拾》作"終"。

有髭,摩挲裂方寸。砭骨瘴重重,獵鬢風陣陣。夢裏倘相逢,應訝朱顏變。行斷文字禪,省君淚如霰。

思舊館圖爲藻孫題

菫山靈氣鍾童谷,峰鬱菁葱水凝綠。由來竹箭美東南,不獨風烟秀林麓。朱明社屋天地閟,文物中原淪異族。河山萬里污膻腥,淨土錢湖留一曲。是歲章陵紀在丁,八表風靡從正朔。堂堂一代壇坫主,屈膝旄裘忘讖辱。栖皇海澨獨全公,_{公名大程,官太常卿}。偉抱猶思挽沉陸。豹隱菫山人得知,招魂時作西臺哭。同仇亦有王評事_{家勤},間道相求計匡復。參商咫尺黯歸來,探騎中途慘加戮。太常禾黍已摧肝,聞笛椎心倍悽酷。更無良計寫深哀,額館懷賢負山築。碧血沉埋三百春,蕭條異代仰高躅。蒼茫廢址莽榛蕪,風雨猶聞泣顛覆。藻孫篤古出天性,矢復前規式流俗。作圖名手得龍游,寫出千章萬章木。湖波激石若聞聲,浩氣彌天尚騰目。劫中展對怳身臨,一笑還驚竄巴蜀。數椽興廢安足道,忠義千秋矗喬嶽。起衰喜汝鬱深衷,徑把觀成瓣香祝。吾鄉枅櫚有書屋,李_{忠定}鄧_{枅櫚}當年此研讀。祇今荒圮何人間,著眼黽勔穴槾桷。煥新堂構有心期,雙照奇光震南服。何當東返道明州,一掬寒泉薦秋菊。

雙江 ①

流行坎止欲誰欺,閒散寧真性分宜。戎幕潭潭容託命,蜀山兀兀入支頤。形骸坐閱興亡老 ②,憂患終疑造化私。空賸勝天堅念在,雙江如淚對瘡痍。

次行嚴丈題拙集韻奉答 ③

萬説爬梳不世情 ④,更看餘事以詩鳴 ⑤。苦將辨白追先覺,肯漫施朱作後

---

① 《慈竹居詩拾》亦收録。
② "老",《慈竹居詩拾》作"盡"。
③ 《慈竹居詩拾》亦收録,題《次均答章行嚴丈》。
④ "萬",《慈竹居詩拾》作"莫"。
⑤ "看",《慈竹居詩拾》作"教"。

生。賦鵩有才惟痛哭①，爲龍無友祇吞聲，寡歡物外成孤往，照鬢霜槩暗暗驚。

次韵答二適

肯當尋常贈答看，抵書謀面兩艱難。微吟尚許凌千劫，孤抱真憐徇一官。閱世坐令成土木，安心作計守叢殘。淫哇沸耳天同醉，各據枯桐莫浪彈。

食橘

身衣久斷舊時縫，幕府迤遭又北風。夢裏苦無懷橘日，三年愁對蜀霜紅。

食哈密瓜

何來一片于闐玉，令人坐對無由俗。東陵㼪蔓竟何如？珍果瀛寰此推獨。嚼雪含香熨齒咽，豈徒食蜜甜中邊。食罷真成被瓜惱，人間無物足垂涎。

喜退叟至題所著詩詞稿示藻孫

夢裏陳芳自在身，聯床始信各爲人。驚魂尚逐風號竅，急劫誰知德有鄰。閒適龜堂堪送晚，沈綿石帚總傷神。文章何拯乾坤息，氣類還珍老斲輪。

答履川謝贈芒果

兩幅溪籐照麝烟，何因吹落簿書前？開函忽訝龍蛇舞，驚座爭看的皪圓。西域葡萄傳漢使，南方橘柚入騷箋。吳疏待補炎荒實，還仗茶山妙句先。

贈高迪庵

戰勝能肥亦漸衰，憂傷寧赦我支離。張箕奮斗休爭命，問舍求田已後時。

---

① “惟痛哭”，《慈竹居詩拾》作“空太息”。

風雨飄燈寒自照，晨昏繞夢淚空垂。結鄰何日鰲峰下，重定流亡蜀道詩。

贈趙凌寒 ①

慷慨多奇節，於今始見君。邱山輕一諾，軒冕薄浮雲。國敝緣儒賤，官肥劇豆分。雙江無盡淚，同與泣斯文 ②。

廿載江湖隔，生離死別忙。槎枒留肺腑，狼藉剩文章 ③。身落千山底，魂飛百戰場。彌天家國恨，負手送斜陽。

如夢逢滇海，相驚老漸親。狂奴存故態，後進笑陳人。世待囊中葯，天留劫外身。歲寒松柏意，寧許便埋輪。

小有林亭勝 ④，高樓字水壖。枕濤雜悲壯，窻岫鬥嬋娟。德曜能偕隱，朝雲亦解禪。美哉張老頌，還待中興年。

訪石遺先生故居 ⑤

舌底潮音不可聽，海棠兩樹亦凋零。重來花下談經地，剩有苔痕似舊青。花光閣

縹緗零亂槖魚肥，盛業千秋事可疑。剩有一樓山四面，崢嶸無語對孤嫠。皆山樓

展石遺先生墓 ⑥

東越歸何傅，先生信絕倫。書藏瀛海固，學啓島人新。咳唾皆千古，衣冠戢一身 ⑦。斯文天欲喪，遑復論朱陳 ⑧。梅崖、左海。"不知東越歸何傅，爲愛西湖買此山。"林穎叔自題墓聯也。林何足以當此！

---

① 　底本僅收三首。《慈竹居詩續》原收四首，第一首作者擬刪，今據以補錄。又載《民憲（重慶）》1944 年第 1 卷第 7 期第 22 頁，題《贈趙凌寒並賀新居》，署"蔭亭"，凡四首，有異文。

② 　"泣"，《民憲（重慶）》作"哭"。

③ 　"槎枒留肺腑，狼藉剩文章"，《民憲（重慶）》作"激昂前意氣，零亂舊文章"。

④ 　"林亭"，《民憲（重慶）》作"園林"。

⑤ 　《慈竹居詩續》亦收錄，題《訪石遺先生宅》。

⑥ 　《慈竹居詩續》亦收錄。

⑦ 　"衣冠"，《慈竹居詩續》原作"桐棺"，後改作"衣冠"。

⑧ 　"論"，《慈竹居詩續》原同，後改作"較"。

北辰星自拱，旗鼓漫陰晴。寂寞登龍地，淒涼泣鳳聲。江河知不返，邱壟太無情。十載論奇字，侯芭愧此生。

慘澹斯人去，輪誰大雅扶？光芒黯箕斗，茅葦漫江湖。精爽寧終閟，心喪有不渝。澈泉墳下淚，應共海同枯。①

歸里雜詩 ②

人民城郭兩全非，敢把情懷比令威。三十二年彈指過，手栽榆柳已成圍。③

勞汝郊迎五十回，談瀛海客遠歸來 ④。親朋相對翻疑夢 ⑤，不話寒暄話劫灰。知新聞吾歸，往車站迎接不下五十次。⑥

江湖無處縱窮鱗，倦翮焚林孰與親？差喜劉郎風誼在，結鄰同蔭北堂春。築慈竹居於知新吉山祖居之傍。⑦

卅年夢接草堂靈，著眼溪山一角青。小閣倦遊吾欲署，漫勞載酒當玄亭。慈竹居近北陵。⑧

十年闊寄大雷書，垂老相逢九死餘。梨栗兒時攘奪事，一回提起一軒渠。贈瑛妹。

尊前萬事劇悲歡，閒話家常每夜闌。燕子江頭嗚咽水，應添熱淚作迴瀾。與知新、瑛妹夜話。⑨

滿眼親朋欲喚難，兒時相識曉星殘。招延排日翻新味，竟把歸人當客看。諸妹排日邀飲。⑩

---

① 光盤《慈竹居文續》末附黏先生手書《謁石遺先生墓》一紙，即該首。惟頸聯作"光芒箕宿黯，龍象釋宗無"。《慈竹居詩續》與之同。《慈竹居詩稿》係後改者，痕跡宛在。

② 《慈竹居詩拾》題《抗戰歸里雜詩》，各詩排次稍異；"爲霖爲雨慰蒼生"一絕未收；"檢得先公遺墨"詩另題，凡二首，其二未見他本收錄。

③ 《慈竹居詩續》亦收錄，題《到家》，此其一。

④ "談瀛海客遠歸來"，《慈竹居詩拾》作"江湖飄泊遠歸來"。

⑤ "親朋相對翻疑夢"，《慈竹居詩拾》作"生還相對翻疑夢"。

⑥ 《慈竹居詩拾》自注作"贈知新"。

⑦ 《慈竹居詩拾》自注作"慈竹居"。

⑧ 《慈竹居詩拾》自注作"家近北陵殿"。

⑨ 《慈竹居詩拾》自注作"新瑛夜話"。

⑩ "諸妹排日邀飲"，據《慈竹居詩拾》補。

童年嬉戲愛江鄉，拾栗撈蝦各擅場。字我剩憐村媼在，撫頭頻喚好兒郎。蝦蛤鄉。

三世傳家萬卷書，劍州文獻復誰如？百年喬木都成燼，何用傷心問蠹魚。西門老屋被燬。

一如捧硯侍書時，危坐揮毫宛見之①。浩劫不磨精爽在，故留片羽慰孤兒。檢得先公遺墨。

綺年生意付流塵，剩有才名播六親。卅載此心無處著，不徒對影始傷神。檢得琬華遺照。

別後幾更新涕淚，劫中及見舊鬚眉。頓摧梁木吾安放，更爲人天哭大師。聶少雅、少川兩先生相繼逝。②

爲霖爲雨慰蒼生，刮目當年父老情。慚愧江湖漂泊後，流傳鄉里祇詩名。③

無端姓字動雞林，廿載苔岑負愧深。多事劫灰閩嶠燼，却留殘影證傷心。題一九二五年八月十二日里昂《新聞報》，上有吾相片。沈宜甲言，在法時有法友介閱一名著，視之乃拙作也。又言，彼邦作者亦常引及云。④

甲申嘉平雨夜同子光至穆源⑤

摘埴索塗寒雨夜，淤泥没踝穆源村⑥。鳴琴卧理吾何敢，後躓前顛叩社門。

行行漫問到還無，險阻長途要共扶⑦。淒厲霜風休砭骨，遺黎卅萬待來蘇。

---

① "宛"，《慈竹居詩拾》作"儼"。

② 《慈竹居詩拾》自注作"二聶先生"。

③ 《慈竹居詩續》收録，題《到家》，此其二。

④ 《慈竹居詩續》收録，題《題舊里昂新聞報紙》，詩前小序云："此一九二五年八月二十四日報也，上有揄揚拙著文及吾小照。年前沈宜甲自法歸，告樾云，其法友曾鄭重介紹讀一書，視之乃吾作。又云，彼邦作者亦常引及。聞之赧然。"《慈竹居詩拾》自注作"里昂舊報紙有吾之照相"。

⑤ 《慈竹居詩續》收録，同題。《慈竹居詩拾》題《甲申嘉平夜同菱生、則道、子光至穆源》。按，該詩手書原件影印件見2009年商務印書館影印本《埃及鈎沉》書前。無題，末署"甲申嘉平雨夜，同菱生、則道、子光至穆源鄉公所。蔭亭"。鈐"蔭亭"朱文方印。《慈竹居詩拾》誤"道"爲"道"。

⑥ "摘埴索塗寒雨夜，淤泥没踝穆源村"，《慈竹居詩拾》作"摘埴索塗夜雨昏，泥濘没踝穆源村"。

⑦ "途"，《慈竹居詩拾》作"塗"。

三保送硯襄柩歸里 ①

咽淚江干送一棺，卅年誓水未應寒。空餘昔日聞雞意，更促何人起夜闌 ②。
依依還是少年時，倚棹將離不忍離。豈意幽明成永訣 ③，哀深惟有燕江知。

尊鷗涊永讌聚慈竹居因憶前年春頻醉君
昆明螺翠山莊真同夢寐 ④

滇南共聽鳥呼風，閩嶠還勞辨爨桐。傑構翠螺千劫在，村居慈竹一尊同。
神州前路沉吟外，人海驚濤攬轡中。經國喜君聊小試，何當上下作雲龍。

和答金靜庵同門 ⑤

瘡痏遼東劫外新，彌天魯殿獨嶙峋。青松自矯凌霜色，野史長存報國身。
湖海襟期原夙契，苔岑氣類更相親。南能北秀吾何敢，重振宗門步後塵。

贈靜庵 ⑥

左海文章一代師，春風無復記當時。誰知遼海桑田後，白髮門生話舊知。
遼海虞衡志未編，金源文字失真傳。叢殘收拾輸先著，盛事還思繼願船。

士達索詩云此來不可無句率賦奉贈 ⑦

羨煞東都管幼安，天留淨土恣盤桓。寧知勝代龍興地，竟作强鄰俎肉觀。

---

① 《慈竹居詩續》《慈竹居詩拾》亦收錄。
② "促"，《慈竹居詩拾》作"與"。
③ "永訣"，《慈竹居詩拾》作"異路"。
④ 《慈竹居詩拾》亦收錄。
⑤ 《慈竹居詩續》亦收錄。
⑥ 同上。
⑦ 同上。

鼓吹收京聲未闋，流亡聽曲淚重彈。北門鎖鑰須牢掌，開府才多刮目看。

雨遊福陵 ①

明廷黨禍快天驕，建虜橫行遂帝遼。九部懾威鴉阻道，八旗振旅鵲成橋。
神功譎誕誇前史，陵寢巍峩壯盛朝。守在四夷誰會得，福陵松柏雨瀟瀟。

松花江曉望 ②

不辭睡眼尚惺忪，貪對松江絕代容 ③。曙色破暝纔一縷，嵐光浮翠已千重。
覆隄綠蔭波爭碧 ④，繞郭黃雲日射穠。信美河山歸兩戒，祇愁天外有狼烽。

烏石山登高同意薌幼珊孟璽

猶能挈侶作重陽，無雨無風意自傷。砌菊難撢光淡蕩，棲禽自戢翼翱翔。
心收人厄天窮外，夢落荒臺古篆傍。倘爲茲山留故實，紀遊圖句各琳瑯。是日
訪李陽冰書般若臺磨崖，意薌作圖，諸君皆有詩。

小松書來經年未報近聞昆明不靖寄此奉懷 ⑤

未報經年遠注存，敢隨時世作寒暄。兩心脉脉無千里，一紙迢迢有不言。
夢裡敦槃誰狎主，劫中猿鶴總煩冤。欲知別後愁深淺，試挹滇池量淚痕。

園夢寒宵促膝談，一燈廻首味醰醰。懷人豈待因風雨，攬轡難忘共靳驂。
瘴嶺使回知汝健，翠湖海發共誰探？重來縱應洄流讖，物外沉冥已不堪。昆明
諺云：滇池之水洄流，來客去而必返。

---

① 《慈竹居詩續》亦收錄。
② 同上。
③ "貪對"，《慈竹居詩續》作"戀此"。
④ "覆隄綠蔭"，《慈竹居詩續》原作"長堤綠樹"，後改如前。
⑤ 《慈竹居詩續》亦收錄。

慈竹居詩遺

目　録

慈竹居詩遺

滬濱喜晤庚白先生 ①

散策春申意轉幽，俠腸英氣自千秋。江南人物真才子，海内文章此子樓。中歲情懷關黨史，少年姓字動諸侯。祇憐蓋代虬髯意，紅拂由來未易求。

三答子木 ②

日日君有詩，有詩必叠韵。一叠卅餘篇，飛來如雪片。金薤垂琳瑯，排奡震雷電。駭汗走且僵，安敢一辭贊。亟遞促賡歌，如向敵挑戰。吾生苦薄植，弱冠弄柔翰。頗聞四始義，風一以百勸。齊梁尚聲偶，大雅久非難。元白肆唱酬，韵脚從巧便。西崑楊劉輩，始以叠韵擅。蘇黃挺奇險，遊戲不可訓。裘侯軼世才，風雅窮正變。云胡用偏師，欲撼堂堂陣。倘因文字亡，格律更何論。借此五七言，寫我千萬恨。吁嗟釜中魚，遑笑麒麟楦。

龍田師兄五十索詩 ③

昔日同君誦小旻，今朝一一竟躬親。生涯閭井悲殘臘，風雨園林負早春。知命敢云能先汝，推枰無奈總輸人。賸憐不已雞鳴意，各擁寒氊待霽辰。

① 載《長風（上海）》1933年第1卷第4期第18頁，署"蔭亭"。
② 載《國學論衡》1936年第7期《文苑》第15—16頁，署"（侯官）黃曾樾（蔭亭）"。
③ 録自錢履周抄本《慈竹居詩鈔》。

心南招飲明園索詩 ①

吉山葱翠水清冷,劫火光中聚德星。人往風微魑魅舞,傷心莫問舊玄亭。

君築笠劍軒於吉山,見面必以爲問。

郊園樓角話秋心,瑟瑟西風面面侵。睊死猶能文字飲,鷦鷯尚有未焚林。

謁墓 ②

孤兒淚蝕原頭土,難寫重泉憫世心。排難解紛遺澤久,敬恭桑梓感人深。
峭廬絶調今誰繼?夜起神思古莫尋。紀德述恩無健筆,虛聲慚愧號詩淫。

萬山風木漫悲鳴,鈌腎錐心已不禁。撼地哭聲終不應,奔流血淚總無情。
孤兒嘗遍人間苦,失父方知孽海生。除却天崩同毀滅,灰身此恨永難平。

楊花 ③

江山如此莫登樓,今古無端入望愁。駿市金臺誰□主,塵揚滄海又殘秋。
可憐燕市悲歌客,空負盧敖汗漫遊。倚柱不堪禾黍意,祇尋驪卒話離憂。

寄畹華

瓊瑤字字寫相思,欲慰相思下筆遲。一語告卿卿記取,閩腔高唱斷腸詞。
攲枕嬌吟《長慶集》,江湖夜雨去年舟。不堪樂事重回首,悵望洪山淚亂流。
枕邊倩女解離魂,昨夜華胥恍晤君。葵扇竹牀庭院靜,天官嶺上月黃昏。
工愁善病近何哉,萬里關山入夢來。三月燕江春色好,勞卿頻上望夫臺。

---

① 　録自錢履周抄本《慈竹居詩鈔》。

② 　《謁墓》至《登掃葉樓賦陳寄龕禪師》,均録自錢履周抄本《慈竹居詩拾》。

③ 　錢履周《慈竹居詩鈔跋》言"作者令弟養清復覓得《楊花》,共録得四首。第一、二已見
《永思堂詩稿》,第三首實爲《贈陳健行歸閩》之第一首,此爲第四首。

檢得先公遺墨其二 ①

明知慟哭都無補,何計能教熱淚收? 每念摧肝寧待物,況瞻手澤一燈秋。

贈知新

久藏佳釀待吾歸,一醉寧忘世已非。但願向平婚事了,耦耕同汝莫相違。

蛻委一首

蛻委暫稽難著落,收身自笑欠工程。無生無術生無計,祇俟黃河意外清。

以郭大理畫蘭石爲健行壽侑以二十均

洞機悟真諦,天人同一漚。自生亦自滅,斯文千載留。譎矣造化功,萬籟窮雕鏤。一何弄狡獪,雲龍恣迢求。寧因四紀中,膠漆獨相投。探驪大瀛海,佐幕古石頭。同抱翠湖渌,共培桃李稠。離合足悲歡,前塵逝水收。人生重意氣,大節逾琳球。倭寇昔披猖,鬼同曹社謀。堂堂儒衣冠,幾輩不張劉。崎嶇君葆貞,相訪入梁州。大哉詩書澤,江河萬古流。豈待篤倫常,州閭稱寡儔。君今雖七十,氣可迴萬牛。晚晴世所重,遭時況洪麻。風徽大理微,文字足千秋。六法尤見珍,差足對冥搜。永葆芳堅姿,彭鏗等蜉蝣。何庸契懷葛,期共踐軻丘。

贈畏翁

咫尺天涯見面難,相逢却換淚珠彈。祇因青史無前例,合作三生骨肉看。

---

① 按,原録存二首,其一已見《慈竹居詩稿》卷下組詩《歸里雜詩》。

登掃葉樓賦陳寄龕禪師 ①

小作江南役,頻登掃葉樓。西風黃葉徑,殘照白蘋洲。古刹堪隨喜,平湖對莫愁。幽人遺勝蹟,鎮日好遲留。

遲留同石友,矗立翠微巔。一水真如練,群山欲化煙。寒松叢暮靄,朔吹緊霜天。勝地能高臥,何辭學半千。

不寐 ②

連宵檐溜不曾停,接耳玎琤碎玉聲。始識瀟湘聽雨味,鈞天應遜此聲清。

雪霽渡湘江

麓山負雲燭天明,縞素乾坤分外清。信是瀟湘奇絕處,晨曦扶帆剪江行。

得漢磚拓本文曰單于和親千秋萬歲樂未央

漢廷柔遠計荒唐,爭認和親樂未央。納幣稱臣成國是,千秋流毒入膏肓。

同藻孫登桂林城晚眺

殘陽猶許領清修,桂管城頭一晌留。深淺山光空入畫,亂離心事不宜秋。平蠻路狄磨崖在,廻日瞿張逝水流。始信痴兒真了事,等閒斷送好神州。

---

① 《慈竹居詩稿》卷上有《同都歡登掃葉樓因上清涼山晚眺》,可參考。

② 《不寐》至《逭暑》,見《慈竹居文續》光盤刻録書影。《凡爾塞》一文後有書影三張（中縫印"私立福建協和大學"）,紙張與前不同,字體亦不同。共收詩十篇,其中《讀詩偶題》《烏石山登高同意薌幼珊孟璽》二篇,已見於《慈竹居詩稿》,餘均未見,今據以收録。

次韻呈香宋先生

鳳鳴山上夢爲家，目斷靈光歲月賒。不分禊辰容載酒，可堪星集感摶沙。風裁一代供文獻，咳唾重霄燦物華。更喜神完中有恃，收京長許伴烟霞。

南山夜話

林深不受暑，幽討清煩襟。發地響松韵，天半橫鳴琴。巴渝蘊靈秀，一洩南山岑。十載阻携手，今宵同賞心。抽身簿領會，棲息叢箐陰。暫持不俗耳，靜聆清妙音。蔭穠易爲夕，萬籟已沉沉。語長愁夜短，晨曦忽在林。

次韻贈羅斯福總統

緬彼榛芩飢溺憂，恤鄰寧計萬千流。徙薪差幸時猶及，借箸原知算已優。一自星槎廻禹甸，幾勞日角夢瀛洲。佇看匡合紓神略，喁望翻憐世刻舟。

逭暑

竹樹深藏一榭幽，百城坐擁薄公侯。偷生遑論三年艾，逭暑難逢六月秋。詩意自濃檐際綠，禽聲翻長客邊愁。斜陽苦在蘆簾外，勝境能廻幾度眸？

種竹山房詩鈔題詞 ①

當年珠海屠鯨客，今日龍潭種竹人。識得楚秦編表意，閑搖史筆寫前塵。可堪往事話黃花，大樹飄零鬢欲華。一片傷心誰畫得，流民端合倩君家。

---

① 録自鄭祖蔭《種竹山房詩鈔》書前題詞，民國鉛印本。題名係整理者擬。

曾氏家學題詞 ①

涵負樓高世澤長，一編家學甲吾鄉。五徐九許皆消歇，鄮里清芬正遠揚。
闡揚寧獨爲先芬，嘉話應教海外聞。十一代傳名世集，瀛寰藝苑獨推君。

十一月九日參加萬里農業社秋收次贈黃之六 ②

高秋天氣抹微雲，如此豐年古未聞。莫笑黃牛騎當馬，搶收南畝共諸君。

浣溪沙 ③

　　月底吹簫譜自諧，淞江樓外絕纖埃。鶯箋象管試安排。　　人比黃花秋
色好，山如翠黛霽光開。一簾妍暖護妝臺。

---

　　①　録自《曾氏家學》卷前題詞，原無題，署"黃曾樾（蔭亭）"。暫擬題如是。曾克耑編：《曾
氏家學》，1963 年香港鉛印本，第 29 頁。

　　②　按，黃壽祺《六庵吟草》卷四《朝陽集》有《十一月九日參加萬里農業社秋收次韻答蔭亭
見贈之作》詩，後"附蔭亭原唱"，故擬題如此。

　　③　載《青鶴》1936 年第 5 卷第 1 期《近人詞鈔附録》第 11 頁，署"黃曾樾"。原題注"同上"，
上爲吳庠《甘簃詞兄續絃授簡索詞戲就締婚佳話譜魚水同歡兩闋爲賀並博椒若女士詞家一粲》，即
同爲祝甘簃（陳瀟一）新婚而作也。

永思堂文稿

目　録

永思堂文稿

黄南球傳己未^①

嘗讀黎媿曾、朱梅崖所傳黎振三、李世昇事，嚮往之念未嘗不油然而生也。夫諸子處隱宅幽，無封疆之寄，而有憂斯人之心，倘韓子所謂"仁形於色"者，非耶？闘子文、晏平仲之流，柄國權，位民上，衣食黎元，胥其天職；毀家紓國，忘己濟人，宜矣。世顧盛稱之。蓋以視晉三大夫，衆所尊賢，及其爭溫没利而棄禮，貽國患於無窮，則世之稱之有以哉？有以哉？然觀黎、李之行，又爽然矣。惜乎今之世，吾未見其人也。乃所聞臺灣黄南球事，可異焉。黄南球者，字韞軒，苗栗農家子也。世雄於財，生平勇於仁，篤於義，凡興水利、造橋梁、修道路、葬死亡，莫不以身先。有急者不時四至，曰唯韞軒、唯韞軒，君亦以爲己事，無不來者戚而去者忻也。地方有大徭役，輒遇事盡能舉墜興廢；里無敝事，接之者皆稱其藹然君子也。然自少有大志，膽略過人，其破生番事尤有足多者。清室季造，土番猖獗，時出劫掠。君號召鄉里，搗其巢穴，以次蕩平，諸番讋服。閩撫岑毓英巡臺聞之，召見，器焉，奏叙五品銜，委辦撫番事。既而大嵙崁生番不靖，撫軍劉銘傳帥師討之。南球率所部赴前敵，嘗一夜破十八處，威震番疆。以功賞戴藍翎，任招懇事。當是時，臺屬二十九島無不知有黄韞軒云。南球既出入番界，習其地利，以爲南坪、獅潭、八角林、罩蘭、大湖、南湖一帶數十里，土腴水足，可懇闢收森林之利，請於當道。從之。田田樹樹，産殖日滋。今入其地，林木蓊蔚，隴畝芊綿，居人僉曰此黄先生之澤也，此黄先生之澤也。古稱没而可祭於社者，殆斯人歟？南球

---

① 又載《青鶴》1936 年第 4 卷第 18 期《文薈》第 2—4 頁，同題，署"黄曾樾"。

卒時年八十。有子四人，某某某某，皆能世其家云。

論曰：黄南球出身未耜之間，非有功令之迫，能崛起隴畝，澤被閭閻。綜其行，蓋義仁勇兼之，佩虎符、膺闒寄者有恧色矣。夫"君子聽鼓鼙之聲，則思將帥之臣"，天未厭亂，安能無心折於黄君哉？小試一偶，而莫宏厥施，悲夫！

盧梭先生傳辛酉

盧梭先生名容射格，清康熙五十一年生於日内瓦。時日内瓦爲獨立共和國，與法同文。生而喪母，養於姑家。七歲好讀《羅馬英雄傳》。父縱遊，墮父道。先生年十三爲人徒，學接枝不成，學雕刻又不成。流落江湖爲人僕，不容於主人。遇華行夫人，留之。既命學爲教士，逆其志也，去之；爲蒙師，又去之。先生嗜音樂，傭抄樂譜以自給，而時依華夫人。所嗜既深，因發明以數字記音法，簡易而明晰，大喜。懷往巴黎，投諸理科博士院，不見知，侘傺无所歸。有識先生知音者，聘譜名家劇本，奏於梨園，得重名，聞於朝。或欲進之，先生不屑也。屬地容文學院徵文，先生投稿，冠一時名士，由是遐邇知名。嗣此院復徵文，題曰《人類不平等起源論》，先生再應徵。其文痛斥權貴，扶護平民，發向所未有。論出，盧梭之名與當世鴻博福禄特爾抗衡矣，而先生落拓如故。有埃比列夫人者，貴冑也，館先生於別墅。旋爲忌者所中傷，不歡而去。至莫蒂耶村，賃一廛而居之。時貴族專橫，驕奢無度，俗薄，溺慾忘情。先生作《新愛羅依斯》，闡天然之真美。謂寰中至樂，不在綺堂華夏，而在水秀山明；不在歌舞笙弦，而在花香鳥語。人間愛諦，在精神相感，不在形迹相親；在意氣相投，不在名位相召。書出風行，書肆紙貴焉。書肆印不及售，欲閱者至書坊租閱，不得携出門。先生痛拉丁民族受教會毒最深，聖巴多羅買宮前屠殺血腥猶新，新舊教戰禍三十餘年宛如在目。教士復滋張虐燄，凌弱媚强，教義宏施，錮齊民之智慧；教宗廣被，惑學士之聽聞，毒入人心，根深蒂固。而當時婦女娛樂爲懷，婦道廢弛，兒女入世則付村傭，以至齠齡面不相識；上學年屆，教士是師。先生悟保種要道在於造人，黜教宏謨務興教育，而育嬰尤造人之始，童教實教育之基，於是作《愛密兒》。明教育孩提之要，圖父母育子之大任，自入世至於成人，凡親師應盡之大務，週思審慮，痛論而詳詔之。大抵謂親師之動定語默,皆嬰孩智識啓發之所關;嬰孩之飲食笑啼,胥長成後性質善惡之所系,故慎接觸所以防微,重然諾所以尊信,明賞罰所以示公,節衣食所以健體。大哉其言! 曰教從生始,又曰學重實驗,又曰有不知無半知,又曰有身體而後有事業。父母之首責,在造子女之身體也。蓋先先生而言童教者,不若其深切而著明;後先生而言育嬰者,不若其體大而思精。集大成者,先生也。書之末卷,揭教會之詭秘,斥邪説之害人,故愛人者不以宗教家無理信仰惑兒童,不以《新舊約》妄言欺初學。其辭危,其義切,其旨遠,其理富,於是乎書成而教徒懼,相率毀先生廬,與之約不復著書而後得安其居。而當時執政多彼教中人,必欲得先生而甘心焉,令僧手焚其書,列爲禁籍,逮捕其人。先生聞風走瑞士。而瑞士日内瓦自《愛密兒》出,咸目作者爲妖,止其人,禁其書,日内瓦至削先生籍不得爲國民。先生於是浪迹湖山,韜光於窮陬僻壤,飢寒交迫,極人世之至悲,而憫世扶弱之志愈堅以切,乃作《民約論》。《民約論》者,法蘭西革命之權輿也。法當路易十四窮兵黷武之餘,國削民憊,而路易十五昏弱無道,貴胄弄權,教會囂張,重斂繁征,民不堪命。先生痛平民膏脂呚於權貴,謂人生有天賦自由,制於威勢,至口不得道異彼之言,目不得寓非彼之策,胼胝手足不足應誅求,凍餒妻孥無以填慾壑,_{時鄉人至藏麥匿酒不敢出}。非鋤暴君之專制,莫伸下民之自由;非去貴族之貪婪,莫展斯民之抑枉。且造物生人,均兹賦畀,賢愚雖異,貴賤何殊? 故曰重自由、尊平等,生人之大道,天地之大德。立國於大道,齊民以大德,黎元之慶,其在兹乎! 其言曰,民者國之主,國是在民是。又曰,人盡與,無所與。又曰,貧者自由,富者奪之;下之福澤,上之攫之。是以書出而益觸顯者怒,忌先生者復相與誹謗排擠焉。如福禄特爾、狄德羅均命世名流,以學説之歧,咸著書傾軋先生。先生流離異域,與憂患俱,更蒙惡聲,爲世所賤,乃作《懺悔録》以自明。自述生平一無隱匿,上訊三光,下訊無竟。晚歲易服入巴黎,寓斗室中,一貧如洗,晏如也;謗書盈肆,漠如也,惟著書不輟。忌者至令商人不售先生墨,_{先生購墨歸,視之作白色,不能書。}俾不能書。先生雨則賭棋,晴則遊山,享林泉之樂,究植物之理,而俯抄樂譜終身。乾隆四十二年,應顯者聘,至埃兒謨路城,暴卒其家,年六十六歲。先生爲人超脱而孤峭,嘗爲駐意公使司筆札,不快而去;客英人育謨家,不樂而歸;盧森布公爵及其夫人禮以上賓,終鬱鬱有所不懌,獨於山水則嗜之至終。性篤厚。華夫人晚年窮困，先生時周濟之，厚禮其姑不衰。於理見之深、持之切，禍患不能移，貧賤不能易。斥教徒，忤權貴，知二者爲終生患而不避。闢宗教，伸民權，重教育，爲先生立説之大旨，自少至老，篤守彌堅。與人書千餘篇，於斯三者反復致意焉。先生多疾，拙於言，而雄於文，雄肆詭辯，闢法文學界未有之奇。十九世紀浪漫派文學爛然，胥先生之賜，泰西操觚家莫不奉如泰山北斗云。當先生存，忌之者焚其書，困其人。没未二十年，而法之革命起，共和成。咸戴先生德，改葬之巴黎先賢祠，立像於先生舊遊地以誌感。教徒乃盜發先生墓，棄其遺骸，仆先生像。然先生遺風所被，匪獨弟子遍歐洲，環宇之中讀其書、食其惠者，曷可勝計！阿爾伯山、列明湖水安足比其高深哉！所著尚有《波蘭政治》《觀感錄》《遊山記》《論語樂典》《植物彙典》雜著雜譯各若干篇。

論曰：匹夫而爲百世師，一言而爲天下法，盧梭先生之謂歟？遊法者至其公園，每見慈母與群兒戲草地上，或乳之，或御之，未嘗不歎曰賢哉母也。豈知自《愛密兒》出，而後法之兒童始得齒於家人之數也耶？痛哉江士坦旦女士之言！女士乃名人旁奢莽先生堂姊。法蘭西爲共和先進國，《民約論》之功也。法之大學廢神學科，而政與教離，先生力居多焉。嗟夫，豈偶然哉！吾讀其書，慕其人，凡先生所盤旋，雖遠喜往，留連其間，似與先生神會百載之上，以爲至樂云。夫歐人厭舊作者，好勝前修，故生榮而死忘者比比然也，獨先生書世共宗仰，聖矣夫！

按，論法蘭西十八世紀人物，咸稱盧福、盧孟。福禄特爾闢宗教，與先生同功，而其立説在月旦前修，不若先生之維範末俗，師表萬世也。孟德斯鳩論律法，與先生同調，而憂深慮遠，體大思精，非可與先生同日語矣。若先生者，豈獨法蘭西十八世紀之一人歟？歐洲自有生民以來，不數數覯也。

閩侯孟先生傳戊辰

閩侯孟先生者，諱守莊，字希蒙，鄉賢瓶菴先生之裔也。幼則以強記洽聞驚其長老，弱冠補縣學弟子員。以貧幕遊四方。民國三年，爲馬江海軍製造學校掌書記，校長深敬禮焉。先生於書無所不窺，尤好班《史》、厲樊榭詩。

見國學陵夷，謂吾道隱憂莫大乎是。嘗閱諸生課藝而喟然曰："諸君所爲，如飲狂藥，如陷迷途。信哉，斯文之阨也。"顧頗口曾樾，常語其戚林威民曰："黃生□驟富之家，但炫貯藏之厚，而昧於陳設之雅，惜哉！"曾樾聞而大懼，則挽林君介紹而請業焉。林君者，同研友也。先生教之曰："文章之道，以理爲根，以氣爲幹，夫人而知之。顧理如何而後申，氣如何而後運，於是乎法貴矣。夫河出崑崙，千里蜿蜒，必有歸宿；山珍海錯，百味羅列，必待烹調。否則，泛濫橫決，不如溝澮之蓄其流；腥羶龎雜，反遜畦蔬之成其淡矣。吾嘗持是以衡古今作者，自六經子史至於稗官説部，莫不皆然。《禹貢》之首不曰'禹敷土，隨山栞木，奠高山大川乎'？所謂提綱挈領是也，以下叙大禹底定之績耳。自'九州攸同，四奧既宅'，至'東漸於海，西被於流沙，朔南暨聲教訖於四海，禹錫玄珪，告厥成功'，則歸宿結穴在於是矣。閱《石頭記》者，初但見其泛叙不中肯綮之人，迨至部中帙末，而前後照應，廉肉繁簡之妙始恍然大明。故全書人物之多，篇帙之富，而錯綜貫串，條理分明。此中三昧，最爲操觚家所當知也。今生榱桷梗柟、棟梁篙箭，可乎？"曾樾則謹識之，不敢忘。先生貌清臞，善病，顧長於談論，樂誘人爲善。遇休沐，輒爲林君講《漢書》，曾樾與焉。先生聲音清越，諷誦悠揚，抗墜疾徐皆中節奏。聽先生讀，不待講解而書中神理半已瞭然矣。先生尤能於尋常蹊徑之外，自抒新意，釋古人書微言精義出於人人。惜己未秋曾樾西遊，親炙日淺，未盡窺先生之學。至歐之初，頗震於彼邦文明，窮日月探討之力，始知歐人所以盛强，胥食先民覺牖之賜。於是訪其俗，讀其書，考其典章文物，師其碩士通儒，慨然有述作之志。先生聞而教之曰："聞生居業餘閒，兼營著述，欲合中外粹言爲一爐之冶，志業甚宏。他日海外歸來，所以令某刮目者，當不僅文章之奇也。然生之勇，某畏之；生之博愛，某不能無疑焉。蓋一身二役，賢者難能，況疇人之學奇詭若鬼斧，纖瑣極秋毫，朝夕於斯亦已瘁矣，設有暇晷，固宜陶冶性情，舒養筋脉。譬如御馬，雖方馳騁之時，必當跁其餘足，乃能致遠而不疲；若縱轡任蹄，不知控制，恐外强中乾，難爲繼矣。且業不專不精，與其不精，勿寧割愛。九流百家，祇可隨時涉獵，若必窮搜博採，熔鑄異同，以自成一家言，則是生成名老壽後事，非某今日之所望也。"曾樾則謹識之，不敢忘。丁卯冬，由海外歸，過馬江，方欲以所得者質諸先生，而先生則既死矣，年僅四十。有七子，緒順才九齡。曾樾從之求先生遺書,不可得。先生所入匪豐,而戚鄰中待以舉火者數家,故先生沒而人愛思之。世固未有不篤於行而可與言學問者也。

論曰:清咸同間,吾閩鄭虞臣先生碩學通材,多士師表,顧不肯撰述,沒後曾無片言隻字流落人間。竊觀孟先生論學之旨,往往深得古人之心,倘筆之於簡,必有可觀。乃自視缺然,且誡學人勿輕下筆,殆有鄉先輩之遺風歟。曾樾年少好爲文,當時頗用自喜,今視之多可笑者,後之視今亦猶是也,然後知先生之論卓矣。

黃母王太孺人家傳庚申

太孺人,清武德將軍世襲雲騎尉南平王朝鑛女也。幼聰慧,事父母以孝聞。年十九室於同邑黃晉三,再期年生男女各一人。黃故貧寒,晉三常餬口於外,家無擔石儲,衣食不繼。太孺人日井臼,夜針黹,約其口與體以及其子若女,節一朝之食爲二日,養三人之口以十指,怡然安之,不以先後愉戚勞逸爲念。雖困苦,必拮据以恣其子文藻學,而督之獨嚴。文藻自校歸,必使背誦所授書,熟則喜,不則怒,諭以立身大道,每至涕泣。夜則篝燈,母女課女紅,而坐文藻於中,令之讀,繡針未停,書聲未敢斷也。卒獲嫁女望族,教子成人。太孺人溫和玉晬,相夫撫子,睦和姒娌,謹春秋之祀,重酬酢之禮,未嘗遽色疾言,三十年如一日。性尤慈惠,乞食於門者必厚施之;戚族有急,或忘己而濟焉。故及太孺人之存,慈母慈母之聲已遍於閭巷,匪特懿範云。亡,三鄰始稱母儀之不可多得。蓋太孺人之卒,今已八年,談者莫不親切有味云。太孺人生於清同治三年,卒於民國二年,年四十九歲。子文藻,年方壯,已卒業中學校,勤學好問,通達世務,方將有以自見。咸謂爲善之報,將於是乎在。

論曰:吾至延,從吾遊者皆一時之俊。而文藻能以文行見信於吾黨,慈母之教不虛也。晚近習尚,將舉先聖大經大法盡從而隳之於女德乎?何蘄獨恃一二女宗屹然爲鄉黨表率,使背規越矩之行有所憚而不敢縱?則所賴以挽頹風,保陰教於千鈞一髮者,豈非有心人所共敬禮而冀其長存者乎?何圖中壽未躋,遽爾溘終,蓋匪獨一家一姓之慟已。

清誥授建威將軍福建建寧鎮總兵吳公神道碑銘并序 己巳

　　清誥授建威將軍、福建建寧鎮總兵吳公既殁之十年,其季子養浩以狀告其友黃曾樾曰:"某不幸,十齡而孤。家人雖卜葬先君於某山某向之原,而銘幽之文尚闕。子幸哀吾志,有以光昭先君令德,感且不忘。"曾樾再辭不獲,則謹撰次公行誼之著稱者,俾揭於墓道。按狀,公諱鼎,字周卿,侯官人也。曾祖某,祖某,皆不仕。父某,以公貴,贈如公官。公少有大志,好兵書。見國是日非,思以功名自見,因投身行伍,洊擢至總兵官。所至有聲,去而人慕思之。其爲福建水陸防營統帶也,值拳匪之亂,舉國震驚,省城洶洶謠傳,一夕數起。公率所部鎮守馬江,省城晏然。其爲海門參將也,屬丁未英法兩國以教案交訌,殃及居民。公方署總兵,短衣匹馬,日往來於磏煙彈雨中,閭閻恃以無恐。一日,統領曹世華爲法人所拘,刀鎗森列,要挾百端。公亟馳救,外人以公威望素孚,即斂手奉約。宣統己酉,調建寧鎮總兵。建郡爲閩北富庶之區,客民雜處,良莠不齊;豫章船户麕聚,屢以細故啓釁端。公至,率衆巡視,匪徒聞風四散。值歲饑,公商於守令,設平糶局。以地利不興,約士紳剏森林公司。又以七邑地廣兵單,伏莽時起,上書請添設巡防。格於吏議,不果行。公以言不見聽,遂去官家居。辛亥政變後,絶意仕進。會莆田巨匪黃連攻陷仙遊,自稱皇帝,勢甚猖獗。西林岑公宣撫來閩,夙聞公才,委以勤撫事宜。公初不奉檄,親知動以桑梓大義,乃行。興郡三十六鄉,經公剴切勸諭,皆願投誠,地方以靖。旋任爲福建水上警察廳廳長。適海軍總長劉公巡閱南洋,素重公,薦公可大用,於是陸軍部以諮議召,皆非公志也。庚申六月二日,以疾終於里第。論者謂公之經濟大略,獲襮於世者十不一二,而赫赫在人耳目已如此。倘天假之年,俾竟厥施,豈在古名將下!世變方殷,如公者顧不少,留以備旦夕之患,此知與不知所爲共惜之也。曾樾籍延平,與建寧接壤,而多與其學士大夫遊。每談及吳總兵事,莫不嘖嘖稱道,而尤以公初蒞任時拒胥吏請歲,却陋規數千金爲不可及。嗚呼,公之勇介可以風矣!配某夫人,有賢德。子二:長福受,次福洞字養浩者也。咸敦品篤行,能世其家。銘曰:

　　鼓旗蒼蒼,烏龍洋洋。篤生名將,蔚爲國光。延陵之裔,起自戎行。備嘗艱阻，俾大而昌。萬夫趑趄，公彌激昂。湄州小試，視民如傷。大府禮遇，如錐處囊。庚子之亂，官民徨徨。公鎮馬江，寢食弗遑。海壇徙官，地瘠民強。公展方略，以利行商。海門禦侮，威望益彰。建寧巨郡，公來鎮防。利興威建，貪廉姦藏。太阿出匣，稍露鋒芒。騏驥離閑，騁足康莊。矯矯易折，莫可究詳。掛冠而去，謳歌不忘。共和肇造，林沼徜徉。興泉俶擾，巨憝跳梁。攻城稱號，勢正狓猖。仁者之心，軫念梓桑。我公一出，返莠爲良。不耗一卒，靖卅六鄉。公而大用，彪炳旂常。驅我貔貅，戮力疆場。凌煙顏色，今古相望。北陲不靖，撻伐用張。我公而在，我武維揚。方駕而稅，天道茫茫。泐此貞石，以訊無疆。廉勇之風，山高水長。

清故統領銜海軍協參領蔡公墓誌銘并序 戊辰

　　閩縣藤山之蔡，出自宋端明殿學士忠惠公襄。其子甸由莆田遷福州歸仁里蔡埔，甸之玄孫伯起遷藤山，以武職世其家。十二傳至源瀛，兄弟十三人。當明英宗之際，倭寇閩，殺其十二人。源瀛富膂力，被虜充賤役，凡十一年逃歸，功期之親，蔑有存者。以業麯起家，仍居藤山。其五世孫禮端，是爲公之曾祖。祖曰立程，以孝廉精岐黃術，享大名。生公考庭善，子三人，長即公也。清宣統二年，海軍大臣知公績學多材，奏授公駐滬海軍一等參謀官，兼督理滬上艦隊事宜。識者咸謂海軍得人，卜公將大用矣。未赴任而疾作，是年秋七月遂終於京師，年僅三十有一。於是知與不知，莫不咨嗟太息，謂爲國之殄，匪特一家之戚也。公於光緒二十七年以優等卒業南京水師學堂，獎六品軍功，派往寰泰練船學習。三年期滿，授五品軍功，候補於海容快船，調海圻。三十年，署寧校教習。方是時，南洋大臣頗思振興海軍，選高材生派赴英國學習，公與焉。三年回國，補海圻駕駛大副，兼總教練官，授南北洋海軍中軍，仍兼原職。旋由保送入京，考驗及格，授千總，仍回原差。宣統元年，擢海圻總大副。尋奉命駕駛海籌快船護送欽差大臣振貝子赴日本，差畢仍供原職於海圻。旋調充北京籌辦海軍事務處二等參謀官，兼謀略科科長，授四品軍功，欽賜"以身許國"獎章。其秋以欽差海軍大臣洵郡王中軍隨赴歐美考察海軍要政，歸國補海軍事務處考核科科長兼參謀官。二年，署駐滬一等參謀官,擢三品統領銜海軍協參領,留任海軍事務處訓練科科長。迨庚戌秋,滬上艦隊督理需人,大臣乃簡公外放云。公諱朝棟,字貽崏,號崏樵。少則恂恂自將,懷抱軼凡。其將就學南京也,本肄業福州鶴齡書院,家寠貧,母鄭夫人尤以資無所出,堅寢其謀,公終拮据成行。在校謹飭精勤,嗜學如渴,與前國務總理杜公錫珪交相推服。目睹清季外侮頻仍,內治窳敗,謂武備乃國家爪牙,海軍尤海防屏障,非厲行整剔不足以圖存。故其隨使歐美,凡軍校艦隊、船塢船廠,靡不參觀;駕駛戰陣、築港炮臺之術,靡不採訪,博聞強記,時流露於與人函牘中間。返國後,不樂京居,每自請在艦効力。當軸倚公如左右手,弗允。公因抑抑有所不懌。聞朝廷購置軍艦、派遣學生,則大喜。尤忠於所職。當赴歐時,道出南洋,奉命測量由香港至菲律濱、爪哇、新嘉坡諸航線,公將事慎勤,目不交睫者八晝夜,所作精密,今沿用之。吾國海軍自甲午一蹶,遂不復振,胥咎治軍者之非人,而其時實不乏通達之士如公其人者。天顧使不永年,是以君子不能無疑於天命之說也。配王夫人,靜淑恭儉,教其二子學房、學杜,敦品篤行,咸能自立,不愧公之後人。學房等將於今年某月某日葬公於某山某向之原,來督銘。竊謂公之行誼宜銘,而學房與曾樾厚,不敢以不文辭,乃爲銘曰:

　　清室不綱,蠻夷猾夏。怒潮滔天,韜弓誰射?　觥觥蔡公,祖生流亞。浮博望槎,方鯤鵬化。云胡蒼天,尺波電謝。駿蹄翣駕,玉樹埋塵。同聲一痛,萬禩千春。青青宰樹,閩水之濱。最行紀實,勒此貞珉,以妥幽域,昌其後人。

王父晴邨府君行述丁卯

　　清光緒中,有以校官率兵擒積匪,能聲震全省者,王父晴邨府君也。諱汝銘,字景商,永安黃氏,世咸稱其號曰晴邨先生。同治十三年,以明經授閩縣學訓導,兼鳳池書院監院。光緒六年,調龍溪。十二年,丁外艱。服闋,補長樂縣學。二十三年,擢福清縣學教諭,加光祿寺署正銜。二十七年辛丑,卒於官,享年五十八歲。自清末士夫視校官爲閒員,受贄金,享學租,無所事事。府君所至,搜英獵俊,月有課,優有獎。獎金率捐俸。其訓士常曰"無怠惰以荒業,無訐訟以墮名",而尤諄諄於敦倫常、識時務,旁翼後推,反覆比譬,如抉心相示，使必信而後已。其在長邑也，壺井鄉號盜藪，官中莫誰何，寖猖獗。光緒乙未，數劫洋船，制府譚鍾麟檄福寧鎮總兵曹志忠總勦匪事，知長樂縣丁振德副之。丁悝懦專用，欵知福州府唐寶鑑才府君，舉爲會辦。府君捧檄，隻身密赴壺井，屬耳目於鄉之門人，廉得其虛實，則請於曹公，黑夜率卒搗其巢。匪酋林一燦出不意，倉卒抵拒，衆已喪膽。府君部勒有法，卒皆踴躍用命，匪遂不支。官軍乘勝逐北，卒擒一燦等。當道上其功，旋擢官加銜如上述。去之日，傾城學士送於途，造長生禄位祀於學。當是時，閩屬六十餘縣無不知有黃校官云。府君生平與物無忤，牧童樵叟胥接以誠。好交遊，食客常十數人。顧嗇於自奉，常携雨具步至門生家談藝文。性至孝。曾王父客南公治家嚴，府君能博其歡心。在龍溪時，逢客南公花甲之辰，公知府君必回里稱觴也，先遣急足往止之。遇府君於桂溪，離城僅四十里，府君聞命，即折回漳。事曾祖母尤曲盡孝道，宦迹所至，必迎養。當甲午臺灣兵事起，漳州鎮總兵吳光忠與府君最契，奉命渡臺，要府君參軍事，以母老謝之。彌留時，聞門外售鰣魚聲，猶趣侍者出買，曾祖母所嗜也。養曾叔祖母雷氏及從叔祖汝鈴，曲有恩禮。戚族婚喪，贈賻必豐。去家服官三十餘年，赴至内外戚郵弔哭，咸失聲。太高祖世珍，不仕；姚氏馮。高祖維垣，以軍功授州司馬；姚氏賴，贈安人。曾祖應鴻，官汀州協鎮；姚氏李，贈淑人。祖母同邑張太夫人，育丈夫子四：梓庠，光緒丁酉科拔貢，候補通判，前卒；閩庠，國學生；榕庠，早卒；漳庠。女子子一，適陳慶川。孫三：曾樾、曾源、曾濂。孫女三：曾婉、曾瑜、曾琰。長孫曾樾謹述。

先考行述_{庚申}

府君諱梓庠，字杞良，號淡菴，永安黃氏。五歲時，先王父晴邨公携赴省垣，應對進退儼若成人。年甫冠，已能窺見四部途轍，宿儒張世忠、陳遇泰輩咸器重之。應童子試，學使祥符沈侍郎源深拔冠其軍，調送鰲峰、致用各書院。肄業，文名籍甚，顧屢困秋闈。光緒丁酉，乃中拔萃科。次年廷試，復報罷歸。時張樊圃景祁先生宰連江，先生錢塘名宿，屢分校閩闈，府君故受知。謁之，則大喜，相與蒐討金石文字。府君雅工書篆刻，至是益進，先生決其必傳。後解連邑篆，邀府君館其寓，以文字商榷無虛日。每有撰述，一字未安，研求數四不厭。常謂人曰："黃生可謂吾益友。及門無慮數百人，無出其右者矣。"名公鉅卿及上下游文士至省垣求書者，屬屬於門。府君忠孝性成，懷抱宏達。及戊戌政變後，見國事日非，怒然憂之，每與人言輒淚下。而憤惋之意一發於詩，故其音悽楚哀痛，讀者謂彷彿庾子山、杜少陵云。庚子春，疾終省寓，年僅二十有九。病革，尚呼取平日所愛名人手卷置枕畔，摩挲不忍釋。嗚呼痛矣！府君昆仲四人，次居長。嫡母郭夫人舉男女各一，皆不育。繼母陳夫人。府君沒時，本生考育不孝才三歲，先王父命以後府君。遺著有《看雲草堂雜文》一卷，詩四卷，詞一卷，印譜二卷。不孝曾樾謹述。

生考荔園府君行述丁卯

吾黃氏自元末由江西遷閩之永安，世有隱德不仕；至曾祖汀州協鎮客南公、王父福清教諭晴邨公，皆尚義好施；先考明經淡菴公以治樸學、工詩書名，於是吾閩上游莫不知有永安黃氏。府君爲教諭公次子，教諭公司訓閩縣時生。倜儻有大志，讀書知大義，不屑爲舉子業。值中原多故，慨然思自振於功名。常不遠千里訪名師於深山，習技擊得少林真傳。或勸以博科第，則笑謝之。先王父、先考均好交遊，所往來皆一時知名士。府君自幼濡染，遂精於鑑別古鐘鼎彝器，所作篆刻書畫皆有法度。吾家三世宦遊，鬻產殆盡；王父、先考及諸父復相繼棄世，曾祖母以下食指百餘，事畜之資惟恃府君。府君既不能遠遊，則斂其素志，欲化行於鄉邑。深知農民教育之要，因樂任鄉小學教員。講授外，時溷處於牧童邨嫗間，爲之演述古今可感奮歌泣故事及時務之大者。其種植、牧畜、漁獵、機器之屬，莫不爲之口講指畫，莊諧並出，聞者漸開茸塞。鄉人有爭執事，爲之排難解紛；爲不軌者，輒相戒不敢使知；而受府君教發憤向學者，不如凡幾。邑有溺女習，府君深恨之，常出私囊傭媼養育，全活甚衆，自是陋風漸改。鄉有遠族，地爲鄰侵，齎重金來吾家謀興訟。府君與一夕談，翌晨束裝歸，不與其鄰校，鄰亦感而還地。兩家歲時入城，持蔬菓饋謝，歷久不衰。府君每自恨所懷莫展，因而責望於不肖兄弟者綦嚴，撙節衣食以求名師。永安偏僻，里人視外出爲畏途，自壬子春府君命不肖曾樾負笈馬江，遊學之風始盛。己未秋仲，不肖既授室，教授於延平，薄有歲入，思遊學法蘭西，懼以家室累府君，不敢言。府君知而促之曰："吾獨肩家計已三十餘年，再數載何傷乎！"於是遂行。詎意不肖至法之次年，府君竟以微疾棄養，實民國十年辛酉十一月十九日也，春秋僅四十有七。時家人詭以病拘攣函告，迨不肖歸，距府君没已五年矣。痛哉！痛哉！府君雖處窮約而關懷時事，好舉以告家人，悲天憫人之意時流露於動定語默之間，接之者爲善之念油然而生。不肖遊學歸里，至府君舊遊地，老幼環聚，競述府君遺教，皆曰："自先生云亡，鄉人有疑無所取決，無恥之徒罔有畏懼。"言時莫不流涕。生平薄自奉而市甘旨奉曾祖母、祖母，及爲不肖購文具則弗計。府君既無位，天復嗇其年，竟不使見其不肖子之學成也。嗚乎悕矣！府君諱閻庠，字仲良，荔園其自號。没時，祖母張太夫人尚在堂。吾母同邑劉夫人，慈儉淑恭，育男子子二：長曾樾，教諭公命出嗣世父淡菴公；次曾源。女子子二：長曾琬，適劉若湯；次曾琰，幼讀。不肖子曾樾泣述。

遊鼓山記丁巳

環閩城以山水名者以十數，而鼓山爲最著，有屴崱峰、靈源洞、喝水巖諸勝。山在城東二十里。丁巳春仲，偕同學由山麓拾級而登。石磴盤旋，級可二千餘。兩旁喬松蟠蟠，虯蟉尤饒。石嶔崎嵯峨，其形態乃怳乎吏部《南山》之詩句也。道左流泉潺湲接耳，滿山石刻琳瑯觸目，不覺嶺之峻、足之罷也。道有七亭，每登一亭，木愈古，石愈奇，泉愈喧。最後至者曰更衣，再進則萬松灣。時宿雨新霽，景色鮮明，群峰在足下驊逸而騏驁，兔脱而狼逃。同人有歌者，余和之，聲畢響騰四山若應俅爾。足下白雲湧至，溶溶濛濛，瀰漫太空，不能自視其手，盱眙愕眴不知身處何境也。急尋寺門入，憩東際樓。翌晨登峰，中道遇雨而返，遊靈源洞。洞在寺西，披榛揭翳，迤邐三四里，乃至狀若纍石成塘。喬松異卉交柯，蔓翳夐邃，風靜景寥，山響不止。左降陟磴數十墜曲壑，再左百武至喝水巖。泉淙淙由龍口出，清沁冽醴。相傳唐有國師坐洞説法，惡巖下水聲，喝之，泉遂徙於此。故洞有澗，深以涸，境嶢廓，巖崒嵂，而樹扶疏，此其異於靈源洞者也。俛仰低徊，不覺遯世无悶之意油然而生。信哉！景物感人之深也。遊興未闌，忽有陰風拂樹，掠膚毛竪，萬木伸僂若與泉咽相答而唏噓，不敢久留，遂返。乃略涉舍利窟、廻龍閣諸勝，胥山之著稱者。凡宿山中再夕，往返步與舟兼焉。

福州豹屏山古壙陶器出土記戊辰①

民國十七年四月晦，夏曆三月十一日。福建省公路局拆西南城至豹屏山射烏樓下，掘地七八尺，發見古磚壙二，皆甓磚爲捲洞，洞門南向②，相距約八丈。右壙已塌，土滿焉③；左壙完固，高五尺，深倍之，闊半之。發從北壁④，得大小陶器二十一。係盃碗瓶甕之屬。壙磚印錢魚二文相間叠。按《十國春秋》："天祐二年，西曆九百零五年。檢校太保琅琊王王審知，築南北夾城，名南北月城，合大城而爲三，周二十六里。"《三山志》則謂："梁開平二年，西曆九百零八年。王審知築南北夾城，謂之南月城、北月城。"天祐、開平相去三載，豈一記開工之年，一記落成之歲乎？黃滔《天王寺碑》云："公之築城也，恢守地養民之本，隆暫勞永逸之策。其名舉一而生三，法陽數也。曰大城焉，曰南月城焉，曰北月城焉。"又云："粵南月城也，東貯九仙，西盛烏石之二山。"按，今壙在烏石山麓。乾隆十九年，徐景熹《福州府志·城池志》云："舊子城、羅城、夾城、外城皆有濠。舊子城之濠，若南虎節門外之大橋。按，即到任橋。舊羅城之濠，若南利涉門外之安泰橋。舊夾城之濠，若南寧越門按，即今南門外之九仙橋。舊外城之濠，若南合沙門之外洗馬橋。"⑤ 則是城自宋元以來雖屢有修葺，而爲王審知所築夾城之址無疑矣。壙在城基下，其爲築城以前物又無疑矣。考《吳越備史》《青箱雜記》諸書，均載後漢天福十二年三月，吳越王復遣將余安，率水軍捄福州。唐兵敗，李弘達歸附吳越，更名孺贇。初，忠懿王按，即審知謚之治閩城，壘甓皆有錢文曰"此城終歸錢氏乎"，頗惡之，因剷去，而錢文愈明，至是皆驗之事。而《三山志》之記夾城也，則云："李仁達時，按，即弘達，避吳越王諱

---

① 又載《福建建設廳月刊》(以下簡稱月刊) 1928 年第 2 卷第 4 期第 106—108 頁，同題，字句偶有差異。

② "甓磚爲捲洞，洞門南向"，月刊作"坐北朝南"。

③ "土滿焉"，月刊作"尚未開掘"。

④ "左壙完固，高五尺，深倍之，闊半之，發從北壁"，月刊作"左壙甚完固，掘之壙式穹窿"。

⑤ 按，引文中多所節略。

改。唐兵攻之不下。初王氏築城，令陶者印磚悉爲錢文，及兵退，仁達果歸錢氏。"二說雖有微異，而載王審知夾城磚有錢文則同。是則壙爲唐五代時物，距今約千年矣。再以器質考之，六朝、初唐陶器，面多造像，有時無釉；宋元陶器往往祇上半截有釉，今所掘得者類此，但裏面全釉爲數較少，北宋去唐五代未遠，其意可得而說也。

五月念一日，復於左壙右一丈地掘得一壙，式如前，內有三瓶、二盃，皆橫列埋於墓門邊，置棺位則空無所有，開掘時曾親見之。樾記。[①]

石遺室授經圖記己巳

嗚呼！世變亟矣，黃鍾毀棄，瓦釜雷鳴。不幸生於斯時，視聽淆亂，妄庸子鼓滛詞而助之攻，剽竊歐美之皮毛，弁髦祖邦之文化，而不知實自貽伊戚也。夫素封之家，簪纓之冑，其祖父所貽謀，未能責其子孫盡世守而勿變也。然當其締造經營之際，必斟酌於天時地利之宜，人情好惡之便，然後蔚然成風，習而成俗。故雖時移事易，必有一二不可去者，存是以祖述憲章。雖儒家之玉律，而因革損益，實孔子之名言。歐美哲人有鑒及此，希臘、拉丁文字列爲中學教科，玄哲之科授之於大學，其尊蘇客底、柏拉圖豈亞於吾人之崇孔孟哉？蓋今從古出，子從母出，欲去古而知今，是除根而責實矣。昧者不察，驟見彼邦格致之理大明，以爲可一蹴而至，不知其來有自也。歐洲自馬基頓霸王亞力山大，以亞力士多德爲師，畀以厚資，俾創天然科博物院，其流風遺教被於斯多葛、伊璧鳩魯之徒；而亞剌伯人長於數學，師承衣鉢，闡述孔多。故歐土前修，格致修齊，類能兼擅，牛頓、笛卡兒之倫不勝枚舉，十七世紀以來始漸分道。然即今格致倡明之世，學者猶孜孜於先哲之書，良以幸生古人後。彼竭千萬人之聰明，歷千百年之經驗，所貽留於吾人者，豈非老馬識途，可以示我周行哉？夫巴士加以天挺之資，不知歐吉力德勾股之學，在幼穉之年能發明其大半，洵曠古之奇才，然不能責巴氏於衆庶也。若使束書不觀，而

---

① 按，此有眉批言："以今城爲王氏之夾城，實誤。今城實明初改築，王氏城用磚，明城用石，不煩言辨矣。城磚有鈔文，壙中物在築城前，何以先有鈔文？鈔文歸於王氏，其說不足據。此文章之有藉考據也，然詞章家不能盡責其精於考據，此文仍可存。"似爲陳衍筆。

望人文之進化，是不耘而望穫，不亦憒乎？吾國自姬孔述作，迄於周秦之際諸子爭鳴，格致之説見於《墨經》者，端倪已具。漢興，罷黜百家，尊尚儒術，錮聰明，囿思想，誠聚六州之鐵鑄成此錯矣。然而非以帝王之威嚴，安能一漢族之思想？非黜百家之紛亂，安能固宗族之典型？夫惟思想一、制度立，而後民族之基成；民族之基成，斯民族之力固矣。六朝五季，蒙古韃靼迭擾中華，國可滅而族不可亡者，豈不以此哉？彼宋明陋儒，沈湎於語録、八比之文，以空疎性理爲經濟，以臭腐帖括爲辭章，長夜悠悠，視天夢夢，良足悲矣。然此乃後人之負先哲，非先哲之誤後人也。勝清漢學昌明，鴻儒迭出，其鈎沈拾墜之方，稽疑抉謬之術，固胐合於歐西學士之所爲。然而同一哲理也，歐人攻之則偏於格致，格致之理勝則國以盛强；吾人攻之則偏於修齊，修齊之理明則族以鞏固。同一經學也，漢清之儒治之而真理顯，儒效興；宋明之儒治之，而經術晦，種族弱，抑又何歟？蓋山河阻隔，涇渭斯分，而見知見仁，則存乎其人矣。然格致修齊既同源而異派，實相生而相成。嘗謂吾人今日必用科學，猶歐人今日必用哲學，職是故也。故急起直追，取長補短，洵當今之急務。而闡固有之文明，張吾族之力量，其要不在前者下，則知者鮮矣。夫本天毅地、化民成俗之方，具在經籍。張皇幽渺，挽虞淵而息螢光，竊有志而未逮。曾樾自幼失學，長無師承，迨前歲隸藉石遺先生之門，始略知途徑。先生經學大師，世共宗仰見。曾樾文字謬承許之曰能，而勉其致工於經術者甚切，尤於學者之疎於小學，諄諄致誠焉。夫欲知外國事，必用舌人；欲知古人書，必明訓詁。訓詁明，而後古人之意顯，古書之真僞辨。治小學，乃治經之門也。李丈間渠，師之私淑弟子，工詩擅繪事，爲作《石遺室授經圖》，因楬橥治經之要，俾世知戡亂致治、淑世齊民之方，在此不在彼也。

送孫弘侯入京序己未

《齊諧》之言曰：扶搖九萬，時以六月，鵬乃南徙。嘻！不亦善哉？蓋風之積也不厚，則負翼也無力；晷之歷也不久，則程行也不遠。彼蜩、鳩又何知，搶榆枋、控平地乃笑鵬爲？夫人之於學，亦若是已耳。蘊之不富，發也不懋；藏之不淵，樹也不瞻。故不矜小得者，有志之士；不自爲足者，致遠之徒也。

顧士生今日，不囿於卮言，則涵於勢利，忽其生而忘其職者，實接於目。其能挺植而不域於俗，蓋已可貴；矧能澤古弗已，期爲國用，辭逸就勞以求達其志，斯允無愧乎古之士，而非今之人也。若浦城孫弘侯，殆庶乎！弘侯家浦之僻陬，能自奮勵，求學省垣。其在農校，已爲龍田夫子所稱，而爲人惇篤寡言，吾黨蓋無以加。既卒業之明年，復走京師，應大學試，是其用意不既深以遠乎？蓋人情所戀者鄉井，所念者妻孥，使弘侯持所有歸求升斗之祿，躬菽水之勞，盡督課之責，固自易易，顧不以所有自足，不以常情自域。荆榛滿地，行人畏途，弘侯不以爲險；烽烟滿目，遊子回車，弘侯不以爲阻；犯霜露，涉波濤，弘侯不以爲苦。人之所逸，弘侯勞之；人之所苦，弘侯樂之，非懷鯤鵬之志，能若是耶？或曰："古稱長安難居，難居而居之，無乃左計乎？"吾聞而莞爾，曰："斯乃所謂自儕其識於蝸、鳩者也。"夫士苟志趣凡庸，又何往而不足溺其心？藉其高遠，則孜孜以求，殷殷以勵者，無非薪所以富其蘊，淵其藏，以期宏其發，瞻其樹，又何暇乎外慕！吾弘侯則其人也。弘侯將行，來叙別，余觴之於江樓。觥籌既舉，述是以進，退而錄以寄之，竊附於顏仲贈言之義云。

張鑑秋先生五十壽序己未

自昔陽九之會，天必生一二智勇特絶之人爲之君相，以定天下之難；又必護持一二師儒，黃髮兒齒，巋然難老，以與君相相對峙。人第見鍾鼎旂常，名聲赫赫者，爲不可少而不可及，而不知皓首窮經，終年矻矻，以存吾道之一脈者，固亦天之所默。相其功，不在君相下也。是故漢有留、酇之事功，則有轅、伏之經術；唐有房、杜之相業，則有河汾之講學；明清之際，有從龍入關諸功臣駿奔於上，則有顧亭林、黃棃洲諸大儒相與維持絶學於下。蓋不有君相，誰爲人牧？不有耆宿，誰爲人師？雖窮達不同，其有造生民而爲天之所相則一而已。辛亥以來，王綱解紐，才智之士類皆因利乘便，獵取聲華。吾師龍田張先生，獨泊然無爲，閉門却掃。當軸耳其名，聘主各校講席。先生既痛國學之凌夷，又以省垣諸校爲各屬學子之所萃，可以遂其樂育而廣其薪傳，而祭酒俸錢亦非盜泉，因勉應其請。主講後，勤勤懇懇，誨人不倦。在校生徒於校課外有所請益者，先生概爲講解，人人各得所欲而去。於是載酒問字者，戶限爲穿，而先生之學之名遂遍各屬。民國五年，長閩政者爲先生本師，下車之日，即辟先生相助爲理。是時各邑牧令無迴避本籍之制，幕府僚屬例得隨時銓補，熱中之士趨之如鶩。所有親知均慫恿先生舍去寒氊，亟應大府之命。先生絶不爲動，竟婉詞却之，就講席如初。其淡於名利，願老一經，蓋猶轅、伏諸賢志也。豈非天所相而卓然可以爲人師者哉？己未年正月五日，爲先生五十攬揆之辰，曾樾等親炙有年，不可無一言爲壽。而宮墻之美，又非才學谫陋者所得淺窺，曾樾等之言又烏足以重先生！雖然，有德者必有年，以先生之出處，證之古昔師儒得天之厚，固若合符節，則轅、伏之年，直可爲先生操之左券也。是爲序。

萬程王老封翁七秩壽序 代 丙寅

竊究觀天人之際，未嘗不嘆修德獲報之説，信乎其有徵也。稽諸載籍，凡修身蓄德之士，於瞻戚鄰、篤閭閻諸善舉，輒以身先，往往躬膺天眷，備五福，享大年，澤貽子孫，瓜綿蔓衍，若范希文、裴叔則之倫，指不勝屈。顧於今之世不少概見，何哉？豈天地晦冥否塞之秋，懷仁尚義之士，如高蹈遠引之流，韜光匿采歟？然而世未嘗無善人也。蓋嘗默而求之，今觀遼陽王翁事可稱焉。翁幼而穎異，性愛典墳。長慕陶朱之名，因習計然之術，守真抱璞，蹈信懷忠，遂以貨殖成名。然富而能仁，瞻族之莊，恤鄰之粟，既足媲美前修，而所以自飭其躬者，尤足風範末俗。恬情寡欲，畏天愛人，好道德之言，嗜陰隲之篇，故年臻古稀，精神矍鑠。所謂積德之厚，爲天所相者，其比物此志歟？固一方之盛事，交遊之榮光，而匪獨翁一身之庥嘉也。且夫積善之報，豈有窮乎？今長君孟光，方席翁之偉業而張大之；次君仲樵，自東瀛學武備歸，以韜略之才爲上峰所倚重；而群從多材，孫枝競茂，盛矣王氏之興，正未有艾也。固有默相而光大之者，而亦我封翁仁德篤行之蓄有以致之矣。《詩》有之曰："樂只君子，遐不黄耇。樂只君子，保艾爾後。"夫貽德於後，美矣；而身以黄耇獲躬見之，則尤難能而可貴者。非積德深厚，奚克臻兹瑞乎？是以不禁額手爲翁祝，期頤如操左券也。某瀋陽于役，獲挹光輝。淵穆雍容，藹然古之君子。浮沈蓬梗，憾罄欬之難親。今歲子月，爲翁懸弧之辰，滯跡京華，弗克升堂晉爵，乃誦詩人之章爲翁頌，并明翁所以致福之故爲世勸，翁其以爲知言而笑晉一觴乎？

上陳石遺先生書己巳

別後於十六午離閩，途中因霧停泊兩次，十九薄暮纔到滬，念一日進京。用違所長，深堪太息。惟可乘時讀書，計亦良得。顧獨學無友，匪僅孤陋寡聞，勞而鮮獲，實有岐途誤入，迷不知返之虞。曾樾往者屏棄韓、白、蘇、陸詩不觀，浮慕六朝、盛唐，是其例也。賦性愚頑，自幼淡於榮利，以貧餬口四方，然未嘗因仕廢學。常羨張、李、晁、秦之徒，得韓、蘇大賢爲師，而後學益進、名益顯；下至管異之、梅伯言之於姚惜抱，張廉卿、吳摯甫之於曾文正公，莫不皆然。竊嘆何古今之人不相及！迨前歲隸籍高門，平生之願於是遂償。蓋嘗獨居深念，恍然於功名事業非可強求，邂逅時機，則草昧英雄可驟躋於尊顯，然身死名滅，如浮雲之變幻於太空，波濤之起伏於滄海耳。惟學問之道，必積歲月之工，聚師友之益，始克窺見端倪。端倪既見，必樂而忘返。迨其既成，則經天緯地，裕後光前，無施不可，所謂"經國之大業，不朽之盛事"者也。經師文宗之貴，豈王侯將相所可並論乎？然而人事多磨，師友難得。古今學人雖多，而成名壽世者綦少，可爲太息惶恐者矣。曾樾何幸，生與韓、蘇、姚、曾同時同地，苟非甘自暴棄，安肯以目前之富貴，易奕世之盛業哉！且在省時荷吾師啓迪吹噓者，無微不至，區區敬慕之意，何亞於黃金鑄賈島，瓣香禮南豐！故前次回閩，滿擬長侍函丈，專治一經，詎意衣食廹人，復當遠離鄉井，其爲悵惘慊憾又何如者！故當退食展卷之時，輒翹首南望，愈益仰慕門墻，自恨何以至此，而終思決然捨去，歸謀升斗於故鄉，俾得常隨杖履也。曾樾讀書之病在於務得貪多，茲謹遵榘誨，由博反約，先其大者、急者，後其小者、緩者，而並非束三代兩漢之書不觀也。近得胡註簡齋詩，係馮蒿菴先生新刻者，於奇日讀之；復取柏梘山房文，於偶日溫之。便中仍祈時錫訓誨以提醒之，幸甚幸甚！①

---

① 文後原刪去一段，因其保留了部分史料，特附注於此，言：臨行留呈吾師《談藝錄》，想荷閱過。此係初稿，倉卒付抄，錯誤知不免也。《金石志》如已印出，祈飭人統交舍下，或逕寄新都爲荷。鼓旗在望，無任瞻依。天時尚寒，伏祈爲道自衛。不備。

海外文稿自序乙丑

曾樾少失學，長好辭章。在閩時，古人書幾無日去手。遊法，志在用世，立願割愛，行囊不帶一華文書，意謂暫與吾先民別，如別吾親友然，盡數年力，薄獲新知，能歸獻國家。故雖素識者不憚數萬里求文字於曾樾，大抵謝絕；間有誼不能却，然亦罕矣。顧以塵根深累，憂患荐經，所以摧折磨淬之者罔不至，固知此男兒分内事。然知之者性，受之者志，而發之者情也。夫任性而隳志，愚夫也；逆性而勵志，亦贛士也。性能任而志無患於隳，志不忘勵而性無憂逆，其庶幾明哲乎？且夫性，内也；志，外也。和外以安内，怡情爲貴；動内而應外，於情焉發。情發乎外，則嬉笑怒罵、謳歌哭泣、舞蹈、音樂、書畫，惟情之適而性之安焉。動之狀殊，而所以動之者，無異也。寓之方殊，而所以寓之者，無異也。然而上焉者，其音清以和，其節調以美，於是乎爲騷賦，爲歌辭，爲長短句，又各視其性之近、境之遇而發焉，而寄焉。《書》曰："詩言志，歌永言。"諒哉諒哉！曾樾旅歐來，日與儔人格致家遊，古學荒落，安敢言文。顧當憂患之踵吾門，和扁爲之束手，獨於吟詠中尚能自尋樂趣。蓋所以冶吾情，養吾性，作吾志者多矣，往往信筆書之，聊用自娛而已。兹將束歸，檢理舊篋，得雜稿若干篇，不忍充去，乃都爲一集，而漫書其上。

陳石遺先生談藝録序丁卯①

吾閩文教之開，較中土爲晚，至隋唐間始有詩人，迨唐末五代秦系、韓偓、崔道融之倫，流寓入閩，詩教乃盛。泊宋而益昌，楊徽之、楊億、劉子翬、朱熹、蕭德藻、徐璣、劉克莊、嚴羽、謝翱諸人，後先蔚起，各成派別。朱明一代，閩中十子、鄭善夫、高、傅、二謝、二徐、曹學佺，雖迭以詩鳴，然皆不出明人貌似漢魏盛唐之習。沿至勝清道咸之間，程侍郎、祁相國以杜、韓、白、蘇倡於京師，爲世宗仰，而八閩詩人尚株守其鄉先輩，摹倣成法。同光而還，陳木菴、鄭海

---

① 該文又載中華書局本《陳石遺先生談藝録》書前，有異文。

藏、陳聽水諸先生出①，爲詩以杜陵、昌黎、香山、宛陵、東坡、半山、誠齋、放翁諸大家爲宗，同時江右陳散原先生力祖山谷，於是數百年來之爲詩者始一變其窠臼，大抵以清新眞摯爲主，海內推爲“同光派”。而吾師陳石遺先生，則自三百篇、騷□以迄前數子，無不登其堂、哜其胾而自成爲一家之詩。其著《詩話》、編《詩鈔》，各就作者所長，而以自得獨到爲主，其貌爲漢魏六朝盛唐諸僞體所必別裁焉。② 先生以名世之才，蘊經世之學，壯歲嘗橐筆爲劉壯肅、張文襄諸公上客，所爲擘畫措施，胥關民生國計。顧世獨以樸學、辭章重先生，豈知此殆先生流落人間者泰山一毫芒耳。③ 然自先生出，而朋從氣類相感召，講壇著述所提倡，實有左右中原文獻之功，不特移易閩中宿習、開閩派之新聲已也。④ 嘗聞先生論吾閩僻處海澨，而《禹貢》三江，南江發源長汀；漢代五嶽，霍山實在寧德；大海則東控日本；三十六洞天，第一、第十六皆在福建。然則山川靈淑清明之氣，蘊千百年而後鍾於先生者，豈獨幔亭、屴崱已邪？ 信哉！ 詩人之傑，爲今日詩教剝復時之山斗矣。曾樾幸生同鄉國，則景仰十有餘年⑤，竊揆樗昧，不敢自致於門墙。丁卯仲□初弦⑥，由董仲純丈紹介，始謁先生於文儒坊三官堂之匹園，呈詩文爲贄。師年七十有二，精神矍鑠，長身頒白，貌清癯，望之如六十歲人。談論精采煥發，娓娓無倦容，樂育之意晬面盎背。嗣後每遇休沐，常隨杖履。其談藝旨趣⑦，大抵散見於所著書中。有所請益，必爲暢言。退而録之，以備遺忘。隨聞隨記，無有彙次，名曰《談藝録》，紀實也。昔桐城姚惜抱先生爲文章，私淑其鄉方侍郎，而以未得及身親炙爲憾。曾樾何幸，得及大賢之門，而荷其拂拭。把筆記録名言讜論，蓋

---

① “陳木菴、鄭海藏、陳聽水諸先生出”，原前有“吾師陳石遺先生及”數字，後刪去；中華書局本作“鄭海藏、陳聽水、陳木菴三先生出”。

② “而吾師陳石遺先生……所必別裁焉”，原作“著《詩話》、編《詩鈔》，鼓吹之力蓋獨多焉”，中華書局本作：“而吾師陳石遺先生則不唐，不宋，不漢魏，不六朝；亦唐，亦宋，亦漢魏，亦六朝，《三百篇》爲體，經史諸子百家爲用。其著《詩話》、編《詩鈔》，鼓吹之力，蓋自有説詩、選詩以來，得未曾有焉。”

③ 此句下中華書局本尚有句云：“其以宛陵、半山、東坡、誠齋況先生之詩者，自皮相矣。”

④ 此句下中華書局本尚有句云：“而勝清一代主持詩教如王文簡之僅標神韻、沈文慤之專主溫柔敦厚者，先生殆有過之。”

⑤ “則”，原件折損缺字，據中華書局本補。中華書局本前多“自有知識”四字。

⑥ “仲□”，原件折損缺一字，中華書局本作“孟冬”。

⑦ “談藝”，中華書局本作“説詩”。

不勝玷辱師門之懼云。

永思堂札記序己巳

年少氣盛，昧於世情，以爲功名可以摽鍥致，著述可以咳唾成，故中外之書雖無不讀，常謂此皆古人之陳迹，罕能愜吾意、折吾心。詎知人事遷移，三十之年忽然已逝，而吾碌碌尚如斯也。夫壯歲如此，中年可知。且繼今以往，生事日繁，記力愈弱，往年思想漸就遺忘，不其戚歟？薄書之暇，乃將耳目所得，筆之於書，聊備搜尋，敢云述作。嗟夫！生命不辰，身居何世？開物成務，既愆初衷；紹往開來，復違素志，徒伏案記此斷義零章，銷磨歲月，豈讀書識字時之初意哉！

讀柏梘山房集己巳

梅柏言文惟工於用折筆，屈曲如意。彼蓋自知才弱，故掃除枝葉，收縮篇幅，而以筆仗制勝。在唐宋大家，惟荊公擅長此道。伯言深沈之思、精悍之氣不及荊公，而玲瓏駘盪則似過之，所謂能尊尚師說，善避所短而不犯者歟？論清文者，方、姚以後必稱梅、曾，然亦互有優劣。舉重若輕是梅所長，音啞體弱是其所短。曾氏音調鏗鏘，格局博大，而時露斧鑿痕，現喫力狀。吾師陳石遺先生謂："曾文時不免俗氣、八股氣，梅氏則進乎雅矣。"嗚呼！非於斯道三折肱者，焉足以知之！

讀陳簡齋詩集己巳

陳簡齋詩才不甚大，學不甚博。五古有陶、謝、韋、柳淡宕夷猶之致，能戛戛獨造。五七律格遒調響，視雙井之專事瘦硬、后山之力求晦澀者，迥然不同。七言絕句能於王、蘇二家外另竪一幟，後起之楊、陸亦不逮其沈著。七古幅短而味長，在宋人中於黃、陳爲近。方虛谷"一祖三宗之說"，不免門户之見也。

書吳梅村文集後己巳

吳梅村文，每於散行中參以儷偶，既異齊梁，又非唐宋，殊乖正格。《四庫全書提要》雖已譏之，而未盡也。吳文大病在於冗雜，惟冗故駢拇枝指，洪纖必書，苟以義裁之，皆可不載；惟雜故蛇神牛鬼別擇無方，輕重失宜，分際無有，近於小説家流，亂文章之體例。甚矣，爲文之不可不講義法也。嘗謂古文家不能詩是大憾事，蓋古文因聲以求氣之理，惟能韻語者易知，而敘景光、抒情愫，往往以詩人之意出之而愈妙，若夫銘、誅、贊、頌，乃古詩之流，尤非工於此必不工於彼。是故梅村詩人也，集中碑版之作，其序無一可讀，而銘則無一不佳。韓、柳銘詞倚天拔地，歐、王大家佳構時有，四子皆工於詩也。歸震川、方望溪之視姚惜抱、曾文正，文章高下未易遽論，而歸、方集中碑誌之文每有佳序而無佳銘，正與梅村相反，姚、曾二公則多兼二妙，非以歸、方不能詩而姚、曾則致工於詩者甚深歟？世知梅村之工於詩矣，未有知其工於銘者，故表而出之。

續典論論文己未

揚子雲曰："言，心聲也；書，心畫也。"不亦善哉？論者常貴耳而賤目，是古而非今，豈知心聲與面貌人各不同，發而爲文，視人與時而各異，理固然也。典午以來，斯文淪喪，韓文公出，而柳、李、皇甫諸賢興，古風始振。五代之亂，復就陵夷，而歐、蘇諸賢應運而生，雲興飈起，可稱極盛。自時厥後，陳、陸踵興，元、虞於金元，歸、姚於明清，代不乏人。非宇宙英靈之氣未嘗或息，故其鍾諸人者亦無或絶哉。乃自明朱右總。下闕。① 四代作者，僅取七家，鹿門茅氏增之而八。於是八家選本，户有其書，於他作者難舉其名，不亦陋歟？某夙好文辭，謬有所測，爰循魏文盛軌，尚論前修。竊觀昌黎韓氏，雄奇瑰偉，原本典謨，鎔鑄百氏，用能起衰振懦，反醇正漓。柳氏淵源本乎左國，道堅逕薄西

---

① 上頁刻録書影重拍，則此處當有遺漏。原本或未缺。惜無緣獲見。

京，韓之亞也。習之雅正，持正奇崛，洵韓子之謫傳。可之鑱刻，頗窺揚、馬之籬；復愚詭奇，堪入韓、莊之室。顧其辭艱，或窒於氣；體拘，於律稍疏，論者憾焉。凡此諸子，胥承韓子遺風，卓然能自樹立。他如元次山、獨孤申叔、劉夢得、杜牧之之雅健，蕭茂挺、李遐叔之瓌綺，或私淑時賢，或楷模前哲，雖其取徑不同，而能以文自見，則殊途而一致。盛矣哉！李唐三百年之於文章也，東京以後蔑等倫矣。迄於有宋，盧陵歐陽氏，沖夷澹宕，學昌黎而別開生面，祖腐史而抉其神情。南豐曾氏，温醇典雅，擷衡向之精。眉山蘇氏，儁逸遒邁，根諸儀、秦。東坡豪放，議論多不由衷，才尤大於厥考，循其所出，《莊》《列》獨多，不第得《戰國》之風也。臨川王氏，峭折險拗，如健鶻盤空，實另闢文章之境。李文貞、曾文正諸公尊爲韓子以後一人，諒哉！子美温柔而質樸，子由雖肆而近醇，是其得力於經之效也。同甫放縱，純乎策士之遺，而其識有足多者。渭南淵懿，實窺南豐之奧，而蘊藉稍不逮焉。遺山力摹史公，而才實放宜次盧陵、道園，遒夷而力稍薄，其佳者可望南豐。震川歸氏，韻致悠揚，開桐城姚氏之先聲。姚氏神味幽遠，義法緊嚴，南渡以來實難其匹。以上諸子，雖賦性迥殊，學力各異，得諸古人亦淺邃不一，要其垂世行遠，胥足不朽，亦曰以氣爲主，別夫陰柔剛陽而已。大抵元、韓、柳、皇甫、孫、劉、杜、三蘇、王、陳，蓋得諸陽剛之英；獨孤、蕭、李、劉、歐、曾、蘇、陸、元、虞、歸、姚，實徧於陰柔之美。其他作者雖不盡同，此其大較也。且夫有物斯有文，故人必有諸中而形諸外，不待假借，猶雲霞之絢綺，璣璧之光輝。是以韓云“君子慎其實”，柳云“文以行爲本”，歐云“道至者文不期至而自至”，豈不然哉？豈不然哉！洵克實其實，修其本以明乎道，則由是而之焉。貫天人之會，澈二氣之運，而役萬物之精，殆無不可。雖古作者，奚以加茲而謂時代可域乎哉？

原盜戊午

夫沼水不波而湍生於石，炬火不炎而野燼燎原，豈水火異地而更性哉？將勿礁激風煽，俾不得不然者邪？夫人之生，均茲賦畀，共具良知，胡爲或喪良亡恚、背公營私，或棄倫滅親、義却利趨？窮原溯委，知其來有自也。蓋物各有性，遂性者昌，遂性有道，全天者祥。是故木之性直，鈎攣委曲之，匪萎則槁，逆其性也；獸之性逸，牢籠羈槢之，匪嬴則斃，傷其天也。聖人御宇，惟遂惟全，然猶劬劬怵怵，傷逆是嗛。是以各致其力以相生，各安其俗而弗替。窺窬無警，雞犬不虞，則不軌之念莫萌於衷，悍猛之行曷發於外？即有二三自外生成者，又安從肆其毒？此三古之隆所以獨美億禩，文景貞開亦茲術也。世衰道微，王政弗綱，有土不能子萬姓，蒞政不能護黎元，甚且從而殘賊其性，逆拂其天，頭會箕斂，賦稅繁興，出作入息無以應催者之求，蕩産鬻孥不足償科者之欲，於是耕者廢耜，耘者釋鉏，織者投杼，紡者折車，凍逼饑驅，蕩析離居，老弱轉乎溝壑，丁壯逋於徵誅，四海之衆皆欲盡其性而不得，欲順其天而不能。窮無復之之餘，一有鷙悍之徒攘臂而呼，烏得不應之如響，趨之若鶩？故嬴胡纘基，陳吳揭竿；儉讓弄權，黃巾載道；楊廣紹緒，江東馳檄；魏閹盜國，張李不軌。嗚呼，其亦足徵已！然則欲民不爲盜，在生其生。欲生其生，在遂其性。遂性在全天，猶之乎水火焉。礁去風止，聲停熖息，雖欲強其鳴爕，惡可得耶？嗚呼！證之史乘，今之從政亦可知矣。運遭否塞，積弊相承，猶久病之夫，豨苓急投，不及是懼，乃反猛晉硝黃，斲傷元氣，惟恐不竭。既非祖龍振武之餘，大業勤政之後，而獨賦斂重於桓靈之季，兵禍慘於啓禎之間，蓋有史以來未有之創亂也。人不幸而生於斯時，則相與告曰盜無良哉，盜無良哉！抑不知爲之礁以揚其波、爲之風以烈其熖者誰耶？而猶曰剿也，誅也，迸戮也，且曰吾兵之鋭也，吾藥之烈也，吾士之猛也，彼跳梁者又曷足畏哉！嗚呼，其亦不思而已矣！彼其人，胥天之民也。奪其業，攘其産，喪其天，滅其性，俾無告焉，無歸焉，苟不起而自謀，有死而已。其坐而待斃者，非知道之君子，即庸弱之細民，普天之下，二者蓋亦少矣。是故甲兵之鋭不足用也，干城之勇不足恃也。恃甲冑以鋤之者，能鋤之於一時，難禁之於久遠；刑戮能施之於一人，難施之於天下，烏得不愈抑愈興，彌剿彌衆？不然，死，人之所畏也；族郦，人之所愛也；德義，人之所貴也，今乃拼死而爲之，棄郦滅親而爲之，背德絶義而爲之，是其爲之之心必有甚於所畏愛、所尊貴者矣。夫何爲毀其天性，顛倒其好惡若是耶？故今日而言弭盜，端在乎止風去礁。

雜説三首丁巳

魚之畜於池者，主人時其水之渾澄涸溢而更换損益焉，萍盡而增焉，鱔産而驅焉，揚荇抑藻，泳澡滌蕩，洵安且樂。河魚則不然。逐水上下，或弗獲食，幸而獲食，良難果腹。秋水驟至，逆流澎湃，退則隨之入瀆焉處穢，砥舟焉受瘠，眎池魚之游泳自如，不勞逸迥殊哉？然一旦客至，主人常揭竿於池，不之河矣。河之魚或得免焉，不若池者之無所逃，則果孰樂而孰苦耶？然則其可樂、其可悲者耶？

永之九龍産蝯，性狡難擒。有生致者，繫其肢，榜諸樹，而伏弩於左近。其鳴絶哀，他蝯聞之狂奔至，欲釋縛不可得，則相與摩頂剔毛，悲號躃踊作悽痛狀。弩起，往往盈群就縛。又聞猩猩嗜酒，屧人以陳諸野，猩猩見之，知其餌已也，相戒勿犯，携侣徑去。去而返，顧曰："曷嘗試之？"既染指知味，乃相與喜笑，迳醉，取屧加趾。伏發，顛仆就擒，亦群無遺焉。嗟夫！明知故犯，卒喪其身，獸性固然，無足怪者。獨蝯也乃能同類相愛，出人所難，亦足式已。

丙辰，以事急歸，催肩輿取捷徑抵沙。相知堅泥之行云："自此至永，道路險巇，盜賊潛伏，子行類仕，足惹耳目也。"乃衣敝履草，雜負販行。初疾甚，同行莫及，咸嘆曰："相其貌羸以弱，觀其行速以矯，奇哉。"有老者曰："是所謂好憚艱而弗恤其精者，方將悔之。"余若罔聞也。日未午，後者及矣。叟復曰："孺子倦乎，曷少休？前程匪邇，吾爲子憂也。"仍弗聽。甫越未，而蹠腫，而脛不能舉，匍匐道上，竟中途止焉。噫！吾乃今知鋭進之不足恃，善終如始之足貴也。

論破迷信戊辰

上古之時，民智未開，凡天文變幻，如迅雷疾風、陰霾震電，咸謂有神潛在驅使；泊於動植飛潛之育殖蜕化，五行三光之生尅羸盈，皆以爲有主宰焉。故禮火拜日，祭水禪山，紛生迭起。有黠者出，更事誇張，倡爲宗教之説，以錮民智。牧民者利是説之可左右斯民也，利民心有所歸向，可泯其鬭爭也，遂從而鼓吹之，謂之神道設教。羅馬大帝奧居斯德之造頌德容寺，祀東方被滅國之神祇；君士坦丁帝之皈依天主教，其意可知也。嗚呼！"水流濕，火就燥"。上行下化，迷信之從來也遠，而入於人心也深矣。

雖然，宗教所憑依在愚民，民愚始可肆然於其上，則欲破迷信，當啓民智。歐洲自十七世紀以來，科學日益昌明，宗教日益凌替，何也？科學植基於理知，而宗教固本於信仰。科學曰格物致知，宗教曰大乘起信。一則曰棄舊謀新，一則曰守先待後。夫天空地圓，地轉月繞，格伯來發明於前；人猿同族，遞邅遞進，達爾文楬櫫於後，而教士猶曰七日創世，搏土爲人。夫男女居室，人類以綿；鳥獸孳尾，種類斯續，盡人而知之矣。試叩於牧師曰：瑪利亞未與若瑟成婚，耶穌何自來乎？必曰：此神秘不可思議，當信是而勿求其理也。蓋科學者惟恐人之不加思索，愈思索而理愈明；宗教則惟懼人之考究，一加考究，其說立破。故惟一教條在於信仰，宗教家必以科學家爲敵，職是故也。哥白尼發明地動之說，爲教皇所囚；盧梭作《教育論》，爲教士所逐；達爾文倡物種由來說，爲教會所攻；列南著《耶穌傳》，彼教恨之刺骨。無他，自哥氏之說立，而七日創世之謬論破；盧氏之書成，而我外無主之謊言闢；達氏之學行，而搏土爲人之詖辭放；列氏之史出，而耶穌天子之邪說不立矣。故曰欲破迷信，在啓民知。

且夫以力威人者，力有時而竭，力竭則威殺；以理服人者，理無時而泯，理存則服永。今之談破迷信者，動以搗偶像，毀廟宇爲能，吾滋惑焉。夫嚴刑峻法，莫若偶語詩書者；棄市之令，同仇敵愾，孰逾聖巴多羅買宮前屠殺之時？然而六經與《新舊約》俱在也，法與力之不足服人也昭昭矣。況夫縱使足以服人，猶當別爲之計。蓋自有史迄於科學昌明之世，歷年四千餘，當時格致之理未明，而斯民天賦之知能雖爲宗教所域，然其傑出之秀，無所寄託其聰明，惟寓才於著述、彫刻、圖畫、音樂、建築之屬，雖以時地攸關，未能軼出宗教藩籬之外，然而考藝術之源流，究典制之因革，端賴於是。且中古以前，昧於印刷之術，今乃捨其典章文物而欲知其時、論其世，嗚呼，所謂援木而求魚者矣！

八閩文教之開，較中原爲晚，至唐始有詩人，在晉時尚未大遠於蠻夷之習。顧泉州以地處海濱，盧循樓艦曾數至焉。象教東來，典午之朝爲盛；梯航所至，晉江實當其衝。故泉州爲中西文明溝通之會，六朝造像今爲中外所珍。內地所留者，中西人士搜索靡遺。詎知僻處海隅有開元寺之晉塔，塔上造像完好，洵希世之珍。塔旁經幢，爲唐代物，厦門大學教授德人艾克博士嘆爲瓌寶，攝影著記，傳播歐洲，而以吾人之不加愛護，深惋惜焉。乃今者，毀開元寺之議起矣，爲破迷信而毀寺中神像矣。佛前供養之唐代二磁瓶，遂遭是劫焉。嗚呼！

　　吾人宿習，有著作寶物，咸欲藏之名山佛寺，以爲緇衣者流衣鉢相傳，尊尚師訓，可久長也。而梵宇禪林往往建於勝地，以壯湖山之色，故騷人墨士遺迹獨多。吳道子之畫壁，楊惠之之塑像，白香山之藏詩，蘇東坡之贈帶是也。而遺世疾俗之倫，又往往不屑以零縑斷素流落人間，獨於僧侶則樂爲揮翰。故歷經浩劫，吾國國粹得少存留者，不得不歸功於寺僧也。鎮江金山寺之周鼎，蘇州角直鎮保聖寺之唐塑，其彰明較著者耳。藏於深山大谷，不爲世知者，更僕難數。有保留國粹之責者，宜如何加意防護，以永其流傳，豈可任謬種妖人之任意搗毀哉！

　　夫射人先射馬，擒賊先擒王。迷信之入吾人最深，害吾國最巨者，孰逾耶穌教乎？彼挾其國之強權厚資，狂肆侵略，吾人豈未之知乎？竊觀古羅馬窮兵黷武之君，其雄才偉略，前無古人，顧千慮之失，在遷被滅國之神祇於京城，而許其人民之自由信仰，於是以羅馬帝國版圖之大，武備之雄，竟爲猶太教所滅。歐洲政治家師其故智，以文化侵略中華，竭力傳布其宗教。五十年來，教會出身之流，類皆骫骳異軟，視教士如天神，國人所共見也。夫耶教之迷信一日不除，則趨於滅亡之期爲日愈近，以視佛教之迷信，不有天壤之別乎？而今日以破迷信相號召之倫，反於強者烈者置之不理，獨於緇衣之流、弱而易與者，則任意蹂躪，所謂公理固如是乎？

　　是則迷信當破，而破之之法在使人不信，不在使人不當信也明矣。故武宗以大唐九五之尊，轟凡以羅馬霸王之力，禁斥佛、耶之教，其終也適足以堅彼族信仰之心。韓退之、服爾德之筆挾風霜，志堅金石，以闢佛攻耶爲幟志。計其得失，則徒滋彼輩之譏訕，反爲彼教加闡揚。故爲今之計，首宜使莘莘學子專精致志於格致之學，俾知天然現象之由來，然後強之信而不能矣。盧梭、列南諸先生，皆生於世傳耶教之家，學於專授宗教之序，終不能降志辱身，是其明証。次則有牧民之責者，匪僅不當禁人之信仰自由，尤當廣布其書，楬櫫其失，頌之學校，加入教科，俾人人知其謬妄絶倫之故與其迷信之愚，原不足博識者之一笑也。嗚呼！列南氏一希伯來文教授耳，知拉丁文《新舊約》爲教徒所竄改，能於希伯來文原本及其他圖籍中擇可據有信之言作《耶蘇傳》，雖於耶氏悲天憫人之意推崇備至，而讀其書者，祇知耶蘇一善人耳，一良醫耳，强之信爲天使，不可也。於是乎新舊教之憑依失，而教會震盪矣，二十世紀之思想爲之一新所由來也。教徒恨列氏刺骨，豈不然哉？如是而曰破迷信，其亦庶乎其可也。

鄒母張太孺人誄 己未

中華民國八年歲在屠緒協洽仲冬某日，南平鄒君作周母張太孺人疾終縣城里第，春秋七十有四。嗚呼哀哉！於是作周偕吾友呂越前來請誄，堅辭不獲。因念末俗澆漓，陰教失墮，謬種妖人復逞其詭説滛辭以大快其蠱惑，且居高而呼，響者四應，先賢禮法仇視痛毀，餘力弗遺，於女德又何蘄乎！於是乎背規越矩之行旋興踵起。獨幸一二女師巍然峙立，俾無耻之徒有所畏懼，閨房之秀有所範而克自納於賢。若太孺人者，蓋有心人所樂表章爲閭閻楷式，而發潛闡幽，尤學士之志也，因不揣固陋而誄之。其辭曰：

《家人》之義，歸於反身。有齊淑女，禮教夙遵。出自清河，於鄒爲賓。夫子豪士，樂享嘉賓。醴肴豐潔，夫人具陳。鴻光皓首，曾未目瞋。總董內外，忍苦茹辛。鹽梅葅醢，粒米寸薪，胡洪胡瑣，必惜必珍。箕拘井灶，潔白無塵。敬事尊章，禮接族姻。長尊幼慈，敵敬卑仁。却鉛黜華，終身綴紉。儉嗇牧己，豐侈恤人。魚菽尸祭，齍饎必親。三郵內外，嘉譽詵詵。三舉男女，撫字成人。女適大族，男爲秀民。幼其周也，爲邑縉紳。爰司木鐸，啓迪群倫。諸孫葩苗，玉立振振。總兹懿範，宜永弗湮。云胡不弔，寶婺沉淪。嗚乎哀哉！悠悠我里，禮教棘枳。道學名邦，行多越軌。典型不留，師法何恃？攖懷世道，我憂孔佌。女也而士，冠蓋難之。大壽全歸，福善攸宜。彤管之耀，閭里之規。涕泣作誄，昭告黔黎。

梁夫人誄庚申 ①

中華民國九年歲在庚申某月某日，三山胡孟璽之配梁夫人，疾終會城里第，年若干。嗚呼哀哉！於是孟璽書狀抵其友永安黃某延平，請誄。孟璽生平，非關民物利弊事無足攖心。今其書抑鬱不勝，知其悲之深，而夫人有以致之，其行必有可稱也。乃不敢辭，謹按狀而誄之。狀曰："夫人籍閩侯，父某，客死臺陽，遺一女，甫三歲，夫人也。家綦貧，活計無恃，母王氏刻苦自立。夫人稍長，分艱苦，禦侵侮，凡生事皆與其勞。根來淑資，穎慧特出。聽鄰兒讀而知六義，因嫻內則、明女學。痛早失怙，盡其所以事父者以事母。迨于歸，梁氏姻黨咸惜其去母氏之黨也。歸吾時年十八。晨饎夕膳，侍盥奉匜，必躬必恭；井臼鹽虀，盍鉅盍纖，載勤載儉，壹其事母者以事翁姑，堂上無間言也。其處戚鄰，酬酢餽遺，不敢云盡禮，然及其沒，能使長者嗟惜，敵者於邑，卑者涕泣也。吾家貧，好文學，不事家人生產，夫人安而樂之。伉儷三年，曾無慍色，而勉吾爲學甚殷，屬纊猶諄諄不輟，而未嘗一語及私。性閑靜，好讀書，能作吳興字，哦香山詩，鍼衭周遭，縹緗庋置。顧體羸而多疾，從吾於窮約，劬瘁萬端，弗遑暇逸，馴致劇疾，遽爾溘終。傷哉！吾哀其資之淑而命之促也，思託諸文字以抒吾悲。念子知我，其無辭。"嗚乎！其可哀也已。吾讀《公羊春秋·成十年》"齊人來媵"，何氏謂：朝廷侈於妬上，婦人侈於妬下，伯姬賢，故諸侯爭來媵。夫春秋之世，二南遺澤尚未盡湮，乃賢如伯姬者已少。世衰俗漓，揭防抉籬，士夫爭趨詭詖以大快其恣肆，陰教於是乎墜矣。矧省城綺組之會，士女競尚浮靡，夫人獨能遵循矩嫂，丈夫所難。宜躋遐齡，表率閭里，而竟中道矢折，如之何其不悲也！因爲誄曰：

德則孔嘉，命則不遐。吁嗟，孟璽君其奈何！

賴君靜軒哀辭丙寅 有叙 ②

壬子之春，共和初奠，侯官沈公來長船政，敬承其先文肅公遺緒，在省垣

---

①　又載《青鶴》1936年第4卷第10期第5—6頁，題《梁夫人誄（庚申並叙）》，署"黃曾樾"。
②　又載《青鶴》1936年第4卷第13期第3—5頁，同題，署"黃曾樾"。

招致高材生，肄業海軍學校航海、輪機、製造諸科。復行文上下游各縣，令保送與考，而每縣額祇一名。吾於是得與八閩六十三縣青年會於蓮花江上。時政體初更，氣象一新，吾輩年少氣盛，嶄然思露頭角，獨長汀賴君以沉重謙退稱於師友。同人每有措施，輒於君焉是諮，而君復以能文見重於師，名乃大著。吾於同輩年稍後，幼既失學，蠢然雜於諸君子之林，仰望丰采，自慚莫及也。獨君與莆陽葉一芥樂與吾遊。一芥負才傲岸，不修邊幅。君則拘謹自守，有意乎曾文正之爲人，顧喜新學家言，爲文章、論時務，浩渺無涯。自言深有得於新會梁氏，而不喜爲詩。一芥則耽吟詠，顧不屑納其才於矩範。自吾與二君遊，頗知涉獵諸子百家之書，而獨好桐城姚氏之文，嘆爲五百年來之絕作。吾黨不謂然也。君與一芥皆嗜酒，吾則少飲輒醉，咸以爲憾。然吾與二君雖性情、嗜好之不同乎，而每當春秋佳日，放步郊坰；西風殘照，徘徊於通濟橋頭；月夜扁舟，維棹於羅星塔畔，二君固未嘗遺余也。於是八年，吾去馬江，君亦繼去。其明年，吾遊法，君則先吾數月至，習電機於克魯伯城。吾由巴黎來會時，葉君亦離海校，教授於廈門。君偕吾觀瀑幽郊，抱膝坐石上，談馬江舊遊之樂，渺若山河，東望鷺江，愴然興秋水伊人之感。嗣君邀吾避暑松塔城，聚處如往日。君去松塔習紡織於埃比那，吾居南錫，相離咫尺，晤會綦頻。吾來里昂，郵筒如鯽。甲子秋，君卒業歸國，過吾話別。時君患頸瘤，吾爲介紹入醫院，日往視君。迨出院，同登富兒維愛大教堂絕頂，憑弔羅馬大將凱撒之遺墟，俛仰低徊，慷慨論古今人物，意氣之盛不亞當年。君旋東返，吾賦詩贈別，不禁黯然。聞君歸里後，地方人士推屑要職，而辭所應得俸，甘任勞怨。乙丑秋，應海軍製造學校聘爲教授。吾時將返國，聞之喜，意謂蓮花礁畔當復有吾輩歌哭聲。孰意待吾於義塚之旁者，纍然君之柩耶！君之沒以疫，葉君適以事至省城，得視君含殮。計十四年來與君離合之際，殆有異數。乃君竟先吾至閩一月歿，無緣一面也。哀哉！君諱壽仁，字靜軒，植三先生孤子也。祖母廖，撫之成人，絕愛憐之。癸丑廖沒，哀慕甚至。君爲人沉默而孤峭，不諧於俗，薄自給而厚於人，善理財，未嘗使不足。娶胡氏，有賢行。君卒時年三十三，無子。吾方欲與葉君謀所以處君後者，聞君堂兄用侯偕胡夫人以君柩由海道歸，雖稍慰吾心，而哀未少釋也。屬胡夫人書來，稱吾與君處最久，其在外事家人多不詳，請爲之狀。因書此遺之，既誌吾哀，亦俾賴氏家乘他日

有考焉。君之他行,當散見於吾文,茲不具載。略將吾兩人交誼著於篇,乃系以辭曰:

潔而窮乎,濁而豐乎,介而躓乎,溷而遂乎。吁嗟靜軒,狷兮狷兮。回天蹠壽,恨綿綿兮。

悼亡賦 并序 己丑

君生二十二年而歸吾,歸吾半年而相別,別二年而君歿,歿一年而吾始知之,知之五月乃能爲賦以抒吾哀。於戲悕已!初,曾樾遊學馬江,得侍吾母陳太夫人於榕垣舅家。太夫人愛曾樾甚,亟爲擇配。聞閩侯陳蔭園先生有淑女曰蕙蘭,字畹華,聘焉,則君也。閩俗早婚,吾母每以爲言,曾樾皆婉謝。曰:"先人早世,大人堅苦守節,必欲得媳如願以慰艱貞。"既從命矣,若衣食不給,而加以室家之憂,學業未成矣。嗚呼哀哉!君閑靜寡言,溫柔雅婉,未嘗見有慍容。在延平寓老友呂君家,其眷屬於君猶娣姒也。吾母視君猶女,而吾妹愛君如骨肉也。吾父治家嚴,重許可,而家書中多讚君語,有曰:"畹華敬老慈幼,賢婦也。"吾年少氣盛,勇於別離,臨行未嘗作戚容。獨將西遊,見吾親髮種種,聞君哭嗚嗚,不覺心怦怦然,淚涔涔下。旅法三年餘,雖不背初衷,而未能忘懷家室,竊幸君能博老人歡,差用自慰。孰謂東歸有日,與君享無涯之樂者,反使我受無涯之戚耶!君早喪母,事父撫弟妹有美聞。曾肄業女學校,文字能達意,讀書知大義。歸吾家,無間言,獨時念其親。吾弟書云:君聞蔭園先生疾,於是冒危灘,犯溽暑,寧親省垣,會大疫,竟以是歿於吾季父寓,實癸亥六月初二日。於戲!吾於是而益知君之不愧於淑女賢婦也。聞君耗五閱月,悲無少殺。對君遺像,凝想音容,如在吾前,如在吾左右,不謂君之與吾異世也。乃含哀忍慟,爲賦以悼之。其辭曰:

惟荊棘之漫漫兮,芝孤生而易殘。石确犖以磊磊兮,玉晶瑩而多毀。嗟畹華兮質之姱,德孔嘉兮宜室家。俗澆薄而浮誇兮,繄之子之無瑕。豈智慧而命不遐兮,云胡不實兮而葩。惟壽夭窮達之理夢兮,孰從而擘剖也?守閨窬以終身兮,實非吾之咎也。痌赤縣之陸沈兮,匹夫之責不可後也。求僕姑於遐方兮,思射乎天狗也。悲莫悲夫生別離兮,將忍受也。愧於太上之忘情兮,時攖懷於君與父母也。欲遠翔而高舉兮,風須厚也。清詞華翰勤慰藉兮,君吾益友也。結同心兮,期白首也。樂且無央兮,苦匪久也。望刀頭於藁砧兮,古常有也。嗚乎哀哉!吾望無窮,而君不壽也。憶旃蒙之陽和兮,梅萼爭妍。誦《周南》於三山兮第一篇,艷稱於南劍之人兮福慧全。荔子丹兮月初弦,泛虯溪兮靜夜船。笑牛女之緣慳兮,月不長圓。指中流而相誓兮,世世姻緣。竟棄君而遠征兮,嗟時使然。茹荼隱垢於異域兮,倏爾三年。神長交乎縹緲兮,魂離枕邊。饎中厨而潔賓祭兮,家信傳。敬老慈幼兮,介婦賢。胡爲乎既隔重洋?更九原些,張瞻無兆。勞夢魂些,牛衣對泣。語如聞些,韋郎再世。向誰論些?已矣乎!生離死別,咎在明夷。蕙摧蘭折,天道何如!騷人遲暮,惆悵天涯。海隅聞耗,無淚可揮。欲招魂而作賦,無宋玉其從。誰思鼓盆而學達,覺蒙叟之予欺。抒兹懷之淒楚,媿安仁與微之。慟之子之永訣,聊嗚咽以陳辭。

永思堂文續

目 録

永思堂文續

林母陳太夫人壽詩文序己巳

人生於世，飢食而渴飲，積日而成年，自少壯而耋耄，積累不已，當至期頤。彭殤雖殊，特累日多寡之異耳，非有奇行異能不可幾及之理也。而吾國自古以遐齡爲福，五十以後，每逢初度輒舉壽觴，習俗相沿，牢不可破。元明以降，又有所謂壽文者，世以得此爲榮。操觚家復徇人請，稱功頌德，累牘不休，諛媚誕誇，殆於亡等。無書而爲之叙，無故而諛以言，文心之陋，文格之卑，有逾此乎？惟因事而致其敬，相與爲辭以篤不忘，則君子尚焉。然其辭約而信，質而有體，奚斯頌魯侯之宫、張老禱晉臣之室是也。戊辰四月某日，爲林君原真之母陳太夫人七秩開一設帨之辰。原真卓學而豐材，早歲蜚聲於藝苑，既以敦品篤行顯其親，復廣求當世蓄德能文之士播母儀於篇章。今者編成卷帙，將付手民，以簡端之序屬曾樾，面督函催，數四不倦。原真豈狃於習，以俗事娛親者哉？觀其述太夫人相夫教子、睦鄰安貧，劬瘁萬端，無非門內瑣屑庸行爲世俗所不道者，其識超越流俗遠矣。蓋世之述先德者，動稱奇瑋卓絶，若萃天下之美於一身，一若非是不足云者，何其自欺誣親之甚邪。昔范蔚宗倣馬、班爲《後漢書》刱《列女傳》，自詡體大思精，乃以庸行女子與經緯乾坤、法戒來葉之君相相持並論，而其所載桓、孟之流，胥門內細行，無絶特驚人之迹，豈非以家者國之本？一家之中，雖男女之職不同，而輕重則等，即日用飲食之恒，聖人當之，有不能越乎其軌，矧所遇艱難處之曲當，不尤可紀歟？爲晉魏史者，識不逮此，率以奇特相誇，苟以震庸俗耳目而止，使高者慕義而過激，常者無稱而不知勸，非范氏可同日語矣。《易》曰：“地道無成，而代有終。”方贈君之棄養太夫人，豈必嗣子果能成立？今原真以學行爲世所重，有造斯民，正未可量，所謂"代有終"者，非耶？孔子曰："父母之年，不可不知。一則以喜，一則以懼。"喜與懼迸眉壽，無有害之祝，不禁屬望之深矣。重違友命，乃忘其陋而序之。蓋若太夫人者，其諸異乎以累日較多爲世所重者乎？其懿德苦行所以昭令聞而膺多福者，雜見於編中諸公之詩文矣，兹不著。

雷君雨公哀辭并序 己巳 ①

吾友雨公，勇足以成其志，用足以展其學，美質英年，識者刮目，而今亡矣。嗚呼哀哉！君家貧而志大。籍寧化。祖某，遷永安。故君自卒業寧化高等小學，即來吾邑任小學教員。己未秋，陳炯明設粵軍總司令部於漳州，閩西南軍政統歸管轄。慕遊學之名，令屬縣遴高材生送赴法國，每人年助三百金。吾閩西北文風固陋，欲得學有根柢，須求深造於海外者，其選實難。牧民者乃不計資格，每縣以三五人復命。君用永安籍獲資送焉。時歐戰初終，百廢待舉，失業者衆，生事日昂。吾華所謂勤工儉學生，在法者不下二千人，既無工，又失學，流落異邦，醜怪百出。間有才志之士，然非困於資斧，則苦於薄植。不能肄業於大學若專門學校，則相率習言語文字普通學科於小學，雜壯年人於十二三齡童子之班，見者無不失笑，至謂吾國無小學，須遠涉重洋求此常識也。於是嗇於資者中途輟業，豐於財者沉湎繁華。數載歸來，妄誇學位，襲歐人之糟粕，昧祖國之勢情，武斷鄉曲，濫厠仕途者，可勝道哉！君在法八年，艱苦備嘗，志不稍餒，茹苦問學，循序漸進，卒入路秧大學。性喜數學，以優等卒業，得碩士學位以歸，蓋十一於千百耳。非具沈毅之志、過人之勇者乎？自國是日非，皂白易位，瀛海歸來之士，往往用非所長。君於十六年東返，則絕意仕進，欲以教授終身，然之粵之吳卒無所就，今春始得河南中山大學聘授數學。曾樾聞而狂喜，謂學以致其用者，庶幾於君見之。夏初，君旋里成婚，屬曾樾以事回閩，值於船上，因暢論懷抱。英爽之氣，雖時流露於眉宇，而豪情頓減於前，蓋其所感於世變者深矣。仲秋之夕，君伉儷過白門來訪，翌晨同渡江，視君登車而別。孰謂方送其行，遽哭其死邪！君雷氏，諱化雲，字雨公。其疾微也，誤於醫藥，竟於已巳孟冬朔殁

---

① 原稿多經墨筆改乙。該文又見錄於《慈竹居文續》，題《雷君雨公哀辭（並序）》，爲謄清稿，偶有脱文。

於汴。校長黃君際遇,經紀其喪。君有弟曰化清,販布以養父母。君新婚三月,老親在堂,十載艱虞,年才三十。嗚呼!天乎?若君者,曷以死乎?曾樾己未省親里門,君一見如故,而執禮甚恭,竊甚愧之,然亦藉以自勖。而君則既死矣!君之死,道路感悲,矧知之深者邪?乃含淚濡筆,爲辭以哀之,曰:

在昔庚申,巴京始至。君在木蘭,披星來視。陽朔參商,星霜再易。晤我里昂,厥辭宏肆。師馬克司,欲以致治。非昔阿蒙,我敬而畏。乙卯君歸,榕城忻值。坦蕩和平,凤狷咸棄。我喜欲狂,苔岑氣類。毒我梓桑,盜賊賦稅。還鄉有約,舉墜除獎。江南於役,我遂羈留。君教於汴,前諾弗讎。言猶在耳,遂初伊邁。云胡蒼天,君遽以死?吁嗟雨公,百年實妄。矧遘陽九,解脫奚望!朔風悲鳴,寒色照天。不見君子,目斷梁園。殮不憑棺,奠不親莩,哀彼煢獨,有淚如瀉。亨或屯之,聘或躓之,吁嗟雨公,孰令致之?芒兮芴兮,斯造物兮。芴兮芒兮,彼蒼蒼兮。

文種范蠡補傳己未

文種,字子禽。事楚平王,爲宛令。後事越王勾踐,爲大夫。越王之困於會稽也,請成於吳,不許。用種計,厚賂吳太宰伯嚭,以說於王,許之。越王歸,謀報吳,以種長於治道,屬國政焉。種鎮國撫民,財物豐阜,凡二十年,越國富強。周元王元年,越師滅吳,北渡淮,號令諸侯以尊周室,種謀爲多。越王返國,或讒種,王乃賜種劍。種仰天嘆曰:"嗟乎!吾聞大功不報,大恩不還,其謂斯乎?"遂伏劍。與種同仕越霸勾踐有范蠡者,獨以智免。

范蠡,字少伯,楚宛縣三戶人。倜儻負俗。文種爲宛令,折節下之。後同仕越,種爲大夫,蠡爲將軍。越王勾踐三年,聞吳勒兵欲報檇李之役,謀先吳未發而伐之。蠡諫不聽。既而果敗,困於會稽,乃謂蠡曰:"悔不聽子,故至此,且爲奈何?"蠡與種謀賄吳佞人,克與吳成。越獲以八千人、一郡地,復奉禹祀,蠡與有功焉。越王既返國,苦心戮力,親賢下士,謀復仇。屬蠡以政,蠡曰:"兵甲之事,種不如蠡;國家之務,蠡不如種。"於是俾種任國政,質蠡於吳。二年歸,留越臣馮同仕吳,以讒吳直臣伍子胥。子胥者,楚人也,名員,以父兄戮於平王,仕吳求復仇,霸闔盧,立王夫差,勾踐之所畏也。子胥既死,任嚭政。三年,越王欲伐吳,蠡不可。明年春,吳王北會諸侯於黃池,悉國兵以從，蠡曰可矣。乃發習流二千、教士四萬、君子六千、諸御千人以伐吳。吳師敗績，告急於王。王方會諸侯，懼聞天下，遂秘之，使人厚禮以成越。越敗吳歸，益鍊精銳。四年，復伐吳，大破之。入姑蘇，吳王自殺，遂平吳。北渡淮，會齊晉，貢周室。當是時，越兵橫行於江淮東，元王賜胙，諸侯畢賀，號爲霸王，胥蠡之力也。於是尊爲上將軍，欲分國半與之。蠡以勾踐爲人長頸烏喙，可與共患難，難與同樂，告種偕行。種不聽。遂去，浮游五湖。次年，種及於難，蠡浮海出齊，自謂鴟夷子皮。耕於海畔，父子戮力，無何致產數千萬。齊欲以爲相，蠡不屑也，盡散其財與戚鄰，懷重寶以去。至於陶，以爲此天下之中，貿遷有無可以致富，遂止焉，自號陶朱公。耕畜候時，逐什一之利，復致貲累巨萬，名聞天下。蠡凡三徙，皆成名，洎今言善治生者稱陶朱公。

太史公曰：文種、范蠡，世所稱賢。顧種不明鳥盡弓藏之義，而欲依勾踐以長享富貴，陋矣。老子曰：“上智之士，功成而弗居。夫惟弗居，是以弗去。”蠡之謂歟？令聞奕禩有以哉！若其霸弱存亡之略，管、樂之亞也。嘉謨勝算，不少概見，何哉？乃考古籍之足徵者，摭其要著於篇，不經之言與夫非國家得失之故，均不著。

按，馮同，越臣也，曾諫止勾踐伐吳之師。胡謿子胥者，亦斯人也。意必同、蠡質吳，蠡歸而留同，以縱其計歟。

戴禮傳乙亥[①]

戴禮，字聖儀，浙江玉環人。父某，歲貢生。母王氏，生丈夫子三：伯曰高，弱冠遊庠；仲曰傳文、習武，均不祿；叔曰揚，縣學生，累於家務，不克嫥厥業。女子子一，則禮也。母讀書明大義，既以經傳授諸子，復深憾女學之不振，所望於禮者尤切。以《大小戴記》固戴氏家學，故名之曰禮，欲其顧名思義，蘄於有成。禮軀幹修偉如丈夫，秉性一無女子習。既笄，畢經傳。母以玉環僻處海陬，苦無良師[②]，乃資使遊學京師[③]，請業於寧海章檢討梫。居數年，沉潛經史，寒暑不間。仿劉向《列女傳》體例，撰《清列女傳》七編，及《女小學》《女小學韻語》各若干卷，因其師上之學部國史館。時經師侯官陳石遺先生適

---

① 又載《青鶴》第4卷第3期第73頁，題《戴禮傳》，署“黃曾樾”。《慈竹居文續》有目無文。
② “良師”，《青鶴》作“師友”。
③ “資”，《青鶴》作“措貲”。

官學部①，禮介章請業，先生未之許。會禮丁母艱歸，自撰《事略》寓書陳先生，哀懇志母墓，先生許之。既復堅請註弟子籍，欲以學《禮》。久之，遂成《大戴禮集注》十三卷。先是，湘陰郭侍講立山新喪偶，耳禮才，又耳其富奩贈，浣章梡、喻長霖求婚於禮。禮以有父母在堂，却之。郭遂他娶於張。未幾，張又殞。復浣章、喻二人堅求，禮父乃許之。時方鼎革，立山不遠數千里，浮江渡海，贅於玉環。成婚之夕，遽詢奩田，禮對失所望，又不能爲容悦，遂不相中。勉同至湘，立山宿志欲去之。屬戒嚴，禮郵寄所印《大戴禮集注校勘記》，爲偵者所發，疑爲密電碼，持詰郭氏。立山因嗾其兄子毆禮，捽置門外，重閉焉。禮幸身藏數金，零丁流轉，入都謁桐城馬其昶。馬，郭氏戚也②。大爲不平，荐充女師範教員。久之歸里。又久之，始謁石遺先生於海上，涕泣述素志，欲注《小戴禮》，求所以致力之道。先生曰：“古者學校教士，惟有《詩》《書》《禮》《樂》。《樂經》亡矣。《周官》《儀禮》皆經，《大小戴》則其傳。《小戴》比附《禮經》，尤爲切要。仲尼没而微言絶，七十子喪而大義乖。其間夏殷之制、秦漢之制、東周戰國之説，淆亂雜陳，不能以經釋經。鄭《注》又時有自相牴牾，不可從者。孔《疏》雖淹賅，亦步亦趨，無如何也。所以寧波黄元同氏父子，皆畢世治《禮》，欲重撰《小戴正義》，而未有成。余著《疑義辨正》，祇舉其甚不安而可是正者是正之。子必欲通釋全書，亦勉爲其難而已。”旋别去。時閱十餘寒暑，歲甲戌，禮卒成《禮記通釋》八十卷，都百十萬言，抱謁石遺先生於吴門，丐爲序。禮素服膺程朱，治經用宋法，根據義理，多采宋元諸家説，然於禮意關係多能貫通。石遺先生稱其“上視陳皓《集説》，下視孫希旦《集解》，殆突過之。非屏絶百爲、勇猛精進，何以及此”！先生不輕許可，觀此可知禮之書矣。禮雖堅苦卓絶，然荐經患難，既痛其母，又痛其兄揚以哀己與郭化離而咯血死，家復中落，刻苦著述歷三十年，體力遂衰，疾病交作。是年冬，《禮記通釋》初印數卷，而病已篤。其明年春，遂卒於玉環，年五十三歲。無子。

黄曾樾曰：中西載籍記婦女之秀出者，類不越習爲詞章而已。若東漢曹大家能補其兄《漢書》之八表、註劉向《列女傳》，千古一人耳。其後綦毋邃、虞貞節，泊勝清王照圓、梁端，雖時有聞，然所致力猶乙部之書。其能問津

---

① “經師”，原作“經學大師”。《青鶴》同原作。
② “郭”，原作“章”。《青鶴》同原作。

甲部、羽翼經傳者，不少概見。何哉？今觀禮之所爲，豈非所謂超群絶倫者乎？嗚乎偉矣！曾樾與同學於石遺先生，數聞先生稱道其賢，未嘗不思與上下其議論。今春，友人盧雲琛宰玉環，因告之曰："子欲以經術飾吏治乎？當亟禮戴女士之門也。"盧遽而往拜之，則禮已病莫能興矣。曾樾深憾與禮未相見也，因以所聞於先生者著於篇。

讀書樓記 ①

　　吾友尤溪洪乾若，温醇儒雅，東越知名。早歲橐筆從戎，羽檄飛馳，詩書不廢。年前築樓於舊廬之側，廣求四部之書藏之。乾若有子建人 ②，英年好學，寢饋其中。樓成未名，謬以相問，因舉陶詩"時還讀我書"之義，名爲讀書樓，而爲之説。曰：嗟夫，中國之亂極矣！二曜潛光，黑白易位，書契以降，未之前聞。揆厥根原，尚由學敝。蓋自海通以後，國人醉心歐美，剽竊皮毛，糟粕六經，寇仇孔孟；馴至今日，黨派繁興，率海内聰明才智之士，胥出於黨，遑論國故在所不聞，即西洋學科亦可不習。苟獲厠身黨内，隸籍派中，捷徑已得，榮顯有餘，上以是求，下以是應，於是乎以不學無術之人，肆然於萬民之上。又承積敝之後，以無學之吏，治不教之民，復以類相求，徒黨遍於禹域。嗟乎！國仇愍置，私忿是爭，盜賊充斥，民不聊生，豈不以此歟？因思魏晉之世，何晏、王衍之倫，競以清談惑世，士夫非老莊之書不觀，非乾竺之教不講，流傳百有餘年，至於江陵失守，蕭氏淪亡，而文武之道遂與瓦礫同殉。此晉世名流之禍，不亞於嬴政、李斯者也。陶公生當其時，不勝陸沈之痛，深知捄之之術不出六籍之中，故一則曰"詩書敦宿好"，再則曰"詩書復何罪，一朝成灰塵"，豈非見之深，故不禁言之切乎？然自今觀之，典午之朝，禍害之大，無逾釋氏之空虚、老氏之無爲，與夫曲解《易傳》，夷聖教於九流而已。今則邪説爭釜鳴，人紀時絶，禍害之烈，非洪水猛獸所能比方。士生斯時，苟良知未泯，能無心陶公之心哉？夫

---

①　又載《虞社》1934 年第 209 期第 51—53 頁，同題，署永安黄曾樾，偶有一二字詞不同。《慈竹居文續》有目無文。

②　"建人"，《虞社》作"祖邁"。洪祖邁，原名健，字建人，改今名，字聿榦。《虞社》刊發先生撰《讀書樓記》《洪生聿榦京滬客中日記序》及鄭孝崧《洪母朱夫人傳略》《洪鍾銘先生傳》等文，係洪氏刊發以紀念其父母，以故文中改字爲名。

本天毅地、經國坊民之術,具在方策,起衰振敝,舍此何求? 況澤古所以謀今,知新由於温故,建人若能深明斯義,博觀而約取,身體而力行,則世變雖丞,安見不崛起一隅、爲天下倡、以移轉風尚乎? 抑吾又有慨者:勝清一代,吾閩上游著聲藝苑之士,自建寧朱梅崖、張亨甫,光澤高雨農、何願船,政和宋後庵、夬庵諸先生外,寂然無聞;迄於今日,讀書種子幾乎絕矣。憶二十年前,與乾若同學馬江時,意氣不可一世。今則奔走衣食,忽近中年,瞻顧徬徨,時不我與。繼何、宋諸先生後,振閩北文風者,尤不能無望於後起。建人勉乎哉!

洪生日記序甲戌①

歲壬申,爲洪生聿幹撰《讀書樓記》,告以吾閩上游自宋夬庵、何願船諸先生殁,讀書種子幾絕,生英年美質,當讀書致用,承墮緒之茫茫。時不見生六年矣。癸酉冬,生隨宦京華,從余問學,意極殷勤。余掌教南北大中學校,從遊士子甚多,若生之嗜學,不數數覯也。生以客遊所見聞,與執經問字之心得,筆之於書,成《日記》若干卷。文簡意賅,難能可貴。嘗謂吾國文章,體彙甚備,各彙中佳作如林,獨日記一門絕少名著。晚近自曾文正公後,李越縵、翁瓶廬、王湘綺、樊樊山諸先生,均有日記傳世,非僅可以考作者之生平,尤足觀其時世之隆替。蓋日記之體裁廣泛,自一人之動定云爲,至一國之是非得失,皆可兼收并蓄,義法無拘,故海外文豪往往萃精薈神于此。聖西蒙、馬孟德之遺書,蔚爲藝林之瓌寶,豈不以此哉? 兹者時移勢異,古之文體或有不適于今,而日記則納諸體于一編,化古今之畛域。生誠繼此致力于學,造詣當未可量。安見生之《日記》,不將與其先德景廬公之《容齋隨筆》後先輝映哉? 是在生之勉之耳。

蘭風沈氏宗譜叙甲戌②

於戲! 譜牒之學,不明久矣。以清高宗之右文,聚天下之儒碩纂修《四

① 又載《虞社》1934年第209期第53頁,題《洪生聿幹京滬客中日記序》,承前署"永安黄曾樾"。《慈竹居文續》有目無文。

② 又載《國學論衡》1936年第8期《文苑》第19—20頁,同題,署"(侯官)黄曾樾(蔭亭)"。《慈竹居文續》有目無文。

庫全書》，而《總目》竟無譜牒一門，況下此者乎？昔者聖人之制禮，知人治之大莫大于親親，於是立大小宗之法，別昭穆之序，俾親親而尊祖，尊祖而敬宗，敬宗而收族，收族而睦鄰，爲善者同好而無所蔽，爲不善者同惡而無所比，無事則族黨相安，有事則守望相助，此百世之計也。今之群學互助論，奚優于此哉？故世之亂也，莫不由于倍祖忘本。骨肉之恩，薄澳無所統紀，疑貳猜忌起于父子兄弟之間，遑論疎遠之屬，非所謂親親之誼絕而宗法不行之故歟？先聖有鑑于此，故有小史之制，以奠繫世。自帝王、卿相、士大夫、巫醫、祝卜之職，莫不出于世族，而黃、農、虞、夏支裔，數千歲之紀可知也。自晉宋因魏制，以九品中正官人，重門户，辨族地，譜學大興。然世降俗漓，廉恥道喪，士大夫往往攀援史傳之聞人以自重，漸失譜牒之義，無以徵信于方來。以歐陽公之賢，所爲《唐宰相世系表》，未免貽譏後世。然此非公之過，先公爲譜牒者之過也。故譜學之盛衰，世運之隆替系焉。沈氏得姓，自文王之子聃季食采于沈，因以爲氏。二千年來，鉅人長德，彪炳史乘，梁尚書僕射約、唐修文舘學士佺期，其尤著者。而餘姚沈氏，則以代遠年湮，遞嬗之迹難考，概屏不錄，不以史籍所侈陳者誇于人人，而獨以扈宋南渡時由湖州遷姚江蘭風里之持正公爲始祖。自持正公上溯，至晉居仁公止，別爲一編，曰《統宗系圖》；自持正公以下，則曰《本宗系圖》，凛凛乎闕疑之誼，不尤足尚哉？君子之處世也，貴能出類而特立、創業而垂統。祖宗雖賢哲，何減于子孫之不肖？若沈氏之譜，可謂深知其意，足爲世範者矣。姚江爲浙東名區，沈氏世居蘭風龍舌澔，山川明媚，族姓蕃衍，代有聞人。其譜創自南宋之季，垂七百載于茲，誠東南譜學之鉅製也。朱元晦、張南軒、蔡西山、王陽明諸子爲之序。茲者振亞、振華兩先生，以世變多故，懼年久難稽，約族人重修之，督序于曾樾。昔韓退之作南昌滕王閣記，以名列三王之次，與有榮施。夫韓子高出三王不啻倍蓰，而曾樾之去四子則若霄壤 [1]，安能爲役乎？獨深嘉沈氏昆仲處天崩地坼、文武之道掃地之時，能深明先聖制禮之意，崇本厚始，敦倫睦族，爲此于舉世不爲之日，與鄙論翕合也，故爲闡發宗法關係、治道之要與修譜之有益於家國者，爲世風云。甲戌季冬，永安黃曾樾拜撰。

---

① "則若霄壤"，原作"則有天淵之別"。《國學論衡》同原作。

永思堂文外

目　録

永思堂文外

范增論 戊午

　　蘇子瞻謂，范增當項羽殺卿子冠軍，不去爲不知機。是不然，增之可譏不在此也。夫當定陶之破，章邯乘戰勝之威，加以涉間王離之衆，北圍鉅鹿，鉅鹿之危如一髮繫千鈞。義受命救趙，固宜苦心戮力，拊循士卒，以期破秦；乃留安陽不進，置酒高會，送子相齊，軍中食半菽而不顧，戰士死凍餒而不問，爲社稷臣固如是乎？然彼亦非無説以處此也。殆謂先鬥秦趙，冀收漁人之利，不知梁以精鋭之兵且不免定陶之敗，趙歇、張耳何人哉？食盡援絶，以孤城當强秦，其非秦敵，不待智者而後知也。且夫楚之與秦爭天下者，以諸侯助其後也。趙滅則秦强而楚孤，又何恃以與秦抗衡？故趙之存亡，即楚之存亡，救趙乃所以救楚也。彼宋義者，竟飾非拒諫，徑行己意，是其罪不容誅矣。義罪可誅，則誅之者無罪。夫豈獨無罪，且有存楚之功。增曷爲以此去哉？而蘇氏顧謂爲疑增之本，不亦遠乎？然則其可譏者何在？曰項氏之興也以救趙，而諸侯之叛之也以弑義帝。蓋義帝，共主也。弑共主者，誰則附之？雖然，立義帝者，項氏也。旋立之，旋弑之，樹逆幟以來，天下之兵計之左莫此若也。然而，帝之立，增之謀也。增亦思爲此舉者，將制人乎，抑將制於人也？不知其將制人，是不明；知而使制於人，是不智。當其初起之時，先爲敗亡之兆，而增顧以其説獲伸爲得計，不亦謬歟？或曰，增之爲是，蓋將以羅人心也。烏知孺子入井，有垂綆援之者，固莫不引繩求出也，豈必待其父母始伸手耶？夫民之憔悴於秦法也久矣，民之欲剚刃於秦吏也亟矣，苟有能拯之者，疇不樂爲之？民又何暇擇誰君然後事乎！故陳涉甕牖繩樞之子，甿隷遷徙之人也，揭竿，一天下響應。六月王陳侯用命，又誰立邪？是故項氏鉅鹿一戰,實能分立諸侯權歸,掌握其關係,不可謂不大。使此後動止得宜,不行以無道,則安見繼秦後不在項氏哉?夫以匹夫取虐國之天下,未嘗不名正言順。顧必假名於無足輕重之人,而自處於大逆背倫之地以爲得計,世以增爲智,吾不信也。則增之可譏,孰甚於是?而子瞻乃譏不當譏,而不譏其所當譏,嗚乎過矣。

吳澄稱范椁爲特立獨行之士論戊午

　　吳澄志范椁,稱爲特立獨行之士。嘻,何其過哉!夫所謂特立獨行之士者,信道篤,自知明,守貞蹈義,是非不聞。稽諸往帙,夷齊尚矣,他如東都之季,黨錮諸賢亦庶幾焉,外此罕能當此者。澄顧以之稱椁,果何謂耶?夫武王代殷,濟世救民,薄海頌德,獨二子不以爲可,恥食其粟而餓死,則非信道篤而自知明,烏能若是?故退之作頌,以特立獨行稱之。若夫范、李諸賢,不屈惑於勢利,不攖心於禍福,且憂世嫉俗之忱,忠君愛國之悃,彌困彌堅,愈窮愈礪,夫豈有求而然哉?蓋亦守義自喜,不撓於流俗者也。若椁之所處,非廟遷社屋、禾黍興悲之時乎?即在凡庸,猶知茹痛,又安肯立其朝而食其祿?顧號爲高明之士,乃忘羞忍辱,遊權貴之門,冀其援引,不惜貳臣之恥,則其爲人,賢不肖可知也。夫宋之亡也,文、陸起勤王之師,鄭、謝懷不屈之志。椁誠高士,效文山、秀夫之志,決身懺畢臣子之志,可也;不然,若皐羽、所南遁迹山林,寓懷於歌嘯,寄志於《心史》,亦未嘗不徵其故國之思。矧元胡也,以夷狄涖神明之域,不幸生際其時,視尋常亡國之痛爲何如?椁上不能效文、陸之爲,下不能法鄭、謝之舉,充類至盡,庸夫弗爲,特立云乎哉?嗟夫!宋室之亡,慘於商辛;夷狄之主,醜逾宦豎。無夷齊之清,稱之曰特立;無范、李之介,稱之曰獨行,當耶?否耶?雖然,無惑也。雀對鏡則躍,鹿臨水則跳,樂其類也。彼澄以宋進士而仕元,其行穢,有甚於椁,美椁所以自減其罪也,亦烏知是非所在!世有權衡,其自蓋者,適所以自彰哉!

惜抱軒文鈔序丁巳

天生文豪，如生英傑。英傑之生，常於世亂；文豪之出，必在文衰。故有六朝之浮靡，始有韓文公；經五季之衰敝，始出歐陽子。自歐陽子没，閱年五百以至勝朝雍乾之交，其間金元干戈，朱明講學，均斯文之大障，而歸震川崛起東南，蔚爲大家，以歐陽子之學傳播於世，文風復振。逮乾隆中葉，海内魁碩士方相與誹擯有宋諸子性理之説，窮治漢儒考據之學，道聽途説，各立門户，辨一義、核一字，動輒數千言，號曰漢學。其爲文蕪雜寡要，不當於事理，雖望溪倡古文之法於前，海峰承之於後，而不能救。迨姚先生出，獨排衆議，祖述震川，上溯歐陽、韓子，以謂一篇之中義理、考據、詞章三者不可偏廢，必以義理爲質，而後文詞有所附，考據有所歸，於是天下靡然從風，翕然師之，尊爲今之歐陽子。蓋自愛新覺羅氏之入主中土，廢舉弊修，至高宗朝稱極盛，而爲古文者，雖前有侯、魏、汪，後有方、劉，然侯、魏與劉有放肆之譏，汪、方有枯窘之病，未足爲一代正宗也。獨先生之文雍容春雅，善馳騁而不流於肆，嚴義法而不至於枯。讀其文，諷其音，如當清風，如對皎月，如入重林邃谷，如臨深淵曲澗，如睹珠玉之輝，如聽流泉之響，如清秋夜坐而聞風木之聲。噫嘻美哉！固足以駕歸方而嗣響歐陽矣。爲清代之文宗者，舍先生其誰？當先生主講江南書院，四方學士以獲列弟子之數爲榮，故先生之學遍境内。先生没五十餘年，而有曾文正公。其推尊先生益力，治先生術亦極精，且以之授其從遊之士。故先生之學，師弟相傳，未嘗斷絶，號桐城派。有清一代文章之盛在元明右者，先生之功也。曾樾粗解文字，即知敬慕先生，而喜讀其文。今獲覽全集，雖未盡窺精微，而於私淑之情亦稍慰矣。因擇抄其所尤好者若干篇，備朝夕觀摩，庶循先生之教，積以歲月之功，或於斯道獲窺途徑歟。抄録既竟，因識其緣起於卷端。時民國六年孟春。

書寒支集後戊午

向讀鹿洲、託素集載李元仲先生事，慨然想見其人，而益思讀先生所著

《寒支集》。當愛親覺羅氏入主中國，士夫脅息兵刃下，改節而易守者如落籜之當秋風。甚乃爲時大臣，物望所宗，亦不顧貳臣之恥。苟其時能潔身遠害，以節自終，已可貴矣。況先生朱明諸生耳，無守土之責也，而獨抱亡國之憤，冀得一當崎嶇嶺表，困頓不辭；及勢不可爲，乃自放於林泉，寄其懷抱。嗚呼！先生之志，不亦悲哉？初，先生與曾弗人、林守一結文社榕城，時金甌未缺，而先生之文如悲如哭，若預知有甲申後事。每論古今興亡、當世利弊，輒欷歔如有所屬望，然知之者獨黃公道周、劉公宗周、何公楷而已。迨劉、黃殉國，則詣闕上書，請襃卹，時存問其孤，雖蜚語沸騰，而矢死不動。晚乃與易堂諸子相契，居山中四十年，鄉人宗之。至土寇過其村，不敢摘園中一果；火其鄉，而知護先生居，則先生雖不用於世，而其見於鄉、飭於身者，已可傳矣。嗟夫！若先生者，使其得位，與黃、史諸公共挽危局，其建白必有可觀。乃不幸與鄭所南、謝皋羽之倫同阨於草澤，懷抱不伸，天下不得瞻其才用，而徒託空言以垂於後世。悲夫，悲夫！先生之文，傲岸奇崛，得力於韓非、揚雄者甚深，而與孫樵、劉蛻爲近，當時黃梨洲、彭躬庵咸推重之。然讀者容可以文字視之哉！

書辨姦論後_{戊午}

蘇明允以不近人情譏王介甫，世服其先見，吾獨非之。夫熙寧新法實本《周官》，司馬諸賢不諒介甫經世之心，環而攻之，值其偏詖執拗之資，不出淵涵檟蘊之計，而引用附己，馴致禍殃。剛愎之愆，誠不可逭；惟目之曰姦，則大過矣。蓋所謂人情者，常人之情也。有高世之行者，必有遺俗之累，士之病是久矣，於介甫何疑焉？是故，貧賤窮苦，人所同惡，而陋巷簞瓢，顏子不改其樂；富貴利祿，人所其趨，而蓬蒿没徑，仲蔚自鳴其高。蓋亦不近人情之甚矣，將目之爲姦乎？且蘇氏之所謂姦，囚首喪面而談詩書耳，豈殺愛子以媚君，棄萬乘爲奴隸者之比乎？擬人不倫没，君子之用心抑亦過已。且夫姦人之術，即伏於人情之中；君子之過，在求人於人情之內。蓋姦人既自知覆載所不容，曷爲矯異其行以召天下之耳目？故必潛揣默度當世之好惡，擇所好者而僞爲之，以欺世盜名而亂君子之真，斯則姦人之慣技也。又知人情好以形迹繩人，喜守經之名而忘利害之實也，則飭其動定，修其語默，而餙爲溫恭曲謹之容，和豫婉柔之色，以深合當世之心，陰濟其亡等之欲。人不究其誠僞，以爲近情而遽信之，過矣！故巨君初政，夷甫未出，望重人倫，雖聰明卓異之士，亦莫不頌德稱賢，又疇能知其底蘊？無他，以其近人情也。向使二人出爲崛強亢爽之行，發爲離俗逆情之論，則天下將攦指頓足，群起而攻之，安能洎其晚節言行背戾天下，始燭照其肺腑哉？則賢姦之辨在此不在彼也，明矣。蘇氏不知此義，而以不近人情汙大賢，不亦遠乎？夫不近人情，不足非也。吾謂善迎合當世、委曲變化以博聲譽者，其爲人尤足畏哉，尤足畏哉！

讀後漢書宋均傳丁巳

漢征五溪蠻，軍次壺頭，賊乘高守隘，不得前。會暑甚，士卒多疫死，伏波將軍馬援亦病没於軍。當是時，進攻則力未足，班師又示弱於蠻。進退維谷，是之謂也。監軍宋均，毅然矯制招降群蠻，始得全師而歸。世咸重其通權達變。君子謂宋均匪獨智謀足嘉，其忠勇實足尚也。蓋專制之時，矯制爲莫大之罪，均敢冒不測而爲之，實爲國亡身。若必待請命而後行，則敵將悉吾之虛實，大舉來攻，吾恐漢軍無噍類矣。況朝廷方有意用兵，或允其增援，而責其犁庭掃穴，則鞭長不及馬腹，均將何以處之？故甘冒不韙以全漢師，此誠老成勝算，而亦謀國之忠有以使之也。昔陳湯矯制破西域，汲黯矯制振饑民，世羨稱之。若均者，足與鼎足千古矣。

書後三首

前修爲文，動稱有裨名教。然吾觀古人集，不必皆闡教釋性之作，始知其無背於名教，即有裨於名教也。豈必原道本論乃爲垂世立教之文哉？《隨園文集》有《與某刺史書》，規其"在制勿宜作詩"，是矣。又曰："必欲作，當託名於服闋後。"信斯言也，是率天下而爲僞也，其叛於名教不亦甚哉？此類甚多。彭尺木一書尚未略具，大抵逞其狂言謬見以自喜，行文恃才炫異，曾未諳義法，然而當世或以燕許目之矣。韓子曰："文者，實之發。實之美惡，其發也不掩。"觀隨園生平，而逾信昔左文襄欲燬其板，其所見遠矣。惜乎不果行也。

往余受西洋地理家言，確信天空地圓，而覺吾國舊說圓方爲無據。迨讀《尚書傳》所載渾天儀，始知先哲已刱此說於千載前。迄閱《顏氏家訓》，則西哲視爲創獲者，粗具於是。然後知歐西凡百科學，吾國舉備且精，特學者不察耳。夫惟不察，宜今之講新學者，事必師人，且相與推稱，而不知皆蹈籍談之譏也。當齊梁象教昌熾之時，人喪其本，黃門獨能以聖訓率子姓，可謂挺然不惑於流俗，宜其書所流傳，胥奉爲枕中秘。士之有志者，亦可奮然興矣。

自宋儒仿浮屠氏之徒以俚語記師說，明儒著書因之。過矣！夫弟子恐没師說，不敢參以己意，據其所言論隨筆述之，或亦有不可以已者乎？乃自是稍識之無者，爭爲語録以欺世盜名，言道論性之書遂汗牛充棟，閱不終篇而思睡矣。張文端公之作《聰訓齋語》，悉生平閱歷有得之言，爲人人所易知者，然辭簡而意深，文雅而味永，洵傑作也。其亦懲明人之失而然歟？夫聖賢之道，具在方策；四子六籍之所載，能師其一言，終身由之不能盡，奚必以多爲貴？若夫言之無文，行之不遠，將取憎於人，又何從而尊道。曾文正公曰："以班馬文章，發程朱性理。"噫！其亦有感於斯也夫？

改字説有引

先大夫澹盦府君，私淑曲園，因以其名名樾。嘗索解而不得，一日啓先人藏書，見卷尚有"私淑曲園"小印，始恍然。字不佞以蔭庭者，何見之小也。夫蔭止於庭，曷貴乎樾？閩音庭、亭一也，遂改字曰蔭亭，作《改字説》。

火流石爛，行人苦之。遇亭焉，林翳其上，雖其蔭不逾方丈，而喝者蘇，而憊者休，歛其餘勇，賷程可致也。之木也，不遇工師之選作棟柱之材，老朽空山，猶不失其用。雖然，均是木也，或枯槁驕陽之下，或蒼翠孤亭之上，是在乎善擇而爲木矣。夫去杞柳爲松柏，有以抗炎官，而一木不能成蔭也。彼蔚然於亭上者,非衆木之集邪? 難矣哉,致用也,既當擇,尤當集。夫惟一擇一集,而後樲成,樲成而後行人蔭。嗚乎,是以不易也。是以萬里炎荒,行旅多苦也。

贈謝殿翔遊學日本序丁巳

余肆業海軍學校,瞬已六年,顧性喜爲文,以故朋輩聚談,書札往返,輒及文藝。嘗與殿翔論文,則慨然曰:“嗟夫! 二曜沉光,神州板蕩,有逾今日者乎? 然不泰相因,理無或爽。世界各國號稱强盛者,溯其初,皆不吾若也。一旦改絃更張,上下一德,不數十年遂躋富强。獨吾國二十年來日言改革,迄未收其效,豈胥從政者之過,抑亦後起無實學之咎也? 然則戡亂致治,起衰振惰,吾輩之責不綦重歟? 士生今日,能不隨俗浮沉,時以尚友前賢爲心,夫固可尚,然甘以文人自域,徒務雕蟲小技,試問果足爲異日淑世齊民之用否? 子深心人也,胡亦枝之獵而去其根,細之蒐而遺其鉅哉? ”余聞其言,既壯其志,且向以文人重殿翔,實淺視殿翔矣。蓋殿翔學博而聞多,識高而志遠,爲文章淹博無涯涘,龍田先生之高足也。顧殿翔殊不自囿,今春以第一人卒業農林學校,復東渡日本,謀所以進其學,則其志豈易量哉! 然吾有説焉。夫求學它鄉,藉長聞見,古人有行之者。然吾國夙稱文治,今乃蹈常習故,日淪孱弱,轉取法於倭奴,恥矣! 夫既忍恥師人,冒霜露,犯波濤,缺昏定晨省之職,則宜探其奧頤,採其英華,以所得償所失,斯方外不辱國,内不負親寧意。以余所見聞,則往往不務實學,反襲皮毛,欺其父兄,愚其閭里,甚乃倡爲詖謬謊誕之言以敗壞風俗。故遊學東瀛之士雖踵相接,而獲益於國者,十曾不能一二,而其害之深,中乎人心,迄無已時。則又安怪比年國體雖變,而富强之效仍無覩也? 若殿翔則非其人也。覘其志,察其行,其不負兹遊,夫固在人意計中。殿翔將行,來告别,遂書此告之,并以自警其好空文、忘實學之過焉。

張鑑秋夫子暨師母陶夫人五十雙壽詩序

改革以還,中原喪亂,士夫薰於利祿,四維滅亡,有識之士知宏治良圖,務滋女教。蓋賢母根諸淑女,家齊尤貴婦賢。此姬室《思齊》之什,周官彤筦之司所由作也。曾樾西遊,觀光列國,悟闡微物理猶淑世之枝,而立法之效反見諸異域,斯可嘆已。倘有懿德粹行,屹峙末俗,非留心世道君子所樂咏歌者乎?若我師母陶夫人者,歸龍田夫子,事姑以孝聞。夫子骨鯁,風播十閩,家道清寒,顧樂以舌耕自給,束修雖嗇,而夫人節省劬勞,卒助夫子爲二弟置家,教子成人,爲之授室。俾夫子獲苦心孤詣,抗跡前修,以立身治家,師表多士,與旗鼓齊名,夫人內助之功不亦偉歟?是固邦家所亟宜表彰、爲世矩範者,而非一家一邑之榮也。歲之正月五日,恭逢夫人五秩壽辰,喆嗣時蕃徵曾樾言於海外以爲壽。夫有德者壽,亘古名言;化始閨門,先民至訓。夫人賢齊德曜,美媲三遷,昭融默相,享遐齡爲末俗女師者,當於是乎?在宜得有道能文之士傳諸無窮,而豈小子所能闡揚也哉。繼念往歲,夫子五旬大慶,謬進蕪詞,猥博知言之譽。今既薦克升堂而晉爵,又安能已於文辭。雖旅法以來耑精籌人要術,古學荒落不及顧矣,爰成俚句,聊展頌忱,并以質之函丈。時蕃啓函之日,爲朗誦慈母前,夫人當爲笑進一觴乎?

答陳君書己未

辱惠佳章,不吝金玉,敢弗拜嘉!顧推許逾量,徒滋愧悚。久欲奉和,以疾病纏綿,未及握筦,忽已半年。恐足下有束閣之責,重滋罪戾,乃漫成俚句,冒干尊覽,幸進而教之。樾質魯才弱,幼既失學,長復習佉盧文字,得把卷之日甚鮮。近以耳目觸接,薦不生人痛憤,思求之古以自解。念古人雖遠,而精神具在,吾得與之朝夕相從,亦人生至樂也。然苦無師承,輒以意度,或是昔非今,或是今非昔,而是非終無從取決,故卒不能窺作者之涯。去歲獲遊張龍田夫子門,則大喜,如處黝暗之見炎陽,逃空虛之聞足音。夫子亦猥以爲可教,訓誨備至。然終限於課程,困於目疾,不得從所好。行年已冠,碌碌如斯,用此撫躬之下時覺慚愧無地者也。若夫誇行之體,雖未窺涯涘,顧頗愛古人之作,時一展讀,便若俗念頓銷。舊臘同人有吟社之創,謬厠賤名,時有拈韻。然根深葉茂,實大聲宏,韓子云然。樾於音韻未嘗致力,雖時抒所感,又烏足觀。夫詩以言志，古之能者懷抱所寄，能使百世下讀其作，鬚眉畢見，謦欬如聞，用以陶冶性靈，維持風俗，可謂至美至善。世道既降，體格斯卑。至於今日，其上者爲變徵之音，其下則巴人下里之曲而已，尚有詩哉？樾不敏，常謂詩得如杜、韓、蘇、黃，亦可以止矣。然數子者，其高風亮節，彪炳宇宙，有彼懷抱，斯有此文章。今之學子不及諸公萬一，而欲爲風騷雅頌之什，不猶强懦以智、强怯以勇乎？此有志之士所以每太息於國粹淪亡、人才不作也。今幸得足下。接其人，知爲君子矣；讀其詩，非君子不能也。詩固不足爲足下重，然有德者必有言，即詩歌之微，吾知大作亦必有以超乎流俗。倘不以樾爲卑陋，俾讀平日之作，受賜不既多乎？書來久未覆，疏惰之罪，幸終宥之。樾頓首。

上吳翊庭先生書己未

某聞古之學者，常欲就正於當世有道之前，顧未有無因而自進。今某猥以鄙辭上瀆，亦已妄矣。惟情之迫者禮疏，誠之摯者陋忘，伏恃先生廣大希哀其志，鑒其誠而垂詧之。幸甚。某長於僻鄉，幼不知學；長入軍校，習西域算力、磁電、聲光之學，旁行斜上之文，體羸而質魯，莫克斂精一志以底於成。獨性無他好，酷嗜辭章，暇輒與古人晤言一室之內，或放懷千載之外，與作者之神邂逅於沉瀣之表，以爲人生至樂，無以復加。顧溷於人事，困於課程，阨於疾病，把卷之日鮮。且無畸儒碩彥相與釋疑，秘笈異槧資其考據，輒以意逆前哲之心，或是昔非今，或前然後否，而終無從取決，蹉跎人世二十有一年矣。前人學成之時，而某碌碌尚如斯，每一念及，心忡怔而弗寧，顏忸怩而不安。竊不自揆，以爲當世之文，大抵誇氣勢者恣肆頹唐，矜奧奇者支離艱澀，或摭西洋哲學家言以示博，或闌街談巷語以詡新，其去於報章臭腐之氣、小說詖靡之習幾何？若夫本諸經術，以爲文法嚴義密，足以接武前修者，先生及義寧陳氏、桐城馬氏而已。陳氏之文典雅溫醇，體格閎壯，如冬日，如春風，如夏雲，如秋色；馬氏神情綿密，韻致悠楊，如洄渚，如澄潭，如深淵，如曲澗。每清晨展誦，爲之心曠神怡，以謂殆古人之作也。迨讀先生文，淵懿雍容，議論諸作似眉山，而韻由六一；傳誌諸篇，神本龍門，而格符班掾。讀之忽如黃河春漲，忽如洞庭秋月,忽如鈞天雜奏,忽如笛弄孤舟。蓋兼羅衆長,而於二先生外自樹一幟,以成漪香山舘之文也。則往日所求於古人者,幸并世而遇之矣。其汲汲欲一見,以慰平生之願也,何如哉?某於近代作者獨尊惜抱,以爲盧陵後一人。知之深、學之精者,無如梅伯言、管異之、曾滌生、張廉卿、吳摯甫。今世真能知而學、學而精者,寡矣,獨三先生皆能知而學之且精。嘗謂陳氏似曾,馬氏似吳,而先生似管、梅、張,其敬而好之者以此。而先生評姚氏曰:"讀其文,嘗恐其篇幅之盡。"竊謂與曾文正公序《歐陽生集》所云"姚先生治其術益精"之言,數百年來知惜抱之真者無逾此也。故尤欲一謁先生,探姚氏之精微,證平日之所得,以中無所守,足踽踽而瑟縮者再。乃者孟璽胡君猥以賤名聞諸左右,又以先人遺稿求序,承長者不棄,許錫之文。所以寵某而仁及其先者,德至矣。乃忘陋而盡言,一遂其十年私淑之情,惟先生諒之也。學者讀古人書,慕其人、恨不得見者,何可勝數。獨某幸生與所慕并世。義寧、桐城相去雖遙,不十日可到也。而先生居會城,某在馬尾前後八年,既幸生同鄉里,而所處僅隔一衣帶水,竟均莫得因緣一見,以遂其景仰之私。今於先生因緣得矣,而相阻復數百里,蔑克奔走俛伏門墻,以伸其夙志而鳴其謝悃,益使衷懷鬱結而弗懌,徒昕夕矯首益香亭,望停雲而懷想而已。謹錄呈舊所作文十二篇,撰述之暇,幸賜觀覽。倘以爲可教而辱教之,則忻忭之情,有勝於飢渴之遇粢漿者矣。秋涼,惟哲人多福,永爲後生欽式。臨穎神遡,無任瞻依。

答安傑三書辛酉

前辱賜書,具徵不遺在遠,慰誨殷勤,至深銘感。惟獎借逾量,非敢當耳。厥然,久不報,罪甚罪甚。驛亭握別,遂已來復四更;南錫秋風,伏維興居多福,企頌企頌。曾樾南來後,養疴於松塔山城,今已二旬。與牧童村媼遊,領略田園風味,車塵不擾,景物宜人。時值秋成,紛紛刈穫。鄉人敦厚,競來邀試新釀。或饋葡萄,紅白相間,咸欣欣然有自得之色。蓋蔬菓之手自種植者,其味彌甘;事業之歷難而成者,其樂愈永也。晨興飯後,放步田塍山徑之間,矯首紅樹青雲之外,風送村謳,情生畎畝,留連躑躅,物我皆忘。隔磵鐘聲，發人深省，不覺已停午矣，憫喪而歸。蓋江山信美，非吾土也。彼三色旗所至，無不熙熙攘攘，同樂春臺。回首祖邦，幾無淨土，淪胥之痏，不禁油然而生。檮昧不揆，思有以自見，因懲憤窒慾，思哺糟歠醨，然禍患之叩吾闔，與福澤之踵吾門，其聲孰厲？削艱虞之陳迹，與去歡愉之舊轍，其效孰難？且生無中人之才，欲治兼人之業，中途竭蹶，下愚易知。荏苒光陰，遂爾至此，志雖不屈，有綆短汲深之悲矣。則所以遊目騁懷者，不適足以鈌肝鈌腎也耶？臨岐之際，告足下以養疴息慮，乃復絺縷及此，亦不自知其然也。殆辱愛之厚，有以啓之歟！莊子曰："逃空虛者，聞人足音跫然而喜。"微足下，誰足發吾之狂言？

答劉日銘書壬戌

日銘足下：接元月七日書，猥荷不賤，深韙鄙言，曷勝忻幸。惟獎借逾分，期望太深，既非敢當，且深惑足下期人之重而自期之薄也。夫重期於人，意良美矣；而丈夫則亦重以自期，矧吾輩生今日乎！嘗謂寰宇之內，萬彙滋生，均有其用，而況於人。念造物何不生我爲鼠肝蟲臂，而獨生我以方趾圓顱？人類繁多，何不生我以紅肌碧眼，而獨生我以黑髮黃膚？黃冑之史，上遡五千年，何不生我於羲皇之上？未來無極之年，而獨生我於今日，豈無意乎？我國聖教相承，文化甲於天下，俗純民耐，歐美之模型；地大物饒，環球之上國。祇以先民誤於性理，偏於詞章，遂使籌人格致之學遠遜西方。迄於今日，倭寇鷹瞵，英法虎眈，當軸無良不作，蟊蜮相附而爲其荳相煎，封豕長蛇以相荐食，遂使神明華冑乞命於強鄰，黃孔蒙羞矣。雖曰咎有所自，而人民萎薾，罪不容辭。稽諸古今中外成敗興亡之迹，惟人民能自奮者，始足與圖存；凡破滅附庸之邦，皆由不能自理之所致。然則吾輩之責，何如乎？不揆庸陋，思無忝所生，故棄家遠遊。三年來，窮病交加，艱苦備嘗，而志不餒，與拉丁民族較短量長，期少有成，無負家國。不然，耽愉逸，樂天倫，某豈異於人哉？且某少受高堂之愛，情逾尋常；茲復不幸之尤，嚴君瘋廢，家如懸罄，莫禦飢寒，歲時伏臘，每翹首東顧，未嘗不淚下沾襟。誠以時者難得而易失，使我今日不急起而補苴罅漏，我子孫欲爲而莫能，猶我先民不先我爲之，致我今日之欲爲而不易也。彼越南、印度之人,畢生勞苦,奔走於烈日紅塵,蕩析離居,徒以仰給他人而不足。試問若而人也,縱廢《蓼莪》之篇,欲補《蘭陔》之句,而白人鞭箠之加急於星火,又將奈何? 觀於彼,憮然生兔死之悲,於是乎不顧身家,朝劬涓浹於祖國。日銘足下,此天下之至悲也。良知未泯,責任所在,不得不忍一己之痛,謀他人之福耳。孺子將入井,凶人且有惻憫之心,況四萬人將入地獄,而謂人者能無痛心乎? 鄙志已決,物議之來亦早有聞,不意吾日銘亦從諸前輩後,以家室相勉也。深望足下以所期於某者,用以自期,與同志砥礪琢磨,學有用之學,無虛此生。文中子曰:"以天下之身,受天下之訓,得天下之道,成天下之務。"大哉言乎! 某誠不肖,竊有志焉。請與足下共勉之。萬里重洋,鼓旗在望,臨風懷想,不盡依依,惟心照不備。

全家樂圖記

右圖爲先王父晴村府君官福清時作,縱四寸,橫倍之。曾祖妣李太淑人居堂中,王父及王母張太夫人左右侍坐,先考澹盒府君、母陳太夫人比坐乎前,居澹盒府君左者生父荔園公,居陳太夫人右者則吾母劉太夫人也,先叔叔良府君、諸父芝菴先生則分立乎圖之兩端,李太夫人後有二女,左見其面,右半露面,皆侍女也。共人十一,男五,女四 [①]。作圖之歲,則清光緒丁酉秋也。夫養不必豐,要能躬菽水之誠;位不必顯,要有利於民。父母俱全,兄弟無故,兒孫滿前,娣姒雍睦,此家庭之樂事,人生之盛境也。然而不二年而澹盒府君之喪,明年而叔良府君逝,又明年而晴村府君歿,後十有九年而李太夫人棄養。今者吾鄉方困於兵匪,羽檄飛馳,吾父奉王母避地荒村,芝菴先生以官事搶攘於鎗林彈雨之間。披覽是圖,冥念當年聚處之樂,盛衰之感爲何如! 而小子五內忡忪,尤恐不克振荷先德,重滋罪戾。顧猶有慨者。以李太淑人一身不三世而子孫盈庭,倘至元來之无來,將不勝計矣,而初實始乎一人也。嗟夫! 今之相視如途,人而同其姓者,初固一人之身也。然則覽斯圖者,孝友之心可油然而生矣。戊午孟秋,曾樾謹記。

---

① 按,未計侍女二人。

謁左沈二公祠記戊午

嗚乎！天生才智，顧不難哉？世之亂也，才智生焉。才者角疆場，智者創法制，蔑不各逞其能，而所建樹則又觀乎運會。此非常之勳，所以難能而可貴也。清咸同之交，内訌外侮，古所罕聞；民生憔悴，亦云甚矣。於是曾、左輩出，平髮逆，剿捻匪，功在社稷，婦孺皆知。然中興諸將，厥功有在攻取之外者。左文襄之創設船政，蓋其一也。時内亂雖平，征戍未已，而海外諸國颷起雲興，不可遏抑。顧朝野上下，猶夜郎自大，盛倡攘夷，以胡文忠、曾文正之才識不逮此。獨左文襄公深知當時最急無逾海防，而海防先務莫如戰艦，使必購自外洋，糜費既巨，良窳莫辨，是非開廠自造不足爲自強持久之基。於是擇地於馬江，採機器於法國，延技師以授製造，設學校以育人才，苦心經營，創所未有。方有條緒，而朝命改督陝甘，乃奏起沈文肅公任其事。所製兵艦，雖不足媲美歐西，而東鄰實無能駕而上之。所惜甲申、甲午二役，師熸艦燬，數十年締造之功，掃地以盡。且文肅既去，繼其後者不守成規，更求擴大，反由苟簡之漸而腐壞之歸，遂致一蹶不復振，以迄於今，實告朔之餼羊矣。嗟乎！今之談國防者，輒曰："海軍不足，厥故尤在戰艦缺乏，致不能與列強抗衡固也。"豈知四十年前二公固燭照洞鑑於先，而早爲未雨綢繆者乎？因益嘆公之目營八表，深可佩服，而功在後世，實兼才智之全，固匪僅以武節彪炳寰者可同日語也。商君曰："愚者黯於成事，智者見於未明。"二公之謂歟？二公既薨，船政子民慟思不置，則請於當道，建專祠以薦馨香。夫有功斯祀，文襄卓識，前無古人；文肅守成，澤敷來許，其得并享千秋，誰曰不宜？後之入斯祠者，瞻仰徘徊，固當洞洞屬屬，體二公剏成之心，求其得祀之故，而自警惕，思克紹前志而光大之，則群才之興也弗可量已，又豈但以供歲時士女之果薦與夫騷人墨客之遊眺也哉！月之某日，拜謁公堂，低徊留之不能去。太史公曰："高山仰止，景行行止。雖不能至，然心嚮往之。"況余之親被其澤，而敬仰前徽，如臨之在上者乎！因歸記所感，以識不忘。

儀姚室記己未

夫人生有先知先覺之責，果大任所降實屬一身，斯當體蒼冥之誕育，蔑敢獨善，勤求登庸，靳展其天挺之才，遂其拯援之志。此其用心至仁，固古今所共慕者也。故孔席不暖，墨突不黔，孟子飄搖於齊魏，荀卿返老乎蘭陵，雖所趣庸有不同，而其淑世憂民之意，奕禩胥欽。夫寧得曰遺世疾俗、超然遠引之士無以稱者哉？蓋嘗論之，國家之治，由人心正。人心何以正？不溺於私欲，而能各以道自守也。世道既降，大樸漸漓，人人縱慾於亡等：謫戌之徒妄希九五之尊，屠牧之夫且冀五等之錫，於是乎強者求之以兵戈，弱者求之以色笑，敗類傷紀，莫可名言。有識之士隱然憂之，乃逍遙乎方外，以與造物者遊，以砭乎末俗之士。天下之士，苟化其所為，則必寡欲鮮求，大亂又何由起乎？故有孔、墨而有苦縣，有孟、荀而有蒙叟，雖其韜著不齊，聲施迥異，而其撫世宰物、開物成務之功，則一而已。桐城姚惜抱先生，負非常之才，博極群籍，既以文章書法冠一代，而詩才清雋，考據尤精覈，世嘗稱其得《風》《騷》之雅，入鄭、馬之奧者也。顧竊謂以此稱先生，抑末矣。夫先生處乾嘉之際，世號治隆，士生其時，莫不自幸處昇平之世，爭思自見。而先生復奮迹詞林，取通顯如拾芥，顧抱素守真，夐然特立。未幾，且退而優遊於藝苑，以樂其天年，以矜式乎閭里。其淡祿利，外榮名，方諸老莊為何如？而後世率不能察其淑世範俗之至意，徒稱道其空文，烏知此殆先生流落人間者太山一毫芒耳，何足為先生重哉。嗟夫！今日迥非乾嘉襲豐積厚之餘，而舉世營營，孰知名利之可恥？竊念先生之文章，已足葯末世詭靡之習，而先生之行義，猶足箴衰季趣附之風，故以"儀姚"顏其讀書之室。室無定所，吾之所在則以是名之，庶幾先生之高風常在吾之左右。小子不才，或不遂為世綱所陷，而迄不能自拔者乎？

胡詒齋傳戊午

吾友賴靜軒，誠篤君子也。為述胡君事，聞之憮然。爰詮次為傳，用勗吾黨有心世道者，或不訾其多事也。

胡詒齋，名以謀，長汀人，兆衡先生嗣子也。幼孤，事母孝。先生故名孝廉，工書，有聲郡國。君自成童入小學，則以書法蒼勁見稱長老，識者謂先生有子。爲人温雅，謙恭自牧，於人無忤，人亦樂與爲友。既久，則詼談諧辯，聽者忘倦，若世事皆無足攖其慮者。然君雖滑稽，而中實重有憂也。當先生之殁，以遺産付其弟。君長而寠，就貸輒遭辱，君未嘗與較。而奉母益劬，躬菽水之勞，親井臼之任，凡身所能致，弗憚瘁也；凡可以悦母，力弗匱也。顧能薄所願，多弗遂。民國某年，年若干，邑邑以卒。然君卒洎今，里人稱其事母事弗衰也。

論曰：末俗澆漓，人喪其本。若胡君奉母之孝，非篤厚本根之君子，又焉能哉？夫人能篤其本，則施諸外者可知。然竟不永年，俾展厥施者何邪？竊嘗究觀天人之際，嘆福善之説不足信久矣，則於胡君又何疑也耶！

弔義塚文

戊午仲冬，永安黃某謹以心香之薦，磬折之忱，致奠於清光緒十年七月三日馬江死事諸義士之墳。曰：嗚乎！灌莽莽兮曀無光，草離離兮虺蜮藏。潮汐咽兮木葉下，飀飀號兮魘徜徉。塚纍纍兮骼露，碑剥蝕兮無章。噫嘻悲哉！此甲申戰場也。昔當清季，牝雉司晨。陬謨悊置，滄海揚塵。犯我南服，醜彼法人。諒山既敗，率艦侵閩。綸扉嚇怒，思馴頑嚚。壬人貪佞，侃侃詞陳。愿授纓兮七尺，獻尉陀於帝閽。於是乎厲兵津洛，飲馬黃河。數軍實於府庫，膺閫寄於東南。羌大言之不怍兮，實韜略之未諳。重門皐闈，天險摧殘。夷艦湛入，虎視耽耽。嗟東隅之既失，冀收效於桑榆。閉關絶塞，斷彼歸途。表裏互襲，殲虜須臾。而乃扞蔽失著，善後無謨。鼓聲未動，中軍先逋。醜夷獲逞，貽恥寰區。犒師賂幣，喪失輿圖。嗟斯人之皐孽，雖磔鑊而有餘。獨浩氣所鍾秀，匪肉食兮鄙夫。食食兮事事，致志兮捐軀。肉飛砲轟，血濺膏塗。尸漂潮汐，氣薄天都。義重兮身杳，軀可滅，志靡渝。竟同袍兮共穴，亦酋努兮殲顱。是遺蜕所藏兮，宜守護於神鬼。而義魄翱翔兮,在紫旂與宸衢。侑旻穹之燾覆,鍾宇宙以英奇。不然亦產千尋松柏、九莖紫芝,奈何榛蔓交兮烟莽繚,齦蝪鼠兮穴狐狸。牧童躑躅,鴉犆棲馳。陰霾午蓋,驚沙自吹。霜飛暑月,草萎春時。徒供騷人之憑弔,滋懦夫之狐疑。雖然,三光在上,萬祀由茲。幸堅鞏其呵護,俾垂範於無期。洞洞屬屬,式我熊羆。前塵渺矣,来者可追。噫嘻悲哉,今日何時!天崩地圮,維解綱離。情難忘兮聲聞鼛鼓,寧罔念兮干城健兒。矧諸君之義勇,直振懦而起靡。嗟吾憂之孔侈,瞖目擊兮能無悲?既申其憑弔,又系以歌詞。歌曰:

　　茲義士之叢陵兮,日月雖久,光猶恒兮;來者其興兮,千秋萬禩,胥式矜兮。

餞病文 戊午

　　維著雍敦牂孟冬重光大荒落,黃子薰香燔楮,餞病魔於江渚,而與之語曰:"昕夕頤年,聞女將遷。有醴於俎,有粢於籩,女群女朋,來格來咽。去而廻翔寥廓之野,流連幽渺之淵,必於人焉是附,則入金張之室,王謝之廛,無交窮約,無攀畸賢。"語未畢,蕭颯耆嚶,如聞聲音。尋之無有,體慓毛森。已而泙瀄,中心屏營。泯息靜聽,載沉載明,若有言者曰:"吾共子處垂二十春,世之愛子莫若我。親人之知子,罔媲我真。造物畀子,蔑侔我仁。凡吾護子,厥功難陳。乃信讒言,謂我即新。子赫斯怒,欲吾廢錮。疇弗羞惡,敢吝展步。子唯吾惡,厥爲奚故?條理所在,希爲露布。"黃子乃喟然嘆曰:"女以吾爲不知也邪?凡女之數,存六去二,得八除四。盍就賓席,聆吾述次?昔吾之生,不辰之庚。獫狁猖獗,華夏震驚。人欲橫流,異學蛙鳴。哀哀黎庶,輟織廢耕。爰改共和,僉以爲榮。實惟黨派,相軋相傾。實惟權利,是競是爭。爰洎今日,各逞戎兵。坤不毛物,虧成舉目。惟見烽烟,彌漫側耳。但聞鼛鼓,音聲鳴乎。噫嘻!是謂國病,女罪難名。我來區宇,家給人足。韶齡未邁,父登鬼籙。陽秋再代,祖叔相續。展轉遷鄉,家徒四壁。動定弗寧,疾擎禂擊。夏無絺,冬無綌;口腹之奉,朝不謀夕,以迄於今,不安厥宅。我親我戚,相違咫尺,果餒難知,安危莫測。嗚乎噫嘻!是謂家病,女罪難摘。茫茫大塊,燦燦三辰,滋生萬彙,我賦爲人。彌綸綱紀,風雨司晨。障川東走,繭絲爲綸。息蜻耳之煩蛙,續垂燼之傳薪。參二氣之化育,以儀式夫後昆。曆數所職,責在一身。自女吾崇,精懫神殘。苓菁相逐,憂戚相忓。齒長髀肉,智黯思昏。嗟茲元責,蔑盡一端。嗚乎噫嘻!是謂身病,雖擢吾髮,女罪難彈。自吾識字,斯文是志。三五載籍,二六傳誌,《左》《孟》《莊》《騷》《班》《馬》所記,奇辭奧旨,異詁僻義,冥搜力索,潛修默契。下逮季世,韓雄柳雅,歐淡曾懿,王峭折,蘇放肆,元虞歸姚,或醲或泰,李杜蘇黃,王朱查易,醇駁參錯,矜奇鬥麗,莫不焦神覃思,形諸夢寐,欲哺其糟而啜其粹,然後肆於外者。叙述必挈其綱,議論必夷其氣;貶必本乎至情,褒必稱其分際。然而志雖宏,愿莫遂。閱未終篇,目眵漬淚。貪多健忘,未受其賜。視古作者,慚愧無地。嗚乎噫嘻!是謂學病,女罪難避。綜茲四病,一之已億,矧吾於此四者兼備!凡所以使吾居則自愧,出則人畏,面目黝黰,言語無味者,非女之志也夫?非女之志也夫!”於是四鬼相與闃堂,抵掌踉蹌,聲音激昂,且詡厥長曰:“吁,陋哉黃子!吾始以子爲天下奇士,今然後知子之不足與於此也。夫盛衰倚伏,陵谷滄桑,理微而顯,子奚或忘?一爲衆母,弱實基强。我故俾此,視彼珩璜。惟患衷之不協,無患運之弗昌。若夫親離戚散,貨喪財亡,固吾類偶逞其伎倆,而亦所以勵英傑、成志節之良方也。子不見迷樓井幹,今成牧圉之場;衰草白楊,昔皆舞吹之鄉。歌聲未闋,境已荒涼。即至德之裔,亦流離者相望。況子世雖積德而未至,聞已著而未光。後先衰盛,曾不比粒粟於千倉,何乃錙銖計較,晰入毫芒。且夫富貴福澤,實爲病坊;疾痛憂感,玉女慈航。自古龍蛇實生草澤,魁畸詭出膏梁。吾觀前古之士,或折脅而無憾,或處囊而不傷,或困於屠牧,或隱於負商,或引錐以刺股,或舉首而懸樑,或與耜耒爲儔伍,或侶鈞綸而徜徉,胥所以堅貞其骨幹,磨鍊其心腸,迨遭遇運會,乃能其道大張。準將擊而歛翅,獸先伏而騰驤。與夫子車氏,天將降任之旨,不誠著切以章哉?且子賦命,實有淑姿。恭默含忍,茅土何辭。顧性浮以燥,難宏厥施;意鯁而亢,應世匪宜;氣剛易折,志暴易漓。凡吾所以範子性於厚重,抑子氣而溫夷,内子意以雍懿,固子志而堅凝,意至慈也。謂如不信,請贅其詞。子之求學,欲進之銳,而恐中道之衰頹也,吾故子規,俾進以期。子之接物,雖内有以自守,而懼其終爲遷移也,吾故子持,俾行與謗隨。子之於藝,貪博務多,而慮精之疲也,吾故子維,俾神無外馳。子之於好,龐雜以浩,而憂思之糜也,吾故子提,俾志專而學不歧。世之撓子守以凌亂、引子行以抵巇者,觸目皆是,惟吾不子離,錫子弗迷。吾之於子,誼兼師友,功侔娒嫛。乃子信讒,惟吾載嘆。吁,陋哉黃子!吾始以子爲天下之英奇,今乃知子之不足與有爲也。"黃子於是瞠目矯舌,心平氣靜,肅奠盃茗,再拜以請,願與訂盟,交成劉頸。

慈竹居集

目　録

慈竹居集

素心蘭室詩序

　　魏默深論唐詩，謂："陳子昂、李太白、韓昌黎皆以比興爲樂府、琴操，上窺正始，視中晚唐以下純乎賦體者，固有古今升降之殊。"是不知唐詩者也。夫杜之集大成勿論矣，中晚唐詩如元、白、張、王樂府之託興淵微，深得比興之旨者，世無異辭也。若玉谿生，固妄庸人所目爲浪子者，果以綺靡華麗拓玉臺金樓之體而已乎？玉谿以沈博絶麗之才，遭時局危疑之會，宦豎肆暴於朝廷，武夫跋扈於藩鎮，邊陲遭異族之蹂躪，國是受鉤黨之鉗鏑，玉谿一腔忠憤欲正言譎諫，動觸黨爭之禍，乃茹悲含怨，託爲神仙兒女、隱晦不易驟解之辭以自免，其言危，其志苦矣。寄託遥深，寧遽在陳、李、韓下哉？朱長孺謂"其指事懷忠鬱激切，直可與曲江老人相視而笑"，非過譽也。自晚清以迄建國之前，内訌外侮劇於晚唐，朋黨水火烈於牛李，士生斯時，蒿目時艱，懷不得展，口不得言，不得已而斂其抑塞不平之氣，託諸綺羅香澤之辭。嗚呼，其可哀視玉谿爲尤甚矣！吾友賀自畏，番禺右族，一門風雅。其季父穗甫先生，有《無庵詩鈔》行世，爲時所稱。自畏早歲置身圜府，閱四十餘年，綜攬精覈，蜚聲南北。顧襟懷瀟灑，有出塵之致，精鑑賞，工書法、篆刻，尤嗜吟詠。初學漢魏六朝，有虎賁之肖。後以其面目過於相類，無以別其爲若人之言也，棄而學唐，篤好玉谿。將數十年來可驚愕、可悲憤、可痛惘、可流泣之事，或身歷，或目睹，其慘戚悲憤之意鬱結於中，悉於詩焉發之，芊緜倩麗、無題之作居多。夫精深而博大，詩之極詣也。博大關乎際遇，精深關乎性情。情不欲其淺露也，故有譬喻焉。辭不欲其率直也，故有曲折焉。香草美人之喻，騷人之遺則也。楚雨含情之託，玉谿之詩法也。故論唐人之精深，得《風》《騷》微意者，玉谿其巨擘已。自畏深於此者,吾亦謂與玉谿生相視而笑可也。吾交自畏垂三十年,飫經患難,老而彌篤。自慚薄殖,無益於時。而自畏有偏好,每一詩成,必欲吾一言以定去留。近復以平生所爲詩,屬吾點定,且命序。吾授徒鮮暇,序久未成。兹以養疴衡門,日長無俚,因扶病書此以應。自畏有賢子嶧甫,英年美才,詩文秀雅。六年前,省親榕垣,與吾談詩極相契,現旅食香江,不知重聚論比興之義在何日。矯首天南,泫然神往,惟有頻誦天涯比鄰之句以自壯。賢喬梓倘亦有同感也乎? 癸卯伏暑,愚弟黃曾樾拜撰。

素心蘭室印蛻序

　　吾友番禺賀自畏,工詩善書,曾樾曾序其詩集矣。晚尤工篆刻,每一印成,必欲得曾樾一言甲乙之。近拓其稱意之作若干方,集爲《素心蘭室印蛻》,督爲序。曾樾不知印者也,而先君子精於此者。先君子曰:"篆刻,藝也,必博雅之士而後精。蓋印文當合乎六書,故必上窺獵碣毛鼎、楚鐘散盤,下窮郵書歐録,以及洪氏之所釋、朱氏之所編,蒼萃而貫通之,庶幾免於繆戾。非好學深思、心知其意者,不能也。若夫治印之術,則以意境爲上,骨力次之,結構又次之。當從方入,然後由方而之圓。"曾樾嘗述以語印人,無不讚爲名言。以告自畏,自畏尤拳拳服膺。所治印,一以漢爲法,亦博攬今人之所長。而尤致意於六書,一字之偏旁,必孜孜以求合於古,故所作淵穆雅飭,遠邁時流。竊以近代印人,共推趙悲庵、黃牧甫、吳缶廬,皆奇闢獨創,陵轢前修,能於鐵筆中見其爲人,尤爲斯道大放異彩。然奇闢之過必流爲齊白石,火氣逼人;矯之者爲王福庵,則窠臼之痕未泯。能不犯二者之失,而得趙、黃、吳之意者,其華陽喬大壯乎? 大壯固工爲辭章,且深於六書者。自畏治學與之同,是以治印與之似。自畏嘗言:"吾刻印不敢云工,然筆筆皆有來歷。"信哉! 非博雅之君子不足以語此也。曾樾既諾自畏爲弁言,久無以應,兹以養疴海澨,因記平昔相與論印之語如此。癸卯孟秋,愚弟黃曾樾拜撰於鼓浪嶼之小領ww事樓。

廣雅堂詩箋序

唐宋以降，宰相必用讀書人，居相位而有著作傳世者，史不絶書。顧政事、文學交相輝映者無多，宋之王荆公、清之張廣雅，其翹楚也，而廣雅所處之境尤難。蓋有清末造，内則權貴排華，新舊水火；外則列强虎視，宰割由人，以視荆公之時，國勢猶强，物力尚富，遼夏勁敵，天水尚足以當之者有間矣。廣雅精忠體國，畢生精力盡悴維新，受扼於忌嫉之權臣，嘉謨未能盡展，發爲歌詠，寄託遥深；風度雍容，不忘諷諭，而隸事精當，方駕亭林。不獨清末作者未能或先，方諸臨川亦不遑多讓。藝林推重，豈偶然哉！其詩之典實，天津嚴範孫侍郎有《廣雅堂詩註》詮釋之矣。詩之本事，尚付闕如，讀者憾焉。曾樾夙愛公詩之精深而文明，尤敬公心之憂深而慮遠，惜以本事不明，公之卓識孤懷每湮没而不顯。乃諮訪故老，蒐羅載記，遇有所得輒疏於各詩之下，一孔之愚亦附於後，雖不足抉公詩之精微，差可作探公詩之途徑。凡所引證，旨在厄累史材。其書間有可議者，過而採之，非敢動援"不以人廢言"之義以自諉也。自慚檮昧，疏漏孔多。補苴糾繆，有待於來哲。壬寅伏暑，永安黄曾樾。

鄭宗瑞丈三慶詩序

世但知永春鄭崇瑞丈綺歲蜚聲黌序，中年洊歷監司，晚摒俗絆，偕德配洪夫人隱居碧瑶，年垂八旬，康强矍鑠，衆所健羨；不知其潛修劬學，耄而彌篤，有衛武《懿》詩之風，爲尤不可及也。憶二十年前，數與丈論文於榕垣之寓廬。竊謂前清一代，吾閩古文家允推朱梅崖、高雨農二先生。梅崖文集久已版行，雨農文稿埋没百有餘年，至爲可惜。曾樾曾輯印百餘篇，惜非全稿。嗣從滄趣後人得先師陳石遺先生鈔本，欲爲傳布，而限於力。丈聞之，慨然曰："刊資吾任之，校刊子任之。"於是高先生文始得傳世，即今流行之《抑快軒文鈔》是也。方與丈商輯《福建叢書》，而中原多故，丈養痾海外，此事遂輟然。丈熱心桑梓文獻未少衰，曾屢索鄉賢著作於曾樾，孜孜斠讐。進德日新，不爲時地所限，其尤足敬者不在兹乎？去歲壬寅，丈壽七十七矣，欣逢重遊泮水，重諧花燭之年，而夫人瞽目適獲重明，三慶駢臻，何其盛也。丈之男女公子皆卓然能自樹立，長君揆一尤聞名於時。早歲，曾及吾門，四十年來德業日盛，而執弟子禮甚恭。吾固媿甚，而丈之庭訓與揆一之撝謙，均足以風矣。揆一徵海內名流詩文書畫以娛親，謬及於曾樾。念與丈兩世交誼，安敢以不文辭！況碧瑤爲曾樾舊遊地，風和日麗，花木長春，丈偕夫人遨遊其間，兒孫滿前，娛神繕性，怡養天年，必享衛武之遐齡，敢預卜也。再接清塵，商印叢書，償當年之宿願，知必有日。即以此文爲左券，可乎？

知非齋詩文集序

夫言各有當也，豈以文體分高下哉？蓋文非一體，鮮能備善。曹子桓謂："奏議宜雅，書論宜理，銘誄尚實，詩賦欲麗。此四科不同，故能之者偏也。"自立碑昉於漢末，誌墓盛於南北朝，至唐而贈序興，明而壽序濫，文體隨時代而變，自然之勢也。顧自明以降，編文集者偏重碑誌而薄壽文，往往不以入集，竊甚惑焉。謂爲諛頌之辭乎？則碑誌受子弟請託而作，何一非諛辭？其視壽序，僅諛生與諛死之別耳，其爲諛一也。謂爲時世之文乎？則碑之在漢魏，誌之在六朝，與贈序壽文之在唐明，何異方其初興皆時世之文也。況壽序爲贈序之別支，唐之作者至衆，洎昌黎爲之，乃得古人之意，冠絶古今。壽序之在明清亦然，作者尤衆，至歸震川、姚惜抱爲之，始駸駸及於古。若歸之壽周弦齋、姚之壽劉海峰，世所共賞者也。歸、姚集多存壽文，殆亦深得古人之意歟。社長張子秀淵，早捷鄉闈，以文名里閈，季父子厚公深器之。公方貴顯於朝，張子梯榮有階，顧性淡泊，以教授自給，間亦吏隱州府，不以進退爲意，而以詩文爲性命，爲陳石遺先生所嘉許。今年壽八十有九矣，聰明强記，力不衰，能背誦童年所讀《禹貢》《左傳》，纏纏如貫珠。近者嚴汰生平所作，存詩三百首、文四十篇，成《知非齋詩文集》二卷。授曾樾曰："乞子一序，俾與社友林西園題詩同弁卷首，不他求也。"曾樾薄殖，謝不敢爲，而張子督益力。則謹受而讀之，知其於韓蘇之詩、歐曾之文，致力甚深。存壽文特多，悉戛戛獨造，別具鑪錘。其所壽者，多一時名流，或有同榜同社同寅之誼，故言之親切，類能畢肖其人，不作尋常祝嘏之辭。而於鄉邦吏治得失、度支盈絀、軍閥交訌、閭閻疾苦、朋簪文讌之樂、死生契闊之情，以及宦海升沈、科名掌故，無不有味乎言之。吾不知視歸、姚所爲，孰軒孰輊。其足與吾閩晚近所刊行之賭棋山莊、藝蘭室、漪香山館、畏廬、滄趣樓、我春室諸集中壽文後先競爽，敢斷言也。洵近六十年，鄉邦文獻之美材，豈徒以文辭典雅、義法謹嚴堪爲朱梅崖、高雨農之後勁已哉！若其詩，則西園之論允矣。而吾尤喜其七言古體，縱橫矯健，爲吾社之傑出。蓋西園所論，公評也；曾樾所蠡測，私好也。辭不獲已，謹抒管見以質於大雅。倘不吝匡謬，一如四十年來之文字相規否乎？

得河馬負圖硯記

壬午夏，吾由渝回榕，往南門外骨董肆市硯。時倭寇雖離榕，尚在倉石城中，能遷徙戶已遷移一空，市景蕭條，行人稀少。行都貨價騰貴，益覺省垣物多而價廉。吾初祇欲市一硯供案頭用，因此遂購兩方，且不與計值。賈人誤以吾有硯癖也，乃鄭重出此方相示。吾一見詫爲異品，即以三千金買歸。水池雕河馬負圖，因以名焉。硯長二十二公分，寬十三公分，厚六公分。乃西坑水洞異材，面色微紫，嫩如卵膚。背爲蕉葉綠。邊寬，而中窪尚留石蛀兩處，知原主甚惜此材，不忍磨去也。刻工精緻而大雅。離邊緣半公分，有浮線圍繞，落落大方。池刻一馬，背負《河圖》，偃卧欲躍；雲片參差，覆蓋池之三方，雲端微月，若隱若現，則鸜鵒眼也。刀法生動，妍秀罕儔。左側有陰文方印二如下▨，右側亦有二陰文方印若左之大小▨。知此硯爲米元章物，經曹能始收藏，可寶也。按元章名黻，蓋本之《書·皋陶謨》"予欲觀古人之象"。章作黹者，乃假借字。《書》僞孔傳、《左氏桓二年傳》杜注及《爾雅釋言》郭注，均謂兩己相背爲黻。郝蘭皋《爾雅義疏》云，"《書·益稷》傳及《左氏桓二年》注、郭氏此注並云'黻，兩己相背'。唯《漢書·韋賢傳》集注：'紱，畫爲亞文。亞，古弗字也。'與舊説異。阮芸臺師曰'自古畫黻作亞形，明兩弓相背，非兩己相背也。兩弓相背，義取於物，與斧同類。兩己之己，何物耶？得非兩弓相沿之誤與？《漢書》師古註：黻畫爲亞文。亞，古弗字。今俗《漢書》及《文選》皆譌爲亞。此語必有師傳，非師古所創'"云云。樾按，阮説是也。斧弓皆兵，武備之象也。此印黻字正作兩弓相背，知宋人已明此義矣。米印從上右起上下左上讀之，曹印從上左起左右右左讀之，此讀法之相配也。米印“之”字小，曹印“士”字小，此字形之相配也。一印之微，具見匠心，惜製硯之人未留姓字。古今擅絶藝而名不彰者，可勝道哉！晴窓雨夜，撫摩玩賞，覺前修文彩風流照人眉宇。北宋迄今，時閲千載，幾經浩劫，若新發於硎，極爲難得。況硯材之名貴，作工之精細，爲稀世之珍乎。抑吾尤有感者：同一硯也，歸元章則佐其揮灑翰墨，輝映藝林，詩文書畫無不精卓絶倫；歸能始則佐其鈎今稽古，著作等身，捄張正義，氣節嶙峋；中更無數主，皆泯滅無聞。今歸於吾，吾爲此懼，因灑筆記之，以自勖焉。

徐君植甫家傳

君姓徐氏，諱培元，字植甫，號日輝。世居侯官之荆山郷。父進春，太學生。母程氏，生子二人：長日光，君其季也。君之入閩始祖晦，唐長慶中官閩都團練觀察使，子孫因家於連江之徐壠。宋時，天一始遷邑邑之荆山，嗣繼蕃衍，至太學公已二十一代矣。世以耕讀傳家，爲吾閩望族。太學生承襲先業，家故富饒，顧獨耽書史，喜與文士遊，治園圃，植花木，吟嘯其中以自適，家事一委之君兄弟。君少岐嶷，及長，身材不逾中人，而高顴廣額，雙目炯炯有棱。綜理庶務，精明幹鍊，產業益昌。性闊達，好義舉，凡郷中橋路年久失修者，祠廟傾圮者，無不倡義修復之；戚鄰有婚喪疾病力不給者，鄰里左近有窮不能自存者，無不量力扆助之，未嘗有德色。或以爲言，君輒笑止之，曰：“吾分所應爲事，尚多戔戔者，何足道。”家多果園，果熟時，遇有盗摘者，必温語譴之，惟恐其驚惶顛隮；尤無狀者，則剴切曉諭，畀以財俾謀生計，往往感德而改節易行，迄今猶稱頌不衰。君事太學公，曲盡孝道；友愛其兄，老而彌篤；祀先掃墓，克敬克誠。家人化之，一門之内，雍雍如也。晚歲摒除世絆，優遊閭里，與親朋道故舊，話桑麻，以樂其天年。清光緒二十三年丁酉，卒於家。距生於嘉慶十二年丁亥，享壽九十一歲。配甘蔗鄒孺人，嘉慶舉人世杏女也。操井臼，卹孤嫠，佐君成德。先君卒，壽六十一歲。子六人，皆君課之成立。長才渾，歲貢生；次才灝、才和、才平、才泗、才錦，俱業儒，克紹其緒。君既以名德爲郷里所重,復享遐齡,有欲爲請旌表者,輒遜謝不遑。故其没也,人咸思之,久而不忘,距今六十餘年矣。談及君者,無不曰善人善人。

論曰:論吾閩明清之際學人者,必首舉幔亭、興公二先生。君,幔亭之後也。五年前,吾於病坊識君之孫高機,溫厚長者,年七十矣,隱於市而有晬然之容,竊心儀之。復由高機識其群從子姓,類彬彬焉。質有其文,然後歎詩書之澤遠矣。君之庸德庸行,猶足爲善於一鄉,流澤於久遠,有用世之志者,可以興矣。

張韻梅先生傳

張韻梅先生,清末以庶常歷宰吾閩劇邑,卓著循聲,爲大府所倚重,尤以博雅工文辭,負藝林重望。所著《新薇詞》,倚聲家奉爲圭臬。先生生平,世未盡知。先君子,先生入室弟子也,故曾樾自幼耳熟先生之爲人。因詮次遺聞,覈以先生著作之有年月可考者,而爲之傳。先生名景祁,字韻梅,號樊圃居士,又號觀舞道人。籍錢塘。道光八年戊子十一月十日生。二十四年甲辰,年十七,入縣學,文名籍甚。同治四年乙丑,補行辛酉、壬戌兩科鄉試,始領鄉薦。十三年甲戌,成進士,改翰林院庶吉士,年四十七矣。散館改知縣,分發福建。光緒丁丑入閩,歷知仙遊己卯、武平辛巳、福安壬午、淡水甲申、晉江己丑、浦城癸巳、連江丙申諸縣事。勤政愛民,興教化,獎儒素,去而人愛思之。歷任督撫、提學使者交相推重。制軍何璟、譚鍾麟、卞寶第,撫軍鄉兆棟,先後禮聘入幕府。學使鄔拉布、沈源深按試各郡,延往校文。遇鄉試,先生輒與分校,所薦拔皆知名士。故閩海學人,無不知有先生。先生於學無所不窺,經學、小學、辭章、書法、篆刻皆精卓。早歲從全椒薛時雨遊,治經有家法,於《書》《禮》《春秋》皆有撰述,稿均燬於咸豐庚申、辛酉杭州之役。尤以讀書當先識字,故於許書倍孜孜焉。老而彌篤,撰《説文引經異文異義考》。其爲文不爲炳炳琅琅,苟以震庸俗視聽,而義法謹嚴,氣韻靜穆,胎息於歐、曾者爲深。駢體瑩發靈襭,挨張天藻,無襞績典實之痕,有揮斥群籍之妙,足與有正味齋、小謨觴館把臂入林。先生之詩,雖穿穴唐宋,而所心摹力追者在中晚唐。七古音調鏗鏘,從少陵、玉局中來。近體高華密栗,似許用晦、吴子華。

而精力所專注尤在於詞，刻意姜、張，枕葄吳、史，殫精極思，踔美造微。律度之分寸，音響之浮切，辨析窮極毫芒。并世詞家張公束、葉蘭雪、譚復堂咸推服之。復堂謂先生："飫歷兵劫，迫乎亂定，已摧鋒落機，謝去斧藻。中年哀樂，登科已遲；復屈承明之著作，走海國之韉版，不無黃鐘瓦缶之傷。倚聲日富，規制益高，駸駸乎北宋之壇宇。江東獨秀，其在斯人乎？"傾倒至矣。然此皆以藝論也。先生生際昏庸當國、内外交訌之會，滿腔忠憤，溢於文辭。其《臺疆雜感》諸詩，《馬江基隆秋感》諸詞，所慨於外患日亟、救亡無術者深矣。世徒以詞人目先生，非篤論也。先生以治事治學之餘，溢爲法書篆刻，凡尉律之學、三倉之篇，靡不心醉目瞢，存神遺貌。書法得其師何道州真傳，萃北碑南帖之美，而自成體。小篆尤精卓。篆刻驂靳丁、黃，頡頏奚、趙，古樸淵茂，繩度不渝，恪遵西泠十子家法，而矯其平鈍，實浙派之後勁也。嘗謂："篆有方圓，當由方而之圓。刻印以意境爲上，骨力次之，結構又次之，與八法同一關鍵。漢印之流傳不朽者，無意於工而自工也。今印之玩索即厭者，刻意求工而愈不工也。"世咸服爲知言。丁酉冬，卸連邑篆，買屋榕城西門孫老營，閉門却掃，以文史自娱。癸卯，卒於福州，年七十有六歲。娶許氏，先卒；側室某氏。某氏子五人：長鼎勳，官鹽大使，先卒；次某、次某、次某，季嵩壽。先生早年撰著既燬，丁酉自刊入閩後詩爲《掌雅堂詩集》八卷，續增至十一卷；己亥刊《掌雅堂駢文》二卷；辛丑刊《掌雅堂文》二卷；而《新蘅詞》六卷《外集》一卷，癸未已繡梓，風行海内矣，後增刻爲十卷。曾樾輯得先生未刻詩詞雜稿一卷，爲《掌雅堂餘集》。其《説文引經異文異義考》僅存殘稿，似未成書。

　　論曰：張韻梅先生，負沈博絶麗之才，不得回翔翰苑以文章潤色鴻業，乃以縣尹久困巖疆，卑栖陸沈，與時鑿枘。其歙寄灝瀚不可抑遏之氣，盤鬱於中，無所發泄，獨於詩詞焉寓之。每一吟諷，未嘗不爲之迴腸而盪氣也。雖然，使先生陟清班、躋膴仕，萎苶於冠蓋馳驅之場，其文章著作必不能卓然有成如在閩嶠之所爲也決矣。孰爲得失，必有能辨之者。然則先生之不遇時，果先生之不幸邪？

　　附有關記載兩則：

　　《越縵堂日記》丙子四月二十八日記：

錢唐張景祁,賦足冠場,而開韻誤書"崔嵬"作"崔巍",遂置三等第一。按,賦題爲《擬唐李程日五色賦以"德動天鑒,祥開日華"爲韻》。

《十朝詩乘》卷二十二:

臺灣撫墾開山之議,創自沈文蕭。自臺北分設郡邑,民物繁庶漸侔內地。臺紳林時甫太僕維源,督辦撫墾最久。當墾闢時,吳霽軒鎮軍通路至八同關,時方盛暑,嚴霜積嶺,士皆衣皮。張蘩甫大令詩所謂"獨怪嚴霜飛暑路,八同關外振師還"者也。十年間,獅球通軌,地利漸興。或謂安平險隘,基隆夷曠,以建治臺北爲失策。蘩甫以進士知縣范閩,嘗宰淡水,有《臺疆雜感》詩云:"基隆形勢遜安平,使節偏屯北府兵。籌海十年成鑄錯,東溟從此失金城。"即論建治之失。又云:"皇仁偃武恤瘡痍,豈把珠厓棄若遺。窮髮亦知懷漢德,魚龍隊裏樹旌旗。""虎符龍節鎮重洋,帳下兒曹似將狼。未見寇氛臨戰壘,忽驚刀血濺公堂。""島國新更自建旄,登壇拜印將星高。煌煌露布書猶濕,一葉扁舟唱《董逃》。""大旂日落將臺孤,半壁支持仗寄奴。猶道越南雄略在,鴉軍齊作黑雲都。""絶島塵生動鼓鼙,閉關難得一丸泥。雖番亦懼刀兵劫,越險爭防大甲溪。""劫奪殘傷事可哀,軍儲百萬委蒿萊。摸金校尉知多少,不斬樓蘭一級來。"則述臺民自主,及唐薇卿中丞軼事。薇卿負時望,實不知兵。嘗犒師,爲中軍參將周某乾沒泰半,屬弁李文魁殺之,遂統其軍。割臺後,任總統。不十日,事敗出走。時劉淵亭尚駐守臺南。日軍進攻,破新竹各邑,生番剽悍者,亦助劉軍拒守大甲溪,卒不競。張在淡水,嘗賦《水調歌頭》云:"本是蛟龍窟宅,誤認金銀宮闕,爭戰幾時休。"竟成語讖。按,郭氏所言,悉見於《罫雅堂詩》卷一《臺灣紀事》詩引及自注,與卷五《臺疆雜感》自注。

跋道咸同光名人手札

吾藏有《道咸同光名人手札》一册,與坊間影印之《八賢手札》校之,祇缺駱秉章一人,而多官文、郭嵩燾、勝保、僧格林沁等。中有署名天元道人致鄂督譚竹崖札一通四紙,抑鬱不平之氣溢於行間。全篇句句引成語,以杜詩爲最多,奇文也。書法雄勁飛舞,在北碑南帖之外,不知誰人之筆,久悶於胸。近養疴衡門,以筆記消遣。承西玄假來《庸言》報合訂本一册,其第一卷第六號有羅癭公《賓退隨筆》,載《陳國瑞與人牋》,所録即此文也。宿疑頓釋,病減三分矣。且不獨天元道人爲誰之疑獲釋,由羅氏筆記知此册曾藏袁玨生家。觀《庸言》同期,在陳國瑞手札後有郭嵩燾與劉坤一札,癭公介紹云:"玨生尚藏有《郭筠仙致江督劉峴莊書》。"其全文亦在此册。可證此册之簽爲彀老所署。殆清末彀老再起時在京所得,迄今六十年矣。

陳國瑞手札正文至"生者皆銜恩而已矣","僕薰沐再拜,手書以聞"、"後附謹再瀆"、"僕買山以來"以下四行,抄件將此兩段銜接一氣,而結以"使盡其犬馬之勞,不勝大幸",與原文"犬馬之力,是爲切禱"微異,殆抄録時聯成一片耳。字句小有出入,則抄寫時信筆所書之故歟?觀郭函原文"無進取仕宦之心"落"取"字,癭公爲之補上,可知此固無關宏旨也。

癭公云:"陳國瑞梟勇爲咸同間之冠,而秀美若處子。後與李世忠互毆,落職錮於家。大興袁玨生,藏其手札一通,文辭鬱勃可誦,書法渾勁騰踔,大似顏魯公《祭姪文》,洵異才矣。"[1] 評語穩當。

册中有曾滌生致郭筠仙函,中有云:"聞陳國瑞在濟寧與劉銘傳私鬥,殺傷各至數十百人之多。雖劉勝陳負,有正能克邪之象,然氣象便如在五季時矣。"可見陳國瑞之好鬥,而當時軍人風氣如是,雖以曾、李之威名,亦未如之何也。

按,國瑞,應城人,字慶雲。咸同間隨僧格林沁轉戰山東、安徽、湖北、直隸、河南等省,敗苗沛霖、張總愚、任柱,所向有功,官至提督。性嗜私鬥,喜殺人。光緒年間,坐事削職,戍黑龍江,卒於戍所。尋復總兵,許歸葬。

又按,譚廷襄,山陰人,字竹崖。道光進士,累官直隸總督。以英法陷海口礮臺奪職,旋授山東巡撫。同治間,以明習例案且首贊西后垂簾内用,官至刑部尚書。卒謚端恪。

又按,册中勝保、僧格林沁及李合肥致楊厚菴諸札,皆非親筆。所叙戰事,可資參考。筆墨雅飭,箋紙娟美。當戎馬倉皇之際,有此氣象,可覘文化之盛衰。

---

① 按,此處引文與《庸言》所載稍異同,如"大興袁玨生,藏其手札一通",作"大興袁玨生勵準,藏其手書一通"。

跋夷葵室手抄復初齋評漁洋詩

評漁洋詩者，以新城伊應鼎《會心偶得》爲最早，梁茝林《讀漁洋詩隨筆》次之。梁氏多引其師翁覃谿之說，世始知有復初齋評本。陳石遺先生講學無錫時，曾輯入所印《詩評彙編》。後見繆筱珊《烟畫東堂小品》亦有之，篇數字句皆有出入。惜均未言其祖本所出。繆本有按語四條。陳本則石遺先生抉摘翁評繆誤凡卅四條，語多創獲，足嘉惠藝林。吾曾取兩本校其異同，迻錄陳本上。夷葵與吾有同好，字斠句讐，倍加審慎；扶病細書，吾媿不如。白頭二叟，伏案作此無益事，果足遣有涯之生耶？抑結習中人深，雖老矣，猶未易除耶？夷葵屬跋，因書此歸之。不獨記墨緣，亦以誌慨云爾。辛丑仲春。

跋夏承碑

《夏承碑》源流，《兩漢金石記》《金石萃編》《金石索》《校碑隨筆》已言之，由君蘷舉《定庵題跋》論之尤詳。世所流傳，皆明翻本。嘉靖唐曜所翻者，已難得；若成化本，則視同宋拓矣。靜老此本，乃木刻者，墨色稍遜，年代當在嘉靖後。瞿跋確是真跡。中容爲錢竹汀女夫，精鑑賞，謂係明刻，當可信。册中暴書亭、錢大昕兩章，亦可無疑。論者咸謂此碑爲蔡中郎書，竊意中郎之跡傳於今者，惟《熹平石經》殘字爲有據，與此碑字體不類。若淄澠不分，近於武斷，慎疑爲是。靜老囑題，因貢其瞽說以求教。乙巳季秋，黃曾樾。

跋殘本鼇峰集 ①

吾早年讀《晉安風雅》，覺集中詩皆空廓，少性情。以仿唐論，無前後七子之才力；以風格論，無公安、竟陵之清新，非閩詩之至者。獨徐興公絕句十二首，託興深微，不同閩派。求其詩集，數十年不可得。後於故家得抄本

---

① 原題《抄本鼇峰集》。該文係先生爲舊藏殘抄本《鼇峰集》所作跋，《慈竹居文續》存目作《跋殘本鼇峰集》，據此改題。

《鼇峰集》一册,首頁有"陳恭甫藏楊雪滄得"朱文小篆長方印,直行格紙抄,頁廿行,行十八字,書法秀整,共一百十六頁。首頁首行頂格書"鼇峰集"三字,無卷數;二行署"東海徐㷆著";三行低二格書"七言律詩";四行以下半頁雖破損,然尚能辨出第三格詩題之首字係"癸"字。三十一頁末首爲《癸酉除夕》。三十二頁首三行格式同第一頁,四行第三格起題《甲戌元日》。七十頁末首爲《甲戌除夕》。七十二頁與一及三十二頁格式同,第一首《乙亥元日》,末首《乙亥除夕》。可推知首頁第一首爲《癸酉元日》也。書根作《鼇峰集》,右角有"六"字,知此係第六册。按,此癸酉爲崇禎六年,先生年六十四歲。此册爲先生六十四歲至六十六歲所作之七言律詩。《通志·藝文志》載:"《鼇峰詩集》二十四卷、《續詩》三十卷,《徐興公文集》六十卷。"又云:"《晉安風雅》作《紅雨樓集》。"又一條云:"《紅雨樓集》,無卷數,徐㷆著。《石遺室書録》云:抄本,八册。……無詩。余曾見抄本不全《鼇峰集》二卷,有楊浚收藏印云'陳恭甫藏楊雪滄得'八字,則皆七言律詩也。"按,《晉安風雅》爲興公之兄惟和所選,惟和卒時,興公才三十歲,當係興公詩集初名《紅雨樓集》也。文八册,藏林汾貽處,吾曾見之。石遺先生所見之抄本《鼇峰集》,即吾所得者。雖未著卷數,而每年自有起訖,實三卷也。《藝文志》所云二卷,殆刻工誤三爲二耳。歲癸亥,福州大水,吾客金陵,福州藏書被水者及半。水退時,滿屋狼籍,此册殆同腐簡被棄於外。後爲吳君味雪所得,廖君今雨又從吳君得之。因上有吾收藏印,故每一易主,好事者皆以相告。吾因已録副,故任其藏諸同好之家。今春,今雨逝世,吾爲襄辦喪葬,其女因以此册及有興公手跋之《楊升庵集》殘本爲謝。吾以此册流落於外十年,中經數手,仍入吾眼,故受此而卻楊集。一書之聚散,亦有緣歟?《列朝詩集》謂"興公博學工文,善草隸書,萬曆間與曹能始狎主閩中詞盟,後進皆稱興公詩派"。《靜志居詩話》稱其"典雅清穩,屏去拘浮淺俚之習,與惟和定稱二難"。與《四庫提要》所云:"㷆以博學稱,亦復工文;熥以詞采著,亦未嘗無學,二人固未易優劣也。"均極公允。吾以爲閩詩自高廷禮高唱盛唐以後,頗傷膚廓。贈張三者可用於李四,寫甲地者可用於乙區,千篇一律,爲世所譏。徐興公、存永父子,能不囿於風氣,自抒胸臆,不事模擬,可謂鐵中錚錚矣。此册雖大半贈答之作,而語皆平實,恰如其分,不能以尋常酬應視之也。

《左海文集卷七·紅雨樓文稿跋》云："《紅雨樓文稿》八册,明吾鄉徐興公著。中多手跡,題上每別識選不,蓋未定本也。君《鰲峰集詩》,南巡撫居益爲之授梓,未幾南公去位,以屬同知建安令鄭某,僅刻四卷而輟。後自鬻田續成十册。其雜文三十餘卷,删爲二十卷,十四册,無力殺青,常求助於故人,卒不果。其書遂佚不傳。余近始得。《鰲峰集》近體詩四卷,文即此本,補綴蠹蝕,蓋已亡其半矣。"觀此,知《鰲峰集》曾有刻本,而藏書家罕有著録。近見壽光徐君尊六書跋數十篇,中有《鰲峰集》一篇,知此集尚存,共二十八卷,天啓刻本,原藏嘉業堂,現藏北京大學圖書館;南居益序後,附壽序三篇,次總目;全集皆詩,分體編纂,較《千頃堂書目》及《明史藝文志》多二卷。吾喜出望外,即請福建師範學院圖書館金館長託人抄出,事經三年,僅抄得半部。喜此書之不終滅也,先記於此,俟抄成後,與同好謀廣其傳。

跋沈制軍奏議手稿

吾閩清代名臣,前數李光地、蔡世遠,後數林則徐、沈葆楨。李、蔡以理學名,林、沈以政事著。二公蓋籌碩畫,悉見政書,而李、蔡無之。前輩傳説,林、沈二公極留心奏牘,輒自構草,不假手幕僚。沈公手稿,吾曾數見。數年前有以公在船政奏稿墨跡一厚册來售者,索值昂未收,後爲北京書買購去。兹者李君靜餘际以沈公奏稿二篇、附片及稟稿各一篇,皆係真跡。奏稿所陳,均在兩江總督任内事,一請行海運,一請誅陳國瑞。附片爲公丁艱在籍時奉命辦理船政,請留船政提調夏獻綸,俟服滿視事後赴臺灣道任事①。附於何摺待考。稟稿爲覆某將軍報籌辦廣信防務事②,規畫周詳。惟未完稿,不知已否繕發。清廷狃於積習,漕糧素主河運,美其名曰"借黄濟運"。公以爲徒耗經費,且恐牽動大河全局,貽害數省,主張海運,敢於排衆議,異朝旨。陳國瑞雖號梟勇,而身爲提督嗜私鬥,好殺人,目無軍紀,故應重懲,而公竟目爲巨憝,欲誅之以快人心,皆膽識過人,鋒棱如見。此稿與政書內《覆訊已革總兵侯啓綸

---

① 原注:時爲同治五年丙寅。
② 原注:時爲咸豐七八年間,因九年已乞養回閩。

摺》大意相同,似未發者。四篇所敷陳,在公生平僅爲鱗爪,而其匡時偉略已可概見。公善書,學蘭臺而別饒風趣。雖屬草稿,而嶙峋筆意宛見其爲人,洵徵文考獻之美材,不徒以鄉先生翰墨重,與李、蔡遺跡等量齊觀也。靜老其什襲藏之,備修史乘者採擇焉。

沈幼丹制軍遺詩

沈幼丹制軍葆楨,長政事才,辦船政、與日本交涉臺灣,皆卓著勳勞。晚年總制兩江,事尤繁劇,宜無暇及於文藝。身後家刻《夜識齋賸稿》,雖僅二十一篇,而古雅不詭於正。每一展讀,輒歎爲非當時鄉先輩之號稱能古文者所及。《通志·藝文志》謂其《與周副貢書》《饒莊勇遺像題後》,皆有關時事之作。竊意家乘數篇及《饒廷選行狀》,不獨敘述生動,尤饒史材,皆未收入,不解其故。其詩則世所罕覯。鄉里流傳,均在船政時遊戲之作,所謂折枝吟者,不足見公之才。吾曾於冷攤得公手稿一紙,共七絕四首,無首尾。後知李君靜餘先於此攤得公書七律八首、七絕三首,亦無原委,紙墨與前悉同。公書易認,此數紙同出一筆,而有塗改,斷爲公詩無疑。詳味詩旨,七律似渡臺時借閩中懷古以抒襟抱者,七絕三首則過烏江弔項王易辨,另七絕四首似是旅途話別之作。茲抄錄于下,而不敢妄加標題,以俟再考。

無諸開國舊山河,二百年來水不波。臺址釣龍橫夕照,海門踞虎臥旋渦。天涯生計帆檣集,世外人煙島嶼多。此是東南真福地,蒼穹特賜定風螺。

誰向泉山斫伏黿? 當年漢武奮天戈。樓船聲勢從天下,翁子功名捷徑多。間道於今通估舶,危礁終古立頹波。假狐蒙馬憐餘善,一嘯凌風起浩歌。

開門節度亦莪莪,虎視南州學尉佗。互市權輿召番舶,煮鹽榷稅富綱鹺。千尋斷鎖難銷鐵,一角殘碁已爛柯。徒使望洋發長嘆,悔因枸醬識牂牁。

墩臺碁布更星羅,湯廖旌旗此地過。鮫窟腥風方洗甲,猺牢亡命竟通倭。書生發略能籌海,上將威名稱伏波。大筆淋漓雄似虎,譚劉俞戚共崖摩。

昔聞擴郭奇男子,絕島孤臣更坎軻。滄海竟填精衛石,斜暉亦戀魯陽戈。鯨濤難洗家聲穢,蛋雨來輸血淚多。從七鯤身回首望,羅星塔下感蹉跎。

第一重關挽去波,層層鎖鑰峙巍峨。如斯天險難多得,怎使邊防喚奈何。除是飛來誰骯髒,老於事者總婷婀。杜陵別有滄桑感,愁聽漁樵幾處歌。

去年海上惡風多,水立如山帆似梭。轉舵一聲齊膽落,負舟萬怪競牙磨。拏空天怒波臣怒,瀕死人從鬼國過。耿耿燈光出雲際,虎門生入意云何?

我來風不動纖蘿,萬里無雲海鏡磨。數點煙痕知久米,半鈎月樣指諸羅。漁舠蟹蝶千帆靜,水色天光一碧拖。帝起傅巖作舟楫,長銷兵氣浴羲娥。

如聽喑嗚起急瀧,祠前夕照落煙篷。撩他懷古才人句,墨瀋縱橫玉女窗。休將魂魄戀烏江,重樹人間大將幢。盡殪封狼縶鷹足,信君九鼎力能扛。

疑增尚許乞骸骨,信布有知應悔降。坦直心腸向誰訴?野風吹月度蘭茳。白蓮千朵耀春官,萬丈光芒錦繡攢。莫道三條容易盡,請君一向斗牛看。

檢書與我共盤桓,一闋《離騷》淚不乾。山鬼窺窗人兀坐,滿天風雨夜漫漫。勸君莫剪西窗燭,容易光明容易殘。黯黯關河照飛夢,夢迴餘燄未闌珊。

殘尊傾盡淚空彈,旅館沈沈照影單。心燒不妨燒到底,自饒涼月上征鞍。

七律第五首詠鄭延平獨具卓識,與請建延平祠於臺灣同一用意。末首撫時感事,渴望澄清,與弔項王詩第二首感將帥之無人,皆情溢乎辭,知公於此興復不淺。公書學小歐而別饒風趣,筆意嶙峋,丰裁如見。雖斷簡殘篇,應以明珠大貝視之矣。

高蓋禪院宣和鐘拓本

李君靜餘得宣和四年高蓋禪院鐵鐘題識拓本於冷攤,凡十六行,百四十二字。字作隸楷,樸茂有六朝造像風味。首十行,後六行,各為一區。周圍界以雙線作方形,縱約三十公分,橫三十四公分。字形略長,約三公分見方。可辨認者百三十二字,十字已泐,其中"捨"、"延"、"念"等字尚不能確定。此鐘閩中金石書籍均未著錄,鄭君東廓以李蘭卿《榕園集》有《萬歲寺鐵鐘》詩,其注與此拓片大致相同,斷為此即蘭卿所手拓。靜老亦以為然,廣徵題詠,謬及曾樾。因得細讀,覺有可商搉者數事:

一、李詩題明謂"萬歲寺鐵鐘",與拓片所謂高蓋禪院者不符。若謂高蓋禪院毀後,鐘遷於萬歲寺,固屬可能,然蘭卿既拓得此片,知此鐘經過,不應不敘明。以歷劫猶存,其值尤貫,注文隻字不提,可疑一。

二、李詩題明謂"余去年秋訪拓之,今始手裝墨本"。訪拓不等於手拓。所謂手裝者,乃裝潢墨本,非手拓也。且此拓片若係蘭卿所藏,其題詩可能已遺失,而拓片中無李氏圖章,其前之空白處亦無李氏標題,可疑二。

三、李詩第二首注云:"林康國以薦亡,王四十四娘乞保二親平安。"與拓片所謂"林康國與室中王氏四十四娘祈保平安"者一不符,又與所謂"林儔先考林四十八郎,妣親趙三十一娘,仗此良因□嚴生界"者二不符,可疑三。

蘭卿未將萬歲寺鐘題識全文錄附,茲僅就詩注中與拓片不符者三點言之,似難遽謂此拓片即萬歲寺鐘之拓片,亦難斷爲李蘭卿所藏。其與李詩注雷同各點,或係萬歲寺鐘與高蓋禪院鐘均爲林康國夫婦施財同時鑄造,故識語大同小異。若僅據詩注謂即是一鐘,似證據尚不足。惟此鐘既不著錄於吾閩金石書,則此拓片尤可貴,因知吾鄉金石文字之湮沒者尚多。若靜老之勤於稽古,能從破爛堆中發見珍品而表章之敬恭之,誼可風矣。引《三山志》證李注之"觀風鄉"應作"移風鄉",又引《書·洪範》證"洪"亦作"鴻",均確鑿無疑。東廊博雅,舉李詩以資參證,亦素留心鄉邦文獻之驗也。承詢及芻蕘,因舉所疑以質諸大雅。乙巳季秋,黃曾樾。

林畏廬先生七十自壽詩墨迹跋

林畏廬先生以譯書名天下,對顢頑守舊之輩有發蒙振聵之功。生平好濟人急,兩爲亡友撫教遺孤成知名士。在清季友道澆漓之日,若先生者不啻朝陽鳴鳳矣。李君靜餘藏其《辛酉七十自壽詩》七律二十首,敘述身世,自註綦詳,讀之令人肅然起敬。先生晚歲自定《畏廬詩存》,不收此詩。而《七十一自壽詩》小序云:"余去年七十作《自壽詩》二十首,略述生平,近於搴簾自衒,屏去不錄。"具見謙德。朱義冑撰先生年譜,錄十五首,而字句有出入。此册可資參證。詩中沾沾以謁陵及蒙廢帝恩眷自喜,忘民族大義,有媿明季遺民,此則難爲賢者諱也。且以一孝廉未膺末命,而自託於遺老,爲有識所譏。其謁陵也,殆自比於顧亭林。然先生所尊,正亭林所仇,先哲有知,必遭齒冷。靜老喜綱羅地方文獻,此册以鄉先生遺墨而珍藏之可也,況其啓蒙之功終不可沒耶。後學黃曾樾敬識。

抄本雲間清嘯集 ①

抄本《雲間清嘯集》一卷，共二十頁，頁二十行，行二十字。首行標"雲間清嘯集"，第二行題"潯江陶振子昌"，第三行低三格書"七言古詩"。計七古二十五首，賦二首。第一頁有"鄭氏注韓居珍藏記"、"曾在李鹿山處"、"大通樓藏書印"、"龔少文收藏書畫印"四章。底面有"《雲間清嘯集》總一冊"八字。知此書叠經鄉前輩收藏，僅有一冊。

《列朝詩集小傳》："振字子昌，吳人，徙居華亭。少學於楊鐵崖，兼治《詩》《書》《春秋》三經。洪武末舉明經，授吳江縣學訓導。坐佃居官房，逮至京師。上《紫金山》等三賦，改安化教諭。歸，隱九峰間，授徒自給。一夕死於虎。王達善挽詩云：'昔爲江上釣鰲客，今作山中飼虎人。'釣鰲客，振自號也。"

《明詩綜》："振字子昌，吳江人，徙居華亭。洪武中舉明經，授吳江訓導，改安化教諭。有《釣鰲集》。"

《明詩紀事》："振字子昌，吳江人，徙居華亭。洪武二十三年舉明經，授吳江訓導，改安化教諭。有《釣鰲海客》《雲間清嘯》二集。"

觀此，知振所著有《釣鰲海客》《雲間清嘯》兩集。此冊乃《雲間清嘯集》中七古一體，惟未著明卷數，豈此集按體編纂、不分卷乎？抄寫甚工，字作虞體，玄字皆缺末筆，知爲清康乾間所抄。

《檇李詩繫》："振自號釣鰲生，學於楊廉夫，治《詩》《書》《春秋》三經，天才超拔，吐語豪俊。少有神童之名，洪武間薦授吳江訓導。嘗坐佃居官 ②，逮至京，進《紫金山》《金水河》二賦，得釋，改安化教諭。歸隱九峰，一夕死於虎。王達善挽詩云：'昔爲海上釣鰲客，今作山中飼虎人。'"

此係根據《列朝詩集》撰著，惟云"進《紫金山》《金水河》二賦"與抄本合，可糾《列朝詩集》"三"字之誤。關於振詩，《檇李詩繫》謂其"天

---

① 底稿有缺葉。
② 底稿以下缺，據福建師範大學圖書館藏鈔本《雲間清嘯集》前所過録之題跋補全。

才超拔,吐語豪俊"。《明詩紀事》引陸學士題跋云:"陶振一號癯叟,歸隱九峰中。所著詞賦歌行,雄拔豪壯,有追風追電、燕雲劍俠之氣。"而《靜志居詩話》云:"子昌詩多率爾成篇,故選家恒置不録。其《哀吳王濞》長歌云云,斯蓋指斥長陵而作,顧紀述建文遺事者,莫之采焉,因具録之。"平心論之,振七古學太白,有旁邁之氣,而用意沉痛,身世之感至深。殆因生值元明易代之際,初則憤異族之侵凌,繼則恨暴君之荼毒,痛禍福之無常,哀人生之飄緲,故發爲歌詩,貌似曠達,骨實悲傷。《哀吳王濞》之意,竹垞已言之矣,安得以率爾成篇目之?《明詩綜》録《送章彥往遊錢塘》一首,與《詩話》所引《哀吳王濞》,皆見抄本。惟字有不同,句有删減,足證兩者非同出一本。惜振集不傳,無法校勘,因此倍覺此抄本之可珍,不僅以書作虞體堪賞玩也。

辛丑嘉平,永安黃曾樾識。

蘿莊圖跋 [1]

（前闕）南來講學,見之,歎爲精美;聞其聚散源流,亦詫爲異,因力勸勿失之。吾遂稱貸以酬值。溯自嘉慶紀元,迄今歷百六十七年,幾經浩劫,幾易主人,散而復聚,以歸於寒畯。噫!豈人力也哉?圖爲常熟蔣因培伯生憶其父官汶上時所築莊而作也。伯生生於是莊,後官齊河知縣,以廉能稱一時,名流多與之游,有《烏目山房詩集》行世。罷官後,奉母柩歸常熟,莊亦易主,故倩名畫家黃小松、朱野雲、吳南薌、鄭柳田爲圖以誌不忘。孫淵如篆書《引》。首題詠者三十七人,經學如阮芸臺、孫淵如、吳尊彝,小學如丁若士、楊芸士,史學如劉金門、吳蘭修,詩如袁子才、趙味辛、張船山、孫子瀟、鮑雙五,駢文如吳穀人、彭甘亭,詞如郭傾伽、陶鳧薌、吳松巢,書法如馬秋藥、張船山、阮芸臺、吳奕千,金石如屠琴隖、李春麓,政績如方葆巖、錢撫堂,科名如石琢堂、孫淵如,理學如楊古生,皆一代學人,名垂史傳。嗚呼盛矣!故是册也,詩

---

[1] 底稿"南來講學"前缺文,失題。蔣因培《烏目山房詩存》（清道光二十四年海寧楊氏刻本）卷前附存《阮芸臺相國小滄浪筆談》言,有"蔣伯生（因培）……居所蘿莊,花木交陰,有古槐七十二樹,名其堂曰七十二槐堂,黃小松司馬爲作《蘿莊圖》"云云。該文係先生"縷記得圖顚末",故擬題如是。

文詞賦書畫，無體不備，無美不臻。吾與尊六淨几明窗，品題至再，恍惚與諸君子神接於虛無之表，揖讓於几席之間，渾忘溽暑蒸人、鄰機之聲聒耳而病魔之附吾體也。尊六治經有家法，博聞強記，熟於掌故，且魯人也，與此圖尤有緣，因語之曰：“良覿不常，後會未知何日，不可無文字記此次論文評畫之樂。”尊六首肯。遂縷記得圖顛末，作引玉之磚，知尊六必有感於斯文而欣然命筆也。癸卯閏四月上澣記。

題素心蘭室書冊

吾友賀畏齋，身處迷陽，而心遊藝苑；年垂大耄，而戰勝能肥。平生交遊，斯爲畏友。太炎、石遺、散原、香宋諸先生之經學、詩、古文辭，吾所北面；墨巢、梅叟、行嚴、尹默、越園諸先生之詩、文、書、畫，吾所心儀；小學、文學如童藻孫，詩文、書法如曾履川、潘伯鷹，辭章、篆刻如喬大壯，易如黃之六，詞如郭展懷，皆吾之友兼師者，悉一時之選也。而畏齋之詩、書、篆刻，均足與諸君子抗顏行，畏齋亦人傑矣哉！抑尤有難者，諸君子或佔畢窮年，或厠身黌序，其精於斯道也固宜。畏齋則溷跡闤府閱四十年，乃嗜學性成，暝搜默索，能自得師。詩宗義山，雅麗芊緜，而寄託深遠。書兼北碑南帖之妙，金石之氣盎然。晚工鐵筆，有漢人風味，奚蒙泉、黃牧甫不足多也。所謂好學深思，心知其意者，非耶？吾好博而無成，甚畏畏齋。顧畏齋於吾有偏愛，一詩一印之成，必欲得吾一言可否而後快。畏齋自信，不若信吾之深，竊甚媿之。吾覷睰視息，世緣幾絕，文字骨肉獨一畏齋。每促膝論文，相視而笑，人世之樂無逾此矣。而畏齋忽代人受過，蹤跡闊絕，每作咫尺天涯之感。今賢子嶧甫，省親入閩，秉命數來問故。嶧甫英年好學，能詩文，有父風。與之上下古今，宛聞畏齋謦欬。方喜吾道之不孤，乃遽以返粵來告別，吾不禁黯然。嶧甫以尊甫所書集遺山詩句裝潢成冊，屬題。吾久不作韻語，因書此以送其行。畏齋函養深，嗜學篤，不獨吾所畏。其律己嚴，治學精，皆足爲後生模楷，寧僅以書法精美爲賀氏子孫永寶哉？犯暑戒途，勉矣嶧甫。天涯比鄰之語，古人不吾欺也。《易》曰：“無平不陂，無往不復。”願三復之，非獨把臂有期，重與吾畏齋淪茗衡文之日，知不遠矣。

王寒川字課

　　昔在昆明,同由定庵先生遊西山,見佛寺壁懸寒川書,作龍蛇舞,吾驚歎不已,惜不識其人。定庵曰:"此君鄉人也。"吾心儀之。己丑回榕,始與君相遇,知其同隸石遺先生門下,工詩,研小學。恨相見晚,顧各爲講學所牽,無遑談藝論文。今寒川視以夫人所集《字課》一册囑題跋,披閱數四,恍如西山佛寺初見君書時。回首前塵,忽忽二十星霜矣。書此歸之,惜不能起定庵於地下共欣賞也。丁酉立秋前三日。

讀老子

　　老子曰,爲治者"非以明民,將以愚之"。於是秦漢以降,一愚之以焚書坑儒,再愚之以詩賦策論,三愚之以八比試帖,而中國之士荒吏僒,器窳兵疲,將不知書,民不知學;馴至清末,外侮日深,捍禦無術,宰割由人,而不可收拾。嗟乎! 倡愚民之説者,罪通於天矣。《記》曰:"大學之道,在明明德,在新民。"夫惟明德新民,然後可以治國平天下。世有民愚之國,可與列强競立於天地間者乎? 此孔子之教所以高出老子而與日月同光者也。

慈竹居文續

目　録

慈竹居文續

贅言 論文

中外文學，各有短長。辨短長，慎趨避，學人之始事也。挹彼注此，酌虛劑盈，學人之終事也。士之不欲故步自封者，必有取於芻蕘之言。我有五長，亦有五短。五長曰：字義精微，形式齊整，對偶工緻，音韻和諧，體類豐富。五短曰：厭世，遠實，輕質，無識，自賊。何謂五長？先聖造字，有六義略通六書者，無不能即形以通義、即義以證形。形義既立，益以聲音，形聲義兼，文字斯成。如言林則若叢木之植於目，言河則若水聲之接於耳。識一字義，必兼識其形聲。西字僅有義，而形聲與之無涉，故其所表之事物遠遜我之形美而義賅。蓋賦風則風旁之字繽紛，賦海則水旁之字洋溢，幾若納宇宙萬彙於篇幅也者，洵天下之至美也。此其一。由散漫而整齊，自參差而畫一，實學術之進步，匪僅藝術之觀美。吾國文字，大小同，偏旁同，書寫印刷既極便利而美麗；而每字單音，誦音記意，尤易領悟而程工。西文則字形既長短參差，字音復變化錯雜，與我相較，優劣昭然。此其二。且對仗精嚴，可觸類而旁通。舉例者事必二，辨論者證必雙。無單文孤證之弊，有理足詞長之美。況駢文、律詩之對偶，能於意對、事對外，加以字形之對。水旁對火旁，雨頭對草頭，適心愜耳，且能悅目。此種形容之美，允爲異國所無。此其三。音樂與詩，在我難別。字音有平上去入之分，又有陰陽尖團之異，益以雙聲叠韻，倍顯和諧，故其成文，音調獨絕。吾人誦詩，有同歌唱。唐人《陽關曲》《清平調》，無不入樂。賭唱旗亭，尤爲韻事，不僅詞曲之可歌也。西文亦講音節，字之尾音區以陰陽，然盡於此矣，非若我國之詩即樂也。此其四。我國無韻文則論、議、叙、記、傳、誌、書、表，有韻文則詩、騷、賦、頌、箴、銘、詞、曲，隨作者性情所近，靈機所感，抒其才思，寓於篇章，左右逢源，無意不達。西文乙丙部之書，差堪與我頡頏；丁部則遠不我若矣。我之贊、頌、箴、銘，同爲四言韻語，而各有其用，疆界分明。西文詩曲且無畛域，遑論其他。或少我無長詩，此讆言也。騷者，詩之變也；賦者，古詩之流也，非長詩而何？此其五。吾國文字優長，略如上舉。惟有五短，不可不知。五短者：厭世，一也。自古文人若非厭世，則求獨善，雖不盡爾，大較然也。陶淵明、李太白且不能免，他勿論矣。故涉及戎行，則極言邊塞祁寒、行役勞苦，絕少倡從軍樂、壯征夫氣者；涉及人世，不曰人生朝露，則曰惟飲留名。尚山林、輕軒冕，然則誰與治民？貴韋布、賤紈綺，然則誰與製藝？積習相沿，膏盲成疾，民氣萎薾，技藝不進所由然也。歐人尚武，情見乎辭，令人讀之起頑立懦，吾人於此有慚色矣。遠實，二也。吾國文字，高者原道論性，卑者抹月批風，此思想之空泛也。敘一人、記一事，非祇得其輪廓，則僅窺其一斑，陳陳相因，千古不變。故本紀爲帝王之憲書，傳誌爲達官之履歷，此體裁之空泛也。記英主必曰日角龍顏，述美女必曰蛾眉蝤首，四千年來如許傑士名媛，長短肥瘦有定量乎？言目光炯炯必曰如炬，言聲音洪亮必曰如鐘，豈天下炬火有定光、鐘聲有定響乎？此辭藻之空泛也。若夫形容迫肖，千載如生，記載精確，累黍不訛，不得不讓西文矣。輕質，三也。漢以前之著作，文質彬彬。漢以後之著作，文勝質矣。馴至宋明之語錄，則文質俱亡。以乙部言，廿四史中惟《馬》《班》包羅萬象，而《馬》尤詳於政事，《班》尤詳於典制，又各有獨長。此外諸史，直一姓之家譜，欲於此中求見於功令之典章尚不可得，況欲於此見民生疾苦乎？作史者意在以文傳史，非因史存文也。一言以蔽之，凡操觚家無不剪裁事實以就文，未有遷就其文以存事者，此重文輕質之弊也。西文不然。即吾人目爲稗官之説部，雕蟲小技之詩歌，亦必言之有序而有物，未有徒託空言者。無識，四也。自東漢以降，集部盛行，文人耗精力於短篇之文，無復有成巨帙之志。司馬溫公之《資治通鑑》、袁機仲之《通鑑紀事本末》、杜君卿之《通典》、鄭漁仲之《通志》、馬貴與之《通考》外，無聞焉。號爲一代文宗，亦以能諛墓頌壽爲文章之極詣。曾不知，豪傑之士應刻畫三才，鎔鑄百氏，上下古今，自成一子，斷斷乎不以曳尾污泥、坐井觀天爲得意也。夫學人銷磨一生精力所學者，專爲達官富賈哀死賀生之用，泰西文士絕不屑爲。其所取材，廣包宇宙之外，內取民物之中，抉惡揚善，闡幽發微，所以補偏救敝、扶世牖民之意，長言短語無不自抒偉抱，成一家言，安肯藉貴人之銜以自重，附驥尾以爲榮乎？自賊，五也。上言，千餘年來學人無識，已絶可哀，然尚有甚者。揚子雲不云乎"言，心聲也。書，心畫也"？諒哉！思想所及，書以表之，此文字之用也。天下有不可入文之字乎？自桐城派嚴立規程，謂文中不可用漢賦及尺牘語，然則漢賦與尺牘非文乎？甚至謂文章不可說理，然則文章可說者何物乎？自時厥後，文之用字有限矣。自論詞者倡言側艷，必烟視媚行方爲正則，蘇辛豪放，目爲別裁，於是乎詞之用字有限矣。嗟乎！世安有一種文字專供學究、婦人口吻之用者乎？曾文正曠代文豪，亦謂"以左馬文章，發程朱性理"爲不可能之事而深羨之，賢者於是失言矣。若謂嚴立戒律所以區雅俗，是則存乎其人。俗語俗字，名家用之，祇覺其雅；俗子所用，何非雅辭？無救其文之俗也。夫翻譯名詞，世所目爲新創，鄙俗者而出諸鳩摩羅什、嚴又陵手，何其雅馴；他人爲之，立成俗調，抑又何耶？歐美學人無此禁例，復以語文合一，故以手寫口，無不迫真。此中消息，可深長思矣。時至今日，尚執迷不悟，無以名之，名之曰"自賊"。嗟乎！魏文有言："文章經國之大業，不朽之盛事。"吾國數千年來，以文教，以文治，以迄今日，格致既不若人，而襁褓子猶首詡曰："彼器也，我道也。文以載道，足制器也。"夫抱殘守缺，以浮泛無質之空文，出無識自賊者之手，寫其厭世獨善之思，欲以經綸危急存亡之國。哀哉！聖人復起，無能爲矣。吾爲此懼，故抒其危言，世之君子幸觀覽焉。

埃及鈎沉序

《埃及鈎沉》五篇，附《耶路撒冷紀遊》一篇，都三萬幾千言，五年前於役開羅所草，今付手民。研究埃及爲專科之學，畢世鑽討，或難窺其際涯，蓋其政事、文學、藝術、古蹟，遠溯五千年，而載籍缺殘，無從考證。雖經近代鴻儒剔抉爬羅，真蘊漸露，顧無徵不信，未敢隨世抑揚。故覽其遺墟雖已略遍，而徵其文獻則苦未多，遲未操觚，寔緣於此。今則所收圖籍悉付劫灰，人事變遷迅於石火，抱殘守缺，四顧旁皇。念我人士，對彼學術多未究心，而參考鈎稽亦苦無書可讀，敢爲媒介，藉作瀛談；罅漏補苴，願有俟於來日。金字塔爲世界七奇之一,亦埃及所獨有也,述金字塔第一。塔,王陵也,惟其後王往往鑿山爲壙、建廟,埃及古時要政也,時亦因廟爲陵,述陵廟第二。塔陵明器,均無上之史材,亦至珍之藝品,其未流散於列國者,則薈萃於開羅,述博物院第三。古埃及之藝術,允足籠蓋當世,今埃及之治術,尤足箴砭吾人,述社會第四。作者之觀政是邦也,博採勤蒐,欲成巨帙,歲月蹉跎,有志未逮,姑以所得,別類相從,其無可傅麗者,則以雜篇殿焉,述雜俎第五。耶路撒冷與埃及毗連,政教風俗可資參證,因附於後。嗟夫! 世界文明之古,無逾尼羅與黃河流域,而受異族侵凌之酷,亦莫或先焉。然今日者,一則剝復相乘,一則火水未濟,何也? 夫埃及幅員不若東三省之廣也,埃及人民不及遼、吉、黑之半也,埃及先哲不敢望我黃帝、堯、舜、禹、湯、文、武、周公、孔子之一也,而其志義之士,尺土不階,數年之間,能驅除強暴而光復故物也,疇謂我物力之豐,人民之衆,沐化之深且久,倍蓰十百於彼,而憂困頓者!《泰》之九三曰:“無平不陂,無往不復。”易之理,天之道也。《否》之九五曰:“其亡其亡,繫於苞桑。”《乾·象》謂:“天行健,君子以自強不息。”夫子曰“爲政在人”而已,吾何憂何懼! 歲在己卯孟夏初弦,永安黃曾樾識於重慶。

抑快軒文集序 ①

　　光澤高雨農澍然先生所著《抑快軒文集》,七十三卷,《清史·文苑傳》《通志·藝文志》《光澤縣志》、謝章鋌《賭棋山莊集·書所鈔高雨農抑快軒文集》。或云七十四卷,《福建通志·文苑傳》。謝章鋌《課餘偶錄》謂:“原編七十三卷,先生子孝敆所補錄遺文五篇爲一卷,合七十四卷。”或云七十卷,謝章鋌《賭棋山莊集·抑快軒遺文稿跋》引何道甫說。家藏稿,未刊。先輩雖有傳抄選輯,亦迄未付梓。曾樾從陳石遺師學詩文,師輒令細讀先生所著《韓文故》《李習之文讀》,又盛稱先生所作古文。曾樾飫承諸論,深以未得見《抑快軒集》爲憾。間從他書得讀一二,嘗鼎一臠,未爲知味也。三十二年夏,歸里將母,謁何梅叟先生於福州,得所手抄高先生文一百一十五篇。知非全稿,恐久而并此亦亡,乃謀付刊。嗣承諸友好抄寄五十六篇,

---

　　① 　該篇底稿有目無文。今據清高澍然撰,黃曾樾輯,民國三十三年鉛印本《抑快軒文集》收錄。《抑快軒文集》前原無標題。

沈君祖牟抄寄五十五篇,陳君德銘自原碑搨本抄寄《陳尚書神道碑》一篇。復從他書輯得五篇,《韓文故》一篇,《李習之先生文讀》一篇,《屺雲樓文鈔》二篇,《陳左海文集》一篇。都爲篇一百七十六。諸本複見者十有二篇;其《何淑蘋傳》氣格特靡,疑非先生作;《抑快軒賦》《感遇賦》訛奪不可校,均未刊。刊凡一百六十一篇,如右目。諸本文字間有不同,則擇是而從。惟《陳尚書神道碑》搨本與抄本岐尤甚,意上石時復經點定,故辭較明淨,今從搨本。先生原稿始乙終丁,勒爲三集。兹以輯録之本,原編次第不可悉見,乃仿姚氏《古文辭類篡》例,依類相從。始事於三十二年夏,蕆事於三十三年秋。時曾樾襄閩省驛政,挈表弟劉存衍司筆札,校刊之事與存衍共之。先生手稿既未得見,諸本多訛脫,讎校殊難,每以一字商勘累日,而官書與文事雜治尤不便,每遇警報,則挾冊而趨,然終不敢廢置,或於山洞中對坐冥搜,蓋艱困如此。念世變日亟,文物保持尤不易,益堅其校印流布之心。今幸得粗就,罅漏補苴,尚有俟於異日。中華民國三十三年九月,永安黃曾樾。

訶勒盎貞女傳①

　　訶勒盎貞女者,達克其姓,珍尼其名,法國北方農女也。一四一二年正月六日生於東萊密。父夏克,鄉長者。母伊薩嬪,舊教徒。女助父牧畜,襄母治家,雖未就學,而幼承母教,慈悲爲懷。時英王爭承法統,與法交兵數十年,法地被佔者逾半。一四二四年夏,女十三齡,自言常聞神訓,趣其赴救太子。蓋法王查禮第六、英亨利第五相繼崩殂,亨利子生纔數月,英人立爲英法兩國王於巴黎,號稱亨利第六。其叔貝福攝法國政,廢法太子。太子即位於布爾治,僅有勞爾河岸數城,時人譏爲布爾治王者也。女痛淪亡,無日誓復國仇,結轖於心者四年。迨一四二八年,年十六,不可復遏,遂往鄰村,謁駐防軍

①　《永思堂文續》亦收録該文,原題《訶勒安女子傳》,改題《訶勒安貞女傳》(壬申),正文多經墨筆改乙。《慈竹居文續》所收録稿,正文亦多經朱筆改乙。細審諸稿,《永思堂文續》所收原爲初稿,墨筆改乙稿爲二稿;《慈竹居文續》未改稿係據《永思堂文續》二稿膳抄,改乙稿則爲第三稿。今據《慈竹居文續》改乙稿收録,《永思堂文續》則不再重收。又,原稿書前目録作《訶勒安貞女傳》,正文改題"訶勒盎貞女(一四一二——一四三一)"。整理時爲求前後一致,題《訶勒盎貞女傳》。

官保忒古,自陳欲赴國難。兩謁均被拒。女志已決,曰:"胝踵不顧也。"於是保忒古感動,爲奏於儲君,且贈以劍,使弁六人偕行。鄉人壯其志,醵金爲市馬治裝。其父尼之,曰:"寧溺死吾女,不願其伍戎行也。"然女終於一四二九年二月念三日啓行。繞道避敵,歷百城鎮,險阻備嘗。三月六日,達希隆行在所。希隆人咸以甖鄙之。廷臣爲引覲儲君以否,聚議二日不能決。太子嘉其意,見之。適日暮,乃盛陳陛衛,銀炬高懸,太子與諸侯雜坐以待。女至,直趨禮太子,奏曰:"天以臣授殿下,俾驅敵出境後,迎鑾如冕於韓斯城,庶得永享國祚,拯拯黎元。"太子感之,引與密談。群臣不悦,女舌戰勝之。猶未足,復經保雅諦耶神學博士驗係正教,乃畀以小隊,使援訶勒盎。時訶勒盎危甚,法大城未下者此耳,抵禦半載,人財兩竭,且夕破矣。女竟於四月念九日率長槍手二百人渡勞爾河突圍而入,居民喜如天降,士氣大振。英人之圍城也,築十三堡於要隘。爲持久計,女率城中軍民次第克之。五月八日,諸堡悉下,敵大敗退,訶勒盎之圍遂解。當是時,珍尼達克名震遐邇,法人聞風興起者紛投麾下,垂亡之國始有生機。女欲乘勝護車駕至韓斯,諸臣不允,乃率師而北。六月十二至十九七日間,下夏而果,踏夢格橋,拔保用西。十九日,與英名將大爾保鏖戰,大捷,英軍幾無生還者。遂克巴岱,於是統軍護太子進韓斯,時七月十六日也。翌晨,行加冕禮。加冕禮者,歐洲神權時代,新君即位,必擇期由教皇加王冕於首,國人始奉爲主。蓋至是而查禮第六之太子,始爲法國真王,稱查禮第七者是也。女謂敵新敗氣餒,宜乘勝收復巴黎,權臣扼之。十月八日,始出師圍京城。女受傷,衆强之退。明日復臨陣,衆嫉其功,阻益力,女遂朝行在所於勞爾河上。王策勳賜爵其家,優渥備至,然投閑置散,不令從軍。一四三〇年春,法王室之媚英曰布而果尼,圍剛畢愛尼垂下,女潛往援。敵聞女來,大懼,賄其執事,伺夜出,以物礙其馬足,女墜馬,被執。十一月念一日,盧森堡伯爵受英賂金佛郎一萬,送女至英營。十二月十八日解至路盎。英人以女自稱奉天行討,必欲坐以左道之罪,以闢法人天助之説,彰法王信甖之恥,遂重賂褒魏城主教彼得高香者,使鞫之。日足鐐,夜鍊繫,鍛鍊百端,卒無佐證。高香問曰:"汝安乎?"意女若唯之,則罪以魔鬼之傲;若否之,則罪以神遺之誑。女從容曰:"如未安,神必使之;如已安,神必祉之。"主教之苛細,與女之機智,皆此類。閱時四月,不能定讞。一四三一年五月念三日，高香故使女過刑場，焚具悉備，劊子手佯作引女往焚狀，高香忽出狀示女曰："服則生，否則死矣。"女經縲紲一年，拷問四月，驟睹焚死之酷，不禁慘沮。高香復迫促之，女毅然曰："遵教律。"高香易狀，俾署焉，則自承"信妖術，奉象教，爲神瀆諸罪也"，遂科以終身禁錮。英人大怒，必欲死之。以女自從軍作男裝，被囚時曾易服也，乃命守卒伺女睡，竊其衣而易以男服，女不得已，仍衣男衣，高尚易竟以"叛教信魔，女衣男服"罪處焚死。一四三一年五月三十日九時，英人焚珍尼達克於路盎，而投其燼於塞納河，年十九歲。女長身玉立，美姿容，褶髮柔聲，而勇敢異常。每戰，左手執旗，右手握劍，輒身先士卒，深入敵陣，矢從肩過不稍動，法軍紀綱爲之變。其用兵如神，殆由天授。一四五六年，法王查禮第七復國，念女勳烈，復其官爵。一九二十年，教皇尊爲女聖，法國以其生辰爲國節。其正義之氣，英國文豪莎士比亞亦加讚揚[1]。女被逮時，曾自稱訶勒盎貞女，故訶勒盎貞女之名尤著云。

論曰："哀莫大於心死"，痛哉莊子之言也。當百年戰爭之末期，英兵所至，法軍披靡，幾盡有法國之地，未聞有勤王起義者，蓋人心已死矣。珍尼達克，一農民女，奮臂一呼，聞者風起，遂克名城，摧勍敵，蹈萬死而不辭，豈真迫於神命乎？義憤填膺，不能自已，故氣機所感，鼓盪群倫，奮同仇敵同愾之心，卒拯國家於危亡，偉矣哉！法民之潛力也，百世下聞其風者，足以油然生制敵之信心矣。

此文爲寇侵華北時應報館之約，寫以鼓勵人心者，故祇舉其概。詳見拙著《珍尼達克小史》。自記。

羅蘭夫人傳壬申[2]

羅蘭夫人者，名曼儂珍尼，一七五四年三月十七日生於巴黎，法國大革命時基隆丹黨巨子也。當十八世紀末，法王路易十六荒淫無度，宵小弄權，教會天潢，魚肉黎庶，民不聊生，遂起革命。一七八九年，改專制爲君主立憲，由人

---

[1]　原注：莎士比亞劇本《亨利第四》第三幕。

[2]　按，原稿有目無文，謹依《永思堂文續》錄文，《永思堂文續》則不再收錄。

民舉代表,制憲法,限君權,王不得已諾之,而陰圖復辟甚力。革命黨人大噪。時夫人居里昂,與巴黎黨人通聲氣。一七九一年,遷京城,居格奈高街,注籍夏高濱黨。夏高濱黨者,革命黨人常聚議於夏高濱舊尼菴,因以爲號也。夫人奔走革命,戮力傾王,凡一七九二年六月念日之迫宮,八月十日之遜位,咸與有勞焉。顧黨人對於建共和政體、倡平等自由,宗旨雖同,而或偏於激烈,謂王鉤結外力,壓黨負國,罪不容誅,必殺之而後已,時奧軍壓境,堅主以兵戈與之相見;或偏於和平,謂王已去位,無庸深究,對奧人來犯,主與行成,意見紛岐,互相水火。前者以議會席居場左高處,因號山岳黨。後者退出夏高濱黨,另行組織,以多係基隆德州人,遂號基隆丹黨。夫人實主持之。夫人才色冠時,善鼓琴,擅辭令,咸樂與遊。法國百餘年來,名士多文酒之會,至是風流頓盡。基隆丹黨多名流,每星期四次聚會夫人所,故世以魯靈光殿目之。夫人慧質天挺,四歲即嗜讀,七歲閱報能背誦,八歲挾《羅馬英雄傳》入教堂,十一歲學於聖馬塞尼菴,得女友曰卡奈。年十七,知好萬松保羅、葆樹愛、笛卡兒、畢風諸名人著作。十九歲讀史,慨然於世風之日下,自謂於人情政務均有深識。好學不厭,凡音樂、圖畫、文學、倫理、史地、經濟、數學、自然科學、物理、天文之學,無不習。尤酷愛盧梭所著書,欲見其人,因詣盧氏居,求識面。盧梭夫人嚴却之。有女伴贈以《盧梭全集》,則狂喜,澈夜重讀,翌晨淚濕枕函。年二十,失舊教之信仰,闢神秘之詖辭,宗尊疑派,入共和黨。慕自由平等之説,以爲人群福利,端在於茲。時夫人已目營八表,匪僅法國攖其心矣。二十一歲喪母,父珍玩品彫刻匠也,絀於治生,遂大窘。羅蘭那巴拉西埃者,時爲卑加地工商品監督,長夫人二十歲,遇夫人於卡勒家,一見悦服,然相周旋者四年,一七八〇年二月四日始結褵,同居亞密庵。次年舉女,名歐多那。夫人遵盧梭遺教,家雖小康,而勤於家政,凡浣濯、收獲、課兒諸事,悉躬任之,見者不知其悲天憫人之意鬱結於衷也。迨革命起,遂奮勇致身焉。一七九二年三月,基隆丹黨柄政,羅蘭長內政部,以忤王意被放。其年八月,共和肇造,復內長職,胥夫人力也。時黨爭愈烈,入主出奴,互相段軋。山岳黨謂夫人鉤通英政府,雖質諸議會無佐證,而基隆丹黨終敗。山岳黨遂當國,政尚酷猛,異已者殺無赦,史所謂恐怖時期也。路易十六既戮,黨禍益不可收拾矣。一七九三年六月二日,夫人被逮,囚於亞別依。二十四日釋而復逮,囚於聖比那希。夫人上書自理，文辯而麗。十一月八日廷審，九日竟以贊成各省獨立罪處死，年三十九歲。赴刑時，夫人披髮，衣白衫，神色自若，觀者填巷，嘆爲天人。經自由神像下，呼曰："自由乎，爲若名而犯罪者，不知幾人矣！"遂從容上斷頭臺。夫人在獄五月，撰《日記》二卷，述其生平及基隆丹黨與羅蘭兩長内政部事；《防禦計畫》一卷；爲其女撰《最後思想》一卷。殁後，友人刻其《書牘》二卷、《與卡勒女士書》二卷。夫人倔強性成，文筆雄肆，未嘗作悲戚語。稱其爲人、其遺書，匪僅資史料。叙事生動，饒於天趣，爲革合時所僅有，實藝林瓊寶也。《日記》真迹，現存巴黎國立圖書舘云。

黃曾樾曰：法蘭西才女多矣，而捨身爲國、彪炳瀛寰者，達克女士、羅蘭夫人耳。夫人志行堅忍，類斯多葛之徒；而嗜樂有文，則又似宗伊壁鳩魯之教者，真異人也。觀其在獄時以《羅馬英雄傳》自隨，而遺書友人尚求樂器，可想見其風矣。達克轉危爲安，功存法國，奉爲聖女固宜；夫人扶弱抑強，澤被人類，不尤可欽哉？不尤可欽哉！

　　按，夫人被逮，羅蘭匿於鄉，聞夫人死，遂自裁，相距僅十五日。

高保樂先生傳 [1]

高保樂先生名愛德蒙，一八五八年生於法國之安奢。一八七九年，進巴黎高等師範學校，與杜爾瓊、華奈、米蘭同學，深爲大師約列氏及柏格森所器許。畢業後，授哲學於安奢及杜魯斯中學。一八九八年，得博士學位，任岡城大學教授。旋講授於里昂大學，歷二十餘年。間應西班牙巴塞倫大學聘講學者一年。一九三〇年退休，往遊雅典、巴比倫、開羅諸學術策源地。旋得瘋痺疾，就其女子養於斯塔斯堡。雖不良於行，猶晨夕展卷。先生身裁僅及中人，左足微跛，目光照人，鬚髯拂拂，進止有儀容，吐屬閒逸，而音韻悠揚，樂育之意晬於面。一九三五年八月二十五日，卒於拉巴羅墟，年七十有七歲。

先生博極群書，而尤以邏輯學名。其名著《科學造類論》，將所有科學

---

　　① 　書前目録、正文原均作《高保樂先生傳》，後正文改題《高保樂先生（一八五八—一九三五）》，今依前後文例，用舊題。

另立一表，頗與孔德異趨。以爲一事物可作各種研究，純科學如物理學外，有實用科學如化學、紀述科學如天文學、地理學、歷史科學如宇宙原始論、地質學等之區分。孔德目天文、化學爲根本科學，先生則列爲實用科學，此其大別也。惟此歧異，獨純科學有之，在唯理科學如數學則否。蓋經驗科學與唯理科學之畛域，如涇渭之分明。此種分野，顯與科學之一貫大有出入。然此二元論，在邏輯學亦復如是。以常認三段論法爲數學演繹法，實則尚有培根、密勒、貝爾拿諸子之實驗定理邏輯也。自《科學造類論》行世，此二元論不待擊而自破矣。今則咸目演繹與唯理之數學，初屬經驗與歸納，迨實驗科學逐漸進步，而演繹亦日益發展，且三段論法爲從普通至特別，或簡單之理論，至少有普遍性及肯定者之結論爲然。故三段論法不能釋數學之演繹，此如歸納法均具建造性及普遍性之方法也。是以歸納法與演繹法，經驗科學與唯理科學，非終對峙矣。

先生嘗言，當提出論文時，其師布陀羅詰之曰："子證明三段論法不足推定數學原理，固也。然則子之數學原理定理何在？"則應曰："否。吾僅證明演繹法邏輯尚待闡發而已，尚未發明也。"嗣後此問題常往來於胸，迨一九一〇年至一九一一年間，始豁然悟，乃作《邏輯學》。一九一四年書成，四年後始行世。法蘭西學院畀以獎金，聘爲通訊員。

先生之言曰："演繹者，建造也。證一定理，乃從假設起，迭用有規則之演繹，建造其結論是也。"世以與黎迦諾之精神實驗論相擬，誠相近矣。然黎氏尚以經驗心理學家立論，先生則以邏輯家立說，而予唯理派以聲援。夫當從實驗探取心理與歷史理論之淵源，固確然無疑，然理論遠超於實驗。蓋推論與實驗不同，無須實施聯續之演式，以有普遍性之法則原理及固有之定理定律，固左右逢源也。依此諸法則成立之每一演式，其可能性與結果，無待研求矣。笛卡兒嘗言："吾所發現之每一真理，皆爲用以發現其他真理之法則。"將上述諸法悉施於現實事例，必用三段論法。由此可知，三段論法在數學辨證中之重要及其限制矣。因無演繹法，則無聯續之三段論法；然作三段論法定理，又非作演繹法定理。旨哉數學家杜亞綿之言！曰："演繹法非三段論法，乃指導三段論法之技術也。"

此數學理論之新定義，遂變更邏輯學之面目。一則關於理論原素之判斷與概念，一則關於理論方式之演繹歸納諸法，相互關繫是也。

數學家如謂每一證明爲建立假設與結論間之必要聯繫,邏輯家則云介於前提與斷案間,僅證明假設之命題及三段論法之定理。向視爲附録者,今視爲邏輯學主文矣。從此定理生一概念之新定理,此種概念,視同判斷之簡單可能性。由是觀之,歸納法與演繹法,無根本之區別。演繹法爲每一演式皆有定則之建造,歸納法則至少有一抽象演式之建造,即任何已得之眞理,均不成定則是也。故歸納法祇達到一簡單之假設,尚待實驗之印證。殆因黯於各種原理,始用歸納法,迨原理大明,遂由經驗方法進爲科學史所述之理論方法。故方法雖異,而科學之一貫基礎不變,人類思想之要義也。

　　任何合理問題,均可解決,至少亦可用科學及有理文辭陳述之。故先生認終極性觀念爲生物學基礎之一,遂欲將此確切實證之概念闡揚之。謂吾人習以爲常之終極性,乃有意之終極性,用以確定有意志之行爲。若生理學者對於終極性生疑,則因不承認一種思想有終極性,否則將爲超自然永恒無稽之假設,太方便矣。然可認一無意識之終極性,祇須觀察一種事實,然後用適宜方法建立此事實而解釋之。達爾文學説雖有可議,可視爲無睿智終極性實證解釋之一例。不論有意無意,終極性爲一新規定,確定生理規定,而絶不與之矛盾。故先生之《邏輯學》,歸結於一種理智之信仰。此種唯理論,匪特與經驗論相反,實與神秘論不兩立。蓋堅信縱任情志確定吾之意見,爲方法之偏誤,厥惟睿智之正確爲足憑也。

　　先生雖以邏輯享大名乎,然學識淵博,名著蔡多。當其任《哲學雜誌》編輯也,著《妄想論》,於心理學多所發明,刊於《藩籬與水準雜誌》。復撰社會學論文,箴砭法國縉紳不遺餘力。一九二七年,《比京普魯塞爾大學校刊》中有先生著之《眞實篇》,闡發知識及玄學入微。一九〇四年出版之《公理與自由》,乃實用倫理學之名著。一九二七年問世之《價值估定》一書,則倫理邏輯之淵藪也。其《哲學辭彙》,尤風行世界。

　　先生痛斥哲學家不顧實際問題之謬誤,故久爲《教師日報》之贊助人,每喜自稱爲共和黨人,在大衆前,尤喜發揮法理、正義、忠恕、自由諸要義。畢生精力,悉用以搜討初攻哲學時之滯義,世俗榮譽,漠然視之。在當世學林中,實名不稱其學。而其著作,則見解精深,方法正確,分析嚴謹而新穎,文辭明潔而動人,讀者無不心悦誠服,各國大學多採用其書。

先生有子曰方濟各，能讀父書，授哲學於馬剛；女曰日爾曼尼，精通德文，爲斯塔斯堡大學教授，性純孝，迎養母於家。先生伉儷綦篤，捐館時，夫人尚在堂。

論曰：陳石遺、高保樂二先生，爲中西學術泰斗，曾樾均得執贄門墻，生平幸事也。今二先生墓木已拱，而傳狀未成，曾樾責無旁貸。蹉跎洎今，負咎滋重。陳先生書風行海內，海外亦知重之。高先生學盛行於泰西，而國人知之者少，因攄憶所聞於函丈者著於篇。媿無嚴侯官之筆，不能表章微言之萬一云。

瘻瓢山人別傳 ①

黃慎，字恭懋，號瘻瓢山人，寧化人。生清雍乾間。以畫名，山水、人物、翎毛、花卉無不工，尤喜作人物，栩栩欲生。僑居揚州，與鄭變板橋、金農冬心、羅聘兩峰、李鱓復堂、高翔西塘、汪士慎巢林、李方膺晴江齊名，世號揚州八怪。然山人雖以畫著聞，而工詩，擅書法，尤篤內行，風趣盎然，世罕知者。因仿史館集傳體，蒐輯遺聞軼事，次爲別傳。山城無書，罣漏孔多，一憾事也。

按《通志·藝術傳》云："又字菊莊。"

一、詩人

"瘻瓢山人少孤，工畫，以養母。張欽容望謂之曰：'子不能詩，一畫工耳。能詩則畫亦不俗。'始學詩。夜就神燈讀 ②，至三鼓乃已。於是詩中有畫，畫中亦有詩，遂以名天下。"寧化雷鋐翠庭《聞見偶録》。

按，此爲山人學詩之經過。《聞見偶録序》署"雍正壬子立春後一日"，則此係山人弱冠時事也。

"取《毛詩》《三禮》《史》《漢》、晉宋間文、杜韓五七言及中晚李唐詩，

---

① 按，該文曾刊於《公餘生活》1944 年第 2 卷第 3 期第 1—6 頁（以下簡稱"已刊稿"），然偶有文字脱訛或排版錯亂等問題。黃曾樾先生曾於已刊稿上改乙之，稿藏黃家（以下簡稱"删改稿"），亦曾拍攝書影並刻録光盤。今仍以《慈竹居文續》爲底本，參校已刊稿及删改稿。

② "夜就神燈讀"，已刊稿作"夜就神燈讀詩"。

熟讀精思，膏以繼晷。……嘗自矜其字與詩。"合肥許齊卓《瘦瓢山人小傳》。

"际余詩，間遠蕭疏如其畫。山人既工書，又工詩，勤讀書，書卷之氣溢於行墨，故非世俗人。"金壇王步青《己山文集・蛟湖詩鈔序》，時雍正十二年甲寅莫春之初序於邗上。

"山人耽吟咏。余獨愛誦其詩，如巉巖絶巘，烟凝靄積，總非凡境。……或謂山人畫與字可數百年物，詩且傳之不朽。"雷鋐《蛟湖詩鈔序》。

"山人稍稍出其詩示余，五律尤清脆可喜。"廣陵馬榮祖力本《蛟湖詩鈔序》。

"急索全集觀之，清遠流麗，近古體皆有師承。爲删選，尤勝存其半，皆可傳者矣。……山人詩集，矜許不輕示人，有周樸爭河流向東之癖。以所作較之儲玉齋，亦無愧顔。惟生當盛時，得遂其野逸之性，含哺擊壤，歌詠太平，其所遇視閩中前古布衣，乃爲獨幸。其至性過人 ①，此又作詩根本，亦讀書者所宜知也。不然，人品不足重，詩又安得佳哉。"乾隆二十八年癸未新秋，海昌陳鼎刊《蛟湖詩鈔序》。

"能詩。"《汀州府志》。

"《石遺室書録》云：樂府五七古，兀傲不群，頗似傅青主、鄺海雪。許《傳》言山人不重惜其畫，常自矜其詩，長篇短什，樂以示人。馬《序》稱五律尤清脆可喜，實則七言絶句亦甚似元人之學晚唐者。"侯官陳衍《福建通志・藝文志》。

"黄山人慎，……書畫皆有物外趣，復工詩。"南匯馮金伯《國朝畫識》。

"慎復工詩。"徐珂《清稗類鈔》。

"詩如'一夜淮南雨，孤舟楚客心'；'薄霧橫江斷，斜陽入郭低'；'秋色荒村裏，寒聲落葉間'；'天地因秋老，江湖作客多'，亦蒼秀可傳。雲間徐祚永价人《閩游詩話》。

二、書家

"其書法老勁，亦絶非時體。"《聞見偶録》。

"嘗自矜其字與詩。……章草懷素，張之壁間，如龍蛇飛動。"小傳。

按，"懷"字上疑落一"學"字。

"其字亦如疏影橫斜，蒼藤盤結。然則謂山人詩中有畫也可，字中有畫也

---

① 按，該句後已刊稿有"少有孝行，寧人多能言之"。删改稿則删去，如底本。

亦可。……或謂山人畫與字，可數百年物。"雷《序》。

"字學懷素。"《歷代畫史彙傳》《閩游詩話》。

"善草書。"《汀州府志》《國朝畫識》《清稗彙鈔》。

"恭懋書工草法，師二王，極古勁之致。"《墨林今話》。

"書學懷素，極有功力。"《桐陰論畫》。

"書法鍾繇，……閉戶三年，變楷爲行。……又三年，變行書爲大草。……於是道大行矣。"《書畫所見錄》。

"書宗懷素。"鮑邱李玉棻《甌鉢羅室書畫過目考》。

"王己山云'善草書，有物外趣'。"衡陽馬宗霍《書林藻鑑》。

三、畫家

"雖不經意數筆，輒無韻俗。"陳《序》。

"寧化黃山人以繪事擅場，雍正改元來揚，持縑素造門者無虛日。揚之人咸知有山人之畫。……山人之畫，風趣閒遠，出入仲圭、子久間，間變法出新意，能自拔於畦逕之外。又善寫生，落紙栩栩欲活。"馬《序》。

"山人嘗言：'予十四五歲時便學畫，而時時有鶻突於胸者。仰然思，恍然悟，慨然曰："予畫之不工，則以余之不讀書之故。"於是折節發憤。……而又於昆蟲草木，四時摧謝榮枯，歷代制度，衣冠禮器，細而至於虁蚿蛇風，調調刁刁，罔不空厥形狀，按其性情，豁然有得於心，應之於手，而後乃今始可以言畫矣。'嗚呼！觀山人之畫，讀書格物之學，可以奮然而興矣。"小傳。

"一日，山人謂余曰：'某之爲是，非得已也。某幼而孤，母苦節，辛勤萬狀，撫某既成人，念無以存活，命某學畫。又念惟寫真易諧俗，遂專爲之。已旁及諸家，差解古人法外意。'……爲余作冊，於古今人物、山川草本之情狀，著墨無多，生韻迥出，蓋蕭然於烟楮之外者。山人之畫，亦豈易知也哉。"王《序》。

"性穎慧，工繪事。自其少時，於山川、翎毛、人物，下筆便得造物意。已迺博觀名家筆法，師其匠巧，又縱橫其間，踔屬排奡，不名一家，不拘一格，雖古之董、巨、徐、黃，不能遠過也。"小傳、《通志·藝術傳》。

"畫兼倪、黃，出入仲圭之間。"《歷代畫史彙傳》。

"雷翠庭又稱：寧化黃慎'性脱落無城府，不樂人知其名字，自署瘦瓢山人。有《蛟湖詩鈔》'。鄭板橋亦稱爲七閩老畫師，贈詩云：'愛看古廟破苔痕，慣寫荒崖亂樹根。畫到精神飄没處，更無真相有真魂。'"楊瀾《臨汀彙考》、《鄭板橋全集》。

"黃慎號瘦瓢，閩之老畫師也。幼讀父書，長侍母，無以爲生，遂學畫。母含淚語曰：'兒爲是，良非得已。然吾聞此事，非薰習詩書、有士大夫氣韻，則成畫工耳。'慎聞言，乃愈益自愛。方十八九歲時，寄居蕭寺，以畫爲畫，夜無所得燭，從佛鐙光隙讀書。母聞之喜。時雖年少，與遊者多聞人。……出遊豫章，歷吳越維揚，人爭客之。得其片縑尺楮者，皆奉爲珍寶。"《清稗類鈔》。

"初至揚郡，仿蕭晨、韓范輩工筆人物，……以至模山範水，其道不行。於是閉戶三年，……變工爲寫，於是稍稍有請託者。又三年，……變人物爲潑墨大寫，於是道大行矣。蓋揚俗輕佻，喜新尚奇，造門者不絶矣。"甘泉謝堃《書畫所見録》。

按，謝氏以山人爲閩侯人，誤也。

"工畫，王步青謂其有倪、黃意。"《汀州府志》。

"其畫風趣閒遠，出入仲圭、子久間。"《福建通志·藝術傳》。

"畫仿天池，晚用指法。"《甌鉢羅室書畫過目考》。

"工畫，出入仲圭、子久間。"《閩游詩話》。

"慎畫既擅國能。"《國朝畫識》。

"閩南黃瘦瓢慎，字恭懋，擅三絶之譽。初學上官竹莊，爲工細人物、山水。……晚年專以麄筆畫仙佛，迾丈許。其工筆不可多得矣。"《墨林今話》。

四、寫真

"貴人爭迎致之，又多以寫真。……念惟寫真易諧俗，遂專爲之。王《序》。

按，先生工寫真，世鮮知者。《蛟湖詩鈔》卷一有《寓文園爲竹樓王子作照》，用杜陵叟"隨意坐莓苔"句，兼附以詩七古。

"以寫真易諧俗，遂兼爲之。揚之人持縑素造門者，無虚日。"《通志·藝術傳》。

五、孝子

"行遊豫章,遍吳越,以值歸,供菽水,多歷年所。母垂老,不欲遠離,奉以來揚,今復數年矣。貧如故,老人思歸矣。"王《序》。

"其至性過人,少有孝行,寧人多能言之。"陳《序》。

"山人告予曰:'慎之寄於畫也,非慎志也。慎別吾母而來揚,爲謀吾母之甘旨也。此地誠可以謀甘旨矣。'慎將歸,予詰其故,淒然曰:'慎非畫無以養母;母不見慎,即得甘旨,弗食也。慎將歸迎母。'予異之。越數月,山人往返六千里,竟奉母來。……一夕忽告別曰:'吾母久而思歸矣。'嗟乎! 山人思母,則迎母來;山人之母思歸,則將母去。然則知山人者,且不當徒以其詩,況於畫乎?"馬《序》。

"山人……少孤,資畫以養母。遊廣陵,迎母奉晨昏。母思鄉井,則侍以歸。"雷《序》。

"母節孝,爲傾囊請於官,建立坊表。妻與子或至無以餬其口。山人孝子子也,豈徒以畫師、詩人目之哉! "小傳。

"事母以孝稱。"《歷代畫史彙傳》。

"少孤,奉母以孝聞。"《汀州府志》。

"山人少孤,資畫以養母。嘗遊廣陵,迎母奉晨昏。母思鄉井,則侍以歸。"《閩游詩話》。

"母垂老,不欲遠離,乃偕以來揚,時雍正丁未也。庚戌始歸閩。"《清稗類鈔》。

六、風度

"余同里有癭瓢山人,好山水,耽吟咏,善畫工書。少孤,資畫以養母。……性脫落,無城府,人多喜從之遊。"雷《序》。

"所得贈遺,隨手散盡,室中書畫外,竟無長物。"《聞見偶録》。

"壬子春,偕寓於白下,始相見,意態殊落落。已乃數晨夕,益親。顧時時讀書,或靜坐,殊無意於畫者。……山人蓋高士也。"陳《序》。

按,陳《序》作於雍正甲寅,此壬子乃雍正十年。

"山人落拓不事生産,所得資輒遊平山堂及金陵秦淮河,隨手散盡。倦而歸，今且老矣。延與相見，年高而耳聾。與之言，不盡解，惟善笑而已。目力不稍衰，能作小楷。字畫甚捷，數幅濡筆立就，姿格蒼老。假古名手題欵，人莫辨也。性耿介，然絕不作名家態。畫時，觀者圍之數重，持尺紙更遞索畫，山人漫應之，不以爲倦。畫已輒睡。頗嗜果餌。睡久不起，撼之醒，貽以時果，則躍起弄筆，神益旺。每題畫畢，必憑几掉頭，往復吟哦，不能自已。詢之，知爲少作。"陳《序》。

按，此爲陳鼎知寧化時作，故有"延與相見"語。是爲乾隆二十八年，山人晚年事也。

"山人每晨起拭几滌硯，蘸筆伸紙，濡染淋漓，至日旰不得息。得間輒從四方諸聞人賦詩。於是世人亦漸知畫不足以盡山人之能事。……酒酣興至，奮袖迅掃，至不知其所以然。"馬《序》。

"余嘗試棐几，淨端石，磨古墨，濡名筆，以待其至。至則解衣盤礡，談玄道古，移日永夕，若忘其爲欲畫也者。促之再三，急索酒。力故不勝酒，一甌輒醉，醉則興發，濡髮舐筆，頃刻颯颯可了數十幅，舉其生平所得於書而靜觀於造物者，可歌可泣，可喜可愕，莫不一一從十指間出之。雖擔夫豎子持片紙，方逡巡不敢出袖間，亦欣然爲之揮灑題署。當其意有不可，操縑帛鄭重請乞者，矯尾厲角，掉臂弗顧也。顧山人漫不重惜其畫，而常自矜其字與詩。……長篇短什，每樂以示人，倉遽忙迫，牽人手口，喃喃不休。或遺忘，則廻首顧其徒曰'云何云何'。其磊落自喜如此。山人心地清，天性篤，衣衫褊褼，一切計較，問之茫然，而所得襪材貲，盡舉以奉其母。""……予曩蒞綏陽，山人方飢驅走四方。及山人返里，握手外，於筆墨間快領山人意趣，知山人挾持有過人者，非一切弄筆濡墨之所可冀也。"[1] 小傳。

"癭瓢由是買宅，娶大小婦，與李鱓、高翔輩結二十三友，酬唱無虛日。鄭板橋贈其詩曰：'閩中妙手黃公懋，大婦溫柔小婦賢。妝閣曉開梳洗罷，看郎調粉畫神仙。'紀實事也。"《書畫所見錄》。

按，山人所著《蛟湖詩鈔》，曾由寧化雷壽彭鉛印多次，坊間易得。惜原板求之多年，尚未見也。《閩汀文選》作《落英集》，是一是二，待考。

---

① 按，檢清乾隆刻本《蛟湖詩鈔》書前小傳，"予曩蒞綏陽"一段原在"余嘗試棐几"前。

又按,《蛟湖詩鈔》,《通志‧藝文志》作四卷,《道光志》作三卷。①

宜黄鄧公暨德配歐陽夫人墓表 ②

鄧君榮惠,與予同官南京十載,以行誼見稱於人人。一日過君,見堂懸格言聯,筆力遒勁,得顏柳神,異而叩之。君哽咽言,其尊人襄藩府君病革時,力疾書此,垂爲家訓。始知君淵源所自也。既而以狀來請表墓,辭不獲,則謹按狀:公諱思峴,其字襄藩,贛之宜黄人。鄧故望族,遭洪、楊亂,家中落。曾祖章逵,祖丹生,父芸書,世有隱德。曾祖妣氏洪,祖妣氏羅,妣氏應。公二歲而孤 ③,應太夫人撫之成立。凝重好學,弱冠補博士弟子員。時清廷廢科舉,興學校,士夫狃於積習,誹難萬端。公盱衡時局,深知捄國莫先於造人,遂力排衆議,集同志釀金,創果育小學。復以地方百廢待舉,資無所出,乃輸運宜黄物產,貿易於滬寧贛豫之交,而輾轉銷售於南北各都會,握奇計贏,獲利綦厚。悉以辦鄉邦公益慈善事,而尤以興學爲亟務,聘名師,建講舍,購儀器圖書。俊秀蔚起,皆果育高材生也。嚮之非公者,始爭服公。蓋公之遠謨碩畫,積二十年慘淡經營,效乃丕著。歲庚午,匪劫宜黄,城市爲墟,而勦討之軍雲集,慮供應之不給,莫敢長縣商會者。衆以屬公,公慨然任之。部署既周,過境之軍十萬,數日間,需索萬端,無不立應,戎機無誤。其幹濟才多類此。適長子警銘供職江西省政府,迎養於南昌。鄉人避地省垣來求助者接踵於門,公一一恔之。復捐募鉅金,刱同鄉會,置屋產,庇災黎。故章貢之間稱善人者,莫不曰鄧公鄧公云。民國二十二年九月十六日,疾終於南京,享年六十。夫人歐陽氏,佛學大師競無先生猶子也。幼承家學,工刺繡,通文史。尤能強記歷代忠孝節義事,爲戚里婦女娓娓述之。而督課其弟滄生學如嚴師,滄生遂以名德顯於時。夫人年二十歸公,事應太夫人侍盥奉匜,先意承志。太夫

① 該按語筆墨不一,當爲後補入者。已刊稿無此。

② 按,另有《宜黄鄧公暨德配歐陽夫人合葬墓誌銘(並序)》,載《青鶴》1937 年第 5 卷第 11 期《文薈》第 2—4 頁,見《慈竹居文外》卷上。

③ 按,墓誌作“生十二年而孤”。

人疾，則扶持抑搔，衣不解帶者累旬日，無倦容。家故貧，夫人日井臼、夜女紅以贍家計，俾公一心於學，無內顧憂。體素健，以積瘁致欬吷。年三十一，竟以勞瘵卒，清光緒三十三年十二月四日也。三鄗迄今無不咨嗟道之。榮惠嘗言，夫人性至儉，家有廢圃，因雜植桑樹、梔子，桑葉以飼蠶，梔花以當蔬，梔子以易米，歲以爲常。花性寒，遂以傷生。嗚呼賢矣！男子子二人：長警銘，廣東陸軍學校畢業，某官；次榮惠，法國索彌爾工業專科學校畢業，交通部技術員。警銘等以民國二十五年冬月某日，合葬公及夫人於宜黃城西清源廟側祖山之陽。公行爲世法，而夫人以德儷公，皆君子所樂表章者，因爲表於墓。曰：

殖疆起癃興多士，善人之阡垂世式。附以靈匹懋淑德，勒此貞珉詔無極。
中華民國二十五年冬月吉日，永安黃曾樾表。

李公冰琴墓表

公諱隆憲，字冰琴，姓李氏。其先於元大德間，自江西廬陵遷湖南醴陵。曾祖家酳，祖運垓，父昌伸，世爲鄉長者。公兄弟七人，次居長。少倜儻，讀書知大義，不屑治章句，思以功名見。故諸弟均籍學，而公獨吏於粵東。歷曲江巡檢、東莞縣丞，以董軍械局戡欽廉匪功，晉知縣。在粵十七年，制軍譚文勤公鍾麟才之，欲畀以重任。屬以母艱歸，父年邁，遂不出。居鄉，凡善舉靡不與，建先農壇、梯雲閣、捄生、施藥、施櫬，難盡數。時清政大壞，人思革新，萍瀏之間，發其機牙，動而旋挫。汪文溥方爲醴陵宰，尚猛酷，公力以無枉無縱說。則刜局曰改悔，延公主之，全宥甚衆。武漢首義，長沙響應。醴陵當湘贛衝，素多盜，咸欲乘間一逞。贛軍復駐萍醴界，民夕數驚，縣令裴某倉皇無措。公爲策防堵，而陰遣人入贛，疏毀支閡。當是時，縣城如風旌，民四竄，官中空無人，獨一令在。公設機謀，治文書，殫力肆應，驚瀾始平，西師既不復東。而改革之際，大局未寧，豪傑蜂起，各立名義，奸莠乘機敚剽無虛日。公與裴令籌設團防局，募勇二百人，公爲總董，嚴部勒，勤邏緝，戢暴安良，閭閻以靖。趙春霆者，初以哨官駐防醴陵，事公謹。鼎革後，緣夤升統制，遽驕恣。公稍抑之，已隱憾。復縱兵觝法，公一以盜懲治不稍貸，乃大愧恨。離防日，陰嗾人伺殺公於營門,時民國紀元壬子四月二十四日也。年僅四十有八。遠近識與不識,無不咨嗟淚下。子曰紀,曰員。員習武,階陸軍少將,爲司令官。痛公死於非命,懷刃走大江南北,謀復仇。雖邑人思公勞,上書政府邀邦典、旌志行,而以春霆依附權貴,不克正典刑,爲終天恨。每談及,未嘗不涕泣嗚咽。於戲!公有子矣。公配陽氏,以哀毁後公月餘卒。紀、員既合葬公及陽夫人於醴陵牛山某向之原。閱二十有九年,員以墓表未立,泣請述公事。念公好義與員之純孝,皆可風世也,因爲舉其概,俾揭於阡,告當世,詔方來。中華民國二十八年己卯,永安黃曾樾表。

官君宗載墓誌銘并序

國威所不及,無親故之提携,犯驚濤,冒毒瘴,惡蛇猛獸之與居,蠻夷之與處,孑身異域,任苛法之侵凌,欲居奇計贏致鉅富,有敗而死耳,幸而成功者僅一二於千萬。迨其成也,眷懷宗國,切於人人,國家有大興革,若實業,若教育,若衛生,賑卹無不慷慨,輸將爭先恐後,雖古義士何以加焉!而我海外僑商,莫不如是。若安溪官君,其尤著者。嗚乎偉矣!君三歲失怙,家貧莫能學。稍長則事耕耘,習鐵冶,辨色興、丙夜寢以爲常。嘗負販於泉州,肩百六十斤,日走百餘里,博微利以養母。年三十,渡海至吉隆坡,爲錫礦傭。旋力於某氏園,勤愨冠儕輩。主人嘉之,厚其酬,用能積資。市園五畝於加影,藝蔬菓,置牛車,漸有羨贏。則傭工劈木,辦礦場土工,建房屋鉄道,獲利益豐。始植橡樹,啓山林,闢蓁莽,露宿星行,以規以畫,極人世艱險無不嘗,因得橡園千餘畝,遂以貨殖雄於南洋。君雖以勞力起家,而好義出天性。清末參與同盟會,斥鉅金,贊革命,尤樂育人材。共和之十四年,安溪王祝三募建劍斗橋,君以攽助矣。復曰:"利人以橋,何如教人以學。閩南文教後人,無學故也。若有中等學堂,俾鄉黨子弟易求深造,效必宏,其有意乎?"祝三義而諾之。君遂斥金四萬爲倡,復勸募於英荷屬地,得五萬金,崇德中學於是興矣。十七年,創崇阿小學於故鄉,捨新宅爲校舍,復捐基金如崇德數。合兩校欵十三萬,建市肆十三楹於厦門,以其所入租爲校費。他如安溪澳江橋,參山魁美及吉隆坡國民、尊孔諸學校,吉埠福建會館,皆先後捐金以千計。其好施與皆此類。君剛毅木訥，未嘗呻佔畢、治章句，而博聞强記，熟於中外治亂成毀之源、鄉邦鉅人長德故事，爲人講述，纚纚無倦容。沐其化者，人材蔚起。海濱鄒魯之風復振於今日，君與有力焉。君諱光厚，字宗載，姓官氏，福建安溪縣還二里福春鄉人也。祖曰昇，父曰肆友，均籍邑庠。母氏王，有淑行。君年三十有五，始歸娶，配同邑王氏，早逝。繼配詹氏。子五人：國淼、國璋、國瑶、國琮，均以學行名於時。女一，適吳玉麟。孫男五人，孫女七人。民國二十六年某月某日，君以疾終於吉隆坡，年七十有三。國淼等將於某年某月某日，葬君於吉埠某山某向之原，浼友人葉采真貽哲兄弟來徵銘。曾樾以君行應銘法，乃爲銘曰：

丘言跰行填巷陌，編氓獨匯詩書澤。粵有畸人起東越，秉彝抱樸能自力。窮髮之南運等策，忠信篤敬昭蠻貊。卜式輸財伯奇泣，君之懿行尤絕特。菁菁者莪旋南國，億萬斯年世懷德。帝錫純嘏反玄宅，泐銘徵實垂世則。

恭記先祖母遺訓[①]

吾家自上齋公置城内西門屋，至曾樾已五傳。同居上下五六十人，間有違言，惟先祖母張太夫人與人無忤。由前堂至後院，必經左廂廊。檐壞雨淋，泥濘遍地，祖母常手鏟雨中自剗之。曾樾髫齡，放學回，見而狂呼曰："祖母將滑跌矣。此公廊，奚自苦？"祖母正色杖鏟，面曾樾曰："孺子誤矣！我當闢道路爲人行也。"言已，揮曾樾退，俛而剗泥如故，自忘其六十餘歲人。曾樾時駭稉不知代祖母剗，至今憾之。永安離省城七百餘里，由榕至永，水逆行，動輒兼旬，又多險灘，舟常覆溺，故海味奇貴。一日，族叔某市鹹蟶歸，懸於後廳楹，曾樾見之，面哭欲食蟶，以祖母愛孫甚而任其號咷，殆貧莫能致也。族父慶咸，聞而食以螯。迨曾樾收泣，祖母撫之曰："好讀書，他日外遊，何患無蟶？"言時戚容，今猶在目。祖母性慈祥，任煩辱。族鄰間，凡祭祀、婚喪、疾病、生育以至縫衣織履、箍桶補鍋，無不求助於二婆。二婆者，祖母也。先祖行二，故云。祖母爲同邑明經心葵公孫女，六品軍功其熾公女，略知書，明大

① 書前目録原作《記先祖母言》，正文改題今名。

義。育男子子四,女子子一。辛未秋,卒於家,壽八十三歲,葬蝦蛤嶺頭。懿訓尚多,此二事曾樾尤食教不盡,終生不忘,故灑泣記之。時在庚辰歲暮,距祖母棄養十年矣。避地巴渝,南望松楸,不知拜掃何日也。

述哀

嗚呼!我生考荔園府君,棄養十有九年矣。行誼載《福建通志·儒行傳》,然未盡也。不肖欲述庭訓,詔後昆,握筦心摧,輒不成文。茲者寇患日深,不肖不能執干戈衛社稷,不能展所學慰先靈,幕府迍邅,虛糜廩粟,負咎家國,慚悚實深。旁皇自訟,殆奉行遺教不力,致學行不見信於世也。乃灑泣記之,時用自箴,如我府君臨之在上,庶幾來軫方遒,或不終於君子之棄乎?

府君嘗書“生無益於時,死無聞於後,雖靦然人面,曾牛馬之不如”四語示不肖,時不肖方在髫齡,不解末語所謂。府君詔之曰:“牛耕田,馬挽車,皆自食其力。汝若一無所能,豈不愧牛馬乎?”

清光緒末,預備立憲,詔天下行新政。府君與陳任之先生及諸前輩,創去毒社,勸戒鴉片;立天足會,吾母首放足。去毒社設小學堂,府君命不肖肄業焉。誡曰:“從此與全邑俊髦較優劣,非在家塾比矣,當立志作維新人物。”

府君常言,中國此後非新學不足自存。不肖時方毀齒,未知其憂時之深,惟記言時頻頻嗟嘆,今三十餘年矣,謦欬宛然。

嘗有餽麑肩者,不肖倉皇覓得釘若錘,砰砰然釘而懸諸柱,意頗自得,以爲必邀獎。府君靜觀所爲訖,徐起,輕以指撥釘,釘應指落,麑肩墮地。不肖愧甚,拾釘釘牢,懸好麑肩而退。府君終不言。

府君每自外歸,必命取所讀書,背誦或講解,若不中程,不肖皇恐萬狀,以爲必受罰。府君面不改色,徐曰:“如汝之年,汝伯父應縣試矣,某某入泮矣。汝若此,何以立?”不肖觳悚無地,俛首滴淚,立處盡濕。族姊淪漪見之,婉言曰:“請九叔任其再讀之。”遂牽不肖衣出。惟聞府君長吁曰:“噫!”府君行九,故姊稱爲九叔。

府君嘗病疻,困臥床第。不肖與群兒嚚於庭,姊責之曰:"九叔病,汝尚嬉戲乎?"不肖憬然,趨至府君前,府君喘息曰:"吾以汝在讀書也。"既而太息曰:"我誤矣,無望矣!"言時色慘沮,不肖則潸然哭。府君旋謂某也少不自立,老大飢寒;某也品行卑污,鄉黨所鄙,纚纚而談,忘病之在體。言已,目不肖曰:"讀書去。"

飯時,府君常對吾母言,昨宵自某家歸,時夜已深,尚聞其弟某書聲琅琅然出戶外。或言,今晨往訪某友,其家人尚未起,而其子某已高聲朗誦,音調鏗鏘。言時歆羨之色見於面,不肖聞之如坐針氈。

歲之春季,常有肩綺紈來售者,土語謂之京擔。貨多而較市價廉,故京擔一至,族人爭購之。族弟某,與不肖同年同學,市官紗製袴,不肖心羨之,請於府君,欲以所積果餌錢購焉。府君曰:"汝忘繡花枕故事乎?人之貴,不在衣之華也。且汝此時衣紗,何以爲繼?思之思之。購否由汝,吾不汝阻也。"

或言作西字之筆尖,有用金制者。不肖聞而咋舌。府君曰:"何必爾,苟有用,則以白金製筆,吾亦爲汝市之。"

壬子春,上杭張芙初先生鏡蓉,攝吾邑篆。一日,來視學,索觀課藝,不肖啓棹扆欲擇其尤佳者以進,而先生已伸手自取。閱訖,告校長云,奉馬江船政局檄令,保送高材生入海軍學校肄業,欲以不肖應命。校長答以當商諸家長。府君適在鄉,則專力往。府君立應。時曾祖母、祖母均在堂,孫曾僅三人,不肖居長,有不忍其遠離意。翌日,府君歸,婉勸始允。吾邑遊學於外者,時僅不肖一人。

張鑑秋先生紹九,授國學於省城各校,甚有名。不肖學於馬江,苦無由請業,友人潘傑民爲介,間七日郵文一篇,請其筆削後寄還,束修月三金。不肖家稟中有"增家累"語,府君諭之曰:"祇要汝好學,十倍可也。"

不肖好篆刻,府君見之曰:"當爲有用之學,此縱極精,終非急務。汝伯父以此負盛名,亦以此傷其身。戒之。"

一夕或言鬼神,府君曰:"前晚自汝外祖母家回,經童厝巷,籠燭忽滅。時夜深黑,絕行人,忽見高牆角有黑團,吾心怖,急步歸,疑見鬼矣。"翌晨往視,則匏瓜也。

府君之教在明恥。不肖十五齡離膝下，未嘗一遭扑責，故時知自警。重啓智，所以教人者，皆使自悟，故終生不忘。家中有無，絶不使知，惟責不肖讀書至切。赴鄉數日，必有信諄諄教戒，族父靜山、名安庠，歲貢生。業師聶雪邨，名詩梅，邑庠生。均異之。迫不肖遊學於外，書籍費用，求無不應，從無詰其用途者，知不肖之深，得未曾有。聞吾母云，府君早信不肖必有立，每言以自慰。而不肖迄今一無所成，負府君之望者深矣。嗚呼痛哉！庚辰仲春，不肖子曾樾泣述。

慈竹居文外

目　録

慈竹居文外卷上

洪祖邁名説 ①

讀洪文敏公書者，無不服其精博。吾謂公立朝大節，與使金時，書用敵體，爲國忘身，履忠蹈義，尤足欽也。嗟夫！今之世勢較南宋何如？而精博忠義有若文敏者乎？後來之秀可以興矣！矧許君之説邁也曰遠行，《爾雅·釋言》行也，《廣雅釋詁一》往也，其假借爲勘，則勉也。法文敏之學行而加勉焉，庶有運回陽九之日乎！

與李拔可書九通 ②

一

拔可姻丈大人尊右：日前接奉手教，敬悉一切。遵即與貴渝館接洽付印價事，因匯數過重，而適有友代向銀行承匯，故已由銀行匯由長者收矣。按章

---

① 按，洪祖邁《永安黄蔭亭世伯爲余取名祖邁書此誌謝》詩前注"附撰祖邁名説"並錄文，故擬題如是。見《壬癸詩集》卷上，民國二十三年鉛印本。

② 文載謝泳：《往事重思量》，中華書局 2013 年版，第 171—178 頁，原題《黄曾樾致李拔可信九通》。謝泳題識："我在孔夫子舊書網的拍賣圖錄中，見其 1939 年在重慶與李拔可通信九通，主要商量刊印《埃及鈎沉》以及編纂高雨農《抑快軒文集》、何振岱《榕城夢影録》和他父親《黄澹庵先生印譜》事，保存許多編輯細節，如《抑快軒文集》底本的來歷、《榕城夢影録》印費籌措等情况，同時也有對陳寳琛、鄭孝胥詩集的評價，内容相當豐富，對研究福建地方史多有幫助。黄曾樾在抗戰流亡重慶期間，仍不忘刊印鄉邦文獻，他對故鄉的情感於此可見一斑。此信由原商務印書館檔案中散出，買者不知爲何人，但從圖錄中判斷，此信當爲真跡，原信除一二封爲楷書外，其餘多爲行草，無標點，除個别字跡模糊外，大多清晰。以下抄出原信。原信中夾有黄曾樾詩一首，但不好判斷夾在哪一信中，現置於信尾，特此説明。"按，所附《遊廣華寺同辰君》詩，即《慈竹居詩稿》卷下之《遊廣華寺同辰子》，詳見《慈竹居詩稿》，此不重收。又，力眂先生亦曾見孔夫子舊書網的拍賣圖錄，並見示其中一通（下文第三通）。據力眂先生言，信札非先生親筆所書，而係抄胥代爲謄錄者。

先付半價,照估算印三百部,折實後爲二百八十元,故此次匯上百五十元。到時敬乞大人代收餉付,並祈令印刷部力求精美,是所至感。拙稿合同想已由內子訂好,並乞吾丈便中催速出版,是幸。前求大筆賜題先君印譜一詩與趙堯老詩同印,伏乞俯允所望,存没均感。晚於詩未得門徑,辱長者逢人説項斯,真生平唯一文字知己。尚祈不吝指其所短,余有進步,尤所感荷。承賜《滄趣樓詩集》,已敬謹拜嘉矣。尊集如已印出,務望賜讀爲幸。專肅祇頌崇綏。晚黃曾樾謹肅。一月八日。

二

拔可姻丈大人侍右:前肅蕪函,想塵記室,天寒伏維道躬康泰,爲頌爲慰。印先君印譜費,已托李安民君由彼名從中央銀行匯出,因每次不能超出五十元,故分作三次匯。收款人係用尊名,到時敬祈費神餉收代付爲禱。前求大筆題詩與堯老詩同印,務乞俯允是感。尊集若已印出,萬乞賜讀,至幸至幸。承惠《滄趣樓集》已收到。精雅是其所長,惟管見以爲,不及夜起翁之前無古人也。長者許爲知音否?肅頌年禧!晚黃曾樾謹肅。元月十日。

三

拔可姻丈大人侍史:前肅蕪函,定蒙賜覽。第三批印費想亦匯到矣。懇求大筆題詩,諒荷撰就,請將尊書原紙付印,並餉録副寄讀爲幸。兹承枚叟年丈題詩二首,奉請察收,並付影印是禱。題詩以此爲止矣。枚丈囑助《榕城夢影録》印資,樾深慚力薄,僅能勉助三十金,兹由內子奉上,乞大人與枚丈書時提及爲荷。尊集已印好未?渴欲拜讀也。專肅祇頌著安。侄黃曾樾謹肅 ①。二月十九日。

附枚丈詩一紙 ②。

四

拔可大人尊右:奉上月廿一日賜書及尊題先君印譜之作,感謝之情非言可喻。

---

① "侄黃曾樾"四字,原闕,據力畊先生提供書影補。是謝泳先生偶失録,或謝泳先生與力畊先生所見者並非同一抄件,不得而知。

② 按,詩未見存。

大作典雅遒厚,與堯老之詩允稱二妙。先君有知,當笑於地下矣。至辱承切屬廠工格外講究,没存均感。先君同年,以晚所知僅一何梅生年丈,兹承題詩二首,謹將原紙奉上,祈飭付印是幸。題詞止此,不再求他人矣。《抑快軒文集》事,幾士有回信否? 晚深望能早印行也。專肅鳴謝,祗頌道安。姻晚黃曾樾肅啓。三月四日。

五

拔可丈大人尊右:前由舍下轉上蕪函,想塵記室,未蒙賜復,時切瞻仰,伏維道躬康泰,允符能頌。尊集已印畢未? 先君印譜及《埃及鈎沉》樣本何時可到? 敬乞飭屬速寄是禱。曾樾在此一切如常,望釋厪念。印《抑快軒集》事,有頭緒否? 極盼長者促成之。幾士處稿如不願交印,則何梅叟年丈處尚有抄本,望大人函梅丈時一提何如? 近來大作必多,伏祈賜讀一二,以資模楷,幸甚幸甚。年前蒙椽筆書,尊著已與名賢真跡裝潢成册,惜客歲在此化爲劫灰,敬祈費神再書數紙爲禱。專肅祗頌道安。姻晚黃曾樾謹肅。五月九日。

六

拔可姻丈大人尊右:前上蕪函,未蒙賜復,伏維道躬康泰爲祝。頃接家信,附長者賜內子書,欣悉先君印譜已承費神精印完畢,至深感荷。唯尊函所云已航寄貳本與樾,迄未收到。印費綜共若干,是否印餘? 二月二十九日大函所云之叁百七十九元六角,不論此數有無出入,樾兹先就此額除已匯百五十元外,將餘數貳百貳拾九元六角托人分批由銀行匯上,不久當可到滬。因匯兌困難,不得不分批寄,且時間不免參差,乞原諒是荷。如尚有短少,一俟函知,當即匯足不誤。若大人相識中有欲得者,樾極願奉贈,望隨時飭人向內子取之。此次印刷事,辱蒙長者勞神主持,感謝無量。不知大集印完未? 亟盼先讀也。印《抑快軒集》事如何? 幾士處本願付印乎? 退而求其次,何梅叟處本亦可以也。人間只此兩本,萬一若遭劫收,奈何! 深望吾伯促成之,吾閩文獻幸甚。拙作《埃及鈎沉》已印出未? 統乞示及爲荷。專肅祗頌著安。晚黃曾樾謹肅。六月廿一日。

七

拔可姻丈大人閣下:頃奉七月十九日賜書附收據,祗悉一切。聞道體違和,現入醫院,聆訊之際,萬分不安。伏維吉人天相,早占勿藥,尤祈爲道珍衛,是所至幸。樾遠隔天涯,不克躬候起居,惟時時翹首東望,恭致嚮往之忱而已。印費查已陸續匯出,想蒙收入?匯兌困難,愆致爲歉。樾鄉居無假,筆墨都荒,歲得時侍杖履,一開茅塞耶!祝之祝之。肅此祇頌痊安。晚黃曾樾頓首。八月十七日。

《埃及鈎沉》已印出未?切盼。印出望寄下一册,至禱至禱!

八

拔可老伯大人侍右:前奉手教,適重慶遭逢空前浩劫,晚奉命將全部辦事處遷鄉,其時驚魂未定,而鄉居水穢蚊毒,來者無不生病,晚自不能例外。所幸係虐疾無妨,故久疏箋候,罪極罪極。現已秋涼,伏維道躬萬福,撰箸日宏爲無量頌。晚之時間,非銷摩公牘,則虛耗於防空洞中,無暇讀書,更無興致吟詠。久無隻字,十分慚愧,亦才拙之證也。時望長者當兹秋高氣爽,必有清什,伏祈不吝賜讀以開茅塞,幸甚。先君印譜印費尾數七十九元六角,經查,據舍弟曾源稱確已托人匯出,至於交匯日期,已遠在一月以前,因手續困難,致久延誤,甚深抱歉。想此函到時,定可匯到,請勞清神,感荷無已。何枚丈主印之《榕城夢影録》,不知已出書未?高雨農先生文集竟無法付印乎?晚時以爲念。深欲長者主持此事。印費一層,晚必擔任一部分,即一半可也。伏乞垂察是幸。專肅祇頌崇安。姻晚黃曾樾頓首。十月十六日。

晚現居新橋附近鄉村,離城亦十里,賜書請寄重慶飛來寺十號爲禱。

九

拔可姻丈大人閣下:頃由貴渝館交下九日手教,至深欣慰。拙作《埃及鈎沉》,蒙長者介紹,得付印行。版稅百分之十五計,自無不可。先公印譜,已決照最美估算托印,日前曾有航快函奉告。晚所希望二節,若能辦到至好,否亦無妨,詳情已具前函,兹不再述。今姑伯致渝港函時,一提爲幸。先君遺照,滬寓尚有存者,晚擬用珂羅版或精細銅板印在譜前,而將《通志》之《文苑傳》印在背面,以資紹介。不知大人以爲然否?先人名列《文苑傳》事,晚未及在師門以前事,足徵公論也。已函內子將照片檢出奉呈,用否全候尊酌。兹將傳文抄奉。前函懇乞以辦不到論,則印書事,已函內子向尊處接洽。

印譜事，當請大人函介渝館經理，余便在此付款爲荷。諸蒙過愛，疊次相擾，慚感無已。印抑快軒文一節，乞長者終始主持，晚必有所表示。關於埃及照片，十九散失，茲收僅存及借得者，擬交由貴渝館轉港以便選擇附印，增讀者興趣。統乞大人賜題一詩與趙堯老詩並印，務祈俯允，是所至幸。專肅鳴謝，敬頌道安！黃曾樾謹肅。十二月十九日。

尊詩已印出未？若已印好，伏乞賜寄一部爲荷。拙稿印時如能用線裝仿宋字，尤幸。書面務求大筆一題，原封面及簽萬不可用。

京市救濟院十九年年刊序[①]

首都甫定，元氣未充，社會病態觸目皆是，識者心滋戚焉。本市辦理救濟事業，舊有普育堂之設，內容腐敗，爲世詬病。先後主其事者對於救濟原理未加研究，祇知安置貧民衣食無缺，即自詡爲救濟能事盡矣。是猶庸醫治病，墨守方書，未探岐伯之原，妄稱盧扁之術，安能奏膚功而起沈痾也耶？十六年，京市政毅然收歸市有。十八年夏五月，改組爲救濟院，修訂章則，擴大收容。歲序既周，羅君來長是院，悉心擘劃，力圖改進。采取英之養老院法之五區善會，瑞士、丹麥及德意志之童藝院教養兼施之法，擬具計劃種種，均格於市庫支絀而莫之能行。余每翻閱案牘，輒爲之嘆惜者再。而羅君熱心毅力未嘗稍殺，於院內留養貧民，區其性別，教以工藝；察其勤惰，施以獎懲；老者謀爲頤養，幼者曲予矜全，病廢傷殘者時加巡視撫慰，所以教之者善，養之者周。是深得乎教養兼施之旨者矣。茲者羅君將來年之計劃措施編爲年刊來問序，爰書數言歸之，並與共策於未來云。

中華民國二十年三月日，永安黃曾樾識於南京市社會局。

首都冬賑彙刊二十年夏序[②]

首都各界冬賑聯合會之設，三載於茲。每屆冬寒，臨時召集各界聯合組織，成立專辦首都冬賑事宜。去年雨暘時若，宜乎家給人足。乃夏秋之交，兵匪相

① 載《京市救濟院十九年年刊》，京市救濟院編，1931 年 4 月，第 3 頁。原題《黃局長序》，改今題。

② 載《首都冬賑彙刊（二十年夏）》，首都各界冬賑聯合會編，1931 年鉛印本。

尋，禍延各省。時至冬令，被災之地，難民相率來京就食請賑者，絡繹不絕。加以本京失業戶口比諸往歲數且倍蓰，啼饑號寒，觸目皆是。特爲援案，成立斯會，籌集款項，設法救濟。辦理以來，所賴各界參加工作人員異常努力，京內外樂善人士力予援助，迄至今日，時歷六閱月，捐撥萬餘金，而沾實惠以去者約萬人以外。本京窮黎安度殘冬，過境難民群回原籍，熙熙然共慶更生，不獨舉辦人引爲自慰已也。爰於會務告終之時，詳爲鈎稽款目，網羅圖表，整理各項報告，分別部居，付諸剞劂，用示大信。茲者，編緝既竟，冠以弁言，幷以質於未來云。

中華民國二十年五月，福建永安黃曾樾序於京市社會局。

瀟碧峒瑣録序 [1]

爲貴介公子而敦詩書之好，處簿領之會而雄著述之心，此常人之所難，非具宿世之慧、負邁倫之才者，未能或幾而至也。載籍之所記，間嘗聞之矣；並吾之世，獨罕其人，若吾友郭白陽殆庶幾乎。君奕世簪纓，襲履華膴，顧弱不好弄，獨耽文史。先世富藏書，君昕夕寢饋其中，夙以淹雅稱於鄉黨。復濡染於鉅人長德，多識前言往行，凡鄉邦人物、軼事遺聞、勝蹟名區、物產技藝、風俗語言、瑣屑畸零可供献徵資考鏡者，無不博訪勤蒐，援據精覈，洪纖畢載，成《瀟碧峒瑣録》四卷。示余，督爲序。余讀之，不禁有所感矣。夫宇宙之內，品彙萬殊，人居其一。人之所以異於萬彙者，學術而已。學術銷亡，則人類滅絕，宇宙亦幾乎息矣。故古人之於學術，必薪有以自見。大者如周、孔、孟、荀、莊、列、賈、董、馬、班、韓、歐之倫，次如沈括、洪邁、王應麟、顧炎武、何焯、王念孫、陳澧、俞樾諸子，或功在天下，德被生民；或學爲儒宗，行爲士表，而無不汲汲以著述程功，豈苟以求一世之名哉？固將使後之讀其書者，可以推見其扶樹道教之志，守先待後之心，將感發而興起也。矧生當斯文絕續之交，爲自開闢以來未有之奇變，文物摧殘惟恐不速不盡，若無冥視孤行、遺棄萬事、憔悴枯槁之學人，收拾叢殘，網羅廢墜，則所謂典章文物，生人所資以異於禽獸者，將如飄風掃落葉，任其淪亡，異日欲有所因革損益，又孰從而徵之？故

---

① 文見福建師範大學圖書館藏郭白陽撰《瀟碧峒瑣記》稿本前。紅欄格抄紙，半葉十行，行二十九字。文後鈐"蔭亭"朱文方印、"黃曾樾印"白文方印。

抱殘守缺，紹往開來，匪獨具聖哲之智、膺著作之才者分内之事，凡一命以上皆與有責焉者也。且夫學術固無大小之分，其所以使斯民高出動植飛潛之效一也。棟桷榱宗之於屋，各逞其才；醯醢鹽梅之於味，各程其用；正史稗官之於學術，亦若是焉已矣。士視其性之所近，爲其力之所能爲者而已。見知聞知，或傳聞而知，其有裨於文教一也。則白陽之是編也，謂爲治左海政教者徵文考獻之珍聞可也，謂爲資談助、解人頤之雋品亦可也。然吾重有感焉。不揆檮昧，早欲自厠於著作之林，而天人錯迕，有志未逮，乃將耳目所及，筆爲《慈竹居叢談》，而小語短書視此録爲尤甚，則余之盛推白陽者，將毋阿其私好耶？抑使吾人耗精敝神於殘煤敗楮，遺世冥搜，而欲於變幻不可測之世局，沾沾抱此詹言瑣語自喜，謂於茫茫藝海中曾有涓埃之助，而世之視之曾土苴糞壤之不若而不悔。嗚呼！其亦可哀也夫。戊子仲冬，永安黄曾樾撰。

慈竹居詩稿序①

學詩三十年，所得惟一字曰“難”。知難而退，藏拙之道也。生平詩稿，任其散失，亦職是故也。履周有嗜痂癖，幾乎見必索詩。以無清稿對，必唶曰：“卅載交期，何深閉固拒乃爾？”適有葉君工繕寫，乃蒐集劫灰之餘，拉雜付抄，得二百餘首。以示履周，曰：“兄他日誌吾墓，云有《慈竹居詩稿》兩卷藏於家，不亦多一點綴語乎？”自己丑後戒不爲詩，故所存至此年止。揚子雲云：“雕蟲小技，壯夫不爲。”惜乎知之已晚。既書以報吾友，亦以戒吾之後人。甲午夏樾識。

輯刊了齋集序②

輯佚之風，盛於乾嘉之際。四庫全書館既設，詔求遺書，凡古書秘本世無存者，館臣多從《永樂大典》中蒐輯得之，宏篇鉅製復顯於世。雖未能盡還舊觀，而作者之精神面貌，往往具在，薛居正之《五代史》、蘇過之《斜川集》，其尤著者。其後馬國翰之《玉函山房輯佚書》至六百餘種，盛矣哉！其嘉惠

① 文見《慈竹居詩稿》前，原無題。

② 文見福建師範大學圖書館藏抄本《了齋集》卷前，係福建師範學院圖書館過録稿。

藝林,績甚偉也。吾每讀《福建通志·藝文志》,未嘗不歎鄉先生著作之多,而流傳至今者何少耶。因念倘擇其有關治道學術之大者,輯録成帙,若乾嘉學者之所爲,不僅發潛拾墮之盛事,亦鄉邦文獻得失之林也。人事錯迕,未遑略及。年前,陳君伯冶見吾所作《讀尺木堂集》,函勸蒐輯爲徐存永刻集之吳友聖遺文。吾告以鄉先生遺著之待網羅者多矣,宋陳忠肅之《了齋集》,其一也。了齋仕哲、徽兩朝,疏劾二蔡姦邪,蹈萬死而不悔,大節凛然。汪應辰謂出死力以攻權姦,天下一人而已。了齋所著,僅《了齋易説》及《尊堯集》傳世,其《了齋集》久佚,即卷數亦言者各殊:《郡齋讀書志》《文獻通考》《通志藝文志》並謂三十卷,《直齋書録解題》作四十二卷,《宋史藝文志》作四十卷,沙縣、永安兩縣志僅載集名、不言卷數。陳徵芝《帶經堂書目》云:"元明以來未有刻本,明抄本從宋槧本出。"楊士奇編《明書經籍志》時,尚見內府所僅存之宋槧本十册,後亦不知所在,故《四庫全書總目提要》未著録。然了齋遺文散見各書者頗多,若悉輯録,尚能成編,君其有意乎? 伯冶韙之,因就所知了齋詩文詞編成目録,郵寄商榷。吾間有是正附益,並持畀福建師範學院圖書館金館長雲銘。金館長熟於目録之學,素具表彰鄉賢之心,見之大喜,復輯補未收入者若干篇,倩人就館藏諸書按目抄出原文,其本院藏書所無者則託南北圖書館抄足之。凡得文六十一篇,詩四十三首,詞二十三闋,分類編纂,釐爲五卷。復掇拾《了齋軼事》三卷附焉。雖未知與所謂三十卷本、四十卷本、四十二卷本相去幾何,而了齋之忠言讜論亦可概見矣。曾樾幸生同里衖,夙慕先生立朝忠謇。讀先生文,喜其論事條暢、曲盡似陸敬輿、蘇子瞻,論學純正篤實,若責沈、諭子姪諸文,多見道之言。如謂:"古之善學者,心遠而莫禦,然後氣融而無間;物格而不惑,然後養熟而道融。"在程學未顯,朱子未生之前,能作是語,可謂有儒者風矣。孔門四科,先生殆兼德行、政事、文學而有之,不亦人傑也哉? 是編也,即不能概其嘉謨之全,而非豹斑麟爪比,敢斷言也。夫拳石所以增泰山之高,細流所以成江河之大,學海汪洋,固有待於涓滴之量也。況蒐羅遺佚,以微顯闡幽,後死者之責無旁貸,故不辭好事之誚而爲之。惟同人見聞謭陋,遺漏必多,補苴之功是所望於來哲。抄輯既畢,可付刊,因序其原委,弁諸簡端。惜伯冶去秋作古,不及見矣。一九六一年辛丑孟春,後學黃曾樾謹譔。

曾文正公文鈔跋 ①

樾讀此書竟,作而言曰:公誠善學姚先生矣。先生没而求斯文,蓋不可再得。始知尊公者不爲過,而吾初見之不廣也。今雖閱一過,然當弗克鑿識奧妙,獨于敘事提挈之法,于兹略悟一二,竊以謂初學津梁無逾此也。學者必由是而進焉,則庶予其不差矣。丙辰除夕前三日,敬識于馬江學舍。

抑快軒文集跋 ②

曾樾輯印《抑快軒文集》上下二卷既竣,復蒙各方録寄三十二篇,何先生梅叟二十二篇,郭君白暘八篇,沈君祖牟二篇。又輯得十有六篇,《光澤縣志》十五篇,《張貽亭文集》一篇。去其複見者,別刊《抑快軒文集續集》一卷三十九篇,其目録刊於續集卷端。蓋至是先生遺文得印布者都二百篇。前輩所推許《搨古録序》《與李申耆書》《論通志兼辭總纂書》《周封君傳》《陳尚書神道碑》,大率已具。雖不知抑快軒遺文留天壤間者尚幾何,而即此集之印行,已非一手一足之列所能就。至於校讎疏略、見聞寡陋,博雅君子能爲是正補益,使終復七十四卷之舊,尤夙所望也。曾樾識。

是集上下兩卷,所用吾鄉名産大廣紙五十八刀,悉爲鄧國楨君捐助。印工裝訂費二萬五千元,則楊亦中、劉蒞庭、劉乙藜、倪焕樓諸君各捐一千元,餘悉由曾樾任之。附識於此。曾樾再誌。

韓昌黎集跋 ③

抗戰軍興,吾南京藏書盡失。丁亥春,重蒞都門,遇此帙於書肆。喜吾插架未付劫灰,但願得者善藏之耳。以四萬金購回此部,真如劫後遇故知也,然此又能保藏幾時乎? 慈竹居主人識。

---

① 文見福建省圖書館藏《曾文正公文鈔》書後,係先生手書。《曾文正公文鈔》四卷,清曾國藩撰,清同治十二年刻本。是爲先生舊藏本,有"緑蔭山舘黃氏珍藏"朱文橢圓印,"蔭亭"朱文方印,"黃印曾樾"白文方印、"永安黃曾樾所讀書"朱文方印。

② 文見民國三十三年鉛印本《抑快軒文集》,原無標題,置《抑快軒文集序》後。

③ 原本未見。據文學院網站附載書影録文,並參考黃炎《父親的藏書情懷》(有脱文)
(http://blog.sina.com.cn/s/blog_4dfabd4301000aep.html, 2018.5.12下載)。

越園先生詩識 ①

先生之詩皆至情流露,深得溫柔敦厚之旨。非獨批風抹月之流,不敢望其肩背,即論格律、量唐宋者,亦不足知先生憫人悲天之心。嘗謂藻孫、萍孫,寒柯先生詩名、書名爲畫名所掩,殊可惜。古所謂三絶者,幸於吾世親見之。

香草箋補遺跋 ②

右《香草箋補遺》,七絶四十首,從薩逸樵藏手抄本過抄。原本署榕園髯客。輯刊不知根據何本,亦不知髯客何人,姑録存之。辛卯蘭春,蔭識。

罗紋山全集跋 ③

《罗紋山全集》祇十六卷,《千頃堂書目》《永安縣志》均作三十卷,固錯;《通志·藝文志》作十八卷,亦誤。《藝文志》云:

> 《罗紋山集》十八卷,永安《千頃堂》作南平罗明祖著。案:《千頃堂書目》作三十卷,考原書目録,卷一至卷六爲各類文;卷七、卷八,詩;卷九,詞;卷十,《史旁》;卷十一,《侮莊》;卷十二,《井福禄》;卷十三,《地理微緒》;卷十四,《漢上末言》;卷十五,《襄邑实録》;卷十六,《寓楚雜著》;卷十七八爲《歷代宦官鑑》,與三十卷數不符。然今本爲明祖子覲手訂,當無舛誤。明祖,崇禎辛未進士。

按目録雖列十七八兩卷爲《歷代宦官鑑》,而十七卷“歷代宦官鑑上”之下分明刻有“稿多散落,俟覓全補刻”一條,則此兩卷有目無書,全集僅十六卷

---

① 文見《余紹宋集·附友朋來牘》,題爲整理者擬。余紹宋著,王翼飛、余平編校:《余紹宋集》,浙江人民美術出版社 2015 年版,第 15 頁。

② 文見福建省圖書館藏抄本《香草齋詩集》所附《香草箋補遺》後。《香草箋補遺》用“慈竹居叢稿”專用藍格紙,係先生倩人抄存者。集中多先生硃筆批注。

③ 文見福建師範大學圖書館藏清初刻抄配本《罗紋山全集》後。數年前,整理者初見此文,以爲先生手書,今知實爲抄胥所過録者,非先生筆也。特此識之。

明甚,與紋山之友鄧可權序所言卷數相符,編輯者未細核,致有此誤。

集为紋山長子艱字克臣者所刻,偽誤脱落,不勝枚舉。其尤甚者:有目無文,如卷十《史旁·楊愔下》,徒存篇目是也;或有文無目,如卷二《離騷序後》諸篇是也;有頁數相聯而内容不相接者,如卷四,四十頁末行未完,忽接以"丙子来業",四十一頁未完,忽接以"讀書後"是也;有内容一貫而頁數重複者,如卷四重廿七至廿九三頁是也;至於空行、黑丁,觸目皆是。殆一面整理遺稿,一面付諸手民,未及統籌,致有此弊。分類蕪雜,收及《地理微緒》,尤爲無識。

集刻于何年,未見記載。惟集中遇明朝諸帝尊號及京闕陵寢諸字皆空格,似應刻於崇禎末年或弘光、隆武之際。鄧《序》題名之上半行已剗版,可惜。然亦是上述弘光、隆武諸年號觸犯新朝忌諱之證。據紋山同年吳興陳肇英序云:"庚寅歲,小阮葆初筮命燕江,……與克臣昆季修世講晨夕歡,九年于斯。"此庚寅是清順治七年,再九年爲戊戌十五年。若刻於此年,則鄧《序》應書順治年號,何必挖去?既挖去半行,則必爲明帝年號可知。且吾以爲非弘光即隆武,而決非崇禎。因《史旁》有崇禎戊寅裘興祖序,并未剗去也。但若係刻於弘光、隆武之際,則似與陳《序》不符。竊意此殆後來補刻者。觀羅艱在全集《凡例》中自言:"文章雖藉名序以傳,顧艱分淺緣慳,又不能執贄以干请,且序必出於肝胆相照,亦非干请所可致,惟侍特達之知,芥針之投,自不吝其金玉。"可知初刻無陳《序》,且陳《序》亦僅言"克臣持柬遠遺,緘其先人紋山年翁文集索叙於余",而不言刻集事,知所緘寄者刻本也。《凡例》明云"隨獲隨刻",必無完整副本可寄。再觀此本内,凡有夷狄胡虜等能觸犯新朝忌諱之字句皆剗去,可知此非原刻初印本,與陳《序》之版刻分明、墨色清朗者不同矣。

紋山之卒當在崇禎十五六年間,而以十六年爲近似。因《凡例》云"辛巳自楚歸",是爲崇禎十四年。李寒支、鄧可權皆紋山之友,李撰傳云:"罷官家居,未幾卒。"《縣志》同。鄧《序》云:"先生逝未幾,而兩京鐘簴之慘,於當日之言符若執券。"可知先生之卒必距甲申三月不遠。

《縣志》紋山之父罗天長傳,附見克臣事,略云:

> 明祖子克臣,按,應作艱。少補邑庠生,習舉業,於經學耳濡目染,遂通大義。丧父时年十八,兩弟曰劼、曰愆,皆幼。克臣能撫而訓之,使讀父書。既乃挾詩文遊吳楚,遍謁父時諸故舊。咸美其才,樂明祖有子,傷其

貧，厚贈之。及歸，解其橐，作書院祀其父，以其餘具祭田。

此必甲申前事，否則鼎革之際，戎馬倥傯，道路阻梗，人民轉徙流離，能顧及故人子之父執，恐亦難遇。鄧《序》云："先生遺書甚富，廉吏之後不能任剞劂，克臣以賣賦遺先，行其全集一十六卷。"則是集必於克臣出遊歸來時付刻也。

紋山有幹濟才，非文章士。李寒支所作傳，詳哉其言之，足以見先生之懷抱矣。以著述言，學既駁雜，文尤支離，詩詞皆未脱明末江湖惡習。以鄉先輩之著作無多，故蒐求多年。先從大湖賴君得殘缺者半部，後從貢川嚴君得不全者半部，幸合之適成完璧。因以重值付裝訂，成此全帙。所可異者，得自貢川本，凡剜去之空白字皆用墨筆填好，他本則否。吾初不覺，迨裝訂好，取而細閱始知之，乃狂喜，然尚不知所據是何底本也。迨翻至第四册，忽發現夾有字紙一張，墨筆細書：卷五六兩卷第幾張之空白字句，下方左角且統計云六十九字。核之書中所填寫，與此紙悉合，因知其他各册亦必有之，惜爲書匠毀之矣。顧尚留此一紙，以祛吾疑，不亦異乎？再翻至十三卷中，夾有《四世祖轉富公妣鄧志娘孺人陳秀娘孺人之合墓圖》一紙，與《地理微緒》之圖合，與上述之字紙筆迹亦合。鄧《序》自稱姻社弟，則羅、鄧固姻婭也。因知此本既來自貢川，且係羅氏家藏，世守先芬，苦心孤詣，致足嘉尚。《紋山集》世絶少傳本，即有之，亦多空白闕文，而吾此本獨完整無闕，可寶哉！

丙申伏暑，黄曾樾。

抄本友石山人遺稿一卷 [①]

《友石山人遺稿》一卷，靈武王翰用文撰。共詩八十八首，分體編纂。有陳仲述叙及吳海所作像贊、贈序、詩、哀辭、墓銘五篇。乃其子偁所輯，有跋。附徐熥、謝肇淛、陳鳴鶴、陳荐夫詩四首。

《四庫全書總目》別集類二十一云：

　　《友石山人遺稿》一卷，元王翰撰。翰字用文，其先西夏人。元初從下

江淮,授領兵千户,鎮廬州,因家焉。翰少襲爵,有能名,累遷江西、福建行省郎中。陳友定留居幕府,表授潮州路總管,兼督循、梅、惠三州。友定敗,浮海抵交趾,不果。屏居永福之觀獵山,著黃冠者十一年。洪武間,辟書再至,翰以幼子偶託其故人吳海,遂自引決。翰本將家子,志匡時難,不幸遭宗邦顛沛,其慷慨激烈之氣,往往託之聲詩,故雖篇什無多,而沈鬱頓挫,凜然足見其志節。如《題畫葵花》云:"憐渠自是無情物,獨解傾心向太陽。"《送陳仲實還潮陽》云:"歸去故人如有問,春山從此蕨薇多。"大都憔悴行吟,不忘故國。其《絕命詩》云:"昔在潮陽我欲死,宗嗣如絲我無子。彼時我死作忠臣,覆祀絕宗良可耻。今年辟書親到門,丁男屋下三人存。寸刃在手顧不惜,一死了却君親恩。"蓋翰於死生之際,明決如此,亦可見其志事之素定也。顧嗣立《元詩選》僅載翰詩二十七首。此本乃其子偶所輯,凡諸體詩八十四首。前有陳仲述叙。後附誌銘、表、詞等七篇,皆吳海所作也。

按,抄本詩八十八首,多出《四庫》所著録者四首。《提要》云"附誌銘、表、詞等七篇",抄本僅五篇。

《鐵琴銅劍樓書目》卷二十二云:

> 《友石山人遺稿》一卷附録一卷,舊鈔本。題靈武王翰用文。後附吳海所作墓誌銘、傳、哀辭、贈序、真贊、譜序及母孫氏墓誌銘,又徐熥、謝肇淛、陳鳴鶴、陳荐夫詩。《四庫提要》云後"附誌銘、表、辭等七篇,皆吳海作",則徐熥諸人詩闕也。前有盧陵陳仲述叙,後有其子偶跋。案,偶字孟揚,以文名當世,有《虛舟集》五卷。卷首有璜川吳氏收藏圖書朱記。

觀此,知抄本所闕者譜序及母孫氏墓誌銘兩篇。而《提要》所謂"附誌銘、表、辭等七篇",其中無表,此字殆序字之誤。陳仲述叙及其子偶跋均未言刊行遺稿。《跋》且謂:"比自有知以來,始於耆老故舊之間掇拾遺篇,粗得以上若干首,類成卷帙,用示之子孫。"《跋》後有"玄孫焯謹録"五字,則《友石山人遺稿》并未刊行,否則孟揚刻之,何能待玄孫之繕録乎?

山人詩,仲述謂其"詠於感慨者極忠愛之誠,得於沖淡者適山林之趣"。《提要》謂其"慷慨激烈之氣,往往託之聲詩。故雖篇什無多,而沈鬱頓挫,凜然足見其志節",皆無溢美。

《閩詩録》係據《元詩選》鈔録，未見《遺稿》，故祇引《元詩選小傳》而不及吳海原文。《元詩紀事》亦復如是，所以僅録詩一首。此本係用《福建通志》紅格紙抄，知係修志時所見蒐集者，惜未註明原本在何處。《通志・藝文志》未著録，殆因山人非閩籍之故歟？

按，吳海字朝宗，閩縣人。遭元末兵亂，絶意仕進。洪武初，徵赴史局，力辭不就。事具《明史・隱逸傳》。著《聞過齋集》，著録於《四庫》。海與王翰善。翰死節，海撫教其遺孤偁成名，風義有過人者。

辛丑嘉平，永安黄曾樾識。

埃及學家馬利愛德巴夏傳 [1]

馬利愛德巴夏名奧居士德，一八二一年生於法之布羅尼。父保林，邑聞人。馬氏幼則嗜學，尤喜往博物院鑒賞古物，見埃及木乃異之，遂萌探討埃及學術之志。迨卒業大學，以貧故教授於英之斯搭拉福；旋召回，任縣立小學領班教員，不能滿其志也。乃研究高博德文及埃及今文，爲鑽研古文之初步，成《埃及朝代考》，及《嘉納克神廟中都德買氏三世之太廟記》行世。碩學來諾曼深贊賞之，爲譽揚於當道，因來巴黎，任職魯佛爾博物院。適隸鄉人約翰隆畫師下，渥荷器重。旋刊行《高博德書目》，世始注視之。學部遂命往上下埃及蒐求珍本，撰成提要，此正馬氏所欲視者。初僅畀以六千佛郎，旋增爲八千。時馬氏已授室，有子女二人，俸入僅足自給，而志不餒，遂獨行。其明年，始迎眷往。

馬氏初到亞力山大，覺五方雜處，萬商雲集，非新非舊之都會殊可憎，而所欲求者，一無所得，大失望，欲速去之。時法人初至埃及者，其縉紳必盛筵款待，馬氏既備受禮接，而齊齊尼亞伯款之尤厚。齊齊尼亞伯者，希臘籍，權比利時駐亞領事者也。負盛名，有別業濱海，斥鉅值廣羅奇珍。馬氏既得縱觀，而駐足於人面獅身像前，忽憶希臘名奧地學家斯達拉榜所述牛神廟前之像，而欲窮索其源。或告以此像在開羅附近之薩嘉拉所得，遂不以搜輯高博德抄本爲意，而欲亟赴開羅。蓋馬氏此時心目中，已別有所向矣。以斯達拉榜書中固云"人面獅身像植於牛神廟前大道"，故一抵開羅，則張帷幙於

---

① 文載《公餘生活》1944 年第 2 卷第 2 期第 9—10 頁。

薩嘉拉沙漠，傭工發掘，舉世非之而不顧，艱阻備嘗而不餒，辛勞數載，卒於一八三八年十一月十二日發現牛神廟。一如當年教士奉安最後神牛之狀，石棺二十，依然不動，沙上二千年前之人迹宛然。馬氏不覺屈膝而跽，喜極而哭。此種奇蹟，遂震播遐荒。乃築小屋於牛神廟旁居焉，而繼續發掘附近之地。復溯尼羅而上，先後發現貝尼哈辛、戴愛爾阿瑪拉、亞奇曼德、亞比多氏諸墓，廣德拉、象島諸廟，及蔡武姆之寶藏。馬氏乃將此史蹟之至寶，分別部居，陳列於開羅負郭之布拉克博物院，四方考古人士來瞻覽者，絡繹於途。惜地勢底窪，尼羅泛濫，水常浸入，有損古物，埃及總督塞伊德爲別建屋藏之。

布拉克多蛇蝎毒蚊，馬氏一無所畏，惟孜孜著述，將尋獲所得筆之於書，以公於世。初，魯佛爾博物院收羅埃及古物不豐，經馬氏郵回者達七千餘件，始以富名。伊司馬儀繼位，恩禮有加。一八六七年及一八七八年兩屆巴黎博覽會，關於埃及建築之圖案，悉出其手。而蘇彝士運河落成大典，伊司馬儀聘馬氏主之。馬氏因撰《埃及志》，備述此邦奇珍；參禮君后遊覽名勝，亦由其導引。時有六艦，首載伊司馬儀欲首演兼有埃法所長劇本以落之，因倩馬氏摶撰，《亞依達》於是作矣。其樂譜出威爾第成，意人奇斯樂利譯爲意文而演之。後復由洛克勒翻爲法文，不知原作固出馬氏手也。

馬氏辛勤蒐討，並蓄兼包，歷三十年，精力遂憊。體爲消渴疾所阨，目爲沙漠陽光所傷，以一八八一年春歿於布拉克寓廬，年六十歲。雖不事家人生產，而譽滿瀛寰，法政府疊賜勳章，一八五四年延入考古學院，塞依德既封爲貝，伊司馬儀於離埃前復爵爲巴夏。薨後，埃人戴德，葬之於新博物園中，可謂生榮死哀矣。所著有《埃及史略》《唐德拉》《亞比多氏》及《孟斐斯》《牛神廟》諸記，與《布拉克博物院之說明書》。其所發掘諸古蹟中，尚有諦墳及著名之色克愛巴拉德像。其夫人於一八六四年疫死開羅。子女九人，六人先卒，馬氏逝世時，僅餘三人。其不享大年，殆憂勞所致云。

宜黃鄧公暨德配歐陽夫人合葬墓志銘並序①

鄧君榮惠，與余同官南京十載，以行誼見稱于人人。一日過君，見堂懸格

---

①　載《青鶴》1937 年第 5 卷第 11 期《文薈》第 2—4 頁，署"黃曾樾"。

言聯,筆力遒勁,得顏柳神,異而叩之。君哽咽言,其尊人襄藩公病革時力疾起書者,垂爲家訓。始怳然君淵源所自也。既而以狀來請銘幽之文,辭不獲,則謹按狀:公諱思峴,襄藩其字,贛之宜黃人。鄧故望族,遭洪、楊亂,家中落。曾祖某,祖某,父某,均潛德不耀。曾祖妣氏某,祖妣氏某,妣氏應。公生十二年而失怙,應太夫人撫之成立。凝重寡言,勤學好問,弱冠補博士弟子員。時清廷廢科舉,興學校,士夫狃于積習,鮮應者。公盱衡時局,知工商爲立國之本,育才尤工商之基,于是力排衆議,邀集同志,醵金創果育小學。顧以地方百廢待舉,資無所出,乃輪運宜黃物產,貿易于滬寧贛豫之間,復輾轉銷售于南北各省,握奇計贏,獲利綦厚。悉以地方公益慈善事業,而尤以辦學爲亟務,聘名師,建講舍,購儀器圖書。邑之俊秀蔚起,皆果育高材生也。嚮之非公者,始大服。蓋遠謨碩畫,積二十年慘淡經營矣。歲庚午,宜黃罹匪劫,城市爲墟,而勦討之軍雲集,慮供億之不給,莫敢長縣商會者。衆以屬公,公慨然任之。苦心部署,過境之軍十萬,數日間需索萬端,無不立應,戎機無誤,兵民相安。服公才,尤頌公德。適警銘服務省政府,迎養于南昌。鄉人避亂省垣來求助者,屬屨于門,公無不一一倓助之。復捐募鉅金,糾同鄉會,置屋產,庇災黎。故章貢之間稱善人者,無不曰鄧公鄧公。民國二十二年六月十二日疾,終于南京,享年六十。夫人歐陽氏,佛學大師競無先生猶女也。幼承家學,工刺繡,通文史。尤能強記歷代忠孝節義事,爲戚里婦女娓娓述之。而督課其弟滄生學如嚴師,滄生卒以名德顯于時。夫人年二十歸公,逮事應太夫人先意承志,太夫人女視之。侍太夫人疾,扶持抑搔,衣不解帶者累旬月無倦容。家故貧,夫人日井臼、夜女紅,以左右家計,俾公一心于學,無內顧憂。體素健,以積瘁致欬欬。年三十一,竟以勞瘵卒,清光緒三十三年某月某日。三郈迄今無不咨嗟道之。榮惠嘗言,夫人性至儉,家有廢圃,因雜植桑樹、梔子,桑葉以飼蠶,梔花以當蔬,梔子以易米,歲以爲常。花性寒,夫人體既虛羸,遂以傷生。嗚呼賢矣!子二人:長警銘,某陸軍學校畢業,現某官;次榮惠,法國索彌學校電機工程師,現任交通部電務技術員。將以民國二十六年三月某日,卜兆于某鄉某原,與公合葬。公行應銘法,而夫人以德儷公,因爲銘曰:

　　殖疆起癃興多士,毀家紓難古卜式。附以靈匹懋淑德,勒此貞珉詔無極。

祭賴占春文①

　　嗟嗟占春，胡竟至斯！韜光抱朴，與世逶迤。貞不絕俗，大淳未漓。應全於天，反與禍罹。尺波電謝，殘臘冰澌。踽言跱行，黃耇期頤。輿臺皂隸，煊赫於時。真宰誰訴？玄鑰誰窺？天理奚究，伯道無兒。一棺附身，百未一施。纖芥之疾，竟死於醫。用夷變夏，斯起瘡痍。發蒙振聵，力竭聲嘶。吾豈好辯，心所謂危。執迷反誚，我愚我癡。湯訣萬惡，草菅黔黎。上天降罰，填坑腐胔。胡獨不仁，以兄尸之？洪水不遏，寧有孑遺？爲人琴痛，爲蒸民悲。在昔清季，黨序同嬉。我忽遠逝，海滋天涯。禍降我家，兄實護持。盜驅我母，兄侍流離。衡契量券，同氣連枝。卅載生還，人鬼驚疑。劣及廿旬，遽無見期。我心禹墨，濟以孔姬。我世鑿枘，濟以惠夷。摘埴索塗，而今已而。我事洪瑣，兄皆勇爲。兄病在牀，我視來遲。督糧龍江，戴星奔馳。終負一訣，摧裂肝脾。煢煢弱息，教撫提携。悉後世責，敢矢靈幃！郢人質喪，縮手斤倕。泣奠一觕，知歟不知？澈泉淚汩，同燕水瀰。頑洞憂端，齊南山旗。嗚呼哀哉！

硯銘②

　　壬辰春，畏妛之鄰闢屋後地爲圃，畏妛偶過之，在瓦礫中拾得片石，持歸磨治。色微紫，溫潤細膩，一邊密紋環布若隱若見，敂之聲若木然，審爲西洞硯版，喜而屬曾樾銘之。銘曰：

　　溫潤而栗方而直，弢靈潛曜辱庖湢。獲登几案遘大德，以攻以錯無不克。汲古拾遺心手得，歷劫不磨惟一默。

老子孔子墨子哲學對照研究前言③

　　試圖測定哲學在社會中所起的作用之重要性似乎是枉然的。在歐洲如

---

①　錄自錢履周抄本《慈竹居詩鈔（詩拾）》附錄一。
②　錄自錢履周抄本《慈竹居詩鈔（詩拾）》附錄二。
③　文附薩本珪《一位博學、清廉的船政學生黃曾樾》後，張作興主編：《船政文化研究》第三輯，海潮攝影藝術出版社 2006 年版，第 323 頁。

在亞洲一樣，哲學是文明人的複雜的生活大厦之基礎，它啓發教育法學家，它使思想家變得高尚，它教化人民提高人民的道德水準。

然而除了在中國，任何地方都没有那樣深的痕跡。孔子、孟子的那些不朽篇章寫在他們全部的論文裏；社會被他們的學説浸透，並且經過二十多個世紀漫長的工作，按照這些受人崇敬的大師的原則塑造了中國的靈魂。

中國感到驕傲的是目睹一些世界最偉大哲學家的出現。正是這些人物，往居住在我們遼闊國土上的四億多人的血液裏注入了正義、利他主義與和平主義這些我們古老文明引以自豪的情感。遠東的相鄰之國正是受惠於這種光芒四射的道德觀念。正如 W. G. Aston 所指出的："在歐洲是希臘和羅馬，對遠東國家來説是中國，而日本尤其受益於此。"

正是中國哲學這眼從未枯竭的泉水，使今天渴望人類科學感的人們得到滿足。克羅德·法海爾先生（M. Claude Farère）關於儒家學説（孔學）説得非常正確："在這個二十五個世紀之前誕生的哲學裏，同時存在著那麼多的理性、那麼多的公正和那麼多的高尚，以致我可以説我們所有的人仍在試圖去實踐它。"

我們曾希望，我們的熱愛和平和關懷中國事物的法國朋友，至少會喜歡瞭解我們偉大哲學家的概貌。

如果説在法國人們對孔子、孟子這樣的哲學家稍許有些瞭解，那麼對其他人如墨子，我們相信就很生疏了。那麼，現在的工作的目標將是掀起那掩蓋著他們的帷幕的一角。我們並不隱諱這一任務的困難，也請法國的讀者多多見諒。

向法國讀者介紹我們大師的學説，將幫助他們更好地瞭解中國的靈魂。這是我們崇高的願望。如果能通過這種瞭解，使他們更熱愛中國，我們將爲此竭盡全力。

在這篇論著之始，我們榮幸地向主持這篇論文的法蘭西研究院通訊院士埃德蒙·戈布羅教授，向在我們的工作中給我們以博學地指導的莫里斯·庫朗（Maurice Courrant）和讓·布爾雅德（Jean Baurjade）教授先生，表示我們的謝意；請他們接受我們衷心的感激和敬意。

慈竹居文外卷下

爲抄禁烟罰金充奬規則由 [①]

爲佈告事，案奉南京市政府循字第一〇二號訓令開：案准禁烟委員會咨開：查《修訂禁烟罰金充奬規則》，業經本會呈准公佈，並經檢同該項規則咨請貴市政府轉飭所屬遵照辦理在案。此項規則原爲奬勵告發烟案而設，凡在城區、鄉鎭均應佈告週知，使平時犯有種、運、售、吸嫌疑者，時時感覺其立身之危險，咸知悔悟自新，將見烟不禁而自絶，裨益烟禁，前途實非淺鮮。兹經本會第五十四次委員會議將上述情形提案討論決議，由會依據《禁烟法施行規則》第二十二條之規定，通咨各省市政府轉飭所屬，抄同《禁烟罰金充奬規則》，佈告週知。等因。除分咨外，相應備文咨達，即希查照轉飭所屬遵照辦理爲荷。等由。准此。查該項規則前經第六七八號訓令遵照在案，兹准前由，合行令仰該局長即便遵照辦理。此令。等因。奉此，自應照辦，合亟抄同該項規則，佈告週知。此佈。

計抄《禁烟罰金充奬規則》。規則見例規欄。

中國民國十九年十月二日

局長黄曾樾

爲印附南京市書店印刷所登記規則由 [②]

爲佈告事，案查前奉市政府以准中央宣傳部函請舉行書店登記事宜，

---

① 録自《南京市社會局佈告（第十號)》，《首都市政公報》1930 年第 70 期第 86 頁，題擬。
② 録自《南京市社會局佈告（第十四號)》，《首都市政公報》1930 年第 71 期第 105 頁，題擬。

飾遵辦。等因。當以書店登記事屬切要,自應遵辦。唯印刷所承印文件,易爲"反動"工具,同時舉行登記,以便查察。經與市宣傳部會商同意後,擬具《南京市書店印刷所登記規則》呈復在案。茲奉市政府第二二零號訓令開:案查十月八日本府第一三八次市政會議,本市長交議該局等修正《南京市書店印刷所登記規則》案,決議修正通過在案。除公佈並函送首都警察廳查照暨通令外,合行抄發規則令,仰該局長即便遵照辦理。此令。等因。詳抄發《南京市書店印刷所登記規則》一份。奉此,除分行外,合行印附原規則佈告,仰本市各書店、印刷所一體遵照,來局登記。切切此佈。

計印附《南京市書店印刷所登記規則》一份。規則見本公報第七十期例規欄。

中華民國十九年六月二十八日

局長黃曾樾

爲印南京市社會局發給營業執照規則由 [①]

爲佈告事,案查本市公司行號營業登記事宜,前經市政府第十五次市政會議議決,令交前社會處會同財政局辦理,嗣因故停頓,未能竣事,乃由本局另訂發給營業執照規則,呈請市政府提交市政會議決議通過施行並佈告遵照在案。自辦理以來,市內新開商店尚能遵照規則申領執照,唯舊有商店未經本局發照,無案可稽,工商行政殊多窒礙。茲爲便利辦理起見,就原有發給營業執照規則略加修正,舊有商店務須一律遵章補行登記申領執照,以憑營業而便查核。業經呈奉市政府府急字第八二號指令開:案經提出,本府第一三七次市政會議修正通過在案,茲抄發修正條文,仰即遵照修正施行。等因。奉此,除分行外,合亟印附原規則佈告,仰本市各商店一體遵照來局補行登記,毋得違延。切切此佈。

計印《南京市社會局發給營業執照規則》一份。規則見本公報第七十期例規欄。

中華民國十九年十月三十日

局長黃曾樾

---

① 錄自《南京市社會局佈告(第十五號)》,《首都市政公報》1930年第71期第105—106頁。

爲展緩技師換證由 ①

爲佈告事,案奉市政府府字第五〇八號訓令開:案奉行政院令開:據工商、農鑛兩部會呈續懇,准予展緩技師換證,限期六個月,通令全國遵照。等情到院。查所請尚無不合,應准如所請辦理。除呈報並分令外,令仰知照,並轉飭知照。等因。奉此,查此案迭准部咨,均經轉飭該局知照,並即佈告週知在案。茲奉前因,合行令仰該局長即便轉飭知照。此令。等因。奉此,查此案迭奉府令,均經佈告週知在案。茲奉前因,合亟佈告,仰技師人等一體週知。此佈。

中華民國十九年十一月三日

局長黃曾樾

爲銀元兑換毫票不得任意定價由 ②

爲佈告事,案奉市政府府字第一一一二號訓令內開:爲令行事,案准中國國民黨南京特別市執行委員會公函開:案據敝會第六區執行委員會呈稱,案據屬區第五區分部呈稱,查南京市內以銀元兑換毫幣,向無定價,自十六年我軍北進,現金携帶不便,隨由總部經理處代辦中央毫票,隨軍設兑換所,每元以十二毫進出,一律不得增減,總司令有明令佈告在案。至北伐完成,總理處兑換所交由中央銀行辦理。迄於今日,毫票在南京市及各地商民多信用之,使用與現毫一樣毫無分別。乃日久延深,奸商從中謀利。現在每元兑換毫票祇十一毫、銅元五枚,毫洋亦如是。而直往中央銀行兑換,則回答無存此中黑幕。不言而知,人民生活實受無形打擊。屬分部第十三次黨員大會、經通過呈請上級黨部、轉呈中央函,國府飭令南京市政府社會局暨中央銀行,設法補救,南京市銀元兑換毫票劃一市價,而免奸商操縱,以濟民生。在案。理合呈請鑒核轉呈。等情。據此,理合具文轉呈鈞會鑒核施行。等情前來。查所請

---

① 錄自《南京市社會局佈告(南字第十六號)》,《首都市政公報》1930年第72期第99頁。

② 錄自《南京市社會局佈告(第一九號)》,《首都市政公報》1930年第74期第98頁。

尚無不當。敝會第六十八次會議經決議函市政府辦理在案，除令復外，相應錄案函請查照辦理爲荷。等由。准此，合行令仰該局長即便遵照籌劃補救辦法，切實辦理，並具報備核。此令。等因。查中央輔幣券自行使市面以來，早經規定以十二毫輔幣兌換國幣一元，進出一律，以示公平，豈容任意定價，影響民生。茲奉前因，除分別訓令錢業公會遵照辦理並呈復，合亟佈告，仰本市商人等一體知照。切切此佈。

代理局長黃曾樾

中華民國十九年十二月九日

爲劃一本市度器由 ①

爲佈告事，案據度量衡檢定所呈稱，查職所奉令辦理本市度量衡劃一事宜以來，所有各項進行工作曾經先後呈報在案。茲訂於民國二十年一月五日爲本市度器劃一完成時期，一月十日以後擬舉行全市使用度器大檢查。至需用之新制市尺，業經各度器製造店製造二萬餘桿，送所檢定加蓋戳記。除通知本市使用度器各業遵照購買換用外，理合附呈新舊度器折算表，備文呈請鈞局鑒核，准予分別公佈。等情。呈附新舊度器折算表。據此，查核尚屬可行，除分別函令施行外，合亟印附屬表，佈告週知，仰本市市民一體遵照換用。切切此佈。

附新舊度器折合表、本市新舊度器折合表。

舊　器	折合市尺
裁　尺	1.055
英　尺	0.914
魯班尺	0.905

新　器	折合舊尺
市　尺	0.947 裁　尺
市　尺	1.094 英　尺
市　尺	1.105 魯班尺

中華民國十九年十二月二十四日

局長黃曾樾

---

① 錄自《南京市社會局佈告（字第二四號）》，《首都市政公報》1931 年第 75 期第 131 頁。

爲更用新制度器各業貨品買賣價格自應
分別加減以昭平允仰週知由 [1]

爲佈告事,查度器定於本年一月五日完成劃一,十日以後舉行全市使用度器大檢查,業經本局分別函令佈告各在案。惟新制市尺短於舊裁尺五分三釐,長於魯班尺一寸五釐,長於英尺九分四釐,所有各業貨品買賣價格自應照新舊比例分別加減,以昭平允。例如,海昌藍布從前每裁尺賣一角九分,照新市尺比例,每尺折合一角八分。現值劃一伊始,深恐市民未盡明曉,致滋誤會,合亟佈告,仰本市市民暨各商店等一體週知。切切此佈。

中華民國二十年一月二十二日

局長黃曾樾

爲禁止高利貸款由 [2]

爲佈告事,案准首都警察廳安字第九二號公函內開:近查本京以高利貸款爲業者,即俗稱放印子錢。頗不乏人,尤以下關一帶爲最多。其所取利息均在三分以上至五分不等,甚有高至一倍有奇。一般貧民小商販等藉貸款爲小本經營者,多受壓迫,忍痛繳付,是以因此激生事變,釀成人命,在所不免。若不嚴行禁止,貽害何堪設想。除令飭所屬切實偵查嚴禁外,相應函請查照,希即明定取締辦法,以維貧民生計。等由。准此。查民間私人借貸重利盤剝,關係貧民生計至鉅,亟應嚴加取締。茲特規定,凡私人借貸,利率最高不得超過年息二分。合函佈告,仰市民人等一體遵照毋違。切切此佈。

中華民國二十年三月一日

局長黃曾樾

---

① 錄自《南京市社會局佈告（第二十八號）》,《首都市政公報》1931年第76期第158頁。

② 錄自《南京市社會局佈告（第三十八號）》,《首都市政公報》1931年第79期第70頁。

爲奉實業部令發第一期發給國貨證明書之
國貨一覽表仰市民人等一體週知由①

　　爲佈告事，案奉實業部工字第一零零一號訓令內開：爲令尊事，案查前工商部鑒於我國外貨充斥，恒有冒稱國貨影射欺售者，非嚴予審查證明真偽，不足以資保護而杜朦混。曾於民國十七年六月訂定《發給國貨證明書規則》及《中國國貨暫訂》，公佈施行。嗣因提倡國貨運動必須民衆認識國貨，方便購用，復經令飭商標局將核准註冊之國貨商標按期註冊呈部，分發各省市縣政府暨各工商團體，並發交該局分送該市各重要機關，俾資參考。各在案。本部成立，自應分別繼續辦理，惟發給國貨證明書之國貨，其中製造優良、價廉物美堪與舶來品相伯仲者實屬不少，國人或未深悉。兹爲提倡國貨、推廣銷路起見，除核准註冊之國貨，商標彙刊仍期按令飭轉發外，合行檢發第一期《發給國貨證明書之國貨一覽表》十份，令仰該局轉知該市各重要機關，並印發佈告，俾商民人等一體週知，選擇購用，以塞漏卮是爲至要。此令。等因。計發《發給國貨證明書之國貨一覽表》十份。奉此，合行抄錄《發給國貨證明書之國貨一覽表》附黏於左，仰市民人等一體週知，廣爲宣傳，選擇購用，以塞漏卮而挽利權。切切此佈。②

中華民國二十年五月十五日

局長黃曾樾

爲解釋技師登記法著作資格範圍由③

　　爲佈告事，案奉市政府府字第五零二一號訓令開：案准實業部工字第一零二三號開：案奉行政院第七五號訓令內開：爲令行事，案查前據工商部誠懇轉請解釋《技師登記法》著作資格範圍，俾資遵守等情一案，當以事關解釋

---

①　錄自《南京市社會局佈告（字第四八號）》，《首都市政公報》1931年第83期第71—76頁。

②　後附"實業部審查合格《國貨證明書之國貨一覽表》（第一期）"，暫不收錄。

③　錄自《南京市社會局佈告（第四九號）》，《首都市政公報》1931年第83期第76—77頁。

法令,據情轉咨司法院查照解釋,見復並指令該部知照在案。茲准司法院第八十一號咨復開:爲咨復事,准貴院本月十七日咨第二七四號,據工商部呈請解釋《技師登記法》中著作資格範圍一案,抄同附件轉咨到院。本院查工商部原呈所請各節,係爲應付特種事實起見,建築工程圖樣及設計書表原爲著作物之一種,至能否認爲合於《技師登記法》第四條第三款所稱關於專門學科之著作,可由主管部酌量認定,相應咨復查照。等由。准此,合行令仰該部遵照。等因。奉此,茲由本部製訂該項建築工程圖樣及設計書表認爲著作資格,應備具各項文件之四項,並附以説明,俾資遵守。除分咨外,相應檢同該項標準一份,咨請貴府轉飭主管官署佈告週知,並希見復等由。附《建築工程圖樣及設計書表認爲著作資格應備具各項文件之標准》一份。准此,除咨復外,合行抄發原件,令仰遵照,並佈告週知。此令。等因。計抄發《建築工程圖樣及設計書表認爲著作資格應備具各項文件之標准》一份。奉此,合行印附原件佈告,仰技師人等一體週知。此佈。

計印附《建築工程圖樣及設計書表認爲著作資格應備具各項文件之標准》一份。

關於《建築工程圖樣及設計書表認爲著作資格應備具各項文件之標準説明》附。

(一)設計書及圖樣

(説明)關於設計書者:(1)設計書應爲承辦工程全部之整個設計及其詳細計算;(2)此項設計應備具特別之點,與普通設計不同者,並應逐一説明之。關於圖樣者應繪具下列四種:①全部及重要分部工程正面及側面圖樣,②平面圖案,③剖面圖樣,④其他必要圖樣。

審查時,如對於設計書及圖樣發生疑義,得令聲請人來部考詢。

(二)工程規定書

(説明)上項規定書應詳及:(1)全部及分部工程之價格;(2)各分部工程規定之詳細説明;(3)所需各項材料之品質及其數量;(4)工程進行之程序及其期限。

(三)雙方訂立之合同或委託人之證明書

(説明)上項合同以雙方簽字之原本爲限,如因合同業已遺失,可改由負責委託人出具簽名蓋草之證明書。遇有疑義時，由部遴派專員實施調查。

（四）工程進行中及落成後之攝影

（説明）上項工程落成後之攝影，應爲整個工程之全景，但如重要分部工程具有特殊價值者，並應有進行時攝影。

中華民國二十年五月十五日

局長黄曾樾

爲舉辦度量衡營業登記由 [1]

　　爲佈告事，案據度量衡檢定所呈稱：竊查前奉全國度量衡局訓令略開：查《全國度量衡劃一程序》第十條第四項内，有舉行營業登記、飭令營業商民領取許可執照之規定。而《度量衡器具營業條例施行細則》第六條又規定，檢定所應呈准當地主管機關規定登記期限，凡期内未登記或登記不合格者不准營業等語，足見營業登記非常重要。現此項營業執照已由本局分別咨送地方主管廳局，而已由各地方主管廳局發出許可執照轉報本局備案者，尚屬寥寥無幾。又查各檢定所歷次呈報，對於營業登記事項多未將辦理情形詳晰具報，曾否呈准當地主管機關規定登記期限，本局無從懸擬。現各省市瞬屆劃一限期，如其長此玩延，營業登記久不完成，檢政何從著手？爲此令仰該所迅將該市舉辦度量衡營業登記情形及呈准限期詳細具報，呈候核奪，勿稍遲延。此令。等因。奉此，理合具文呈請鈞局規定登記期限，並乞佈告週知。等情前來。查度量衡完成劃一期限將屆，營業登記自應從速舉辦，兹經本局規定，自本年六月一日起至七月三十一日止，爲度量衡營業登記期限。除指令該所遵照外，合亟佈告，仰本市商民人等一體遵照。此佈。

中華民國二十年五月二十四日

局長黄曾樾

---

[1]　錄自《南京市社會局佈告（第五一號）》，《首都市政公報》1931 年第 84 期第 60 頁。

爲佈告未登記之各報館通訊讀社雜誌依限聲請登記由①

爲佈告事,查本市新聞紙或雜誌之發行,應遵照《出版法》第七條各款之規定,呈由本局轉呈市政府咨內政部登記。前經分別通知,遵照辦理在案。兹爲日已久,依法前來呈請登記者固多,而迄未遵辦者亦復不少,殊屬不合。除分別通知遵照辦理外,合亟佈告,仰本市未登記之各報館、通訊社、雜誌社一體遵照,限一星期內依法聲請登記。倘再違延,當按照同法第二十七條之規定,予以罰金之處分。切切此佈。

中華民國二十年六月九日

局長黃曾樾

爲換發檢查證由②

爲佈告事,案查本局前爲檢查公共娛樂場所並取締社會有關風化之著作及行爲起見,經製定藍色直手摺式檢查證分發各員使用,並分別函令知照在案。兹爲整頓該項工作,特重行製就紅色直手摺式檢查證分發使用,所有以前藍色檢查證一律作爲無效。除分函並通令外,合亟佈告週知。此佈。

中華民國二十年六月十日

局長黃曾樾

爲取締奸商於裁厘後任意抬高物價由③

爲佈告事,案奉實業部商字第五零九六號訓令開:案准行政院秘書處函開:奉兼院長蔣發下中央秘書處函,據湖北省黨部請嚴禁奸商於裁厘後抬高物價一案,奉諭交財政、實業兩部等因。除分函外,相應抄同原件函達查照等

---

① 錄自《南京市社會局佈告(字第五四號)》,《首都市政公報》1931年第85期第83—84頁。
② 錄自《南京市社會局佈告(字第五五號)》,《首都市政公報》1931年第85期第84頁。
③ 錄自《南京市社會局佈告(第五九號)》,《首都市政公報》1931年第87期第86頁。

因,並抄送原呈一件到部。查中央明令裁厘本爲體念民生起見,各地物價理應低廉,方足仰副政府裁厘之至意。倘有奸商乘機抬高物價,殊屬不合。仰即體察地方情形,嚴加禁止,並將辦理情形隨時具報呈核爲要。此令。等因。計抄發湖北省黨部原呈一件。奉此,查裁厘後奸商故意抬高物價、影響民生,亟應嚴行取締。除令市商會切實遵照外,合亟佈告,仰本市商民人等一體遵照。如有任意抬高物價情事,一經查覺,定即懲罰不貸。切切此佈。

中華民國二十年七月三日

局長黃曾樾

爲取締下關船行及江快河快勒索米船規費由 ①

爲佈告事,案查前據市米業同業公會呈稱,呈爲呈請諭下關船行及江快、河快勒索米船規費事。竊據屬會各糧行報稱,近月下關船行及江河快等,對於到埠卸載各米船勒索規費,漫無限制。每船裝米百石,須各勒費五六角,遇有大船則按貨遞加各二三元,等於納稅。稍拂其意,則謾罵兇毆,無惡不作。上游各米船遂視下關爲畏途,相率裹足,實與全埠民食各行營業大有妨礙,應請分呈黨政機關從嚴取締等語。據此,查各埠船行皆營業性質,代客顧船,或代船攬載,方能酌取行佣。若他埠重載船來埠卸載,則與本埠船行毫無關係,無取佣之理。至於江快、河快,在前清時爲縣署公役,註有卯名,民國以來已經革除。即或依然存在,亦無明目張膽勒索規費之理。獨下關船行及江快、河快在從前軍閥時代恒勾結,冒沖軍人,託詞封差,需索浮費。初時每船不過數百文,繼則相沿成習,近更變本加厲,漫無限度,實屬有妨商業。理合據情呈請鈞局俯鑒。船行及江快、河快等非法斂費原由,准予嚴令革除,張示諭禁,以蘇商困而維民食。等情前來。當經派員查明,確係實情。復經函准江寧縣政府復開:查江快、河快係屬前清差役制度,現隸黨治之下早經革除,不復容其存在。至於勒索規費,尤爲法所不許。所稱船行收取佣金,查無呈准案據,亦無成案等由。准此。查船行係居閒性質,如代

① 録自《南京市社會局佈告（第六〇號中》,《首都市政公報》1931 年第 87 期第 86—87 頁。

客攬載方能酌取佣金,但亦不得任意苛索;對於外埠來船,祇可任其卸載,絕對無過問之權。至於江快、河快等差役名稱早經革除,尤不能因襲沿用,藉以斂財。本局負全市社會行政之重責,對於此類陋規惡習應嚴加取締,以維商業。除指令並函請首都警察廳飾屬隨時查察取締外,合亟佈告遵照。切切此佈。

中國民國二十年七月三日

局長黃曾樾

南京社會特刊發刊辭 [1]

在現代中國的革命過程中,社會問題特別是政治轉移的大關鍵。因爲中國是產業落後的國家,一方面受著帝國主義的壓迫——經濟侵略,另一方面基於民族自身的惰性,和根於士紳階級的教養而形成的生活,歷久成了禮讓的習慣,這於人類的品性方面固然是美德,而在社會方面却是很重要的損失。以禮讓爲中心的中國社會,雖然隨著過去的宗法制度而蛻化,漸漸有傾向於現代社會的可能性,但以鎖國的地位,一變而爲國際貿易的市場,即使工商業的進步一日千里,已經有相形見絀之勢,何況中國社會的組織,本不很健全。唯一以農業立國的民族,幾千百年以來,靠著農業而生活,一旦外侮內患紛至沓來,門戶開放,經濟破產,農業的基礎發生了根本動搖,革新最後的中國,工業最幼稚的中國社會,那能不呈著無量數的矛盾狀態呢? 我們總理有見於此,所以倡導三民主義,尤其是三民主義裏面的民生主義,的確是救濟眼面前中國社會的聖藥。但中國的幅員廣闊,地方情形萬有不齊,簡直和一盤散沙一樣,要勵行民生主義,除"中央黨部"和政府該有整個的新經濟政策以外,只好由地方負責的官吏各盡所能,通力合作。我覺著應注意之點,就是民生主義的實現,不但要使得城市繁榮,同時也要兼顧鄉村的發展;而且繁榮的城市,應當具有鄉村化的意味,才不失了民生主義的精神和作用! 我現在只就南京社會著想。南京是一個革命的首都,同時也是長江流域的商業區,以交

---

① 載《南京社會特刊》1931 年第 1 期第 1—3 頁,署"黃曾樾"。編輯時略有改動。

通而論，水陸俱便，南北適中，附近又有上海爲金融流通的尾閭，實在可以説是得風氣之先。關於南京社會的改造，似乎十分容易？！可是我瞧南京社會的情形依然是保持著大部分古舊的生活和習慣。建都以來，於政治方面，氣象一新；而社會方面，並未有多大的變化，這是我們革命的同志和注意南京社會的同人們所不宜忽略的吧？！本來社會問題裏面，最重要的不外勞資問題和救濟問題。南京社會的工商業，在產業落後的中國中，尤其落後，所以號稱首都的南京，簡直找不出幾個大規模的企業，有的只是些小企業，如小工廠、印刷所、旅館、店鋪之類。當然店員和店主間的對立，也可以説是處於勞資的地位；而且一些小工廠和印刷所的工人，不能不算是勞方，畢竟他們的工資和營業狀況，差不多在水平線以下，談不到勞資糾紛。從前和記工廠和本局直轄的第一、第二平民工廠，也曾經發生過小小的風潮，不久就和平解決。因此我深刻地認識南京社會的現在，不會有什麼勞資爭執，但預防的辦法，也已有縝密的準備。此外我們應當注意的，就是救濟問題。在南京社會還未改造以前，因著社會經濟的反映，一方面又在軍事還未結束時期，一切停頓，南京人民的失業日見繁多，尤其是中下層階級的婦女很多墮落。這固然是經濟壓迫的原因，但我們努力於南京社會的改造，不能不認爲（是）一個重要的問題。所以我的意思，要改造成了整個新的革命的南京社會，大概有四點：一，建設工業化的南京市，同時新市的繁榮，要於工商業進展之中還存留著一部分鄉村的美，這於無形中可以預防南京社會流於現代城市的過量奢靡。二，推行市自治，逐漸來改善南京市民的生活和習慣，務要養成他們紀律化的生活，職業和娛樂方面的習慣，都要有規劃，有秩序，尤其要注意的是衛生和不良的迷信觀念。三，指導合作社的發展，使得將來工商業進步以後，勞資糾紛的萌芽不至於孳長。四，提倡婦女的職業，一方面可以救濟眼面前失業的婦女，同時更可以引導南京婦女對於職業的興趣；並增進其向上心，化不生產者爲生產者。

本刊發刊的目的，一方面固然是將我們工作的情形，報告於社會；另一方面就是將南京社會重要的問題，隨時提出，互相研究。希望大家多多的供給材料和意見，我們一定很虛懷採納的。一九，一二，二二，於南京社會局。

全國交通會議第一次大會福建省政府代表對於福建省交通狀況之報告 [①]

主席,各位會員:本席今天代表福建省政府報告福建交通情形。福建交通之不便利,與甘肅略同。現在簡單言之。福建郵政雖遍設六十三縣,而有信件由閩南到閩北,非有十餘日不能達到,因須在廈門候船轉運,故日期不能一定。信件如此,包裏更不必說。至於能通電報縣分,祇有二十餘縣。現擬在廈、福州、延平三處,設立無線電臺,惟需款甚巨,尚無具體進行。公路自民國七年由陳炯明創辦起,開始一新紀元。現在省政府擬造三條總(縱)線,四條橫線,其經費由漳、泉兩屬人民負擔四十七萬元,另於丁糧項下帶徵二成,約有五十餘萬兩,共約有一百餘萬元,已經省政府擬定,分年進行計劃。此款如不被軍人截留,則上述公路兩年內可以成功。至於鐵路,僅有漳廈一線,計長四十五里,費洋二百餘萬元,天天出軌,每月收入不到二千元。以前歸交通部管轄,現歸建設廳兼管。希望諸君對於福建省政府所提之案,議決通過,不獨福建之幸,亦全國之幸也。

提議建築國道計劃案 [②]

理由:

燕薊既下,群醜復亡,北伐事功已可告一段落,今殆由軍政時期而入於建設時期。建設事業不止一端,然促進交通,啓發實業,則爲今日首急之務。先總理所著《建國方略·實業計劃》中早已言及,中國須築鐵路十萬英里,碎石路百萬英里,並劃定全國鐵路系統,以圖量移南民於北部,開發西南、東南、東北之富源。卓識宏謀,久爲中外欽佩。我國位居東亞大陸,欲謀運輸便

---

① 錄自《全國交通會議第一次大會各省代表對於各省交通狀況之報告》(七)"福建省政府代表黃曾樾報告",《全國交通會議日刊》,1928年8月30日第二版,故擬題如是。又,同期第四版《議案分組目錄》,有福建省政府代表黃曾樾提議《擬設福建官民合辦省立興業銀行爲興辦閩省路政基礎案》,未見。

② 載《道路月刊》1928年第25卷第1期第12—15頁。原署"提議人福建省政府代表黃曾樾"。

利,不能不趨重於陸上交通,亦猶英日兩國之以海運爲命者同。現在陸上交通便利器,固當首推鐵路。但各國之於鐵路,已由單線進言雙線、雙雙線,且從事於支線之普及。而我國猶在幹線初期,以言大規模、長距離之運輸,所差綦遠。駑馬追風,上駟勢已弗及。況建造鐵路需費孔繁,必須藉重外資,受條件束縛,利權損失,至堪痛心。今之汽車輕快便捷,因爲世人公認其機能之完善,運送力之富强,既與蒸氣汽車無多遜色。而長途汽車路之建築,與初期鐵路之工程,又多相同之點,圖始之易則遠過之,何如暫舍其難而求其次?既可適合於現今之國情及社會之狀況,而再求精進,復可爲將來鐵路之基礎,豈不兼善備焉?雖然近歲全國道路建設協會固已提倡於先,各省士兵亦已鼓吹於後,而成績終未大著,斯又何故?良以各省各自爲謀,不免囿於局部之見;北政府既無具體計劃,爲之挈提綱領,要期大收厥效,豈不戛戛乎難?據最近調查,現在我國南北各省已成之新路,祇有二百四十餘條,總延長約四萬五千餘里,比較歐美已成之新路,實尚不及百分之一。至於汽車輸入,據上年美國之商業統計報告,只有一萬四千餘輛。如以我國人口爲比例,則須三萬餘人方能分配一輛,以較歐美各國每數十人分配一輛者,其相去幾不可以道里計矣。且此少數之汽車路,又皆分散邊地,各省非第無彼此聯絡希望,而其間或爲省道,或爲縣道,或爲里道,或爲官辦,或爲商辦,或爲民辦,且其建築、管理、營業諸法,亦復自爲風氣,各不相侔,更無一致之可言。爲今之計,要在化散爲整,力謀統一。先立國道爲基礎,以圖全國之通聯。而統一之道,尤須區分先後緩急,乃可有成。蓋我國幅員遼廓,境內應築之道路,至少百萬里以上,即極屬重要與國計民生有密切關係,如總理所計劃者,亦十萬英里。再經各省細密之調查,中央審慎之採擇,定爲國道線,嚴督各省出以全力,限期築成,然後再議推廣鐵路或有軌汽車路,並從事於國道、縣道、里道,則不難迎刃而解矣。抑更有進者,現在軍事結束,正議裁兵,如以所裁之兵,分配各省築造國道,並隸歸建設廳調遣管束,不惟可免流爲匪類,貽害地方,而化兵爲工,促成國道,則兩利兼收。謹條列陳於左。

辦法:

一、國道之要點　國道者,由國都通達於各省,又由各省循環於全國,用以轉運物産,開發富源,鞏固國防,灌輸文化者也。故當審擇最重要之交通,而與各省省會、要塞、特別市相聯絡，而又與鄰省孔道相銜接者，而定爲國道焉。

二、國道之審定　宜由中央交通部通令各省，遴選富有交通學識與經驗人員，依照總理原定鐵道系統，而參以各本省之山川、運道、要塞、繁區、鄰封、路徑，以及貨產、商業、民情、戶口一切狀況，擬定各本省國道線，繪其平面簡圖附加說帖，三個月內呈部。而後由部組織審查會詳細討論，決定全國國道綱，繪成全圖，分發各省遵辦。

三、辦路之責任　我國版圖廣大，欲既恃中央財力以築全國國道，事實上殊難辦到，故當與各省分責爲之。舉凡建築之計劃、法則以及管理、營業一切規程，均當由交通部制定頒行。其建築工程，則由各省省政府督同建設廳負責辦理，視成績優劣定廳長考成。一面更當由部設置視察專員，隨時派往各省監視督促，以謀迅捷統一，免貽誤要工。此外，東北、西北各特別區域之邊遠國道，與內地各省情形不同，將來應由部另定建築辦法，俾與內地通聯。

四、機關之組織　國道關係至重，宜由交通部設立國道總局主持國道行政，各省則令由建設廳將原有省道局或公路處改組爲國道分局，專理國道。工程局長由建設廳長兼任之。暨於國道線所經之地，分段設置工程所，專理路工及測量、收地、徵工一切事務。

五、築造之限期　國道開辦後，各省當以全力圖成之，其餘省道、縣道均須列於國道之次。確有餘力，再行建築，否則寧可緩辦。不准以省道、縣道藉口而延誤國道要工。至築造國道至少限度，每省每年須完成若干里，不得逾限推延。

六、法稅之頒布　欲求路政之統一，胥藉法律以施行。應由交通部延聘法律專家兼有交通經驗者，組織國道法規委員會，制定各種法規。（甲）建設國道總則及其施行細則。凡籌撥經費、收用土地、徵派民工、配用裁兵、採辦材料、投標包工等事，均屬之。（乙）國道局組織法。凡總局、分局、工程所視察員之職權、職務任免、俸級等事，均屬之。（丙）國道管理規則。凡保養路面、經營運輸設備、車輛發給車照、徵收車捐、取締行事等事，均屬之。此外更須另組一技術委員會，將建築測繪方法及一切工程問題，如路線方向、寬度、斜度、曲度、灣度、平面、橫斷面、路基、路面、路底排水、橋梁、涵洞、溝渠、隄墻、護欄、路牌廣告、蔭樹等。材料標準，車輛形式，道路名詞，信號，制定規則，公布遵行。

七、經費之籌集　近年各省建築公路所需經費，多就丁糧釐稅附加公路捐,或於特種貨物專抽築路費,或募集公路公債,或由國庫補助。今國道既歸各省分責辦理,就上列固有之欵,先行提用,如尚不敷,再當仿照各省成案,呈請總局核准增抽應用。其係專就一方籌欵專辦一方道路者,不在國道提用之列。至於保養國道經費,則應於車捐、汽車捐及營業收入項下撥用之。

以上所陳,係根據國情及社會現狀草擬大略,當否之處,敬候公決。

婦女縫紉合作社創辦計劃大綱 ①

合作運動的目的,雖然是在改革全部經濟結構而欲使人類的全體享受一種共同的福利,但在目前,對於勞動階級與婦女們尤其負有重大的使命。因爲在現代資本主義社會的環境裏面,勞動階級是成了資產者的奴隸,婦女們是成了男子的附屬品,他們所受的壓迫與苦痛是較任何階級爲尤甚。現在,我們要使勞動階級取得勞動結果的正當利益,而不爲單純的工資勞動者;我們要使婦女們取得經濟的獨立權,而不爲社會的寄生者,惟有使勞動者或婦女們自己互相結合起來,以合作方法去免除在單獨的行動下所不能避免的種種罪惡或災難,和取得在單獨的行動下所不能實現的種種利益。

我們發起婦女縫紉合作社的旨趣和希望,在我們第一次的宣言裏面已經約略地説過了:不過我們覺得徒發宣言是無濟於事的,最要緊的,我們應該確定怎樣進行的一個具體計劃,按步實施,這樣才能使我們合作社的基礎一天似一天的鞏固,這樣才能使我們合作社的事業一天似一天的擴大。

我們知道生產合作的組織和經營比較消費合作爲難,第一是資本,第二是勞動。我們要想把資本與勞動的界綫完全打破而聯成一氣,在目前實在不是一件容易辦到的事,因爲有了資本未必能夠勞動,能勞動的未必具有資本。這種畸形的狀態,使生產合作發生了極大的困難。現在我們所定初步的股本數目,差不多已經募足了,但我們當擴大我們的範圍,要繼續使勞動的婦女多量的加入,充實我們的内容,就是説不要使我們的合作社將成爲一個普通的股份公司,我們的社員不要將僅是資本者,同時必須是勞動者,所以我們在目

---

① 載《婦女共鳴》1931 年第 45 期第 33—35 頁,署"黃曾樾"。

前亟宜加以注重的是歡迎勞動婦女繼續的加入爲本社社員。

歷來經營合作事業的,往往因爲初著手的時候便過事的鋪張,以與企業者或商人階級做並力的競爭,但因沒有雄厚的資本,其結果必然的歸於失敗。我們由以往的經驗知道了經營合作事業必須由小而大,由遠而近。因此,我們特擬定一個進行計劃,將全部計劃分工作三期,每期定爲一年,在這一年中便按照所定計劃次第實行,這樣一定能夠得到一個完滿的結果。

(第一期計劃)

資本——定爲二千元,以現在尚未募足的額數,盡量容納婦女加入。營業範圍——專注重承包各團體、各機關、各學校的制服。因爲承包的工作多半是屬於大批的,第一是適宜於社團工作,即多數勞動者工作;第二是便於購買材料;第三祇需一個工作場所和機器便夠了,用不著什麼門面,可以節省許多的糜費。工作制度——暫定爲論件工制。因爲合作社初辦的時候,營業方面沒有相當的把握,論件工制便可以使合作社的資本不致受營業影響而發生什麼損失。不過這是第一步的預防方法,到了營業已有了把握的時候,論件工制便當立刻廢止。

(第二期計劃)

資本——增加至五千元。營業範圍——除繼續承包大批的制服以外,應進一步注重到批發工作,如編織針襪、毛巾、手套等類,批發到各商店去銷售。工作制度——廢止論件工制,改爲八小時工制。文化事業——設立婦女補習夜校與婦女閱覽室。

(第三期計劃)

資本——增加數目由一萬元至五萬元。營業範圍——到了第三期的營業應劃分如下:(甲)工廠部,(乙)門市部。關於工廠方面的組織大概如左(下):

縫紉——承製廠外的中西服裝,並自製婦女時裝、兒童衣服、內衣、領帶,等等。

編織——主要的編織品是毛巾、被單、針襪、手套、繩衣,並附帶編織花邊及其他有關於婦女或兒童的消費品。

刺繡——以日用禮品、藝術品及枕套、手帕等繡品爲主要。至關於門市方面,除在南京設總發行所以外,可以酌量情形,在其他市場設立分發行所,以增加合作社出品的銷路。

文化事業——第三期的文化事業應推廣如下:(甲)婦女學校,(乙)婦女圖書館,(丙)婦女俱樂部——如音樂室、運動室、運動場、浴室等,(丁)兒童教養所。

以上是我們在三年以內的全部計劃。我們必須共同的努力,使我們的全部計劃,將完全見諸事實,以達到我們的目的。至於三年以後,如果我們的合作社能迅速的發展,那末,社員與資本再可以隨時增加,我們的事業也再可以隨時擴大的。

國民對於國貨運動應有之認識 [①]

中國自鴉片戰爭以後,帝國主義者利用他們的暴力,在中國攫得政治上種種優越地位,以扶植其經濟征略的毒策。中國受不平等條約的束縛,門户洞開,竟成爲外貨的尾閭。降至今日,現金流出,物産枯竭,舶來品充斥於國內市場,日有增加。人民喜用外貨,成爲習慣,不特奢侈品屬之,而且日用必須品亦須仰給於外人。帝國主義者以其剩餘的貨品,購換我國的原料,將我國的原料,加以製造,又以銷售於中國市場,一轉移之間,我國的財力被他們吸收敲剝了許多。此類的損失,大約計算,每年總須幾萬萬元。

總理説:"經濟力壓迫是無形的,一般人都不容易看見,自己並且還要加重力量來壓迫自己。"

我們平日崇拜外貨,盡力購買外貨,我國現金源源輸出,直至現金枯竭,繼以原料品,弄到市面物價騰貴。人民直接受到壓迫,人民才有些覺悟,所以到了近年,國人方如迷夢初醒。五四以後,國貨運動的聲浪,其囂塵上。但是,當運動開始的時期,未始不是如火如荼,熱到萬分,經過一時之後,又是煙消雲散,致貽外人"五分鐘熱度"的譏笑。這是多麽痛心啊!

提倡國貨不是可以徒託空言,能有成效的。過去的國貨運動,大半是因爲受外交的刺激,情感衝動。那時熱血滿腔,大有不論外貨如何需要,如何精

---

① 載廈門第一屆國貨展覽會編印:《廈門國貨展覽會特刊》,1933 年 3 月 15 日,第 73—76 頁。署"黄曾樾"。

良,如何低廉,必定要消除淨盡而後快意,一時又爲愛國的觀念所驅使,不計國貨品質的美惡以及價格的低昂,定要購用。然而事實不能這樣。溯自五四以後,爲著對日的杯葛運動,因而提倡國貨,前後已經有六次之多了。提倡國貨,既然沒有什麼成績,而抵制運動,也不過在抵制的時期,日本人稍爲受點損失,可是事後,反而增加日本對華的輸入。而且國貨沒有相當的基礎,抵制甲國貨物,人民群趨購用乙國貨物,抵制乙國貨物,則反趨於甲國。可見以前的國貨運動,是完全失敗了,對於社會經濟,並沒有得到若何的好處。所以目前要達到經濟靖難的目的,不是抵制運動可以收效,而在於提倡國貨運動。

在屈伏在軍閥統治下的國貨運動,只有青年的學生和一部分的知識分子,單獨搖旗吶喊,當然不能發揚光大。政府不特沒有保護,反而加以摧殘,苛稅橫征,所以國貨的售價,遠過於歐陸遠渡重洋的舶來品;還有局卡員丁的留難延擱,致以貨物窳敗不能銷售,國貨前途因而一蹶不振。現在的國貨運動,當然與從前不同。黨治下的政府,對於國貨運動,積極的提倡,中央且規列七項運動之一,對外廢除不平等的條約,並且毅然裁撤釐金,刪除苛稅,國貨的枷鎖已經解除,國貨運動漸次走上光明的路上了。現在我們對於國貨運動還有應該注意的:

(一)民衆應努力於心理的建設 我們考察目前國貨運動最大的障礙,就是國民缺乏革命的精神,好新奇,務奢侈,縱情浪費,不肯實(使)用國貨,迷信外貨,推崇外貨,以爲用外貨是時髦,用國貨是落伍,致以增高外貨的聲價,阻滯國貨的銷路。按諸貨物供求的原理,有求然後有供,國貨沒有銷路,如何能夠希望發展呢?究其實,中國的貨物是否完全不適用呢?中國的絲綢是成功最先,而品質最良的,一班人何以要拋棄國產的絲綢,去用嗶吱洋緞呢?這一點可以見國人的心理了。此種迷信外貨的觀念不能打破,國貨運動就沒有發展的可能。所以提倡國貨運動,首先要從心理建設做起,將以前迷信外貨、愛用外貨的心理轉移爲崇拜國貨,養成愛用國貨的習慣。

(二)工商界應努力於物質的建設 提倡國貨雖然儘有多人搖旗吶喊,如果生產問題沒有解決,對於事實仍是沒有成效。縱使國內人民上下一致倡用國貨,而國貨品類不完全,供不應求,勢必至驅使國民復用外貨。現在國貨的發展,完全是工商界的責任。政府對於國貨既有特殊的獎勵和倡導,而且國貨的枷鎖,如釐金苛税之類,均已解除;全國民衆,對於國貨運動,已有相當的澈悟,國貨前途,大可樂觀。當此金貴銀賤的時期,外貨的價格增至數倍,正是國貨發展的千載一時機會。從事於工商事業者,不應以過去的失敗因而灰心,應於改進製造方面下一番切實工夫,以謀貨物的精良切用,以副國人殷殷的期望。

我們的出路 [①]

國民月會的口號,有一條是"革除舊習染,創造新精神"。什麼是應革除的舊習染,什麼是應創造的新精神,《精神總動員綱領》已有指示,現在就個人所見到的,再補充一點。

我們知道,宇宙是動的,上下四方曰宇,古往今來曰宙。宇就是空間,在空間,我們所立足的地球是動的,地球所繞的太陽是恒星,天文學家告訴我們,恒星也是動的,空間許多星宿,也在逐漸澎脹,銀河也逐漸膨脹著,甚至整個的空間,也在逐漸膨脹,這都是説明空間是一息不停地在動。宙是時間,時間的過去、現在、未來,是繼續不斷的變動,佛家所謂無常,孔子所嘆"逝者如斯、不捨晝夜",都是説明時間在在不斷的動。再返觀人身,血液在循環運行,細胞在新陳代謝,無時無刻不在動。所以動是宇宙萬有本體存在的根本法則。中國的《周易》,外國的黑智兒,都是研究動的哲學。

宇宙萬有的本體既然是動的,人類生活應該服從這自然的法則,這是天經地義。可是中國的舊教育偏偏主靜,宋明理學家教人修養方法都是主張靜,程子教人半日讀書、半日靜坐,這樣整天躲在書房裏作書獃,試問還能夠替社會做什麼事? 而且靜的結果,祇使官支萎縮,一切無用,變成了一個人的空殼,沒有死也等於死,所謂行尸走肉罷了。

可是西洋人就不然,他們的生活態度是動的。他們休息時間,多打球游泳,所以他們個個都是活潑潑地滿臉堆著生機。中國人休息時間,多上茶館躺著品茗,或者背著手看山聽水。我到過歐美各大城市,看見紐約、柏林的人,走路多帶跑式,巴黎人就差一點,有些搖搖擺擺、東張西望的神氣。至於我國人上街是踱起方步來的,彷彿有些趑趄不前的樣子。如果走路走快些,

---

① 載《公餘生活》1943 年第 1 卷第 2 期第 1—4 頁。署"黃曾樾"。

人家反會批評這人不端重，說他輕佻，許多理學家的語錄和家訓，都是這樣說的。這便是動與靜之分工，也就是活與死之別。

中國人因為好靜，所以一切舉動都遲緩；外國人好動，所以一切舉動都迅速。遲緩的舉動，不能爭取時間，便不能把握良機，終必失敗。因時間就是生命，喪失時間，就是喪失生命。滑鐵盧之戰，拿破崙部下大將賴（Ney）將軍的兵，只比惠靈吞將軍的兵遲到一日，結果大敗，蓋世英雄拿破崙的事業也從此崩潰。朝鮮之役，吳武壯之兵先日本的兵半日到漢城，俘大院君而歸，日軍至，睍睍相顧，未如之何。否則，朝鮮之吞於日，不待甲午之戰矣。且宇宙是無限的，個人的生命則極有限，以一個人極有限的生存時間，來處事治學，如不力求迅速，那就是浪費時間，也就是浪費生命。某小說裏有一首諷刺詩："無事此靜臥，臥起日當午。活到一百年，只當七十五。"詞雖鄙俚，語實有此道理。一個人對應該做的事，今日不動手，明日不動手，試問何事可成？諸葛武侯與劉先主論天下大事，說劉繇、王朗，今歲不征，明年不伐，使孫策坐大，遂併江東。這一對迂闊書生，以慢吞吞的態度來處理一息萬變的時局，結果讓別人成舊業，自己倒霉。此皆迅速與遲緩之效，判若霄壤之鐵證也。

因為好靜，而處事遲緩，因為處事遲緩，弄到日不暇給，遂又生出馬虎的毛病來。反之，因為好動而處理迅速，則時間支配充裕，做事必不厭求詳，非做到精密準確不止。直徑與圓周之比謂之圓周率，我們只說是徑一周三，進一步的，只曉得 π＝3.1416 這數字的小數第四位，是以下一位四捨五入法得來的，有單位下萬分之一的誤差，拿來計算所求不大的量，固然相差無幾，如果拿來計算地軸之長或地球與太陽之距離，那就相差太大了，所以 π 的值，數學家一直要計算到小數點下二十餘位。

π＝3.141592653589793238373……

各位想想，這個數值的精細，至如何的程度。再如國際長度的基本單位米突尺（meter），是以地球子午綫四千萬分之一作標準的，這個標準器用合金鑄成，放在巴黎大學的地下室，室內的溫度保持永久如一，所以長度一點不會發生變化。可是中國人的尺度，是以黍距作為標準的。各位想，黍的本身就大小不一，那能作為長度的標準？我們知道，現代科學的研究，需要精密的測算，測算的單位甚多，基本的是"長度"、"質量"和"時間"——所謂 C. G.

S. 制便是。然而我們的長度，是以黍距作標準，你想還能希望有精密的測算嗎？還能希望有科學研究的發展嗎？

主靜的結果，變成遲緩馬虎，因爲馬虎，所以稍遇阻力，只圖退讓。阿 Q 給人家打了，不敢還手，轉過來自欺地想，這算作兒子打老子。婁師德教他兒子説：臉上給人唾了，連揩一揩都怕人家又發生反感，當讓他自乾。這種退讓到不知恥的哲學，流傳千有餘年，於是乎養成一種神經麻木的國民性。上海租界公園外面，標出狗與華人不准入內，而華人經過，也自居於狗一類，望望然而去，不敢透一口氣。這種的生活態度，簡直弄到一個人沒有一點人味①，雖然明明還是活著的一個人，實際同木偶土像一樣。外人則不然。日俄之役將啓釁時，日人自知一切非俄人之敵，尤其體格方面，一俄人幾等於二人。但在旅順口有俄人睥睨日人，日人不顧一切，將俄人半腰摟住，二人滾在地下，一齊滾到海裏去。日本是我們的大敵，但是他們這種勇敢的精神，不可埋没。

退讓的結果，是消極的人生，頹喪的表現，而我們古時還説是清高豪放。我們歷史上的大詩人如陶淵明、李太白，都是以清高豪放著名的。陶淵明生在國破家亡的時代，他的宰輔世家所服侍的皇朝傾覆了②，而他老先生只管賦詩飲酒、陶情山水。我們讀他的詩，"採菊東籬下，悠然見南山"，"高卧北窗下"，"欲辯已忘言"……所表現的一種悠悠忽忽的態度，真是連打氣都打不起來。李太白處在安史之亂、吐蕃之亂的世代，全國鼎沸，民不聊生，可是他總是沉湎酒色，過他的頹放生活。他的詩大都是"金樽美酒斗十千"、"胡姬進酒使客嘗"，好像生活在另一國度裏，過著太平盛世一樣。有人説："這種清高，這種頹放，是有託而逃，並不是忘情世事。"當知古今那有絲毫不受阻力的人生，遇著阻力，有志的人，是堅毅的奮鬥，百折不撓。譬如治梅毒的特效藥"六〇六"、"九一四"，就是經過六〇五次、九一三次試驗都失敗，等到六〇六次、九一四次才成功的。假使這位製藥的發明家，試驗到六〇五次、九一三次就放下了，我們現在還是沒有這樣的藥品呢！居里夫婦從幾噸煤渣中，發現出一克半克的鐳錠，這是何等耐心研究的結果。所有現代科學的發明和應用，盡是這樣得來的，所以我們需要的是堅毅積極的精神，只有不長進

① "到"，原作"利"，當是手民之誤，徑改。
② "服"，原作"伏"，徑改。

的人,受了阻力,才頹喪消極。

由上面所講的,可得下列公式:

靜→遲緩→馬虎→退讓→消極→死

動→迅速→準確→勇敢→積極→生

依上面公式的靜、遲緩、馬虎、退讓、消極的壞習慣,當然不是古往今來一切中國人都是如此的,但是社會上大多數確是如此,所以變成一種萎靡不振的風氣,形成一個奄奄一息的民族。這個毛病來源,也許因爲中國至今還是農業社會經濟的緣故。農業經濟是春耕夏耘、秋收冬藏,一個種子種下去的時候沒有法子去助長,只好等待他抽芽生根,同時農業生產有不可抗力的自然災變,所以養成了主靜、遲緩、馬虎、退讓、消極的人生。拿來和西洋工業社會的好動、迅速、準確、勇敢、積極的人生比較,我們是太落後了。

可是中國要立國在二十世紀,中華民族要求出路,不能不迎頭趕上人家,建設工業社會。而這一切主靜、遲緩、馬虎、退讓、消極的惡習慣,是絕對應付不了工業社會的緊張生活的。所以我們要求出路,就要改進一個做人的態度,否則社會是無情的,是只有被淘汰! 只有滅亡! 這個做人應取的態度,就是積極、勇敢、準確、迅速! 一言以蔽之曰:動! 動! 動!

十月二日在本處紀念週講

一年來從事市政的感想 [①]

歲月匆匆,我承乏福州市政處長已歷一年了。這一年,福州的光復,日本的崩潰,抗戰的勝利,都一一實現了。這無疑是福州同胞乃至全中華民族最可紀念的一年。

恰好一年平分兩半,前一半是福州淪陷時期,後一半是福州光復時期。淪陷時期,市處流亡小箬,統率市警負擔江右地區守備和策動敵後工作的任務;光復以後,復員工作經緯萬端,如整理財政,清查戶口,編組保甲,肅清煙

---

① 　文附薩本珪《一位博學、清廉的船政學生黃曾樾》後,張作興主編:《船政文化研究》第三輯,海潮攝影藝術出版社 2006 年版,第 330 頁。原注:"這是黃曾樾任福州市政籌備處處長(1944.10—1945.12)的工作感想。1946 年元旦,福州市政府正式成立。原件鋼筆豎行書寫,無注明時間。當寫於 1945 年 11—12 月間。"

毒;恢復各區公所、警察局和附屬機關;興辦各級學校及社教機關;整理人民團體,籌設各級民意機構;修補道路,籌建碼頭;以至救濟、防疫、徵工、訓練國民兵,調查抗戰損失。我們做的雖不多,然而我們時時刻刻在計劃、在實行;我們做的雖不好,然而我們時時刻刻在推動、在改善。如果不至殞越,應該感謝長官的信任、地方人士——尤其是市參議會、市黨部和支團部——的協助,暨本處及各附屬機關同仁的努力。

我說應該感謝上官和地方人士,並不是客套。我想如果是一個民選的市長,他在議會是一個多數黨,他的一切措施自然得到議會的支持;如果是一個政府任命的官吏,他執行政令自然只要對上級機關負責。但是,現在的縣、市長,他的施政計劃和年度預算,要經縣、市參議會審議;同時還要經省政府核准。他是一個政府任命的官吏,平時和縣、市參議會並無淵源;所以他要爭取上官的信任,同時還要爭取縣、市參議會的同情,然後才能夠推行政令;如果政令能夠完滿推行,就是表示已經得到同情和信任,豈非真值得感謝的一回事嗎?

至於我個人的政治信念是民主第一,而民主制度下的官吏,他的態度應該是最容忍、最和平的,他的措施應該是最合法、最合理的。他絕不因爲要達成某種目的而用不合法的手段,那怕目的是最正當而阻力是最蠻橫、無理的。他要排除這種阻力,一定用最民主、最合法的手段。他不惜千回百折,他不怕紆徐延緩。我相信,只憑這一點民主信念,就可能爭取事業的成功。本處一年市政的措施都是依照這方針做的。

復次,高度民主政治是建在人民高度的教育水準基礎上的。這裏所謂教育水準的提高,並不是指一、二人或一部分人的高深學術,而是指全民教育程度的總和。所以,國民教育的普及是民主政治的前提。福州光復以來,不惜萬難復興各級學校,提高教師素質和待遇,目的就在培養健全的公民,爲實施民主政治的基礎。

抗戰在過去一年中是光榮的勝利了。建國的工作應該如火如荼的展開,未來的工作是艱巨的。這艱巨工作的完成需要總動員的努力,而全民向建國之路的總動員需要全民對政令的瞭解、擁護;民主政治就是爭取全民瞭解、擁護的手段。這手段的成功,就能得到建國工作的廣大深厚的力量。我保持這一點信念,我努力這一點工作。

左海珠塵

目　録

左海珠塵

讀栟櫚文集 [①]

　　《栟櫚文集》，鄉先正鄧志宏先生肅所著也。先生，宋南劍州沙縣栟櫚鄉人。明正德四年（1509）永安設縣治，栟櫚屬永安，故先生爲永安人 。徽宗經營艮嶽，朱勔以花石綱敝東南。及艮嶽成，太學諸生爭獻賦頌。時先生在太學，獨上詩十一章以諷諫，末句云“但願君王安萬姓，圖中何日不春風”，因此屏出學。靖康初，以李綱薦，補承務郎，鴻臚主簿。被命押送道釋經板赴金營，覘視敵情，不辱使命，留五十日而還。言：“金人不足畏，但其信賞必罰，不假文字，故人各用命。朝廷則不然：有同時立功相等者，或以轉數官，或尚爲布衣，輕重上下，只在吏手。賞既不明，誰肯立勤？”[②]又因入對，言：“外夷之巧在文書簡，簡故速。中國之患在文書煩，煩故遲。”皆切中時弊。僞楚僭立，先生義不屈，間行奔赴南京行在，擢右正言。痛朝臣無恥，受僞命者衆，疏請如唐安禄山、朱泚之臣，分等定罪。群奸罷斥，得以稍伸正義。耿南仲嘗薦先生，而先生論其沮渡河之戰，遏勤王之兵，誤國如此，乞正典刑。范訥留守東京，先生言：“訥出師兩河，望風先遁，今語人曰：‘留守之説有四：戰、守、降、走而已，戰無卒，守無糧，不降則走。’”[③]訥遂罷。會李綱力主戰，爲主和者所逐，先生爭之，觸執政怒，送吏部，罷歸。“盗”發順昌，先生奉母避亂福清，以疾卒，年四十二。綜觀先生生平，在太學則諫花石，恨僞楚則請黜貳臣，作正言則勘范訥之誤國、表李綱之忠藎，不獨立朝剛正，不愧一代名臣，尤其身值

---

① 載《福建師範學院學報》1962 年 1 期第 147—157 頁。

② 原注:《栟櫚文集》卷十二,三頁。按本文所引《栟櫚文集》係鄧廷楨道光三年翻刻正德本。

③ 原注:同上,二十一頁。

異族侵陵,國家危亡之際,衣冠禽獸媚敵求榮,獨先生大義凜然,表忠鋤奸,民族氣節賴以不墜。其人品如此,固不待文章而傳。況先生之詩,曹廷棟選《宋百家詩存》錄之,吳之振選《宋詩鈔》及之。《宋詩鈔》有目無詩,殆未及刻,後由管庭芬鈔補。先生之詞,王鵬運刻《宋元三十一家詞》有之;其小令誤作李煜詞者,且能亂眞。見《光明日報》"文學遺產"第114期。張夔謂先生論事似陸贄,詩賦似李白,則先生著作在宋代文學之地位可知。顧所著《栟櫚文集》卷數,著錄者聚訟紛紜,莫衷一是。細按之,不煩言而解矣。兹先述《栟櫚文集》之見於重要記載者,次述其刻板源流,作出結論,並論其內容,而以附論殿焉。

一、《栟櫚文集》之見於重要記載者

鄧柞撰《墓表》云:

有文集二十五卷,號《栟櫚居士集》。

按,柞爲先生之友,《墓表》係受先生子慈所請而作,且表墓時距先生之殁僅二十六年,最可信。詳後。

王明清《揮塵後錄》云:

有文集,號《栟櫚遺文》,三十卷,詩附集中。

按,明清,慶元間人。距乾道庚寅(1170)先生之甥饒君袠刊遺文,已三十年;距先生殁,垂七十年。以明清視鄧柞,則一係傳聞,一係目睹;一在異鄉,一同里閈;一得諸輾轉口述,一根據子孫行狀;一有流行遺集可証,一無其他文獻可稽,然則孰可信? 孰不可信? 已昭然若揭矣。

《宋史·藝文志》云:

《栟櫚集》二十六卷。

按,《宋史》係元修,距宋較近,應據刊本或《墓表》著錄,作二十五卷。今作二十六卷,當係多卷首或附錄一卷。

曹廷棟《宋百家詩存》云:

《栟櫚集》二十五卷。

按,廷棟應係據正德本選録①,故云二十五卷。見後。

《四庫總目》云：

> 《栟櫚集》十六卷,詩一卷、詞一卷、文十四卷。

按,《四庫全書·栟櫚集》,實二十五卷,而《總目》云十六卷,係將詩十卷誤作一卷,故合詞一卷、文十四卷爲十六卷。

瞿鏞《鐵琴銅劍樓書目》云②：

> 《栟櫚先生文集》二十五卷,舊鈔本。
>
> 題宋承事郎、守左正言、主管江州太平觀、賜緋魚袋、鄧肅志宏撰。乾道中有刻本,正德中永安林玹得其本,邑令南海羅廷佩刻之,凡詩十卷、樂府一卷、文十四卷,與別本不同。有胡瓊、林玹序。舊爲邑人曹彬侯寫本。卷首有曹炎之印、彬侯二朱記。

按,所謂別本,應係指崇禎刻十二卷本。見後。

莫友芝《郘亭知見傳本書目》云：

> 路小洲鈔本《栟櫚集》二十五卷。張月霄鈔本《栟櫚集》二十五卷。

丁丙《善本書室藏書志》云：

> 祁氏淡生堂明鈔本《栟櫚集》二十五卷。

按,以上三種應係抄正德本,故卷數相同。

《福建通志·藝文志》云：

> 《栟櫚集》二十五卷。

按,《藝文志》引閩縣陳徵芝《帶經堂書目》,亦云二十五卷。

《沙縣縣志·藝文》云：

> 《栟櫚集》二十五卷。

---

① "廷棟",原作"棟亭",據前文改。

② 按,即《鐵琴銅劍樓藏書目録》。

《永安縣志·本傳》云：

> 有《枡櫊集》二十五卷。

按，《通志·本傳》云"二十卷"①，《永安縣志·續志·藝文》云"二十卷"，應係十字下各落一"五"字。

《國藏叢書提要》云：

> 《枡櫊先生文集》二十五卷，前國立北平圖書館藏。
>
> 此明正德十四年羅珊永安刻本，半葉十行，行二十字。蕭志節之士，爲太學生時，以獻詩諷諫花石被逐，知名當世。王明清《揮麈録》稱蕭集三十卷，此本僅二十五卷，即以《花石詩》冠首，當是後來重編。然較清《四庫》所收之十六卷本，多出詩九卷，各家著録亦無有早於此者，自是世行蕭集最古之本矣。

按，作提要者未見《墓表》，所以仍以《揮麈後録》所記卷數爲據。並不知《四庫總目》誤將詩十卷作爲一卷，故謂此本卷數當是後來重編，且較《四庫》本多出詩九卷。

鄧廷楨《雙研齋筆記》卷六云：

> 《枡櫊集》二十八卷，樂府附焉。乾隆間採入《四庫》。

按，此條與所刻《枡櫊文集》二十五卷跋語不符，《四庫》所採實二十五卷也。詳後。

以上爲《枡櫊文集》見於記載之大概。現存之本，除前國立北平圖書館所藏正德本外，吾藏有兩種版本：

鄧廷楨道光三年據正德本重刻於江寧之二十五卷本。下簡稱道光本。

鄧國選咸豐九年據崇禎本重刻於永安之十二卷本。下簡稱咸豐本。

---

① 按，原作"二十五卷"，與下文"應係十字下各落一'五'字"不符。查《（民國）福建通志》本傳，爲"二十卷"，據此改正。

二、《栟櫚文集》刻版源流

集凡六刻。

初刻於宋孝宗乾道庚寅六年（1170），先生甥饒君所裒刻，有同里陳沃、張夔跋可驗。時距先生没垂四十年。兩跋見咸豐本。

陳跋云：

> 正言公資幹挺特，器局宏深，可謂驚代之人豪，應期之王佐者也。少年談論，類皆膾炙人口，跡其著於翰墨，則有爛然之文；立於朝廷，則有凜然之節；休聲偉譽，騰播於海宇者借借焉。惜乎！命有所制，中壽而亡。使天假之年，以抵於今，其施設爲如何哉！公之甥饒君，好學重義，切慮歲時浸邈，盛名雖顯，而遺文或至於泯滅，乃搜尋裒集，命工刊版，以永其傳，此亦士大夫所幸得而見也。僕與公同居里閈，稔知始末，故輒忘鄙陋，書此以叙嘆服之誠云。乾道己丑中秋，右從政郎、前永州東安縣令陳沃題。

張跋云：

> 士之特立獨行有所用於世以知名海内者，顧所學所養如何耳。皇宋中葉，以舍法取人，居庠序者急利禄計，競以老莊王氏之説扇爲虚浮，一時士氣，往往靡然不振，不特英風義概，難乎其人。蓋自舉業之餘，他文未必有可人意者。正言先生當政宣間方妙齡，天才豪邁，卓然自拔於流俗中，廣博經傳，馳騁古今，落筆動數千言，固已氣吞場屋，碌碌視餘子矣。至於行有餘力，發爲風騷雜著之文，談笑頃刻間，輒出驚人語，傳之者莫不一唱而三歎。繼而魁貢於賢關，感激時變，引義慷慨，首進罷花石箴諫之詩，忠痛冤疏，公卿爲之動色。果自布衣召，擢寘言路，憤世嫉邪，排擊僭偽叛臣之黨，凡時事人所難言者，公悉力陳。今以遺稿觀之，其剛直嬰鱗之氣，雖與日月爭光可也。自非所學所養，淵源澄深，不以富貴利達動其心者，奚至是哉！惜其不幸早世，未就勳業。然仙去將四十年，盛德彰而名聞流，以彼易此，得失較然，豈非所謂死而不亡者耶？栟櫚舊有集，散逸頗多。今宅相饒君好古，悉取家藏繕本，鋟板遠傳，與學者共，其志尚尤足嘉者。難弟志中，又素敦羽翼之愛，不鄙固陋，囑以題跋。夔也么麽晚進，曷

足以盡先達之美！蓋嘗觀蘇東坡之序歐陽公文，有曰："論事似陸贄，詩賦似李白。"僕不佞，輒於先生亦云：必有能辨之者。重唯無似之跡，蓋自童蒙已知仰慕公之名節久矣，矧今得全書，欽誦以警所未聞，而屢瑣姓名，乃忝附驥以托不朽之傳，非爲幸之大耶！謹整襟再拜以書。乾道庚寅十月既望，鄉末、左承議郎、新監行在左藏南庫、賜緋魚袋、張夒謹題。

按，陳沃、張夒均係先生同里後進，"稔知始末"。陳跋作於乾道己丑，張跋作於次年庚寅，距先生之殁，僅三十七、八年。且一受先生甥饒君之請，一受先生弟志中之請而作，跋中雖未言卷數，但先此十二年先生之友鄧柞所撰《墓表》，已明言二十五卷，此皆刻集經過及《栟櫚文集》卷數最有力之証據。

再刻於宋理宗淳祐甲辰四年（1244），知縣段震午重刻，有跋，見咸豐本。段跋云：

> 栟櫚與了齋皆沙陽人，生相先後，大節相頡頏，直言勁氣，皆足以褫姦邪之魄，故天下無賢不肖，皆稱爲直臣。今觀其文，如《尊堯集》與《花石詩》，均爲敢言而愛君。擊章黎、安石疏，與彈耿、范叛臣章，均爲憤世而嫉邪，雖流離困斥，槃奧不偶，而忠義之氣無一日少衰。嗚呼，忠矣！惜其言之不售也。使了齋擊逐京、卞之言獲售於崇觀之初，則姦臣屏斥，必無北狩之踉蹡。使栟櫚留相李綱之論不棄於建炎之日，則正論尚存，必不止南渡之局促。忠如二子，竟不能安其身於朝廷，豈非天乎？至今郡邑之士，率好直尚氣，蓋其典型猶有存者。震午試邑於茲，誦其詩，讀其書，恨不得與之執鞭。忠肅公先從祀於孔夫子門，栟櫚公文炳於世而後從祀，今因肖其象與忠肅公齊美，取其文重鋟諸梓，以致高山景行之思云耳。淳祐甲辰，廣漢段震午跋。

按，跋云"取其文重鋟之"，以文義言，當是依乾道本重鋟，無所更動。以上兩本均刻於沙陽。

三刻於明正德己卯十四年（1519），知縣羅珊據邑人林孜編校本刻於永安，爲卷二十有五，有跋，見道光本。羅跋云：

> 栟櫚鄧先生，有宋之大儒，爲名諫官，誠一代之人豪也。予嘗觀《宋史》，至先生事高宗爲左正言，時忠邪並列於朝，先生獨奮然累疏以攬奸

佞，天下賴之以安，則其忠義之激切，有以得其大略矣。第未獲覩其全文，每以爲恨。幸而叨禄永邑，鄉進士林思舜會間道及先生文集，舊梓昔已厄於爐，今幸猶有筆之者，因得而觀之、玩之，見其文醇義正，自爲機軸，實於世教深所裨益，而謂先生在鄉賢中當與楊、羅、李、朱並稱，而文章固無忝焉。蓋均爲後世師範，亦均之與天地相爲悠久焉耳。道學之傳自有公論，奚可以其著述之顯晦而遂少貶之哉？遂刊之，以永其傳。若其履歷之表表見於平素，則胡侍御、林思舜二先生已備述之矣，兹不復贅。時正德己卯孟秋朔日，後學南海羅珊謹跋。

按，林孜序云："舊刻在沙陽，兵燹之後，久已泯逸。孜自幼景慕其節義，思得其文以服誦之，遍訪之士大夫家，或得其前帙，或得其後帙，又字多磨滅，欲復鋟諸梓以傳永遠，力不能副，久歉於懷。近方搜求全備，遂命書人繕寫，親自校正，分例定式，庶幾足爲善本，以俟刻工有日矣。適縣尹南海羅侯廷佩蒞任敝邑，……遂索其文集，命工刊刻。"是則正德本之例式，爲林孜所定，非宋本之舊，彰明昭著矣。同郡胡瓊序云："乾道、淳祐中斯集已一再刊矣。顧其版世遠莫存，鄉進士永安林君思舜得其册於故老家，既爲定次，而邑大夫南海羅君廷佩請續梓之，思舜且來徵序。"謂林孜爲之"定次"，亦可資佐証。但正德本之例式，雖非乾道本之舊，而兩本之内容並無出入，因林孜明云"搜求全備"也。且其卷數，與《墓表》所言相符，是照舊之証。所謂定式，殆以《花石詩》冠首乎？

四刻於明崇禎癸未年（1643）[①]，先生十八世孫鄧四教重刻於永安，十二卷，有跋，見咸豐本。

按，四教跋語，未言卷數，亦未言據何本重刻，但云："邑侯羅君廷佩諱珊者，尊重先賢，命刊是集，表崇之，以爲學者勵。"則係根據正德本可知。再觀鹽山孫葆元爲鄧國選所作序文云："集刻於宋，據《墓表》云二十五卷，今所携閲者，止十二卷，係明崇禎間重刻，意必當時散逸，搜訪無從。"則崇禎本只有十二卷無疑。跋作於乙酉，乃弘光元年，不書正朔，避忌諱也。鄧四教，《縣志》有傳。

五刻於清道光癸未三年（1823），江寧鄧廷楨重刻於秣陵，二十五卷，有跋。

---

① 按，"癸未"，原作"末"。崇禎末年標注公元紀年爲 1643 年，殊不可解。當是脱"癸"字，誤"未"作"末"。崇禎癸未十六年，即公元 1643 年。

按錢儀吉叙及廷楨跋,知係廷楨守寧波時,於蕭山汪氏得正德本重鋟,秣陵陶士立慎齋用歐體字精楷書寫,江寧顧建亭董刊,精美可愛,與鄧四教本實同出一源。

六刻於清咸豐己未九年（1859）,鄧國選重刻於永安,十二卷,有跋。

按,國選跋云:"是集之刻,自宋乾道始,嗣而明正德時一刻,崇禎時又一刻,今所傳者是也。按,尚有淳祐刻。嘗考先生《墓表》,《文集》原二十五卷,今只存十二卷。夫明距宋未遠,而卷帙已逸其半,況由明至今,又歷二百餘載,舊板難尋,而斷簡殘編,亦不過一二於千萬,則自今以往,蠹朽堪虞,安知不漸歸煙滅乎?……遂付剞劂,其編次悉依四教公重梓舊本。"據此及孫葆元序,則崇禎刻本只有十二卷,即國選所據以重刻者也。但鄧四教所據以重鋟之正德本,分明二十五卷,四教何以竟刻成十二卷? 推其原因,只有兩種:

一、真如國選所言,至崇禎時已逸其半。

二、鄧四教重刻時,任意顛倒歸並。

按,第一種推測萬不可能,因為:

甲．如逸其半,則應逸前半帙,或逸後半帙,或逸其中之某幾卷、某幾體,斷不能如今流傳之各體完備也。

乙．兹將兩本核對後,内容完全相同,僅排列次序與分卷數各異,則並無散逸矣。且按《國藏提要》所記,先生集以絶句《花石詩》冠首①,按,此爲自來分類編集者所無。殆林孜所定式例。道光翻正德本即是如此,猶可証驗。而崇禎本乃以奏劄子爲首,改爲十二卷,必爲鄉曲小儒所妄改無疑。觀此十二卷中,末卷名爲外集,全是有關彼教之文,可見改編者之用心。

因此,吾斷定十二卷係鄧四教所改,鄧國選據以重雕,未加校正,遂漫謂已逸其半。此刻粗陋,與道光刻之精雅,有上下牀之别。尤疏於校勘,如目録卷八啓,末行忽有"跋朱喬年所跋王安石字"一行,係將下卷題跋之末行誤列於此,而集中此篇却在卷九之末,此其一;卷五標題古風,卷六標題古詩,不一致,此其二;卷九下忽有"勇帙"兩字,無意義,此其三;震於二十五卷之數,而覈其内容,完全相同,乃遽謂已逸其半,此其四。此以版本言也。若以内容言,則道光本反遠遜咸豐本,兹列表明之。

---

① 原注:道光翻正德本《耕櫨文集》係分類編纂,卷一絶句,而以《花石詩》冠首,是誤以古詩爲絶句也。

版本	卷數	次序	優劣	
			缺 字	誤 字
道光五本	二十五卷	卷一　絕詩	林序一頁十九行缺三字	
		卷二　律詩		宦,二頁二行
		卷三　律詩		
		卷四　古詩		高,三頁四行
				夭,七頁二行
		卷五　古詩	七頁九行缺二字	杳,七頁九行
		卷六　古詩	一頁十九行缺六字	
		卷七　古詩	一頁二十行缺二字	
			廿一行缺三字	推,二頁三行
			三頁十七行缺三字	
			十八行缺一字	
		卷八　古詩	四頁十六行缺二字	
		卷九　古詩	五頁十三行缺二字	
		卷十　古詩		
		卷十一　樂府		否,五頁十二行
		卷十二　奏劄子	二頁十四行缺一字	之,三頁十二行
		卷十三　文		切,三頁十四行
		卷十四　書		敢,五頁十四行
		卷十五　序		
		卷十六　記		問,二頁廿二行
		卷十七　記		
		卷十八　記		
		卷十九　題跋		閣,一頁二十行
		卷二十　題跋		
		卷廿一　啓簡		
		卷廿二　祭文		
		卷廿三　疏語		
		卷廿四　誌銘		
		卷廿五　評論		本,二頁六行
咸豐本	十二卷	卷一　奏劄子	新基址三字不缺	宦
		卷二　序記	漿澆二字不缺	喬
		卷三　絕詩	何妨笑學杜陵六字不缺	夭
		卷四　律詩	覺笑二字、平生數三字均不缺	杳
		卷五　古風		推
		卷六　古詩	疾惡端三字、期字、均不缺	不
		卷七　樂府		伐
		卷八　書啓簡	未悟二字不缺	竊
		卷九　題跋	垢耳二字不缺	散
		卷十　文、祭文、誌銘	明字不缺	聞
		卷十一　評論		閣
		卷十二　外集、序、記、疏語		未

三、結論

綜觀上述,可作結論如下:

(一)《栟櫚文集》應以先生之友鄧柞所撰《墓表》爲據,作二十五卷。

(二)正德本與乾道本内容相同,唯正德本之例式爲林孜所改定,非乾道本之舊。

(三)道光本與咸豐本卷數雖有不同,而内容則完全無異。

(四)《四庫總目》所謂十六卷本,即二十五卷本,而誤將首十卷詩合爲一卷,以致目録與書不符。

總而言之,《栟櫚文集》自乾道初刻,至咸豐六刻,内容完整,並無散逸。

道光本附有鮑桂星《校勘記》,所疑誤之字大抵咸豐本不誤,已見上表。《校勘記》之名不妥:鮑氏只有一正德本,并無他本可資校對也。因此,只能作疑似之辭云某當作某,所推測而當者固多,誤者亦不免。至於道光本空白字較咸豐本多,殆因所據之正德本有殘破,無法填補之故;而誤字亦較多,則因咸豐本經鄧四教、鄧國選一再更正也。

《栟櫚文集》名稱不一,《墓表》作《栟櫚居士集》,《揮塵後録》作《栟櫚遺文》,《宋史·藝文志》作《栟櫚集》,嗣後見於著録者,或作《栟櫚集》,或者《栟櫚文集》。道光、咸豐兩本皆作《栟櫚文集》,兹從之。

《栟櫚文集》流傳絶少,《紅雨樓題跋》[1]云:"余舊有《栟櫚集》,闕首帙,藏之數年,每以爲恨。今歲元旦,偶過謝在杭齋中,於冗書中檢得首帙,正可補余之闕,遂乞而合訂之。板雖不同,而於全編略無遺漏。余生平不厭斷簡,往往掇拾成部。此書以無意求之,乃成完璧,亦可喜也。萬曆戊申正月十三日,徐興公識。"興公以藏書名,搜求之勤可知。在明季已不易得一完整之《栟櫚文集》,其稀罕亦可知。據興公所云,當時有兩種板本,惜徐氏未書明也。

上海市立圖書館藏有蔣西圃手校章式之補校道光本《栟櫚文集》,吾曾倩人將校語迻録於所藏本上,多可采者。有章式之及鄧孝先跋。鄧跋云:

此册舊爲外舅能靜先生藏本,外舅爲先曾祖孫壻,蓋先曾祖刊既畢,

---

① 　原注:見繆荃孫刻《重編紅雨樓題跋》卷一,三十八頁。

分貽親友,故卷首題"按察府君遺存"六字,即能靜故筆也。內兄君閎大令出以示余,且曰:"君家所刻先集,兵燹之後版既不存,固當舉以貽君。然家藏只此一冊,他日倘於別處購得,望完璧之歸趙也。"余諾而受之。數年中,覓諸廠肆無所得,而篇末損數行字亦無從補綴。今年七月,在都門晤章式之外部,詢知金陵藏書樓有是集,因馳書丁君秉衡爲鈔寄來,不逾旬而至,因得補書如左。先曾祖刻是集垂一百年,寒家無存者,非得君閎、式之兩君先後爲余蒐輯,幾不睹完帙矣。敬書緣起,以志感幸。宣統三年九月,二十四世孫邦述謹記。

孝先爲廷楨後人,喜聚書,其得此書之難如此。章跋云:

　　群碧樓藏遠祖宋正言栟櫚先生文集,爲先曾祖嶰筠制軍道光三年刊本,仿宋開板,今不多見。孝先舉債聚書,不悋高價,乃又得蕘芸、滂喜遞藏鈔本,爲卷十二,經蔣西圃據黃蕘翁藏明刻本硃筆校改,分作二十五卷。觀其分卷同道光本,則知制軍當時所得於蕭山汪氏者,與士禮所收實出一源。鈔本十二卷,必裔孫四教君重刻時並省。制軍跋語謂先得採進本十六卷,又於《永樂大典》得詞一卷,《百家詩存》得詩一卷,後又得正德本,多出八卷,合計應二十有六卷,則係歷敘見此書始末,至付刊時,則全據正德二十五卷本矣。壬子四月與孝先辟地津門,發篋屬校,篇數無出入,文中字跡則有異同,且補缺文甚多。鈔本敘跋爲道光本未載者,則列目於後,以待鈔補。風塵傾洞,唯此書中歲月,尚堪遺有涯之生。孝先收藏校勘,事事勝人,取而審定之,亦窮愁中一樂事也。是年是月二十有七日,長洲章鈺記於聽鵑僧舍。

謂十二卷本爲鄧四教重刻時並省,與吾意合,唯未說明所以然。

　　栟櫚詩文在宋不媿名家,爲氣節所掩,且遺集難得,故知之者稀。《南宋文範》選文五篇,不足見先生抱負之全。《宋百家詩存》《宋詩鈔補》錄詩較多,尚不能見先生學術之大。先生於詩文致力甚深,而取徑甚正。其《昭祖送韓文》云:

　　兩鳥相酬不肯休,欲令日月無旋輈。斯文未喪得韓子,掃滅陰霾霽九州。古來散文與詩律,二手方圓不兼筆。獨渠星斗列心胸,散落毫端俱第一。陋巷嗟余四壁空，惡本雕殘付蠹蟲。雖得一班時可意，魚魯紛紛意莫窮。好古誰似城南杜，平生不矜潤屋富。力刊善本妙毫釐，日費千金曾不顧。老藤截玉奴側理，千古松煤騰碧煙。入手五行俱可下，兀兀短檠忘夜眠。我生嗜好隨時改，獨有此書心不解。欲酬厚意錐也無，更爲先生作阿買。

"我生嗜好隨時改，獨有此書心不解"，其學韓之篤，已自道之矣。先生目擊異族入侵，人民塗炭，君臣無恥，賣國偷生，悲憤填膺，發爲韻語，故詩筆雅健而情感真摯，在蕭千巖、劉後村之上。如《靖康迎駕行》《後迎駕行》《送李狀元還朝》《賀李梁溪先生除右府》諸詩，抗敵之雄心，恢復之壯志，奔赴筆下，最足感人。《劉忠顯輓詩》之歌頌民族英雄，《偶成》七古之描寫戰禍，皆不啻以淚寫成，真血性文章也。《避地雷劈灘》云：

> 門前又見馬如流，兵革繽紛幾日休？嶺似車盤方稅駕，灘如雷霆更行
> 舟。豺狼敢侮乾坤大，江海徒深蟻虱憂。安得將壇登李郭，挽迴義御照神州。

詩人雖在倉皇避亂，仍念念不忘國仇。"豺狼敢侮乾坤大，江海徒深蟻虱憂"，忠言不納，手無斧柯，只望有愛國名將，能驅除胡虜，收復山河，如李光弼、郭子儀之蕩平安史，再造唐室。《偶成》云：

> 數椽茅屋傍山隈，野草如雲徑不開。小院縱橫行蟻陣，孤燈明滅縱蚊
> 雷。並包益見乾坤大，掃滅何時風雪來？磊塊胸中何處洗，酒行到手莫停杯。

作者雖竄身荒野，而憂時之切，無刻或忘。無如小朝廷上，小人充斥，像小庭院內蟻陣縱橫。大局昏闇，國已垂危，而權奸猖狂，何異蚊雷作黃昏之鬧。朝廷無恥，以寬大自詡，欲兼包而並蓄，詩人疾惡難忍，切盼嚴冬風雪將其掃除。愛國之情，躍然紙上。堪與媲美，唯有陸游。

栟櫚之文多爲事而作，條暢而切於事理，有歐、蘇之風。蓋愛國憂民之意，同仇敵愾之情，洋溢於行間，足起頑而立懦。而論事切中時弊，諫諍奮不顧身，不仕僞楚，痛斥貳臣，實天下之大勇，故發爲文章，皆節義之流露。其奏劄子十九章 [①]，所論皆關係國家興亡之大計，如論賞罰，留李綱，請定仕僞楚

[①]　原注：見《栟櫚文集》卷十二。

諸人之罪案,斥耿南仲、范訥之誤國等,皆大義凜然,綱常所繫,應作歷史珍貴文獻觀,不徒以文章之光明俊偉爲世重也。他如《弔墨蹟文》對蘇軾之贊美,《具瞻堂記》對李綱之表揚,不顧利害,獨申正義,皆天地之至文,爲一代之名著。

枡櫚先生不僅節義文章彪炳千古,而詩餘小令入《尊前》紹二晏,亦高唱也。《枡櫚文集》卷十一爲樂府,共四十五首。王鵬運刻《宋元三十一家詞》有《枡櫚詞》,共四十六首。除《瑞鷓鴣》一首小注云:"此闋本集入律詩中,今録此。"其餘與集中樂府悉同。《福建通志·藝文志存目》有《枡櫚詞》一卷,知曾有單行本,可見《枡櫚詞》早爲世所重。

《類編草堂詩餘》有《長相思》(一重山、兩重山,菊花開、菊花殘)一首,題爲李煜作,故論李後主詞者多引之[1]。此詞見《枡櫚文集》卷十一及王刻《宋元三十一家詞》之《枡櫚詞》中,爲枡櫚之作無疑[2]。

枡櫚詞委宛深秀,至被認爲李煜詞而莫辨,寄託遙深,與其詩文本無二致。惜傳本甚稀,故操選政者僅轉相稗販以備家數,不足見《枡櫚詞》面目之真。如《閩詞鈔》《閩詞徵》均只選《長相思》(一重溪、兩重溪,梅花飛、雪花飛),《生查子》(執手兩淒然)及《南歌子》(云繞風前鬢)三首,皆從《詞綜》抄來者。其實枡櫚詞亦如其詩文,大半憂時感事之作,若《臨江仙》九首寫行邁之情;《菩薩蠻》第十首之"破賊凱旋歸,沖天看一飛",寄恢復之望,皆顯而易見者。兹再舉《南歌子》四首之一云:

竹影窺燈闇,泉聲語夜長。小窗無夢到高唐。獨引三杯,長嘯步修廊。　　月午衣衫冷,蓮開風露香。欄干西角下銀潢。我欲乘槎,天上泛銀光[3]。

可謂"身在江湖,心存魏闕"。其二之下半闋云:"曉雨雙溪漲,歸舟一葉輕。杳無青翼寄慇懃,目斷煙波漁火又黃昏。"澤畔行吟之感,日暮途遠之憂,殆兼而有之。其四云:

驛畔爭攎草,車前自喂牛。鳳城一別幾經秋。身在天涯海角、忍回

---

① 　原注:見《文學遺產》第89及103期。詞云:"一重山,兩重山,山遠天高煙水塞,相思楓葉丹。菊花開,菊花殘,雁已西飛人未還,一簾風月間。"

② 　原注:同上,第114期。

③ 　按,"銀",所見正德本、崇禎本均作"寒"。

頭。　　旅夢驚殘月，勞生寄小舟。都人應也望宸遊。早晚忽忽佳氣、滿皇州。

流離顛沛之中，攖懷恢復，愛國之殷，千載下猶令讀者感發而興起，故表而出之。

栟櫚不獨工詩文詞，亦工書。集中卷十九有《書法貼》二則，卷二十五有《論書》七則，皆精到語，可見先生之多才多藝。

四、附論

竊有疑者：鄧廷楨一代名臣，與林則徐勠力禦英，竟遭遣戍，學問淵博，精音韻之學，所著《詩雙聲疊韻譜》《說文雙聲疊韻譜》《雙研齋筆記》，於音韻多所發明，既自稱爲栟櫚二十一代孫，所刻《栟櫚文集跋語》及《雙研齋筆記》卷六均謂栟櫚罷職後隱居洞庭西山，歿後葬綺里，《筆記》且詳記葬地，不知何據。竊以《墓表》爲栟櫚之友、朝請郎新通判吉州軍州、主管學事、兼營內勸農營田事、賜緋魚袋鄧柞撰，時距栟櫚之歿，僅二十六年，其言當可信。表云：

> 公南還閩中，太夫人羅氏尚康強，日侍親側，先意承志，極甘旨之養。賓至則相對笑言，飲酒賦詩，以觴詠自娛，不戚戚嬰望。久之，始有宮觀之命。偶"盜"發順昌，公奉親避地福唐，因侍母疾，積憂成病而卒，實紹興二年五月初九日也，享年四十有二。七年十二月，歸葬於沙陽羅坑先塋之側。有文集二十五卷，號《栟櫚居士集》。娶童氏，後公十七年卒。有子曰普、曰慈，普早卒。初，公之亡也，慈纔三數歲，故公即世距今二十六年，而高名大節，未能表於當世。適朝廷有旨，采建炎以來曾任鄉監以上官，仰其家具所有行狀、墓誌發付史館日曆所，以憑修纂。慈一日忽詣余曰："先子事迹，唯夫子知之爲詳，願托記述，以傳不朽。"予與公學校之舊，蒙知遇最深，其敢以固陋辭！乃論列其行事，表於其墓之原，以告於後之人，且以寫予之思云。

文中一則曰"南還閩中"，再則曰"避地福唐福清……病卒"，三則曰"歸葬沙陽羅坑先塋之側"，事實具在，何能卒於洞庭？如隱居洞庭佳山水間，何以詩文中無一字及之？況《宋史·本傳》云："執政怒之，罷歸家。紹興二年，避寇福唐，以疾卒。"《福建通志·列傳》云："二年五月，上章辭禄，轉承事郎，致仕。'盗'發順昌，奉母避亂福清，以疾卒。"《家乘行狀》云："建炎戊申二年，公乞歸。卒紹興二年五月初九日，年四十二。"記載分明，何能死葬綺里？殆自江表以來，世以閥閱相尚，爲族譜者恒攀附名流，自高門望。鄧公據家譜爲斷，故有此失。或者建炎前後，南渡舊家流傳無間，子姓所在多有，栟櫚後人有死葬綺里者乎？至《雙研齋筆記》所謂集二十八卷，樂府附焉，乾隆間採入《四庫》，與所作跋語不符，殆因《筆記》爲鄧公身後子孫所刻，未加檢定，不足據也。跋謂："出守寧波，始於蕭山汪氏覓得此本，爲正德十四年刻，視採進本多八卷。"按，採進本既作十六卷，正德本二十五卷，則多出者應是九卷，"八"字誤。

《栟櫚文集》編纂體例不善，如以絶句爲首，分體編集者無此例。編年者又當別論。編者之意無非欲以《花石詩》冠首，不知《花石詩》係古體。其序明云："謹吟成古詩十一章，章四句。"何得列爲絶句？且刻本字句譌奪異同者甚多，綜合鮑、蔣、章諸家校語，參酌各本異同，重新寫定授梓，倘亦有心表揚節義文章者所樂爲乎？

本文承福建省立圖書館薩館長士武提供珍貴材料，特此誌謝。

永覺和尚廣録探微 ①

"滿朝袍笏迎新主，一領袈裟哭舊王"，此明末鼓山湧泉寺主持永覺禪師

① 按，該文凡三見，一爲黃家藏稿之光盤刻録書影（以下簡稱家藏稿），二爲福建師範大學圖書館藏抄本（以下簡稱館藏本），三爲周書榮先生整理本。家藏稿共四十拍，綿紙，無行格，正文半葉十行，行二十五字，賀航跋及題署二紙爲複印件。書衣題簽作"廣録探微"，扉頁題"永覺和尚廣録探微，黃曾樾初稿"，鈐"曾樾初艸"白文方印。次頁題"永覺和尚廣録探微"，署"畏叟題"，有"畏叟周甲子有二十年後之記"陽文章（殆係複印件，未詳底色）及"二十季前舊板橋"白文方印。次賀航撰跋，鈐"賀航"陰文章及"珠江畏叟"陽文章。正文首題"永覺和尚廣録探微"，鈐"摘埴素塗"白文方印。稿多改乙。館藏本首題："永覺和尚廣録探微，黃曾樾著。"末附鄭麗生跋、賀航題識及錢履周題跋。館藏本以鄭麗生先生據稿本所抄者爲底本而抄存。鄭抄未見。然鄭抄之後，黃曾樾先生又曾多次修改原稿，該館藏本則如其舊。周書榮整理本據薩本珏先生所藏稿本複印件整理，刊於《福建佛教》1998 年第 2 期第 17—22 頁、第 3 期第 19—26 頁。此次整理，以家藏稿爲底本，參校館藏本、整理本及相關文獻資料。鄭麗生跋、賀航題識及錢履周題跋移置附録一。

句也[①]。哀宗社，斥貳臣，忠義之氣溢於言表，永覺豈尋常釋子哉？其行實見《林涵齋集·鼓山永覺賢公禪師行業記》及《福建通志·高僧傳》。其所著《建州弘釋録》《禪餘集》著録於《明史·藝文志》[②]，《鼓山志》著録於《四庫總目》[③]及《通志·藝文志》，《通志·藝文存目》有《永覺禪師語録》及《弘釋録》[④]，而明一法師所編《鼓山湧泉禪寺經板目録》記載尤詳。其有關經論之撰著，姑存而不論。僅以詩文言，篇章宏富，筆機暢達，匪獨闡識流性海之微言，而抒忠懇之真誠，紀晚明之遺事，一腔悲憤，頗富史材，顧三百年來知之者少。鄭君麗生撰《鼓山藝文志》，言之頗詳，惟尚屬草創。因摘永覺遺著中有關明清之際史實者，略加詮釋，以資感發，未知能仰窺萬一否也？

永覺著作凡三十餘種，除《最後語》乃圓寂之冬謝飛卿爲之刊布外，餘皆生前梓行。化後三年，弟子道霈復收輯爲《永覺和尚廣録》三十卷，與原

---

① 原注：魏杰《鼓山吟草》卷一《建立五賢祠序》云："明祚將盡，遁居鼓山天鏡巖、白雲洞、吸江蘭若等處，守節完義。故元賢老人有'滿朝袍笏迎新主，一領袈裟哭舊王'之句，甚可悲也。"按永覺詩收入《廣録》二十四至二十六卷，此首已被削去，以《廣録》成於順治十七年庚子，其時忌諱正嚴也。其《西湖有感》云："柳外烟浮日正晡，坐看蝦蟹翻春蒲。滿前盡是新歌舞，誰爲君王弔舊都？"同深禾黍之痛。見《廣録》卷二十六。《廣録》流傳甚少，現惟鼓山湧泉寺藏有全部（中有缺頁已爲補上），書口上方有"China 撰述"四字。按《江蘇國學圖書館圖書總目》卷二十九下《子部·釋教類》，分佛經爲大乘、小乘……外，另立"China 撰述"之部，如釋智旭《閱藏知津》作"此方撰述"，以別於"西土撰述"。

光緒丁丑三年，福州怡山長慶寺曾重刊《廣録》，現泉州開元寺藏有殘本四册，共存卷一至十二、二十九至三十，末附捐資鏤刻姓名三頁，末頁末行刻"光緒丁丑孟春重鐫，怡山長慶寺藏板"。其下雙行刻"住在泉城内西鼓樓文寶堂"。據《鼓山湧泉禪寺經板目録》，原刻《廣録》板片多已散失，然尚有存者。吾曾同麗生往藏經板庫房蒐檢，未見。復同至長慶寺查詢，知重刻之板已全燬。經借得重刻殘本，與原刻本細校，知重刻本乃用原書每頁貼於新版上奏刀者，故行欵字體悉同，惟字畫略粗，偶有誤筆。所不同者，僅原刻扉頁永覺道影正面，微側右，頁背自贊云："老漢行年今八十，世間事事皆收拾。惟這影子遍諸方，敗露重重遮不及。會麽？有相身中無相身，低頭方見明歷歷。"重刻本扉頁道影正面，略大，頁背乃昨非庵弟子鄭瑄贊云："這老阿師，壽昌嫡血。拙若醜石，硬同頑鐵。妙挾大弘正中之旨，克紹前徽；遠繼通霄路上之蹤，直還原轍。一枝麈尾，掃開百世迷雲；七尺藤條，指出千山皓月。禪教律化作一家，儒釋道同歸點雪。五百年來僅此人，是聖是凡休浪説。"

重刻本末行之小字，乃當時泉城寄售處，無關板本。長慶寺刻之《弘一法師晚晴集》末附《永覺和尚廣録摘要》一卷，係弘一就開元殘本《廣録》中摘抄者，僅十七條，亦足窺豹一斑。

② 原注：《明史·藝文志》："元賢《弘釋録》三卷、《禪餘集》四卷。"

③ 原注：《四庫總目·地理類存目·五》："《鼓山志》十二卷，國朝僧元賢撰。其序不標年月，書中記事至順治壬辰癸巳，則國初人也。鼓山在福州城東三十里。是書分勝蹟、建置、開士、貞珉、藝文、叢談六門，大旨以佛刹爲主。名爲山志，實則寺志耳。其凡例有云：'兹山知名海内者，實以人重，非以形勝重也。'緇徒妄自標置，可謂不知分量矣。"

④ 原注：《通志·藝文志存目》："《清永覺禪師語録》二卷、《弘釋録》三卷，建陽釋元賢撰。"

刻單行本微有出入。有林之蕃序云：

> 鼓山大和尚永覺賢公遷化之三年，其嗣法子今住山爲霖霈公，結集師生平説法、語録及諸撰述，所謂《禪餘内外集》《晚録》《最後語》《洞上古轍》《寱言》等編，釐爲三十卷，而題之曰《廣録》，命之蕃序其卷首。

按，之蕃撰《永覺行業記》云："師卒於順治丁酉十四年。"則此録成於順治庚子十七年。其總目爲：卷一，住鼓山湧泉寺及泉州開元寺語録；卷二，住杭州真寂院劍州寶善庵語録；卷三，再住鼓山語録；卷四，小參；卷五，普説；卷六，普説、茶話；卷七，拈古、頌古；卷八，佛事問答；卷九、卷十，法語；卷十一、卷十二，書、問、啓；卷十三、卷十四，序、跋；卷十五，記；卷十六，文、考；卷十七，疏；卷十八，銘；卷十九，論、贊；卷二十，諸祖道影贊；卷廿一，諸贊；卷廿二、卷廿三，偈頌；卷廿四至廿六，詩；卷廿七、卷廿八，洞上古轍；卷廿九、卷三十，寱言、續寱言。茲先舉其詩中有關時事者如下：

《贈清漳何平子茂才》云：

> 北塞天驕尚未降，中原弄兵猶未滅。願君休卧南山廬，快著祖鞭應時節。（節録）

《山中聞邊警》二首云：

> 羽檄連年至，天驕迫漢疆。骨枯塞草白，血濺陣雲黄。未見請纓壯，誰爲借筋良？銷兵是何日？令我憶馮唐。
>
> 見説天王怒，千軍出漢京。曉霜嚴楚劍，夜雨洗天兵。邊耀止戈武，天懸日月明。單于應膽落，指日塞烟清。

按，此皆永覺憂邊患之作。時清兵寇明，防軍屢潰，所以有馮唐、祖逖之憶也。

《福城嘆》云：

> 福州圍久，餓饉與疾病交急，爲作此嘆。
>
> 嗚呼！福城苦，最堪悲，無限深狹集此時。兵圍十月猶未解，人家十萬總難支。三災並起天弗厭，尸首盈城數莫知。見説昔賢曾有識，三山

流血可成池。果腹遍尋池上草，溝中割肉亦療飢。人既相食同禽獸，市中有虎語非欺。幾見朱門路行乞，妻兒一旦任披離。只爲殘生難自保，門風掃地有誰嗤。無諸建國稱福地，到此如何禍更奇。假使生民俱喪盡，猶恐空城亦禍基。嗚呼！福城苦，最堪悲。

《世難》六首云：

> 世難如今苦莫瘳，兵圍十月尚難休。資生競取溝中瘠，千佛聞之盡淚流。
> 鋒鏑場中戰血鮮，況今斗米已千錢。漏巵未可沃焦釜，百萬蒼生幾得全！
> 每見貴人歎金玉，不如勺米可療饑。妻孥散去渾閒事，猶恐孤身亦莫支。
> 頹垣敗瓦見荒村，十灶炊烟九不存。草長齊腰迷客路，淒淒風雨暗銷魂。
> 旌旗兩載蔽江干，路絕民逃乞食難。自古河山經百戰，雲霓望斷幾能安？
> 忍饑忍凍度殘庚，日夜惟聞鼓角聲。四野橫屍誰解掩，風吹日炙怨難平。

按，《榕城紀聞》順治丁亥四年：

> 義師起，八郡同日發。福州城中舉火相應，至期，燒鰲峰坊狀元亭。時天色已亮，遂潰於金雞山。是日，東關外三十六墩爲官兵焚掠，搶殺殆盡。四方俱起，城中坐困，兵馬日出搶掠。家甲戒嚴，不時點查，不在者便爲通賊，多一人即爲奸細。其令，十家連坐，人人重足。

> 省城民饑，四出逃竄，法雖嚴不能禁。初食粥，次食麪麩糠麩，繼而食菜子、蕉頭、浮萍。所見皆鳩形鵠面。有四五十家之街巷無一人行者，有門庭整麗、器具精好、入門而十餘堆白骨委地者，比屋皆然。死屍棄地，片時割盡；竊抱小兒，瞬息就烹，甚至自食其子、親割其夫者。凡逃亡十之八九。米雖小斗，價六錢。

觀此，則永覺之詩，蓋紀丁亥事也。有可補《紀聞》之不足者，如：再言“兵圍十月”，知榕城被圍經十閱月之久；云“旌旗兩載蔽江干”，知是役經二年始平。至於再言“溝中割肉亦療飢”、“資生競取溝中瘠”，哀人食人也；言“屍首盈城數莫知”、“四野橫屍誰解掩”，歎死亡之多也。至謂“妻兒一旦任披離”、“妻孥散去渾閒事”，則悲骨肉不相保也，亦可相印證。當時慘不忍聞之事，永覺皆詳悉記之①。

《丁亥秋七月，海兵來福州，屯古碕江，鼓山密邇戰場，備見殺戮，至重九猶未釋。登高勝事，尚何言乎？乃爲賦二律》，云：

牛山揮涕漫悲傷，此日乾坤頓拂常。鼓角聲喧雲盡暗，旗鎗隊展日無光。雨中花木愁中對，兵後村墟病後望②。黃菊紫萸雖未改，絶無佳客問重陽。

節居清秋玉露寒，殘荷敗柳不堪觀。江橫戰艦黿鼉嚇，野戮妖狐土石丹。萬井倉黃農事廢③，千林冷落鬼呼酸。臨風那有登高興，獨痛黎蒸借活難。

寫戰爭之烈、人民之苦，淋漓盡致。按《南疆逸史》："順治四年丁亥七月，王魯王親征，次長垣，令鄭彩、周瑞、周鶴芝、阮進之師攻福州，敗績。八月丙戌，克連江。十月，長樂、永福、閩清皆下；羅源知縣朱丕承、寧化知縣錢楷，皆以城降。"則永覺詩所謂"海兵"者，指魯王之師也。其云"海兵來福州"，則故國之思存焉。《晚錄》有《丁亥八月念五夜，鼓山因讒言爲兵所圍，幸免於戮，賦以志難》④，云：

市中有虎欲誰欺？衆口交騰亦可疑。夜半幾重橫白刃，緇流性命衹如絲。

性命苟存雖大幸，衣衾喪盡亦難支。寒風澈骨三更後，恰似頭陀樹下時。

題云"因讒言爲兵所圍"，此兵必指清兵。因惟有駐防之清兵，方能因受讒言而發兵圍鼓山，故曰"志難"。第二首次句云"衣衾喪盡"，明謂兵圍鼓山時，寺曾遭洗劫。至其被讒之故，殆清兵疑寺僧有通海之嫌乎？此二詩見於《晚錄》而《廣錄》不收，亦明係指斥清兵之證。《行業記》云："丁亥秋，寇掠鼓山，以籃輿舁師至半嶺，衆忽顚仆，遂送師還山。其船泊江干，檣亦爲雷所轟，

---

① 館藏本後有"具見苦心"四字，此刪去。
② "兵"，館藏本作"劫"。
③ "黃"，館藏本作"皇"。
④ 原注：見順治壬辰刻本《晚錄》卷六第五頁，《廣錄》已刪。是年永覺七十五歲，見《晚錄自序》。

寇不敢再犯。"則明指來犯者爲寇矣。可供參考①。

《設粥賑饑》云：

> 莫道披緇萬事休，流離滿目孰無憂？田園荒盡口猶在，妻子散來身亦愁。進食每懷漂母惠，棄家豈學子房遊？自慚未是忘情者，饒舌豐干勸普周。

> 生遭末劫苦干戈，貿貿流民載道過。出路無依情落魄，逢人難告淚滂沱。三條篾在腰徒束②，幾樹花開食豈多？昔日雙林欲自鍊，其如願學未能何？

按《行業記》："乙未春，興化、福清、長樂罹兵變，饑民男婦流至會城南郊，呤莩之狀，令人不忍見。師乃斂衆遣徒，設粥以賑；死者具棺葬之，凡二千餘人，至五十日而止。"又按《榕城紀聞》："（乙未十二年）五月，福、興、漳、泉四郡皆饑，漳、泉、興化、福清流民男女大小，日以千至。官發米濟之，初作廠於南臺分給，因至者多，官府怠玩，分流民於各僧寺，令僧人給之，流離轉徙，鮮有活者。鼓山和尚發心，托鉢濟饑，每日至渡船迎候餓民，設廠煮粥施之，病者予藥。凡一月餘染氣，主事者皆病死。"觀此，則永覺之詩，多紀史實，足補志乘之闕者不少。《廣録》所存之詩三卷，曾經刪削，其有碍忌諱者悉被刊落，即天

---

① 原注：《通志·高士傳·吳楷傳》云："吳楷字子方，閩縣諸生，有文名。唐王敗後，隱鼓山湧泉寺側，祝髮稱冒僧。魯王入閩，鄉兵起，有僧石田者，擁萬人入鼓山，號義師，恣剽掠。楷怒罵曰：'如是則何謂義兵矣？'石田縛致堂下，刃脇之。復罵。石田益怒。會得解，逸去。既魯王敗，楷終不出。朋舊載酒遊湧泉寺，則訪冒僧與飲，不郤。或貴人至，則弗與通。其友王蘭仙爲置田十餘畝，楷與子同耕作，婦爲釀，賣以自給，終身不入城市。（《南窗草存》）"按，此傳係據《南窗草存》。考《通志·藝文志》云：《南窗草存》六卷，福清薛鎔著。《石遺室書録》云："鎔字子變，一字依南，崇禎間貢生。甲寅閩起，山海交訌，鎔以重名却徵辟，授徒自給。林西仲先生序稱其一代史才，抱道高隱，凡吾畏三四十年間節義軼事，有所聞知，輒爲傳述。即其他所作序記及交遊往來書牘，亦往往摭拾其所聞知，反覆揚榷。"據此，則薛鎔明亡不仕，授徒自給，好闡揚節義，固有心人也。正惟以抱道高隱，其所傳述之節義軼事，皆得自聞知，或摭拾聞知，其與事實有出入，自在意中。其友林西仲序所揄揚者，亦不過如是。石遺先生採之，自具深意。如此節所言，僧石田擁萬人入鼓山，殊難令人置信。蓋石田一僧徒耳，何能擁此萬人？據諸書記載，齊異，貢生也；張份，中書也，與不空起義兵，尚嘗請曹能始爲主，且由能始助以千金，始能舉義，亦未聞有萬人之多。石田之兵，既亦號稱義師，然則入山何爲乎？據永覺所記，當時僧衆僅百五十人，何難據此山而有之乎？且鼓山安能容萬人乎？此浩浩蕩蕩之衆，嗣後何之乎？此種記載，既不合情理，又不見其他載籍，何敢輕信。竊意石田殆不空之訛，而其事則由傳聞而失實，故吾不取而録存於注中以待考。

② "徒"，館藏本作"空"。

驕之"驕"字,亦留空白,知遺佚尚多。其散文中尤多存史材。《瘴言》作於崇禎五年壬申,有自序,論古論學,不分儒釋,旨在會通,故無門户之見。《續瘴言》作於順治九年壬辰,自序但書"壬辰夏佛誕日書於聖箭堂",不用新朝正朔。序云:

> 予昔居荷山,因諸儒有所問辯,乃會通儒釋而作《瘴言》,梓行已二十載。近因自浙返閩,再居鼓山,目擊世變,時吐其所欲言,乃作《續瘴言》。夫賢本緇衣末流,衹宜屏息深山,甘同寒蟬,何故嗷嗷向人,若孟軻之好辯、賈誼之痛哭哉?豈多生習氣未能頓降,抑亦有不得已而一鳴者乎?今此書具在,苦心片片,惟在大方之高鑑。

永覺乃出世人,今竟效孟軻之好辯、賈誼之痛哭,無非以目擊世變,而時吐其所欲言耳。故《瘴言》中論揚雄云:

> 自一失身於仕莽,安保玄之不白乎?身名俱喪,天下笑之,人品之難定也如是!

論許衡、吳澄云:

> 元代諸儒推從祀者,許衡、吳澄也。二公出處之際,不達《春秋》之大旨,乃欲託足於仲尼之門,不亦難乎?劉因、金履祥、許謙,皆隱居不仕,授徒著書,其學術祖述考亭,為元代諸儒之冠。然推從祀者反弗及之,則以名位未大著也。余在俗時,喜講學,而怠於科舉之業。一友人戲之曰:"老兄喜講學,也要戴箇紗帽。不戴紗帽,則其學弗著。"此雖一時戲言,然亦切中時俗之弊也。因併記之。

觀其論揚雄之背漢仕莽,許、吳之背宋降元,皆譏其喪節辱身,昧於《春秋》復仇之義。刺講學之勢利,斥從祀之不公,皆大膽揭露,言人所不敢言。《續瘴言》有云:

> 有處諸紳聚飲間,一張姓者曰:"近日僧家捏怪,動輒開堂説法,簧鼓流俗,欲與諸公作一闢禪論以滅之。"有陳姓者曰:"公欲闢之,請聞其旨。"張曰:"無父無君,蠹國害民,此四罪,彼焉能逃?"陳曰:"公別有高

見則可,若此四罪,決不可闢。今神州陸沉,生民塗炭,所謂'無父無君、蠹國害民'者,皆儒者自爲之,與僧何與?"張乃語塞。客有自席中來者,持其語告予。予曰:"今之禪誠可闢,惜此公不善其旨耳。予正欲作一闢禪論,但恐犯諸人之怒而不敢作也。"嗚呼!禪耶?儒耶?予將安歸? ①

觀"今神州陸沉"諸語,可謂痛哭流涕而言之。其歸罪儒者,亦是誅心之論。竊意此殆永覺寓言,以抒其亡國之感耳,其蘊痛深矣。又云:

> 旌旗蔽空,尸骸遍地,此吾之悲也,非吾之憂也。白刃環躬,饘粥弗繼,此吾之窮也,非吾之憂也。所憂者,魔鬼入室,禍起蕭墻。將來之事,大有不可言者在耳。

> 辛巳夏,余寓金華,聞江上一舟覆,溺者二十餘人。救得一婢起,急問曰:"大娘在否?"對曰:"不在。"遂復投河而死。丙戌秋,大兵入福州,有少年趙卯哥聞指揮胡燕客殉難,往拜之。歸,即辭其父母,自縊而亡。按,胡指揮即胡上琛,其殉難事見《明史》本傳。趙卯哥,《紀聞》作趙昴。《南明野史》(卷中)云:"時薙髮令下,有閩縣人趙卯,生三子矣,妻時已喪,卯乃多市魚肉,與父母暢飲。酒酣,請父母拜之。日暮,卯俟父母安寢,徘徊中庭,懊歎數四,呼其子曰:'爾讀書筆硯可簡出,吾有用。'隨命三子先寢,乃濡濃墨,大書於壁曰:'男子趙卯不肯剃頭死。'擲筆縊於中堂,時年三十有六。"可參證。

> 鼓山在兵圍之中,幾至一載。其中百五十人不至屠戮,亦不至饑餓而死者,固天龍護衛之力,亦以佛性之在人心,自不容終滅也。夫當此天地晦冥之秋,殺伐橫行之際,而佛性猶炳炳烺烺如此,則人人可以作佛,不益信哉?獨怪夫儒冠儒服者,而變作綠林;圓頂方袍者,而反操白刃,則佛性又安在哉?此余之所不能知也。按,此兩條見單行本《續瘞言》,《廣錄》已刪。

> 殺人而食,江北嘗聞之,江南未有也,今已見於閩中矣。易子而食,古語嘗聞之,未聞母食其子也,今亦見於閩中矣。嗚呼!天親之愛,莫如父子,而母之愛子,尤甚於父,雖虎狼猶然。至於今日,則人反不如虎狼矣,豈非曠古以來一大變哉?按,此節當與《福城歎》《世難》諸詩參看。

按《南疆逸史·曹學佺傳》云:

---

① 原注:此條不見順治壬辰刻本《續瘞言》,而見於《廣錄》卷三十之《續瘞言》第三十九頁。

未幾關破，上至延津，學侊入湧泉寺避之。大兵將至，貢生齊巽、中書張份、僧不空等，起兵殺傳檄使者，迎學侊爲主。學侊曰："無益也，何苦徒荼戮生民爲哉？"三人強之，學侊曰："然則吾歸死於城可也。"三日而大兵入城，九月十九日自縊於西峰草堂。

《南明野史》卷中云：

> 時有貢生齊巽、中書張份、醫僧不空等，鳩衆起兵。清師之遣掛示安民者，輒殺之。倉卒無餉，曹能始學侊助以千金，始克招募。

據此，則當隆武之敗，有僧不空曾與義士齊巽、張份等共起義兵；學侊既奔鼓山，復有"然則吾歸死於城可也"之言，知義兵謀議之地，有時亦在鼓山。不空或即鼓山僧，亦未可知。首義三人既有一不空，且謀議之地又曾在鼓山，則參與僧衆，或不止一人，住持自無不知之理，況以永覺之忠藎乎？鼓山之因讒言被圍，非無因也。永覺所記趙卯哥事，與《道山堂集·胡將軍傳》所記"是日曹能始先生諱學侊，城東人趙宗仁，皆自經死"，是一事。趙卯哥、趙宗仁應是一人。如齊巽，據陳軾說是諸生，據溫睿臨說是貢生；又如張中翰，陳軾作張汾，溫睿臨作張份，顯係一人。此種出入，無關宏旨。

《續臝言》所記，乃親見之事，應最可信。人食人、母食子云云，是清兵入閩之初，吾民悲慘之實錄，可補全祖望《姚啓聖碑》之不足。至於"儒冠服而變作綠林"、"今日人不如虎狼"諸語，其悲憤澈骨矣。

《續臝言》二十頁又云：

> 乙酉五月，當大兵之未渡江也，南都君臣已先逃散，其不逃者意在納欵者也。惟御史黃端伯大榜其門曰："大明忠臣黃端伯誓不降，亦不逃。"及大兵入城，執端伯欲降之。不屈，乃下獄。六月初十日，別家人偈曰："義士何憂死，忠臣不愛生。祇留方寸赤，千古放光明。"至八月十三日臨法場，說偈曰："四大元無我，消歸烈焰中。紅爐烟滅處，徧地起清風。"偈畢，引頸就戮。余昔與海岸同遊壽昌之門，知其學般若有年矣。今觀其臨終二偈，乃殉名之士，謂之忠可也，謂之烈可也，謂之聞道則不可。

按，永覺既美端伯之忠烈，又謂其殉名，論者責其過苛。或謂苛誠有之，而其

淑世深心,亦不可没也。[①] 惟所記與公私記載微有出入,今别次附録于後,可
參證焉。

《四分戒本約義序》《廣録》卷十四云:

　　嗚呼! 此書之成,乃在今日也耶! 今當乾坤鼎革之際,草昧未寧之
秋,白刃横空,横尸遍野,居民逃奔山谷,旦夕莫必其命,而予乃力疾作
此,何哉? 未敢以世難阻也。但思行此書於今之世,正如鼓瑟於齊王之
門,不鄙而嗤之則幸矣,況敢望其依而習之乎? 雖然,此亦告朔之羊也。
或存或去,是在仁者。

按,此序紀年丙戌。《律學發軔序》亦云:“丙戌之冬,余作《戒本約義》終。”
是年爲明隆武二年。其春,永覺自鼓山駐錫南平寶善庵,是在福京淪陷時也,
故其言哀痛乃爾。

《晞髮集序》《廣録》卷十四云:

　　愚謂士所豎立,節義文章,千載並重。如皐羽者,其孤憤一腔,血淚
數斗,直可上追《採薇》,下同楚騷,非杜子美、李青蓮輩所可恍惚也。

按,尚有《心史跋》同一機杼,表揚節義之士,不遺餘力。

《重刻仁王護國經跋》《廣録》卷十四云:

　　近日潢池弄兵,天驕肆虐,饑饉洊臻,蒼赤塗炭。聞谷大師深抱杞人
之憂,乃命工鏤版,俾衆諷誦,以答國恩。

《寶善庵舍利塔記》《廣録》卷十五云:

　　自戊寅受囑以來,無日不思爲舍利計。而偃蹇至今,凡一十五載,其成
之不亦難乎! 然當此乾坤鼎革之會,羽檄旁午之秋,閭里十室九空,生民半
登鬼録,一飯之頃,尚難苟安,誰能營及不急之務? 其成之難,不亦宜乎?

此皆憂時感事,有激之言。其時外寇方張,瘡痍滿目,以及國土淪亡、人民塗

---

①　此處按語,館藏本作:“永覺此評嚴於斧鉞,殉名二字,尤令人不寒而慄。與其忠烈,正也;責
其殉名,嚴也。既嚴且正,此永覺淑世之深心也。”

炭之慘,每於寥寥數語中揮淚言之。數百載下讀之,猶爲感發而興起也。

《楊惟邁主政詩序》《廣錄》卷十四云:

> 今春之仲,予以祝釐事赴行在,得晤楊君惟邁氏。見其英銳超逸,真奇傑之士,猶疑其必工於詩。久之,出近稿相示,則見其蒼雅沈鬱,方軌作者,而忠義之氣,時勃勃見於筆端,乃知惟邁之果工於詩也。然余謂其資可以進道,其才可以應世,而何獨致工於是? 其無乃家本寒素,食貧有日,其困鬱無聊之氣,悉憤而發之於詩,故其詩獨工乎? 則予悲惟邁之能有是詩也。今避難入閩,遭逢聖主,拔主駕部,豈可仍前作雕蟲之業? 固宜戮力勤公,劻勷王事,蕩平海內,復我青氈,然後作長歌短賦,以粉飾太平,不亦快乎? 故予不願惟邁之獨有是詩也。予本山野枯衲,以禪爲業,今於惟邁,不能以禪學進,而乃以功名勸,何哉? 蓋當此臥薪嘗膽之日,受人之爵,食人之祿,而以禪爲高,則非人心也。惟邁豈其人乎? 俟他日功成名就之後,布袍黃冠,訪予於石鼓峰頭,固當自有別論。

此序作於隆武朝,逃禪之人不談禪,乃以功名勸人,勗以"戮力勤公,劻勷王事",且謂"當此臥薪嘗膽之日,受人之爵,食人之祿,而以禪爲高,則非人心也"。可謂語重心長,萬世不刊之論矣。

《淨慈鼓吹序》《晚錄》卷五云:

> 世運衰微,俗尚殘忍,衆生之殺機日長,惡業日深,故致干戈滿地,生靈塗炭。此非挽之以仁慈,又安能已殺機而轉殺運乎? ……吾人生當此時,目擊世變,修此二法,固宜如救頭然,如沃焦釜,豈可少緩?

"俗尚殘忍"、"殺機日長"、"干戈滿地"、"生靈塗炭"之歎,在《廣錄》中觸目皆是。一以見當時人民所遭之浩劫,一以見作者拯世救人之苦心。

《石鼓悲鳴自序》云:

> 予以從心之年,當鼎革之會,覆楚復楚,固非釋子所敢與。獨以生靈塗炭,觸目生悲,感慨之不足,則繼之以歌詠,蓋有不能自已者也。夫釋子寄跡山林,棲心玄冥,今乃切切於茲,豈道力未充,故情關未破耶? 良

以能仁之設教也,悲恨是急,兼濟爲懷。倘遇此而漠然無情,達則達矣,其如非我法何?詩前後凡二十二首,從而廣之者若而人,錄之成卷,名曰《石鼓悲鳴》。夫謂石鼓爲有情乎?何以爲石鼓?謂石鼓爲無情乎?何以能悲鳴。日用明此,可以坐進斯道,又何滯於苦樂之聲、篇什之末哉?

《石鼓悲鳴》已佚,序見《晚錄》卷五第九頁。此文不獨抒故國之痛,闡悲憫之心,觀其命名,已足發人深省。按《哀江南賦》云:"地則石鼓鳴山,天則金精動宿。"注引《山海經注》:"今鄴西北有鼓山,山下有石鼓,象懸著山旁,鳴則有軍事。"《水經注》:"魏正元二年,吳王孫亮分長沙東部立縣,有石鼓,高六尺,湘水所逕。鼓鳴則上有兵革之事。"《晉書·五行志》:"吳興長城夏架山,有石鼓,鳴則三吳有兵。至安帝隆安中大鳴,後有孫恩之亂。"《郡國志》:"吳王離宮在石鼓山,越王獻西施於此,石鼓鳴即兵起。"觀此,則永覺名此書之意深矣。

《壽桂林謝獻可居士七十初度序》《最後語》云:

> 自乾坤鼎革以來,人心世道,交相變易,日趨於下,殆不可救。……
> 當今之世,淳風既漓,而不軌者以謂爲善無徵,而競趨於惡。以故兵戈紛
> 錯,刑網稠密,且殃及良民,其慘有不可勝言者。

此序作於順治丁酉十四年,永覺圓寂之歲。其時正在清朝開國之初,盈廷歌頌之不足,永覺乃謂人心世道日趨於下,兵戈紛錯,刑網稠密,殃及良民,慘至不可勝言。嗟乎!此何時?竟作是言,既表作者之悲憤,亦寫斯民之塗炭矣。

以上僅就永覺詩文言也。其散見於彼教撰著中者,尚不勝舉。茲揭其要者著於篇。

《晚錄》卷一《語錄》九頁云:

> 甲申臘月念三日上堂。僧禮拜,問:"四方干戈,將何法以寧之?"
> 師卓拄杖。進云:"四方火災,將何法以熄之?"師卓拄杖。進云:"四方
> 疾疫,將何法以療之?"師卓拄杖。進云:"四方饑饉,將何法以濟之?"
> 師卓拄杖。僧禮拜。師乃云:"明月高懸未照前,休將影象論虧圓。一點
> 靈光周劫外,今古何曾有闃然。"

觀此，則干戈焚燬、疾疫饑饉，遍於四方矣。此何時乎？滿清入關之年也。正值新朝開國之歲，而永覺乃作悲天憫人之言，其意深矣。又云十一頁：

> 弘光改元，元旦上堂。師拈香竟，拈拄杖云："一元更始，含弘光大。春風浩蕩，萬物維新。至於老僧拄杖，又作么生？雖則亘古亘今，亦能隨時逐節，有時作出海金龍，興雲布雨；有時作漫天絲網，打鳳撈龍；有時作金剛寶劍，斬妖戮魔；有時作探竿影草，勘贓驗賊。今日元旦啓祚，又作個什么？化作須彌爲壽嶽，仰祝今皇億萬年！卓拄杖下座。

按，此條《廣録》删去"弘光改元"四字。又《晚録》雖刻於清順治壬辰九年，而"今皇"兩字尚提行頂格。又云十八頁：

> 丁亥七十誕日上堂。僧問："聖人出世，風不鳴條，雨不破塊。今日和尚誕辰，因甚風雨大作？"師云："石鼓正喧空！"……然既到此，强爲諸人道一句去："堂前幾陣風雷息，萬里謳歌賀太平！"

按，此庾詞也。丁亥爲順治四年，清朝正在開基，故云聖人出世。而永曆尚在，滿洲之屠殺正殷，故云風雨大作。石鼓正喧空者，指沿海義旗也。永覺之願，是風雷息，歌太平，藹然仁者之言。又云二十一頁：

> 澤普禪人爲薦建州全城被戮幽魂請上堂。建州一城生命，盡爲大兵所屠。澤普禪人愍而薦之，仍請老僧陞座演法。

按，此是指順治戊子五年建寧城被清兵所屠慘案也。除永覺嗣法弟子道霈《悲思堂記》①中有較詳悉記述外，官私記載對此事均諱莫如深。兹先摘録《悲思堂記》如下：

> 今皇清定鼎，於順治三年丙戌八月，大兵開閩，四民向化，雞犬不驚，郡邑城市，安堵如故。明年丁亥七月四日，突有王祁，不知何省人，潛居閩中謀不軌，脅鄆西王起自古田，擁叛民數千，奪城據之，縱倰殺掠，各邑騷動。兵巡道顧某挈家奔福州，知府高某死之，官兵陣亡者衆，縉紳士民

---

① 原注：見《爲霖道霈禪師還山録》（卷四），鼓山華藏室藏。幷見《續藏》卷四百八十五。

禁不容出，備受荼毒，民莫控訴。凡八閱月，江浙兵數攻不下。明年戊子二月，朝旨命五部堂統大兵十餘萬，八門圍攻，郊外圍掘深坑，飛鳶莫度，一無脫漏者。衆炮震地，箭落如雨，凡四十餘日，未嘗暫息，其中傷死者不可勝紀。當是時也，無所謂練夫人、李丞相其人者，起而救之。籠雞釜魚，坐待其斃，可不哀哉？至四月初四日城陷，四面火發，兵士蜂起，充塞城中，競相屠戮。男女老幼，身碎鋒鏑之間，骨穿矢鏃之內。其中有比鄰約縱火，而舉家自焚者；有挈妻携子，同赴池井者；有率親屬閉門自經者；有稚子少婦，生離死別，掠之而去者；更有義士烈女，守死不回，甘蹈白刃水火而不辭者。烈燄亘天，七日夜不息，玉石焚盡，靡有孑遺，屍積如山，血流成河。

是爲此慘案之最珍貴史材。《記》之末段云：

> 戊子芝城，謂今之戰場非耶？舉城父母兄弟夫婦，皆無罪而就死，所謂天地爲愁，草木淒悲，弔祭不至，精魄何依？余每思及，未嘗不涕泣沾襟。轉盼間四十年，知者不言，言者不審，釋今不記，後將無聞，而諸靈永無出苦之日矣。故以悲思名堂，而復略述其顛末，貞之於石，以告諸來者。爲記。

按，此記作於戊子順治五年後四十年，爲康熙丁卯二十六年。時三藩既削，臺灣亦平，天下大定矣，故道霈措辭不得不謂舉義者爲“叛民”。而其揭櫫屠殺慘狀以示後之深心，則師弟同揆。再觀《明史·朱繼祚傳》卷二七六云：

> 建寧失，守將王祁巷戰不勝，自焚死。

《通志·通紀》卷十一云：

> 克建寧，明鄖西王朱常潮、守將王祁死之。祁巷戰不勝，自焚。

《小腆紀傳》云：

> 鄖西王常潮，益宣王之庶子，憲宗五世孫也。永曆元年丁亥四月，起兵復建寧，其將王祁復邵武。明年三月城破，常潮與王祁皆死之。

均隻字不敢道及屠城事。按，康熙三十二年修之《甌寧縣志》卷十三《兵氛》云：

国朝顺治四年秋七月，妖僧王祁作乱。祁，江南金坛人。起古田山中，擁衆沿东溪攻城，城陷，挾故明郧西王旧号。五年，大兵至，困之。夏四月初四日城破，血刃三日，祁自焚死，乱平。

又按，康熙五十二年修之《建安县志》卷八《艺文》有潘晉逢撰《重建建安明伦堂碑记》云：

清兴，兵燹洊加，鞠爲茂草。

又吴世熹撰《二程夫子祠碑》云：

国初戊子遭兵燹，其遗迹无有存者。

祇言遭兵燹，未敢说屠城。卷十《兵氛》云：

顺治四年七月，妖僧王祁，金坛人，挾明废宗郧西王号召山寇，肆掠郡城，攻陷旁邑。五年四月朔，大兵用红夷砲，从西门水流堀急攻三昼夜。大兵初四日昧爽入城，血刃三日。郧西爲乱兵所杀。祁投瞽井不死，捞出伏诛。阖城自焚，男妇自投水火死者殆尽，乱始平。

康熙三十二年修之《建宁府志卷二十六·杂志·灾祥》所记，与县志大略相同。记屠城之事实矣，而仍避其名。至民国十八年所修《建瓯县志卷七·名胜·黄华山》条，引蒋蘅《黄华山歌》云：

自从戊子遭屠燬，居民十九皆城迁。文献缺落故家尽，因讹袭谬嗟荒儌。

始用"屠燬"之字。而永觉在当时清廷气焰薰天、杀人如麻之日，竟大书特书此惨绝人寰之事，使三百余年后之读者，犹爲髮指。永觉本建州人，所纪桑梓见闻，尤爲可信。寥寥"建州一城生命尽爲大兵所屠"十二字，不知用我先民几许鲜血凝成也。

《中秋茶话》《晚录》卷一云：

时当末劫，兵戈蜂起，国破家亡，杀戮满地。老僧既无官守言责之任，又無匡時裁亂之謀，但於深山白雲之中，偷安度日。乃有翁善友，特爲入山設茶供衆，所謂"長安甚鬧，我國晏然"也。諸仁者，祇如"我國晏然"一句作么生道？莫是諸法本空么？莫是衆生界寂么？莫是動靜二相，了然不生么？怎么説話，正未免鬧在作么生。説個不鬧底道理。良久云："且待銷兵放馬之後，老僧爲諸人説破。"

此爲南都覆亡後作，故國破家亡之痛至切。出世人而有是心，此永覺之所以異於尋常尊宿也。而其最後宏願，則在銷兵放馬、天下太平。故其《道場疏》中有《聞賊勢猖獗，諷經護國疏》卷五第十八頁云：

> 某誕躬塵世，寄跡空門。木食草衣，滴水悉濡於聖澤；岩居穴處，寸土並覆於天庥。捐頂踵而難酬，奉涓埃而莫報。何意日中之運，遽逢薄蝕之災。饑饉洊臻，老稚盡轉於溝壑；干戈數起，士農半入於潢池。鯨波未靖於海南，鐵馬正驕於塞北。中原板蕩，陣雲染戰血成黃；全楚陸沉，原草將枯骨同白。秦關既破，兵投刃而鼠奔；晉險亦逾，官捧檄而草偃。害將及乎宗社，勢必迫於神京。近因南北之耗不通，以致上下之憂特甚。緇衣既弱，徒懷獻曝之誠；佛德可憑，恭宣護國之典。伏願金輪永鎮，鰲極常安。鋒鏑頓銷，四郊之呻吟驟息；寇兵遠遁，萬姓之疲困盡紓。日月代明，長懸無外之炤；地天交泰，共釀太和之休。匝地而大有書年，普天而太平垂象，某無任激切懇禱之至。

憂外侮，痛陸沉，溢於言表。而時局阽危之狀，歷歷如繪。《淨慈庵建中元道場疏》卷五云：

> 況值殺運之邁臨，備覩斯民之塗炭。橫屍徧野，一任鼠噉鴉飡；白骨連天，儘教風吹日炙。殺戮之災未息，澤水之禍併生。田廬半入於波濤，士民多化爲魚鼈。要出九幽之劇苦，彌須三寶之洪慈。

《鼓山募建中元廣薦會疏》[①]卷五云：

> 慨自人事非一，天命靡常。乾坤值否泰之交，民物當鼎革之會。兵

---

① "會"，原脱，據《續藏經》本《永覺元賢禪師廣録》補。

戈劫起，儘教血染青山；鯨浪禍生，忍見尸沉黑海。況疾疫繼至，每聞哭泣之聲；饑饉漸臻，難免溝壑之殍。下民無自活之計，鬼錄多枉死之冤。

一則曰"戰血成黄"、"枯骨同白"、"橫屍徧野"、"白骨連天"、"血染青山"、"尸沉黑海"，再則曰"疾疫繼至"、"饑饉漸臻"、"民無自活之計"、"鬼多枉死之冤"。嗚呼！當時是何世界？永覺於此，可謂痛哭流涕而言之矣。

《崇禎皇帝遐升禮懺疏》卷五云：

> 伏願天祚彌隆，皇仁仍溥。神威廣運，再造不壞之河山；睿德益昌，重揭大明之日月。挽回殺運，躋蒼生於仁壽之天；殲滅妖氛，轉洪鈞於清寧之宇。

《崇禎皇帝遐升禮懺表》卷五云：

> 伏願睿德日隆，天禧益盛。遊神金闕，還著佛日於諸天；毓德蓮臺，廣播皇仁於九有。再祈勿靳宜炤之光，仍畀否傾之吉。廓清妖孽，重見宇宙之清寧；默翼皇圖，共喜河山之帶礪。

一腔忠憤，溢於行間。李元仲先生《史感》云：

> 吾閩永覺禪師，初得旨於壽昌，後於鼓山開堂。及閩關不守，師掩扉撤座，竟不上堂拈香。蓋釋門中又自有真忠孝、真節義，萬萬非儒生所及者。

元仲先生此言，可作永覺定評。此與《續戁言》二十頁所言，可相印證：

> 甲申燕都之變，先帝梓官停於路側，諸臣過者，或下馬禮拜，或直往不顧，惟有二僧，日誦經其傍。當是時，袍笏而覲新主者，蓋三千人！莫不以為達天命、識時勢也。二僧未受半職，未沾寸祿，獨能不避斧鉞，甘為崇禎舊臣，不亦愚乎？然自有二僧，而釋氏無父無君之謗，吾知其免矣。孔子曰："其智可及也，其愚不可及也。"余於二僧亦云。

按，此條可為"滿朝袍笏迎新主，一領袈裟哭舊王"詩句作注腳。蓋純由真忠孝、真節義之流露，故"先帝"兩字尚提行頂格。且在新朝方興之日，非血性男子,敢不避忌諱而質言之乎!

綜觀上述,永覺憂時之忠藎,出自真誠,見於文字者,不一而足,爲從來緇流所未有。有清一代,士大夫因避朝廷之忌諱而不提,《四庫總目》雖著録其《鼓山志》,《提要》謂:“其序不標年月,書中紀事至順治壬辰癸巳間。”不知永覺入清後所作文字,但書甲子,不用新朝正朔,故有深意。如《續寱言序》云:“歲在壬辰夏佛誕日,鼓山釋元賢題。”《晚録序》但云:“石鼓老人元賢自題。”可見其故國之思。又謂:“其凡例:兹山知名海内者,實以人重,非以形勝重也。緇徒妄自標置,可謂不知分量矣。”按,此評殊欠公允。所謂山以人重者,實指蔡襄、李綱、朱熹諸人曾登覽題名,爲山增重也。錢牧齋《列朝詩集》未採永覺詩,薰蕕不同器,無足怪。朱竹垞曾入閩,《明詩綜》亦無永覺詩,何歟? 鄭昌英《清閩詩録》不録方外詩,可存而不論。獨郭兼秋《全閩明詩傳》祇將永覺之行實略附於林涵齋詩中,郭氏誤“元賢”爲“唯賢”,且僅録其《秋興》及《建溪春色》兩詩於涵齋《呈贈永公大師》詩後小注中,不立專條,令人不能無憾於其識解之不高也。且二詩雖清秀可誦,殊不足表作者之忠憤,尤爲憾事。《秋興》云:“悄然坐荒塢,風清況益清。茶烟迷竹色,梵韻雜蛩聲。樹古足蟬噪,簾虚掛月明。更闌發深省,孤鶴嶺頭鳴。”《建溪春色》云:“勒馬山前鎖翠烟,巖花簇簇錦文鮮。黄鸝唱盡華亭偈,笑殺漁人尚醉眠。

《課餘續録》卷二引《史感》而加按語云:

> 予聞永覺爲閩諸生,深通佛理,爲鼓山尊宿,至今過永覺塔者,猶多頂禮。曹石倉殉節於鼓山,亦永覺爲之周旋,是精通大解脱之理矣。嗟乎! 變衣冠、割地求和之舉,目中豈容屢見哉? 此永覺所爲深慨也。

按,石倉非殉節於鼓山,吾於《讀尺木堂集》篇已詳論之[1]。至石倉之成仁,實與永覺有關,謝先生之語,非無據也。據石倉子孟喜撰《明殉節榮禄大夫太子太保禮部尚書雁澤先府君行述》云:“尤深禪理,與鼓山永覺大師脗契。當殉節時,永覺大師於方丈中見宫保公緩步入,須臾弗見。次日方知其殉節。”徐延壽輓詩自注云:“清兵入閩,公於鼓山削髮爲僧。時有倡義者,復請

---

[1] 原無“讀”字,據館藏本補。

公爲主。丙戌九月十八日，福京城陷，死難於城西里第。"① 此皆石倉與永覺交往及其殉節時與之有關之證也。《臺灣紀事》所謂："清兵至，學佺奔鼓山，向佛前問休咎。甫下拜，見繩一條，急取袖之，馳回家，將書案四立，改爲棺，整衣冠，自縊死。"竊意所言若可信，則此繩亦永覺所預置以示意者。枚如先生所謂"爲之周旋"者，倘指此歟？觀此，愈見永覺之節慨矣。惟枚老實未見永覺及林涵齋之著作，否則不至不知永覺爲建陽名諸生，而謂"予聞永覺爲閩諸生"也。《通志·曹學佺傳》末，删節行述不成文理，兹檢對原本，始悉其詳。因節録於上，讀者可參證焉。

按永覺嗣法弟子道霈序《最後語》云：

> 先師鼓山永覺老人，年二十五省發，四十出家，四十六悟道，五十七出世，八十歲入滅。二十餘年間，四坐道場，大作佛事；言滿天下，道被域中。凡叢林久參耆衲，罔不腰包來覲，而海内賢士大夫，亦多折節問道。其生平語録、著述甚富，俱已刊行於世。而此萬餘言，是其最後絶唱，標名《最後語》者，老人所自命也。竊惟老人之道廣大精微，其學貫通該博，其見地圓明超絶，其説法縱横無畏，其所守嚴，其所養到，福德壽考，允稱圓備。而臨終之日，説偈辭衆，危然坐脱，頭正尾正，即求之古尊宿，亦不多得，況今時輩乎？

明江西巡按御史樵李曹谷序《禪餘内集》云：

> 大師學貫天人，識達今古，大而理亂興亡之故，小而賢否進退之幾，幽而河洛星曆之數，顯而禮樂刑政之賾，罔不精究其致，或一言便可千秋。此則予之知大師者，知其學之精也。靈光磅礴，任筆所之，理無不精，意無不達，議論變化，莫知端倪，然皆清真雅淡，舂容和暢，無藻繪浮靡之習，無激揚揮霍之氣。此則予之知大師者，知其文之精也。

明常州府知府歸安陳琯序《禪餘外集》云：

> 余何能知大師哉？第讀其文，見其不馳騁於才情，而實非富於才情

---

① 原注：見《尺木堂集》五言排律。

者不能至；不組織於學問，而實非深於學問者不能道。直如春工化普，無
跡可尋；亦如白雪調高，有耳難聽。且余每見其下筆疾書，千言立就，靡
不痛快醇至。至於微顯闡幽，開今古不敢開之口，而皆出之以平易和雅，
無艱險綺麗之習，所謂德性之文非耶？

明史部考功郎中林之蕃撰《永師行業記》云：

> 其登堂說法，機辯縱橫，若天廓雲布。其操觚染翰，珠璣滾滾，即片
> 言隻字，無不精絕。

按，以上所舉，皆永覺知友及其高足之言，雖不無溢美之辭，而見聞真切，無可
非議。竊謂即所言字字皆真，亦尚不足見永覺之大。永覺之大，尚在其節義
之高。蓋自古以來，以博雅著聞之尊宿，史不乏人，如《高僧傳》所載諸大
德，《弘明集》所錄諸妙文，不勝僂指。獨永覺以逃禪之釋子，而忠義之氣，
磅礴輪困，不能自遏，見於行事，形於著作，申天地之正義，誅奸諛於未死，其
難能可貴不尤在儒者上哉？即以文論，亦宏深明辨，不以雕琢爲工，蓋有物之
言，與鏗鋭悦目者自異。嗟乎！神州陸沉，黄冑受辱，而平日講詩書、倡節義
如錢謙益、周亮工之徒，乃反顔事仇，作衣冠之禽獸，而張民族氣節、繫萬古綱
常者，竟在儒生所斥爲無父無君之緇流，若永覺者，不亦偉歟？不亦偉歟！顧
其著作沉薶三百餘年，世至不能舉其名，豈不惜哉？故表而出之，讀者愛國之
心，可油然而生矣。若其多存史材，足補志乘之闕，猶其餘事也。

永覺所著《建州弘釋錄》，《明史》及《通志·藝文志》均作“《弘釋
錄》三卷”，不妥。永覺所錄者，僅限於建州釋子，故“建州”二字不可省。
今鼓山藏有原刻本，實爲二卷，此云三卷，亦誤。又《明史·藝文志》著錄
“《元賢禪餘集》四卷”，入“別集類·方外”。按，別集爲個人之詩文集。永
覺之詩文收入《晚錄》，又收入《廣錄》；其《石鼓悲鳴》一卷，亦爲詩集，今
佚，此外未聞有單刻者。疑此《禪餘集》即其語錄之《禪餘內外集》，《明
史》誤爲詩文，故不入釋教類而入別集類也。《經板目錄》云：永祖遺著《語
錄內外集》又稱《禪餘內外集》，二十六卷，分訂八冊。又徐𤊹《紅雨樓書
目》著錄有“《永覺禪師語錄》二卷”，《通志·藝文志存目》同。而《廣
錄》則首三卷爲語錄，殆前後刻本不同，故異其書名卷數歟？復按，《禪餘

内外集》及《建州弘釋録》皆刊行於明,今《通志·藝文志》列在清人著作中,亦應改正。兹據《行業記》《經板目録》所載及《廣録》所收諸序,按刻板先後,開列永覺所著書於左。凡《經板目録》中名稱不一、次序顛倒者糾正之,遺漏失收者增補之,待纂補藝文志者採擇焉。

（一）《禮釋迦牟尼佛真身舍利塔寶號》一卷。明天啓元年著,清順治十三年鼓山刻本,道霈注。

（二）《建州弘釋録》二卷。天啓六年著,崇禎初建州刻本,有自序。已入《續藏》。

（三）《永覺和尚瘱言》一卷。崇禎五年著,鼓山刻本。已入《續藏》。

（四）《諸祖道影賛》。崇禎五年著,鼓山刻本,今佚。

（五）《淨慈要語》一卷。崇禎八年著,有自序。已入《續藏》。原書鼓山無存。

（六）《諸祖道影傳》。崇禎十一年著。《廣録》卷二有《諸祖道影傳賛序》,是傳與賛初爲二書,後合而爲一。

（七）《大佛頂首楞嚴經略疏》十一卷。崇禎十一年著,鼓山刻本,有自序。已入《續藏》。

（八）《傳信録》。卷數未詳。崇禎十四年著。《廣録》卷十三有《傳信録序》,略云:"余來婺期月,即遇《大士録》,如獲上珍。及閱之,覺其雜糅相半,莫覩全璧。……余不揣凡愚,妄希擇乳,取諸本而較之,置其所疑,録其所信,凡得十之五,命名曰《傳信録》。"是書《經板目録》未收,亦未見傳本。

（九）《無異大師語録集要》。卷數未詳。崇禎十五年著。《廣録》卷十三有《無異大師語録集要序》,略云:"師寂滅,其語録浩繁,連編累牘,流通爲難。……余自壬午春歸錫石鼓,乃因渾樸上人之請,僭於全録中擇其精要,類而合之,視全録僅十之三。"是書《經板目録》未收,亦未見傳本。

（十）《開元寺志》四卷。崇禎十五年著,有自序。順治初泉州刻本,有民國十五年重印本。

（十一）《禪餘内外集》二十六卷。崇禎十六年著,鼓山刻本。

（十二）《禪林疏語》一卷。崇禎間著,有自序。原刻未見,今有清光緒二年鼓山重印本。《續藏目》載"元賢《禪林疏語考證》四卷",書名卷數與此皆異。

（十三）《永覺和尚普説》一卷。崇禎末鼓山刻本。

（十四）《金剛般若波羅蜜經略疏》一卷。弘光元年著，有自序。已入《續藏》，原書鼓山無存。

（十五）《律學發軔》三卷。隆武二年著，清順治間鼓山刻本，有自序。已入《續藏》。

（十六）《四分戒本約義》四卷。隆武二年著，清康熙間鼓山刻本，有自序。已入《續藏》。

（十七）《石鼓悲鳴》一卷。《晚録》有此書自序，已見上。蓋福京陷後所作詩集也。今已佚，殆因多忌諱語而毁之歟？

（十八）《洞上古轍》二卷。清順治四年著，康熙間鼓山刻本，有自序。已入《續藏》。

（十九）《補燈録》四卷。清順治六年著，鼓山刻本，有自序。

（二十）《繼燈録》六卷。清順治八年著，鼓山刻本，有自序。已入《續藏》，目作七卷。

（二十一）《永覺和尚續寱言》一卷。順治九年著，鼓山刻本，有自序。已入《續藏》。

（二十二）《鼓山永覺禪師晚録》六卷。順治九年輯，鼓山刻本，有自序。

（二十三）《般若波羅蜜多心經指掌》一卷。順治九年著，有自序。

（二十四）《鼓山永覺和尚最後語》一卷。順治十一年著，鼓山刻本。

（二十五）《鼓山志》十二卷。順治十一年著，鼓山刻本，有自序。

（二十六）《法華私記》。卷數及著作年代均未詳。《廣録》卷十三有《法華私記序》，略云：“今夏（未詳何年）無事，因爲諸人旁通一線，拈其大旨，録之成卷。”是書《經板目録》未收，亦未見傳本。

（二十七）《楞嚴翼解》。卷數及著作年代未詳。《廣録》卷十三有《楞嚴翼解序》，略云：“山中閒寂，客有請益《楞嚴》者，仍俾以舊解爲指南。間有未安者，乃旁採衆説，或出私意以翼之。”是書《經板目録》未收，亦未見傳本。

（二十八）《永覺和尚廣録》三十卷。順治十七年道霈輯，鼓山刻本。已入《續藏》。

（二十九）《靈光北禪事蹟合刻》一卷。永覺原輯，道霈校補，康熙十二年鼓山刻本。《福州西湖志·藝文》妄改爲《北禪庵靈光寺合志》。

以上皆永覺所著書,其校刻訂定者尚有:

(三十)《壽昌無明和尚語録》四卷。當編於崇禎間,順治間鼓山刻本。

(三十一)《鼓山興聖晏國師玄要集》一卷。崇禎六年校,順治六年鼓山刻本。有後序。

(三十二)《茗溪禪院聞谷大師遺語》四卷。崇禎十年杭州刻本。見《行業記》。

(三十三)《删定筆疇》一卷。崇禎間校,建州刻本。

(三十四)《歸元直指》四卷。約在崇禎十五年間,與釋道昉同校,泉州刻本;同治十三年鼓山重刻。

(三十五)《禪林寶訓事義》二卷。釋本立輯,崇禎間永覺訂正,康熙間鼓山刻本。

總觀上述,永覺著作之可考者有三十五種,可謂富矣。又據《行業記》載辛未崇禎四年往建陽修《蔡氏諸儒遺書》,未知此等遺書有若干種,曾否刊行。待考。①

此外,鼓山湧泉寺清初刻有《永覺老法師警語》一張,民國三年鼓山重刻。文長僅二百餘言,乃永覺警世之作,以不成卷,故未著録。

永覺不獨長於文學,亦工書。鼓山湧泉寺大門楹聯云:"通宵路遠塵氛淨,無盡門開法界寬。"其自書也。靈源洞口砌石爲門,額題"靈源深處"四字,亦其筆也。得二王之神,無明末儌詭之習。大雄寶殿聯云:"登斯寶地,應知華藏法界,宛爾全彰,一多相融,印現出思議之表;瞻彼異儀,便覺菩提道場,儼然未散,聽説俱泯,逗合在口耳之先。"② 方丈聯云:"誰云有道有禪,任汝雨寶彌空,總是鬼家活計;這裏無棒無喝,不妨拈草作藥,坐令天下太平。""長披破衲傲溪山,笑看雲舒雲捲;祇捻數珠消歲月,那知花落花開。"具見懷抱。惟皆係他人所書。

———————

① 此段館藏本作:"按,《經版目録》所著録各書,以鼓山有藏板或有藏書者爲限,後五種曾否刊行,待考。惟據諸序所言,皆已完稿。總觀上述,永覺著作之可考者有三十五種,可謂富矣。"

② 館藏本又載:法堂聯云:"石門壁立,青霄飛鳶莫度;毒鼓雷轟,白日大地全醒。"又:"相逢須向言前鑒,已到方知格外機。"禪堂聯云:"諸祖範圍,直須從無思中縱橫而過;自心靈妙,切忌向殘唾下染污將來。"

附録

《明史·高倬傳附黃端伯傳》列傳第一百六十三云：

端伯字元公，建昌新城人。崇禎元年進士。歷寧波、杭州二府推官。行取赴都，母憂歸。服闋入都，疏陳益王居建昌不法狀。王亦劾端伯離間親藩及出妻酗酒諸事。有詔候勘，避居廬山。福王立，大學士姜曰廣薦起之。明年三月，授儀制主事。五月，南都破，百官皆迎降。端伯不出，捕繫之。閏四月，諭之降，不從，卒就戮。

《南疆逸史》列傳第六云：

禮部主事黃端伯，字元公，新城人。戊辰進士。爲寧波、杭州推官，皆古越名勝地，人士彙集。端伯聰穎，雜治儒墨百家之學，性沖淡夷曠，虛懷下士。每出，則諸生以文藝，釋子以語錄，下逮金丹符籙，雜然競進者，恒數百人。端伯應接從容，莫不厭服而去。治行最，徵入京，以憂歸。意不欲仕，將嗣法於開元寺而不果。已而潛心儒學，慨然欲自樹名節。始端伯少時，思遺棄世俗，自署印曰“海岸道人”，至是忽改篆曰“忠孝廉節之章”。識者知其學之更有進也。益王與鄭芝龍結姻，勢橫甚，端伯疏論之。益王怒，乃避跡於廬山。福王立，大學士姜曰廣薦起之。乙酉授主事。數月而南京不守。或謂曰：“公如老衲，盍浮沉山墅？”端伯曰：“臨難毋苟免，先聖訓也。我豈藉口釋氏以苟活乎？”豫王之召百官也，端伯不至。從者固請，書一帖付之，曰：“大明忠臣黃端伯。”王命召之。兵入，先捶其妾。端伯傲然不視，曰：“殺即殺耳，我不投謁也。”乃拘之去。方巾大袖，見王不拜。王甚重之，啗以大官。不可。曰：“以方外禮之可乎？”亦不可。王問：“弘光何君？”曰：“聖君。”曰：“何以指昏爲聖？”曰：“子不言父過。”問：“士英何相？”曰：“賢相。”曰：“何以指奸爲賢？”曰：“不降即賢。”遂下獄。獄中作《明夷錄》。……八月十三日，端伯正坐待命。一卒左刃之，手顫，棄刀走。一卒右刃之，亦顫，棄刀走。端伯厲聲曰：“吾心不死，頭不可斷，盍刺吾心！”卒如之而絕。一僕拱立於其側，揮之不去，亦見殺。魯王贈太常卿，謚忠節。端伯深於禪，而卒歸於忠義以死。當兩京陷沒，大臣之不能死者，輒因緣杖拂，稱濟洞宗嗣，以自文其偷生之末路，豈端伯所謂藉口釋氏者乎？噫！可歎也。

《石匱書》卷第三十二云：

黃端伯字元公，號海岸，江西新城人。崇禎戊辰進士，弘光朝爲禮部儀制主事。乙酉五月南都陷，端伯以死自誓。王子侰勒三四，端伯僵臥不起。王子發馬騎擒之，端伯衣冠進見，南向植立。左右曰：“何不朝王？”端伯曰：“先帝已晏駕，皇上又不在，我朝誰？”左右曰：“我家大王。”端伯曰：“爾家大王，與我何涉？”王子命通事致意曰：“黃先生鯁介孤直，予所素鑑，當奏請重用。”端伯搖頭不應。王子又曰：“爾執意不從，豈不怕死？”端伯引頸曰：“不怕，不怕。”王子大怒，引出斬之。魯監國贈太常寺卿，謚忠節。

按，張岱於《乙酉殉難列傳》論之曰：“馬士英之在南都，賄賂公行，日以骨董、古畫爲半閒堂軍國大事。彌天太保，徧地司空；鬻爵賣官，成何世界！當其醉聖酒魔，幾同紂飲之失日；而通國之人，盡飲狂泉，無一得免。而猶有捐軀殉主，如劉成治、黃端伯輩者，當皆濁皆醉之世，而尚有揚波啜醨之人，教自性生，道繇人立，不幾爲晦夜之明星、狂流之砥柱哉？申生被驪姬之讒，而恭爲其子；文王受羑里之囚，而恭爲其臣。是猶嫁兇酒撒潑之夫，以沉湎昏瞶而笞逐其妻妾，乃妻妾不以爲恨；而當其喪亡之日，猶欲爲其守節殉亡，則與彼情深伉儷而願爲之比翼連理者，不更難哉？”竊謂此論與溫睿臨所謂“當兩京陷没，大臣之不能死者，輒因緣杖拂，稱濟洞宗嗣，以自文其偷生之末路”者，皆極痛心之言，有所激而發也，與永覺之論可相輔相成。惟黃官主事，非御史，《續窺言》所記，殆因其疏論益王而誤爲言官歟？作者曾與端伯同遊壽昌之門，皆曹洞宗嗣，而能以節烈終，可謂真能會通儒釋矣。

《慟餘雜記·黃元公》條云[1]：

黃元公（端伯），戊辰進士。初任寧波司李，應庚午南闈聘，得楊廷樞，海内號爲得人。丙子，復以補任杭州司李，闈中得士，稱宗匠焉。江右近多東林，專務標榜。先生不屑依附，以故仕途落落十餘年。建昌府

---

① 　原注：見中華書局刊行《晚明史料叢書》第四種第86頁。

益藩素稱賢王,偶與福建鄭芝龍締兒女姻,先生恐其交結非宜,壬午入都,遂昌言於朝,聞者大驚。先生通宗教,與天童密師善。乙酉弘光改元,先生爲禮部主事。未幾內潰,豫王得之,脅使降。先生大罵曰:"臊羯奴,速殺我,天下豈有不忠不孝之仙佛耶?"遂殺之。妻死不再娶,人以爲無後勸之。但曰:"舍弟有子矣。"所著有《瑶光閣詩文》《東海》《廬山》《還鄉》等集及《易疏》行於世。

《南忠紀·禮部主事黃公》條云[1]:

　　黃端伯號元公,崇禎戊辰進士。清兵至,有以職名部索書者,端伯題曰:"大明忠臣黃端伯。"被敵拘至,不屈,置獄。堂官錢謙益説降再四,不從。至九月初六日提刑,至水草橋邊,停足不行,曰:"吾死于此。"遂被殺。錢子曰:公長齋學佛,參研宗乘,著《東海集》。爲司理後,削髮廬山。過徑山,事雪嶠師。師付拄杖,偈曰:"悟得本來心,無心亦無法。無法本無心,始了深心法。"後省臣疏糾,不得已再出,然未嘗一日忘言師也。臨刃,語人曰:"大圓鏡知現矣。"師聞而贊之曰:"奇哉!大哉!海岸末後一著。南都殿上撒金沙,生死關頭同遊戲。上不慚天,下不愧地。血濺梵天,道人行義。得徑山話風之禪,具足臨濟金剛劍氣。奇哉!大哉!真個頂天立地。"嗚呼!聽斯言者,其亦可翻然思矣。

《前明忠義別傳·高倬傳》卷十九云:

　　同時殉難者黃公端伯,字迎祥,建昌新城人。崇禎元年進士,官儀制司主事。國破,百官迎降,不出,捕繫之。閱四月,諭之降,不從,卒就戮。絕命詞云:"欲識安身處,刀山是道場。"

《南明野史》卷上云:

　　禮部郎中劉萬春、主事黃端伯,以不朝遇害。

《小腆紀傳》卷十六云:

_____

[1]　原注:見中華書局刊行《晚明史料叢書》第四種第111頁。

臨刑詩曰："問我安身處,刀山是道場。"

　　按,徐鼒此傳,幾全襲《南疆逸史》,故不錄。臨刑詩兩句,爲《逸史》所無,而見於《前明忠義別傳》,惟字句略異。

　　綜觀上述,雖微有出入,然無傷端伯之忠烈。惟諸人多得之傳聞,故間有失實。若汪有典、徐鼒之得自稗販者,更勿論矣。永覺與端伯同及壽昌之門,知之親切,所記明白了當,似較可信。或謂南都之覆亡也,大明半壁江山,尚屹然無恙。有志之士,留有用之身,職絡忠義,共圖恢復可也。殉國成仁,蹈首陽之高義亦可也。海岸既不出此,而乃困坐危城以待敵,其意何居?謂其倖存於虎狼之口乎?非忠臣烈士之志也。謂其優於因緣杖拂以文偷生乎?則臨命之際又何多事也。謂其若逐妻棄妾之殉暴夫乎?則以匹夫匹婦之諒視節義之士也。永覺謂爲殉名者以此。黃之六壽祺謂："端伯既忠且烈,豈尚不足當問道之稱乎?然則永覺之所謂道者,何道耶?"錢履周謂:"端伯之遭遇,較永覺爲艱險。殺身成仁難,避世自全易。一生一死,一易一難,未可同日語也。"二君之論,足爲端伯吐氣,故備載之。①

居易堂詩集及海外遺稿 ②

　　明吏部文選司郎中福清林子野先生,明亡後起義,抗清陣亡,大節昭然,事見《明史》。詩文特其餘事。惟子野實長於辭章,憂國憂民之意,流露於文字者,數百年後讀之,猶令人感發而興起。況其遺著頗饒史材,足供研究南明史者之鈎稽,因不揆梼昧,抒其一孔之見,藉表敬仰之忱。

　　子野著述,《明詩綜》謂有《耻厽集》,《塔江樓文鈔》謂有《居易堂集》十數卷行世,《全閩明詩傳》謂有《居易堂詩集》《海外遺稿》,《竹間十日話》謂"有《居易堂集》《耻厽集》,《海外遺稿》則甲申以後之作"。

————————————
　　①　館藏本文後云:"本文承鄭君麗生提供材料,特此誌謝!"
　　②　按,所見爲原稿複印件,凡十一紙。原方格稿紙橫置,右起鋼筆豎行書寫。首行"左海珠塵初稿第二冊",次行"居易堂詩集及海外遺稿"。其中改乙繁多,幾不可卒讀。《左海珠塵》一書,先生曾將謄清稿寄童第德先生屬序。童第德先生《左海珠塵序》(見附錄)言:"頃寄所著《左海珠塵》見示,首列林子野、黃九煙、林如翥、胡上琛諸公暨方外永覺禪師,志意皦然,可盟天日。""首列林子野"云云,或即此篇,然初稿置第二冊而非居首也。

謹按,子野所著已刻者,有《居易堂詩集》一册,分體不分卷,前有方拱乾序及自序,無目録。自序末行云:"崇禎甲申歲十有二月,耻夌林坙詩刻成而記。"則《明詩綜》所稱集名及《塔江樓文鈔》所稱卷數并誤。福建省立圖書館藏有此書。書既刻成於崇禎甲申冬,而卷首有張利民撰傳,林之蕃書傳後,皆作於先生殉節後。其字作楷書,與詩集作明末刻書通用之宋體變形者不同;且書中遇胡虜等字皆留空白,知此册爲清初所印,傳及書後均後加者,忌諱字亦後來剜去也。明思陵於甲申三月十九日殉國,其年五月福王建國於南京,改明年乙酉爲弘光元年,故甲申臘子野刻集時仍用崇禎年號。

《居易堂詩集》按四言古、五言古、五言律、五言絶、五言排律、七言古、七言律、七言絶編次,爲刻集所罕見。集中多感事之作,知子野報國之心,蘊之有素,非激於一時氣憤而以身殉者比也。如《登八達嶺觀虜退營》云:

> 秋風平野動,落日虜營移。馬上吹笳卧,軍前逐鳥馳。氣驕入險脱,師老以貪遲。主將開顔笑,呼書露布詞。

按《明史·本紀》:"莊烈帝十六年四月辛卯,大清兵北歸,戰於螺山,總兵官張登科、和應薦敗没,八鎮皆潰。"詩謂此也。《秋再中居庸關别公衡壽如孔碩》云:

> 秋惜别人意,重爲此夜妍。初霜胡雁白,古月漢關圓。聚首看常事,出門既異天。寒梅香不遠,遲爾晚江邊。

《夏夜聞警不寐》云:

> 風激高城急柝驚,明明雙眼遶床行。書生又老三年劍,胡騎新驕六月兵。無可奈何聊讀史,似難如此便忘情。燈前自顧非侯骨,擲卷長歌恨不平。

皆攖心國防之言,不等尋常登眺之作。他如《肥馬行》之刺邊將,《聞警》之憂國是,不勝舉例,而以《哀山東》十首尤痛哭流涕而言之,讀之令人酸鼻。其《小序》云:

> 甲申春歸,過齊地而哀之。五日驢背耳,山東之哀不盡此也。後之人讀之,其必感焉。

按《明史·本紀》莊烈帝五年閏十一月"壬寅,大清兵南下,畿南郡邑多不守"。十二月辛卯,"大清兵趨曹、濮,山東州縣相繼下,魯王以派自殺"。當時齊魯遭敵蹂躪,於此可見。其一云:

> 兵旱由來理亦因,上天我未敢稱仁。長原盡日惟荒舍,大地子遺有幾人?驛柳皮空春似水,山花血漬夜成燐。虜中百死歸來後,土室門開絕四鄰。

按,首聯憤激極矣,連上天亦不可信矣。頷聯哀死亡殆盡也。頸聯言人食樹皮,致驛柳皮空;兵死慘重,致山花濺血,較杜之"感時花濺淚,恨別鳥驚心"有過之無不及。七句明言此浩劫乃遭清兵屠戮。結句仍申三四句意,重言之者,哀之至也。其二云:

> 書生忍淚漫悲歌,失計從頭可奈何?方脫虜營呼執役,纔開恩詔即催科。屋殘鬼亦無家哭,烟冷鴉應忍餓過。疾視有司今若此,也繇輦上負民多。

三句指吾民遭清兵奴役,四句指虜方退而催科又迫,則所謂恩詔者,徒空言耳。頸聯謂地方殘破至此,七句言民怨沸騰,結句斥有司負民,可謂洞見癥結,然已晚矣。其三哀老翁之求生不得,求死不能:"老翁一語垂雙淚,短髮三年經兩髡。恨不與妻同死餓,誰知殞子但將孫。"其四哀魯藩:"宮空野鶴呼群立,門塌城狐引子蹲。墮鈿曾思悲嬪御,路隅何處泣王孫?"曾幾何時,巍峨邸第,竟宮空門塌,狐鶴成群。其五云:

> 日光無影鬼無聲,平地灰殘七十城。天下事皆繇我輩,人前敢復談書生!戈矛填腹遍遺虜,村舍酸眉在苦兵。盡向少陵詩下慟,誰知我亦負昇平。

頷聯即先憂後樂之意,而一言於天下事未壞之先,一言於天下事已壞之後,其揆一也,而子野之遇慘矣,故沉痛乃爾。杜之"淚痕血點垂胸臆",先生有焉。其六云:

> 大鎮名城去路長,疏槐影裡集開場。破筥敗甑無家物,柳屑榆皮上

等粮。未必天高聞澤雁，何曾地上有羵羊。白頭老婦持衣賣，新喪男兒五尺強。

嗟乎！鄭監門之《流民圖》，不足以方此詩所寫魯民之慘也。"柳屑榆皮"乃上等粮，然則次等粮惟觀音土耳！下民之痛，享民脂膏之有司不聞也。城狐之虐，歆民祀典之地祇不聞也。天太高，地不靈，哀之生民走投無路，白頭老婦，安得不賣衣以殮其新喪之男乎？其七斥將帥之喪地辱國而殃民也。詩云：

> 牙戟參天建旌旗，將軍兀兀喪名城。聲言索餉先焚掠，尾拾遺貲且送行。避敵燕鴻終不見，縱兵蟻虱篋還輕。更聞土穴逃家者，列炬高熏逼買生。

藉口索餉而肆焚掠，是何軍紀？此種匪軍，尚能禦敵乎？縱兵禍民，多於蟻虱，安得不使逃家於土穴者，不列炬高熏以求脫離苦海乎？其八云："長淮飲馬且經春，戰守難言國有人。"痛屯兵糜餉，戰守無人。"償帥賞邊償腹裡，撫軍獻馘借饑民"，則將帥非特不能戰，又不能守，且通敵賣國矣。撫軍欺君罔上，惟慘殺饑民以邀功，如此武備，國安得不亡？況此慘狀，不獨山東一省，秦、楚、豫何獨不然？故"每向西風悲楚豫，何堪近事復三秦"作結。其九云：

> 風教從前首兗青，貪生那復勝兵刑。狼威但作牛羊牧，雉死何曾溝瀆經？高閣但聞招女帖，脫歸羞作避人形。匹夫匹婦仇如海，願挽天河洗穢腥。

此何時乎，而閥閱之家，還懸招女之帖！幸得脫歸者，已無人形。人民如海深仇，所願者挽天河以洗此異族侵凌之穢腥耳。觀此，則先生民族之感深矣。兗青乃聖人教化之鄉，今竟受外敵之污穢，故憤痛倍於尋常。先生攖心民瘼，視民如傷，故一則曰"疾視有行今如此"，再則曰"匹夫匹婦仇如海"，皆能爲民喉舌，暢抒下情。其十云：

> 虜殘兵慘盜頻連，未復流亡又一年。烏雀啄場農事少，麥苗生壠主人遷①。二東葛屨霜難履，三輔輪蹄日不前。千里荒荒惟土白，但聞紙上

① 按，"壠"，明崇禎十七年刻本《居易堂詩集》作"土"。

説屯田。

首句七字,一字一淚。外則虜卒兇殘,內則匪兵慘瀆,加以頻年寇盜,民何以堪？農事少,田園荒,當何待言！齊魯既荆棘遍地,寸步難行,三輔又如在天上,車馬不進,觸目千里,但見白土荒茫,所謂屯田良策,祇留紙上。一腔忠憤,惟託聲詩,冀讀者感發興起,共拯危亡耳。子野哀魯十章,聲可徹天,淚可徹泉,庶幾上追杜陵《諸將》五首,長留千古,喚起聾瞶。《竹間十日話》謂《哀山東》者,疾當事不能未雨綢繆也",尚淺之乎視先生矣。

先生詩寫國計民生、排外寇、斥民牧外,常能即小見大,於無關緊要題目抒發靈襟。如《門前小圃黄花爲富貴人盡取,詩以送之》：

> 果以容顏累,摧殘取次尋。人間失素友,世上重黄金。此地別離去,侯門歲月深。香閨容易妬,莫把冷芳矜。

《山中屋上雲生,僮驚呼松失矣,雷雨畢,呼曰歸來歸來,率口成之》：

> 偶然失却一山松,去作人間十萬龍。大地平添三尺水,歸來口也不言功。

此二詩皆眼前景物,而能因物起興,寄託遥深,寫立身之大節,風趣盎然,非懷抱宏偉、涵養工深者不解也。

《海外遺稿》原本已佚。近於友人處見抄本《居易堂近詩鈔》五律二十首,七律五十四首；《海外遺稿》五律五首,七律十六首,五絶、六言絶句各一首,七絶二首,文四篇：《劾馬士英疏》《書負薪歌後》《華周杞良之妻》《武王周公》。（按,後二篇爲制舉文。）卷首有方潤撰行狀,陳兆藩撰墓誌銘,張利民撰傳,林之蕃書傳後,及謝杲《青門節義録》之列傳,共五篇。末有道光十二年壬辰永福余仁淳跋,謂此册乃從長樂陳惕園先生庚焕手抄本迻録者。《海外遺稿》有先生子鍾爵跋云：

> 先大夫海外遺草,當籍没令下 ①,間有藏於親舊者,輒亦棄去,以故多

---

① "没",原脱,據清康熙刻本《海外遺稿》（《原國立北平圖書館甲庫善本叢書》第 909 册影印）補。

散佚①。今所存僅半，大抵皆君國縈懷，長歌當哭者。爵於中簡數十篇付梓②，庶幾先大夫百折孤忠、視死如飴，託於詩以傳而不至於湮没，非敢謂太虛浩氣爭光曩哲也。康熙四十七年歲次戊子十月既望，男鍾爵謹識。

據此，知《海外遺稿》在先生成仁後六十年曾有選刻本。友人所藏之抄本，係惕園先生從刻本《居易堂集》中抄得近體詩七十四首，復從刻本《海外遺稿》中抄得近體詩二十五首，非先生著作之全也。先生大節昭日月，片羽吉光，胥足珍惜，況遺詩句句皆碧血丹心所凝結而成。其《劾馬士英疏》，與夫傳誌所載，多足補史傳之缺乎！其《同諸子航海，時薙髮初行也》，云：

> 萋草隨風不可支，許多眉目一時移。招呼乘海桴堪濟，歌泣中流楫自悲。鞞是犬羊毛應去，山留薇蕨劫還遲。莫言鏡裏秋霜賤，九鼎於今繫一絲。

首句諷變節諸臣如萋草隨風，次言諸人紛紛薙髮，三言遁居海澨以待時，四言擊楫中流圖恢復，五申二言變節薙髮者直同犬羊，六言甘蹈首陽之節，末言一髮雖微，所繫者重也。《同諸子上君山寺，是日喜晴，登頂上四望》，云：

> 連朝風雨晦人間，無恙乾坤可見還？天下猶能劃此水，日光只是照斯山。關河作痛難開眼，草木無心亦憤顏。我有不平千萬語，特來頂上叩天關。

首句言中原板蕩，次句望恢復山河，三句言事尚可爲，四謂同志者少，五六刺變節諸臣，末責諸臣誤國，而先生苦心孤詣，隔世如見矣。《哭國》兩首痛斥賣國賊鄭芝龍，可謂怒髮衝冠，聲淚俱下：

> 燕雀堂中聲自啁，誰知果落杞人憂。開門長揖盜爲客，賊在將軍國變仇。首鼠原將雙膝辦，性鴞終不好音酬。臨危細數從頭錯，鐵鑄難成十六州。

---

① "多"，原脱，據清康熙刻本《海外遺稿》補。
② "爵於中簡數十篇付梓"，清康熙刻本《海外遺稿》作"爵於中簡數十篇付之剞劂"。

裂土登壇赫建牙，主恩重矣報還賒。觸藩羊只籬先撤，跋扈魚終網內嗟。招得賊來還自虜，賣將國去已無家。神龍到處雲能護，應笑奸臣置念差。

隆武朝覆亡，主要由於鄭芝龍叛國，開門揖盜，撤關迎敵。然清兵一到，鄭即被虜，安平旋破，所謂"招得賊來還自虜，賣將國去已無家"者，字字實錄。然先生恢復之志不餒，蓋寄望於魯、桂諸王也。故云"神龍到此雲能護，應笑奸臣置念差"。雖事與願違，而萇弘碧血，早辦此身矣。《哭胡席公》云：

蒙面相看總死難，今朝猶有好衣冠。河山作誓身同碎①，城郭生風氣盡空。殉國能忘十八葉，香魂定結一雙蘭。時有二妾從殉②。將軍明月歸來夜，鐵馬聲中聽珮珊。

首句仍是斥變節諸人，蓋此輩爲先生所深惡痛絕，故不禁數數言之。席公即上琛，事見《明史》及《道山堂集·胡將軍傳》。惟諸書皆言一妾從殉，此云二妾，可資參證。先生與席公同朝，所記當可信。

《海外遺稿》之詩留至今者，僅二十五首，首首皆以血淚寫成者，毋庸辭費，盡加詮釋。茲再筆《伏枕有思》，當整襟誦之。詩云：

一暝已矣復何求，魂往空山只載愁。易捨妻兒惟有父，無慚膚髮但多頭。復仇到底落人後，作鬼應居最下流。門外長江知我恨，年年濤捲海風秋。

此爲先生詩之最膾炙人口者，與《次陳孝廉寄伯奮弟來韻却寄》之"種種數莖休見德，此頭尚在亦吾仇"同一機杼，總爲留髮以表忠貞。同此悲憤者，有《山中哭》，云：

千恨從頭事，終爲此禍階。人謀堪屢失，天眼可曾開？吞炭聲難辨，佯狂志自哀。山空快我慟，歸去閉蒿萊。

---

① "河山"，原作"山河"，據刻本《海外遺稿》改。
② "二"，刻本《海外遺稿》作"一"。下文先生云"諸書皆言一妾從殉，此云二妾"，蓋先生所據抄本作二，非先生所誤。當以刻本爲是，且合諸書載記。

先生報國丹心，所謂每飯不忘者，即小小遊戲筆墨，亦盡情流露。如《戲寫朱竹因題》是其例。詩云：

> 根託朱方久，不醉亦顏丹。雖被北風吹，葉葉自向南。自注：時醉竹日也。①

與鄭所南可並垂千古。如《爲鄠德鄰寫竹》則正言之矣。詩云：

> 所翁之蘭無土，耻齋之竹無根。想見千百年後，熒熒紙上血痕。

綜觀《居易堂詩集》及《海外遺稿》，知子野先生哀斯民之塗炭，痛宗社之覆亡於異族，奇耻大辱，其痛澈骨，故其詩直血淚凝結而成。讀之而不勃然生同仇敵愾之感者，非是一圈人也。況能軼出閩派藩籬，上追文山、所南，與之方駕乎？

按《通志·高士傳》及《全閩明詩傳》，方潤字具蒙，閩縣人，萬曆諸生，重氣節。當唐王時，時事日非，刊《鐵函經》《晞髮集》，序而行之以見志。王敗，潤隱居教授自給。林垒没於義兵，潤撰行狀，葬之福州井樓門外。陳兆藩字衛公，侯官人。崇禎舉人。隆武朝官刑部員外郎。魯王入閩，改御史。魯王敗，不出。病不服藥，含笑卒。《詩傳》又謂，張利民，侯官人。崇禎進士。官桐城知縣。隆武朝累官太常少卿。明亡，披緇於雪峰寺。林之蕃，字涵齋，閩縣人。崇禎進士。官嘉興知縣。隆武時官吏部考功司郎中，明亡不仕。又按《通志·藝文志》，謝枈字青門，肇淛子。觀此，知前四人皆子野同志友，青門年齒雖略後，亦同時人，故所述先生事皆親切可信。且諸篇中，除《書後》見《林涵齋集》外，其餘皆世不經見者，洵珍貴史材也。茲舉足補正記載之譌缺者如下：

一、林子野之殉國及其官職

子野以攻福清陣亡，官書作死於福寧者，誤也，前已辨之。至其官職，《行朝録》作文選司主事，《明史》《南疆逸史》《小腆紀傳》《福建通紀》均作員外郎，《前明忠義別傳》《節義録》《塔江樓文集》則作吏部文選司郎中。竊意應以先生摯友林之蕃《書傳後》及張利民撰傳爲據，作郎中是。之蕃之言曰：

---

① 按，此爲題下注文。

子野長予六歲，與予同受業司空董崇相先生之門。先生教以古文，勗以節義，於是兩人相勸勉。癸酉舉於鄉，同出竟陵楊夫子之門。癸未同登弟，同觀政戶部，大司農爲倪鴻寶先生。銓選，同在浙，一海寧，一嘉興。隆武同拜監察御史，宣諭兩浙。未幾召還，坌授文選司，之蕃授考功司郎中。

據此，之蕃與子野有七同，益以同爲抗清義士，則八同矣。張傳明謂子野官吏部文選司郎中。利民與子野在隆武時同朝，隆武亡，同不屈於外族。然則知子野之真，孰逾林、張二先生者？其言若不信，當誰信乎？故知子野在殉節時之官職，實爲文選司郎中。至《節義錄》謂魯王曾授以左僉都御史，不見他書，存以待考。

二、馬賊士英曾被阻不得入閩

子野《劾馬士英疏》，非獨見其斥奸邪、申正義之勇，其忠烈之氣足以寒賊臣之膽、壯行朝之色者，數百載下讀之，猶令人肅然起敬，況有足據以補史傳之闕者！世不經見，尤足珍也。如張傳云：

思文皇帝即位閩中，召對便殿。公因區畫時務，大稱旨。會閣臣黃公道周督師，疏請公偕行，遂授公戶部員外郎，轉餉軍前。旋以浙西戴公使往宣諭，擢監察御史。具疏劾馬士英，詞意激切，士英聞風不敢入。行至處州，又以典銓選任重，非公不可，召回，除吏部文選司郎中。

此時子野宣諭浙西，馬賊方自錢塘敗退，擁殘卒謀入閩，爲先生疏劾而止。至瞿其美《粵遊見聞》謂清貝勒曾挾士英入閩，殺之洪塘，乃後事也。

三、林子野《劾馬士英疏》有可補隆武史實者

甲．隆武用人昏瞶。疏云："乃臣伏讀數奉詔諭①，惟恐不能爲士英開一生路者，聖意高深，愚臣難曉。然亦就皇上之稱許士英者一爲陳之。明詔以前在舟中能爲皇上下拜，是猶知朱氏子孫。"觀此，則隆武因感奸賊馬士英一拜，竟欲大用之矣。疏又云："皇上以爲特愛其才。士英之才，臣不能知。蓋

---

① "奉"，清康熙刻本《海外遺稿》作"番"。

有秉政,一年亡一國,失一帝,棄一太后矣。"觀此,則隆武竟愛此亡人國之才矣。昏瞶至此,恢復之業何望?

乙.馬賊非不降敵,知降敵亦誅。疏云"以其不降敵,不歸魯藩"尚有足取也,其實不然。正如疏所云:"敵之來也,知士英濁亂害政,爲人心所與,聲言欲誅士英以謝天下,蓋逼於無所逃耳。士英曾遁於天台,聞魯藩監國,叱馭往朝,爲江上義士所不容,乃逃遁之方國安營中。蓋敵欲殺士英者,收人心也。魯藩不敢用士英者,恐失人心也。"觀此,知馬賊之未降敵,非不欲降,明知降亦死也,欲降而求之不得也。

丙.《明史》謂唐王以士英罪大不許入閩,不確。疏云:"今皇上不特用士英,而且還其閣銜,榜示朝堂矣。"觀此,則隆武已明詔用士英,且重用爲閣臣矣。與史傳所謂士英擁殘兵欲入閩,唐王以其罪大不許者,適相反。

丁.馬賊確曾遁天台,欲歸魯王,爲魯臣所逐。疏云:"士英曾遁於天台,聞魯藩監國,叱馭往朝,爲江上義士所不容,乃逃遁之方國安營中。"觀此,知士英確曾遁至天台。《明史》謂"野乘載士英遁至台州山寺爲僧,爲我兵搜獲",是信史。但非爲僧,亦非由此爲清兵所獲。《明史》又謂其欲歸魯監國,爲魯臣所逐,於此亦得一確證。

總之,子野遺著足申民族大義,補史傳闕譌者略如上述,不僅鄉邦文獻攸系也。故揭櫫而出之,以補《通志·藝文志》之不足。

方潤撰先生行狀,張利民撰傳,均引"少陵無計逢行在,淚盡啼鵑半夜聞"之句,不見抄本,知先生佳詩遺失者尚多。先生不獨工詩,且工文,觀《書負薪歌後》及《劾馬士英疏》可知。疏尤義正辭嚴,筆力扛鼎,在歷代名臣奏議中,亦當推爲傑作,故附於後,俾有心世道者共賞焉。

附林垐《劾馬士英疏》[①]

臣聞功罪係乎天下,賞罰受之祖宗,非臣下所敢私議,亦非天子得以一人之喜怒而輕重之也。奸臣馬士英,當聖安皇帝朝,以首揆而兼司馬,天下之事孰非其一人之事?乃身輔聖安皇帝,而聖安皇帝何在?奉慈禧

---

① 原稿僅存"附林垐劾馬士英疏(雙行抄,低一格)"一行,今正文從清康熙刻本《海外遺稿》補錄,惜多缺文。

太后以出,而太后安往?坐使京師淪陷,孝陵□□,而士英者尚翩然翱翔於天下,是真高皇帝之罪人也。(下闕)士英之肉,其足食乎?臣意皇上一日欲見孝陵而不得,則切齒愩國之士英;一日欲救百姓而不能,則痛思首禍之士英,惟恐不能早正一日天誅,以謝高廟而快神人也。乃臣伏讀數番詔諭,若惟恐不能爲士英開一生路者。聖意高深,愚臣難曉。然亦就皇上之稱許士英者,一爲陳之。明詔以前,在舟中能爲皇上下拜,是猶知朱氏子孫夫?高皇帝厚澤在人,烈皇帝非有失德而亡天下,高廟子孫其賢聖孰有過於陛下者?天下之人皆已歸心,又何取於亡國之臣之一拜也。士英在杭不已拜奉潞藩乎?而後竟何如也?皇上以爲特愛其才,士英之才,臣不能知。蓋有秉政,一年亡一國,失一帝,棄一太后矣。皇上欲取者定國家、尊主庇民之才,臣患其難。若徒取能亡國喪君如士英之才之速,滔滔天下又何患其無士英也。士英在南都則陷南都,在杭州則陷杭州,今其困獸遊魂到處棲泊,小人之能亦既見於天下矣。皇上以其不降□①,不歸魯藩,尚有足取乎?□之來也②,知士英濁亂害政,爲人心所不與,聲言欲誅士英以謝天下,蓋逼於無所逃耳。士英曾遁於天台,聞魯藩監國,叱馭往朝,爲江上義士所不容,乃逃遁而之方國安營中。蓋□□欲殺士英者③,收人心也;魯藩不敢用士英者,恐失人心也。皇上獨取而赦之而用之,江東義旅誰不解體?天下人心孰不失望?貽譏藩國,取笑□□,非細故也。今皇上不特用士英,而且還其閣銜,榜示朝堂矣。一團私意而假之至公以昭示天下,臣恐天下人心未死,不可欺也。且皇上亦既懸一榜樣而告在廷諸臣矣,爲人臣而至親亡其國、親喪其君,尚不失於登司馬之堂、居政事之府,尤而效之,又何罪焉!恐非皇上之利也。皇上必欲用士英,亦責其一意□□,恢復兩京而後告於高廟之靈而赦之,若今日則未可也。臣,小臣也,少而讀書,頗知事君之誼,義不與奸人同朝事主。伏乞皇上將臣賜罷,毋使天下後世姍笑中興之臣盡若士英者流也,臣則厚幸矣。

---

① 原剜去一字,前引文作"敵"。
② 同上。
③ 原剜去二字,前引文作"敵"。

讀尺木堂集 ①

《尺木堂集》，明末清初閩縣徐延壽存永所著詩也。不分卷，分體編印。每體頁數自爲起訖，計：五言古體詩，四十一首，十八頁；七言古詩，三十首，十七頁；五言律詩，九十首，二十二頁；五言律詩二，七十九首，二十一頁；五言律詩三，七十二首，二十一頁；五言排律，八首，十五頁缺末頁；七言律詩一，一百零四首，三十三頁；七言律詩二，一百二十七首，四十一頁；七言律詩三，六十五首，二十二頁；七言律詩，三首，四頁；五言絶句，二十首，四頁；七言絶句，一百三十三首，三十六頁，共古今體詩七百七十二首。序文十八篇，每篇相接，共二十頁。無目録。分訂二册。頁十六行，行十八字，板心刻"尺木堂集"，無上下魚尾。爲鄉先輩鄭杰注韓居故物。有"侯官鄭氏藏書"朱文長

---

① 按，《讀尺木堂集》凡四見。一見諸 1957 年第 2 期《福建師範學院學報》（以下簡稱學報本），此爲外間所常見者。一附於福建師範大學圖書館藏抄本《尺木堂集》後（以下簡稱館藏本），末署"庚子秋改定稿，黃曾樾識"，即圖書館據先生 1960 年改定稿抄存者。一爲黃氏家藏稿之光盤刻録書影（以下簡稱家藏稿），封面墨筆書"讀尺木堂集"，又朱筆書"定本（癸卯夏記）"。藍色直格"慈竹居叢稿"專用稿紙。正文墨筆寫定者係抄胥謄録，中經朱筆删削增補及黏附簽條者則係先生所爲。仔細辨認，原謄録部分（不包括後來補充的材料部分）當爲初稿，學報本與之爲近；删改者又不止於"庚子秋"，如稿中"庚子秋改定稿黃曾樾識"一行已被塗抹，校之館藏本，雖未有大的改動，行文中"先生"已多改爲"存永"，是即 1963 年癸卯夏改定者。由此可見先生初稿後仍繼續查閱史料，考辨史實，修改潤色文章。整理將竣，又於福建省圖書館查得《讀尺木堂集》抄本一册（下文簡稱初稿），末題"己丑伏署，黃曾樾識"，當係先生 1949 年夏據草稿所謄清者，中偶有删改增補，然終不及學報本之完備。諸稿次序爲：初稿—學報本—館藏本—家藏稿。

家藏稿改動最著者，是關於徐存永生卒年的論定。初稿、學報本《年表》，於"生年 1615 年"說明："順治十二年乙未，《寄莆中黃玄卿》七律有句'我亦同庚稱四十'，推知先生生於是歲。"於"卒年 1663 年"引周亮工《賴古堂集》卷六《十月廿六日下城陽寄冠五》，詩作於康熙二年，之前"存永殁於長沙"，因而先生言"是存永以康熙二年死於長沙"，且曰："周詩作於十月底，味'徐生新賦鵬'句之新字，當死於秋冬之交乎？"而家藏稿則採信《徐氏家譜》的記載，徐存永"生於萬曆四十二年甲寅八月十七日寅時，卒於康熙元年壬寅六月初九日午時，年四十九"。並云："以集中清順治十二年乙未，《寄莆中黃玄卿》七律'我亦同庚稱四十'句推之，則先生應生於萬曆四十三年乙卯。今以《家譜》爲據，詩殆舉成數言之，亦不抵觸。"且曰："則此詩（整理者按，指《十月廿六日下城陽寄冠五》）當作於康熙二年十月底。所云'徐生新賦鵬'者，殆因聞存永死信稍遲之故歟？"

家藏稿爲先生晚年定稿，正文經其增删潤色，行文更簡練，表述更準確。故此次整理，以家藏稿底本，參校學報本與館藏本。惜家藏稿有部分缺頁，謹據學報本與館藏本以補全。又，學報本有《尺木堂集》原刻書影二幅，亦據以收録。

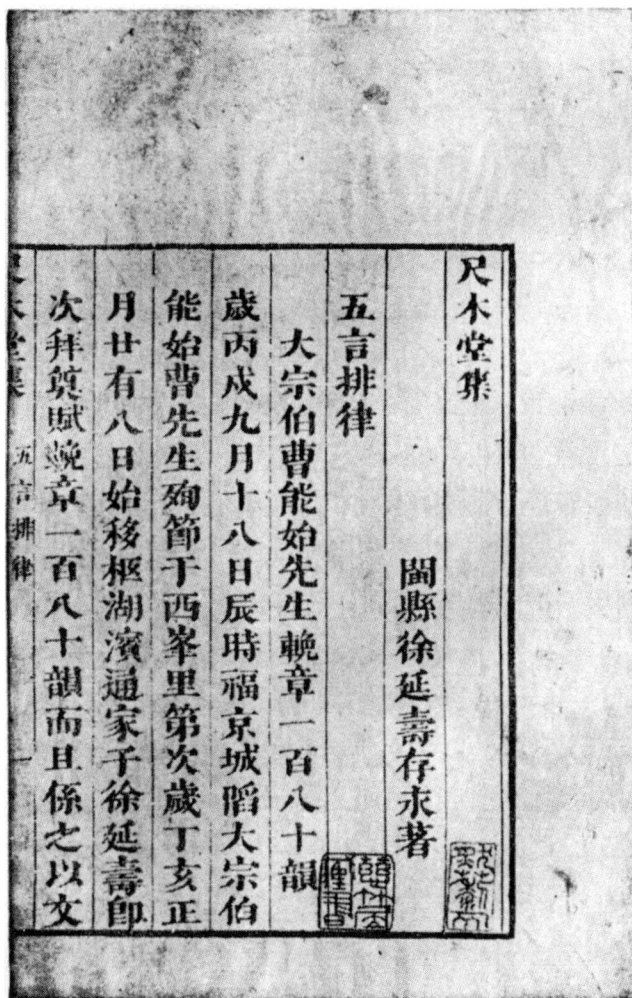

方印，"注韓居士"白文方印，"蕭夢松印"朱文、"靜君"白文兩方印，"蕭蓼亭四世家藏圖籍"白文方印，"登""齡"上白下朱文方印，"登齡鑑藏"白文方印，"鶴汀鑑藏"、"閩中李玉華鑑藏經籍圖史之章"、"燃藜居"、"漢書下酒"諸朱文長方印，"肝膽一古劍"及"心中無疢隖波浪眼前皆綠水青山"朱文正方二印。諸印皆作小篆，印色鮮紅，古雅可愛。

按，《注韓居書目》作十卷，殆以每類爲一卷，如五古、七古、五律、五言排律、律陶、七律、七言排律、五絕、七絕，共九卷，加序文二十頁爲一卷，洽成十卷歟。

序缺第三頁，乃錢謙益序之末二行及署款一行也。清初大興文字獄，乾隆時禁燬錢氏書尤嚴，故清代藏書家遇書中有錢謙益或牧齋名字，非將此頁抽燬，則將錢氏名字挖去以避禍。此頁乃有意抽去者。

錢序見《有學集》卷十八。《有學集》《四部叢刊》影印本原版缺兩處：一

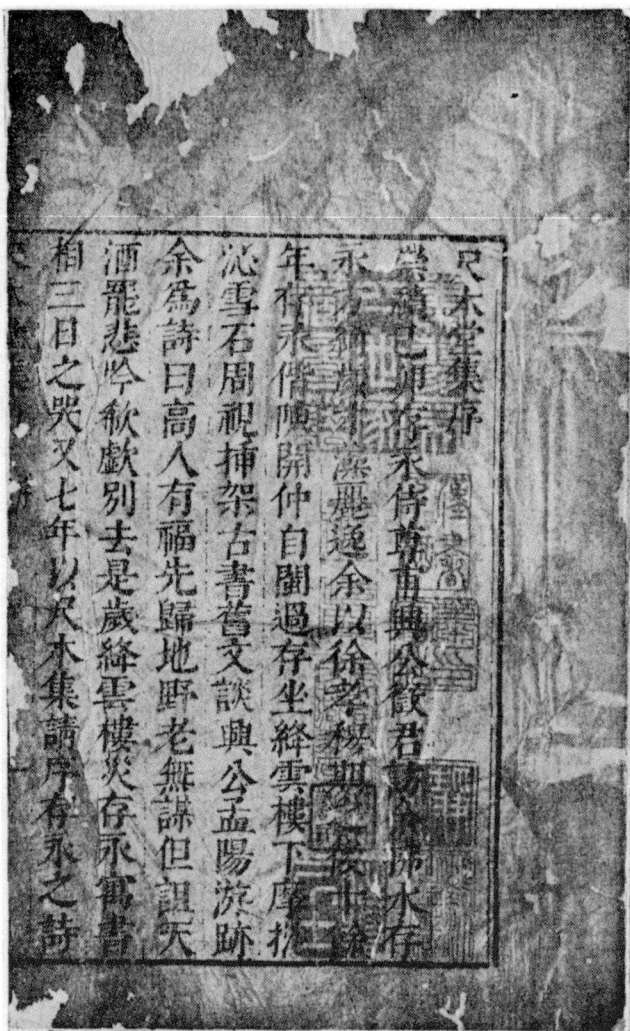

爲"聽蛟龍之笛者,驚其入破,呼吸盤擗,以爲天下無有"之"下無有"三字缺,而"天"字少二橫,作"人"字。蓋《有學集》刊于錢氏身後,稿本有塗改殘破,無從考證,而《尺木堂集》乃據錢氏生前原稿付刊也。初閱錢集時,見"人"字不誤,思試湊三字作"人間所無",或"人世所無",今閱此本,始恍然矣。一爲"存永之詩不能盡存永,有介之詩不能盡有介"上"有介"下,錢集空一字,百思不得其解。今以徐集校之,並無缺字,必刻錢集時此處有塗竄,刊者不知而姑付闕如也。以序文與錢集校勘,共得異同十二處,如下表:

頁數	行數	有學集	尺木堂集 ①	校正	說　明
8	20	余以孝穆期之	余以徐孝穆期之	有徐字	因上文興公、存永云云,未點出其姓,此處必有徐字,始倍切其家之典實。
9	2	古史舊文	古書舊文	書	兩字雖皆可通,然書字爲優,以言書則史在其中矣。
9	9	道士適來	道人適來	士	《有學集》卷十有《乳山道士勸酒歌》,故應作士。
9	9	宛委	宛羽	羽	徐興公樓名宛羽,故應作羽。
9	9	江雨	紅雨	紅	徐氏樓名紅雨,故應作紅。
9	9	桑架礔車	叠架礔車	叠	徐集不誤。
9	17	鐵管可碎	鐵管粉碎	粉	因上句有河山可裂,故此句以作粉字爲是。
9	20	人	天	天	徐集不誤。
10	20	□□□	下無有	下無有	徐集不誤。
10	3	有介□之詩	有介之詩	無空白	徐集不誤。
10	5	坐井天	觀井天	觀	觀井天、窺隙日,對舉,徐集不誤。坐井天,不辭。
10	6	遂有爽然自失者	蓋有爽然自失者	蓋	因下句係"遂書之爲《尺木集序》",此處不應用遂字。

　　按,鄭方坤《全閩詩話》卷九徐延壽節僅引錢序從頭至"靈氣未可以終窮也"止,而不敢注明出處,與其著書體例不合。且此外亦僅引《漁洋詩話》一則,至文中訛字,一如原板《有學集》,知鄭氏係據錢集著錄,並未見《尺木堂集》也。僅一篇文而訛奪至十餘處,古板書之可貴如是哉!(表中頁數、行數,乃《有學集》卷十八之頁行數)

　　此書上冊缺末頁,附空白一紙,第二面之左角有朱書行楷一行,文曰:"重陽後二日,選《全閩詩》閱",定係注韓居士筆。因此書爲鄭氏藏,而居士曾選《全閩詩錄》也。集中各體詩之眉,間有一紅點,殆鄭氏所鈔之誌歟? 惜

---

①　"尺木堂集",原作"尺木集"。"堂"字不可省,以下徑改。

明詩一帙爲郭兼秋所亂,而改名爲《全閩明詩傳》,取校此集有紅點各詩,十不得一二矣。

《通志·文苑》有徐延壽傳,僅取材於錢牧齋、王漁洋二氏書,寥寥數行,於延壽生平,闕焉不詳。吾遂蒐集有關可據之言,尤以本集爲主,作《徐存永年表》列後,以待好事者之補正。傳云"著有《尺木堂集》",而《藝文志》不載,知歷來志省藝文者未見此書。以注韓居士收藏之富,此本五排缺第十五頁,七律缺第十七頁,此頁後從友人所藏殘本中抽出補足。乃無法抄補;鄭方坤與存永年輩差可相及,而撰《全閩詩話》時亦未之見,可知流行之少。

謝章鋌《課餘偶録》卷二記曹忠節遺文云:"末有徐延壽祭文。延壽,興公之子,公之通家子也。其文恢奇有氣。"按,此所謂祭文,即存永挽曹宗伯長律序,是謝氏亦未見《尺木堂集》。

《尺木堂集》無刊刻年月,據余懷序云:"過中牟,愛其令君吳友聖,流連不忍去。吳君嗜風雅,爲徐子刻其《尺木堂詩》。"陳肇曾序亦云:"存永從中牟令吳友聖,署中代梓《尺木堂詩集》,過劍浦出示,予張燈讀之。"是此集爲先生所自編,而刊于中牟。按,存永遊中牟爲順治十六年己亥事。説見《年表》。再按,同治《中牟縣志·職官志》云:"知縣吳彦芳字友聖,號香爲,福建閩縣人,舉人,順治十六年任。"則此書必刻於是年前後無疑。陳肇曾字昌箕,存永摯友,名字屢見集中。時爲南平教諭,存永自北歸,相見於此。彼時交通不易,存永曾否將集版自河南運回,抑僅帶印好之書而歸?以情理揣之,非獨版難南運,即裝好之書恐亦帶回無多,故流布甚少,見之者稀。

刻書體例,序文後往往列某朝年月。此集諸序每篇之後僅書某某題,某某書,某某撰,而無帝號、紀年,蓋明示不奉新朝正朔之意。惜序之第三頁缺,不知第三行錢氏如何署名。第四行後紀映鍾序全缺,待從《真冷堂集》抄補。

序共十八篇,作者不一時。中牟刻集時似僅有十四頁以前吳彦芳等序,十四頁以後余懷、陳肇曾序皆言中牟令吳友聖爲存永刻集事,而沈荃、邵光胤序皆言辛丑事,則序文有後加者無疑也。存永與曹能始、錢牧齋、吳梅邨、龔芝麓、周櫟園、顧黄公、王漁洋、吳藺次、紀伯紫諸名流往返唱和,叠見《列朝詩集》《感舊集》《漁洋詩話》及諸人集中,匪獨文字相知,亦同有身世之感也。集中《渡彭蠡》七律"昔日高皇曾駐蹕"句,《甘露寺》七律"似哭高皇警蹕聲"

句,二高字上皆空一格;《甲申紀事》七律四章中"兵弄潢池犯帝居"之帝字上亦空一格,可知其滄桑感,故全集中無一字及新朝。至於亡國之慘,世變之劇,與夫民生之苦,則流露行間者不勝更僕數。_{亦見清初士大夫中不忘故君者,大有人在。}

存永生丁甲申乙酉之變,而隆武始末又身臨目擊者,集中無述及隆武時事詩,且遊金陵係在弘光新覆亡後,詩中亦無言及者,殆因忌諱而未刻也。觀其不用新朝正朔,可知涉及滄桑劇變,必多激昂慷慨之詩,與辛丑由揚歸閩,攜家入湘,迄於客死長沙諸作均不傳,爲可惜矣。

《漁洋詩話》謂:"閩詩派自林子羽、高廷禮後三百年間,前惟鄭繼之,後惟曹能始,能自見耳。"《靜志居詩話》謂:"有明三百年詩凡屢變,獨閩、粵風氣始終不易。曹能始、謝在杭、徐惟和等,猶然十才子調也。"王、朱此評,可謂中肯。以吾閩地處海陬,嶺嶠阻絶,中原聲氣不易相通,故當前後七子如狂風暴雨中土壇坫,流風所被,歷百餘年,而閩士守《唐詩品彙》緒論自若也。當公安、竟陵如驚濤駭浪披靡大江南北,餘波所及,綿數十年,而閩士奉漢、魏、盛唐圭臬自若也。蓋明代詩學,自其善者言之,正、嘉時尚氣魄,隆、萬後尚孤淡。尚氣魄之過,流爲浮聲泛響;尚孤淡之過,流爲幽險怪誕。以閩詩證之,則前者自洪、永十子以迄石倉、小草、幔亭、鰲峰是也;後者自傅山人以迄李元仲、曾弗人、黃漳浦、羅紋山是也。徐氏伯仲雖負盛名,而惟和所選《晉安風雅》,仍然十子窠臼,其《幔亭集》古體擬漢、魏,今體摩高、岑,音調雖高,而頗傷空乏;《鰲峰集》清穎勝其兄矣 [①],尚未能拔於風氣之外。存永生於其時,雖濡染家學,而能不囿於時尚,標新領異,自鑄偉詞,念亂傷離,獨抒情愫,有真性情,真面目,而出之以蘊藉,行之以自然,斯其所以難能可貴者也。錢序謂其"見新非故,屢遷而未見其止,斯人之文心靈氣,未可以終窮";周序謂其"雅材自夙來,而句從新鑄,大雅之音,於君復見",似非溢美。以視諸父,不獨斜川之於玉局,實雙井之於伐檀矣。

---

① "《鰲峰集》",原作"興公《鰲峰集》僅存抄本卷六七律一冊"。按,《鰲峰集》抄本卷六七律一冊",爲先生撰初稿所及見者,後知有全本,嘗託福建師範學院圖書館金雲銘先生請人代爲錄副。詳《跋殘本鰲峰集》,見《慈竹居集》。徐氏《鰲峰集》現存有明天啓五年南居益刻本,《續修四庫全書》曾據以影印。又徐氏《紅雨樓集》稿本煌煌五十巨冊,今藏上海圖書館,已收入《上海圖書館未刊古籍稿本》叢書中影印行世。惜先生均未及見。

《尺木堂集》古今體詩七百七十二篇,篇篇可誦。顧序謂其"繁簡穠纖,奇正一歸自然",允矣。兹再分類言之:五言短小精悍,似陳射洪、張曲江;長篇則《三過虞山訪錢牧齋先生》《鐵崖歌贈林起伯憲副》,情文兼至,其尤美也。樂府雖襲其名,用其格,而多寓己意,與前七子之優孟衣冠者不同。轉韻長篇若吳梅邨,上挹四傑,下仿長慶。如《題磐生爲孫彥回畫竹溪卷》《段千兵摘阮歌》《宋季玉新遇金陵傅姬戲贈》諸篇,雜之吳集,幾莫能辨。五律佳篇尤衆,沈麟謂其"紀律步伍若程不識之將兵,其才情流動又似含香荀令與擲果安仁",斯爲得之。七律出入晚唐、北宋,氣骨沈警,聲采壯麗。《甲申紀事》四章,《移居》三章,皆和淚寫成者。七絕風神奇韶秀,在樊南、樊川之間。《輓曹能始》五排百八十韻,不獨裁對工整,演迤詳瞻,而委宛曲折,如水銀瀉地,筆有春秋,無愧詩史。其自注詳細,尤爲南明珍貴史材。結句云:"哭公兼哭國,天道信茫茫。"已自點破矣。總之,存永之詩,諸體皆工,矯然能空依傍,無空廓、模擬、率易、幽怪諸習,爲晚明閩詩之傑出,特未博大雄奇,臻於神妙耳。

許友序謂:"無量存永別字之詩,體無不備,法格不肯稍一放鬆,故與人論天下之詩,亦甚嚴持。余初稍畏其刻,今則知其所自是。"陳肇曾序謂其詩"鏤腸鉥肝,語多奇警,乃再四吟詠,未嘗不有温厚和平之意寓乎其中"。觀此,知存永論詩之矜持,故其所存類皆佳品。顧景星所見有千餘篇,而此集所刻僅及其半,殆嚴自删汰矣。

存永不獨工詩,亦工文。吳彥芳序云:"予既喜讀存永文章,詩與古文詞成大家,吾於存永,嗒然若喪也。然則存永刻詩甚多,曷亦刻古文詞,與詩俱傳不朽也耶?"據此,則存永既工文,且已裒然成集,可付刊。惜無支字流傳,即已墨木之《尺木堂集》,沈薶三百年,若存若亡,亦可傷矣。

存永工詩文外,且極關心史實。關於曹學佺殉節事,《明史》云:"及事敗,走入山,投環而死。"《南疆逸史》云:"未幾關破,上去延津。學佺入湧泉寺避之。大兵將至,貢生齊巽、中書張份、僧不空等起兵殺傳檄使者,迎學佺爲主。學佺曰:'無益也,何苦徒荼戮生民爲哉?'三人强之,學佺曰:'然則吾歸死於城可也。'三日而大兵入城,九月十九日,自縊於西峰草堂。"《小腆紀年》云:"大兵取福州,尚書曹學佺奔鼓山佛前問休咎。甫下拜,見繩一縷,袖之歸,題壁曰：'生前一管筆，死後一條繩。'衣冠自縊死。"《小腆紀傳》記事同，而文字小異。《福建通志》本傳云："其年八月，唐王敗於汀州。學佺與齊巽、朱友桐方議城守，九月十七日清兵入城。明日，學佺沐浴整衣冠，縊於西峰里第，時七十有四歲。"按語謂："《明史》云：'及事敗，走入山，投環而死。'他書亦有作縊於鼓山者。考行狀及徐延壽祭文，俱稱卒於西峰里，至爲明確。《臺灣紀事》稱：'清兵至，學佺奔鼓山，向佛前問休咎。甫下拜，見繩一條，急取袖之，馳回家，將書案四立，改爲棺，整衣冠，自縊死。'則當時雖至鼓山，而仍死於家。惟行狀末稱學佺與鼓山僧永覺善，殉節時，永覺見學佺緩步入，須臾弗見。此所由致歧歟？至彭孫貽《閩中死事亡臣表》作投水死，蓋以十七年事誤也。"

樾按，上述諸記載，以《逸史》及《通志》爲近實，但仍未確。據《尺木堂集‧大宗伯曹能始先生輓章序》，首即大書特書云："歲丙戌九月十八日辰時，福京陷，大宗伯能始曹先生殉節於西峰里第。"輓詩注云："清兵入閩，公於鼓山削髮爲僧。""時有倡義者，復請公爲主。""丙戌九月十八日福京城陷"，"死難於城西里第"，"卒年七十三"。輓詩序又云："次歲丁亥正月二十八日，始移柩於湖濱。通家子徐延壽即次拜奠，賦輓章一百八十韻，而且係之以文。"由此觀之，知：（一）福州之陷是九月十八日，非十七日；（二）曹學佺是城陷之日死，非次日死；（三）死時七十三歲，非七十四歲；（四）學佺當清兵入閩時，曾至鼓山削髮爲僧，非清兵至福州纔奔鼓山。存永爲學佺通家子，親奠哭於喪次，作輓章時距學佺死僅四閱月，其言自可信。至所謂祭文，即此輓章之序文，當時殆因避諱，僅傳序文而不傳其輓章也。於此可見《尺木堂集》之歷史價值矣。

存永氣義嶙峋，論詩嚴謹，已如上述。讀其書，未嘗不想見其人。惜遺照不存，傳狀無有，徒空想象，無從鈎稽。茲採諸序有據之語，聊當文豹一斑之窺，以慰讀此文與吾有同感者之仰慕。"退然若不勝衣。其言訥訥，如不出諸口。與之談詩若文，遜謝不敏。"黃澍序。"落落穆穆，真樸過人。"龔鼎孳序。"靜深淵穆之氣，復能令人蕭然自遠。"吳綺序。"談理如叩鐘，徵事如答響。"邵光胤序。"博極群書，磊砢多節概。"余懷序。"音詞激楚，狀貌悲涼。"沈荃序。"慷慨負奇節，不特以詩文見。"金鎮序。此悉與存永交契者之言，皆可徵信，亦足見其風度矣。

存永身遭國破家亡，異族侵革之浩劫，一腔悲憤，略見於詩。匪獨文字足爲閩派增輝,而遊蹤所至與縉紳往還見於集者,每與明清之際史實及地方文獻有關。因據本集所記與攸關載籍,次爲《年表》附後,爲讀是集者參考。①

徐存永先生年表 ②

先生名延壽,字存永,一字無量,_{見許友序。}閩縣人。

祖栖,字子瞻,自號相坡居士。嘉靖乙丑歲貢生,授江西南安府訓導,擢廣東茂名縣教諭,陞永寧縣令。卒於萬曆十九年辛卯,年七十九歲。祀茂名名宦。有《徐令集》。_{徐興公《祭酒嶺造墳記》、《大江集》《左海文集》《福建通志·文苑傳》。}

祖妣陳氏,萬曆二十年壬辰卒,年七十五歲,無出。_{曹學佺《陳孺人墓誌銘》。}

庶祖妣林氏,萬曆三十六年戊申卒,年七十三歲。_{徐興公《先慈林太君壙誌銘》、陳价夫《祭徐母林太孺人文》。}

父𤏡,字惟起,一字興公,萬曆諸生。博雅多聞,善草隸書。所居鼇峰之麓,藏書七萬餘卷,曹學佺爲構宛羽樓庋之。又構數椽於山圍,環視三山之勝,名曰綠玉齋。平生交遊廣,足跡所至,徧攬四方豪俊,簡札往來無虛歲。當是時,福建首郡人才極盛,葉向高、翁正春、曹學佺、陳价夫、荐夫、謝肇淛之倫,莫不宏講獎風流,飛染文藻,而皆與𤏡親厚。价夫其姻,肇淛其甥也。著述宏富,《紅雨樓文》《鼇峰集詩》《筆精》《榕陰新檢》等尤有名。生於隆慶四年庚午,卒於弘光元年乙酉,年七十六歲 ③。_{《左海文集》《福建通志·文苑傳》。}

母高氏,卒於萬曆二十五年丁未,年四十一歲。_{徐興公《先室高氏行狀》④、陳鳴鶴《徐興公元配高孺人墓誌銘》。}

生母李氏。

按,徐興公於萬曆四十一年癸丑十一月祔葬生母林氏於其父之墳,撰壙誌,有云:孫男六人,莊、陸、陛、陞、隉、陵。莊、陸、陛已授室,陸、陛已遊庠,

---

① 該段家藏稿係後來所增補,館藏本無有,學報本大意同而文字稍異:"存永身遭國破家亡,異族侵革之浩劫,一腔熱血,發之於詩,非獨辭章爲閩派增輝,而身世交遊之跡,見之於詩者,皆有關明清之際史實,故當先知先生之爲人,然後能知先生詩之深意。乃鈎稽載籍,次爲《年表》,以附於集末。"據此知,以上諸稿外似曾另有一稿。

② 按,表前之世系及考證,家藏稿不存。館藏本較學報本爲詳,謹據館藏本增補,並參校學報本。

③ 按,此處有關徐𤏡卒年記載有誤。説詳下。

④ 按,《先室高氏行狀》,後文作《亡室高氏行狀》。

陞、隍、陵尚幼，而無延壽，是此時先生尚未生也①。

興公元配高氏，卒於丁未。時有二子，長曰陸，次曰隆。隆生四十日，而高氏以產難没。一女曰璧，八齡，妾李生出。隆生七齡而殤，時在癸丑九月，故興公《先慈林太君壙誌》中無隆名。興公《亡室高氏行狀》及《殤兒隆墓磚銘》言之甚詳。次年戊申二月，妾李氏舉一男，乳名阿蘭，五月而殤。興公《殤子阿蘭墓磚銘》有云：“余得長子最早，業已婚娶，此季子也。”

丙辰陸卒，時興公年四十七矣。已三喪子：長天於丙辰，次殤於癸丑，季殤於戊申。吾初疑陸死時，存永纔週歲，故不援子姓皆以從土從阜字命名之例，而名以吉利字曰延壽，字以無量。後查徐氏家譜知先生譜名陵，字存永，又字無量，號延壽，則先生名仍是從土從阜，後來纔以號行也。

高氏卒後，興公有無續絃，文獻無徵。僅有妾李氏，故吾不得不謂存永爲李氏出矣。②

伯父熼，字惟和，萬曆戊子舉於鄉。豪於歌詩。卒於萬曆二十七年己亥，年三十九。有《幔亭集》，著録於《四庫全書》。《左海文集》《通志》。

叔父熛，字惟揚，萬曆諸生。《大江集》、徐興公《亡兒行狀》、《左海文集》。

兄陸，字存羽，萬曆諸生。卒於四十四年丙辰，年二十七歲。同上。

姪鍾震，字器之，諸生。有《雪樵集》。《左海文集》。

按，郭柏蒼《全閩明詩傳》卷四十五謂先生爲鍾震父，《柳眉詩傳》云：“《閩詩傳初集》以鍾震列於其父延壽之前，無知人論世之學，妄談風雅，罔哉！”郭氏譏謂曾客生顛倒存永、器之次序，是矣；而不知己又誤以存永之姪爲子。今據徐興公《亡兒行狀》及《大江集·徐存羽墓誌銘》是正之。《行狀》云：“娶義溪陳价夫季女，生孫鍾震。兒没時，震七齡，今亦學爲文，能識義理。乃述兒行狀，俾震知之。”《大江集》作者陳衎，字磐生，與興公父子友好，見於兩人集中。且墓銘明云：“子器之，謀葬其父，以祖興公之狀索銘於余。”又云：“子一，鍾震，即器之也。”是器之爲存羽子、存永姪之明證。《尺

---

① 按，此説有誤。“陵”，即徐延壽譜名，詳見下文。

② 按，先生之推論是。徐鍾震《先大父行略》言：“庶祖母李氏，生叔延壽，娶思理倪公思益男太學生范孫女。”詳《原國立北平圖書館甲庫上善本叢書》第910册據稿本影印本《雪樵文集》，國家圖書館出版社2014年版，第146頁。

木堂集》中與器之姪同遊唱和詩數見，何得誤以爲子乎？

再按，《左海文集》卷七《紅雨樓文稿跋》云："次子延壽存永，有《尺木堂集》；孫鍾震器之，有《雪樵集》。"亦爲鍾震即器之之又一證也。

按譜，先生生於萬曆四十二年甲寅八月十七日寅時，卒于康熙元年壬寅六月初九日午時，年四十九，葬於北門外王墓首鳳山 ①。

譜又載先生曾入邑庠，未載何年。

按譜，先生配倪氏，諱茂，生萬曆四十四年丙辰四月十四日酉時，卒康熙十七年戊午十二月二十八日申時，年六十三。

側室李氏，諱新，生崇禎五年壬申十一月初二日酉時，卒順治十一年甲午八月二十九日寅時，年二十三。

子鍾咸，李氏出。

鍾咸字交之，生順治十年癸巳五月二十八日子時，卒雍正十二年甲寅七月二十六日卯時，年八十二。

按，鍾咸曾於康熙丙辰年修補印行《徐氏筆精》，見北京圖書館藏《筆精》扉頁。

公元紀年	歷史紀年		事　實	説　明②
	朝代年號	年　份		
1614	明萬曆	四十二年甲寅	先生生於鰲峰故宅。	按《徐氏家譜》，先生生於此年。以集中清順治十二年乙未，《寄莆中黃玄卿》七律"我亦同庚稱四十"句推之，則先生應生於萬曆四十三年乙卯。今以家譜爲據，詩殆舉成數言之，亦不抵觸。

---

① 按，家藏稿中，先生據此改徐存永生年爲明萬曆四十二年，卒年亦因此提前。而《荊山徐氏族譜》所載實未可盡信。如《荊山徐氏族譜》載徐𤊹生於嘉靖四十二年（1563），卒於崇禎十二年（1639），生卒年均誤。徐𤊹孫徐鍾震《雪樵文集》有《先大父行略》，載徐𤊹行實甚詳，明云："先大父生於隆慶庚午年七月初二日巳時，卒於崇禎壬午年十一月廿五日午時，享年七十有三。"徐𤊹《鰲峰集》（明天啟五年南居益刻本）卷首有曹學佺撰《徐興公先生六十壽序》，該文作於崇禎二年（1629），是年徐六十歲，據此上推，徐生於隆慶四年（1570）。又錢謙益《列朝詩集》（丁集第十四）收録曹學佺撰《挽徐興公》七律一首，自注"壬午冬"，即崇禎十五年（1642）。均與徐鍾震撰《先大父行略》合，族譜之錯謬可知。

② 該表原無表頭，係整理時所擬。

公元紀年	歷史紀年		事　實	説　明
	朝代年號	年　份		
1626	天　啓	六年丙寅	十三歲,遊庠。	《讀禮雜詩》有"廿載服青衿,一朝同敝屣"句,知先生曾遊庠。《重晤張石宗》五古有"屈指十三秋,青衫同落魄"句,此詩編在戊寅後,即自己卯上推十三年爲天啓六年丙寅,故知先生是年入泮。《全閩明詩傳》謂先生天啓末庠生,紏曾士甲《閩詩傳初集》謂先生崇禎諸生之誤,是也。惜未詳其根據,故爲考正如上。
1635	崇　禎	八年乙亥	二十二歲,侍父客建州,因遊武夷,臘盡還家。	抄本《鰲峰集》殘卷有《小雪日楊韻仙招集永安寺同曹汝珍、陳道掌、郭茂荆、陳昌箕、鄭孝直、兒延壽、饒姬侑觴用場字》,及《七至武夷同壽兒宿萬年宮感舊》七律各一首,此二詩編在乙亥元日詩及乙亥除夕詩之間,知是此年事。
1638		十一年戊寅	二十五歲,春在家,冬侍父遊吳。	初春三日與曹能始社集西湖,上巳與倪柯古、陳叔度、陳長源、林異卿、林賓生、鄭孝直、孫彥回、器之姪修禊桑溪,均有詩。 龔氏大通樓藏《書林外集》,存永跋云:"崇禎戊寅冬,予侍家大人客姑蘇,偶同友人林若撫于閶門敗肆中得《書林外集》[①]一册,不署姓名,前缺序文,而卷末復脱數版。細閲其詩,知爲元人鄞產也。及携歸,考《寧波縣志》[②],士元載于文學傳,因錄于簡端,徐延壽誌[③]。"知先生是年冬遊吳。按,士元姓袁。

---

① 按,《書林外集》,徐延壽原跋作《書林外稿》。
② 按,《寧波縣志》,徐延壽原跋作《寧波府志》。
③ 按,"誌",徐延壽原跋作"識"。

公元紀年	歷史紀年		事　實	説　明
	朝代年號	年　份		
1639		十二年己卯	二十六歲,侍父訪錢牧齋於拂水山莊。	錢牧齋《尺木集序》:"崇禎己卯,存永侍尊甫興公徵君訪余拂水,存永方綺歲,才藻逸麗,余以徐孝穆期之。"
1641		十四年辛巳	二十八歲,客虔州。	有《辛巳除夕客章貢,同雒陽郭松垫、武林張脱夫、金陵吳正持、京口何淑明、左宜之、侯官李子山,集河南醉雲禪師丈室》七律。
1642		十五年壬午	二十九歲,在家。	有《新春二日南昌朱敬叔、華亭朱宗遠、清源池直夫過集山樓》七律。
1643		十六年癸未	三十歲,在家。	有《元夕集米友堂聽有介擊鼓醉後放歌》七古。
1644	崇禎清順治	十七年甲申元年	三十一歲,在家。	有《甲申紀事》七律四首。
1645	明弘光清順治	元年乙酉二年	三十二歲,丁外艱①。	《讀禮雜詩》有"三十悲失怙"句,故知是是年事。
1646	明隆武清順治	元年丙戌三年	三十三歲,在家。	九月十八日辰時福京陷,大宗伯曹能始先生殉節於西峰里第,次歲丁亥正月二十有八日,始移柩湖濱,先生有挽章百八十韻。
1647	順治	四年丁亥	三十四歲,在家。	挽曹宗伯長律應作於是年。
1648		五年戊子	三十五歲,在家。	周亮工《因樹屋書影》云:"順治丙戌之變,叔度不能自存,以貧病死,無子,不能葬。戊子余入閩,因助以金,浼諸生徐存永督其事,與莆田布衣趙十五名璧合葬於小西湖之側。予書其碑曰'詩人陳叔度趙十五合墓'。"按,叔度名鴻。
1649		六年己丑	三十六歲,遊南京。	《戊戌長安贈紀伯紫》七律有"別君十載雨花臺"句,故知先生是歲遊金陵。《賴古堂集》卷四《陳開仲至》五律注云"陳開仲、徐存永己丑冬從余遊秣陵",亦是一證。

---

① 按,徐熥卒於崇禎十五年(1642),詳見前文。

公元紀年	歷史紀年		事 實	説 明
	朝代年號	年 份		
1650		七年庚寅	三十七歲,再訪牧齋於虞山。	夏四月,同陳開仲(澋)再訪牧齋於絳雲樓,有七律。錢贈詩四首,見《有學集》卷二庚寅年詩中。是歲絳雲樓災,有《重過虞山訪毛子晉》五古,《歸至浦城余直夫下榻相留》七律。
1651		八年辛卯	三十八歲,在家。	有《二月晦日,憲伯周櫟園先生招飲,喜上猶令周方叔至自莆中》七律,《客遊初歸過陳涇伯藏山堂》七律及《初秋同邵是龍、吳石也、宋若士飲李子素天逸堂》七律各一首。按,此數詩編在自浦城歸詩後,應是此歲作。
1952		九年壬辰	三十九歲,在家。	有《上巳社集林草臣齋居》《九月晦夜》及《除夕前一日同新安吳岱觀、太倉王遂徵,集周方伯署中祭墨》七律各一首。
1653		十年癸巳	四十歲,在家。	有《九日過子素齋居,同阿靈、靜夫、補非酌》七律。按,此詩編在上篇除夕詩後,應是此歲作。
1654		十一年甲午	四十一歲,在家。	有《中秋集周元亮先生署中,喜仲氏周靖公同葉榮木至》七律。按此詩編在上篇九日詩後,應是今歲作。與黃山黃澍定交。黃澍由周亮工知先生,經汪亦汕介紹來訂交,見黃序。
1655		十二年乙未	四十二歲,在家。	有《七夕喜雨》及寄《莆中黃玄卿》七律各一首。按,七夕詩編在前編中秋詩後,應是此歲作。寄黃詩有"我亦同庚稱四十"句,按《徐氏家譜》,先生今年四十一歲,詩云四十者,殆舉成數言之也。[①]又有《乙未除夕同克張、圭甫、器之守歲》五律,知先生在家度歲。

---

① "按《徐氏家譜》,先生今年四十一歲,詩云四十者,殆舉成數言之也",學報本作"知先生今年四十歲"。

蔭亭遺稿

公元紀年	歷史紀年		事　實	説　明
	朝代年號	年　份		
1656		十三年丙申	四十三歲,在家。	有《新春二日過圭甫齋頭坐雨》五律及《臘月望同周元亮先生集許有介陶瓶看梅》五律二首。按此三詩編在乙未除夕詩後,必是此年作。又有《射烏樓紀事爲少司農周元亮先生賦》七律四首,亦是此歲詩。據《福建通志·名宦·周亮工傳》及《賴古堂集年譜》,知是此年事。
1657		十四年丁酉	四十四歲,在家,曾客長樂。	有《丁酉元日飲李子素書室》七律。《送郭去問之虔次韻》七律首聯云:"十七年前似隔生,伊余曾作贛州行。"推知先生遊虔在辛巳,不誤。是年以《尺木堂集》請錢牧齋宗伯作序,見錢序。是歲,陳開仲、許有介同陷鈎黨,先生雖脫,然匿複壁,無異坎窞。時三人詩已屬梓及半,以此中止,見周亮工序。唐胡介遊閩,來訂交焉。見胡序。是歲移居城北華林坊,再移居城西。有《移居城北,社中諸子過慰,因憩華林寺,喜李子山自維揚歸》七律,次聯云:"六月河枯魚有淚,百年巢破燕無家。"知先生之宛羽、紅雨二樓,綠玉齋,均毀矣。又有《移居華林坊感賦》句云:"投林窮鳥意何如,皐廡淒涼暫僦居。"及《再移居城西》七律云:"鰲峰峰下是吾廬,一歲三遷步趦趄。八口妻兒誰可托?百年堂構已成墟!"知先生此時家已成墟,八口無處可托。又云:"雀微安得知鴻志,鳩拙偏能奪鵲居。"知先生之家爲强暴所佔。又云:"講肄由來非馬隊,吞聲慟哭較殘書。"知先生之家乃爲軍隊所佔,藏書散亡。故錢序云"存永所居,偪塞戎馬,宛羽、紅雨,疊架礛車,播遷困扼"云云,蓋紀實也。客長樂,有《歲暮別姚書城令君》七律。

公元紀年	歷史紀年		事　實	説　明
	朝代年號	年　份		
				按,《榕城紀聞》載順治十四年五月移郎名賽固山兵駐防福省,屯城中東門、湯門、井樓、水部、四關,自井樓門街東邊一派至法海寺止,民居概令搬移駐兵,謂之匡屋,爲滿州營。先生家鰲峰坊,在水部門、法海寺之間,而移居詩年月正與《紀聞》所載相符,知先生之齋、樓乃因匡屋而毁。
1658		十五年戊戌	四十五歲,出遊,歲暮到北京,在京度歲。	周亮工被逮,先生隨之北上,周旋同患,且欲上書白冤,會有中格不果,見周亮工、龔鼎孳、吳綺、沈麟、王祚昌、余懷、沈荃、金鎮、邵光胤諸序。按,此案株連甚廣,亦清初一大獄也。爰蒐輯有關文獻,爲周亮工《閩獄紀事》[①],附於編末。有《過衢州爲鳴玉宗兄壽》《京口夜集妓館》七律各一首。《長安晤吳蕳次中翰留宿》七律句云:"易水重逢殘歲迫,揚州一夢十年餘。"知到京已歲暮。沈荃序云:"戊戌冬,忽策蹇北來,謁余雍丘臬署。"知先生曾於是冬至汴梁,殆北上時過此也。遇雲間沈麟於龔芝麓席上,遂訂交,見沈麟序。《戊戌長安除夕次林戒菴太守韻》七律二首,有"往事悲來皆似夢,故園歸去亦無家"聯,先生處境可知。
1659		十六年己亥	四十四歲,春暮出都,望後到中牟,仲冬離去。三訪錢牧齋於虞山。	有《己亥長安元旦次戒菴韻》七律二首,有"長門賣賦愧無才"句,知先生京居之抑鬱。有《出都門答周櫟園先生送别韻》七律二首,句云"冬月到來春月去";《答雲間沈友聖次韻》七律有"春殘策蹇將歸去,贈我垂楊可當鞭"句,知係春暮出都。先生此次北上,原與許介偕行,先生先别去,

---

①　按,文後附録一,先生改題《閩獄摭聞》。

公元紀年	歷史紀年		事　實	説　明
	朝代年號	年　份		
				見許序。許有詩畫贈行,詩云:"客裏那堪送客頻,今朝畏畫柳條新。相看俱是四旬外,猶作飄零天末人。小僕隨携破錦囊,午鷄村店柳花香。河邊日落人懷古,野樹晴雲見大梁。"見《米友堂詩》。遊中牟,主縣尹吳彦芳(字友聖)。在署中與涇陽王祚昌訂交,見王序。有《牟山別吳友聖令君,予以暮春望後入署至仲冬始別》七律。客中牟時,因行篋只携陶詩一册,朝夕諷詠,遂集句成律詩四十二章,合前集三十章,共七十二章,成《律陶》一卷。蕭山蔡玄友介菴於十月之望至中牟訪吳令君,得晤先生,讀《律陶》詩,至極欽佩,遂爲題跋,附刻卷末。在中牟時,曾爲吳彦芳纂《中牟縣志》,見同治《中牟縣志》附載順治舊志吳序。三訪牧齋於虞山,有五古紀事。句云:"憶昔己卯春,龍門登在始。別去十二霜,庚寅夏月四。兹來隔十秋,亥歲又逢巳。"知先生三至虞山在是年。又云:"互訊舊藏書,絳雲一炬耳。予家宛羽樓,已作牧芻地。"知兩家此時典籍散亡,書樓亦毀。又云:"窮鳥歸失巢,三匝無依倚。皋廡可賃春,携家當過此。"知係北遊不得意,南歸過此也。先生赴中牟,過廩延,曾訪王心古邑令,有五律兩首。
1660		十七年庚子	四十七歲,春暮歸閩,五月到家。	有《己亥三月紀伯紫別於長安,爲閩遊,予時有大梁之行,今歲春暮,予歸閩,伯紫又送白門,因作長歌送之》,中有句云:"去年我客向幽燕,朔風驢背行迆邐。"知係去冬至北京,今歲歸閩作也。又云:"荔子香生月當午,我正南歸君北去。"知係五月到家。

公元紀年	歷史紀年		事　實	説　明
	朝代年號	年　份		
1661		十八年辛丑	四十八歲,春客汴梁,入沈繹堂幕經月,聞櫟園出獄,遂南下,至揚州,旋歸閩。	先生詩爲己亥客中年時吳令君所刻,故集中時亦以至中年所作爲止。自北歸至劍津,出示摯友陳肇曾,陳序言之明白。余懷序亦云:"吳君嗜風雅,爲徐子刻其《尺木堂詩》。"此鐵案也。乃余、陳序後,又有辛丑清和沈荃序云:"今春存永復來自江左,客余幕經月,嘯詠談讌,備極留連。忽聞櫟園邀異恩,得脱纍囚,暫歸白下,存永頓足狂呼,喜不自制,遂揮手別余,肩一李,躡蒯緱,溯淮而下矣。"是先生今春又離家再入汴,遊沈繹堂大梁道署幕,聞櫟園釋放而亟亟南下也。亮工南還,先至揚州,據陳維崧贈序云:"櫟園先生訟繫之五年,天子憐其冤,事大白,於是先生既脱獄。南還至揚,人士識與不識,聞先生至,無不大喜,爭持牛酒賀。"觀亮工《哭存永》詩首句云:"維揚別去黯傷神",是存永之別周,必此時也。按《亮工年譜》,亮工南下係辛丑三月事,則存永由揚回閩當在是年春夏之間。集中有己亥後諸序及詩,説見後。
1662	康　熙	元年壬寅	四十九歲,携眷入湘,死於長沙。	《家譜》云:"卒康熙元年壬寅六月初九日午時,年四十九。葬北門外王墓首鳳山。"是先生回閩後,即挈眷入湘,不久死於長沙。譜謂四十九歲者,係按習慣以虛歲計算也。 周亮工《賴古堂集》卷六有《十月廿六日城陽寄冠五》五律四章,後二章云:"高兆虎林返,許眉信已真(雲客過嶺訪予,聞有介變,遽返)。徐生新賦鵬(存永殁於長沙),黃老竟成塵(濟叔)。堵令愁中酒(伊令),吳郎分外貧(介兹)。阿都(七兒)同阿建(六

蔭亭遺稿

公元紀年	歷史紀年		事　實	説　明
	朝代年號	年　份		
				兒），念叔不離唇。"亮也隨征旆，行蹤遍魯齊。覊心真似蠟，老境漸成醯。念昔身能在，謀歸意不迷。寄書風雪夜，又在穆陵西。（予以今春取道穆陵入青，隨巡東海，復逶迤由此返）" 按，亮工於康熙元年壬寅以簽事青州海防道復起。《貳臣傳》及傳、誌、年譜皆同。《年譜》云，癸卯春赴青州任，則此詩當作於康熙二年十月底。所云"徐生新賦鵬"者，殆因聞存永死信稍遲之故歟？再按，集中卷十《哭徐存永》七律云："維揚別去黯傷神，聞説全家盡出閩。可憾長沙真怨府，又來鵬鳥喚詞人（存永客死善化）。雲曹棘枳三年夢，湘水芙蓉萬里身。伏地詩成天欲晦（僕在西曹，存永往大梁，僕伏地爲三十三絶句送之，存永讀之，哭失聲），記君冷淚哭孤臣。"《漁洋詩話》謂存永將移家湖南，道廣陵，與之訂交。《精華録》有《送徐存永歸閩携家之湖南》五律云："舊家楓嶺外，去住復何言。海上田園失，歸途雨雪繁。家移建溪水，人聽楚山猿。未弔長沙傳，知君已斷魂。"鄉先生孟瓶庵先生有《紅雨樓遺址》詩云："秋風蕭瑟過頹垣，憑弔詩人一斷魂。莫問高樓臨大道，更無紅雨下荒村。機雲聲譽真無媿，曹謝風流那忍論。南望瀟湘蘭芷好，幔亭何處喚曾孫？"自注云："徐存永，幔亭猶子，國初移家入楚。"按，瓶庵原注作幔亭子，落一猶字。顧景星《白茅堂集》有《聞徐存永携家遊楚》七律云："閩天風雪海西頭，曾上鼇峰偎曝樓。烽火燭空留客醉，鄉園失路竟誰投？徙居無復

公元 紀年	歷史紀年		事　實	説　明
	朝代年號	年　份		
				三十乘,負郭何嘗二頃疇。零落出疆妻子共,獨餘刪劍向南遊。"自注云:"存永之考諱炌,字興公,以布衣致書數萬卷,建偃曝樓十楹以貯之。"後聞藩王出鎮,徙其家,此皆存永携家入楚之故及客死長沙之實證。家譜云葬北門外王墓首鳳山,殆死後歸葬也。

《尺木集堂》序自十七頁以後,有沈荃、金鎮、邵光胤、鄭鼎新序四篇,字體與前十六頁不同,與詩集亦異,且皆言辛丑事,而集中詩僅至己亥止,則此數頁爲辛丑再遊梁時所加也。或疑七古中何以有《己亥夏五到家贈紀伯紫長歌》,此殆與序之末四頁同時加入,故字體亦不同。此亦集板初未運回之證。

存永辛丑既再遊梁,入沈繹堂幕經月,使君雅人,相與賡歌,及與其幕僚酬唱,當有篇什。是夏既從亮工於白下,與陳其年、冒辟疆諸名流文酒盤桓,唱和必多。歸閩後先人故廬既爲異族人所佔,珍秘圖籍又盡散亡,而無諸城中馬鳴蕭蕭,樓觀焚毁,民困徭役,田蕪不耕。故土既不可居,勢必携家避地入楚,其悲憤必有非吾人所可想象者。由揚回閩,迄客死長沙,歷時二年。此二年中,必有不少驚心動魄之作。今皆因集刻於己亥而不傳,惜哉!

序之末篇爲鄭鼎新撰,有云:"兹遊汝南,嘗入荒署,與予論詩。"亦必辛丑年事。集中過廩延訪王令君有詩,况與鄭同里總角之交? 若係戊戌、庚子事,則不應一字不提。且考八序編次,皆按撰著之先後,若非辛丑事,則鄭序亦不應編在沈荃序後也。

邵光胤序言:"辛丑夏於吳友聖處讀徐子存永詩,清逈澹遠,有儲王之風。及晤其人,穆然自遠。"亦足爲辛丑首夏存永不在中牟之證。否則不當云"先讀其詩",後云"及晤其人"。蓋邵所讀者吳令君所刻《尺木堂集》,後見其人於沈繹堂使署乎? 抑汴梁距中牟不遠,徐南下時,曾復至中牟相避近乎? 皆有可能。

《白茅堂集》有致存永書三通，詩兩首，第一書答其托求館事，第二書贊其哭曹能始詩，第三書阻其携家入楚，則此亦辛丑後事也。郭柏蒼《柳湄詩傳》據曾客生《閩詩傳初集》謂存永遍遊大河川澤，語亦含糊。考之《尺木堂集》，存永所至爲杭、嘉、湖、蘇、揚、虔諸名郡，南北京、汴梁諸都會，武夷、匡廬諸名山，北上時道出齊魯而已。其入湘詩不傳，故不及湖湘。當時道路艱難，舟車不易，足跡亦云廣矣，然不可謂其遍遊大河川澤也。至郭氏謂順治間周布政亮工爲陳鴻、趙珣葬西湖，延壽督其事；莆田林嵋冤死福州獄中，延壽爲含殮衾櫬，厝於西郊，云云，按前事已見上，後事必有所據，亦足覘其風義矣。

董俞、田茂遇合纂《十五國風高言集》，有田髴淵曰："鼇峰與石倉鼓吹騷壇，一時稱爲盛事。存永家學有源，親承賞晰，鯉庭學詩，鶴臺授簡，蘭芷皆馨，珠璣并耀，洵有由已。《尺木堂全集》余經披覽，而梓者失之於廢簏中，重檢得此數首，雖雄爽之氣、俊拔之格已見一斑，然遺美之歎，終有愧焉。"

存永詩不獨董蒼水、田髴淵采入《高言集》，王漁洋采入《感舊集》，鄧漢儀采入《天下名家詩觀》，孫鋐《皇清詩選》、黄傳祖《扶輪廣集》、沈德潛《國朝詩别裁》、張維屏《國朝詩人徵略》，均有采録，足見其詩之重於世。

自存永没百有餘年，鄉先正陳左海傳孫學稼，述明季逸民抱禾黍之痛者，曾及存永。是其志事，左海知之矣。而《東越文苑後傳》中顧無徐氏，豈亦未見其集乎？今觀厠名《文苑傳》中人，有集流傳至今者，較之《尺木堂詩》優劣如何耶？又百餘年，陳石遺先生纂《通志》，傳存永于文苑矣，而《藝文志》中所列各書①，今大半不能舉其名，竟未著録《尺木堂集》。三百年後，吾於冷攤得見之，讀而有感，乃爲揭櫫於世，俾徵八閩文獻者有所考焉。

此稿承薩士武、林汾貽、陳世鎔諸先生幫同蒐輯材料，共相商榷，特此志謝。

附録一　徐存永故事彙輯

紀映鍾《戇叟詩鈔·到盱眙存永留酌山館》：

---

① 《通志·藝文志》非石遺先生編纂。凡經先生審定者，提要中皆有《石遺室書録》以示區别。

五月延津別，都梁喜再逢。風塵悲老驥，骨氣指雙松。花近新豐市，星寒古泗鐘。石泉鄰咫尺，夜半聽淙淙。

又《送存永之中牟》：

孤雁沙汀外，離心泗水頭。天涯難送客，歲晚易生愁。魚粟荒橋市，人烟古驛樓。虞卿原急友，躡屩問中牟。

曹溶《靜惕堂詩集·送徐存永遊大梁》：

仙城榕葉覆書檐，卷軸紛投碧玉籤。恰到夷門尋國士，天涯意義兩無嫌。"自注"存永以書贈予"。

吳綺《林蕙堂集·送存永之大梁》：

世事悠悠未易論，送君那復對離尊。七千里外存師友，廿四風前別弟昆。笑指歸鴻辭越嶠，醉驅羸馬過夷門。憑將今日梁園句，一慰江淹別後魂。

許玭《鐵堂詩鈔·吳門送開仲存永之白下》：

信美非吾土，如何輕去鄉。故知無盜賊，大半在風霜。歌入吳關壯，思同楚水長。秣陵才子地，到日有文章。

鄧漢儀《天下名家詩觀》：

徐存永延壽《溪行》云："雨至群山暝，孤舟繫淺沙。水添侵岸葦，雲重壓溪花。舉網來漁艇，懸旗認酒家。鄉音都不解，惟聽椿林鴉。"僕在嶺南有"雲黑一村花"之句，較存永爲何如？

孫鋐《皇清詩選·徐延壽〈送林道集之瓊崖〉》第二首：

百粵記風土，依稀似故園。入冬霜訊少，近午瘴雲昏。蠻洞無王朔，黎人有子孫。旅懷隨處遣，莫過買愁村。筆情蒼秀，如西山鐵立。

黃傳祖《扶輪廣集·徐延壽〈送周櫟園入漳〉》：

官衙愛種綠蕉香，隨地皆成畏壘鄉。不問勞臣冰暑冷，只憂文士硯田荒。行營夜減三軍竈，破浪秋乘萬里航。此去登臨懷故土，銅臺流水亦名漳。

張維屏《國朝詩人徵略》摘徐延壽句云：

千里別情芳草外，五更殘夢落花前。金刀峙漢存三國，銅鼓征蠻過五谿。

雲間徐祚永价人《閩游詩話》：

徐存永過閩忠懿王墓詩："閩國璽書傳五代，鼎湖弓劍葬三郎。"自注："閩王自號曰'白馬三郎'。墓在胭脂山下，土色深紅，相傳王有少女洗妝於此。"按《陳金鳳外傳》：胭脂山本名蓮花山，金鳳與李春鷰亦葬是山。開運中，南唐師敗李仁達於古城，亂兵發諸陵，剔取寶玉。金鳳、春鷰容色如生，鮮血流漬，山爲之赤，後人名其山爲胭脂。此大都好事者附會之說。葉毅庵太史《榕城雜詠》云："粉盝珠奩褪曉妝，當時香冢枕前岡。胭脂山似胭脂井，留與行人弔夕陽。"可稱哀艷。

《賴古堂尺牘新鈔》卷十一，徐存永與周減齋尺牘：

昔方孟旋、魏仲雪兩先生同宦金陵，接引多士，是以海內名流歸之，如庶禽之朝異鳥。迨仲雪奉督學之差，方先生出祖雨花臺畔，時鄉試屆期，仲雪握孟旋之手言曰："弟行矣，而今歲有一名士不入棘闈，皆兄責也。"方先生還署之次日，即使人大索四方士之欲應試而不能得者，務使群才無珠遺玉擯之歎。嗟乎！兩先生欲造就後學若此，是以數十年來聞風者增感，仰止者興懷，聲稱何奕奕也。今之兩先生，則吾師以一身繫之，故四方之士聞風仰止，不復退追前喆，抱生不同時之慨。棘闈已迫，度遍索士之欲應試而不得者，吾師定不後於方先生矣。

按，周在浚以存永爲侯官人，以所著《尺木堂集》爲《宛羽樓集》，皆誤。
繆荃孫《雲自在堪筆記》：

投贈周櫟園先生雜文二册，第三徐延壽《周先生南還序》。

按,此乃繆氏為端匋齋編纂《壬寅消夏録》時所記,係光緒丙午端總制兩江時事。《通志·藝文志》即據此著録,頗覺不倫。

全祖望《鮚埼亭集·姚啓聖碑》:

> 初,閩人當成功之世,内輸官賦,外又竊應成功之餉,以求免劫掠。奸民乘之,日以生事,而民之供億亦困甚。於是遷界之議起,定沿海之界而遷之城内,出界者死。成功雖以餉不接,不復能跳界,而被遷之民流離蕩析,又盡失海上魚蜃之利,而閩益貧。及耿精忠至,封山圈地,莫敢裁量,且日益耗。已而耿、鄭之亂交作,殺掠所至,不知誰兵。閩中駐一王、一貝子、一公、一伯,將軍、都統以下,各開幕府,所將皆禁旅,無所得居,則以民屋居之;無所得器械,則即以屋中之器械供之;無所得役,則即以屋中之民役之;朋淫其妻女,繫其老幼,喑啞叱咤,稍不如意,箠楚橫至,日有死者。加以飢饉,而民之存者寡矣。

按,此雖頌揚姚啓聖平臺之功,而寫閩民之苦,淋漓盡致。存永之不能安居故鄉,必全家避亂入湘之故,亦可概見。至匿屋為滿兵營事,文中因忌諱而不敢提耳。

附録二 周亮工《閩獄摭聞》

> 戊戌北上,存永繭足迷陽中,欲上書白累臣冤,復為雛格。久之,去遊吾梁,非其志也。周亮工序
>
> 存永乃急櫟公之難,遠來京國,古人師友之義,於今不絶者獨見此人而已。吳綺序
>
> 徐子為周元亮先生上客,元亮以薏苡致謗,而徐子棄家數千里外,與朝夕周旋於畫地之中,不忍須臾離去。沈麟序
>
> 戊戌之秋,以所知被讒,挐舟數千里,裹乾糒,冒鯨波,為西行之賈彪。余懷序
>
> 存永故見知櫟園先生,迨櫟園以蜚語逮西部,三山諸名士羅織殆遍,倖免者存永耳。而存永竟走六千里,欲封血白其冤,會有中格不得行,乃復鬱伊而南。沈荃序

存永初以詩文友周櫟園先生,櫟園被逮,同社率波連,獨不及存永,其恬澹可知也。櫟園赴對北部,存永隨之都門,經營同患,歷歲不懈,其氣義又可知也。邵光胤序

總觀以上各節,是存永因受周亮工文字之知,當其被逮北上對質時,棄家隨行,爲之奔走營救,其氣誼已大爲當時名輩所欽重。顧亮工實一熟中無恥之墨吏,證之下列各條可知:

《清史·貳臣傳》云:"明崇禎十三年進士,官御史。流賊李自成陷京師,亮工間道南奔,從明福王朱由崧於江寧。本朝順治二年,豫親王多鐸兵下江南,亮工詣軍門迎降。"

亮工降清事,林佶、鄭方坤撰傳,姜宸英、錢陸燦撰墓誌銘,黃虞稷撰行狀,皆爲掩飾。

林傳云:"順治二年,王師南下,特徵君,以原官招撫兩淮。"

鄭傳云:"王師下江南,遂以御史招撫。"

姜誌云:"順治二年,詔起公,以御史招撫兩淮。"

錢誌云:"中庚辰進士,授山東濰縣知縣,行取浙江道御史,改兩淮鹽法道。"

按,錢氏如此措辭,竟混兩朝爲一,諛墓之文,惡足徵信乎?

行狀云:"王師下江南,首命先生以原官招撫兩淮,先生以生民之故,出而應命。"

《福建通志·名宦傳》、魯曾煜及王愈擴撰傳、陳維崧贈序,對此事皆諱莫如深。然文辭雖極惆悵,皆欲蓋彌彰。若其子在浚撰行述,則曰:"王師下江南,以御史招撫。"作年譜則曰:"王師下江南,遂以御史招撫兩淮。"更不足怪矣。觀此,則亮工人品可知。亮工官閩監司八載,順治十年由左布政使內召。

《貳臣傳·周亮工傳》:"十年,授左副都御史。十二年,疏陳閩海用兵機宜。……又請斬鄭芝龍,停招撫鄭成功,決意進剿。疏入,報聞。既而……芝龍伏誅,遷亮工戶部右侍郎。"

林傳:"十年,上擢公爲都察院左副都御史,即疏言閩事,首論除降寇鄭芝

龍，又陳用兵機宜六事，世祖章皇帝深嘉納。……先是芝龍既降，……以南安伯奉朝請。公之以中丞入也，極陳其逆狀。世祖密下公疏於部，遂執芝龍下獄。”

鄭傳：“既以御史臺徵，上章言閩事，輒報可。又密有所建白，頗抉摘用事者，驟擢少司農，而聞者咋舌。”

姜誌與鄭傳同。

行狀：至都下，慨然念身自閩來，不以閩事告，是負閩兼負國恩矣。於是特上封章，極言閩事。又以用兵機宜六事上，世祖皇帝俱密封下部，採擇施行。

按，行述記此事，文字與行狀大同小異。

觀上列事實，則亮工靦顏事仇，爲虎作倀，以謀進身，其卑污殊不足齒於人類矣。

當是時，明魯王在閩南，鄭成功以金、廈爲根據，下漳州，略溫、台，出没於福州沿海諸縣，縱橫於閩浙海島之間，遥奉永曆正朔，大爲恢復張目，此清廷所不能安枕者也。亮工久於閩，歷署漳泉汀龍兵備道，熟悉閩疆地勢、海警情形，知言閩事正合清帝之心，故條奏一上，即蒙採納，招撫停，芝龍誅，亮工遂由憲副遷户侍矣。其干進之勇，升擢之速，使聞者咋舌，撰傳誌者所不能爲之諱也。然清廷既納其議，獎其禄秩矣，亮工宜可扶摇直上，即有間讒，不應邊中，何以貳户部不旋踵，幾喪其身乎？此固異族臨御、侮弄無恥降臣之慣技，而亦亮工貪酷之事實昭著，有以致之。

《貳臣傳》云：“是年五月，閩浙總督佟岱列亮工貪酷諸款疏劾，命亮工回奏，尋解任福建聽審。先是亮工未就質時，按察使田起龍等據證佐定讞，謂亮工得贓四萬餘兩，應擬斬籍没。及亮工至，質問皆虚，巡撫劉漢祚疑推官田緝馨等受賄徇情，并逮送刑部。十六年，部議亮工被劾各款雖堅質不承，而前此田起龍等已憑證佐審實，計贓累萬，情罪重大，仍應立斬籍没。上以前後辭證不同，再下法司詳審。十七年，法司論罪如前讞。恩詔予減等，改徙寧古塔。未行，會赦，得釋。”是亮工之貪墨證據確鑿。

再證以《貳臣傳》云：“（康熙）五年任江南江安糧道。八年漕運總督師顏保劾亮工侵扣諸款，得旨革職逮問，論絞。九年復遇赦得釋。十一年死。”

觀此，自不得一再諉爲受枉屈也。至傳誌之紀此獄，極盡掩飾之能事，一因清初文字獄迭興，操觚者有所避忌；再則傳誌皆受其子弟之請託而作，不得不爲之諱也。如林佶云："適督閩者方修怨憾公，一二巨帥向與公齟齬者，爭相媒孽，飛章上告，公遂聽勘再入閩。"鄭方坤云："督臣果飛章誣劾，奉詔赴閩勘。"姜宸英云："故自內召出境，及被劾還質，質竟傳逮復入都，百姓皆扶老携幼，頂香迎道左。"《福建通志》云："十三年，以被訐還閩聽勘。"然諸公雖竭力迴避藻繢，而終有不可蓋藏者，如林傳云："及按察程公之璟至，乃亟別公冤狀上請，有旨並逮訊，所牽引及千人。"鄭傳云："其時連染者近千人，考治榜掠瘐死無算。"陳維崧贈序述亮工言云："念頻年對簿，株連瓜蔓，何止千人！爲老臣拷掠垂斃，百數十人矣！爲老臣斃三木下者，十餘人矣！"沈序云："迨櫟園以蜚語逮西部，三山諸名士羅織殆遍。"邵序云："櫟園被逮，同社率波連。"錢誌云："當是時，以公故連染千餘人，在閩考竟者三人，下司寇死者三人，逮捕死道路者一人，瘐死者二人，餘皆瀕配，猶千人。"行狀云："當先生治閩時，鋤豪猾，逐貪殘。如省會五彭社之類，皆頑狡不逞輩，縱橫鄉曲，爲良民害。先生捕治，悉斃之三木。而一時無賴子從軍來者，多求爲假令長，肆其貪暴，先生悉驅而去之。其事雖度越尋常，實快人心，當事者因塗飾爲先生罪。"

按，俞、邵爲亮工門人，雖極盡迴護之筆，然所謂"捕治悉斃之三木下"，及"其事雖度越尋常"云云，無意中已將亮工殘酷之狀和盤托出，與《貳臣傳》相符。

行狀又云："是時株連瓜蔓者千餘人，榜掠死者數輩。"行述云："當是時，株連瓜蔓者千餘人，在閩拷掠死者三人，下司寇斃三木者又二人，逮及死道路者一人，瘐死者二人，餘皆瀕死者數矣。"

由是觀之，此獄株連慘死之衆，真令人不寒而慄。然此皆亮工貪酷所致也。觀《貳臣傳》云："亮工任按察司時，福建武舉王國弼及貢生馬際昌、穆古子、蔡秋浦、蔡開浦、史東南等創立南社、西社，南社黨類繁衆，作奸犯科。亮工申請督撫，勘明定罪，勒石南臺，列際昌及餘黨姓名，尋際昌、秋浦、國弼、開浦四人斃於獄。是年五月，督臣佟岱抵任，際昌等親屬具牒辯冤。"

是亮工動以社黨爲名，肆其羅織煅鍊，列名定罪，勒石示衆之不足，至斃舉貢於獄，其殘酷之證據鑿鑿如此。蓋亮工知愛新覺羅氏以異族據有中國，對漢人之聚黨結社，最所畏忌，而王、馬諸人所爲，正爲亮工絶好逢迎之具，故不惜陷害良士，以媚敵求榮。否則新在異族統轄之下，安有作奸犯科而敢公然結聚者乎？惜清初禁網森嚴，文獻殘缺，難徵全案之詳，而亮工又善以風雅自飾，好行小惠，禮接寒畯，故當世名流，多與之通縞紵，爲之藻飾。然大文豪如姜宸英，雖與周氏雅故，其撰亮工墓誌銘有云：“循公之迹，考公之志，則古之大人君子，其身尊名立，人望之若不可及，而當其壯年逾邁，俛仰身世出處盛衰之故，其皆有不自得者乎？則夫世之辭富貴而就貧賤，寧獨善其身以置生民之休戚理亂於不顧，至於老死而不悔者，彼亦誠有所激也。”已明譏其熱中冒進矣。總之，亮工以明進士仕崇禎、弘光兩朝，受特擢之知，竟降清事仇，氣節掃地。在閩貪臟累萬，論斬籍没。在蘇復以侵扣論絞，是其貪墨性成。枉舉貢王國弼、馬際昌四人至死，人品卑污，至不足道。其尤可慨者，爲彼而死之善良，動以千計，酷毒之情，散見於諸家載記者，今日讀之，猶令人髮指，當日冤殘彌天，情狀可冥想而知。徐存永以感激知遇，值周氏逮繫而營救圖報，其風誼固有足多者，而吾終以亮工之非其人爲可惜也。兹以纂輯徐存永年表，得周亮工閩獄史材如上，姑記之以供讀《尺木堂集》者參考。本文以閩獄爲斷，其關於蘇獄者，兹不著。

道山堂集書後 ①

　　明末清初侯官陳軾所著詩詞散文，初刻者曰《道山堂集》，詩詞一卷，文一卷。每卷首頁首行標“道山堂集”，第二行署“閩中陳軾靜機著”。詩按體排纂，附以詩餘；文按説、論、序、誌、表、記編次 ②，冠以黃周星序，蓋軾所自刻者。其目錄作《道山堂前集詩目》《道山堂前集文目》者，其後人刻《後集》時所加也，故字體與正文不同。後刻者曰《道山堂詩集》五卷，前三卷分體詩，後二卷詩餘；曰《道山堂文集》五卷，前四卷分類文，卷五皆壽序、頌序之類，首頁首行下有小字“俱代言”三字。每卷首頁第二三行之間署“閩

---

① 文見福建師範大學圖書館藏《道山堂集》後，係先生生前圖書館據原稿所過録者。
② 按，實分説、書、論、移文、傳、序、誌、表、題跋、記十類編次。

中陳軾著"，"男宗柏、宗咸、宗豐、于侯同輯"。冠以黎媿曾序。序云："軾殁後，其子宗柏兄弟所刻也。"《四庫提要》云："《道山堂前集》四卷，《後集》七卷。"又云："是編《前集》文一卷，詩三卷，詩餘附之；《後集》文二卷，詩三卷，詩餘二卷。"《福建通志·藝文志》亦云："《前集》四卷，《後集》七卷。"皆誤，應作《前集》二卷，《後集》十卷。

《四庫提要》云："軾前明崇禎進士，入國朝官至廣西蒼梧道。"《通志·文苑傳》列陳軾於明代，採黎序中語云："由知縣入爲御史，歷廣西蒼梧道參議。解組歸，葺道山故居，著書一室以終。"不提入清後事，而在《藝文志》中加按語云："官廣西在明末，詳《託素齋集》。"考《託素齋集》中有關於陳軾者，僅《道山堂集序》一篇，即《文苑傳》所引者，文殊含混。《全閩明詩傳》云："由南海縣擢御史，桂王時官蒼梧道。"而《榕城紀聞》載有順治己亥陳軾往招安國姓事。關於陳軾之出處，殊令人疑莫能明。樾按，《道山堂集》卷四《比部鄧緒卿傳》云："余與比部鄧緒卿同寓粵嶠五載，辛卯歸里門。"辛卯爲清順治八年，是年明桂王走廣南。清兵於前一年庚寅陷桂林，桂王走南寧。軾云"在粵五載"，由庚寅上溯五年爲順治三年丙戌，是年隆武亡，桂王立于肇慶，明年改元永曆。《道山堂集》卷四《黃九煙傳》云："九煙初仕户部主事，適中原鼎沸，二京淪没，麻鞋入閩，授禮科給事中。"又云："余與九煙同官諫垣。"九煙序《道山堂集》亦云："乙酉秋板蕩間關，崎嶇嶺海，余乃復得與靜機相見於榕城。榕城，靜機家鄉也。余時以羈靮至，短褐麻鞋，憔悴枯槁，而靜機顧獨踔厲飛揚，意氣軒舉，余睹之芒若有失也。已復得追隨後塵，左右橐弭，未逾期而板蕩又見告矣。"則陳軾爲御史乃隆武時事也。軾於崇禎庚辰十三年第進士，至甲申十七年明亡，僅四年。在四年中，絶不能由知縣內擢御史，復外放監司。根據上述，則軾在崇禎朝官知縣，隆武朝擢御史，隆武亡至粵，永曆朝官蒼梧道，迨永曆走廣南，軾未扈從，始歸里，斑斑可考。

歸里後事，僅見於《榕城紀聞》。順治己亥十六年云：

> 巡撫固山併三司主議，令鄉紳前往招安國姓。有原任廣東道陳軾，同生員林芝草、林叔器三人貪功往任其事，再至未果。部院李率泰以通賊罪之，監禁侯旨。

庚子十七年云：

> 自己亥七月三十日大風雨後，早至本年四月，各鄉田荒大半。引舊例，放出前往招安海兵鄉紳陳軾、林芝草、林叔器。

辛丑十八年云：

> 招安海外鄉紳陳軾、林芝草、林叔器已放。上本批審，七月十三日復監候。

按，往招安鄭成功事，陳軾出於被迫乎？抑別有恢復之意乎？觀李率泰加以通海之罪及《道山堂文集》所載諸抗清事蹟，知軾固抱禾黍之痛者。其再入獄何時獲釋，無可考。而軾與九煙丁巳康熙十六年晤於吳門，則兩人在序傳中所自言者。黎序謂軾優遊里巷，己巳卒於福州，是為考終之驗。

《紀聞》云"貪功"往招安，黎序云："當先生在嶺表久，為四民愛戴，時年纔踰三十。又四宇太平，使功名之念未銷，不難濡足蹇裳，冀用其所不足，而先生不爾。不則以先朝逋舊，易為名高，肆志微文，亦足附西山之高義，而先生又不爾。"觀此，則軾不獨不以遺老自居，且與喪節賣國之周亮工盤桓，見黎序。故往招國姓事，即以被迫論，亦軾或有以自取者矣。《紀聞》作者隱其名為海外散人，乃一極愛國之士，目軾此舉為貪功也固宜。

明末閩文多未雅馴，甚者臃腫決裂，次亦譎詭傲岸以為高。漳浦、泉上兩先生之大節彪炳寰區，世共仰矣。其文磊砢而晦澀，有非末學所能測其高深者。若曹能始、謝在杭、徐與公、曾弗人諸人之文，或駢散不分，或格局卑弱，均未脫明末習氣。道山堂文雖未深厚，而清婉和雅，有如《四庫提要》所云者，不愧一時作者之翹楚矣。其尤可貴者，傳誌諸篇皆有關明末史實，如林心宏、黃九煙、鄧緒卿、胡將軍諸傳，蔡靖公、黃處安、毛日華諸誌，趙止安墓表等，足見明清之際吾族抗清同仇敵愾之烈，與夫中原板蕩，民不聊生之情，而尤於明之遺臣抱滄桑之感者三致意焉。處文字獄正熾之時，其措詞委婉，具見深衷。讀其文，然後知軾實有心人也。《道山堂集》埋晦幾三百年，世罕知者。今福建師範學院圖書館忽得此書，吾幸而獲讀，故表而出之。

黎序稱軾"優遊里巷之間者五十年",《閩中録》則謂"優遊里巷五十餘年,日事著作,有《續牡丹亭》一書,文、詩、詩餘各若干卷"。按,黎序謂軾死於康熙二十八年己巳,距順治八年辛卯歸里,僅三十八年。軾死年七十三歲,上溯五十年爲明崇禎十二年,軾二十三歲,正在計偕北上,獵取科名,安得云優遊里巷乎?序又云:先生在嶺表時,四宇太平。以瀕於滅亡之崇禎末年爲太平,皆臨文失檢之大者。軾有傳奇,黄序亦言之。其名爲《續牡丹亭》,則賴《閩中録》而始著。有無刻本,待考。世未見此書,惜哉!

一九六一年辛丑四月,永安黄曾樾跋。

抄本春藹亭雜録文稿書後 ①

二十年前於福州舊書店得《春藹亭雜録文稿》一册,紅格紙寫,共一百二十五頁,文凡一百二十六篇,計書五十九,序十六,跋二十二,啓四,疏二,壽序七,記五,碑一,傳七,祭文七,另聯句四組。不著作者姓氏,惟與人書中屢自稱曰兆。《千佛庵記》謂:"歲戊子,先府君既營生壙於鳥嶼,自題其碑曰高公真隱。"《侯方伯高公》書云:"出見公子,俾講宗誼。"則此册爲高兆之作無疑。按《通志·文苑傳》:"兆字雲客,號固齋,侯官人。崇禎諸生。著《六經圖考》《觀石録》《端溪石考》《遺安草堂集》。"《全閩明詩傳》引《閩中録》謂 ②,先生有《續高士傳》《校録杜律虞注》等,皆有刊本行世,均不言有《春藹亭雜文》。此册題下多注年歲,起壬子訖壬戌,蓋清康熙十一年至二十一年間所作也。惟從何處抄得,底本存否?常念念不忘。後知省立圖書館藏有此書,亟往觀,則有二册,皆竹紙密書,紙色甚舊,字作行草,純樸有味。有"鄭氏注韓居珍藏記"、"鄭杰之印",及"大通樓龔氏藏書"印。其一即吾藏本之底册。另一共文一百七十六篇,計書啓八十七,序二十一,跋

---

① 文見福建師範大學圖書館藏抄本《春藹亭雜録文稿》書前,題下署"永安黄曾樾"。

② 按,原文該處出尾注,録《全閩明詩傳》所引《閩中録》全文,並録《今世説》《通志·文苑傳》於注文中。先生於文末言:"雲客生平,略見於《閩中録》《今世説》及《通志·文苑傳》。合觀之,可得其概。附録於後,爲論世知人之助。"故整理時删去該條注文,將《閩中録》《今世説》及《通志·文苑傳》有關記載附文後。

四十三,壽序四,疏一,行略、碑、志、誄各一,傳二,祭文三,箴一,銘、贊各二,另聯句八組,亦不署名。題下記年最早爲順治戊戌十五年,最後爲康熙庚申十九年,共二十三年。此冊存文較早,應爲第一冊,吾所得抄本之底本爲第二冊,故字體較蒼老。每冊均有硃墨筆塗改,字跡與抄本同出一手,知此二冊乃雲客手稿也。兩冊年歲多重複,冊中次序多倒置,殆隨意抄錄,未加釐定,故名《雜録》歟? 惟《遺安草堂集》有無收入此兩冊之文,抑此係編集後之作,有得而言者。

册上有注韓居收藏圖章,因檢《注韓居書目》一覈,則《遺安草堂集》條下小注"手抄本",知此集乾嘉前無刻本。乾嘉後亦未聞曾付刊。光緒十六年郭柏蒼刻《全閩明詩傳》時曾見之。《詩傳》卷五十"陳日浴"條,《柳湄詩傳》云:"據高兆集,子槃於西鏞解組歸,喜其治縣有廉吏聲。"可驗。此處所指之高集,非指《春靄亭雜文》。一則郭氏未見此書,所以《詩傳》未提;再則此條不見雜文中也。故知《遺安草堂集》當亡於光緒中葉以後①。

庚申康熙十九年《上眉山先生書》云:"某今年五十有三。"上推五十三年,爲明崇禎元年,知雲客生於是歲。合觀兩冊之文,最早者爲順治戊戌,時雲客年三十一歲;最後者爲康熙壬戌,雲客五十五歲。兩冊所存,係雲客三十一歲至五十五歲之作。此二十五年爲精力最旺之期,故冊中亦多經意之作。代筆之應酬文除外。編集時若詩文並存,必曾選入。蓋編集者斷無僅收三十歲前之文,亦無祇收五十五歲後之作也。然則《遺安草堂集》雖亡,幸此兩冊尚存,可見其概矣。

雲客節義士也,入清後不應考,不仕,曾著《續高士傳》以見志。家貧母老,僅受耿藩及許中丞②聘,爲其子授讀。身歷滄桑,目睹異族猖狂,而文網森嚴,不敢顯斥,故其文咽抑吞吐,觸事攄情,每於茹痛含辛中露其磊落不平之概。舉凡民族淪亡,人民流徙,紳衿受辱,閭閻苦兵,宦途冗濫,以及文物遭劫,每於文中見之。兹舉例如下:

---

① 按,日本公文書館藏有高兆《遺安草堂詩》一卷《遺安草堂乙巳夏詩》一卷《觀石録》一卷《鼓山看梅記》一卷,清刻本,極爲罕見,或即《遺安草堂集》之一。

② 原注:《福建通紀》卷十二引《東華録》:康熙五年十一月,福建巡撫許世昌以病乞休,命以原官致仕。《福建通志·名宦傳》:許世昌,遼東人,康熙元年任。

寫民族淪亡者：

《題陳效儋荔枝絶句》云：

> 夫清陰翠蓋，髡栽繫馬；蒼柯紺理，剪敗輸薪。荔枝至今日，尚得厠筐筥，附瓜棗，大嚼之餘，幸矣。何敢復望掌中明珠，笑裹紅塵，驚人好事乎？比者效儋訪舊歸閩，正當荔候，乃止楓亭之駕，結戀桂林勝畫，棄其家果，予竊有疑焉。一日過草堂，出所賦《荔枝》十八首以示余，余讀之，朗然喜，憮然愁思也。嗚呼！道無列樹，林有菓草，三十年矣。效儋乃造此含滋受芳，五色並馳之詠，今世之冒没輕儳，喬舌蕩心，如覩當年緗枝朱實，家家萬樹，選其馨香，靜其巾冪之盛耶？不敢復齒嚅此，豈汎濫芳澤，託藻麗以通辭哉？蓋有甚於庚新野開花建始、結實睢陽之感矣！予安能不憮然而愁思也？

果樹摧爲薪，果林成爲厠，子山之賦，同此悲哀。《重興雲居寺記》云：“中原板蕩以來，陵闕樵牧，甲第丘墟。物外高樓之館，梵吹之室，亦凋落殆盡。其間不與荆棘湮滅者，無幾矣。”《寄曾惟久書》云：“長慶年來竟成行營，山門列牛酒之肆，佛殿蘊馬通之火，使見者痛心。蕈鱸之心，切勿動念。一入西門，便是牛頭夜叉境界矣。”《迎天然老人公啓》云：“況以甲兵數駐，馬通薰燎於大雄；刀俎橫陳，牛炙腥臊於香積。盡林羽之命，摧殿木之才。廢没非遥，傾圮在即。”宗社覆亡，甲第丘墟，紺宮琳宇寧能獨全！

寫人民流徙者：

《賑米引》代撫軍作云：“予三載兹邦，撫綏是職。乃諸郡播遷，流亡滿目，莫能安集。”《寄鐵崖觀察》云：“戊申康熙七年以後，八郡老弱以刀俎水火爲衽席。獨一觀察公席公式左提右挈於中，此釋氏所云地獄中聞稱佛號，雖不能消滅業罪，滅得刹那痛苦，不亦可敬乎？”此康熙初年吾閩人民蕩析離居之慘狀也，而官書不載。

寫紳衿受辱者：

《上陸宗師》書云：“乃栽培方榮，剪敗已及。曾幾何時，諸生倡公揭矣，不惟避卧碑也；典史笞子衿矣，不惟自邑宰也。其間口之不敢言，目之所未覩，又不止一端矣。以故凡諸久受教養者，惟相遇而歎，憂斯文之將喪，而更望夫子之惠臨兹土也。"當時士子備受凌辱，一典史竟敢鞭笞諸生矣。此康熙戊申七年事也。先是，元年有總督李率泰杖斃諸生林肇震等大獄[1]，青衿受摧殘，於斯爲極。故雲客言之，有餘慨焉。

寫閭閻苦兵者：

《復李化舒》書云："此中井里，戎馬踐蹈，恍若殘破，人不思存。僕依違舊館，靦顔餘生。"《復林果庵太守》庚申正月云："閭閻苦兵，不知有陽回。"其《公祭松江太守祖公大祥文》言之尤詳，文云："於是先生謝禁近之職，來長我閩邑。官兵蹂躪民廬舍，長官對股栗，先生操馬箠數責之。貴帥悍卒，苛取於官，官奉命恐後，先生侃然曰：是民膏血也，靳弗與。民隱吏情，牽帥勢位，上下維維，則奏書廉長吏以風之。王師廝養役，日領民千金，未幾復索，民皇皇三日罷市。先生以官爭，爭不得，掛冠邑門，出宿於郊曰：役不免，令不復矣。則卒已之。"此康熙十八九年事也。閩民苦兵，歷歷如睹。

寫宦途冗濫者：

《送湯素庵別駕如觀序》云：

> 初，公之蒞閩中也，大府監司以下，郡縣長類皆任子門慶，無有儒生者。惟公一人以名家公子明經，簡佐兹郡。時帶甲雲集，諸公戎服即事，翩翩馬上，閱簿書於賓客掾吏，獨公肩輿約帶，恂恂然與民親近。

觀此，則清初宦途，雜沓極矣。位民上者，皆紈绔子弟，懵不曉事，政柄操於胥吏之手，人民安得不遭魚肉。此段文字無多，而描寫當時吏治窳敗，已淋漓盡致。

寫文物遭劫者：

《舊搨樂毅論跋》云：

> 吾鄉自謝、倪、陳三氏後，五十年無好事家。書畫散落俗手，蠹蝕霉爛其什九，裝潢損壞其什一。碑帖則不問其何本，必去原尾，續以淳化之尾。書畫則不顧惜墨跡，必剪裁以合其匡郭，如此本割政和大觀圖書裝於首之類是也。予見之，未嘗不懷恨累日。閩中世變後，人文磨折已盡。古人遺跡幾許，亦同其劫運，又何故耶？

---

[1] 原注：《通紀》卷十二，《竹間十日話》卷四。

嗟乎！城門失火，殃及池魚。鼎遷社屋，士庶流離。兵驕卒橫，子衿受辱。人不思存，文物何有？

此外，讀《吳拙庵六十序》，則江南註誤大獄之梗概可見；讀《寄曾惟久書》，則當日人情之澆漓如睹。若《壽按察使于北溟序》，則進親諫之箴言；《吳高士傳》，則重庶民之一藝，皆非無意之作也。雲客交遊，皆一代勝流，如杜茶村、龔半千、黃俞邰、程穆倩、吳野人、汪舟次、毛稚黃、紀伯紫、施愚山、朱竹垞、魏叔子、張超然、釋爲霖，或以志節名，或以學術顯。殆因氣類相感，故笙馨同音。雲客與諸公往返文字中，每不能自遏其磊砢激昂之概，職是故也。此雜文兩冊，存信史於草野，寓志節於楮墨，備邦獻之鉤稽，作讀者之志氣，用之廣也，可不寶諸？

以上僅就雜文兩冊中有關時事者言之。《全閩詩話》卷九及《道光通志·雜錄·叢談》卷二百七十三均引高士奇《銷夏錄》所載雲客《荷蘭使舶歌》，尤見其憂國之深，識見之卓。其全文如下：

予從荔鄉鄭公處得見其鄉前輩高固齋《荷蘭使舶歌》，紀述詳明，見微知著，真可作一篇籌邊策讀，卓然與杜老代興無疑也。詩云：

乙巳冬十月，鈴閣日清祕。撫軍坐籌邊，頗及荷蘭事。幕下盛才賢，共請窺其使。連騎出城隈，江聲來溂溂。橫流蔽大舶，望之若山墜。千里列樓櫓，五色飄幡幟。飛盧環木偶，舶上周遭刻木偶如人以疑遠。層檻橫火器。大佛郎機百位含伏檻中。畫革既彌縫，外裹牛革。丹漆還塗墍。每月塗伽馬漆一週，故堅固。叩舷同堅城，連鑣足馳騎。佇立望崇高，真非東南利。某也亦賓客，緪藤許登踅。番兒候雀室，探首如鬼魅。上下以藤結梯。雀室，舶中候望之寶。番兒見客緣梯，從寶探首，以手援引。攝衣升及半，火攻炫長技。煙霧橫腰合，雷電交足至。客登舶，施放諸礮爲敬。譯使前致詞，此其事大義。其上容千人，方車矧並轡。其人各垂手，周行若沈思。舶上人無事，則負手閒行，竟日千周不息，不測其故。中央匭指南，樞紐浮天地。舶中央以匭閟大羅經，爲行舟指南之主，最鄭重。鐵軸夾其間，凌雲百丈植。七帆恒並張，八風無定吹。帆以布，凡七，張之受八面之風。杳施如網羅，坐臥引猿臂。帆緪交結如網，舶人睱升緪坐臥其中，遠望之如猿猴。下觀空洞底，委積於焉寄。舶下數層，深數丈。懸釜熾飲食，舶第二層以四鐵

索懸大釜作食。載土滋種蒔。舶上有土種蔬。但可歎博厚，安能測遠邇？舶師
亦國臣，逢迎慰臨涖。坐我臥榻旁，甋甊足明媚。雕櫺障玻璨，舶盡處，窗皆
玻璃。懸桁垂卣觶。飲器皆以桁懸，懼舟行傾仄也。發笥云葡萄，洗盞注翡翠。高
瀉成貫珠，傳飲勸霑醉。國俗：行酒以傾瀉杯中成珠爲禮。銀槃薦瓜蔬，風味頗浸
漬。瓜蔬味酸脆，秀色可餐。豈欲傾其釀，因之窮審視。明明簪筆邊，木爲筆，如
冠簪而細。半卷有文字。繪事江海跡，水道何太備。島嶼分微茫，山川入詳
委。是日於其貯筆處得一卷，長丈許，繪畫山水，各有番字如蟻分識其下，考之皆五虎門內外
沿海地圖及水深淺處。詰問譯人，以識水停舶爲對。時使者相視旁皇。觀圖見包藏，寧
惟一驕恣。上馬大橋頭，目送增憂惴。嗚呼通王貢，詎可忘覘伺？周防
勿逡巡，公其戒將吏。颶去勢已形，禮義不足餌。《銷夏錄》

按，乙巳爲康熙四年，時撫軍爲許世昌，雲客爲其西席。觀"某也亦賓客，縋
藤許登跂"句，知雲客曾隨衆參觀荷蘭使舶，故言之親切乃爾。凡艨艟構造，
武器裝備，艦內陳設，應接禮儀，以及舶上生活，航行技術，無不詳載，歷歷如
繪。尤令人怵心者，如"明明簪筆邊，半卷有文字。繪事江海跡，水道何太
備。島嶼分微茫，山川入詳委。觀圖見包藏，寧惟一驕恣"，其包藏禍心，蓄謀
已久。所以"上馬大橋頭，目送增憂惴"，海防之殷，溢於言表。末謂"颶去
勢已形，禮義不足餌"，尤一針見血，識高於頂。蓋吾國對外政策，相傳以禮義
懷柔爲枕中鴻寶，明眼人在三百年前已深知此陳腐濫調之不足恃矣。高江村
謂此詩見微知著，可抵一篇籌邊策讀，以杜之《塞蘆子》《留花門》及《在鳳
翔送四判官》等作相比，非過譽也。

雲客非僅憂時志士，亦博雅學人。其爲許世昌刻《六經圖》，曾將楊甲、
毛邦翰之圖詳加考證，不衹將原書翻板也。代許中丞撰《六經圖記》云：

往者按江西，客有以六經圖碑寄吾者，吾受而喜，喜而不寐。有感先
大夫之遺訓，而快覩是圖，足以激發兄弟矣。按，圖爲宋紹興中布衣楊甲
撰，乾道初知撫州陳森屬教授毛邦翰等編爲書，刊於學官。明萬曆間，計
部大夫汝南方公購得宋本，復刻之署，凡圖三百有九。六籍之制度名數，
顯若視日，聖人立象之義，其在斯矣。顧碑石歷久，中多湮闕。吾撫閩以
來，携置座右，每退食，與高子雲客共討論之。上徵圖書，下究墳典，銓訛

次誤，庶幾考正，蓋累年焉。比兆麟、兆麒幸頗好學，吾每與言祖父談經事，輒了了，又知請觀圖，手指俎豆，兄弟相怡怡語。會客有李根者，通經高士也。善篆隸之學，旁通繪事，尤樂較古人碑刻。吾因以圖示根，根起喜曰："根不敏，請寫之。"於是杜門終歲，染翰抽思，摹爲屏風十二片，以歸於吾。吾披對之，河雒乾坤，七政九疇，辟雍清廟，世次廢興，以迄於干羽玉帛，九州五社，射御冠昏，蟲魚草木，莫不繪素畢盡，隸楷合作，丹青麗藻，陸離昭著。於戲！誠大觀矣。

此刻圖之緣起也。《閩中録》云：

> 維時閩中丞許公，深重先生學品，延爲西席，訓其子孝超憲使。公且力爲剞劂《圖考》一書，未竟而中丞已棄世矣。許君由中秘監軍粵滇，僉憲霸昌，思竟《圖考》之事，不憚數千里迎先生抵燕，執禮之恭，無異及門日，都生詫爲友生盛事。

先生《復愚山侍講書》云：

> 惟某七年教讀，迂固長貧。廬焚婦逝，憂患乾乾。獨以拙刻《六經圖》尚餘三經未完，加之垂老，羞於懷刺，以故蒙顏匿影，非有召命，不敢晉接。

此刻圖之經過也。有無刻完？待考。《復稚黃書》云：

> 《六經圖》始於宋布衣楊甲，至有明盧氏刻石於撫州學明倫堂，凡十二碑。蘭溪郭氏維楨、新安吳氏繼仕，增補之。吳補纂《儀禮會通圖》一卷，蓋諸本所無也。考諸圖，周七廟，太祖向東，但位次近東。群昭入者，皆列於北牖下而南向。群穆入者，皆列於南牖下而北向。而太祖位次東，遠於西七廟，同爲都宮。昭在左，穆在右。廟制以左右爲昭穆，不以昭穆爲尊卑，微異於商一世自爲一廟，昭不見穆，穆不見昭，惟祫祭則見。按都宮各廟之說，似可釋東向之疑矣。

此刻圖之作用也。與撫州所刻之十二碑，迥不侔矣。而《四庫總目提要》著録通行本《六經圖》六卷，《存目》著録清江爲龍等編之《六經圖》十二

卷、王皞撰之《六經圖》六卷以及明不著撰人名氏之《五經圖》六卷、吳
繼仕之《七經圖》七卷、盧雲英之《重纂五經圖》十二卷、清楊魁之《九經
圖》，而不及此刻，豈未成書乎？然即就雲客《復愚山書》所云曾刻三經，亦
不可不提及也。況《復稚黃書》所引蘭溪郭維楨之增補，可補諸家之缺乎？
時人余嘉錫、胡玉縉諸先生於《四庫提要》用工至勤，亦未引及。若《通
志·藝文志》未著録，尤不可解。

　　雲客著作著録於《四庫》者，僅《續高士傳》一種。《提要》云：

　　　　《續高士傳》五卷浙江鮑士恭家藏本，國朝高兆撰。兆字雲客，侯官人。
　　王晫《今世說》曰："高雲客少遭喪亂，自江左還舊鄉，布衣蔬食，塊處
　　蓬室中，採摭隱逸，輯爲《續高士傳》。鑒別精嚴，論者謂其才識不讓士
　　安。"即此編也。據卷首陶澂序，稱其始晉皇甫士安，斷於有明之穆廟，
　　中間千餘年，共得一百四十三人。微顯闡幽，循名責實。起辛丑八月，至
　　壬寅二月始告成。蓋創稿於順治十八年，蕆事於康熙元年也。其去取頗
　　不苟，故陳日浴序稱，其凡名入仕籍、後掛冠者黜，迷溺於老佛之學者黜。
　　然宋种放隱節不終，反登簡牘；元褚伯秀實道士，所注《莊子義海纂微》，
　　今尚著録也。

《通志·藝文志》引《石遺室書録》云：

　　　　此書繼玄晏先生而作，故始晉終明隆慶，凡一百四十三人，爲正傳
　　四卷，附見一卷。前有紀映鍾、胡介、屠燧、陶澂、陳日浴五人序。紀序
　　謂，去陶潛，簿令也。陳序謂，淵明之隱，爲晉也。使晉不爲宋，淵明未必
　　不仕也。弘景溺於服食求仙之事，不繫平時而隱者也。後有梅益徵跋，
　　謂淵明忠義傳中人也。又謂皇甫傳凡七十二人，與劉子政《列仙》《列
　　女》同。然傳止七十一人，其一玄晏，隱以己當之。此傳實倍其數，而止
　　一百四十三人，其一殆雲客隱當以己乎？陶序言，階六先生力分俸錢，强
　　其梓行於世，則此書舊已刻過。

觀此，則雲客撰著之旨顯然矣。其著録於《通志·藝文志》者有：
　　《列女傳編年》，不言卷數，亦未言曾否刊行。

《觀石録》一卷，《通志·物産志》全録其文。《借月山房彙鈔》及《美術叢書》均收入此書。

《荔社紀事》一卷，《藝文志》未言有無刻本。《無悶堂文集》卷六有《荔枝紀事序》①。

《校録杜律虞注》，《閩中録》謂已刊行。

《啓禎宮辭》一百首，見《全閩明詩傳》卷五十四。《柳湄詩傳》云："兆世居東門後嶼。林從直《閩詩選》云：'雲客詩名籍甚，吾閩稱詩家者，無不推雲客。'予未得其全集，遍搜他選，均不甚愜意。豈予所見者隘耶？道光間，蒼得趙孝廉在瀚手録高兆所撰《啓禎宮辭並註》一百首，所載兩朝宮闈秘事，皆非外臣聞見所及，可爲修史之助。熹宗以沖人踐祚，居深宮之中，習阿保之手，逆璫竊柄，群陰蔽日，固無足怪。而列廟聖敬日躋，畏天法祖，憂勤宵旰，垂十七年，則可謂上不媿於屋漏者矣。是編存徵信於巖穴之中，寓諷刺於吟詠之外，先朝得失，後世勸懲，意甚遠也。今附録於末。尚有《荷蘭使舶歌》，《銷夏録》稱其見微知著，可作一篇籌邊策讀，已見《通志》。"按，《昭代叢書》曾收入。

雲客文多四字句，亦頗襞績，殆因隱痛難言，故藉辭藻以自晦。而筆能曲達，無明末弔詭、浮誇、纖佻、支離之習；在清初閩文中，遜無悶堂、道山堂之雅潔，無紡授堂、水明樓之晦澀，庶幾可與《元凱集》驂驔。

雲客工詩，《遺安草堂集》已佚，祇能於《閩詩選》《全閩明詩傳》諸選本中窺豹一斑。嘗謂吾閩清初古文家，允以張無悶爲鉅擘。若論學人，應以雲客爲白眉。惜其文字流傳無多，此二册中應酬及代筆之作居大半，不能見先生面目之全，爲可惜也。將其按年分類重編，擇有意義者爲正集，摒代筆及聯絡爲附録，以便讀者，後死之責也，姑志之以自勵。

雲客亦工書。《閩中録》謂其文辭、詩賦、小楷卓然名家。《昭代名人尺牘》曾收其書札②。好與方外游及寫佛經。其寫刻諸經板片，現藏鼓山湧泉寺，本書《閩人寫刻之書》篇已詳言之。

---

① 原注：《無悶堂文集》（卷六）有《荔枝紀事序》，可供參考，附後。
② 原注：《昭代名人尺牘小傳》（卷八）：高兆字雲客，號固齋，侯官人。工詩，有《續高士傳》。

雲客生平,略見於《閩中録》《今世説》及《通志·文苑傳》。合觀之,可得其概。附録於後,爲論世知人之助。

附

《閩中録》:

先生在吾鄉,不獨文辭詩賦及小楷卓然名家,而器識深邃,立言接物,沖和之氣飫人肌髓。嘗著《六經圖考》,淵博精覈,足羽翼箋疏。維時閩中丞許公深重先生學品,延爲西席,訓其子孝超憲使。公且力爲剞劂圖考一書,未竟而中丞已棄世矣。許公由中秘監軍粤滇,僉憲霸昌,思竟圖考之事,不憚數千里迎先生抵燕,執禮之恭,無異及門日,都中詫爲友生盛事。先生又有《端溪硯石考》《觀石録》蒼按,皆載壽山石品。《續高士傳》,又手校録《杜律虞注》等種,皆有刊本行世 ①。

《今世説》:

高雲客少遭喪亂,自江左還舊鄉,布衣蔬食,塊處蓬室中,采搜隱逸,輯爲《高士續傳》。鑒別精嚴,論者謂其才識不讓士安。

《通志·文苑傳》:

高兆字雲客,號固齋,侯官人。崇禎間邑諸生。恬澹有大度,與人論議,和平之氣飫人。海寧陸永修、西陵汪魏美、沈甸華、應嗣寅諸名勝皆推爲當世士。嘗著《六經圖考》,及門許孝超僉憲霸昌,思任剞劂,不憚數千里迎兆至燕。寧都魏禧見其所作高士傳及題壁詩,嘗遠道致書云:"弟生平以朋友爲性命,山水花竹爲稻粱,文章爲莞簟。足下竟體皆具,而咫尺相失,歎息彌月,不能自遣。"蓋兆嘗出遊,過易堂,未遇禧也。與里中彭善長、陳日浴、許琇、卞鼇、曾燦垣、林偉,俱有詩名,稱國初七子。

《無悶堂文集·荔枝紀事序》:

① 原注:此條不見續墨緣書屋翻印本《閩中録》,吾有另文論之。

　　檇李朱竹垞太史抵閩，嘗長慶寺荔枝，題數行寺壁，以吾閩所産不及粵東遠甚。吾鄉人聞之，殊爲側生抱不平。及曹秋岳方伯蒞吾土，言亦如竹垞。予與高固齋在座，頗腹誹之。以二公所見者，不過近郭鳳岡、長慶之産，其佳者未必啖及，所謂未嘗見巨麗也。予是時猶未至粵東，未敢遽辯，然心頗惑之，以二公非故爲此言者。逮乙丑夏，度五嶺，憩羊城，自夏徂秋，所食荔自黑葉至挂緑無不遍，然後知二公之言未爲全失，亦未盡得也。蓋吾里中所市者，率近郊一二種，急於求售，尚未全熟，較之粵市中所謂黑葉者，色香過之，甘則不及也。至於楓亭、長樂之緑袍、勝畫、金鍾諸種，色香味三者皆佳，絶非粵産可擬。然後知以彼下駟，勝吾下駟。吾之上駟，非爾所及，乃爲定論。嘗以此言貽書太史，太史爲低徊者久之。惜曹公已逝，不及聞吾此論耳。然羈旅四方，去吾里者又十許年，去粵東者亦十許年，每當盛暑炎歊，仰臥北牕，遥憶故園文酒之會，冰盤剥荔，朱實離離，輒令人神往。丁丑夏，於吴門逢固齋先生談故鄉事，竟夕不休。隨出《荔社紀事》一帙相示，乃里中同志於荔枝熟時，分曹選勝，經旬觴詠，以佳荔爭勝爲笑樂，固齋爲文志其事。屬余題其首。予方以不得日啖三百爲恨事，而深以厠名於集爲幸事。昔蔡君謨荔譜，膾炙人口，惜無繼之者，故吾鄉佳品，寂寂於瘴烟霾雨之中，以致士大夫之客吾土者，退有後言，皆吾人之責也。故因固齋之請而詳辯之。夫一物之微耳，名矣而不知，知矣而不盡，非深歷而精察之，鮮有不失之者，何獨側生也夫。

無悶堂文集書後 [1]

　　清初侯官張超然先生遠《無悶堂文集》，世所罕覯，不見藏書家著録。《東越文苑後傳》："《無悶堂詩集》四十卷，《文》一卷。"《籟陰客贅》："《無悶堂集文》七卷，《詩》二十三卷。"《竹間十日話》："《無悶堂集》四十一

---

① 文附福建師範大學圖書館藏抄本《無悶堂文集》後，首題《無悶堂文集書後》，次行署"永安黄曾樾"。

卷。"《福建通志·文苑傳》:"《無悶堂集》三十卷。"均未説明是詩是文及其卷數。《通志·藝文志》:"《無悶堂文集》六卷,《詩集》七卷,《文集》首有自序一,屈大均序一。"吾所見《無悶堂文集》有初刻、後刻兩種。

一、初刻本　此本共收文四十四篇,另自序一篇,無目録,不分卷,按論、書、序、銘、傳、記、説、書後編次。自序云:"偶客粵東,粵人士及四方來遊者,索僕篋中所携詩若文數十百篇付剞劂氏梓行焉。僕固辭之而不可也,得無見笑於詩文之家者耶? 乙丑端陽日,無悶堂主人題於羊城旅次。"按,鄭方坤《清名家詩鈔小傳》:"先生中康熙己卯三十八年解元。"乙丑爲康熙二十四年,此本乃是年先生自刻於廣州。福建省立圖書館藏有此書。

二、後刻本　此本共收文八十八篇,按類分作七卷,有目録,爲楊雪滄{夋}舊藏。目録後有雪滄題字一行云:"光緒丁亥二月,雪滄所得,後歸無悶裔孫集成堂書店主人張仁寬丈。"此即《籐陰客贄》所謂七卷本也。謝先生又謂《無悶堂集》爲超然長子繼超所編①,多缺行。豈超然早丁喪亂,流離關河,感事刺時,不免有逆耳之言而諱之耶? 抑或有遺佚留以俟補耶? 吾曾從丈之嗣君文光、文良兄弟借觀,知亦非定本也,舉其著者如下:

(一)《風俗論》《王猛論》目録均用墨筆補寫。此兩篇及《孽嵒上人文集序》《屈母八十壽序》《鸛傳》諸篇,皆用白紙印,與其餘用毛邊紙印者不同。此五篇書口卷數及頁數皆留黑丁,其餘各篇板式與初刻本同,顯係以初刻本爲底而增加篇數、尚未刻成者。

(二)《七姬廟詩跋》《藍鉄傳》《徐烈婦小傳》,此本無,初刻本有。殆因此三篇有關民族氣節之文,藍、徐傳尤痛恨滿清入關時之殘暴,故後來編集者删去。初刻本之《先考妣墓誌銘》比後刻本之《先府君墓誌銘》,文簡而語激,當鼎革時改作。"值革命,遠既長賦役,繽紛家産"一空删去,顯係因其時文網極密而有所竄易也。

(三)目録中有《楊節婦旌表坊記》《題黄漳浦先生詩後》,爲楊雪滄所補寫,而卷中《旌表坊記》係抄配者,《題漳浦詩後》則有目無文。想此兩篇皆係未刻稿,而《題漳浦詩後》則因文字忌諱而有意去之者。卷首屈序已

---

① 按,謝先生即指謝章鋌。

失,亦以《翁山文外》乃禁書而燬之也。

從板式、紙墨、篇數去留及文字增減觀之,此本應刻於乾隆大興文字獄之後。超然自入贅何氏後,遂居常熟。集既係其長子所編,必刻於琴川無疑。

吾求無悶先生詩文四十餘年矣。二十年前,何枚丈貽我抄本《無悶堂文集》一冊,並錄有許花農、謝枚如諸先生題識,讀而好之。常念原書不知尚在人間否,年前不意於冷攤得之。許、謝諸先生題識,宛然即枚丈抄本所從出者,且經黃耦賓、戴芷農諸前輩收藏,尤足珍貴。謝枚如先生題云:

> 無悶先生詩文,要能自立,非扣槃捫籥者等,國初閩士之白眉也。其詩集筠川有之,文則少見。此本予得之戴芷農,蓋黃耦賓世發大令藏本。末有大令手記,謂眉批爲許友墨迹。噫!尤可寶也。章鋌記。

黃耦賓記云:

> 此書藏紫籐花庵。觀上眉所記,乃有介先生筆也。陳閬止,當是省齋名夢雷者。嘉慶辛未孟春重裝。按,耦賓有《春臺贅筆》著錄《通志‧藝文志》,發表於《藝文雜誌》第一卷第三期。

按,此誤也。眉批僅兩則,一在《王猛論》上,評猛臨終時遺言"存晉云爲堅,非爲晉後人",因此二句衍成一篇大文;一在《磯子巖記》上,云:

> 乙丑歲嘉平二十有八日未刻,花農獨坐紫籐花庵之影香寒窗,梅十二一樹方盛。天寒氣肅,人事辛苦,零星欠負,尚得七八十金方淨,而必不可得。明日即除夕矣,何以應人?且有身世相逢之歎,懷父母叔弟,併陳閬止生死悽然。

此八十八字與記文無涉,殆偶記其上,乃許遇所記,非有介筆也。據《福建畫人傳》,許遇字不棄,又字花農,號真意,又號月溪,友子,著《紫籐花庵詩集》。書法似其父,黃、謝兩先生因而致誤。

魏叔子與先生書,謂得讀大作《春秋》《詩》論及藍、徐傳,服膺之至。經論典通今古,裁以特識。二傳寫生著筆不煩,固必傳之作也。陳石遺先生謂,先生諸體文均雅潔,不染明人末派以弔詭字句爲能。均極公允,先生當之無愧。以吾閩古文論，在朱梅崖、高雨農之前，若先生之文筆清勁、議論精闢者，實不多得。然此猶以文論先生。禾黍之痛至深，家國之仇至切，讀所作《王猛論》《閩游草序》《余生生詩序》《松雪集跋》《閩中死難傳書後》《先考妣墓誌銘》《鶴傳》等，均慨乎言之，不獨藍、徐傳之聲可澈天，淚可澈泉也。即其自序僅題干支，不署新朝帝號，諒亦非無微意存焉。《徐烈婦小傳》論云：

> 甲寅之變，生靈塗炭。身污名辱，終於不免者，不獨女子也，女子爲尤慘，楚、蜀、兩粵不可勝數。以予所目擊耳聞者，獨浙、閩、江右，其死於鋒鏑、盜賊、飢餓、損傷、老弱、廢疾者不具論；其姿容少好，驟車馬背輦之而北者亦不具論；惟其所棄載而鬻之者，維揚、金陵市肆填塞，以麻爲囊，括囊口不令人見，纍纍若若，若羊豕然，不可數計。市之者，直不過數金。醜好老少，從暗中摸索，其間士族妻妾往往有之。嗚呼！徐氏之死，可謂之賢，亦可謂之智。見危受命，不當如是耶？彼身污而身亦死者，求徐氏之死不可得矣。雖然，浙、閩、江右，節義之鄉，其死節若徐氏者，當不少也。徐氏幸以詩傳，豈不可慨也哉！

按，所謂甲寅之變，乃指康熙十三年平定三藩之役也。驟車馬背輦之而北者，非明指滿兵之擄掠漢族婦女乎？死傷鬻賣之慘，僅先生所目擊耳聞之浙、閩、江右已若是之夥，川、楚、滇、黔可勝言哉？讀此及《藍銖傳》諸篇，則先生爲文之意昭然若揭矣。其足跡半天下，所與遊多志節之士，如屈翁山、魏叔子諸公，則先生之志事可知。先生所往來皆當時勝流，屈、魏外，詩家如王阮亭、朱竹垞、查初白、施愚山、宋牧仲，畫家如吳漁山、王石谷、高澹游、馬元御父子，則先生之人品又可見矣。惜乎！以先生之人之文，竟埋霾三百年，世罕知者。在康雍乾之世，文字獄酷，人人畏禍而噤口，不敢道及，尚易解也。清季國粹學會諸君子，大力表章明清之際節義文章，獨無人述及無悶堂詩文者，抑又何歟？吾獨以謂，在清朝嚴文字忌諱之禁，漢人著述橫遭煨滅者不可勝計，而《無悶堂文集》兩種刻本幸流傳至今，又不勝爲先生慶，爲斯文慶也。特表而出之，寧獨爲闡揚鄉邦文獻已哉？

藍銖收左懋第尸事，僅見崑山王源魯《小腆紀叙》，但語焉而不詳。獨賴無悶先生此傳之存，俾銖之義舉獲襮於世，其補苴史傳之用大矣。故鉤稽載籍，爲揭櫫之如下：

《明史》："至閏月十二日，與從行兵部司務陳用極、游擊王一斌、都司張良佐、劉統正、王廷佐，俱以不降誅。"《明史稿》同，不載收尸事。

《石匱書後集》："有諸生曹姓者，人皆目爲狂士，不與語。聞懋第死，撫尸哭之。歸，鬻其妻簪珥，得百金。營葬，徒步扶櫬，送至萊陽。櫬到即去，不告姓名。"

《前明忠義别傳》："諸生曹某，素不識公，聞公死，力營葬公，扶櫬歸。"

《北遊録》："都人吴某，收殯。同遇害五人，兵部司務加職方司主事崑山陳用極。"按，談遷先著《棗林雜俎》，後遊北京，增益所見聞及其詩文，改名《北遊録》。故《人海記》引此條，仍稱《棗林雜俎》。

《南疆逸史》："門人戚默、徐玄敷葬之彰義門白馬寺側。"

《小腆紀年》亦不載收尸事，而《小腆紀傳》謂"門下士葬之彰義門白馬寺"，明襲《逸史》之文，而去戚、徐之名已不宜，且妄删"側"字，似葬於寺内矣。此徐彝舟臨文之疏也。

綜觀上述，除官修書外，私家記載均言懋第殉節後有收其尸者，但或言姓曹、姓吴、姓戚、姓徐，或言狂諸生、門人、都人，頗有出入。獨崑山王源魯《小腆紀敘·使臣碧血篇》云：

> 懋第從容步至菜市口，顧五人曰："悔乎？"皆答曰："求仁得仁，又何悔？"懋第連呼"好好"！南向四拜，端坐待刃。忽一官飛騎而至，呼曰："降者爵以王。"懋第曰："寧爲南鬼，不爲北王。"時正晴明，忽風砂四起，屋瓦皆飛，劊子手楊某涕泣叩頭而後行刑，五人皆死，惟紹瑜獲免。有藍銖者，與游擊樊通及用極門人徐敷，瘞懋第於白馬寺旁，以四人祔，而獨火用極屍，負骸骨歸崑山。用極字仲明。一斌，寧國人。良佐、廷佐皆上元人。

其記藍銖事與無悶《藍銖傳》相近而不翔實。竊以爲諸人皆得之傳聞，因有異辭，惟無悶先生此文最可信。蓋張岱、汪有典、談遷、温睿臨、王源魯諸人，所記均得諸展轉傳説，故或有姓無名，或有姓名無籍貫，或有姓名籍貫而無事實，或有事實而不詳盡。惟無悶以侯官人記侯官人事，藍銖，侯官人。故能詳其家世、生平，言之鑿鑿，其可信一也。《無悶堂文集》刊行時，距左之死僅四十年，其時明之遺民義士多存者，能受欺乎？況此傳受魏叔子之揄揚，文集得屈翁山之推服，若有不實，二子豈妄許人者乎？其可信二也。後來無悶長子編分卷本文集時，篇數雖增，而有關明清之際史實與表章民族氣節諸篇，若《藍鈜傳》《題黃漳浦詩後》《七姬廟詩跋》等皆刪去，明係避犯忌諱也，愈見其真實，可信三也。故吾謂此傳應作信史觀。

此傳匪獨記鈜之忠義，並記懋第二僕壯烈殉主及懋第尸因鈜之故獲收葬事，皆足補正史之闕。先生文之有功文獻也如此。

無悶先生多才多藝，工詩文，且工書畫①，凡論學論藝之文，皆深中竅要。其《春秋論》《詩論》，魏叔子服其“典通今古，裁以特識”矣。其《癸鼎考》《三墳跋》引據精確，《竹譜序》之論寫竹，《印譜序》之論篆刻，《墨史序》之論製墨，非真得此中三昧者不能言之。其留意民間文藝，收藏元明雜劇，尤有功於藝林。其《元明雜劇書後》云：

> 右元人雜劇百三十六種，明人百四十七種，又教坊雜編二十種。舊鈔者十之八，舊刻者十之二，皆清常道人手校，悉依善本改正；中有一二未校者，乃陸君勑先取秦酉嵒本校勘，朱墨爛然。先輩藏書，雖詞曲之末，亦必校讐精密，毋敢草草，為可法也。清常歸之東澗先生，先生歸之遵王。遵王與予交好。述古堂藏書三萬餘卷，無一時俗本，裝潢精好，吳中無出其右。往往談及藏書，必歉然以為未足，惟語及元明雜劇則自謂已備，無復挂漏。遵王歿，歸之予。予鹵莽嬾漫，讀書惟觀大略，閱諸老校讐，汗溜溜下也。毛君斧季云，勑先家亦有鈔本，欲假此本校定不可得，以資遺典籍者乘間取一卷對勘，刻期還之，復伺閒得他本如此者，經年數歲始畢，後亦歸遵王，今為吳趨何氏所得。藏書之不易如此，而陸君之風流亦見一斑矣。斧季，勑先塈也，言殊不謬云。

---

① 原注：《福建通志·文苑傳》云：善畫梅竹，其在《祿豐思歸》詩有云：“已訂六郎西寺住，田盧賣盡賣梅花。”其所畫梅也。魚翼《海虞畫苑略》云：遠書法瘦勁。秦祖永《桐陰論畫》云：遠書法晉人。彭蘊璨《歷代畫史彙傳》云：遠點染水墨別有韻致，書法晉人，詩尤夭矯不群。楊鍾羲《雪橋詩話續集》與《文苑傳》同。

此文與我國劇本流傳有關,可補正鄭振鐸《劫中得書記》附錄《跋脉望館鈔校本古今雜劇》者數事:

一、據《書後》,此書當時有兩本:(一)趙清常校後歸錢牧齋,絳雲樓災後歸錢遵王,遵王身後歸張無悶;(二)陸勑先校亦歸錢遵王,後歸吳趨何氏。此何氏應是鄭氏所謂何煌,字小山,義門之弟。然則授受源流甚明白,即清常、牧齋、遵王、無悶。鄭氏記清常身後藏書散出時,謂錢謙益得到他的鈔校本的全部,這部手校的《古今雜劇》也當是當時歸之謙益的一種。祇作疑似之辭,得無悶此文可釋然矣。

二、據《書後》,此書共收元明雜劇三百零三種。按,所云舊鈔本十之八,舊刻本十之二,計鈔本應有二百四十二種,刻本六十一種。鄭氏所得今存之二百四十二種中,刻本六十九種,鈔本一百七十三種。按,原文三誤作五。刻本較無悶藏本多出八種,遺失者尚不在內,知今存本與無悶收藏時已有出入。然今存本曾經無悶收藏無疑,因無悶所得之趙清常校本,有鈔者,有刻者,而陸勑先所藏,據《書後》祇有鈔本,與今存本不符也。

三、據《書後》,趙清常本中有一二未校者,乃陸勑先取秦酉嵒本校勘,朱墨爛然。鄭氏未提及,陸校可能在遺失之數。但云何小山也曾細細校過,無悶却無隻字提及,似一疑問。其實此事亦易理解,蓋當時蘇州常熟屬蘇州府學人多喜收藏刻本,據無悶所言,即有趙清常、秦酉嵒、陸勑先三本校勘,精善共推趙本,何氏既得陸本,此本雖經勑先用計借得趙本校過,究不如原本,且原本有刻本六十餘種,陸本祇是鈔本,故何氏先得陸本,後得無悶所藏之趙本,非不可能。兩本既均歸何氏,此優於彼,故取趙本而細校焉,亦理之常也。

四、據《書後》,此書名《元明雜劇》,甚合理,因其中祇有元明兩代劇本也。今名《古今雜劇》,乃據黃蕘圃收藏書目總名而得名,不知始自何時。竊以古今兩字未妥,古指何時? 今指何代? 鄭氏竟名此書爲《脉望館鈔校本古今雜劇》,值得商榷。《劫中得書記》又謂錢遵王藏書多半歸泰興季滄葦,故滄葦藏書目所載多述古舊物,其中有"元曲三百種一百本,抄"一項,此書殆即今見之《脉望館抄本古今雜劇》。竊不謂然。因滄葦書目明云抄本,而無悶所藏有刻本六十餘種,顯係兩種本也。

總觀上述,《劫中得書記》所列此書授受源流表,應予糾正如下:

趙琦美—錢謙益—錢曾—張遠—何煌—黃丕烈—汪士鍾—趙君
健—丁祖蔭

陸敕先—錢曾—何煌

表中不應列季滄葦，以尚未證實此書曾歸季氏也。

以上皆可爲鄭氏記補正者。鄭氏蒐羅清人文集甚富，若有《無悶堂文集》，應見此《書後》。而書中未引，殆未收藏也。此書之罕愈可見矣。無悶先生之文，有功於名教與學術者甚大，不獨以議論精闢，爲藝林寶筏；文章典雅，作清初閩士白眉而已也。

此文承郭展懷兄提供珍貴意見，曾據以修改。又拙作已脫稿，承薩士武館長惠示《脉望館鈔校本古今雜劇曾經閩人張遠收藏考》《福建戲劇歷史資料》七輯，可與拙文參證。統此誌謝。

清名家詩鈔小傳 殘稿[①]

鄉先生論詩，影響詩壇最鉅者，無逾宋嚴滄浪"以禪喻詩"及"詩有別才"之説。明高廷禮復依嚴氏區分四唐，選《品彙》《正聲》。終明清之世，學者宗之。迄於今日，未能盡廢。迫陳石遺先生編《詩鈔》，著《詩話》，倡三元，斥模仿，同光體興，而風氣一變。然皆限於論詩也。若清鄭荔鄉之《清名家詩鈔小傳》，則論詩兼論人，世服其"心平而識力正"，其用意尤深廣矣。嘗觀其論人也，凡明清之際，遺民義士抱填海之志而徒託干戚之舞者，往往遁跡山澤，藉吟詠以見意，荔鄉能燭其隱衷，彰其大義，俾讀者頑廉而懦立，有功名教也甚大。其論詩也，凡清初詩人，靡不探其源流，窮其正變，剖析其離合利病，如數掌珠而第其高下，學者可津逮焉。若夫筆墨韶秀，軼聞洋溢，可爲知人論世之助者，指不勝僂。信哉！超超元著，藝海慈航。吾夙好之，未遑論述。兹以養疴衡門，日長無俚，謹就板本、內容、評論及緒餘，各抒管見，與學

① 文見《慈竹居集》光盤刻録書影。該文凡十葉，底稿次序錯亂，謹依行文邏輯重加編排。文中有多處闕文，原分"板本、內容、評論及緒餘"四目，今僅見其二，"評論及緒餘"致不知起訖。因闕漏篇幅較大，致使原有注文不知其歸屬，謹附文後。又按，文中有"惜佩秋墓有宿草"語，知成稿時李洣（1884—1953）已卒，則定稿當不早於1953年。

人商榷之。

一、板本

（一）杞菊軒本　用趙體楷書上板，半頁十一行，行二十一字。板心下方有"杞菊軒藏本"五字。無序跋。按，《五代詩話自序》末題："乾隆十三年歲在著雍執徐皐月既望，晉安鄭方坤書於棣州之杞菊軒。"棣州即武定，知此書爲荔鄉守武定時自刻。復按《山東通志·職官表》卷五五：荔鄉守武定在乾隆七至十二年，十三年調袞州。又知此書刊於乾隆七至十二年之間。故十九年刻《全閩詩話》時，見劉星煒《序》。《凡例》云："《詩鈔小傳》爲鄙人自著，問世已久。"《五代詩話自序》作於十三年，乃奉調未離職時也。

杞菊軒本有初印、後印之别。

甲．初印本　二卷，百十一篇。首《錢東澗詩鈔小傳》，末《聯句合鈔小序》，違礙字句皆未剗去。上海圖書館藏有此書。福建省立圖書館藏本，則上卷目録一頁"峷山"、"舟車"兩傳間之《白耷山人詩鈔小傳》已剗去，留空白一行。書内缺二十至二十三凡四頁，并《峷山詩鈔小傳》亦抽去。此爲乾隆三十四年禁燬錢氏著作前之通行本。若白耷小傳叙閻古古抗清事太露，殆荔鄉自去之乎？

乙．後印本　二卷，一百篇。即前本抽去錢東澗、龔芝麓、錢田間、邢石臼、顧亭林、杜茶村、方峷山、閻古古、徐東癡、陳獨漉、屈弱水等十一篇。以梅村列首，錢、吳、龔等名字暨錢贈漁洋詩，以及稍有違礙之字句皆剗去。福建師範學院圖書館及寒齋均有之。寒齋本目録無陋軒，而傳文在上卷末，板心無頁數。此爲清廷禁燬錢氏著作後之通行本也。

（二）《龍威秘書》本　四卷，百零五篇。删去東澗、亭林、茶村、白耷、獨漉、查浦六篇，而略易其次序，以宛陵列首，違礙字句皆删節。每卷首頁標"閩鄭方坤荔鄉撰，浙江馬俊良嶰山訂"。乾隆五十九年，石門馬氏大酉山房刊入《龍威秘書》時，第三集因係巾箱本，故分爲四卷。

（三）木石居本　四卷，百零六篇。板匡比杞菊軒本略小，扉頁有"嘉慶六年仲夏玉瀍鄭氏養花草堂重刊"隸書兩行，板心下方有"木石居"三字。按《通志·循吏傳》，荔鄉父善述官固安知縣，既以失出鐫級，歸，築木石居。

卷末有"孫男澍若、灝若重刊"一行，知此亦係鄭氏家刻。比杞菊軒初印本少東澗、亭林、變雅、白苧、查浦五篇，而以梅村列首，虞山、芝麓等字未剜，惟《漁洋傳》中刪去虞山贈詩及其下兩句，逕接以"既從理官遷郎署"云云。雖稍失本來面目，而篇數勝杞菊軒後印本。

（四）《藝苑捃華》本　三卷，八十篇。因《龍威秘書》殘板後歸元和顧之逵小讀書堆時，僅存前三卷，缺後圃以下二十五篇，故同治七年顧氏刻《藝苑捃華》時，祇有此卷數。

（五）萬木草堂本　四卷，百零五篇。扉頁有"光緒丙戌孟夏，萬木草堂藏板"兩行。首頁標"閩鄭方坤荔鄉譔，衡山李登雲孝牲校"。登雲子佩秋淶跋謂："光緒甲申，先大人遊閩中，傳鈔一本，歸里謀覆雕之。時風氣醇謹，文字顧忌，仍依龍威本開梓單行。"據此，似李氏僅翻雕龍威本，其實不然。龍威有《檗子小傳》，跋謂馬氏刪去檗子等七傳，不的。_{故李本無此傳。}《崟山傳》中錢牧齋三字空白，李本將其下之龔芝麓三字接上填滿，與跋所言亦有出入。

萬木草堂本有初印、增訂之別。初印本即李登雲光緒十二年刊本。增訂本乃佩秋得杞菊軒初印本後，將家刻本所缺諸篇，及崟山、舟車、漁洋、雪坪諸傳中節文，合刻補遺一卷，并輯《荔鄉別傳》附後，頗詳盡，有跋，自述甚悉。杞菊軒初印本既不易得，則此本爲最完備者，功在藝林。惟有應補正者數事，記之如下。惜佩秋墓有宿草，不得共商榷之也。

甲．謂《詩鈔小傳》凡一百十人，《省志》誤爲九十八人。按，杞菊軒後印本實九十八人，目錄雖九十九篇，末篇乃《聯句合鈔小序》，《省志》據此本著錄不誤。

乙．《輯傳》所採各書，尚有《清史列傳》《山東通志》等，可考證荔鄉仕履年歲。

丙．謂杞菊軒原刻本中冰庵、參亭兩篇乃削青後補剞劂，顯出兩手，是也。惟謂板心葉數亦有重複，則不知所見何本矣。

丁．謂是書未著錄《四庫》者，殆以首篇應抽燬，館臣不敢錄進也。按，是書違礙之處太多，不僅爲錢氏一傳。

戊．謂馬氏刪去七傳，誤。實祇刪六篇，已見上。

己.《詩鈔小傳》尚有木石居本,佩秋未見。

（六）掃葉山房石印本　四卷,百零五篇。民國八年上海掃葉山房石印。首頁標"浙江馬俊嵊山刪訂",知係翻印龍威本,而落"良"字,誤"嵊"作"嵊"也。

吾既將家藏本所缺十篇抄齊,并將殘缺字句悉爲補正,復從《復初齋集》抄出翁跋,統附於後,俟有力者梓行焉。

二、內容

《清名家詩鈔小傳》共一百十篇,每篇皆稱其人與詩之分際,而矜慎以出之,結構、評語無一同者。核其大較,可分表節概、斥貳臣、載遺聞、論文藝四類言之。

（一）表節概者:

《課餘偶錄》卷一謂:清人詩話,漁洋、竹垞爲兩勝。竹垞裨益史乘,漁洋提倡宗風,各有宗旨,雖多而不猥。是也。然竹垞爲《明詩綜》撰小傳,僅存作者之生平;荔鄉爲《清詩鈔》撰小傳,兼表遺民之節義,其裨補史乘雖同,而用意則區以別矣。若《白耷山人小傳》之忼慨激昂,固顯而易見者附後①。他篇類此,爲數尚多。如《亭林小傳》云:

> 鼎革後,破産棄家,慨然有填海移山之志。既欝欝無所施,則間關行邁,以終其身。……然余獨歎夫物換星移,既歷三紀,而澤畔行吟,尚有當年之老客婦,其於高岸深谷、細柳新蒲之感,纏綿鬱結,不能喻之於懷。"天地寂寥山雨歇,幾生修得到梅花。"三復是詩,敬爲先生誦焉。

《變雅小傳》云:

> 未四十,流離世故,謝絕場屋,棄舉子業不事。僑寓白下,繼遼海柴桑之躅終其身。……茶村素與三原孫豹人友善。康熙己未,孫補薦,茶村作書尼其行。孫得書,憨恚彌月。既迫於朝命不得辭,應試不終幅而

---

① 按,據此知原稿文末附有《白耷山人小傳》一文,今并闕。《清名家詩鈔小傳》,所見有杞菊軒刻後印本、木石居本、萬木草堂本等。杞菊軒刻初印本未見,稽補無從,暫附闕如。

出。今取其書讀之,義存諷刺 ①,意歸忠厚。美疢不如惡石,君子是以貴直諒友也。

(下闕)

（前闕）康熙之際,戶競談詩。館閣諸公尚仍唐製,一二軼材之士復跌宕自恣於眉山、劍南之間,墨守輸功,玄黃戰野。方氏矯以清真,有若彈丸脫手;相如接踵而興 ②,抗袂而起,風格雖微遜一籌,要自有其君形者存,非苟作者。"《春遲詩鈔小傳》

一則曰"枕葄經史",再則曰"非多讀書多窮理,則不能極其至",以救枵腹談詩之弊,意義深長。其破陳規也,以斥晉安風雅派,爲功尤偉。閩詩受《唐詩品彙》《晉安風雅》影響甚深,早爲虞山、秀水所譏,而閩士尚故步自封,至謝賭棊而莫改。荔鄉在百年前,已大聲疾呼以排之矣。其言曰:

吾鄉比戶能吟,顧群奉林膳部、高典籍爲鼻祖,聲調圓融,千手如一,如所稱晉安風雅者是已。《劍虹詩鈔小傳》

閩人戶能爲詩,彬彬風雅。顧習於晉安一派,磨礲沙盪,以聲律圓穩爲宗,守林膳部、高典籍之論若金科玉律,凜不敢犯,幾於團扇家家畫放翁矣。"《十硯軒詩鈔小傳》

荔軒論詩,能兼取眾長,深惡乎株守一先生之説以沾沾自憙者。如論堯峰詩云:

淮上閻百詩每肆譏評,謂僅可妝點山林,附庸風雅,比於山人清客然者,語涉輕薄。今三復其集,大致脫去唐人窠臼,而專以宋爲師。於宋人中,所心摹手追者,石湖居士而已。取徑太狹,造語太纖,且隱逸間適話頭,未免千篇一律。口實之來,毋乃自授之隙?而吳人香火情深,直奉不祧之祖,相與鑄銅事之。昔宋玉不云乎:"天下之佳人莫若楚國,楚國之

---

① 按,"義存"以下原闕,據《變雅詩鈔小傳》補全。
② 按,底稿所引《春遲詩鈔小傳》原文,"而興"前盡缺,謹補清康熙間談詩情實,不知當否。

麗者莫臣里①,臣里之美者莫若東家之子。"鄉曲之言,存而不論可矣。

(前闕)"先生負吏才,屢徵尤異。校簿之餘,鉛槧不去手,詩古文詞皆驚采絕艷,後學奉爲雅宗。余曩遊歷亭,適先生守武定,思往見,不獲。壬申分校體闈,而先生猶子天錦首出吾門,談次及家學,乃知先生著述充棟,尤詳於詩,嘗就衙齋作詩話軒,藏書萬卷,日穿穴其中"②。劉星煒《全閩詩話序》。觀此,可概想其人。竊以荔鄉實清代鴻儒,不獨八閩碩學。惜其行事見《清史稿》《耆獻類徵》《福建通志》《建甌縣志》者,多詳政績而略學術,甚至其著作之目,或語焉而不詳。茲以試探《詩鈔小傳》之餘,將《四庫總目》《通志·藝文志》《建甌縣志》所著錄及見於他書者,開列於後,亦知人論世所不廢也。

(一)著錄於《四庫總目》者:

《經稗》六卷。經部三十三,五經總義類。

《五代詩話》十卷。集部四十,詩文評類二。按,自序作於乾隆十三年,即是年所刻,説見前。

《全閩詩話》十二卷。同上。按,劉星煒序作乾隆十九年,即是年所刻。按《山東通志·職官表》,荔鄉是年離袞。

《蔗尾詩集》十五卷、《文集》二卷。集部三十八,別集類存目十二。

(二)著錄於《通志·藝文志》者:

《經稗》六卷。卷十二,五經總儀類。按,提要全抄《四庫提要》。

《詩鈔小傳》二卷。卷二十三,傳記類。按,提要有可疑者,説見前。

《邯邑人士小傳》。卷二十三,傳記類。按,此爲《蔗尾文集》中一篇,名《邯邑人士傳》,僅數人。其孫選入《虞初新志》。《藝文志》誤作專書,編於史類總錄《詩鈔小傳》後,改名《邯邑人士小傳》,誤。

(前闕)③《杜詩宣和譜》一卷。卷三十八,譜錄類。

《讀書劄記》四卷。卷五十,雜家。

---

① 按,"臣里"以下原缺,據《堯峰詩鈔小傳》補全。
② 按,此段"其中"二字前底稿盡闕。餘據後文"可概想其人"云云,從劉星煒《全閩詩話序》抄補。
③ 按,該頁《杜詩宣和譜》前底稿複印時被簽條遮擋,有八行空白,當有闕文。

《蔗尾詩集》十五卷《文集》二卷。卷六十五 別集十一。（下闕）①

（前闕）②於《建甌縣志》者十四種，其《讀文劄記》應即《讀書劄記》，其餘大抵據文集中諸書序著録，有無成書，待考。以《文集》世所罕見，兹將《縣志》所載而《省志》未載者，抄録如上，以資印證。

（四）見於他書者：

《嶺海叢編》。

《嶺海文編》。

《全閩詩話》劉星煒序云："先是，先生刊《五代詩話》，膾炙藝林。……尚有《嶺海叢編》《嶺海文編》各若干卷。"

《注韓居詩話》謂有《嶺海叢編》《望古集》《詩文集》。

按，所謂詩文集，應即上述之《蔗尾詩集》及《文集》。

清初，吾閩叠遭兵燹，民生凋敝，讀書識字以取科名、博微禄而自足，通經學古，非所計也。《圍爐瑣憶》云：

---

① 按，此下原缺。原文開列"著録於《通志·藝文志》者"并加考證，今重檢《（民國）福建通志·藝文志》，仿原著例續補如下：

《望古集》十二卷。（卷六十五 別集十一）按，引《（道光）福建通志》云：卷一賦，卷二、三詩及騷、詞曲、琴操、歌謡，卷四制、表、上書、狀、牋、令、啓，卷五書牘，卷六尺牘、諭、考、述、辨、解、説，卷七序，卷八引記，卷九册傳，卷十記、檄、判、頌、贊，卷十一銘、箴、志、對、設、論文記遊、碑墓表、誄、祭文、弔文，卷十二跋雜著。

《古今詞選》。（卷七十三 集部四詞曲類五）按，《通志》録存鄭方坤自序云："僕涉獵書林，喜談詞隱，時想像夫十香閜臨摹於三影，排爲清課，遣此閒愁，敢云蕭統之選文，竊擬張爲之摘句。"

《全閩詩話》十二卷。（卷七十五，詩文評）

《五代詩話》十卷。（卷七十五，詩文評）

又存目著録：

《邯鄲縣志》。（存目卷二十二，史部十二地理類二都會郡縣）

《讀文劄記》。（存目卷三十五，子部七雜家類五）

《宦遊紀聞》。（存目卷三十六，子部八小説家類一雜事）

《蓮廬詞話》。一卷（存目卷四十四，集部四詞曲類六詞話）

《邯鄲縣志》。（存目卷二十二，史部十二地理類二都會郡縣）

② 按，所缺或爲"（三）著録《建甌縣志》者"。下言"兹將《縣志》所載而《省志》未載者抄録如上"，此當爲缺文之主要内容。《（民國）福建通志·藝文志》著録十五種，先生以《讀文劄記》《讀書劄記》爲一書，意又見於《建甌縣志》者十四種耶？今重檢《（民國）建甌縣志》，《（民國）福建通志》未載者有：《嶺海文編》五十卷，《嶺海叢編》四十卷，《歷代文鈔》，《本朝文鈔》。此四部總集，《（道光）福建通志·藝文志》均收録。《（道光）福建通志·藝文志》（卷七十六）又有《集唐千聯》《詞林玉屑》《四六談柄》，《（民國）建甌縣志》，《（民國）福建通志》均未載。先生言"其《讀文劄記》應即《讀書劄記》"，不知所據。以上三志均兩收。

　　國初，吾閩不矜淹洽，經書時文以外，多置不理。自朱石君珪督學，以通博倡庠序，而鄭天錦試藝開講引《淮南子》曰獲雋，列郡靡然從風，而俗習一變。沿至嘉慶中年，若《竹書紀年》，若《汲冢周書》，若《山海經》，若《博物志》，及一切讖緯傳記，無不牢籠於八股中。故爾時文字雖駁，並非空疏者所能措手，究其始則惟文正一人啓之也。

雖若稍通博矣，然皆爲八股文，無關學術。荔鄉不待二朱入閩，已能淹貫群經，穿穴百氏。《四庫提要》謂《經稗》薈萃衆説，深有禆於考核。詩評三種，輝映藝林，歷二百餘載而光景常新。《提要》又謂："其詩下筆不休，有凌厲一切之意，尤力攻嚴羽《詩話》詩不關學之非。然於澀字險韻，恒數十叠，雖間見層出，波瀾不窮，要亦不免於炫博。此又以學富失之，所謂矯枉者必過直也。"是平情之論。《文集》二卷，乃身後所刊，故標名"晉安鄭方坤荔鄉稿，後學林開瓊、陳登龍等較"。論學之作居大半，文多駢儷，則《提要》所謂"根柢在六朝也"。此書刊於嘉道時，《四庫》所據以著録者，應係稿本。總觀荔鄉著作，無媿一代通儒，不僅以政事、文學垂名於後世。左海未出，吾鄉學人允以鄭氏爲巨擘，世不盡知，故不惜喋喋而詳述焉。①

炳燭齋詩手稿殘本 ②

　　前清一代，吾閩官御史著直聲者，前有霞浦游彤卣光繹、晉江陳頌南慶鏞，後有莆田江杏村春霖。陳以劾起用禦英誤國三大臣，名垂國史。江以劾權奸奕劻，名震一時。陳本漢學名家，所著《籀經堂集》，有聲藝林。江有《梅陽江侍御奏議》行世，且死僅四十餘年，其姓字多能道者。獨彤卣先生以

---

　　① 　按，原本文末有注文二則，因原文殘缺，不知所屬，謹附此以供參考。

　　荔鄉所刊書，板心下方或有"杞菊軒藏本"五字，如《詩鈔小傳》；或有"杞菊軒"三字，如《五代詩話》；或有"詩話軒"三字，如《全閩詩話》。《四庫提要》謂"其詩分十五集：曰《木石居草》《木石居後草》《杞菊軒稿》《詩話軒稿》……"知木石居、杞菊軒、詩話軒，皆先生齋名。

　　《雪坪詩鈔小傳》："昔牧齋序金陵社集，於離合盛衰之故，三致意焉。用以追難豚之近局，感奕棋於世變，非僅爲一人一事發也。予編次雪坪詩，於其生平，不勝覯縷，蓋竊取錢氏之意也夫。""感奕棋於世變，非僅爲一人一事發也"。荔鄉著此書之意，已自道之矣。

　　② 　文見福建師範大學圖書館藏 1964 年抄本《炳燭齋詩稿徵録》前，題下原署"永安黃曾樾"。

爭銓政鐫級歸，當時方之三直①，所著《炳燭齋詩集》雖著録於《通志·藝文志》而未刊行，其風節文章，世不盡知，爲可惜也。吾喜蒐集鄉先生墨跡，曾收得先生手札一通，書法秀勁，如見其人，益思讀其詩。近者，之六忽示以先生玄孫介眉教授家藏侍御手書詩稿殘本，四十九頁，素紙書，凡古今體詩一百九十二首，殆即《賭棋山莊餘集》所謂"《炳燭齋詩集》鈔本"而《藝文志》所據以著録者。喜而介與師範學院圖書館金館長雲銘，倩人録副藏之，而抒其管見於下：

稿本無標題。前九頁無年月，第十頁首行上方標庚午，十三頁標辛未，二十二頁標壬申，三十頁標癸酉，三十四頁標甲戌。按上次序觀之，前九頁當係庚午前一年己巳所作。此本所存，起嘉慶己巳十五年，訖甲戌二十年，共六年之詩，非《炳燭齋集》之全也。據先生子大琛撰行述，先生生於乾隆戊寅二十三年，卒於道光丁亥七年。則此近二百首之詩，乃先生五十一至五十六歲所作，故第一首《白髮》有"忽忽曾過五十秋"之句。時先生主講鰲峰書院，有《講院荔支》《講院榕》《鰲峰即事》諸詩可驗。末倒數第二頁有《罷官日作》七絶兩首，殆追記者。此本未編頁數，此頁無年月可稽，或係後人收輯時，姑附於後耳。

謝枚如先生謂炳燭齋詩"磊落有奇氣，與暖暖姝姝者異"。"讀其詩，頗以失官爲失意。此則志士思有爲，與汩没世味而冀望富貴者不同也。況又益之以飢驅哉？"②平情之論也。然吾更有進者，徒以風格論詩，猶自皮相，安足以盡作者之苦心哉！先生交遊如王偉人、朱石君、阮芸臺、林少穆、汪稼門、蔣丹林、齊北瀛、梁芷鄰、葉培根、吳清夫、陳恭甫、伊墨卿諸公，皆一代名流，觀其贈答往還諸作，可見諸人出處升沈之故，亦一代得失之林也。況詩中小注，多存掌故舊聞，有裨史乘。如《壬申元日》之"凡朝會，例以御史三十六人

①　原注：見行述所引朱士彦贈序。
②　原注：《賭棋山莊餘集·炳燭齋詩集鈔本記》："《炳燭齋詩集》未編卷，侍御游彤卣先生之遺著也。先生以言事去官，詩磊落有奇氣，與暖暖姝姝者異。其後人學誠在吾門，出集請爲序。予不敢輕易下筆，藏之篋衍數年矣。間聞集係先生手寫，子孫所宜珍襲，久留之不可，因令侍史傳鈔一副，將歸原本於其家，而學誠返福安祖籍，久不得見，又不敢託人遠寄，尚當俟之異日耳。先生曾主鰲峰講席，平易近人，而自守則崭然。讀其詩，頗以去官爲失意。此則志士思有爲，與汩没世味而冀望富貴者不同也。況又益之以飢驅哉？"（按侍御霞浦人，此云福安，誤）

分立甬道東西糾儀";《送林少穆庶常入都》之"少穆與廖生金城、高生祖望，皆以童年擅文名，有三才子之目"，不能盡舉。若其詩，用意甚深，即尋常酬應之作亦不苟。如王文端有伴食中書之稱，朱文正有聲樂之好，先生追懷二公詩云：

> 狀元宰相亦尋常，誰似銅川七姓王？清德關西楊伯起，傾心不獨爲門墻。追懷先師王文端公

> 恒舞酣歌夜未休，朱門何處訪清修？孌童季女雲烟過，只有當年許散愁。

> 兄弟文章動四瀛，憐才憐到爨餘聲。絳紗當日論文地，苦憶松陰竹影清。即今學使署內友清軒。追懷先師朱文正公

一則皮裏陽秋，一則直言不諱。若《李忠毅挽詩》之叙海防戰事，《送葉七培根宰富民》之講吏治民情，《送鄭松谷太守入都補官》之倡實學："學道須濟時，詎以詞章競。借問抒萬言，何如活百姓？"送葉培根詩所謂"讀書學何事，豈止登瀛州"，亦此意也。他如《橘枝詞》寫閩産，故實詳盡，皆不苟作。

此卷所存諸詩，以今體爲多，今體中以七絶爲多，無模山範水之句，少批風抹月之辭，而詠史之作特富。己巳、庚午、辛未、壬申諸歲，皆有詠史組詩，託古諷今，別深懷抱。其專詠一人一事者，皆具卓識、寓微旨。如《高士峰》之詠秦系，《書嚴子陵傳後》之頌王宏 [1]，歎士氣之不振也。《過洪山橋弔張襄愍》，爲忠藎鳴冤也。《惜昔》，借古事以自見也。《蘭陔詩話載明正嘉間莆人以諫廷杖者二十餘人，歎其一時士節之盛，因賦》，非獨詠士節，其前半云："共識批鱗險，偏傳接踵奇。幾人憐血肉，即此見鬚眉。"則純乎自寫照矣。《齊書褚淵傳論意謂人譏其失節者爲非，作此正之》云："一死不塞責，二心滋可傷。齊宗仕梁世，欲蓋嗟彌章。"則大聲疾呼，爲民族氣節張目矣。吾尤愛其《書楊龜山先生傳後》云：

> 州郡浮沈久，誰令到廟堂？謀身非戰守，抱道獨棲皇。雅負匡時意，

---

① 原注：原詩云："率土同歸赤伏符，桐江獨釣意何如？風流千載知誰嗣，剩有王宏八體書。"（宏，濟南人，唐太宗故人也。工八體書，太宗求之不得。事見《龍城錄》）

寧嫌比匪傷？後來唐應德，端欲效行藏。

此詩不獨識卓，亦極膽大。蓋龜山爲道南始祖，理學家尊爲大賢，無敢非之者。其實龜山入朝由蔡京薦引，不無可議。詩之首句謂龜山浮沈州縣四十七年；次句謂由蔡京得召入爲秘書郎，擢右諫議大夫兼侍講；三、四句謂其徒欲以道學救國，無戰守之謀；五、六似爲開脫，而比匪之刺，嚴於斧鉞；末聯尤斥其進身之不慎，爲後來之口實，如唐順之受趙文華之薦，是其例。《明史·唐順之傳》卷二百五云："晚由文華薦，然聞望頗由此損。"不能爲賢者諱也。侍御此詩，仍是作御史時風裁。惟龜山立朝，實亦主戰，三句與事實有出入。又龜山浮沈州縣垂五十年，實未嘗作郡守，首句亦未的。竊意侍御詩以詠史爲第一，蓋懷才不展，坐困皋比，不敢直言，每借他人酒杯，澆自己胸中磈壘。有古事可託者，則託古以刺今；有草木禽魚可資比興者，則藉小事物以發其抑塞窮愁之意。如《野葛》云：

　　　野葛荒榛總冒塗，山家隨分是樵蘇。門前剩有芳蘭在，乞與移根莫下鋤。

愛護善類，藹然仁者之言。《柳》云：

　　　亭亭高柳倚天青，春似流波去不停。傳語黃鶯休睍睆，飛花今已作浮萍。

傷春之作，何減黃莘田之《楊花》。《鼇峰即事》云：

　　　鶴老烟霄亦懶飛，閒身應製芰荷衣。山深林密非吾事，恰好全家住翠微。

先生掌教鼇峰之不得意，情見乎辭。《山禽》云：

　　　薄霧曉來籠蕙畝，軟風□□送楊花。山禽不識緣何事，苦向人前作意譁。

先生雖困守皋比，尚有媒蘖之者。傳載，道光壬午，先生與巡撫葉世倬不合辭去。此詩辛未作，殆謂此事也。《曉起》云：

> 不事朝參不上堂，凡京僚見長官，今日上堂。曉來隨意著衣裳。閒人別有閒滋，獨對池蓮領妙香。

> 敢從桃李鬭春芳，消受南薰日正長。倚檻有人通臭味，不嫌白髮照紅妝。

此則枚如先生所謂"讀其詩，頗以去官爲失意者"。《觀荷》三首之末首云：

> 愛汝紅漪漾碧瀾，斜陽依舊倚闌干。壯心不逐霜鬐老，更上華山玉井看。

同此老驥伏櫪之感。《壬申元日》云：

> 六六同官慣比肩，凡朝會，例以御史卅六人分立甬道東西糾儀。逐臣何日再朝天？憑誰爲報鴛行舊，淪落江湖十二年！

> 省愆何事不慚顏，尚擁皋比水石間。比似眞祠領提舉，洞霄玉局總寬閒。

> 竊祿曾塵劍鍔班，白頭何意老朱顏。按原稿此二字破損，乃曾樾僭補者。渭南合有傷心客，要爲君王戍玉關。放翁詩："一聯輕甲流塵積，不爲君王戍玉關。"

其抑塞怨悱，尤躍然紙上，然非欺老嗟卑者比，正枚老所謂"此則志士思有爲，與汩没世味而冀望富貴者不同也"。若《甲戌元日》[1]作：

> 桃花初放柳初舒，珍重芸香擁一廬。借問咿唔窮日夕，可曾讀得濟時書？

志事更爲顯露。《莫雨》云：

> 天路茫茫未可期，舟橫野渡欲何之？玉蟬金粟閒相對，寧越門中莫雨時。

---

[1] 原注：見原稿甲戌年第一首，而無元日兩字，實元日作也。

仍是此意，惟措辭較蘊藉。《淪謫》云：

> 淪謫枌榆一味閒，茫茫身世思回環。層雲舒卷千巖上，斷梗浮沈一水閒。敢爲江湖忘魏闕，那知風雨老名山。眼看野鶴如雙鬢，欲向靈仙乞大還。

與《壬申元日》詩均直抒戀闕之忱者。先生詩每能於小中見大，上述《野葛》《柳》《山禽》《觀荷》之外，如《茄子》云：

> 腰似微彎體自充，鳳岡佳種長秋風。鳳岡茄名九月烏，雖至秋深猶無子。當筵未暇談興廢，正愛繁花滿地紅。

亦此類也。由此可見先生雖不以詩名，其詩實深得比興之旨。

《通志》本傳據《張亨甫未刻文稿》①謂先生"頗寄興博簺"，此非深知先生者。梁芷鄰爲先生社友，其《師友集》詠先生云："侍御邦之直，聲華海內聞。光儀同滿月，詞藻若祥雲。博奕堪忘老，醇醪不自醺。君不勝酒力，而常飲人以和。安敦真有道，愧我爪泥分。"亦言此事。其實，先生曾自言之。其《寄陳恭甫太史》二首，第一首言太史，第二首自述，詩云：

> 潦倒乾坤一腐儒，悠悠勳業只生徒。四圍榕陰疑冰暑，萬柄荷花是鑑湖。老媿文章成寡味，聞憑博簺作歡娛。門前也自饒桃李，聳壑昂霄定有無！　來示以成就後學相期，而及門諸子大抵多以舉業見長。

抑鬱無聊之情溢於言外，知先生之娛情博簺，實有託而逃。《攬鏡》云：

> 多少朱顏客，馳驅意氣雄。無情此明鏡，照我是衰翁。

年華易老，修名未立，志士苦心，昭然若揭。此詩與《自許》合觀，則不好真龍之慨，躍然紙上矣。詩云：

> 自許長興礌砢松，虛堂一鏡惜塵封。玉鑴嫩葉宜成楂，綵剪名花誤引蜂。齊國也知防贗鼎，葉公原不好真龍。諸君壁上頻觀戰，假面蘭陵

---

① 原注：《張亨甫未刻文稿》一册，藏省立圖書館，內有《游光繹傳》。

幾度逢。

《通志》本傳、《師友集》及其他記載屢言先生飲人以和，可概見其爲人。故其詩無憤激之語，粹然有道之言；即涉及身世升沈之感，亦出之以沖和，託物以寓意。蓋興觀群怨，詩之教。先生詩雖有近於怨者，亦其遭遇使然。然怨而不怒，此正先生詩之真，亦先生養之深也。

吾閩嘉道詩壇，雖作者輩出，然足以旗鼓中原者，僅一張亨甫，而李越縵已有"時無英雄"之歎①。其時作家有集流傳至今，爲人稱道者，共推《絳跗草堂》《雲左山房》《退庵詩存》《絳雪山房》《思伯子堂》。《炳燭齋詩》視諸家，則才雄學富不及左海，允愜流美不及少穆，博雅華瞻不及芷鄰，篇章繁富不及雪椒，縱橫馳驟不及亨甫，而不矜才使氣，立意不苟，吐屬典雅，寓興淵微。其骨氣伉健，足抵陳、林之才調宏通；格局凝重，遠勝亨甫之粗浮淺率；若芷鄰之餖飣，雪椒之膚廓，先生皆無有也。其在當時，可與絳跗、雲左左驂右靳，固前清中葉吾閩一作才！乃薶没百有餘年，世罕知者，洵有幸不幸歟？將此吉光片羽，亟爲梓行，俾與《籀經堂集》《梅陽奏議》并垂不朽，豈非有心鄉邦文獻者之責乎？介眉善寶先人手澤，之六、雲銘樂表先輩遺著，甚盛事也，故書以告後人。

行述謂先生有詩文集若干卷，文集不知存亡。師範學院圖書館藏有《鰲峰書院志》十六卷，嘉慶丙寅年鐫，正誼堂藏板，乃先生總纂，非其撰著也。

先生不獨工詩，亦工書，韶秀有風骨，昌黎所謂剛健含婀娜者，庶幾近之，爲劉石庵所激賞，有以也②。與先生同時以書名海内者郭蘭石，然郭書傷於恬熟，過於妍媚，遜先生書矯健入古。願與知書者共論定之。

枚如先生謂："侍御子大琛，字曼郎，跌宕擅文采，一日能奏十數藝。予嘗見其《萍緣小記》，蓋計偕過姑蘇，有所眷戀之作。散文二千餘言，隨筆抒寫，不冗不蹶，隱名方小玉。噫，殆可謂冰雪淨聰明矣！先生望之甚篤，教之又甚嚴，亦舉進士，而不甚達。今日世風沉錮，眼中安得有是才哉？"③ 按曼郎

---

① 原注：由雲龍輯《越縵堂讀書記》第四册，第812頁。
② 原注：見《霞浦縣志》本傳。
③ 原注：見《賭棋山莊餘集·炳燭齋詩集鈔本記》。

先生《縣志》作曼堂事略，附見《通志》及《霞浦縣志》侍御傳。成進士後，官山西高平知縣，擢同知。介眉藏有其手書《風塵囈語》一册，紅直格紙寫，僅十九頁，共古今體詩一百零一首，清穩可誦。其《縣署雜詠寓刺以自警》四首，申明亭、簽押房、監獄、客廳。固極關心民瘼者。喜作詠史詩，如《北宋紀事雜詩》四十六首、《詠南渡事》四首、《讀遼紀》《讀漢紀》《讀趙后遺事》《讀太真傳》《讀李廣傳》《讀圓圓曲》等，殆亦家學淵源乎？侍御兄光纘，乾隆庚子進士。父子兄弟同捷南宫，群從子姓捷鄉闈者，頗不乏人。其孫學誠，亦舉於鄉，博學有名，介眉之尊人也。不獨侍御一門風雅，而霞浦文風之盛，甲於閩東，亦談清代吾閩科名掌故所當知者，故並書之。

讀巢經巢詩①

巢經巢詩，由韓入杜，參以蘇、黄，古體優於今體，七言勝於五言，七古一韻到底者，傲岸奇偉，跨元越明。清三百年中，長於此者，王漁洋風神絶世，音韻悠揚；錢籜石硬語盤空，波瀾壯闊，皆足冠冕一時，凌跨後世。惟以生際隆時，身居膴仕，言而有序則信矣，言而有物則未也。鄭子尹崛起荒陬，湛深經術，小學爲叔重功臣，《禮經》傳康成家法，蔚爲西南鉅儒。以經師爲詩伯，寫齊民之疾苦，狀荒徼之風光，繪影繪聲，惟妙惟肖，而悲憫之意，溢於行間。凡道路險艱，跋涉顛躓，親朋聚散，室家流離，與夫盜賊縱横，官吏剝削，人民塗炭，文物凌夷，一見於詩，可歌可泣。生遇古人罕遇之窮，詩造古人未造之境，讀鄭公詩者，如讀公家流民圖也。故言之有序而有物，厥惟經巢足以當之，世以伏敔堂、秋蟪吟館相擬②。竊以叙悲慘之狀、富胞與之情，則三子者固異曲而同工；長於古詩，亦復相似。惟弢叔、亞匏學術空疏，不敢望子尹肩背，發於詩者遂遠遜其樸厚有經籍氣。以詩體論，亦惟五古差堪與鄭公頡頏，七古則望塵莫及矣。以三家并提，非篤論也。

---

① 載《公餘生活》1944年第1卷第4期第34—41頁，署“黄曾樾”。

② “蟪”，原作“穗”，誤。整理時參校先生稱爲“最完備之本”：《巢經巢文集》六卷《巢經巢詩集》九卷《後集》四卷《遺詩》一卷《附録》一卷，民國三年花近樓刻《遵義鄭徵君遺著》本。以下簡稱鄭集。

有清一代，儒林、文苑兼擅者，康雍間則顧亭林、朱竹垞，乾嘉之際有汪容甫、張皋文，咸同之季僅鄭子尹而已。五子外，殊難其選，而子尹爲尤難。蓋四子者，生長人文蒼萃之邦，得聲氣漸磨之益，鄭公勃興於瘴癘之地，缺圖書師友之資。雖歙縣程侍郎視學黔陽，承其啓迪，而爲時甚短；莫猶人先生秉鐸遵義，得與講貫，而究非大師，與江浙人文淵藪，不可同日語矣。且所與交遊皆鄉曲之士，經術文章迥莫己若，可與言者僅一莫郘亭，而郘亭長於史地校讎，他非公比。凡學人所得磋磨之助，鄭公無有焉。而公則冥心獨契，與古爲徒，蠖屈荒陬，名垂宇宙，不尤難歟？常過公里，冥想遺徽，但覺山容憔悴，無邱壑之觀；石骨猙獰，乏玲瓏之美，然後知豪杰之士，貴能造時，所謂人傑地靈者，殆爲常人説法也。

鄭子尹博極群書，而爲詩不掉書袋，所用典故皆大雅而切當，不若厲樊榭之專尋冷僻故實以炫博也。筆力矯健，抗塵絶俗，能深入，能淺出，能折能皺，能澀能瘦，蓋以拙勝也。非獨顧、王、朱、錢所無，殆欲抗手黃、陳，上追韓、孟，而入杜陵之室，不僅七古由杜、韓出也。望山堂刊詩鈔九卷，爲詩四百九十二首；此外以趙愷黔印本爲最備，三百八十七首，共八百七十九首。古體居多，各體中各門俱備，而以紀行爲最佳。如《自郎岱宿毛口》①《自毛口宿花堌》②《雲門墱》③《南河渡》《自大容塘越嶺快至茅洞》④《宿羊巖北岸》《度羊巖關》《過孫家渡宿孫溪》《芒場》《六寨》《戈坪》《月李》《牙林渡》《槁里》諸篇，所謂抉天心，穿月脅者矣。紀哀次之。《禹門哀》《僧尼哀》《抽釐哀》《南鄉哀》《經死哀》《紳刑哀》《移民哀》《哀陣》《哀里》《貸米》《斷鹽》《埋書》諸作，鍼目鉢心，可泣鬼神、訴真宰。紀遊之作，滿目琳瑯，篇篇可誦，而《同黃小谷登雙清亭》《陪黎雪樓遊碧霄洞》⑤《曉行溪上喜而吟》《飲聖泉上》《白水瀑布》《歸化寺看山茶花》⑥《陽洞》⑦《崖塹口》《牟珠洞》《飛

---

① 按，"岱"，原作"袋"，據鄭集改。
② 按，"堌"，原作"涸"，據鄭集改。
③ 按，"墱"，原作"澄"，據鄭集改。
④ 按，"茅"，原作"芳"，據鄭集改。
⑤ 按，當即《正月陪黎雪樓（恂）舅遊碧霄洞》。
⑥ 按，當即《歸化寺看山茶》。
⑦ 按，當即《懷陽洞》。

雲巖》《遊南泉山》《携兒遊鐵溪》①《至石廳》②《與兒登雲中山》③《兩洞詩》《遊東倉坪》《遊南洞》《同陶子俊觀山井李花》④《白崖洞》⑤《偕邠亭遊東山》，其尤美者也。紀別之作，如《留別程春海先生》《追寄莫五北上》《寄答莫五》《次韻寄張子佩威寧》《愁苦又一歲贈邠亭》《往攝古州訓導別柏榕邠亭二首》⑥，不獨以黯然銷魂見長，皆於叙別之中，作學術之商榷，尤爲別開生面。先生人品清高，胸襟恬淡，抒懷之什，如《夜起》《酷暑黎柏容内兄齋中》《柏容種菊盛開招賞》《度歲澧州寄山中四首》《得子佩訊及詩次韻寄答》⑦《寓宅牡丹盛開》《中秋後夕獨酌紫薇花下》《月下對菊示子何》《治圃》《修園》《啓秀書院十詠》《遷居米樓次遺山移居韻》⑧《還山》諸篇，尤足見其爲人。先生既博學多能，考古則有《遺子俞弟之綦江吹角壩取漢盧豐碑石》⑨《安貴榮鐵鐘行》《檢藏碑本見莫五昔爲漢宜禾都尉李君碑考釋並詩次其韻》《寄仲漁大定屬訪濟火碑》，足壓倒覃溪、邠亭矣。論學則有《招張子佩》《莫猶人先生壽詩康成生日》⑩，《王介峰言其友家有説文宋刊本，亟屬借至，則明刻李仁輔韻譜也云云》⑪，足壓倒淵如、北江矣。説詩則《鈔東野詩》⑫《書樾峰詩稿後》《書柏容存稿》《贈趙曉峰》《論詩示諸生》⑬，以金鍼度人，允足

---

① 按，當即《十一月廿三携兒子遊鐵溪至石厂》。

② 按，或即《重經永安莊至石堎》。

③ 按，當即《與兒子登雲中山，取閒出絶頂，由石屏山後入城，憩四官殿，周覽而歸》。

④ 按，當即《同陶子俊（廷杰）方伯往觀小井李花，井在東山下》。

⑤ 按，又作《白厓洞》。

⑥ "二"，原作"三"，據鄭集改。

⑦ 按，當即《得子佩訊及詩，仍次韻寄答，兼託借書周執庵（廷授）觀察，時仁懷温水賊已平》。

⑧ 按，似當即《三月初四携家自郡歸，及禹門山，住湘佩表妹寓舍。擬居數日即避亂入蜀，旋綏陽道梗不能行，因遷米樓於禹門，四月朔入居之。讀元遺山學東坡移居詩，感次其韻》。

⑨ "壩"，原作"唄"，據鄭集改。該首當即《臘月廿二日，遺子俞季弟之綦江吹角壩取漢盧豐碑石，歌以送之》。

⑩ 按，當即《七月初五日家康成公生日，莫邠亭釋奠於湘川書院。余適携子赴行省，以昨日宿院，遂與執饌焉。邠亭有詩示諸生，因次其韻》。

⑪ 按，當即《王个峰言某友家有説文宋刻本，亟屬借至，則明刻李仁甫韻譜也。書凡二函，册皆錦貤金籤，極精善。細審函册分楷標題，並先師程春海侍郎手跡，知是生前架上物也。悽然感賦，識之册端》。原"介"、"輔"，鄭集作"个"、"甫"。

⑫ 按，當即《鈔東野詩畢書後二首》。

⑬ 按，當即《論詩示諸生，時代者將至》。

與遺山、漁洋頡頏。談藝則《與柏容論畫》《與趙仲漁論書》《黃愛盧藏方正學、文衡山、董思翁、黃石齋手書卷》①《唐鄂生所藏東坡畫馬卷真跡》②《沈石田文衡山畫松》③諸作，非於此中三折肱者，不能道其隻字。先生學有本源，故關於考證之作，無不溯委窮源，援據精審，《玉蜀黍歌》《青精飯詩》④《遵義山簹至黎平歌贈子何》《題北海亭圖》諸作是也。記事之作，則生動有法，如《屋漏》⑤《網籬行》《斤溪老翁歌》《蒲翁行》《劉三行》《南溪之役》⑥諸詩是也。長篇除《愁苦又一歲贈邵亭》外，有《挈家之荔波避亂八十韻》⑦《閏八紀事》諸篇，非有絕大本領，不敢下筆者。先生經學守許鄭家法，制行遵程朱遺規，醇然儒者，故篤極倫理，而無理學家習氣，哀悼之詩讀之令人淚下。蓋其天性過人，復慘遭家庭骨肉之變，蓼莪之痛，老而彌股，故形於詩歌，悲楚欲絕。不獨《四繫詩》⑧為哭母、《盆花四首》為哭父作也，《還山》六首之四，哀殤孫玉樹，尤為筆具化工。以上所舉，雖其大概，而先生詩精深博大，略具於此矣。先生出語不肯猶人，尋常命筆必有一二言可味者。吳南屏謂其橫絕一代，諸人所無。張廉卿選清三家詩，獨選先生七古。莫邵亭序云："盤盤之氣，熊熊之光，瀏漓頓挫，不主故常，以視揮攘篇牘、自張風雅者，其貴賤何如也？"陳石遺先生謂："子尹詩學杜、韓而非摹仿杜、韓，則讀書多之故也。此可為知者道耳。"評語皆極精當。宛陵有言，詩境妙處，在狀難狀之景如在目前，含不盡之意見於言外。竊謂上語子尹足以盡之，下語殆庶幾焉。嗚呼難矣！

---

① 按，當即《黃愛盧（樂之）郡守出所藏方正學、文衡山、董思白、黃石齋手書諸卷，鑒別皆真跡也》。

② 按，當即《題唐鄂生所藏東坡書馬券真跡》。

③ 按，當即《沈石田於明成化庚子畫怪松卷四丈許，蓋臨梅花道人者。後書杜工部題松樹障子歌大行書。越六十年嘉靖庚子，文衡山復臨沈枝幹若一，自為跋於後。又越三百年為國朝道光庚子，黃琴隖得沈卷，而文卷先為大興劉寬夫（位坦）所得。寬夫，其子婦翁也。因以卷歸琴隖，使文沈合璧焉。道州何子貞（紹基）以畫се得者，歲皆庚子，又巧聚若是。額曰："松緣畫禪琴隖寶兩卷，甚不易示人。告余曰：溝壑漸近，他日當同以畚土藏之也。"為廣其意，題一詩於文卷後》。

④ 按，當即《四月八日門生饋黑飯，謂俗遇是節家家食此，莫識所自。余曰此青精飯也，作詩示之》。

⑤ 按，當即《屋漏詩》。

⑥ 按，不詳何詩，似當為《唐南溪單騎撫賊歌》。

⑦ 按，當即《十一月廿五日挈家之荔波學舍避亂，紀事八十韻》。

⑧ 按，即《繫哀四首》。

陳田《黔詩紀事後編》謂“鄭子尹通古今訓詁，奇字異文一入於詩，古色斑斕，如觀三代彝鼎。余嘗次當代詩人，才學兼全，一人而已”。竊謂“才學兼全”，則信然矣。惟小學、詩學原屬兩途，鄭詩所長，不在以古文奇字入詩；即在，鄭公亦惟早歲之作間或如是，且必因人而施。如《留別程春海侍郎》詩，則因侍郎爲漢學專家，力倡小學，其誨公曰：“爲學不先識字，何以讀三代兩漢之書？”公致力許書，實由於此，故對侍郎偶抒所長，以相印證。晚年所作，則歸平淡。公豈以艱深炫人者乎？何梅生年丈謂公詩“用韻皆極精當，非清人人所及，則以精小學故也”。斯則道人所未道矣。

　　李拔可丈謂，“清代詩人善製題無如范伯子、沈子培，善製序無過沈濤園”，信矣。吾謂兼二家之長者，厥惟鄭子尹乎？其詩題，短者一字，長者數十百言，無不字斟句酌，語語有深意。序則考證紀事，與詩相發明。先生擅長文筆，故辭極雅馴，未嘗率爾操觚也。

　　鄭公古詩近韓處多，今體則多近黃。曾文正謂，山谷律詩往往於對偶中，運以單行之氣。經巢律句，亦復如是。世尊少陵爲詩聖，然論七絕者，必推李白、王維、王昌齡、王建、杜牧、李商隱。宋代詩人，無不宗杜，而長於絕句者，半山、眉山、放翁、誠齋，均不從杜出。各體皆學杜者，惟一山谷。鄭公七絕，則由黃入杜也。

　　吾國思想，自東漢後受雜家影響者極深，而釋道之教尤深入乎人心。見於藝術者，不一而足，詩人則李太白信道，蘇東坡、黃山谷躭禪，白香山則出入於釋道之間，其尤著者也。鄭子尹與二氏之教無緣，詩中用佛典處絕少，然不排釋罵道。爲儒者，爲經師，爲詩人，而不爲道學家，故其詩興趣極濃。即此一端，已出群絕倫矣。尤足令人佩服者，星命之説，左右吾國二千年，子尹獨不爲所囿。其《自訟》云：“不識何髡民，不識何自來。不讒何心想，打包郡城隈。日持相人術，誘脅叟及孩。紛紛競傳語，歷歷無一乖。指指決修短，聽聲知福災。已往既可信，未來寧復猜？我少讀非相，老益尊吕才。口不談珞琭，面不臨鏡臺。聞此心頗動，遇之鄰友齋。降詞復假色，令以吾年推。彼乃唱腐説，悦我及黃飴。蕭兄時在座，了不關其懷。於彼無理鬨，知是何鳴蛙。徐徐我默悔，此誠不值哈。薿薿生之初，五福受已賅。奈何使髡殘，評辱吾官骸。百年豈不識，先覺先我開。生盡天所命，死爲地所埋。奈何要前知，即知何用哉？抑且壽與折，非以年算裁。跎目何曾炯，顏髮何曾衰？奈何不自信，耄及良可哀。人老多憂懼，禍福爲之媒。即此已足見，奈何返自崖。蕭君誠篤道，得不慚愚駭。漫寫訟吾過，自警非詩牌。"真卓識也。嘗謂星命之説若可據，則禍自禍，福自福，何用前知？人世至樂，無如不意中得一可樂事。日日以望之者，雖如願以償，既在意中，有何足異？此有福不必前知也。若有禍，則禍既定矣，安用日日憂之，減吾生趣。倘謂可禳乎，則其説不足據矣。此有禍之不必前知也。鄭公此詩，真見道之言。其"奈何使髡殘，評辱吾官骸"云云，尤見其自尊品格，卓絶人倫。

藝術必受環境影響，故可爲知人論世之助。鄭子尹一代鴻儒，不爲山川所囿，起自遐荒，優入聖域，洵異才矣。然其遭逢喪亂，極人世之不堪，窮老瘴鄉，乏生人之樂趣，雖淡於名利，襟懷瀟灑，而困頓之狀，時露行間。蓋真摯懇至，既易動人，而筆能曲達，力透紙背，尤爲可驚可愕。惟真摯之過，故質勝於文。質勝文則野，遂間有近俚之病。且耳目所及，無非枯石童山，而筆具爐錘，洽與境稱，遂間有近粗之病。然病之所在，長亦存焉。荒寒磽瘠之景，人所不道，公獨寫之逼真。譬之以畫，則用乾筆焦墨，不用渲染；爲倪雲林，不爲趙、黃、王、吳；爲大滌子，爲八大，不爲四王、吳、惲。在味則爲蔬筍，不爲膏腴；在藥則爲薑桂，不爲參苓；在人則爲山林隱逸，不爲廟堂之器。造物無全美，固不能求全責備於一人也。復以才高，讀書過目不忘，爲詩操筆立就，故頹筆率筆間不免焉。或病其太盡。則公之刻畫生民疾苦，意主留真，備當時輶軒之採，爲後世詩史之觀，故必求其詳悉。目香山之《秦中吟》《新樂府》，已不若少陵之"三吏"、"三別"矣，又何責於鄭公之"九哀"乎？

鄭公攖心民瘼，故多寫民情，刊落批風抹月之辭，幾盡傷離念亂之作。惟其蘊之富，故其發也宏；惟其遇之窮，故其言也暢。淑世憂民之意，洋溢乎行間；疾惡如仇之心，奔湊於筆下。蓋其命意命題，已越乎流俗，所以在清代詩界中，能獨闢意境。以西洋文學言，則寫實派之鉅子也。

鄭公天挺異才，經學、文學外，遊於藝者，如書、畫、篆刻，無不卓絶。書祖平原，間學歐、褚，而篆體蒼古，上揖冰、斯，俯視錢、鄧。畫宗思、白，間撫文、沈，而意境絶高，渾樸中鐃蕭瑟之致，殆與清湘道人爲近。斷縑殘楮，世爭實矣，而不知其工鐵筆也。乙卯春，于役黔陽，于唐鄂生中丞家得公爲中丞所治印一方。田黄石，正方形，重九錢餘，盎然古色，瑩潤如琮，殆明代物。作"唐炯ム印"四字，白文小篆，匪獨深得漢人筆意，而排列從右左左右，亦仿古也。邊款刻"柴翁作"三字，乃公晚年所治。于是益歎公之多才多藝，殆出天授。

朱竹垞有《鴛鴦湖櫂歌》，自謂寧可不食兩廡豚，不删《風懷二百韻》；彭剛直一生低首拜梅花，文人韻事，世豔稱之。鄭公鍾情於黎湘佩，屢形於詩。公爲黎氏甥，又婚於黎，故湘佩於公，亦内妹，亦中表也。詩見於集者，弦外之音，已足咀嚼。而太原白小松云，曾見公未刻詩，叙此事尤顯露，詩爲公删，後人不敢入集。惜吾未之見。則公亦傷心人也。惟公晚年避地禹門山寨，尚能主湘佩，雖各已頭白抱孫，猶得共晨夕也，視竹垞之飲恨以終，剛直與梅之晚歲參差，爲幸多矣。按湘綺老人所記，彭公晚年鄉居，與所愛名梅者過從甚密。梅拜彭太夫人爲義母，故常住彭家。彭公在西湖別有所戀，一日書來，爲梅所得，遂憤而携書逃。公知而追及之數十里，索書回，梅從此不履公宅矣。公薨，始來哭盡哀云。

清代經學，軼唐宋而接東京，爲學術界大放異彩。顧文學相反，姑就詩學略言之。論清初詩人者，無不首推江左三大家，實則龔芝麓拾温、李之糟粕，貌爲側豔，風格萎薾；吴梅村以七古長篇名，皆長慶體，格調卑下；錢受之矯公安、竟陵之失，出以清新，得力於蘇、陸者極深，允爲一時宗匠，然苦纖弱，氣不足舉其辭。時有顧亭林，不以詩名，而風骨遒厚，用典尤貼切，爲東坡後一人，惜格局未大。稍後則朱、王執騷壇牛耳。朱詩從晚唐入，北宋出，各體兼擅，而氣魄未雄，無獨到境界。王則力主神韻，而韻豈能盡風雅之變乎？其五言古，優孟、王、韋，一無足觀；七絶以風韻見長，亦嫌空泛；惟七古音調和諧，允垂不朽。時則南施北宋，同享盛名。愚山五古，力學唐人閒適一派，既不能脱王、孟、韋、柳窠臼，而氣力屢弱，尤不能自振。荔裳較矯健矣，而體格未成，尤嫌虛矯，譽滿一時，名不副實。此時名手，其惟查初白、錢撝石乎？敬業堂七律，得蘇、陸之神，意辭兼茂，南宋以還得未曾有，惟屬對太整齊，格調少變化，七古万非所長，皆憾事也。撝石齋七古，得杜、韓之骨，戞戞獨造，惜他體不相稱。是時尚有厲樊榭，亦能不囿於風氣，力去陳言。其遊山五古，足與武林山水相輝映，惟專用僻典，文其才薄，殊嫌纖巧。稍後則蔣、袁、趙，野狐禪蠱惑一世，實不若同時之黄仲則、張船山、舒鐵雲也。兩當軒詩才極高，力學太白，尤爲人所不敢爲，惜學不副才，終嫌力薄，雖時有獨到，而未成大家。船山學較博，足迹較廣，而才遜仲則，尤傷率易。瓶水齋詩，才不及黃，學不及張，而兼有二家之長，惟挺才使氣，意言俱盡。然三子者，允足壓倒蔣、袁、趙矣。迫宣宗御宇，懲海疆之多故，尚實用，黜浮華，繼以洪、楊之役，斯道愈衰。獨一龔定盦，語不猶人，信是傑出，惟矯枉過甚，粗獷而鄰於怪矣。滿清入關，至此二百餘載，號稱右文，而詩學陳陳相因，未能深造自得，論者每以時際昇平，不能無病而呻解之。竊不謂然。夫生老病死，盡是題材；行役關河，孰非詩料？古今名製，不均板蕩之篇；風雅大家，必待天寶之世乎？則謂文綱極密，瓜蔓株聯，吹虀懲羹，寧安緘默，於是風氣所趨，爭尚考據，目詞章爲雕蟲小枝，壯夫恥而不爲，是固然矣。然而最大緣由，則在驅天下聰明才智之士，銷精敝神於時藝之文。窮年咕嗶者，無非臭腐八比；師友受授者，不外揣摩工夫。以摹擬剽竊爲絕學，以金馬玉堂爲至榮，此宋元理學、明清八股爲害中國學術，甚於焚書坑儒者也。非有豪傑之士，安能遺世獨立、與古爲徒歟？鄭子尹所爲，難能而可貴也。力學杜、韓，宅心民物，不作風雲月露之辭，不主神韻性靈之説，所謂"言必是我言，字是古人字"，及"又看蜂釀蜜，萬蕊同一味"者，信不誣矣。豈放浪烟霞、附庸風雅者比哉！在咸同前，無出其右。在咸同後，則時局丕變，國勢垂危，憂時之士，創鉅痛深，發而爲詩，又是一翻境界。張文襄、黃公度、范伯子、鄭海藏、陳散原諸公，其尤著者。廣雅堂詩，與半山、眉山爲近，古體氣力雄厚，今體士馬精妍，寄卓識丹心於韻語，爲同光間一師雄。人鏡廬詩學謝皋羽，以冷峭勝，用新名詞寫時事及海外風光，能爲詩壇另闢世界。范伯子詩，出入宛陵、眉山、雙井間，尤長古體，淡遠深微，極以文爲詩之能事。海藏樓詩，力學荆公，各體兼妙，佳句名篇，膾炙人口，清新雋永，前無古人。散原精舍詩，力追涪翁，實近浪語，言必驚人，洵能絕俗絕熟矣。然世以有紗帽氣少張，以能奇不能偉、選辭用韻時欠雅馴少黃，以過於枯淡、讀之使人不懂少范，以無長篇、有霸氣少鄭，以烹鍊太甚、真氣不出、過晦過詭少陳。夫諸子以不世出之才，值有史以來非常之變，各抒偉抱，卓然成家，允爲清詩生色，突過康雍乾嘉詩人矣。然盤盤之氣，熊熊之光，曾不敢望蠻荒一老，安敢望唐宋諸賢乎？甚矣！清詩之衰也。總觀一代作者，僅錢、王、查、錢、鄭、江、金、張、黃、范、鄭、陳，寥寥十二人，差强人意。以十二子論,則各有所長,不易軒輊。若欲强爲甲乙,其必以二鄭爲首乎?

《巢經巢詩鈔》九卷,鄭公自刻於望山堂,時年四十五歲。自此至卒年五十九歲之詩,後人輯刊者,曰後集、續集、遺詩、逸詩,蜀刊、高培穀。粵刊、黎汝謙。滬刊、陳夔龍。黔刊,唐炯、趙愷。紛然至亂,無一善本。編次則趙愷編貴陽鉛印本較優,然次序尚有未妥,訛字待正者尤多。重爲校理付刊,吾輩之責無旁貸也。近者貴州省政府秘書處彙印鄭公所著書,詩後集仍用趙愷本,而稍加增減,殆最完備之本矣。

鄭伯更知同,子尹先生子也,小學能傳柴翁家法。張文襄初甚重之。督粵時,開廣雅書局,延伯更爲總纂,爲刊子尹遺著《汗簡箋正》《親屬篇》及伯更著之《説文本經答問》。督兩湖時,延居幕中。伯更恃才傲物,有聲色之好,往往日高不起。文襄有召,遍覓不在,偵者四出,則醉卧於妓寮也。文襄自是疏之,遂軻憾以終。吾至遵義,訪公後人,不可得矣。所著書多未刻,詩四卷,曰《屈盧詩集》,陳小石刻《巢經巢遺書》時附刊焉。

蔭亭遺稿 【下册】

黃曾樾 ◎ 著

陳旭東 ◎ 整理

人民出版社

下册目録

陳石遺先生談藝録

序　一

　　歲辛亥，余年十六，方讀書京師大學，始識石遺先生。越十有五年，納交於黃子蔭亭。蔭亭新自海外歸，時相過從。出似所作詩古文辭，類淵雅，躋於作者之林。因爲言石遺先生於商量舊學，雅極慇拳。蔭亭亦既飫聞先生名，深以得及先生之門爲可樂。如是者又三年。蔭亭與余邂近南都，則知其有《石遺先生談藝録》之作。問序於余。余受而讀之。其於詩古文辭，凡所論列，皆鞭辟入裏，能抉其奧，不作一膚淺語。而臧否選體詩、桐城派古文，以暨近人樊山、伯嚴詩各則，與余所見，幾合符節。獨謂劉後村詩僅工七言絶句，似未知後村之真者。後村詩無一體不工，蓋出入於杜、韓、蘇、黃、東野、臨川間，淹有諸家之長。其尤勝處在寫實，甚美。以此法作詩，庶幾近數十年以來之中國，可一一於詩歌表而出之。今之語體詩，瞠乎後矣。不諗先生以爲何如？《談藝録》文筆雋永，叙述簡潔，讀之如飲龍井茗，清芬沁人心脾。有志於舊文藝者，人手一編，余知其於詩古文辭入門之途徑，必有獲也。信惟蔭亭足以傳先生，亦惟先生之孳孳於商量舊學若此其篤。余別先生九年，睹此編，猶怳然置身於便坐雅談時。噫！先生遠矣。

　　民國十九年八月，衆難林庚白序於秣陵。

序 二

　　吾閩文教之開，較中土爲晚，隋唐間始有詩人，迨唐末五代秦系、韓偓、崔道融之倫，流寓入閩，詩教乃盛。自宋而益昌，楊徽之、楊億、劉子翬、朱熹、蕭德藻、徐璣、劉克莊、嚴羽、謝翱諸人，後先蔚起，各成派別。朱明一代，閩中十子、鄭善夫、高、傅、二謝、二徐、曹學佺，雖迭以詩鳴，然皆不出明人貌似漢魏盛唐之習。沿至勝清道咸之間，程侍郎、祁相國以杜、韓、白、蘇倡於京師，爲世宗仰，而八閩詩人尚株守其鄉先輩，摹倣成法。同光而還，鄭海藏、陳聽水、陳木菴三先生出，以宛陵、半山、東坡、放翁、誠齋諸大家爲宗，同時江右陳散原先生力祖山谷，於是數百年來之爲詩者始一變其窠臼，大抵以清新真摯爲主，海内推爲“同光派”。而吾師陳石遺先生則不唐、不宋、不漢魏、不六朝，亦唐、亦宋、亦漢魏、亦六朝，《三百篇》爲體，經史諸子百家爲用。其著詩話，編詩鈔，鼓吹之力，蓋自有説詩、選詩以來，得未曾有焉。先生以名世之才，蘊經世之學，壯歲橐筆爲劉壯肅、張文襄諸公上客，所爲擘畫措施，胥關民生國計。顧世獨以樸學、辭章重先生，豈知此殆先生流落人間者泰山一毫芒耳。其以宛陵、半山、東坡、誠齋況先生之詩者，自皮相矣。然自先生出，而朋從氣類相感召，講壇著述所提倡，實有左右中原文獻之功，不特移易閩中宿習、開閩派之新聲。而勝清一代主持詩教如王文簡之僅標神韻、沈文愨之專主溫柔敦厚者，先生殆有過之。嘗聞先生論吾閩僻處海澨，而《禹貢》三江，南江發源長汀；漢代五嶽，霍山實在寧德；大海則東控日本；三十六洞天，第一、第十六皆在福建。然則山川靈淑清明之氣，蘊千百年而後鍾於先生者，豈獨幔亭、丐屴已邪？信哉！詩人之傑，爲今日詩教剝復時之山斗矣。曾樾幸生同鄉國，自有知識則景仰先生，竊揆檮昧，不敢自致於門墻。丁卯孟冬初弦，由董仲純丈紹介，謁先生於文儒坊三官堂之匹園，呈詩文爲贄。師年七十有二，精神矍鑠，長身頒白，貌清癯，望之如六十歲人。談論精采煥發，娓娓無倦容，樂育之意晬面盎背。嗣後每遇休沐，常隨杖履。其説詩旨趣，大抵散見於所著書中。有所請益，必爲暢言。退而録之，以備遺忘。隨聞隨記，無有彙次，名曰《談藝録》，紀實也。昔桐城姚惜抱先生爲文章，私淑其鄉方侍郎，而以未得及身親炙爲憾。曾樹何幸，得及大賢之門，而荷其拂拭，把筆記録名言讜論，蓋不勝玷辱師門之懼云。丁卯季冬黄曾樹。

陳石遺先生談藝錄

登師云：詩之爲道，足以怡養天機。作者固宜求工，然過事苦吟，未免自尋苦惱。蓋作詩不徒於詩上討生活，學問足，雖求工，亦不至於苦也。俞恪士自卸疆提學使任回京，嘗言此後當不復作詩，某詩功恐亦止於是。每一詩成，刻畫景物非無逼肖處，然幾病怔忡矣。俞先生西行後，詩大異於昔，惟不久竟下世。

師云：求詩文於詩文中，末矣。必當深於經史百家，以厚其基。然尤必其人高妙，而後其詩能高妙。否則，雖工不到甚麼地步去。

師云：生之詩文，可以成家。文學桐城，詩學選體，皆取法甚正。夫漢魏六朝詩豈不佳，但依樣畫胡盧，終落空套。作詩當求真，是自己語。中晚唐以逮宋人，力去空套。宋詩中如楊誠齋，非僅筆透紙背也。言時摺其衣襟，既向裏摺，又反而向表摺。因指示曰：他人詩祇一摺，不過一曲折而已，誠齋則至少兩曲折。他人一折向左，再摺又向左；誠齋則一折向左，再折向左，三折總而向右矣。生看《誠齋集》，當於此等處求之。

師云：學文字，當取資大家。小名家佳處有限，看一遍可也。唐之杜、韓、白，宋之蘇，此四家集可取資者十五六至十七八。杜則人知其好矣。世尊韓文爲文章泰斗，而韓詩之工，實在文上。白詩號稱老嫗能解，皆非白之佳者，其佳境頗非前人所有。韓、白二家，皆能於李、杜外另闢境界，皆人傑也。蘇得於天者甚優，其運典之靈敏確切，黃、陳二家亦能及。雙井固佳，然實無若何深遠高妙處。此外則放翁、誠齋耳。陸取其七律、七絕，楊取其七絕、五七古。清初詩人，王、朱外，足觀者少。嘉道間，程恩澤、祁寯藻尚有取焉。

師云：清初詩人，吳梅村固是大家，然即其擅長之七古論，祇能備一格，作詩史觀。後人無彼之題，即不必作彼之詩。還是朱、王可喜處多。大抵漁洋七言多佳者，七絕尤佳，五古則優孟、王孟耳。

師云：漁洋雖喜用典，而用得恰好處，簇簇生新，蓋以少許勝人多許也。梅村則近於堆垛。

師云：王湘綺除《湘軍志》外，詩文皆無可取。詩除一二可備他日史乘資料外，餘皆落套。散文尤惡劣，不可讀。至用"泥金"、"捷報"等字，豈不令人齒冷。馬通伯文時有佳者，但於桐城規則外，不敢一步放手行。陳散原文勝於詩，姚叔節詩勝於文。鄭海藏詩實有動人處，近作漸就枯窘，或身世使然。然果是大手筆，不怕無詩作也。

師云：朱梅崖文在王遵岩上，高雨農次之，張怡亭、李古山又次之。

師云：《湘軍志》誠是佳構，善學《史記》《通鑑》。其多微辭，尤冷雋可喜。湘綺樓他文不稱是，莫明其故。鄭海藏詩，一首往往有一二韻極佳者，其餘多趁筆。

師云：曾文正以聲調鏗鏘捄桐城之短，然其文不及方、姚處，則尚不能避俗耳。如其生平得意之作《金陵昭忠祠記》，聲調美矣，而篇終處殊未免俗。論勝朝文，終當以方稱首；姚、梅二郎中，未知鹿死誰手。

師云：所謂高調者，音調響亮之謂也，如杜之"風急天高"是矣。散原精舍詩則正與此相反。

師云：白詩之妙，實能於杜、韓外擴充境界。宋詩十之七八從《長慶集》中來，然皆能以不平變化其平處。

師云：近體詩當常作，方能進步。即大家亦要常作，否則生澀。欲妥帖，煞費安排矣。

師云：散原精舍詩，專事生澀，蓋欲免俗、免熟，其用心苦矣。

師云：作七律，第三聯可脫開前半截，另出新意，不必死承前半首作下。專守起承轉合格調者，作試帖詩之餘毒也。陳太傅尚未免此，彼亦自知。至此聯作法，則當視前聯用意而力求與之異。如前聯大，則此聯小，餘可類推。例如老杜之"春水船如天上坐，老年花似霧中看"，大矣，而下聯則小。

師云：七古當以杜、韓、蘇為正則。三家一韻到底者居多，實前無古人，後無來者。山谷七古，讀之令人不舒暢。

師云：吾閩文學，從古不後人。如吳才老之首疑偽《古文尚書》、首言《毛詩》古音，袁機仲之首創紀事本末，曾慥之首創叢書，柳耆卿之於詞道創長調，皆是。若蔡君謨之於字，蕭東夫、徐靈淵之於詩，不過分占一席耳。

師云：刻書有雅俗之分，不可不辨。字體外，凡行數與字數，皆當知之。明人刻八股文，及清人刻硃卷，皆是每版九行，每行二十五字。凡佳本古槧，多十一行、十三行。十行者已少，九行則俗本耳。字數以二十一二爲宜。

師云：樊山與實甫雖均以詩豪，頃刻成詩，年月成集，各以萬首計。然樊則自幼至老，始終一格；易則時時更變，詩各一格，集各一調。林謙宣云：易以活字版自隨，一有詩，百十首即印成集，遍贈朋友。

師云：樊榭詩五古、七絕爲上，七律次之，五律又次之，七古爲下。

師云：黃莘田七絕雖守唐音，而頗多佳作足諷詠者，調雖舊而命意新也。

師云：《紅樓夢》一書，真是千古奇構。全部痛詆滿清，而以一代文網之密，無如之何。蓋他小説皆以一人影射一人，故易被窺破；《紅樓夢》則或以一人影射數人，或以數人影射一人，天花亂墜，使人迷於所往。近三十年，始有窺破一二者。蔡鶴卿《索隱》，可謂窺見全豹矣。

師云：世之崇奉半山者，蘇戡倡之也。半山絕句，頗欲於唐音外別立一幟，然甚佳者亦不多見。

師云：漁洋、樊榭兩家均好用典，惟王則運用無痕，厲尚未免斧鑿之迹；王用鮮新典，厲用冷僻典。兩家皆好摹擬，王竭力仿唐，厲則專意仿宋。就中漁洋七絕神韻悠揚，非樊榭所及；而樊榭七絕真實處，亦漁洋所無。王長於七古，厲七古殊卑下。但厲之五古遠在王上，漁洋五古純是假王孟，殊不足觀。厲七律雖未免於纖巧，然有幽秀之致；王七律間有一二佳構，然往往有欠通者。五律則兩家不相上下，均非所長也。總之漁洋尚是大家吐屬，樊榭則小名家耳，亦由二人身世不同使然也。

師云：兩當軒詩精警處，非漁洋、樊榭所及，但不能自成一家。

師云：樊榭文學錢牧齋。虞山文本萎苶，學之者每況愈下矣。

師云：虞山詩工甚深，晚年尤寢饋於蘇、陸二家，七古殊勝。《初學集》實在晚明諸家之上。

師云：梅村長篇雖學初唐四傑，而神理實《長慶集》，音節去四傑頗遠。

師云：查初白七律善學香山，梅村則學劍南。

師云：樊山詩真所謂作詩矣。生平少山水登臨之樂，而閉門索句，能成詩數千首;無歌舞酒色之娛,能成豔體詩千百首,亦奇矣。

師云:世未有終身藜藿而能辨膏腴之味、畢生韋布而知論錦繡之美者。鍾記室嶸之詩,曾無片言隻字流落人間,是其不工也無疑。以一不能詩之人,信口雌黃,豈足信哉!無怪乎其列淵明於中品,目孟德爲下品也。

師云:張亨甫詩頗少佳處。其享名之盛,蓋由友朋氣誼之高,一因也。道咸之際,林清亂後,回捻之匪繼之,復有洪、楊大劫,東南文物掃地矣,且其時朝廷專尚功利,宣宗毅然反其祖宗所爲,不重儒術,故斯文衰敝,亨甫以詩鳴,名較易焉,二因也。自時厥後,祁、程、何、鄭諸賢興,亨甫之老守古法者黯然無色矣。

師云:陳恭甫謂張亨甫七古,自高青邱後無此作。青邱非七古上乘,恭甫優爲之,亨甫尚未之及,惟《王郎曲》相近耳。

師云:吾閩古文家,朱梅崖外,允推高雨農先生澍然。其《抑快軒文》,得力於李習之者甚深。難者集中碑版諸作,除《陳望坡尚書神道碑》等一二篇外,其餘皆鄉曲庸行,高先生能描寫各肖其人而不雷同。惜其稿本數種,有八本者,有十二本、十六本者,全存陳太傅處,尚未付梓以公同好也。

師云:文章與人品有莫大關係。當陳恭甫先生爲《道光通志》總纂時,高雨農先生爲分纂。陳没,高承其乏,任總纂。時某中丞慫恿劣衿,痛詆恭甫所纂。高先生寓書當道,力爲駁斥,至辭館不就,其行誼可欽矣。其書洋洋數千言,可謂至文也。

師云:俞曲園亦算學者,惟治經專師高郵派,如改《考工記》之"鍾乳面三十六"之"面"字爲"而"字,與《虞書》"舜臣二十二人"之"二"字爲"三"字等,皆淺易可哂。

師云:幾道學無師承,少壯時文字尚多俗筆。厥後研究子部,且得力於外國名家文法,盡變其往時滑易之病。所譯書之佳者,首推《原富》。雖經濟學不能膠柱鼓瑟,而《原富》之理永無可易。其次爲《天演論》。詩尚少傑作,用典亦偶有錯誤。此亦當咎編集者之不審也。

師云:吳孟舉詩誠佳。即以刻《宋詩鈔》論,當舉世鄙薄宋詩之時而有此特識,則其詩安得不高人一等?其湮没無聞者,以其友呂晚村之獄,人不敢稱舉之耳。

師云:張亨甫詩宗盛唐,尤以學太白自命,實不相似。而與黃仲則較絜短長,則猶未能相伯仲。

師云:《秋江集》七絕佳者甚多,五古、七律亦不惡,七古遜耳。

師云:漁洋之名,虞山成之也。其選《感舊集》,以錢居首,宜也。然王所最心服者爲竹垞,其前後贈朱七律二章,見《精華錄》中,推挹至矣。

師云:畏廬有弟子某,刊其師論文,中有大謬誤處。是尊師反以暴其師之短也。吾貽書使急挖改之。故爲子孫者刊其祖父之著作,不擇精粗美惡,惟求多多益善者,自謂孝子,實罪人也。曾樾聞畏廬《與蔡鶴卿先生書》,所引"父母生子乃由一時之情慾"云云,謂爲隨園語。不知實孔文舉之言,而隨園襲之也。其見譏於蔡固宜。蔡雖以擅長新文學著,而於舊學實淹賅。

師云:北宋人肆力作七古,作五古未甚用功,故無佳搆。惟陳簡齋在北宋末,五古由王、孟、韋、柳來,而能自出機杼。

師云:元遺山以元魏之後,生近幽并,故於金感情倍深。又當金亡之時,故其發爲詩歌,自具燕趙豪俠之氣與詩人麥秀之思。其七言佳作甚多。題畫詩能用古法,試以少陵題畫詩比較之便知。今人作題畫詩,如詠真山水、真花卉、真人物,則反易下語矣。

師云:桐城派文,苦束於其所謂義法,直如伊川之理學。惜抱則空靈駘蕩,在詩似常建、劉眘虛。梅伯言則力量當在惜抱上。張廉卿、吳摯父文嫌太枯。伯言則非獨文佳,詩亦甚佳。

師云:作詩忌太熟字,如"山頭"、"嶺頭"之類,必當避去,以山嶺上頭確似人頭也。"山頂"、"嶺頂"亦然。"江頭"、"渡頭"則不然,江之口、渡之旁,則不甚似人頭矣。此等處消息甚微。"竹頭搶地",則反見語妙。

師云:古人名只一字,故《公羊》譏二名。漢以後始漸有二名,則書單字名於姓下者,不當中空一字。世人往往中空一字,一似名必當二字者,故特空一字,以存其位。此大誤也。

師云:劉後村詩誠佳,然以阿附韓氏,士林鄙之。且其詩祇工絕句,所以終不能與尤、蕭、范、陸頡頏也。

　　按是册爲丁卯冬從先生學詩時,將所聞於函丈者,隨時記錄之。其已見於先生著作者,均不記。自戊辰後,所記尚多,容後續印。十九年七月曾樾識。

陳石遺先生論詩絕句注

陳石遺先生論詩絶句注

戲用上下平韻作論詩絶句三十首_{止論本朝人，及見者不論}

摘豔薰香響珮環，不知雙鬢已全斑。水天閒話天家事，猶向銀燈擁髻鬟。

杜牧詩：高担屈宋艷，濃薰班馬香。

錢謙益詩：水天閒話天家事，説與人間總淚零。

《飛燕外傳序》^①：子于買妾樊通德，頗能言飛燕姊弟故事。占袖，顧际燭影，以手擁髻，凄然泣下。

案：子于，伶玄字。

《圓圓曲》是杜秋曲，讚佛清涼《長恨歌》。忍死偷生到頭白，説他天寶效宮娥。

案：吳偉業有《圓圓曲》，言吳三桂、陳圓圓事。

《樊川文集·杜秋娘詩序》：杜秋，金陵女也，爲李錡妾。錡後叛，滅籍入宮。

案：吳偉業有《清涼山讚佛詩》，或謂係言董小宛事。

白居易有《長恨歌》。

《池北偶談》：梅邨辛亥病革，有《絶命詞》云："忍死偷生廿載餘。"

真箇銷魂王阮亭，《冶春》絶句最芳馨。華嚴彈指何人見？ 聲調鏗然自可聽。

宋琬詩：絶代銷魂王阮亭。

《漁洋詩話》：余少時在廣陵，每公事暇，輒召賓客泛舟紅橋。與林茂之、張祖望、杜于皇、孫豹人、程穆倩修禊於此，賦《冶春詩》二十首。陳其年題

---

① 《飛燕外傳序》，油印本脱序字，據抄本補。

其後云："畫舫銀燈賦《冶春》。"宗定九詩云："江樓齊唱《冶春詞》。"

《漁洋詩話》：洪昇昉思問詩法於施愚山，先述余鳳昔言詩大旨。愚山曰："子師言詩，如華嚴樓閣，彈指即現。"

于鱗清秀排調甚，愛好貪多果孰佳？解作永嘉諸絕句，何妨《鴛水》寫《風懷》。

《四庫全書提要》：士禎談詩大抵源出嚴羽，以神韻爲宗。當康熙中，其聲望奔走天下，惟吳喬竊目爲清秀李于鱗。

又，趙執信《談龍錄》論國朝之詩，以朱彝尊及王士禎爲大家。謂王之才高，而學足以副之；朱之學博，而才足以運之。及論其失，則曰：朱貪多，王愛好。亦公論也。

《漁洋詩話》：竹垞著書最富，如《日下舊聞》《經籍存亡考》，皆百餘卷，又《詩綜》《詞綜》若干卷。其自著詩歌雜文曰《竹垞文類》者，予爲序之。尤愛其少時永嘉諸詩，如《南亭》詩："薄雲雨初霽，返照南亭夕。如逢秋水生，我亦西歸客。"《西射堂》詩："已見官梅落，還聞谷鳥啼。愁人芳草色，綠遍射堂西。"《孤嶼》詩："孤嶼題詩處，中川激亂流。相看風色暮，未可纜輕舟。"《吳橋港》詩："聞說吳橋港，荷花百里開。當年王內史，五月棹船廻。"《瞿溪》詩："鳥驚山月落，樹靜溪風緩。法鼓響空林，已有山僧飯。"

案：曝書亭詩有《風懷二百韻》，本事名《鴛水仙緣》，無刻本。沈乙庵先生曾見過。

嶺南依樣仿江南，獨漉騷餘鼎足三。敵得天山髻邊雪，離憂古色滿江潭。

《漁洋詩話》：南海者舊屈大均翁山、梁佩蘭藥亭、陈恭尹元孝齊名，號三君。

《聽松廬詩話》：洪稚存論陳、屈、梁詩云："尚得古賢雄直氣，嶺南猶似勝江南。"稚存兼稱三家，杭堇浦尤尊獨漉。

案：元孝有《獨漉堂集》《遺民集》。屈大均爲僧，名今種，字騷餘。

屈大均詩：髻邊一片天山雪，莫遣高樓少婦知。

《漁洋詩話》：元孝尤清迥絕俗，如"離憂在湘水，古色滿衡陽"。

貴池二妙皆千古，牢落新安兩布衣。流水青山才子語，何如瓜步樹微微。

《明詩綜》：劉城，字伯宗；吳應箕，字次尾，皆江南貴池人。

《靜志居詩話》：伯宗、次尾足稱貴池二妙，才氣亦相敵也。

《漁洋詩話》：新安吳兆非熊，程嘉燧孟陽，皆布衣稱詩。吳五言詩學謝朓、何遜。程七言律最多名句，七絕尤佳。門人汪徵遠、洪度請余選定，爲《新安二布衣詩》①。

《池北偶談》：先兄考功常云："合肥公'流水青山送六朝'，才子語也。"

案：合肥公謂龔鼎孳，合肥人，明臣降清，官禮部尚書。

《漁洋詩話》：程警句如"瓜步江空微有樹，秣陵天遠不宜秋"，不愧古作者。

畿南橫槊三才子，不盡蒼涼變徵音。彷彿潘高寒食句，筍輿日日命秋陰。

《畿輔通志》：申涵光博學能文，尤長於詩。晚年名益重，與殷岳、張蓋稱畿南三才子。

《漁洋詩話》：潘孟升五言學韋、柳。陳其年與余書云：有潘高者，貧而工詩。久別無可言者，止此一物奉獻。潘有《寒食》一絕云："寒鴉穀穀雨疏疏，燕麥風輕上紫魚。憶得往時寒食節，全家上冢泊船初。"

案：涵光答人詩云："日日秋陰命筍輿，故人天上落雙魚。荷花未老村醪熟，爲道無聞作報書。"

秦淮舊日瓢兒菜，悽斷峨嵋蔣虎臣。何似成都跛道士，大江孤艇接殘春。

《漁洋感舊集》：蔣超字虎臣。《過舊院有感》詩云："荒園一種瓢兒菜，獨占秦淮舊日春。"

《漁洋詩話》：蔣修撰自言，前身峨嵋老僧。

王士禎《讀費密詩》：成都跛道士，萬里下峨岷。虎口身曾拔，蠶叢句有神。大江流漢水，孤艇接殘春。自注：二句密詩。

澹心絕唱《謝公墩》，迢遞林翁入白門。遺老鍾山圖主客，一時還有杜茶邨。

《漁洋詩話》：余澹心居建康，常賦《金陵懷古詩》，不減列賓客。《謝公墩》詩："高臥東山四十年，一堂絲竹敗苻堅。至今墩下蕭蕭雨，猶唱當時奈何許。"

《池北偶談》：茂之居金陵，年八十餘。

《福建通志》：林古度，字茂之，福清人。

---

① 按，《漁洋詩話》（卷中）原作"門人汪扶晨徵遠、汪于鼎洪度請余選定，爲《新安二布衣詩》"，《帶經堂詩話》（卷六）同。又按，汪徵遠（1632—1706），後改名士鋐，字扶晨，號粟亭；汪洪度，字于鼎，號息廬，均安徽歙縣人。

《感舊集小傳》：杜濬，字于皇，號茶邨，湖廣黃岡人。

太倉江左詩人夥，水繪紅橋幾勝流。紅豆一雙兩黃葉，亭林學杜獨悲秋。

案：吳偉業有《太倉十才子詩選》，爲周肇子俶、王揆端士、許旭九日、黃與堅庭表、王撰異公、王昊惟夏、王抃懌民、王曜升次谷、顧湄伊人、王攄虹友。

又案：宋犖有《江左十五子詩選》，爲王式丹方若、吳廷楨山掄、宮鴻曆友鹿、徐昂發大臨、錢名世亮功、張大受日容、楊榆青村、吳士玉荆山、顧嗣立俠君、李必恒百藥、蔣廷錫揚孫、繆沅湘芷、王圖炳麟照、徐永宣学人、郭元釪于官。

《漁洋诗话》：余與邵潛夫、陳其年諸名士，以康熙乙巳修禊冒辟疆水繪園，分體賦詩。

又：余少時在廣陵，每公事暇，輒召賓客泛舟紅橋，與袁荆州于令諸詞人賦詩。

《牧齋遺事》：庚寅，絳雲樓災，錢攜柳移居於紅豆莊。其地有紅豆樹一株，故名。按，牧齋晚號紅豆老人。

《續碑傳集》：惠士奇，字天牧，一字仲孺，吳縣人，有《紅豆齋小草》，學者稱紅豆先生。

《漁洋詩話》：太倉崔華不雕，工詩，嘗有句云："丹楓江冷人初去，黃葉聲多酒不辭。"余目爲崔黃葉。

《閩遊詩話》：按詩人以黃葉得名，如近今沈歸愚"黃葉滿庭門館閒"。

《射鷹樓詩話》：昆山顧亭林先生，古近體詩沉著雄厚，深得杜骨。①

北宋南施久並稱，賣船詩史效春陵。朔風庭樹驚心語，江到黃州恐未能。

《清詩別裁》：南施北宋，故應抗行。宋以雄健磊落勝，施以溫柔敦厚勝。

《清名家詩鈔小傳》②：施愚山裁缺歸里，民送之至湖。會湖漲，所乘舟爲御史贈物，輕不能渡，民爭買石膏填之。已渡乏食，賣其舟而歸。

《池北偶談》：昔人論《古詩十九首》，以爲"驚心動魄，一字千金"。施愚山五言《送梅子翔》詩："朔風一夜至，庭樹葉皆飛。孤宦百憂集，故人千里歸。岱雲寒不散，江雁去還稀。遲暮兼離別，愁君雪滿衣。"此雖近體，豈

---

① 按，《射鷹樓詩話》云云，原未見錄存，據抄本補。
② 按，"詩鈔"二字原闕，據抄本補。以下逕改。

愧《十九首》耶？

宋琬詩：賦成赤壁人如玉，江到黃州夜有聲。

鈍吟才氣未無雙，不道能教健者降。只恐西陂逢大可，定爭鵝鴨向春江。

《感舊集小傳》：馮班，字定遠，常熟人，有《鈍吟集》。

《柳南隨筆》：趙秋谷於近代文章家多所訾，獨折服馮定遠。一見《鈍吟雜録》，即歎爲至論，至具朝服下拜。嘗謁定遠墓，以私淑門人刺焚於冢前。

《四庫全書提要》：施元之《蘇詩注》久無傳本。宋犖在蘇州重價購得殘帙，爲校讐補綴刊版以行。其宗法可以概見。

案：犖有《西陂類稿》。

《清名家詩鈔小傳》：毛奇齡生平不喜東坡詩。汪蛟門舉“竹外桃花三兩枝，春江水暖鴨先知”之句，遽怫然曰：“鵝詎便後知耶？獨尊鴨也。”衆爲捧腹。

案：毛奇齡原名甡，字大可，號西河，蕭山人，應鴻博，官檢討。

談龍修怨太無端，馬逸胡然欲止難。試數山薑到荭谷，百年寥廓幾詩壇。

《四庫全書提要》：趙執信娶王士禎之甥女。相傳以求作《觀海集序》，士禎屢失其期，遂漸相詬厲。

《國朝山左詩鈔》：《談龍録》論漁洋曰“大家”，曰“言語妙天下”，是亦足矣。而謂“愛好一言，遂可以爲漁洋病”，則持門戶者之過也①。

趙執信詩：胡然此相見，馬逸不能止。

《詩人徵略》：田雯，字綸霞，號山薑，山東德州人，有《古懽堂集》。

《清先正事略》②：孔繼涵，字荭谷，山東曲阜人。

太華西歸高臥後，堯峰日上甲辰餘。題詩莫詫王官谷，猶有饞飢近獵聞。

《漁洋詩話》：孫豹人一日遊焦山，中流遇風，賦詩：“也知賦命原窮薄，尚欲西歸太華眠。”

吳雯詩：至今堯峰上，猶見堯時日。

《竹書紀年》：堯甲辰年即位。

---

① “持”，原脱，據抄本補。
② 《清先正事略》，原作《清先進事略》，據抄本改。

《唐書》：司空圖本居中條山。王官谷有先人田，遂隱不出。

《續碑傳集》：祁寯藻，字叔穎，一字淳甫，號春圃。山西壽陽人。道、咸朝官大學士，諡文端。有《䜤䜤亭詩集》。

《顏氏家訓》：吾嘗從齊王幸并州，自井陘關入上艾縣，東數十里，有獵閭村。後百官受馬糧在晉陽東百餘里亢仇城側。獵閭是舊嚫餘聚，亢仇是舊䜤䜤亭，悉屬上艾。

湖山描寫信詅癡，未合卷葹下貶詞。吟到幽人先鳥起，禪房花木是吾師。

《樊榭山房集自序》：暇日編次古今體詩爲八卷，長短句二卷，外有雜文若干卷，得毋蹈詅癡符之誚耶？

《北江詩話》：近來浙中詩人，皆瓣香厲鶚《樊榭山房集》。然樊榭氣局本小，又意取尖新，恐不克爲詩壇初祖。

《湖海詩傳》：洪亮吉，字北江，有《卷葹閣集》。

厲鶚詩：幽人先鳥起，林澗正寂然。

《冷齋夜話》：“曲徑通幽處，禪房花木深”之句，歐公愛之，語客曰：“欲效此一聯，終莫之能。”

好山青似佛頭濃，詩社南屏起晚鐘。賈島林逋留派別，白蓮世界臥金農。

林逋詩：晚山濃似佛頭青。

《湖海詩傳》：晴江與杭菫浦、金江聲、厲樊榭輩爲南屏詩社。

案：翟灝號晴江。

金農詩：消受白蓮花世界，風來四面臥當中。

蘀石齋頭二千首，頗從詰屈見縱橫。掲來樊榭遭嗤點？敬禮遺文果定評。

《湖海詩傳》：錢載，字坤一，秀水人，有《蘀石齋詩集》。

案：蘀石有《厲樊榭詩評》，少可多否，鈔本，未刻者。

杜甫詩：今人嗤點流傳賦，不覺前賢畏後生。

曹植《與楊德祖書》：昔丁敬禮嘗作小文，使僕潤飾之。謂：“僕文之佳惡，吾自得之。後世誰相知定吾文者邪？”

《樊榭山房集自序》：魏丁敬禮，嘗求人定其文。

香樹歸愚兩大老，來殷企晉七名家。松陵選本唐臨帖，蒲褐談詩剪綵花。

《清先正事略》：錢陳群，字主敬，號香樹，浙江嘉興人。

又:沈德潛,字確士,號歸愚,長洲人。

《惜抱軒文集》:沈文慤公在吳,錢公在嘉興,天下以爲齊名,雖上亦稱爲二老也。

案:沈歸愚有《吳中七子詩選》,爲曹來殷仁虎、王禮堂鳴盛、吳企晉泰來、錢竹汀大昕、趙璞涵文哲、王蘭泉昶、張少華熙純,多松江府屬人。

《輟耕錄》:嘗有問於虞先生集,曰:"德機詩如唐臨晉帖。"

王昶有《蒲褐山房詩話》。

《大業拾遺記》:煬帝築西苑,宮樹秋冬凋落,乃剪綵爲花葉綴於條。

拜揖如何判兩賢,梅村初白有薪傳。蔣袁共拔新城幟,山水爲連文字緣。

《湖海詩傳》:趙翼與袁子才、蔣心餘友善,才名亦相等。

《聽松廬文鈔》:所選《甌北詩話》,其論列詩家,梅村之後獨舉初白。

袁枚詩:一代正宗才力薄,望溪文集阮亭詩。

竹君面目似昌黎,幾許詩人困紀批。未必石洲宗記室,鈔書莫漫誚覃溪。

《湖海詩傳》:朱筠號竹君,直隸大興人。

案:杜、蘇各大家詩,紀昀皆有批本,間加勒帛。翁方綱著有《石洲詩話》。

袁枚詩:天涯有客太詅痴,誤把鈔書當作詩。鈔到鍾嶸《詩品》日,該他知道性靈時。

案:鍾嶸官記室。

一編《吾炙》最甌香,雁水《秋江》復荔鄉。三百年來消歇甚,二分明月唱《王郎》。

《福建藝文志》:侯官許友,明末廪生。錢牧齋《吾炙集》,人選詩一二首,獨友選十九首。

案:友號甌香。

又:《問山堂集》十卷,晉江丁煒著。

《漁洋詩話》:雁水五言佳句頗多。

案:煒號雁水。

又:《秋江集》六卷,永福黃任著。《榕城詩話》稱其詩源出溫、李。

又:《蔗尾詩集》十五卷,建安鄭方坤著。

案:方坤號荔鄉。

《石遺室詩話》:張亨甫詩以《王郎曲》爲壓卷。起云:"天下三分明月,二分在揚州,一分乃在王郎之眉頭。"

勉行索句幾推敲,惜抱安吴癢欲抓。獨有侍郎遺集在,别傳詩法與經巢。

《湖海詩傳》:程晉芳,字魚門,歙縣人。

案:著有《勉行堂詩集》。

袁枚哭魚門詩:第一詩功海樣深。

《清先正事略》:姚鼐,字姬傳,桐城人,有《惜抱軒詩集》。

《續碑傳集》:包世臣,字慎伯,涇人也。涇本漢縣,而三國時嘗置安吴縣,以故學者稱安吴先生。

案:世臣有《安吴四種》。

《粤雅堂叢書目》:《程侍郎遺集》,歙縣程恩澤著。

《石遺室詩話》:道咸以來,何子貞、祁春圃、魏默深、曾滌生、歐陽磵東、鄭子尹、莫子偲,始喜言宋詩。何、鄭、莫皆出程春海侍郎門下。

案:春海,恩澤字。鄭子尹詩集名《巢經巢》。

寥落西江詩派圖,伯璣國雅到香蘇。藴山未繼鉛山老,蘭雪蓮裳自並驅。

《雲麓漫鈔》:吕居仁作《江西詩社宗派圖》。

《漁洋感舊集》:陳允衡,字伯機,江西建昌人。

《皇華紀聞》:伯璣撰《詩慰》《國雅》,録先侍御伯父、先考功兄及余詩甚夥。

《湖海詩傳》:吴嵩梁,號蘭雪,東鄉人,有《香蘇山館詩集》。謝啓昆,字藴山,南康人。蔣士銓,鉛山人。樂鈞,字蓮裳,臨川人。

數到長離閣上來,露光花影亦驚才。綺懷靡靡觀潮壯,不及衣裳未剪裁。

案:《長離閣詩》一卷,陽湖孫星衍妻王采薇著,附刻《吴會莫才集》。中有句云:"一院露光團作雨,四山花影下如潮。"

《綺懷十二首》《前觀潮行》《後觀潮行》,皆黄景仁兩當軒詩。又《都門秋思》云:"全家都在秋風裏,九月衣裳未剪裁。"

天涯二客號滇黔,蒼雪南来妙諦拈。子尹花前偏反醉,郘亭《木部》説文籤。

《感舊集小傳拾遺》:張一鵠,字友鴻,華亭人,官滇南司理。

《江蘇詩徵》：司理官滇，與中洲彭而述唱和，合刻之，名《滇黔二客集》。

《漁洋詩話》：近日釋子詩，以滇南讀徹蒼雪為第一。

《感舊集》：讀徹，字蒼雪，雲南呈貢人，有《南來堂稿》。

《巢經巢詩》：我醉顏如花，臨風反以翻。

《濾亭文集》：莫友芝，字子偲，號邵亭，貴州獨山人。得唐人寫本《説文·木部》，因作《説文木部箋異》。

《寶雞題壁》一詩豪，楓落吳江張問陶。賸有《雨村詩話》在，芷塘瘦句落三刀。

《清先正事略》：张问陶，字仲冶，號船山，有《船山詩草》。

《聽松盧詩話》：先生《寶雞題壁》十八首，傳誦一時。所謂言者無罪，聞者足戒也。

《唐書》：鄭世翼遇崔信明江中，謂曰："聞有'楓落吳江冷'，願見其餘。"信明欣然，多出眾篇。世翼覽未終，曰："所見不逮所聞。"

《詩人徵略》：李調元，字雨村，縣州人，著有《雨村詩話》。

又：祝德麟，字芷塘。

《夢樓文集》：或典試，或視學，關中天府，川中地險，無不備歷。

《晉书》：王濬梦悬三刀於屋梁，须臾又益一刀，意甚恶之。李毅贺曰："三刀为州字，又益一者，明府其临益州乎？"后濬果迁益州刺史。

不出其鄉黎二樵，江山文藻太蕭寥。芷灣近體能宗杜，傳唱琴臺著末超。

《詩人徵略》：黎簡，號二樵。

《廣東通志》：簡生粵西，十歲能詩。足跡不踰嶺，海內詞人想望其風采。

杜甫詩：江山故宅空文藻。

《湖海詩傳》：嶺南自三家後，風雅寥寥。

又：宋湘，號灣芷，嘉應州人。

案：漢陽伯牙琴臺，湘有七言古刻石嵌壁上。

《世説》：王夷甫曰："我與王安豐説延陵、子房，亦超超玄著。"

沅湘耆舊肯同同，蝂叟默深歐碉東。別有魯連黃鵠子，湘鄉文字總涪翁。

《沅湘耆舊集》，鄧顯鶴選。

《公羊傳》：其餘從同同。

《小石渠文集》：何紹基，字子貞，號蝯叟，道州人，有《東洲草堂詩鈔》。

《清先正事略》：魏源，字默深，邵陽人，有《古微堂詩文集》。

《虛受堂文集》：歐陽輅，原名紹洛，字礑東，新化人，有《礑東詩鈔》。

韓愈詩 [①]：魯連細而黠，有似黃鷁子。

案：曾國藩，字滌生，湘鄉人，詩字皆學黃涪翁。

浙派時時起異軍，定盦爭詫定香薰。柘坡平淡丁辛脆，寂寞姓名無復云。

《續碑傳集》：龔鞏祚，原名自珍，字瑟人，號定盦，仁和人，有《定盦文集》。

案：阮元有《定香亭筆談》，多録嘉道間浙人詩。

《清先正事略》：萬光泰，號柘坡，秀水人。

《湖海詩傳》：王又曾，字受銘，號穀原，秀水人，有《丁辛老屋詩》

太初詩味別酸鹹，比興詩箋發蘊緘。莫例一龕供王孟，貌爲淡遠法時帆。

《古微堂集》：《詩比興箋》，何爲而作也？蘄水陳太初修撰，以箋《古詩三百篇》之法，箋漢魏唐之詩，使讀者知比興之所起，即知志之所之也。

案：太初名沆。

《湖海詩傳》：法式善，號時帆，蒙古人。

《蒲褐山房詩話》：所居在厚載門北一畝之宮，有詩龕及梧門書屋。

《惕甫未定稿》：時帆用漁洋三昧之説言詩，主王、孟、韋、柳。

---

① “韓愈”，原作“黃庭堅”，據抄本改。

慈竹居叢談

目 録

慈竹居叢談
甲集　談往

胡文忠　羅忠節

　　張蟹樓姨丈，清末以名進士宦湘久，習其學士大夫，多識於前言往行。嘗云：聞諸前輩之親炙中興名臣者言，諸公持躬接物，實有大過人處，成功絕非偶然，而於胡文忠、羅忠節尤極推崇，咸謂文忠學問爲經濟、勳業所掩。其在軍，治經史有常課，倣顧亭林讀書法，使人雜誦，而己聽之。日講《通鑑》二十頁，四子書十頁，事繁則半之。於《論語》尤十反不厭，敦請耆儒姚桂軒專講此，而與上下其論，旁徵諸史，兼及時務，雖病至廢食，猶於風雪中張幄聽講不少休。每問：“吾今接某人，治某事，頗不悖於斯義否？”其痛自繩削如此。羅中節湛深性理，講學湘南，與同志砥礪廉隅，遠近嚮慕，尊爲名儒。後爲曾文正所荐引，遂成名將。學能致用，言能實踐，大節凜然，丕顯儒效，而氣機所動，蔚然成風。中興將相，湘賢獨多，非公之故舊門生，亦受公學行之感召。世爲曾、左盛名所震，故知者稀。按胡公事，李次青亦記之，見《天岳山館文鈔》，足驗傳聞非謬。羅公理學名家，世稱羅山先生，講宋學者無不知之。學術趨向，因時推移。羅山學說之不爲今世所重，時爲之也。

　　福州小西湖李忠定祠旁，舊名桂齋，附祀林文忠，以公曾讀書於此也。胡文忠聯云：“報先帝而忠陛下，兩朝開濟屬宗臣，表續《出師》，千古英雄同墜淚；佐天子而活百姓，萬口歡呼起司馬，家傳畫像，四方婦孺總知名。”上聯全用武侯事，下聯全用溫公事，極雅切。[①]

---

　　①　該則又載《海外歸僑》1944 年第 1 卷第 4 期第 14 頁《永思堂札記》（二）。

胡文忠甚有風趣，吾在長沙曾見其家書數册，稱夫人爲太太妹妹，每於油鹽瑣事中雜一二諧語，於以見公之瀟灑襟懷。

左文襄

左文襄晚年，名震華夏。光緒十年中法事起，朝廷命公督師入閩，西太后召問公："禦夷有術乎？"公曰："夷人不足平也。"后問故，公曰："牛告臣者。"后愕然。公曰："臣二十年前任閩浙總督時，一日忽有將軍宰牛，狂奔至總署大堂，跪而悲鳴，臣市而放生於鼓山。昨夜牛托夢於臣，以是知之。"后大笑。蓋公以功高震主，故佯爲昏聵以自全也。時山僧已不知此牛所在，聞公將至，亟於鼓山立義牛墓。今在迴龍閣後。①

左侯之再蒞閩也，年七十餘矣，精神矍鑠。進城時，林穎叔方伯隨衆往迎。公遙見之，指人問曰："彼得非字與《左傳》中穎考叔相類之某乎？"左右詳告之。公曰："彼任山西布政使，爲吾劾罷，今亦迎我，故是好人。"故林輓公聯有云："將君相君，固一世之雄也②；知我罪我，如九原不作何。"③

林穎叔少赤貧，一日早晨，持數銅錢往市菜，竟餓仆於路。人扶之歸。然能刻苦自立。以甲科旬宣山右，爲左文襄劾罷，亦左公所不得已者。事詳《通志》傳中。所著《黃鵠山人詩鈔》，七古學黃山谷，開閩派之風氣，殊爲難得。④其自撰墓聯云："不知東越歸何傳，爲愛西湖買此山。"傳誦人口。上聯謂明侯官陳汝翔鳴鶴有《東越儒林傳》《東越文苑傳》，清陳左海壽祺有《東越儒林後傳》《東越文苑後傳》。下聯則穎叔墓在福州小西湖旁也。

左文襄鄉舉後，爲醴陵某書院山長。適湘陰陶文毅公由兩江督請假歸里，道醴陵，醴陵縣事某設行臺，請左公撰聯，云："春殿語從容，廿載家山，印心石在；大江流日夜，八州子弟，翹首公歸。"陶見之，大喜，問知出左筆，邀與

---

① 該則又載《海外歸僑》1944年第1卷第4期第15頁《永思堂札記》（十一），有異文。如言"臣十年前任閩浙總督時"，或爲手民誤植，脫"二"字。

② 該上聯係後補者。又眉批作："相臣將臣，固一世之雄也。"

③ 該則又載《海外歸僑》1944年第1卷第4期第15頁《永思堂札記》（九），林撰輓聯之上聯不載。

④ 該則以上又載《海外歸僑》1944年第1卷第4期第15頁《永思堂札記》（十）。

語，大悦，因延爲西席，且爲少子求左公女婚。陶公富藏書，左得縱觀，復親承指授，學遂大進。後駱文忠公拜命撫湘，訪賢於旅京湘人士，郭筠仙侍郎介左公入幕，公之勳業從此發軔矣。

福州正誼書院，爲左文襄督閩時建以課孝廉者。後移節陝甘，題聯云：“青眼高歌，異日應多天下士；華陰回首，當時共讀古人書。”①

張文襄

石遺先生言：“張文襄下士禮賢，謙卑自牧，然寡斷多疑，美中不足。每舉一事，必周諮博訪，顧慮精詳，往往長時審議。衆意僉同，計在必行之事，以一言之阻而變更，從事苦之。”李拔可丈則謂：“公鶩名太過。如工廠設立，當位于此業相宜之地，以資便利。公所辦之廠，必使週圍節署左近，眼能見其烟囱，常指數以自喜。”蓋亦賢者之過也。

張文襄督湖廣時，有秀才請謁，公面試以對曰：“四水江第一，江淮河漢；四時夏第二，春夏秋冬。先生居江夏，還是第一，還是第二？”秀才應聲曰：“三教儒在前，儒釋道；三才人在後，天地人。小子本儒人，不敢在前，不敢在後。”絶對也。

王壬秋謁張文襄，刺入，公即具衣冠，促開正門延客。從者熟視其刺曰：“一舉人耳，何如是？”公曰：“你何知！是乃舉人之王也。”

劉忠誠

劉忠誠牛莊之敗，卒不及避而賊已至，倉皇無所之。適道旁有茅舍，公遂匿焉，拾稻草遮門，而以所乘馬當戶，祝之曰：“生死懸於汝矣。”已而賊至，覓公不得，以刀刺馬，血流遍體，馬屹立不動。公因得免，遂不乘此馬，而豢於家。友人姚璞曾親見之。蕭宣之將由南平乘輪船至福州也，其愛犬牽衣狂吠，似尼其行。蕭不顧，竟以覆舟溺焉。犬遂不食，餓死以殉。此楊立人所親見者。嗚乎！犬馬之義，有非人所及者矣。

---

① 該則又載《龍鳳》1945 年第 1 期第 17 頁《聯語集粹：永思堂隨筆之二》。

李文忠

清光緒中，四川舉人張羅澄會試報罷，留滯京師。盛年好事，上書大學士李文忠論時事，有云："道路流言，公將有莽操之事。澄以爲，公有莽操之權，而不敢有莽操之心；有莽操之心，而不忍有莽操之事。"公加圈其上而召見焉，教之曰："汝一貢士而侮宰輔，亦狂矣。我豈不能懲汝乎？天下事非書生所知也。無多言賈禍，好回去讀書。"張以乏行纏告，公即贐以白銀四百兩。張因得南下，流寓滬濱。庚子之役，公任兩廣總督，奉旨進京議和。至滬，張往迎之。公帶衛士四十人，捕房繳其械，始放行。公怒責之。捕房謝罪，然稱奉命辦理，無可如何，惟已另派衛士輿馬迎候矣。公氣憤填膺，竟徒步至行臺，時年七十有八。各國領事來謁，均稱病謝之，故外人無從探公意旨。初，聯軍事亟，清廷促公北上行成，公置若罔聞，日與家人作葉子戲。迨接各國使節電邀，始就道。蓋公知若以朝命作城下盟，則外人必苛求，故外示鎮靜，而陰使所親信西人慫恿各使之電請，以佔地步。由滬至津，故乘俄輪，英人不自安。抵都後，輿櫬自隨，首責德帥瓦德西穢我宮闈，欲先哭廟然後議。外人叩其故，則以"主憂臣辱，主辱臣死"對。從之。公復欲在松筠庵會議，外人又問故，則以楊椒山先生故事告，示必死。後因庵小，不能容多人，公遂不堅執。議時，公對各國條欵多所刪改。法使畢尚誚之曰："公忘中國爲戰敗國乎？"言時作狎侮狀。公怒曰："中國誠戰敗，然則請各國瓜分可也，奚遠請某來？既請某來，則不可無禮。"因舉杖猛擊之，怫然而退，稱疾不出，和議之局遂僵。英使惶恐，亟挽法使謝罪，公乃復起。條欵稍不如意，則稱病篤；一如公旨，則告病瘥。如是數月，庚子條欵始定，爲自有條欵以來，吾國喪失主權最少者。然約定而公薨，蓋公之心血于是枯矣。聯軍之役，我國不亡者，以八國互相牽制也。英、法尤忌俄、德之得志，故遷就我而欲和議之速成。公燭其私，因得操縱於其間也。

公之入都議欵也，屢請回鑾，不報。聯軍統帥勸其自立政府，公但一笑而已。

公光緒二年赴日訂《馬關條約》，回國時之請假摺，現尚存於雙鳳樓，末有御批云："著賞假二十天。"摺中有"該國要求無厭，臣更番駁辯，力竭神疲。茲爲大局起見，遵旨即與定約。而約欵多不如意，憤恨填膺"云云。

肅順　王湘綺

張蟹樓姨丈居湘時，與王湘綺先生往來尤密。嘗云："王一生詼諧，遇達官富賈則侮弄之，遇文人寒士則獎掖之。學問淹博，門生滿天下。以奧詞剩義相詰難者，非僅應答如流，且能指出見於某書某頁。自負長於經學，文章殆其餘事。自言《湘軍志》尚有曲筆，若盡書所見，尚不止此。"行世之書，皆門生所刻。未刻之稿尚多，丈曾親見之。王以肅順黨見擯於世而不悔，且時稱道之，蓋有知己之感也。王之計偕至京也，有友某爲肅之西席。肅雖不學，而好士，下值之暇，常至書房，與某閒談。一日，王謁肅邸訪友，暢敘正酣，忽侍史報肅至，王倉皇欲避，某止之曰："此公禮賢下士，何妨遂見之。"已而肅至，與王談，大加激賞，即邀二人同往酒樓午宴。出門時，令某坐車廂後，王坐車廂中，己則與御者并轡而坐。肅時以協揆兼管户部，王意以相國之尊乃爲寒士執轡，遂感之終身。①

王既受知於肅順，故肅構怨東西宮致殺身之由，知之綦詳。嘗語丈云："清制：御膳必設同樣餚饌兩桌。一名看桌，意謂供上看者。遇上所喜食之饌，左右則撤看桌者以進。當英法聯軍之入北京也，文宗幸熱河，光祿署供御膳如故事。慈安當食，縐眉曰："一桌之費數十兩，吾輩到此田地，尚奢侈若是耶？自明日起，可罷看桌。"帝漫應曰："容與老六商之。"老六者，肅順也。翌日，帝以后語問肅。肅揣知帝意，不韙后言也，則曰："后意固善，但如臣民知宮中省及御膳，則人心動搖矣。省費事小，動搖人心事大。"帝大喜。已而尚食，后蹙額曰："何尚如此？"帝以肅語告，后滋不悅。一日，肅與王大臣同被嘗聽戲。故事：王大臣聽戲時，惟上及后遇則起立，妃嬪皆否。時慈禧已誕生穆宗，進位爲妃矣，適過此，大臣知其必爲后也，皆起立。肅獨否，且扯鄰坐起立者袖曰："彼何人斯，奚必若此？"蓋肅以己爲大臣，妃在婢妾之列也。言爲后聞，遂銜之。

---

① 該則又載《海外歸僑》1944 年第 1 卷第 4 期第 17 頁《永思堂札記》（二一），偶一二字句稍異。

文宗崩於熱河,御史某希旨,請兩宮垂簾聽政。時肅与瑞華受遺詔輔政,將以破壞祖宗家法罪某御史,兩宮不允。孝貞且謂,文宗臨崩,以平日閱章奏所用之同道堂章授之,即命其聽政之証。因出章示諸王大臣,皆無以難,兩宮於是垂簾矣。清皇室家法極嚴,帝晨起必以時。過時未起,后則使人促之。仍未起,則再促。經一再促而帝始起,后必有所勸誡,而侍寝之妃必賜死。如三促仍未起,則開太廟,議廢立。其嚴如此。一日,文宗幸一宮嬪,過時而未起,再促始起。既起,忽忽出臨朝,去數武,忽憶及侍寝之宮嬪必處死,急回視之,則后已升座,嬪伏地,后正責以死罪也。帝至,后起立,帝婉告曰:"此朕過也,與彼無與,請宥之。"强而後允,帝遂去。既去復返,意唯恐傷后意也者,故取懷中玉章示之,笑問曰:"此章刻工如何?"后曰:"佳甚。"帝曰:"汝以爲佳,則以與汝。"此爲同道堂章在后手之故。湘綺聞諸肅順,而丈聞諸湘綺云。

王湘綺之周媽,矮胖而愛施粉,驟見之幾令人却步。性巧慧,能先意承志,故能深博湘綺歡心。湘綺非彼幾難度日,故周媽對湘綺甚有權。李佩秋爲湘綺通家子,曾數見之云。

湘士子挽湘綺云:"演姜齊學,爲百世師,名士自風流,惟恐周公來問禮;登湘綺樓,望七里舖,佳人今宛在,不隨王子去求仙。"

毓賢

毓賢,庚子拳役禍首之一也。性嗜殺,守曹州時,殺人如麻。然曹爲盜藪,自是盜氛遂戢。後擢東撫,以包庇義和團,德使詰責,清廷乃調撫山西。仇教益甚,殺教士百餘人、教民六千餘,毀教堂九十餘所,遂肇八國聯軍入北京大禍。迨清廷請成,聯軍欲先懲禍首然後開議。清廷初尚力袒諸人,毓賢僅成伊犁。各國不允,清廷不得已,乃殺之。毓之謫戍也,行至蘭州,竟留居八旗會館不進,朝廷亦不問也。當是時,童昏當國,盲目仇外。外國教士既挾國威,肆其凌侮,而吾國奉教者,所謂教民,尤恃勢魚肉鄉曲,且往往以逋罪而皈依,以教會爲逋逃藪,故仇殺之心幾遍全國。毓以此被譴,一時聲譽反因而益隆。故方朝命之至蘭也,闔城士民環撫署爲之請命。毓知事不可回,且恐全城騷動,貽誤和局,乃登城詒衆曰:"汝曹之意至可感,吾必邀赦,汝曹可歸矣。”衆始稍稍散。毓之親友爲請命於詔使，延命三日，俾處置後事。毓神色自若，一如平時，作訣親友書、祭文、輓聯，皆自書之。乃以次召其妻及四妾至前，問曰：“吾死後，汝將如何？”皆曰殉主，毓皆應曰善。至其末妾，獨止之曰：“汝不可死。吾二子尚幼，撫教之責，責諸汝矣。”復召詢名劊子曰：“汝殺人幾何？”應以某某大人皆小人伺候者，意謂均彼行刑也。毓曰善。至期，毓朝服北向禮畢，視其妻妾吞金訖，索紙筆書聯云：“我殺人，人殺我，死何所恨；臣死君，妾死夫，理之當然。”遂正襟危坐，以五十金予劊子曰：“速之。”劊子見狀手軟，連斫數刀不殊。時毓友某在場，肘其僕曰：“何不速成就汝主人乎？”僕前，拔劍一揮，毓首始落。僕遂自刎於旁。觀者無不哭失聲。是日，八旗會館厝八棺，毓夫婦及三妾一僕外，二棺不知何人，或曰其二女也。陳少懷丈幼隨其尊人官蘭州，曾親見之云。

汪梅村 ①

同柳翼謀陪石遺先生遊雞鳴寺，談及雅人往往遇悍婦，如毛西河、汪容甫輩，情殊可憫。柳謂汪梅村先生婦亦極悍，所以虐其夫者無所不至，汪苦之而無可如何。當涂家瀛知江寧府時，慕汪品學，迎居署中，婦促歸，均爲涂所阻。婦使告汪曰：“如再不回，則盡火藏書矣。”汪急遽歸，涂及友朋苦留不得也。先生因言鄭海藏婦禿而跛，然悍甚，鄭懼之。嘗納妾，婦不以人視之。鄭每夜四時起，即不睡，故號夜起，固爲養生，而此時悍婦猶在黑甜鄉，鄭得遂所欲爲，亦一因也。

張佩綸

張佩綸以書生好大言。甲申之役，未聽炮聲，棄甲潛逃，罪不勝誅。其爲人尤陰險。陳右銘先生官河南河北道時，述職晉京，張時官都察院左副都御史，知陳才，示意左右，欲其執贄門下。陳素以骨鯁稱，不屑也。時河南有劇盜王樹汶者，定案斬立決矣，當監赴刑場時，臨刑呼冤，後查確非正身，於是自督

---

① 又載《海外歸僑》1944 年第 1 卷第 4 期第 18 頁《永思堂札記》（二五），偶一二字句稍異。

撫以下皆被議。當王樹汶解赴省城時，經河北道署駐在地，照例於解票上蓋道印，本與此案無關也，故未被參，而張竟藉此參陳去任，其險狠有如此者。①

張佩綸甲申誤國，罪通於天，而陳弢庵先生與之爲生死交，固前輩氣誼，然律以比於匪人之義，賢者將何辭乎？張、陳交誼，匪僅苔岑氣類相感，實朋黨休戚攸關也。張、陳與張文襄、寶竹坡同朝，著直聲，號四諫，世以清流目之。李高陽實爲張目，駸駸乎有所爲矣。而張忽敗，陳以會辦南洋大臣被譴，寶因納江山船女自劾而去，張又外任，風流遂渺。稍後則王可莊先生仁堪、黃仲弢紹箕、鄧鐵香承修、盛伯熙昱同時亦好持清議，世目爲後清流。翁常熟實左右之。李后黨、翁帝黨，故前後不相中。弢庵先生與可莊先生以郎舅之親相阨，而與簠齋則久而彌篤。張死，陳由閩往弔焉。②

楊惺吾

宜都楊惺吾先生守敬，清末隨黎純齋使日本。適值明治維新，賤棄舊學，我國古槧孤本流落海外者，觸目繽紛。惺吾以廉值捆載而歸，論者謂聊足爲皕宋樓藏書爲日本岩崎文庫以十萬金賤價所得之報復。惺吾以校讎名，所校刊書，世爭寶之。然此殆其末耳。先生實長於地理，生平精力萃於《水經注疏》一書。先生捐館後，及門熊會貞秉遺命續成之。先生亦擅書法，日人尤重之。其女于歸，先生書楹聯八千對爲奩贈。初售二金一對，後十倍之。二子均不能傳先生學，所藏書多散失。先生善僞造書碑。初贗造漢碑，售與袁項城；後僞造宋板《推背圖》，售與河南督軍張鎮方，均得重值。

范伯子

諸貞壯先生詩，精深妙遠，得宛陵、后山之神。生平好范伯子詩若文，以爲當世莫及。石遺先生則謂，范詩讀之，令人不歡。拔可丈謂，當世詩人工

---

① 又載《海外歸僑》1944 年第 1 卷第 4 期第 16 頁《永思堂札記》（十七）。

② 又載《海外歸僑》1944 年第 1 卷第 4 期第 17 頁《永思堂札記》（十八），一二字句稍異。《海外歸僑》末有論曰：“甚矣，黨同伐異之毒也。”

製題者無逾范伯子。沈子培吾謂，工製序者無過沈濤園。丈首肯者再。丈又言，伯子遊合肥幕，廣交遊，故名重當世，而其人則官場之習甚深云。

周伯勤爲范伯子高足，嘗言先生貌魁梧，望之如達官，嗜雅片。自言其詩爲元遺山後所未有，惟不必學，不易學也。

范伯子教人作詩先看《後漢書》《世說新語》。陳散原先生推其詩文兼工，并謂其文學李習之，先生謂不盡然也。馬通伯則服其詩，而不服其文。先生不以爲忤，自謂其文非能獨步。詩則甚自負，謂非僅獨步一時，在清詩中佔地甚高也。

范伯子極以文爲詩之能事，惟聲光黯然，太無色澤，不足盡詩之美也。海藏、石遺諸先生，皆不喜之，謂爲未成。觀樨丈云。

王葵園

王葵園祭酒，一代大師，然淵博非湘綺比，亦不甚拘繩墨，惟不如湘綺之滑稽玩世。葉郋園則包攬訟案，無惡不爲，無品極矣，斯文敗類也。蟹丈云。

葵園先生如夫人張氏，現年五十餘，北平人也。父爲小商。葵園官祭酒時，日過其門，張時年十二三，嬉戲於門前，葵園常見而悅之，挽人商於其父，納爲妾。張自云貌非美，葵園以其相載福，故必欲得之。葵園僅一男，名延祺，張出也。初，葵園以年漸高，無子，撫族子爲嗣，不稱意；又撫他子，亦不愜于心。迨張舉男，大喜。惟延祺亦不能紹其業。葵園遺産爲養子所佔，書籍亦分散。延祺所得，乃常見之書數十箱，惟葵園遺著《管子集解》稿本在焉。已寫好，待付刊。此爲先生最後著作，吾曾見之，丞約李果驤釀資刊行，以寇迫湘鄂，倉皇西來，不克如願。現此稿不知尚在人間否？延祺云，先生遺稿尚有《新唐書註》，曾將稿本寄滬，請繆筱珊校閱，繆沒後，不知下落。現其家僅存稿數卷，吾未之見。葵園所刊《詩三家義疏》《莊荀集解》《漢書補註》《後漢集解》、文集，諸板均存長沙家祠。吾曾力勸延祺兄弟速移庋僻鄉，或托教育機關保管，乃置若罔聞。長沙遭劫，未知有罹災否？如此巨帙，刊費不貲，而校勘尤不易。葵園所刊書，皆親自校勘，故訛誤極少。葵園卒年七十五歲。張云，先生晚年精神矍鑠，飲啖如常，平日早起早睡，喜鄉居，厭酬酢，不飲酒，手不釋卷；棹上書狼藉，或展開，或摺叠，或簽記，任何人不許動，雖性極和藹，惟輕動其書者則必遭譴云。

王延祺與葉郋園通家，故數見之。延祺云，葵園亦不是郋園之爲人，惟文字商榷，則時相過從。郋園多內寵，而貌不揚，哆口張牙，露目而豺聲，衣履不全，常赤足箕踞而見客，乃一極不檢人也。惟口若懸河，上下千古，滔滔不絕。

李審言

興化李審言，當代駢文大家。自言早歲一竅不通，後閱《揅經室集》，有十日一行語，因自力苦學，遂博極群書。先生貌粗俗，望之如市儈，惟對人和藹，有前輩遺風。常以"一目十行不足恃"誨人，有味乎其言也。

審言謂，爲駢文當熟讀《後漢書》《三國志》《三國志註》《世説新語》、杜詩、韓文，而《南北史》亦不可不讀。於此可見先生文之所自出。

繆素筠

繆嘉蕙，字素筠，昆明人，世稱繆姑太者也。早寡，依兄嘉玉以居。嘉玉名孝廉，工六法。素筠濡染日深，遂擅丹青，尤工花卉，善設色。清光緒辛壬間，嘉玉赴禮闈，挈妻妹以行。迨會試報罷，南下過滬，時滬上有書畫會，乃專爲下第舉子之流滯滬瀆者而設，俾得各出所長，以博行纏也。醇親王聘德歸，過此往觀，見嘉玉畫，大賞之，適欲延西席，遂訪得而禮聘焉。嘉玉乃復携家北上。後值慈禧太后萬壽，醇邸當備壽禮，見嘉玉齋懸素筠所作《松鶴圖》佳甚，遂取以進。故事：太后萬壽，四方貢物必盡陳列，以俟御覽。一日，后至，見《松鶴圖》，悦之，駐足問誰作，醇邸以實對。后大喜，召見。於是留素筠居禁中，專授繪事，或爲后捉刀。素筠爲人端重寡言，后甚重之，稱繆先生。月給銀二百兩。后每有遊宴，素筠常侍從，以裹足不能久立，每邀賜坐之榮。惟以帝后未坐不敢坐，小腳鵠立，殊窘，宮中常揶揄之。自言宮禁生活甚苦，非獨帝后水火，偶一不慎，動輒得咎；即太后有賞賜，或出入內廷，對宮監皆有例賞，月入實不敷所出，惟以感后恩遇，不敢求去。迨后崩，始出宮。改革後三年，始歿於北平。素筠蒙后賜物綦多，世以爲榮。而其所視爲至寶者，爲田黃石一盒，治命猶以爲囑。現藏其宗人雲台先生處。素筠畫僅得惲、蔣之一體，饒紗帽氣，院派皆如是也。嘉玉後捷南宮，官荆宜施道。雲台先生云。

按素筠事，記載多失實。吾所記乃在昆明時親聞之其宗人雲台者，皆可信也。王靜庵《頤和園詞》有"笑談差喜繆夫人"句，即指此。詞有邊敷文字太初注，甚詳。於清代掌故極熟，而於此句獨闕。有援清代野記補之者，然野記亦多不確。如云爲其子捐中書，并無此事。又云母家姓未詳，是竟不知素筠姓繆，而以爲夫姓，此其誤之尤大者。至記其子亦孝廉，則以弟嘉玉之譌也。

蒼崖上人 [1]

南嶽畫師蒼崖上人，辛酉歿於南京曾公祠，年七十二歲。弟子蕭屋泉經紀其喪。上人字松濤，短小寡言，不拘小節，嗜狗肉，作狹邪遊，然道行甚高，尚氣誼，重然諾。求畫者以潤筆至，則各以紙封誌之，投行篋中，迨資用竭，則隨手取用，而作畫償之。其畫筆墨遒勁，饒蒼莽之氣，所少者韻耳。上人好遊，足跡遍大江南北。每至一地，常與其畫史盤桓。嘗云："何詩孫賣畫甚苦，每一落筆之先，必吮毫數次，且常作層巒疊嶂、密箐深林，無一非經意之作。王小某則異是。小某爲人作畫，遇得意時，必自藏弆，以別紙作酬應品與人。久之，積精品千餘件。小某且死，膝下猶虛，一女及笄，妻憂匱資無所出，小某慰之曰：'吾已爲女儲巨金矣。異日于歸，發樓上巨箱中畫售之，萬金可立致。'妻大喜。他年將嫁女，往取視，則盡鼠傷之餘也。"

寶竹坡

光緒八年，宗室禮部侍郎寶廷字竹坡，典試福建，取鄭海藏爲解首，陳石遺、林琴南、康步厓諸先生皆入選，得人稱盛。侍郎立朝敢言，與陳弢庵閣學、張幼樵学士、黃漱蘭通政，爲一時清流眉目。侍郎嗜酒耽詩，好山水遊，歸途坐江山船，買榜人女爲妾。途中上疏請設算學科，附片自陳娶江山女爲妾，自

劾落職。此女麻面，故當時有詩調之，中有"宗室八旗名士草，江山九姓美人麻"之句。典閩試，差囊得六千金，到手立盡。次年初春，諸先生公車往謁，則著敕緼袍，表破殆盡，棉見焉。故海藏詩有"滄海門生來一見，侍郎憔悴掩柴扉。休官竟以詩人老，靳死應知國事非"之句。庚子與公子壽富編修、富壽郡丞同殉難京師。

陳散原

歲癸酉，數謁陳散原先生於南京。壽八十一歲，精神矍鑠，行動如常，真異禀也。相傳其祖葬一鶴形穴，故其長房子孫膝以下皆瘦直如鶴頸，不似吾人臁背有筋肉也。此說信否，吾所不知。惟吾見散原先生手指纖長，只餘皮骨，絕似鶴爪，可異也。平生所見名人手特異者，尚有李石曾、俞樵峰兩先生，手軟如棉，與握手時不感其有骨，正與散原先生相反。

傅春官富收藏，官潯陽道時，曾筑屋於白鹿洞以庋藏書，刻有《金陵叢書》。散原先生所翻印宋版《山谷集》，板後歸傅。

張季直

劉禺生先生言，李合肥、張南通同以湯團致命。[①] 文忠自馬關歸，殊抑鬱，迫庚子議和，精力已憊。一日，爲榮祿所凌，氣憤填膺，退朝回邸，適家人進湯團，文忠縱意食之，遂以不起。張季直多内寵，聞所延女師若執事，少幸免者。某日，養痾狼山，諸姬製湯團，某姬以進，張欣然食其二，他姬見而傚之，張爲示兼愛，故各食如數，病以不治。

章太炎

章太炎先生於光緒二十四年至鄂主《楚學報》，館長則梁節庵也。章著《排滿論》，洋洋萬餘言，梁見其稿大駭，馳告南皮，南皮曰："驅之。"梁回，竟

---

① 按，該句後有"而一忠一滔，則異"一語。眉批云：此句似可删改之，或稍易辟。

令輿夫毆章。章出不意,受辱後,狼狽而遁。

太炎先生學問淵博,得未曾有。自山頹木壞,吾國讀書種子絶矣。先生非獨胸羅四部,尤精内典,善談論。偶叩一義,必引經據典以答,纚纚不絶。惜滿口餘杭土音,重以門牙早落,致語音尤不清晰,吾十不能解其二三也。食時,不能自取菜,必左右舉以進,否則頻以箸抵棹,往往徒勞,而無以入口;偶檢得矣,亦不能隨即進口,或向鼻孔而遞,或向唇角而送,狀殊可笑。散原先生則不甚知計緡,與友人入酒樓,飲畢付賬,隨取鈔票一疊與之,侍者以餘欵還,必詫曰:"何尚剩許多耶?"

章太炎先生與段芝泉論當代人物,□①謂,若以班孟堅九等人表衡之,則某公在二等固不足,在三等□②有餘。章云,然則加二等銜可也。

太炎先生厭海上塵囂,欲在蘇州置屋。或言有古屋,中有大樹。先生往視之,喜甚,立署券市之,顏曰"大樹草堂"。歸告夫人,將遷居焉。夫人怪其速也,自臨觀之,則窊甚,且滌溺器當從堂上過,怒迫先生毀約。先生素懼内,不得已從之,然折閱逾半矣。先生尚謂:"樹爲蘇城最古者,可惜也。"

太炎先生喜鈔券,潤筆所入,常易新券藏弄之,時出繙弄以爲樂。一日欲製書櫥,召木匠,面示之式,議價三十金,匠援例索半值,先生取五十金券三紙予之,誤以五十爲五也。夫人知先生常誤,伺匠出,召驗之,果然,遂易以告,冀慎其後也。迨次月,按例付贍家費時,先生少予百三十五金,夫人詰之,則以前事對,夫人亦未如之何。

太炎先生挽張季直云:"承濂亭薪火之傳,能以文章弇科第;載端水瑚璉之器,豈因貨殖損清名。"

太炎先生教授東吳大學時,僅識歸路。一日歸,誤入鄰居,即上床眠,鼾聲大作。鄰知爲先生也,亦不驚擾之。

先生講演時,常有相者四人,司記録者□③,□書引証及人名者一,其一即遇有不明晰處代爲重述也。赴無錫講學時,適棹上有香煙半枝,先生以爲粉筆也,取向黑板,大事揮灑,滿座爲之閧堂。先生幼讀,家人進粽子,

---

① 原稿缺損。據上下文語意,當爲段字。

② 原稿缺損。據上下文語意,或爲則字。

③ 原稿缺損。據上下文語意,當爲二字。

移時來收碟，見先生滿口皆墨，蓋以粽蘸糖誤入墨盒也。先生性落落寡合，獨曼殊上人過從甚密。又與鄒容、章士釗、張繼交善，共圖革命，時號四金剛。先生喜獨坐一室，瞑目默思，有擾之者輒怒。先生於經學文章外，精醫術，探本溯源，有獨到之處。十五年夏，海上霍亂流行，先生用附子強心，一時醫界譁然。嗣經虞舜臣、張贊臣遵法施治，危者獲安，不下數百十人，衆乃服。

趙香宋

讀香宋先生詩三十年，通問亦十年矣，苦無由一面。前年入蜀，居渝兩載，數欲往謁，終未成行。今春修禊北碚，先生遠道東來，獲侍杖履，真快事也。先生年七十有五，精神矍鑠如六十許人，善飲健談，身裁不及中人，左目已眚，而望之如常。詩詞書畫無不工，詩才敏捷，畫筆高古，不輕予人。六年前，惠承小方山水，珍逾拱璧。生平收藏，盡付劫灰，獨此畫與先君遺墨因早存滬瀆，幸猶無恙。先生此來，爲達官酒食所苦，求詩者輒漫答之，間或求書求畫，則不應也。當宁遣派員垂詢三事：一地方利弊，二薦舉人才，三屈爲顧問。先生均婉謝之。先生非特工辭章，尤好古文，目《古文辭類纂》爲姚氏學，丹黃數過。經學、小學皆有發明，隨讀隨記於書眉，尚未輯成專著。論詩每稱先師石遺先生爲近代第一，《石遺室詩》多能背誦。而極口推服湘綺，聞者惑焉。先生古道照人，與先師爲生死交，來函必問師身後事，晤面時垂詢尤詳。先生詩尤長於五律、七絕，五律學中晚唐，得其神似，七絕則宋賢面目，而持論獨力主三唐。自負甚高，於當世詩人多所可，實少所可。著作惟詞有刻本，文有子姓所輯本，詩多散逸。叩以"何不稍自愛惜"，則曰："詩者，興到時姑以自適耳。古人不易及也，切莫作千秋想。"聞之悚然。海藏云："吾詩如江水，流不能盡。"散原先生則謂其詩皆如鯁在喉，不得不吐。足見名家之襟抱矣。

香宋先生嗜酒，取酒誤飲強水，腸潰爛，就醫割治始愈。石遺先生贈詩云："破腦吹風曾不死，拖腸藺理竟生全。"紀實也。

嚴範孫

天津嚴範孫先生修，与項城交摯。洪憲僭號，尊為四友之一，而先生不然之，嘗從容諫阻。項城謂："中國人民程度太低，不足為共和國民。"先生對曰："然則為此程度低淺人民之帝，尚有何榮？"項城語塞。

袁項城

項城督直隸時，每遣人餽遺於榮祿，若榮納，則使回必蒙賞；如被却，則袁必擯棄之終身。

當拳匪之亂，項城在山東，抵拒最力。亂黨尤忌之，數矯詔趣入衛，均以守土為詞，未墜其計，見亦卓矣。

宋芝田

關中宋芝田侍御伯魯，以請慈禧歸政遣戍伊犁，改革後歸陝。北人南相，倜儻風流，喜詼諧，工書善畫，著有《海棠仙館集》。卒年七十八歲。精力過人，每歲元旦必於瓜子仁上正書唐人絕句一首，以驗目力，至去世之年尚如此。李問渠丈曾親見之。

林文忠

林文忠公作孝廉時，為福清縣令掌書記。時閩撫歸安張師誠，字心友，號蘭渚，乾隆庚辰進士，授編修，官至福建巡撫，攝督篆。廉明好士，書院試卷、僚屬稟啓，必詳閱而甲乙之。公為府主作書賀師誠壽，師誠閱後，以釘封文書飭縣解撰稿者來。故事：惟機要案牘，始用釘封。令捧檄大駭，持示公，足不成步，久而後言曰："罪與君共，然且奈何？"公默然良久，徐曰："無虞，牘中固無隻字違礙也。"遂行。迨抵轅門，則延入，勞之曰："屬有要稿，非君莫辦，故以急遞相速耳。”試三稿，立就，皆師誠腹中所欲出。大喜，留之。公固讓，請於府主而後允。除夕將歸，師誠忽命撰奏稿。呈判時，復竄易數語命改繕。繕畢，而師誠已赴萬壽宮行香，故遲返；復與同僚團拜訖乃入，公怡然俟。師誠諦視兩摺，皆端楷，後者尤佳。欣然揖公曰：“師誠相士多矣，才學器度無逾君者，異日勳名，豈師誠敢望哉！”公遜謝而退，晤司賬，支束金，始知中丞昨饋公家二百金，且白太公：“夕有公事，不得歸矣。”時何杰夫冠英、楊雪椒慶琛亦以名士爲師誠禮聘居幕中，嘗盛暑使書壽文，且畢，均易其端數字，命更書，何書之自若，楊且書且罵。張笑謂人曰：“二君皆大器，然雪椒之養遜杰夫矣。”何後官至巡撫；楊布政使，權撫篆。劉孟恂云。

文忠公撫蘇，因水災請豁免錢糧，爲部議駁，踟躕書房，夜深矣，計無所出。公婿沈文肅公適在側，啓曰：“頂耳，何用焦思！”文忠曰：“然則如何措辭？即煩汝屬草。”文肅不敢辭。頃刻稿成，文忠稱善，立命繕發。卒邀允。中有云：“朝奉雷霆之詔，自省愆尤；夜聞風雨之聲，難安寢席。”傳誦一時。

文忠公由關外回，賞四品京堂，署陝甘總督，授陝西巡撫，轉雲貴總督，道光庚戌乞病歸。是冬以洪、楊事起，詔以欽差大臣赴粵督師，節次潮州，以暴下薨。或傳係粵商懼公再起，以二萬金賂公庖人，置大黃、巴豆於藥中。天下惜之。公之歸閩，道湘江，左文襄聞訊，自湘陰來候。迨文忠官船抵長沙，文襄遞湖南舉人左宗棠刺來謁。文忠素耳其名，屏客獨見之。文襄登船時，失足落水，援出更衣，暢談達旦。翌日，送文忠行後，文襄始歸。故文襄序文忠政書有云“仿佛湘江夜話時”，蓋謂此也。文襄事業得力於此夜談者甚多。文忠長於西北輿地，文襄晚年經略西陲，尤得文忠之啓示。[1]

《通志·文忠公傳》及其他筆記，均載公臨沒連呼“星斗南”，不知何解。據《今傳是樓詩話》載：南皮祖繼字飈民，乃張文襄族孫，以布衣從文襄遊粵遊楚，老於記室，有《飈民詩草》，文襄選入《思舊集》中。《拜林文忠小象》云：“爲謝金人罷李綱，英姿想見聾重洋。傷心新豆闌猶在，竟死奸民一寸香。”自注：“新豆闌，廣東要地。公臨沒連呼之，人訛爲星斗南。孝達公涖此，始悟其語，恐世不知，告予記之。”此可供史料。而公之忠，尤足令百世下

---

① 該則又載《海外歸僑》1944 年第 1 卷第 4 期第 14 頁《永思堂札記》（一）。

聞而起敬也。

文忠公代縣令賀張師誠雙眼花翎，中有"九天冒雙懸，萬古雲霄一羽"句，張大加歎賞。

文忠公幼居倉前，一日上街，手舞足蹈。鄭大令大謨以進士官河南，新旋里，適見之，奇其貌，問童子讀書乎，曰有；能對對乎，曰能。鄭曰："汝善舞，即以山雞舞鏡屬對。"公應"天馬行空"。鄭遂以女妻之。

文忠公縣試落選，封公賓日公以"雞毛拂"三字屬對。拂與覆音同，言不得覆試也。公對曰"虎頭牌"。虎與府音同，言府試總可頭牌也。後卒以院試冠軍，年滿十二。題爲《仁親以爲寶》，全用左氏典實，至今膾炙人口。王筱希《老薑隨筆》記之甚詳。惟公曾孫朗溪、京卿，言此文爲公晚年家居課子弟所作，非院試也。

沈文肅

沈文肅公以守廣信功，上諭嘉獎，有"德望冠時，才堪應變"語。後以道員超擢贛撫，因糧餉無著，截留九江釐金，曾公憾之。故其平定江西也，按當時曾、李復江蘇，文正封侯，忠襄、文忠封伯，及左文襄平浙江封伯例，沈應得五等封爵，即無侯伯，當有子男，乃僅得一等輕車都尉世職，論者不能無憾於大營之奏也。[①]

文肅公丰裁峻整，自九江道歸，屢召不起。後以江西巡撫丁艱，詔奪情，改作署理，亦力辭。最後以兩江督召，繼曾文正任，始出。蓋當時不慊於公者已盡，而大局阽危，公亦以國家爲重也。按，文肅薨於位，繼者爲劉忠誠，繼劉者爲左文襄，繼左者爲曾忠襄，繼曾者又爲劉忠誠，皆一代名臣也。

文肅公極愛士，督兩江時，舉子上公車過寧者，公必厚贐之，以鼓勵寒畯之赴京會試。蓋清制於每省與試舉人二十名中，拔其一成進士，如爲二十一名，則成進士者二；四十一名，則成進士者三，餘以類推。故與會試之舉人愈多，則進士之名額愈廣。燕閩相去遙遠，舉人以赴禮闈爲苦，故公亟助以勸來者。閩士至今思之。

－－－－－－－－

① 該則又載《海外歸僑》1944 年第 1 卷第 4 期第 14 頁《永思堂札記》（三）。

曾文正江督幕客錢子密應溥，有幹才。公蒞任，留之在幕。錢後官至軍機大臣、工部尚書，此亦公愛士之盛德也。《賭旗山莊筆記》言，在文肅幕中識錢。①

人之幸、不幸，有數存焉。何廉舫栻與沈文肅公同科同館，同放江西知府，何守九江，沈守廣信；當事急時，二公夫人俱坐井邊，欲投井自盡。不幸九江失守，何罷官，其夫人爲賊刺數鎗斃命，僅獲旌獎。沈以林夫人求援於饒將軍廷選，得保城池。何去職時，文肅已巡撫江西，故其謝啓有云：“當大人信州雙忠格天之日，正卑府建郡一敗塗地之時。”誦者悲之。

文肅公守廣信功，得力於林夫人，史盛稱之。外孫李宗言畲曾，以孝廉援例爲候補府，聽鼓南昌。曾權廣信府事，有府署廳事楹聯云：“距武夷數百里，遙指家山，迎奉板輿來，依舊青燈慈母教；後文肅四十年，暫權兹郡，摩挲遺碣在，媿無黃絹外孫辭。”雅切得未曾有，宜其傳誦一時也。大堂前有井，即林夫人血書中所謂倚以爲命者。畲曾因顏所居曰“寶井堂”，而鐫“誓井”二字於石欄，鐫銘其上，并請沈濤園先生作《寶井堂記》，叙述翔實。見所著《守信錄》。②

文肅公爲船司空時，每屆會試，由船政局派公車船送舉子，落第後復送回。風浪平靜，則以匾額謝馬祖。衆請公擬四字，公曰：“有成語恰當，惟請勿怪。”衆固請，公曰：“以濟不通。”衆軒渠。③

文肅公在船政署中，每以詩鐘消遣，有句云：“桑梓不叨門第蔭，華夷常問起居安。海到無涯天作岸，山登絶頂我爲峰。雪天裘被偕朋輩，平地樓臺待子孫。”雖小道，亦有可觀者矣。④

文肅公督兩江時，金陵書局新刻書成，必先呈公，公則彙以寄家。附書曰：“人苦無書讀，書亦苦無人讀。如汝曹不能讀，可分贈親友中之願讀者。”非獨足覘公教子弟之婉而多風，尤足徵公度量之宏偉。⑤

文肅公由船司空赴臺灣督師，屬僚踐送，道傍有揮淚者，王荔丹改李詩云：“兩岸員紳啼不住，欽舟已過萬重山。”可謂謔而虐矣。

林夫人助文肅公守信功，世皆知之矣。夫人工書及尺牘，則知之者鮮。

① 按，此爲眉批所記，植於此。
② 該則又載《海外歸僑》1944 年第 1 卷第 4 期第 14 頁《永思堂札記》（一）。
③ 該則又載《海外歸僑》1944 年第 1 卷第 4 期第 14 頁《永思堂札記》（五）
④ 該則又載《海外歸僑》1944 年第 1 卷第 4 期第 14 頁《永思堂札記》（六）。
⑤ 該則又載《海外歸僑》1944 年第 1 卷第 4 期第 15 頁《永思堂札記》（七）其二。

林昌彝《海天琴思録》云：咸豐癸丑進呈《三禮通釋》二百八十卷，首三十卷爲余門下士沈幼丹中丞妻林夫人名敬紉所書。夫人爲家文忠次女，書法娟秀，得歐柳之骨。乙覽稱羨，可稱佳話。儀部粤東吳君世驥，時掌禮曹篆，記以詩，末二句云："腕底銀鈎飛舞處，拈毫不讓衛夫人。"樾嘗代友人汪植卿作書奏記沈簣荃丈言事，洋洋數千言，丈大獎之。語植卿云，黃某文才不錯，惜不知書牘體裁。植卿見告，余大驚。後晤丈，備承指示，并告以其家數世皆留意尺牘，乃承林夫人之家訓也。文忠公最長於此，故淵源有自云。

文肅公爲兩江總督時，有鄉遠親來署求館，其人一無所長，而誼不可却。公頗躊躇。一日，聞其帶有青果爲禮物，公曰："得之矣。"適有宴公者，公曰："餚美未免過飽，顧安得青果一消化之乎？"後有宴公者，主人必設青果一碟。某囊橐驟滿，喜出望外。公曰："可以歸矣。"①

文肅公撫贛時，袁州有婦人自鄉歸，中途内急，屬道旁樗櫟大蔽牛，遂屈身溺焉。伸而失其褲，無已，坐迨晡，乃乞諸近村，始得歸。夫問故，詬之，將用武，婦呼冤。屬門外呼婦名作褻呫者，夫愈怒，操兵出。家人大恐，欲解之，持燭至，則夫首亡矣。鳴諸官，加酷刑，婦遂誣服，秋决有日矣。太守胡立者，以能斷獄著稱，閱爰書，嘆曰："冤哉婦！安有有桑間約而故彰之者乎？"移囚鞫之，但言溺時，精神恍惚，不知其故。胡立使伐樹，則裏虛表實，根下有黑穴，投以石，寂然。以繩綁人下，盡二引有燈光，屋數楹，童叟憑几卧，几上一札，堂拗一包，血跡模糊。駭而上，言其狀。使往取視，則前者村婦褲裹夫首，札乃呈上肅公書也。公得之慟失聲，命裹婦。世莫知其故。②

陳恭甫

陳恭甫先生壽祺，阮文達入室弟子，與張皋文、郝蘭皋爲同年友，經學湛深，吾閩前清二百六十年中一人。生平於書無所不讀。主講鰲峰書院時，學者四至，爭以註弟子籍爲榮，有狂生十人獨不往。十狂者，於經史小學各有專攻。或詰之，則應曰："此易耳，如先生能即答每人作十難，斯可矣。"先生聞

---

① 該則原稿未載，録自《海外歸僑》1944 年第 1 卷第 4 期第 14 頁《永思堂札記》（六）。
② 該則原稿未載，録自《海外歸僑》1944 年第 1 卷第 4 期第 15 頁《永思堂札記》（八）。

而許之。一日入講堂,則十狂生在,案陳十紙,紙書十問。先生翩然,援筆疾書,逐條作答,盡九十七條半。十狂驚服,遂受業焉。後皆有名。

林暾谷

林暾谷先生,閩縣東鄉人。祖某,名孝廉,知安徽東流縣事,以廉能稱。父廩膳生,諸父二人均舉於鄉。雖望族,而不改其儒素。暾谷年十五,名已籍甚。時沈濤園以道員權宜昌鹽稅,掃墓歸里。有才女名鵲,絕愛憐之,苦於擇對。或繩暾谷才於濤園,濤園即命駕往訪,索閱牕課。暾谷東啓箱,西傾篋,悉取所作八比詩賦,雜然前陳。濤園隨手批閱,觸目琳瑯,大喜過望,惟覺其舉止欠穩重,貌復不揚。歸而謀諸戚友,或尼之,濤園躊躇累日。既而歎曰"人才難得",竟以子妻之。遂挈至鄂,因盡交當時名士陳散原、梁星海、蒯禮卿、屠敬山之流。已而甲午事起,張文襄調權兩江督,沈隨至寧,任籌防局總辦。暾谷亦至,遂與顧石公、鄭海藏、陳石遺諸公遊。其明年應小試,三試冠其曹,旋以第一人領鄉薦,年才十九耳。平居一室,行坐皆看書。性極躁,手足動作無停晷,故海藏目爲鬼躁。至戚友家,見架上書,不遑他顧,輒隨意抽閱,不計多寡,必閱盡乃已。穎慧絕倫,古所謂一目十行、過目成誦者,殆能兼之。顧以寠人子而不耐惡衣菲食,徵歌選色,衣服輿馬甚都。濤園雖月給多金,不能資其揮霍。與名妓賽金花善,賽愛才,亦不計資。賽恒日昃始起,惟暾谷召,必强起,應時至。一日,暾谷與石遺先生及其內兄某遊滬上名園,侍役以鮮荔支餉客,暾谷見而狂喜,大啖之。某私告以價昂,暾谷太息曰:"噫!"意謂作贅婿之苦也。遂發憤伏案作殿體書,欲以揣摩時藝取上第。既而會試報罷,乃援例爲內閣中書。於是始識康、梁之徒而及於難,天下惜之。①

鵲字孟雅,貌爽朗,工詩詞。歸暾谷後,以婿之贅於婦翁,常鬱鬱不樂。暾谷死,每哭,衣襟盡濕。次年,以毀卒。遺著有《崦樓詞》。② 其《悼亡詞調

---

① 該則又載《海外歸僑》1944 年第 1 卷第 4 期第 15 頁《永思堂札記》(十二),偶有一二字句稍異。

② 該則以上載《海外歸僑》1944 年第 1 卷第 4 期第 16 頁《永思堂札記》(十三),偶有一二字句稍異。

寄浪淘沙》，尤膾炙人口。詞云："報國志難酬，碧血誰收？篋中遺稿自千秋。腸斷招魂魂不到，雲暗江頭。　　繡佛舊妝樓，我已君休。萬千悔恨更何尤。拼得眼前無盡淚，共水長流。"

海藏挽暾谷云："慷慨臨刑亦大難，道旁萬衆總汍瀾。書生自謂君恩重，廿載頭顱十日官。""樓東詩老暗迴腸，客慧空花亦太狂。晚翠軒中人去早，軒名端合與孤孀。"哀痛雅切，一字一淚。

林文直

林文直公紹年，以翰林簡放雲南昭通府知府，不數年，驟膺疆寄，攝兼圻，權郵傳部，入軍機處，升擢之速，非偶然也。當光緒丙丁之際，慶親王奕劻當國，瞿文慎公鴻禨以協揆軍機大臣管外務部，與慶邸水火。慶黨既布滿朝列，而北洋大臣、直隸總督袁世凱與之朋比，聲言將入朝。瞿畏之，思可制袁者，惟岑春煊。丁未初春，岑適由粵督調川，行至滬，迭電請覲，未准。至是瞿爲言於西后而獲允焉，袁於是不果來，而岑遂拜郵傳部尚書之命。未蒞任，面參左侍郎朱寶奎貪污，薦公清亮，公時撫桂也。后皆然之。尚侍爲同官，非屬吏，以未到任尚書一言劾罷本部侍郎，故事所無。公固瞿所薦引，瞿、岑既合而公助之，清議所歸。慶益自危，亟謀於袁，必須去之。四月初，而岑再督粵之旨下矣，在朝僅一月也。岑知爲慶黨所排，陛辭日，涕泣言："朝列少正士，風氣日壞，國本可危。"后曰："吾行召林紹年矣。"公雖果內召，然僅在軍機處學習行走。岑既去，五月瞿亦罷，以侍讀惲毓鼎劾以"暗通報館、授意言官"諸莫須有罪也。岑赴粵過滬，稱病不前，猶冀有後命。旋以江督端方与之有舊怨，用上海道蔡乃煌計，將岑與梁啓超照片合攝，進呈西后，岑遂奉旨開缺。瞿、岑既去，慶、袁黨勢傾天下，朝士側目，公孤掌難鳴矣。

池則文言，其尊人滋膺先生伯瑋未通籍時，爲林文直公西席。宣統元年，公任軍機大臣時，則文負笈故都，常以通家子謁於邸，公禮接有加。一日值宴客，滿座衣冠，公亦命則文入座。公問學堂飯菜如何，則文年少，以"極劣不堪入口"對。公正色曰："此大誤矣。青年時，小苦尚不能受，安望他日爲國家任艱鉅邪？"則文悚然。

力醫隱

永福力鈞,字軒舉,號醫隱。以舉人官農工商部郎中。能醫,慶邸薦供奉內廷。醫慈禧太后屢效,賞賜優渥,賞食四品俸。時德宗不豫,聞之,求太后命力診治。服藥兩劑,聖躬病除。孝欽聞而恚曰:"力鈞何尚未死? "而外間則謠傳力鈞將爲后毒死德宗也。時力危在旦夕,乃以陡患咯血乞休。不許。太后數遣太監來驗,力臥床,以雞血滴唾壺中,而自破齗齶,使鮮血淋漓,驗者始信而去。方力入診德宗時,正值隆冬,見御炕僅一薄被,御寢僅一白爐,一舉一動,皆有老太監監視。力每泣涕言之。

張文厚

張文厚公亨嘉,博極群書,尤精三顧之學。三顧者,顧祖禹《讀史方輿紀要》,顧炎武《天下郡國利病書》《日知錄》,及顧棟高《春秋大事表》也。世但推公長於輿地,實未盡所長。公嘗云:"吾鄉有三不通:一楊雪滄,二謝枚如,三林穎叔。"按,冠悔堂與賭棋山莊集俱在,誠不敢妄譽;《黃鵠山人詩鈔》,晚歲學山谷,能不落閩派臼窠,固一健者。公所指殆其他學問歟?

北京福州新館宴會,林琴南後至,入門便大聲疾呼,張文厚低聲曰:"野客入座。"

石遺先生與張文厚公交厚。公典試湖南,邀先生校文,故尤知公學術湛深,故修撰《通志》時,公傳推挹備至。顧於公之立朝大節,則留待後人之補充。當庚子拳匪之亂,公時官太常少卿。師記作大理,誤。六月二十日御前會議時,公犯逆鱗,痛詆亂民,大節懍然。惲毓鼎《崇陵傳信錄》云:"亨嘉力言拳匪之當勦,但誅數人,大事即定。語多土音,又氣急,不盡可辨。"羅惇曧《庚子國變記》云:"太常寺卿張亨嘉,力言拳匪宜勦。亨嘉語雜閩音,太后未盡晰,姑置之。倉場侍郎長萃在亨嘉後,大言曰:'此爲民也。通州無義民,不保矣。'"公猶子葆達云,曾見湘鄉李亦元希聖《團匪紀實》抄本,記公言云:"'臣聞國將興,聽於民;國將亡,聽於神。團民不可信,外釁不可開'云云。公語既雜閩音，氣急，而又□□□，直西太后之不解。其不與袁、許同日□□□□領者本矣。"此後諸家記載皆同。而葆達又親知其事者，承告以所記與所聞者，□□故書附公傳，以補石遺先生遺漏。①

陳玉蒼

吾閩陳玉蒼尚書璧，有幹濟才，尤識時務。清末爲順天府尹時，辦五城學堂，是爲北京有學堂之始。吾國鐵路多其手創，贖回京漢路，績尤偉。善知人，識葉譽虎部長於稠人中，一歲五擢。此皆犖犖大者，衆所共知也。陳又以長於工程名，當時巨工多經其手。如修建京師門前樓，某旗員估須五百萬餘元，陳以二百餘萬元造成。孝欽后萬年福地工程，亦陳主辦。或讒之。孝欽幸其地，見享殿巨樑，閩產也，顧謂從臣曰："即此樑，陳璧已對得住我。人言真不足信。"其得后心如此。故終孝欽朝，雖八御史聯名合參，而未如之何。孝欽崩，陳遂敗。其故有三。當陳之辦五城學堂也，已爲總辦，林畏廬先生爲總教習。時京官貧，爭謀兼五城教職，可月得現金數十兩。御史江西謝遠涵，亦挽人向林謀得教席。某日，陳至五城，林介謝往謁。謝對陳長揖，而陳適以事未還禮，亦未交一言，謝退而恨之次骨。一也。及德宗、孝欽相繼崩，陳與貝子溥倫同奉命爲堪輿大臣。一日，陳與溥約定乘下午二時火車赴梁格莊勘地。陳時爲郵傳部尚書，厲行新政，二時前至車上候溥，二時屆而溥未到，陳焦急萬狀。迨二時一刻，溥始姍姍而來。陳俟溥上車，令即開行。已而溥欲更衣，呼從役不在，後知爲陳遽令開車而侍者不及從也，遂銜之。二也。溥儀既入承大統，清廷爲其父建攝政王府。主辦此工程者，亦陳也。時郵傳部亦正興土木，適與王府毗連，圍墻未築，忽傳王將來視，陳恐若無界墻，部地或爲所佔，趁夜指揮工人砌成之。翌日王至，讒者有所藉口矣。三也。故當謝御史以一百二十欵參陳，而攝政王交溥倫查辦，陳於是被籍没矣。然僅得金二十萬，世始知傳聞之失實。陳雖一蹶不起，而清亦亡。其幹濟才，人至今思之。

---

① 按，該則見光盤最後一拍書影，另書一紙，紙墨皆與前不同。據文中"書附公傳"等語，或書《通志·張亨嘉傳》後者，故附於此。因係草稿，且圖片像素較低，清晰度稍欠，中未能識讀者暫付闕如。

葉譽虎先生感陳知己之恩，長交通部時，以高等顧問名，月奉千金於陳，而官其三子。陳没，葉來執紼，步行十里，視葬事畢而後返。高誼不愧古人。

林希村

林希村爲勿邨先生第六子。驚才絶艷，工四六文，惟不自檢，每日必醉。勿邨先生聞其夜深醉歸敲門聲，問何人，僕以少爺對。叱令進，以"少爺酉卒"命對，能對免責。希村立應曰"太子申生"。

王可莊

王可莊先生大魁天下時，年才三十，美丰儀。西太后聞而召見便殿。王跪后前，后曰"前一步"，王前。后曰"舉頭我看"，王不動。后令舉頭者三，王終俯伏。后歎曰："可惜，汝福薄也。"先生人品極高，後爲名太守，早於爲翰林時見其風概矣。

可莊先生未第時，即以大魁自負。光緒二年丙子恩科，先生禮闈報罷。是科狀頭爲山東曹鴻勛。王乃私刻一印，文曰"落第狀元"。越明年丁丑，果大魁。

可莊先生嘗詡於儕輩云："吾有古本《中庸》，其文云'天命之謂錢'云云，至萬物錢焉。"只易"道"爲"錢"，却極自然。

可莊先生工殿體書，作字時，專心致志，人過其側，不覺也。每數行，輒換新筆，積筆如山。夫人林氏，工磨墨。先生作書所用墨瀋，皆出夫人手也。

張珍午

光緒丙午，載振偕徐世昌往天津查案，時袁世凱任北洋大臣兼直隸總督，設筵張樂以款之。劇演《小上墳》，道白到"我愛你"句，女伶楊翠喜戟指向振，振因笑謂鄰座張勳曰："吾當爲少軒致之。"事止於此。吾聞張珍午先生元奇，時官御史，竟露章劾振，卒不直，而出爲湘南岳州府。明年，徐總督東三省，張遂得奉天民政長。河南吳笈孫世湘，時爲東海掌書記，亦在座，曾目擊之。吾得之章行嚴先生，章得之吳，蓋可信也。

沈筍玉丈言，載振在北京二保胡同榆園召南妓謝珊珊侑酒，珍午已劾之，在楊翠喜事以前。

珍午至湘時，湘撫爲岑春蓂，春煊弟也。張衙參時，春蓂問：“君在臺諫，有奏劾過何人？”對曰：“共劾三人：一貝子載振，二安徽巡撫誠勳，三宮保。”按，“三宮保”即春萱，行三，時任兩廣總督加太子少保也。

郭文安

袁項城初任直督，即求兼領東撫。時榮祿爲相，詢故事於郭文安公曾炘。公舉年羹堯、鄂爾泰、李衛以對，且謂：“此康雍時事，非今日所宜援。”榮首肯，因言：“慰庭志願甚奢，吾常裁抑之。然環顧無人，異日恐終當執持朝局。”辛丑回鑾後，中外復競言變法，孝欽亦欲藉此鎮群議。榮時已病，常謂：“茲事體大，非吾所能任。其成其敗，幸病軀皆不及見耳。”其愚真不可及也。

拳匪之亂，翰林有聯名請殺合肥、新寧、南皮三督臣者；又有侍御某，請派義和團搜查內外城官宅奸細。郭文安公時在政府，力阻之，其所全多矣。

周松孫

吾閩周松孫先生景濤，作秀才時，爲林文直公家童子師。時公家子弟衆，分兩塾，幼童塾，周先生師之；成童塾，池滋膺先生師之。塾雖分，而門相對。時池已領鄉薦，講書時，聲揚戶外，周聞而心折，常屬群子弟中聽講，後遂委贄稱弟子。壬辰與池同榜成進士，入翰林，亦藝林佳話也。散館，池得廣東知縣；周得刑部主事，十年始知如皋縣。光緒丁戊間，德宗病篤，詔天下求名醫。周素精岐黃，江督端方遂以應詔，因內召爲學部主事，供奉內廷。德宗病腎虛，已不可治。蓋自戊戌後，抑鬱無俚，乃自戕喪也。周終員外郎，池終縣令，均有循聲。

周松孫與張珍午均久作塾師，一日，互談此中甘苦，周曰：“學生夜課歸後,先生乃有工夫温八股文,正在朗誦興高之際,而燈油罄矣,不能不就寢。"張曰:"今日開飯如遲,必有好菜,因東家逢其祖先忌日上供故也。"

陳心典

陳心典,修園先生孫也,傳其祖醫術,爲人治危症多奇效。駐防閩省將軍某,奉兼署閩浙總督賞戴雙眼花翎命,驟喜過望而瘖,延心典治之。心典詢狀畢,曰"可勿藥",因告來使曰:"而歸復命:必將軍夫人率子女登門九頓首,乃往。"使以告,將軍方臥,勃然搥床曰:"何物庸醫,敢妄自尊大乃爾!速飭縣拘而懲之。"既而知其激己怒而愈瘖也,厚餽之。蓋《内經》有之:在竅爲舌,在志爲喜,傷心恐勝志。心典善讀書,知合變,以"怒"易"恐"而勝之也。

郭遠堂

前清詞臣,以膺考差爲榮。上元黄思永、南通張謇,均以殿撰未膺此職爲憾。吾閩郭遠堂中丞柏蔭,在詞林三次考差,均未獲簡。授甘涼道時,召見,宣宗嘗以爲問。足徵當時上下之重視也。

中丞權兩湖督篆時,於監臨文闈中,具草陳情,家人未之知也。既得俞旨,屬有奸人李光昭報效圓明園木植事,川楚諸帥約連名諫阻。或謂已開缺,可勿與聞。中丞毅然曰:"兹事所關甚大,在官一日,即當盡其言責。"卒列名入奏,事竟止。

中丞與先祖晴村公至契,故吾家藏中丞墨跡甚多。中丞書學誠懇,筆筆端楷,耄年尚能書細字。聞曾手書《十三經》授子弟,精力真絕人也。

魏季梓

吾閩魏季梓先生瀚,馬尾船政學堂首班卒業後,派往法國學造船。時日本亦派遣高材生赴外洋留學。與魏先生同班有日人山口辰彌者,初在橫須賀造船所，任十四等出仕職，以品學優良，經法人契波吉考驗，於一八七六年七月二十二送赴法國，學造船機械於瑟堡海軍造船學校。與魏先生均考列優等，甚相得，同爲其師柏湯路易愛彌所愛重。柏湯爲法造艦大師，魏與山口自知不如遠甚，因相約回國後，非各請當軸聘其東來教授不足言船政。山口辰彌於一八八〇年四月八日歸國，魏亦於時東返。言於有司，有司誚之曰："國家派君等留學外洋，望回時能製造也。若仍須請外人，則何用派君等？"屢言，輒遭誚如此。一八八六年，日人竟以月薪三三三磅先令八辦士聘柏湯爲一等大技監，在海軍部內專任製造軍艦計畫。經其設計製造之艦，有法國造之嚴島、松島、千島三艘，英國造之千代田，及日本造之橋立八重大島等。海軍部前曾在法定造水雷艇十四艘，得柏湯力，以原價造十八艘。又曾造一等海防艦、一等巡洋艦、主戰艦等計畫，並有改良、新設及可資技術參考之建議。又提出關於艦隊組織、海岸防禦大炮計畫、煤鐵材料之用法意見，日本海軍獲益極鉅。一八九〇年二月辭職，三月七日召見，叙勳二等，賜旭日光章。蓋不待甲午之役，而中日海軍之懸殊已判。矧那拉后復提海軍費以修頤和園，沮將士之氣耶！以上吾得之高先生夢旦，高先生得之魏先生云。

陳敬如

陳敬如先生季同，倜儻風流，學貫中西。庚子之役，與聯軍統帥周旋，厥功甚偉。有繩先生文學於張文襄者，誦先生贈妓花珠聯云："花枝玉兔參差似，珠箔銀屏旖旎開。"張未之奇也。客又誦贈金枝聯云："金如可揮，何妨似土；枝猶堪折，莫待無花。"張乃加禮焉。

楊子恂

楊子恂庶常仲愈，與沈文肅公交密。嘗佐文肅辦理馬江船政，奉命携拾萬金至海上辦材料。因不慊於某女校書，一夕作裙釵會，盡召當時名校書，各贈一羅裙，一金釵。某校書懊喪無地。文肅聞，將寘之典。楊致書詭辯，中有"道路之口，爭傳曾參殺人；父子而外，惟有鮑子知我"句。又有句云："楚囚越石,受大夫一日之知;廢將李嚴,冀丞相他年之用。"文肅覽之一笑,爲之彌縫。

楊以才名。葉恂如山長之母壽辰,適值元宵,是日豎六子科甲匾,楊贈聯云:"六子宮袍慈母綫,萬家堂火畫堂春。"膾炙人口。

子恂輓文肅夫人曰:"大江東去,有夫人百尺危城,溯釵環饗士,劍佩登陴,彤管千秋,猶想見護國旌旗,金山桴鼓;明月前身,證仙子三生慧業,記紫府來因,紅塵謫限,曇花一現,庶永留曹劉家法,左謝才名。"又輓曰:"曠代雙忠,紫閣丹青,生面重開蕭鄑國;憂時一老,滄江風雨,深秋瘦盡沈東陽。"文肅夫人生卒皆中秋戌時,故第一聯對句云云。

林畏廬

林畏廬先生學畫於陳文臺,字又伯,船戶之子也。爲南臺茶商畫茶箱,故其畫擅長花卉,而無書卷氣。文臺後亦遊庠。閩侯兩邑庠生,以船戶籍例不得應試,請學使者黜之。文臺以此悒悒而終。畏廬爲作《石癲山人傳》,載《續集》中 ①。

閩俗冬至搓圓,忌有不吉利事。林畏廬先生幼時搓圓,誤翻竹栳,先巫笑曰:"此團圓到老也。"其親始釋然。

畏廬先生譯《茶花女》,乃王子仁先生口述,時二人皆在馬江。書成,從頭到尾不竄易一字。子仁先生常爲人言之,輒服其才捷。

林畏廬先生著作,允以小説爲第一,詞次之,文又次之,詩則備體而已,畫最下。蓋以作古文筆作小説,故能超俗;惟以作小説筆作古文,故未免纖巧。

沈濤園好諧謔。一日,與諸生會於宣南,畏廬先生及梁爰居、黃哲維在坐。梁、黃皆及林之門,林講經好臆斷,二人未之服也。沈戲謂黃曰:"君應改字非廬。"謂梁曰:"君應改字無畏。"於是"非廬"、"無畏"之名,遂爲文讌之談助。

喬大壯云,畏廬先生品甚高,及門往謁,有餽遺其門子者,必追還之。其視學校生徒與受業弟子,畛域頗嚴。生徒往謁者,必延見,惟無多語。而先生

---

① 按,實載《畏廬三集》。

每有問，輒令人驚服。如問讀過某書否，若應以讀過，必詰曰有何心得，或舉書中疑義相質，不令虛此一來也。

鄭海藏每四鼓起而練拳，年七十餘尚能一躍而越棹。畏廬先生爲童子師時，館於某巨室，主人每昧爽聞其室有聲，疑而窺之，則正張拳踢腳，鍊少林術也。

溥儀大婚，畏廬先生以畫進呈，蒙賜匾云：“貞不絕俗。”某笑曰：“宜倒讀爲‘俗絕不貞’。”譏其謁陵而拜段也。畏廬謂清帝擬以郭泰，感激之，欲作謝恩詩，輒淚如泉湧，不能下筆，不知所云。亦怪也。

高嘯桐没，親友開追悼會於滬上，畏廬挽以聯云：“惟其愛國，作無聊感遇文章，何望抗節驚人，入閣靳君簪白筆；縱我銘幽，亦垂老傷心稿本，既已效忠無地，埋憂聽汝就青山。”聯句甚佳，頗爲時傳誦，然咸笑爲售預約券。因高之墓銘尚未定倩誰屬三年，先生大有捨我其誰之慨，故下聯起句云云。

畏廬先生每晨八時起作畫譯書，至午後四時止，手不停揮，精神不倦。譯書日以三四千言爲度，不逾兩句鐘。若無事閒坐，即憊憊如病；以手近筆，則神情煥發，亦異人也。每月必自作書四五幀，藏爲子弟學費。有云十餘年後其畫必貴。

畏廬居里時，與林述庵、林狷生號爲三狂。或謂三狂爲畏廬、述庵與王子庸。三人皆性情中人。甲申之役，馬江敗績之訊達省城，畏廬遇述庵於南街，相抱而號咷大哭於通衢。聞寶竹坡逝世，三人在茶亭設位而哭之。

先生勤勞，至老不衰。書室榜一紙條云“談話勿過五分鐘”，以先生時間皆用於譯述、作畫，可換錢也。來謁者，先生起立而已，應答如流，而手不停揮。客去不送，亦惟起立而已。

嚴幾道

“更何分蒼鶻參軍，粉墨千場皆假面；且細看烏紗牙笏，衣冠一代幾完人？”此亭江戲臺聯也。下半聯爲王碧棲丈句，後嚴幾道先生見之，乃添上半聯，笑謂王曰：“佛頭著糞。”

鄭海藏

鄭海藏初請陳弢庵先生介紹與李文忠,欲陳於函中稱其"才堪應變,當及其朝氣用之"。陳以鄭年才二十餘,何所謂暮氣耶? 不允。然卒爲函介於李。時合肥幕府人才稱盛,以末僚處鄭,任繕寫,偶使辦例行公文。鄭大恚去。後沈濤園薦之於張文襄,張亦未之奇也。一日,文襄問濤園曰:"子之客鄭某何能? "沈以問鄭,鄭曰:"可告以善説《孟子》。"沈具以告。文襄笑曰大佳,遂約談,則如水乳之相融。時文襄由權兩江督回兩湖總督任,遂挈鄭偕行,一路從遊,賦詩四章,五七言古今體各一,文襄極愛誦之,今存《海藏集》卷三。鄭嘗戲言欲辦諂媚學校,己爲校長,概自負善諛也。其頌揚文襄諸作,真所謂搔著癢處。

海藏樓詩爲顧石公作者尤佳,固其交誼之篤,而石公所以能致此者必有由。心儀久之。散步烏龍潭時,數過其廬,低徊憑弔,想見其爲人。後聞拔可丈言,清末至金陵,曾數與往返。其人滿面痘斑,好大言,嗜酒,殆古所謂酒狂者。善誦詞,聲清越,聽者忘倦。吾讀《盦山詩文録》,愛其文能矯俗,惜境界不大,未造自然;詩則非所長。嘗詢諸魏梅蓀先生,云:"刊本外,尚有手稿,藏石公子婦處。婦年事已高,珍如拱璧,不肯示人,故鮮知者。"曾托梅蓀先生挽人致意,願以重金爲壽,而借抄焉。魏公旋作古,不知此稿尚在人間否。

鄭海藏喜食糖菓,非至好來,不以餉客。晚不得意,所爲詩多隨手棄去。其死乃爲日人所毒。海藏素矍鑠,惟宿有胃疾,不時發。被解僞國務總理職,遂營菟裘於北平順治門外,欲歸老焉。書籍器物已遷回,眷屬亦入關矣。海藏定元月十五日離長春,日人於前二日餞之,翌日即感不適。庖人林依三見其皺眉罄折而坐,趨前問故,猶答"舊疾復發,無妨也"。明日加劇,延溥儀僞宮御醫診治,罔效。乃延日医注射,遂不能起。海藏自知無望,命促家人至。家人未至,竟於某日死於長春。葬瀋陽北陵附近郭松林塋地。初,郭家欲其遷葬,金靜庵先生素服膺海藏詩,爲向郭家道地,一代詩人乃得長眠於福陵之旁。

海藏嘗與王子仁先生論詩云:"自乙卯後,頗思變換舊格,別出新體,而卒未能。"石師謂其中歲之作,魄力最大。<small>梅丈云:碧棲丈近三十歲詩境,如登仙界,非吃人</small>

间烟火者所能道其出隻字。①

海藏有"五分鐘平治天下"之豪語。

海藏平生三鼓即起，故號夜起。有《夜起庵賦》云："納舉世於斯夜，縶獨痼乎一室。天沈沈而忽歛，日黯黯而焉入。山峩峩而埋雲，水湯湯而暗激。獸何往而潛藏，鳥何歸而戢翼。小人就陰而止，君子嚮晦而息。夜之象也則靜，其德則曠。冶萬物爲本體，亦造化之恒狀。時惟大人，觀乎物始。玩一氣之消長，羌中夕而蹶起。清明在躬，屋漏兮相爾。制乎未發之源，操乎無形之裏。非兹庵之可托，幾何不爲南溟之徒。"②

海藏善忍飢，石師善忍寒，各能忍至三四時許，故師贈詩云："君已盟鷗江水湄，我原雁鶩在芦崎。飢中風味鷗能語，寒裏神情鶩最知。"③

張文襄極喜海藏詩，方諸華嶽三峰。石師以其精思健筆，直逼遺山。④

海藏挽太傅云："幾番出塞詎灰心，遼瀋歸來，須臾無死；未睹廻鑾難瞑目，曼殊再起，魂魄猶依。"

海藏每抑鬱無聊時，好高歌温飛卿之"自欲放懷猶未得，不知經世意如何"。⑤

海藏挽高嘯桐云："憫世嫉邪，到死春蠶絲未盡；愛君憶弟，披瘡孤鶴翅終垂。"

海藏出關，太傅太息，謂："太夷不特不能對民國，且何以對愛新覺羅耶？"⑥

段合肥當國，慕海藏氣節文章，命徐又錚致電促駕。電文喬皇典雅，洋洋千數百言，鄭報以一字曰否，一時傳爲美談。段復使人諷之曰："斯人不出，如蒼生何？得一晤教，無遺憾矣。"鄭曰："士各有志，行所安耳。必欲見者，當先袪除畛域，交換意見，合則晤，否則罷。"段曰可。適直皖戰起，段下野，徐死，故終未謀面。

龍溪李威，道光時人，著有《嶺雲軒劄記》，近歲始刊行。所記毫無宗旨，

---

① 該則又載《龍鳳》1945 年第 1 期第 11 頁《海藏二三事：永思堂隨筆之一》。按，梅丈云云，與海藏似無緊要關係。原稿亦已圈出。

② 該則又載《龍鳳》1945 年第 1 期第 11 頁《海藏二三事：永思堂隨筆之一》。

③ 同上。

④ 該則原擬删，今姑存之。

⑤ 按，詩見温庭筠《春日偶作》，原作："自欲放懷猶未得，不知經世竟如何。"

⑥ 該則又載《龍鳳》1945 年第 1 期第 11 頁《海藏二三事：永思堂隨筆之一》。《龍鳳》該則末云："江陰屠神《六合内外瑣言》，初名《瑣蛣雜記》，筆墨尖刻，不落尋常小説蹊徑。"似由他處屛入。

欲以三教合一，如李卓吾之流。以曾寄居京華，故取蘇詩"萬人如海一身藏"句，顏其書屋曰"海藏書屋"。嗣得吳仲圭、倪元鎮合筆畫軸，署"圖於海藏書屋"，以古人有先得其心者。太夷先生名其樓時，是書未行世，殆與暗合。是古今有三海藏矣。①

海藏幼絕慧，讀書私塾，師彭某藏碑帖頗多，連失數册，心疑之。一日，見先生伏案習字，所臨帖即其所心愛之蘇帖也。怒欲撲之，瞥見其字體雄勁，不覺心折，反慰勉之，并授以永字八法。先生乃發奮臨池，不下樓者一年。迨發解，而書名已大著。先生運筆如飛，應求者多行書，或隸書，小楷殊少見。世稱其所書《沈濤園墓誌》，爲真書絕品者。先生則自以吳光祿、吳容甫兩家傳爲得意。其字得於天者多，所以他人難及。

陳石遺

石遺先生博極群書，吾閩學者推爲讀書種子。精力過人，耄年不衰。丁卯冬里居，一日爲曾樾講《爾雅》。曾樾苦聱牙難讀，先生笑曰："我尚能背誦。"因命執卷，隨意翻一頁，告以首句，先生昂首，纚纚而誦，無一字訛。已而葉長青來問《禮記·深衣》，手執《皇清經解》，遥坐，據書而問。先生面答，博引繁徵，如傾江倒海，並言某說見某書，皆隨口而出。長青無以難而去。先生回首，復爲曾樾講《爾雅》如初。其記力之强，有如此者。②

石遺先生云："鄭海藏曾約我鬻字，每年由彼包送五千金，惟彼送紙來，則我當書之。我不願，以我不虞衣食，而終日臨池，徒奪作學問時日也。"曾樾謹按，先生書法兼陳弢庵、沈濤園兩先生之美，有陳之秀而較勁，有沈之瘦而較腴。不論作大小字，皆用羊毫，以三指握管，用中鋒，端坐而書。生平無狂草，即一便條，亦必作行楷。或謂大壽之徵。八十之年，尚能作小楷。惟生平不爲人書扇，亦一奇事。有强之者，則作數大字還之。③

"何須法水五香湯，佛身不垢亦不淨；爲勸長星一杯酒，閏年無難與無

---

① 該則又載《海外歸僑》1944年第1卷第4期第17頁《永思堂札記》（二十），偶一二字稍異。

② 該則又載《海外歸僑》1944年第1卷第4期第16頁《永思堂札記》（十四），偶一二字句稍異。

③ 該則又載《海外歸僑》1944年第1卷第4期第17頁《永思堂札記》（二二），偶一二字稍異。

災。"林可山壽石遺先生七十聯也。"太邱道廣扶衰漢,伯玉詩清啓盛唐。"章太炎先生壽石遺先生八十聯也。先生皆以其工整而張諸壁。林蓋因先生總纂通志局時求加俸不遂,有憾而云然也。①

石遺先生宴諸名士,龔惕庵、高穎生、鄭穉辛在座。龔謂高曰:"公年將耳順,鬚何其黑?"鄭笑曰:"是抱不白之冤矣。"先生曰:"此紀文達謔陳勾山語也,用之洽當。"②

石遺先生云:"千古有三農夫:上者爲虞舜,次爲伊尹,下爲諸葛亮。諸葛之謹慎,即其才短之証。才長不難爲曹操、爲孫權。弢庵心與於文字過自損抑,即諸葛無帝王思想也。"

石遺先生云:"七夕牛女一聚便離,有何樂趣?可謂惡節。故花朝、寒食、上巳、重九,無不飲酒,獨此則否。"

石遺先生博極群書,然有詢掌故典實者,若有疑,必檢書,不漫答也。

先生大耄之年,精神矍鑠,有叩攝生術者,答以"平生精力,剥削亦多,祇早起一事"。其延壽之徵乎?

先生嘗自撰小傳云:"侯官陳叔伊衍,不富貴貧賤,無仙佛神鬼,多食少睡,好種植,舉家客食燕吳楚越臺建,撰述千餘卷,死欲速朽,視古人少當意者。"只寥寥數十字,已說盡平生。③

石遺先生師云:"自古伎儷道同而情篤者,允推二趙子昂與凡夫也。"

石遺先生云:"作文字,清才易見,奇才難覯。"

沈濤園

濤園先生有左癖,而性不喜著袜,常跣足讀《左傳》。遇子弟必令背誦《左傳》,能滔滔不絕口者,輒喜形於色,贊之不已。先生於《左傳》外,喜蘇詩及吳梅村詩,二家長篇,皆琅琅能背誦。④

石遺先生與沈濤園、鄭穉辛論貧與死。先生云"貧不如死",鄭以"寧貧

① 該則又載《龍鳳》1945年第1期17頁《聯語集粹:永思堂隨筆之二》。
② 該則又載《海外歸僑》1944年第1卷第4期第16頁《永思堂札記》(十五),偶一二字句稍異。
③ 該則又載《海外歸僑》1944年第1卷第4期第16頁《永思堂札記》(十六),偶一二字稍異。
④ 該則又載《海外歸僑》1944年第1卷第4期第17頁《永思堂札記》(十九),偶一二字稍異。

勿死",沈笑曰"我則貧又須生也"。

長樂梁章鉅《師友集》:"沈蔭士孝廉名廷槐,……嘉慶甲子舉人。……丁卯、戊辰間,同入張蘭渚師節幕。……吾閩甲子榜最利,廖鈺夫、林少穆、楊雪茮,各登一二品。然廖、林皆奪官,楊亦以年力就衰休致,君獨處咎譽之外,毫無寵辱之驚。……猶記京居時,蘭渚師嘗招余與君及少穆、雪茮同飲,時少穆新得浙江臬司,雪茮觀政西曹①,余方橐筆樞直。酒間,吾師慨然曰:林、楊、梁蒸蒸日上②,沈君亦不失③,故我惟鄙人有餘愧耳。時師方降爲宮贊,故有此感。"按,沈蔭士爲文肅胞伯,與林文忠、廖文恪同年,後爲兒女親家。

陳弢庵④

清宣統二年陳弢庵再起時,已在野廿七年矣,時有"未了塵寰之夢又落人間,同朝俊顧之儔愁遺一老"之句。其謝恩摺有云:"賈生召對宣室,非復少年;蘇軾再值禁廷,永懷先帝。"天下誦而悲之。

陳弢庵五十壽辰,謝枚如先生集張亨甫句爲聯贈之,云:"期君正有千秋事,視我真如一代人。"陳謝之云:"出處何成吾老矣,平生礱砆愧班斧。"

陳弢庵曾辦南洋時,其祖壽日,座客有誃之者云:"令孫少爺此番到南洋,不知多少人歡迎。"祖嘆唶曰:"此何足道。吾做七省坐糧廳時,到天津,兩岸跪接者不下數千人。"客有滑稽者曰:"誠然。惟皆不著褌者。"蓋坐糧廳至津時,南七省糧船上船哨數千人,皆裸體也。⑤

陳弢庵有三不:不飲茶,不吃豉油,不洗澡。

陳弢庵與石遺先生均不畏魚骨。先生嘗言:"無論魚骨如何大,一梗吾喉,便化烏有。"

"誦蓮池大師文,與世同修淨土懺;感湘陰相國事,在山曾見義牛祠。"跋

---

① "雪茮觀政西曹",《師友集》原作"雪茮以新進士觀政西曹"。

② "林、楊、梁"後,底稿較《師友集》省闕"三君子正當"五字。

③ "沈君亦不失",《師友集》原作"沈君雖未達,然尚不失"。

④ 底稿及卷前目錄原均作陳太傅,後作者改正文篇目作陳弢庵,目錄未及改。謹從正文,與沈濤園、陳石遺等一致。

⑤ 此下另有一則:君樓丈有詩鐘句云:"花片疊高平地月,竹竿鐫滿一庭詩。"想入非非。又有《遊石鼓》句云:"寒泉哀自瀉,樓霧濕還飛。"眉批"此二行不抄"。謹將之附於此。

云:"虛雲方丈拓建放生園於羅漢臺側,今夏落成,郵徵楹語。因憶左文襄督閩時,有奔牛入署,跪堂下不起,公召寺僧量今善蓄之。越十八年,督師再至閩,遣沈應奎往視,則牛已前斃,寺僧就其瘞處立義牛祠焉。今又將五十年矣。義牛碑尚在迴龍閣後。此鼓山放生故實,身所親見者,故及之。"此陳太傅撰書聯語,懸螺江某禪寺也。

陳弢庵爲石遺先生書聯云:"地小花栽儉,窗虛月到勤。"時稱勤儉聯對。①

螺洲天后宫,临江蔭以古松榕,風景絶佳。陳弢庵有楹聯云:"潮汐接湄洲,風馬送迎江峽月;帆檣彌建水,神燈上下寺門松。"如初寫黃庭,洽到好處。

荊公與耿天騭會話云:"邯戰四十餘年夢,相對黃梁欲熟時。萬事盡如空馬跡,怪君强記尚能追。"陳弢庵與陳伯平五絶句之第一首云:"人生禁得幾滄桑,夢裏春容尚玉堂。臨發剪燈深語夜,微君善記我幾忘。"用王詩機栝也。

陳弢庵鄉居時,頗交結當路。屠捐,其所倡者。有用"二萬寶琛"四字作嵌字格聯云:"二品侍郎,無以爲寶;萬家屠宰,來獻其琛。"寶琛其名,二萬乃福州土話罵人語也。其鄉評可知。

李蘭卿 ②

李蘭卿先生出翁覃溪門,其往來函札,多考証金石、商文字者。余得翁評本《全唐詩》中之杜詩,乃蘭卿先生物也。有翁氏論詩信數十通,現存寶岱閣。

郭蘭石

郭蘭石先尚先,以書法名,與祁春圃雋藻、何子貞紹基、趙蓉舫光齊名,號四大家。亦能畫,常作蘭石,蓋自寫照也。得者寶之。

先生曾手書《五經》,精槧行世,板存家祠。族中子弟能讀書者可領一部,用意良深。世徒以筆墨重先生者,淺之乎目先生矣。

---

① 該則又載《龍鳳》1945 年第 1 期第 17 頁《聯語集粹:永思堂隨筆之二》。

② 該則與《郭蘭石》,同書一紙,底稿原置甲集《陳弢菴》前。因書前目錄未載,故係卷末。

徐花農 ①

徐花農琪，光緒末督粤學，多取美貌童生爲秀才，不論文字優劣。粤人題"顏良文醜"高腳牌以贈。

吳金相阨

吳缶老與金拱伯各以畫名，乃互相誹薄，亦賢者之過也。

龔魏陳交誼 ②

汪辟疆言，曾見湘友彭黻山有《湘軍始末》四册，係黔紙抄本，署莫友芝著，校之王湘綺《湘軍志》，始知王書有所本。又云，陳太初所著《詩比興箋》，相傳係魏默深、龔定庵作，因魏、龔與陳交厚，悼陳早世，遺著僅《簡學齋詩》數十首，不足以壽世，故二人費十日夜力成此書以不朽其友。竊謂邵亭久遊曾文正幕，聞見湘軍事必多。此人間孤本，知者絶鮮。獨山鴻儒，遺著尤應表襮，奈何不亟公諸世？《簡學齋詩》僅得王、韋之一體，若非《比興箋》，自無今日之名。然此書亦未脱宋儒説《詩》習氣，獨古人生死交誼，可愧時賢。

清代待漢人之薄 ③

努兒哈赤之稱帝於沈陽也，年號天命。十年乙丑十月，曾令察出明紳衿，盡行處死，謂"種種可惡，皆在此輩"。此事《太祖實録》不載，《太宗實録》天聰三年己巳九月《考試儒生詔》中引及，始知此大事。殆史臣深心，特留

---

① 按，該拍書影收録五則：徐花農、嚴範孫、吳金相阨、袁項城、宋芝田。嚴範孫、袁項城、宋芝田三人，甲集目録已收（由此可見甲集目録或有闕頁），故將另外二則也收録該集中。

② 按，原置甲集《汪梅村》《張佩綸》間，目録無收。《汪梅村》《張佩綸》均各爲半葉書寫，該則與之不相連屬，恐誤植，暫移卷末。

③ 以下五則原在《朱竹垞詠史詩》前。

此故實於頌揚皇太極語中,待後世之誅伐歟?

　　滿清入主中土二百六十年中,漢人受壓迫事,指不勝屈。薙髮令誅戮無數,文字獄株連無辜,世咸知之。初入關時之圈旗地,强占民產爲宗室、功臣田莊與駐防軍之營地,使業主流離失所,不可數計,亦虐政之大者。殆宇內大定,應施懷柔,而清廷尚處處顯其治權,不稍顧忌,吾不笑滿人之不智,而恨漢人之懦弱也。朝官必滿漢兼備,大學士、各部尚書、侍郎人數,皆滿漢均等。若以滿族、漢族人數較之,不啻一與五十之比,可知彼族升轉之易。況滿漢禮制不同:漢員丁憂去官,行三年喪;滿員丁憂,僅穿孝百日。是又比漢人多一升轉機會也。此制直至清末光緒三十二年丙午行新政,有所謂修訂法律大臣者,於九月奉旨與禮部修訂《滿漢通行禮制》時,禮部左侍郎張文厚公亨嘉力爭滿員行三年喪,不得。右侍郎郭文安公曾炘繼之,草奏累千言,始獲准施行。自是漢滿喪制畫一。張文襄公時在樞府,語人曰:"百年來禮臣能持大体者,郭侍郎一人而已。"是年十二月,修訂法律大臣議奏:"嗣後旗丁犯罪,均照人民各本律例科斷。"是亦不平等待遇之一例也。

清制三品以上不得入妓寮

　　清制:三品以上官不得入妓寮。牟利者遂設相公堂,精其陳設,廉其費用,以爲逢迎。朝士大夫往往退值去冠服,即流連於此。以其窗明几淨,書籍字畫、花木魚鳥並皆精美,投文人學士之好。故此風大盛。李越縵尤好之,屢見於日記。改革後始禁。聞前輩言,非身至其地,不知其趣云。

　　李文忠以相國入京陛見,訝車夫面甚熟,問曰:"你從前是否在韓家潭某相公堂趕車?"對曰:"從前爲相公趕車,現在也是爲相公趕車。"文忠大喜。

清帝輿夫

　　林□智言,少時曾見清慈禧太后與光緒帝由頤和園回宮,儀仗甚簡,數騎先行,次則后輿,次帝,諸王公大臣騎而扈蹕。輿黃色,輿夫袍褂冠纓,人數不能悉記。鑾輿過時,不覺有異,惟前行之騎奔馳而逝,後馳之騎騁足而追,可知輿行之疾。聞御輿夫鍊習之法，係用一椀滿盛水，置輿中，舁之而趨，必使水不外溢，然後可用，故行速而穩也。

清代科場之弊

清代科場之弊綦多，鄉試則謄録亦可舞弊。蓋文人寒畯，每以秀孝爲此，以博微利。舉子常賂遺之，如卷中有脱誤字，則謄録可爲添改。故事：添註塗改在百字以内不禁。故謄録得高下其手。鄭海藏領解卷，詩中有“動秋興”三字不協平仄，謄録爲易作“秋興動”，其例也。同治癸酉科，福建鄉試王文勤公凱泰爲監臨，發覺謄録改試卷事，決將舞弊者八人立正典刑。臨刑日，冠服坐堂皇，天忽昏黑，暴風雷雨折撫院旗杆，公不動。既而學院旗杆又折，公不動。既而龍門又折，公仍不動。正點名時，忽狂風翻案，公不憚而退。將八人囚繫數日，後均釋放。蓋科場舞弊，非死罪，則無罪也。八人者：陳鳳墀、史誠，均孝廉；餘皆秀才。後陳、史成進士。陳爲山西知縣，著循聲。餘均舉於鄉。論者遂謂，此殆文昌之佑也。[①]

科舉制度極嚴，而舞弊如故。法愈密而玩法之術亦愈精，有治人無治法，在吾國殆成不刊之論。清道咸間，新建有熊豹文者，工八比，家貧，能揣摩試官心理，以做槍手名。倩其捉刀者，可預訂第幾名，歷驗不爽。年逾耳順，始中乙榜。自撰聯云：“統經十七屆科場，三八房師薦卷；報到第五名中式，九旬老母開顏。”

祀先薯之始

先農先蠶並有祀矣，祀先薯殆自吾閩祀金中丞學曾始。明萬曆中，歲大饑，公勸民種植，當時有金薯之稱。事詳《福州府志》。清同治中，寶應王文勤公凱泰撫閩，建致用堂課士，嘗淪薯葉苗爲羹餉諸生。林歐齋方伯時爲掌教，名爲中丞菜，令諸生作詩詠之，中丞勒爲一集。此亦薯之掌故也。

---

① 該則又載《海外歸僑》1944年第1卷第4期第18頁《永思堂札記》(二六)，一二字句稍異，且鄭海藏事例不載。

王文勤祠在烏石山致用書院側。正月團拜，謝枚如先生作聯云："至味託和羹，食譜千秋傳薯蕷；神絃催法曲，心香一瓣禮梅花。"上聯指中丞菜，下聯指十三本梅花，爲文勤先德樓村先生故事。

狗黨畏犬 ①

邵積誠實夫與陳弢庵、張幼樵、黃漱蘭，以直言敢諫，時目爲清流，憾之者諷爲狗黨。一日，邵謁林儷琴布曾，其家有惡犬，邵叩門，聞犬聲，大怖。主人笑曰："只有人畏汝，寧有汝亦畏犬邪？"

清流六君子

同光清流黨，亦有六君子之號，爲相國張文襄、鴻臚鄧鐵香、學士張幼樵、侍郎寶竹坡、京卿黃漱蘭、御史陳弢庵。

---

① 以下二則原在《也罷》《何玉如》間。

乙集　談藝

謝枚如聯語 [1]

　　"此地有名山，人往風微，問何處宛羽樓臺、遲清亭館；舉宗登信史，功成名立，試回想驛梅事業、小草文章。"此謝枚如先生移居鰲峰坊時所作書齋聯也。明鄭繼之居少谷山，築遲清亭。古仙跡坊，有片庵枕坡側，則明二徐綠玉齋、宛羽樓尚存。古仙跡坊，即今觀巷也。驛梅，乃謝潢浦公別字。小草，謝在杭齋名也。

陳石遺聯語 [2]

　　湖廣督署內外楹帖，皆張文襄重撰。頭門長聯首句，以"尚書天北斗"對"江漢水東流"，以湖南北既分兩省，江漢僅屬荊州，不免拋却湖南。石遺先生居幕府時，曾奉命重撰，云："東夏口，西武昌，艫舳旌旗天下盛；南瀟湘，北巫峽，江湖廊廟老臣心。"出聯全用《赤壁賦》，對聯全用《岳陽樓記》，並切湖南矣。[3]

　　石遺先生祝某太夫人云："六德六行六藝真女士，八月八秩八座太夫人。"又贈長慶寺方丈楞根云："一燈説法，千山經行。"

　　石遺先生哭張文襄云："合陶桓公、謝太傅爲一人，開濟平生心力竭；有

---

　　① 　原置甲集《嚴幾道》《林畏廬》間，各半葉書寫，不相連屬，卷前目録未立目，當係裝訂時屏入，今移乙集。

　　② 　甲集《陳石遺》後另起一葉有《陳石遺先生聯語》《陳石遺先生談藝》二篇，當係裝訂時屏入，今移乙集。又，題依先生舊例刪"先生"二字。

　　③ 　該則又載《龍鳳》1945 年第 1 期第 17 頁《聯語集粹：永思堂隨筆之二》。

裴中令、李贊皇老從事，平生學術見閩真。"哭木庵先生云："視我猶子，視公猶父，兄弟師友不足道；有聲澈天，有淚澈泉，山川舟車爾何仇。"哭道管夫人云："不肯吟白頭，李花開後君始病；行將作黃土，桂樹叢生山之幽。"哭冢子公荆云："我何人斯，乃繼孔仲尼、卜子夏、鄭康成、朱元晦而哭汝；壽非福也，請看竹垞翁、顧黃公、傅青主、查初白之暮年。"輓馬貞榆季立云："老猶難拄何妨息，書有堪傳未算貧。"

先生壽樊山七十云："白傅放翁，海涵地負；太初元朔，嶽降崧生。"首言其詩萬首，次謂樊姓，三言生日在十一月一日，末指官布政司也。

某富翁新屋落成，石遺先生爲撰楹聯云："萬方多難，空望西北長安，且復種樹拂雲，藏書連屋；環樓皆山，但覺東南尤美，請看峰高障目，江遠浮天。"筆意磊落，氣象雄偉。

先生輓陳仲勉云："肉山有重膇之虞，方藉藜床可坐；津海當奇肱而至，頓令荆樹無枝。"輓陳季良之兄少波云："陸士衡叙述家風，不遺一字；習鑿齒婆娑貞疾，終失半人。"陳之先世入《通志》者逾十人，少波搜求之力也，故上句云云。

先生嘗爲其夫人撰聯云："翠袖影嬋娟，日暮天寒倚修竹；疏簾風料峭，秋涼人瘦比黃花。"冷艷欲絕。

輓高嘯桐云："視朋友若性命，視君國若身家，草草一官，竟賫志而沒地；論經濟有揣摩，論文章有規矩，茫茫六合，更深語以何人。"

先生云："吾一生事業，人難備詳，身後挽辭，恐難著筆，其唯以'一幅林山收晚景，數家茶肆息勞生'用之於我爲最洽當。"按，此乃先生與海藏登懷白樓句也。

陳石遺談藝

石遺先生云："讀《四庫提要》，可得穿穴之法。周中孚謂爲學之途徑在是。"先生及海藏均謂宛陵詩不可不讀。

先生云："《文選》《水經注》《說文》《史記》，爲必須讀之書。"

先生云："詩惟五律最難，譬之於劇：五言古律皆老先生也，七絕青衣，七古花臉,七律則小生耳。"

先生以俞觚庵詩在二孟間,西行後始參以杜法。海藏則謂其得杜味。

先生云:"陳仁先謂杜詩'但覺高歌有鬼神,焉知餓死填溝壑',已極沈痛頓挫之致,更足以'相如逸才親滌器,子雲識字終投閣'二語。此是古人拙處,即古人不可及處。"

"李夢陽謂'叠景者意必二,闊大者半必細'。如:'浮雲連海岱,平野入青徐。孤嶂秦碑在,荒城魯殿餘。''詔從三殿去,碑到百蠻開。野館濃花發,春帆細雨來。'"

陳韻珊年丈聯語

陳韻珊年丈綺歲與先德香雪先生,光緒戊戌科同榜入詞垣,爲吾閩科場嘉話。癸卯分校北闈,所得多知名士。改革後,以德高望重,爲歷屆主閩政者所尊禮。尹閩海厦門道,長財政廳,任"省府委員",垂四十年未嘗間斷。辦賑濟,倡文化,地方善舉,不分鉅細,惟丈是賴。古所謂鉅人長德,於今見之。現屆古稀高齡,神明不衰,飲啖、步履一如中年,洵異稟也。丈博極群書,尤諳掌故,顧矜慎不輕著作。應聯對,在丈不啻咳唾之餘,而無不典雅貼切,真摯動人。曾文正、王綺湘、方地山諸君子,不得專美於前矣①。如在滬輓杜慎臣閣揆錫珪云:"李元禮天下楷模,豈止聲名留馬瀆;孫伯符平生志業,可勝歎息望雞籠。"輓楊幼京主席樹莊云:"料知歸處須歸,成佛生天誰曉得;忍視世間何世,破家亡國各哀哉。"上聯言楊好佛,下聯言政局不定,閩□人□政府之役。又題楊樹莊墓聯云:"清白死方知,會見墓前來大鳥;英靈歸不遠,曾從海上挈長鯨。"②壽其母舅高孝聰六十云:"回首卅年前,同游于庠,同舉于鄉,人謂才名甥似舅;若論兩家事,吾父而師,吾母而保,相憐鬢鬢老彌窮。"皆移易一字不得,移易一人不得者也。③

---

① 此段上有眉批言:"推獎過甚,讀之惡然。請改删。"是爲陳氏筆也。

② 該聯原置陳代劉主席(建緒)壽張幹之將軍聯後,另起一行。眉批有"此條可接入樹莊輓聯後"語,故移至此。

③ 輓杜慎臣、楊幼京及壽高孝聰聯語,《聯語集粹:永思堂隨筆之二》收錄,惟少作者評論,見《龍鳳》1945年第1期第17頁。

吾鄉吉山離城十里，水木明瑟。劉姓聚族而居，馴篤好學，文風甲全邑。清朝二百六十餘年，吾邑僅兩進士，其一劉元暉，吉山人也。貢成均，食廩餼者，歷十數代不絕。吉水尤清冽，以釀酒，倍芳郁，故吉山老酒，遐迩馳名。抗戰軍興，韻丈隨省府遷永，卜居是鄉，爲劉姓題祠聯云："累世嗣書香，述祖應從藜杖始；君家傳酒德，入山常與鞠車逢。"① 不愧初寫黃庭，恰到好處。又代永安鞍鄭議長祖蔭云："貧病死方休，三十年孤膽相親，自謂不隨流俗變；家鄉歸不得，五百里夢魂遙接，倘能□□□□□。"故人哀鄭病故永泰縣中。②

張幹之將軍持節南歸，值花甲孤辰，丈代劉主席壽以聯云："山城春早，花甲平頭，正看持節人歸，能使一軍徐按轡；海嶠風清，繡衣直指，却喜燒燈事近，忝從百爾共稱觥。"雅切得未曾有。

又，丈與王子仁至契 ③，輓聯云："孤憤豈能平，示疾已甘爲世棄；固窮同不易，論□頗謂與人殊。"極爲石遺先生激賞。

楊雲史代吳子玉輓杜慎臣云："將軍本號樓船，憶當年擊楫相從，有楊僕威名，風雨同舟圖共濟；家學人稱武庫，自漢水沈碑而後，感征南高義，江山如畫慟交游。"④

閩古文傳授源流

吾閩古文，自明王遵岩始與唐荊川齊名，而散文中往往雜以駢儷語，既戾文法，篇幅尤冗長，漫無裁制，殆不善學曾南豐者。清乾隆時，朱梅崖崛起建寧，力追韓、李，戛戛獨造，爲姚惜抱所推服。雖疏於考据，無害其爲一代大家。傳梅崖學者，同邑李祥虁古山，詩人欐園族子也。初，古山年弱冠，以文贄於梅崖，梅崖時退老鄉園，見所擬蘇穎濱《六國論》，歎爲端人之言，扶杖訪之，延課其孤孫，古山遂受業焉。梅崖將卒，遺命無易他師。後梅崖五十年，

---

① 題劉姓祠聯又載《龍鳳》1945 年第 1 期第 17 頁《聯語集粹·永思堂隨筆之二》。"嗣"作"襲"，"祖"作"典"。

② 按，輓鄭祖蔭聯語係後來補入者，部分書於天頭，未盡拍攝，無由補全矣。

③ 按，"至契"二字，底稿極模糊，恐識讀有誤。

④ 該則又載《龍鳳》1945 年第 1 期第 17 頁《聯語集粹·永思堂隨筆之二》。"交游"作"前游"。

邑子張紳怡亭，以詩文鳴，文宗梅崖，詩法櫨園。時古山已老，負重望，獨許其與朱、李代興，而兼其美。同宗際亮亨甫，詩才不可一世，惟於怡亭執弟子禮甚恭，謂當尚友古人，不當較量鄉國間。桐城姚瑩石甫，謂怡亭文視梅崖，猶習之於昌黎，其廣博不及，易良隱厚非韓所能囿。怡亭善光澤高澍然雨農，館其家八年；有作，悉授雨農論次。雨農深以三人之言爲然。雨農亦私淑梅崖，瘁畢生精力於韓、李，而尤得李之神。入通志館，與陳壽祺恭甫盤桓，遂濡染朱、陳之學。陳後，謝章鋌枚如繼起，以古文名同光間，一時碑版多出其手，爲文能謹守鄉先進矩矱。繼謝者爲陳石遺先生，常舉朱、高緒論發揚而光大之，以授四方學者。嘗云：“閩文尤推梅崖第一，雨農次之，怡亭、古山又次之。”又謂：“古山傳誌諸篇，皆鄉曲無甚表見之人，而能言之委曲有味，時時透過一層，殆有得於李習之、曾子固之用意用筆者。”世以爲知言。吾求《古山文鈔》十餘年，去臘始從圖書館借讀，愛不忍釋，遂抄藏之，并爲校勘一過。覺其氣靜穆，其味深醇，存腴剝膚，精光內斂，非挺才使氣者所易知。惜格局不大，則身世使然也。因溯吾閩古文傳授源流，題諸簡端，爲讀是書者介。

清初閩詩人

清初閩詩人，牧齋、漁洋亟稱二許，同時尚有高兆固齋、曾燦垣即庵與天玉，並稱七子。繼起者又有平遠社諸子，郭兼秋柏蒼《竹間十日話》錄其詩，足徵杭董甫《榕城詩話序》之謬。固齋《洗露紅詩詞》爲毛大可遊閩時作，《即庵集》同治年始出，皆不落晉安十子窠臼。

閩名臣各有專長

吾閩清代名臣，皆各有所長。李文貞、蔡文勤以理學名，林文忠長於水利、熟西北地理，廖文恪、陳文誠長於刑律，王文勤精鹽務，沈文肅通洋務，惟蔡文恭所長未有聞。

鄉前輩之收藏 ①

鄉前輩之富收藏者，書畫則張文厚公亨嘉，精鑒賞，所得宋元以來名人墨跡皆極精品，身後散亡於北平；書籍則許豫生廉訪貞幹，所藏多精槧，後爲陳弢庵太傅以六千金所得。陳、許至好，世以此少陳。李畲曾太守藏書畫亦富。辛亥國變後，嘗以所愛者入海上質庫，翌日燬於火。中有李香君真一幀，題詠殆遍，尤可惜。李每與人談及，輒深嗟惜。拔可丈爲太守猶子，酷愛伊墨卿字，收羅寧化真跡百十種，皆精絶。入墨巢，琳瑯滿目，洵巨觀也。爰居閣庋藏尤富，死後不知所歸。

朱彊村

朱彊村侍郎，當代詞宗，嘗語華陽喬大壯云："詞非天籟，乃人籟。"意謂詞無下筆即成，必待雕琢而後佳也。大壯謂："詞一換頭即不佳。古今妙詞，往往下半闋不逮上半，殆不可解。"亦道人所未道也。

吳摯父

吳摯父在桐城文派中，可謂淵博。晚遊日本，爲日人題蔣湘颿尺牘，乃謂"其在吾國不甚知名"，異哉！先生偶忘之歟？

朱竹垞詠史詩

朱竹垞爲高江村士奇所齮齕，出南書房，殊抑鬱。有詠史句云："海內文章有定稱，南來庾信北徐陵。誰知著作修文殿，物論翻歸祖孝徵。""漢皇將將屈群雄，能識淮陰國士風。誰意後來羞絳灌，名高一十八元功。"前首借文事爲比，後首借武功爲喻，意極深婉，怨而不怒，真得風人之旨也。石遺先生云。

---

① 載《海外歸僑》1944 年第 1 卷第 4 期第 18 頁《永思堂札記》（二四），一二字句稍異。

施愚山之陋

施愚山以明諸生應清鄉試，人品已卑，不足與顧、王諸子作輿儓。思想尤陳腐，如《勸同志勿用壽字緞説》《紀砲異》之類，何可入集？《蠖齋詩話》与《雜記》所録，尤多神異迂腐之説，與習見前人著作之事，更不足道。其記山谷祠有云："其詩爲當時所宗尚，稱江西詩派。予未能多讀，獨喜其書法。而其雜著文詞，多湛深性命之言，非詞翰家所及。"山谷詩尚不能多讀，可成一代詩家乎？南施北宋之目，名浮於實矣。況江西派之説，倡自吕居仁，乃山谷身後事，非當時有此稱也。愚山於此亦疏矣。其重山谷，乃在湛深性命之言，理學之毒何其深乎！

春曹留書

春曹故事：同人有遷調者，留書一部爲別。相傳始自王漁洋。往時祠祭司廳事庋藏多至數千卷，庚子之亂，散失殆盡，此舉亦廢。①

王厲燕子磯詩

石遺先生嘗云："燕子磯詩，漁洋不如樊榭，一平演，一曲折也。"王詩云："岷濤萬里望中收，振策危磯最上頭。吴楚青蒼分極浦，江山平遠入新秋。永嘉南渡人皆盡，建業西風水自流。灑酒重悲天塹險，浴鳧飛鷺滿汀洲。"厲云："石勢渾如掠水飛，漁罾絶壁掛清暉。俯江亭上何人坐？看我扁舟望翠微。"按，厲詩末二句有四轉折，意謂我看他看我看他，誠極轉折能事。故吾陪師《遊燕子磯次均作》，首聯云"曾聞振策上危磯，不及扁舟望翠微"云云，指此也。

---

① 又載《海外歸僑》1944 年第 1 卷第 4 期第 18 頁《永思堂札記》（二三）。前有"先生又言"云云，承前知此則蓋爲陳石遺先生所講述者。

元遺山雪香亭雜詠

元遺山《俳體雪香亭雜詠》十五首，《金詩紀事》以爲金亡後重過汴京作，是也。查初白謂當是癸巳春未出汴京以前作，時哀宗尚在歸德，故第三首"時上高層望宋州"一句，乃十五首詩眼。竊謂先生誤矣。此句之上，明云"若爲長得熙春在"，玩"若爲"兩字，是明謂不能長得熙春也。且開首即云"滄海橫流萬國魚"，十二首云"啼盡杜鵑枝上血"，是亡國也。六首云"禁苑又經人物散"，十四首云"眼中歷歷記曾經"，是重過也。且十三首云"宮園深閉無人到，自在流鶯哭暮春"，如僅遷歸德而汴京未亡，何以宮園深閉？何以十四首又有"賦家正有蕪城筆"之語？十五首有"白髮纍臣幾人在，就中愁殺庾蘭成"云云，皆亡國之辭乎！

閩板聚珍叢書

《武英殿聚珍版叢書》，當時頒發東南五省，並遵敕重雕，惟吾閩刊百二十三種最多。歷經兵燹，難得全帙。光緒壬辰，經督部卞寶第、譚鍾麟督修，遴傅以禮爲總纂，孫星華任編校，並增刻二十五種，遂爲各省冠。版原存布政司署之五鳳樓，後移鰲峰書院，辛亥之役燬於火。

方地山聯語

方地山先生爾謙，工聯語。祝女兄六十壽云："數吾家六十生辰，祖父初三，女兄初二；酬貞婦千秋大節，獨子成立，諸孫成行。"又云："六旬手足尚完全，念當時吾父吾母、吾舅吾姑，無此團聚；三處兒孫皆茁壯，看小輩宜室宜家、宜兄宜弟，各保平安。"①

方地山於民國廿五年臘月逝世，年六十。□□□□□□□"骨頭支離

---

① 該則又載《龍鳳》1945 年第 1 期第 17 頁《聯語集粹·永思堂隨筆之二》。

突兀,雖窮愁從不牢騷,或誚狂生,或憐狷者;心地磊落光明,即口障亦關慧業,自稱情種,人羨仙才。"

方地山於甲寅、乙卯間浮沉醵署,以官爲隱,梁衆異、黃哲維時往請益。方以善屬對名,一日,梁、黃戲之曰:"如能於五分鐘內,以吾二人姓字折嵌其中,乃堪稱能手。"方索筆立書曰:"梁苑嗣音稀,衆濁獨清,異古所云今世免;黃庭初寫好,哲人不遠,維子之故我心夷。"二君初讀上聯猶未服,迨"維子之故"乃驚歎。

津市有新開天津湖南粉館,乞方地山先生製聯。先生以店名六字嵌入云:"別開天地,想望湖山,要收拾粉碎中原,有條不紊;廣設津梁,疏通南北,藉料理館餐卜野,無事而忙。"

李梅庵

李梅庵先生篤友誼,嘗以王石谷山水巨幅賙友人李抱芬之急。此幅爲先生所藏名畫之冠,生平所心愛者。世以此多之。

梅庵死,其摯友曾農髯葬之於金陵牛首山。

唐歸文病

唐荆川文腴於歸震川,而神韻遜之。二人累句疵字皆多,震川膾炙人口之《項脊軒志》,"三五之夜,明月半牆"云云;荆川《宜興縣學記》之"冠蓋文繡之不衝,大賈重裝之所不湊"云云,不勝枚舉。存文過多,亦二人之通病。唐歸齊名,有以哉。

方姚惲文優劣

張廣雅嘗問石遺先生:"桐城古文,姚視方何如?"答以"姚雖倡義理、考據、辭章三者缺一不可,然方根底遠過於姚。人皆謂姚勝方,竊謂方勝姚。即惲子居亦勝姚,惟佞佛無謂耳"。廣雅頗以爲然。

童藻孫云，聞其友虞含章云："惲子居文，讀之無聲，此其不及姚惜抱處。"知言哉。

沈梁陳鄭詩定評

"子培詩有魄無魂，節庵詩有魂無魄，散原魄多魂少，海藏魄少魂多。"石遺先生言，此乃前輩公評云。

吳子玉

吳子玉在岳州時，其秘書楊雲史爲撰戚南塘祠聯云："雪國恥在四百年前，公不愧曰武；觀兵法於十三篇後，我能讀其書。"吳改"能"作"曾"，論者皆多吳之虛心。①

孫中山

譚茶陵爲孫中山先生掌書記於廣州，晨謁白事，值中山在漱盥，止於戶外，輒聞室內有人語聲。初以爲偶有奏事者，久之常然，異而叩之從者，始知中山每晨靧面時，必令人讀本日報紙以聞也。

阮氏石畫

阮文達一代經師，位極人臣，而善製大理石屏，爲阮氏石畫，號蒼山畫仙。通州李玉棻蘊壺著《甌鉢羅室書畫過目考》，曾言之。

王文勤

王文勤公凱泰撫閩時，創致用書院，專課經史。試卷中有誤"蔡元定"

---

① 又載《龍鳳》1945 年第 1 期第 17 頁《聯語集粹：永思堂隨筆之二》。

爲"葵元定"者,公批云:"刻本誤也。"

沈管樵潘炳年與邵實夫

沈管樵、潘炳年同眷一雛伶,住櫻桃下斜街,後爲邵實夫積誠所據。或嘲以詩云:"沈腰消瘦無人問,潘鬢蕭疏只自嗟。腸斷櫻桃西畔路,聲聲喚賣故侯瓜。"

輶軒語書目答問

清代文風,自道咸以來,讀書人專力時文,罕治實學。吾閩尤甚。自張文襄公之洞《輶軒語書目答問》出,而後人知讀書門徑。自王文勤公凱泰撫閩,設致用書院,專攻經史,而後福建人知讀書門徑。

梅園題字

無錫梅園落成時,主人榮宗敬欲得康南海題字,或請以潤筆五十金求得"梅園"二字,榮喜而懸之。後南海至其地,見而嗢噱,榮始知受紿,遂毀而請書之。南海欣然命筆,並記以詩云:"名園不愧稱香雪,劣字如何冒老夫。爲謝主人揮椽筆,好留佳話証真吾。"[1]

何梁詩謔

爰居主人贈梅丈句云:"登樓看劍吾已老,聽雨焚香子最工。"丈心不平,答云:"余生能向青山老,甘作焚香聽雨人。"

何梅丈談藝

梅丈云:詩當分作數種看之:寫景要有意旨,言情要有深情,論事須有雅抱。

---

[1] 又載《龍鳳》1945 年第 1 期第 20 頁《詩話集粹:永思堂隨筆之三》。

梅丈云："畫乃筆筆生機,碁乃著著死氣。"未经人道。至所云"競乎得失,均是機械之心",則人人所知也。

梅丈云:遺山《贈李文伯》詩,在遺山爲變調。"

梅丈云:黃莘田絕句,有絕好處,可選讀者有二三十首。

王評高詩

王船山謂高適《燕歌行》結句,亦苦平淡,謂如一疋衣著,寧令稍薄,不容有累,即此意也。

人間詞話

王靜庵《人間詞話》,最服膺李後主與納蘭容若。嘗謂不用"粉刷"二字,則於此道思過半矣。

海藏談藝

海藏謂撢石齋詩,爲自開風氣,卓然大家。

高迪庵言,海藏、枚叟諸先生,告以讀白香山詩,當求其詩心。

蒼虬談藝

蒼虬云:"讀蘇詩,當悟以邊際之語,達極圓滿之理乃妙。"

補銅絕技

精補銅器工人出山東,補書籍工人出山東、北平,皆擅絕藝,如天衣無痕。新鄭鄭武公墓出土銅器,本多破損,經魯公一補,宛然如故。吾曾親見之。

閩工雕瓷

景德鎮瓷器，以雕瓷爲最貴，出閩工者尤精。器底有三山舘印記，以資識別。

王湘綺

王湘綺與張文襄同遊，見開濬溝渠者，張以"開臭溝"屬對，王脱口云"張香濤"。《越縵堂日記》載：張之洞對"陶然亭"。亦雅切。有富翁求王作壽序，末云："某與翁素不相識，其子以白金三百爲余壽，舉其行述如此，故序之。"其玩世不恭皆類是。

趙撝叔題真

趙撝叔爲人題翎頂輝煌之真云："孔雀其翎，紅頂其帽，恐後無憑，立此存照。"

樊山晏起

樊樊山居舊京西北城時，日必天明始就寢，傍午始起，與夜起先生適相反。

易畫軒

易畫軒，乃崑山王椒畦所居也。匠人朱王罔以十紙索畫，王戲之曰："曷作軒爲潤筆乎？"朱諾之。數日而軒成，因以爲名。道光三年四月事也。

文中子僞書

《中説》言長安見李德林，援琴鼓蕩；及杜淹所爲《世家》，稱通間禮關朗，其年齒皆不逮；而房玄齡、杜淹、陳叔達年皆長通，不得爲其弟子。《舊唐書》稱通仕至蜀郡司户書佐，疑其書獻策，亦妄也。諸此欺詐之文，世或以福郊、福時增之。案：通弟績，既以通比仲尼，宜子姓習其虛妄。然其年世尚近，不可顛倒；而勃去通稍遠矣，生既不識李、房、杜、陳之儔，比長故老漸凋，得以妄述其事。《唐書》稱通起漢魏盡晉作書百二十篇續古《尚書》，有録無書者十篇，勃補完缺遺，定著二十五篇。由今驗之，《中説》及《文中子世家》，皆勃所讕誣也。章實齋《檢論》言其誇詐甚矣，證以《考信録》而益信。

漁溪草詔

乙未中日宣戰詔旨，樞廷諸老皆不肯當筆。強以屬漁溪，時在樞垣也。知浪戰必敗，未幾即乞歸養。十年還朝，授副都統。改革後，杜門不出。

段合肥壽聯

段芝泉七十壽，壽聯甚夥。惟李經邁云："是華盛頓一流人物，先觀音十日誕生。"爰居云："福壽康寧，天下大老；剛毅木訥，中國一人。"最爲傳頌。

李稺清

李稺清慎溶，有《花影吹笙詞》，以"颯颯牆蕉，知是秋來路"得名，世號李牆蕉。林畏廬不工詞，而倔強不服，固請見，乃嘆服曰："才貌雙全，名下無虛。"

鄭無辯

鄭無辯詩，海藏稱其能淡雅，自具一家風味者。性極怯蛇，每遇輒病。易簀時，有《示子絶句》，末云："縛束歸罔吾已可，勸兒莫乞買棺錢。"可見其耿介。

吕韻清

嘉興石門吕韻清女史，嗜琴，有《撫琴詩》云："拂拭塵埃解繡囊，權將吟榻作琴床。夜來抱取甘同夢，人與絲桐一樣長。"

廉南湖藏扇面

廉南湖所藏之扇面,乃得之山東宮子行。宮易簀時,舉以歸廉,許償值五萬金。廉後亦無力踐諾,竟將扇面售諸日人。子行嗜阿芙蓉,常以四麗婢輪流侍側,所用煙具精美得未曾有。

新華門

今北平之新華門,爲清宮西苑之寶月樓,相傳係高宗爲香妃建以俯臨回回營者。

宣統政要

章一山太史梫,著有《宣統政要》,未梓。以所藏書售與周越,《政要》稿在焉。周詫之,以前有劉翰怡序,遂持示劉,劉以仿宋刻《四史》相易。事未成,爲章覺,急索回。劉乃以萬金爲章壽,稿遂歸劉。

曾文正作原才

曾文正公作《原才》,乃在翰林時目睹英人之禍,文武束手,有感而言也。

西遊記

《西遊記通俗演義》,乃射陽山人吳汝忠撰,與長春真人撰之道藏本《西遊記》迥異。

袁姚盧伊

袁隨園居金陵,聲名動公卿,奔走仕女,下至販夫走卒,亦屆屆於門。時姚惜抱息影鍾山書院，世罕知名。而隨園之死，至無人肯誌其墓，與惜抱身後世奉爲文宗歷二百餘年者，不可同日而語矣。伊默卿守揚，官職、聲名皆不逮盧雅雨、曾賓谷，身後配食平山堂。可見文章政事，固有本源，而人品高卑，千秋自有定論。

也罷

俗賀生子得男曰"恭喜"，得女曰"也罷"。某女士不服此語。嫁未幾，其夫簡放某省學政，出門例乘八人轎，上轎時曰："八個恭喜，只抬一個也罷。"

何玉如

何爾璂玉如，擅翰墨。光緒季年花朝，集名流於張家娛園，即景撰聯云："大塊假文章，問四座才人，是杜甫聖、李白仙、賈島佛、王維詩中天子；方台羅日月，對滿園春色，有翠柳烟、紅梅雪、青棠雨、碧桃簾外春風。"①

福州東嶽廟瓷盆

福州東嶽廟有宋人施捨之瓷盆四，爲海内珍品。盆口環列楷書欵識。清末尚存其二，後補以二石盆。迨辛亥之役，遂盡失。傳係爲人盜賣，或謂爲北伐學生軍毀神像時所毀。當時道士拓其銘，爲產婦壓邪，迄今墨本亦不可得見矣。

陳尚書神道碑

陳望坡尚書神道碑，爲高雨農先生撰。時何子貞典閩試，陳公子承裘請書之，何一覽投文於地，曰："此鄉曲之文，辱吾書也。"時李申耆在座，曰："請去子之矜氣而細閱之。此乃歐、曾嫡傳，非輕躁者所知也。"翌日，何以書謝過，而深嘆服之，遂欣然命筆。

---

① 該則又載《龍鳳》1945 年第 1 期第 17 頁《聯語集粹·永思堂隨筆之二》。

楊時伯

楊時伯精律侶,清末曾充京師大學堂幫辦。能自造琴,所居四壁皆懸琴。著《琴學叢書》四十餘卷,七十餘萬言。平生以《漁歌》一闋最著名。身後遺琴四十張,爲徐聖禪以三千金得之。

秋瑾

秋瑾女俠在吳越謀革命時,部署其部衆爲八軍,名光復軍,置大將、副軍、行軍參謀、佐尉等。鑄金約指二十八枚,各鑄一字,聯成詩句云:"黄河源溯浙江潮,衛我中華漢族豪。莫使滛胡留片甲,軒轅華胄是天驕。"頒其官長爲信號。

萬壽橋石獅

萬壽橋橋欄石獅,係出精拳術石匠手,故獅子足之姿勢,皆有拳法。現尚存其三,藏烏山圖書舘。

閩石刻

吾閩刻石,以出漳泉匠人手者爲佳。南臺興化會館之石獅、怡山長慶寺之龍柱,均是。下渡美墩鄉某家柱礎,亦有名。

蘅塘退士

選俗本《唐詩三百首》之蘅塘退士,世未知其何人。或云即著《花月痕》之魏子安,以其爲人書扇常鈐此四字章云。

徐雲湄

徐雲湄以一二三四天地人和八字成聯云："四圍人影三弓地，一院和風二月天。"古淡渾成，殊饒天趣。易哭庵句云："留妨南國殘紅怨，去恐西山冷翠知。"亦詭麗可喜。

謝琯樵

謝琯樵名穎蘇，閩清漳人。工畫竹，能舞劍，好畜馬。每作畫，不令人見，輒黳其窗紙，不漏日光，燃蘸油小紙條以自照。日必三跣其足，令小僮搔足心，若奇癢不可抑，始快。斲芸香木爲小槽，肖己像爲木偶人，製小衣冠，衣冠之，納小槽，加釘焉，則大喜曰："吾事畢矣。"及殉難漳州，尸不可得，其友蘇君以小槽葬焉。

瀟湘夢

《瀟湘夢》説部，署名湘洲女史，乃玉環戴禮聖儀著，蓋自述也。題以《離騷》句云："禮魂何處向靈修，山鬼依然披薜荔。"首自況，下指其夫郭立山也。詳見拙著《戴禮傳》。

崔永安

皖崔永安以翰苑使外國，性吝，管家極嚴，人號"管夷吾"。管，指管家；夷，謂姨太；吾，我也。

筆工

滬有筆工徐葆，善製筆，每觀人落筆之姿勢，製而合其用。某顯貴書以索製，徐睨笑曰："若先生字，何筆不可用？"譏其書不工也。

楊叔嶠妾

戊戌六君子中,楊叔嶠銳以御史逮難,其妾竹卿流落青樓。某京曹贈以聯云:"罄竹難書身世恨,憐卿同是宦遊人。"

楊千里濮一乘

楊千里、濮一乘聯袂訪爰居於滬上,梁戲以二人姓名合製一聯云:"楊花水性楊千里,濮上桑間濮一乘。"可謂文章本天成,妙手偶得之。

聊齋誌異原稿

蒲留仙《聊齋誌異》,原稿四十六卷,爲蘇州科學研究院遠東分院圖書舘所得。

詩人詠閩 ①

唐韓偓詩云:"四序有花長見雨,一春無雪却聞雷 ②。"元薩都拉詩云:"三山一夜雨,四月滿城秋。"明黃景昉詩云:"莫愁長夜杵聲稀,海國秋深尚葛衣。"可爲福州氣候寫照。宋徐璣詩云:"雲麓烟巒知幾層,一灣溪轉一灣清。行人只在清灣裏,盡日松聲雜水聲。"可爲閩中山水寫照。陸放翁《南臺詩》云:"萬軌徐行怒濤上,千艘橫繫大江心。"寫閩江浮橋迫肖別處浮橋,移用不得。

附　補遺 ③

王子沅,碧棲長子。句云:"自言魏武是前身,刻意憐渠步後塵。終欠奸

---

① 按,據《慈竹居集》收録。
② 按,"春"當作"冬"。
③ 以下據《龍鳳》1945 年第 1 期第 17 頁《詩話集粹——永思堂隨筆之三》收録。

雄是耐事，一生長作漢家臣。"譏洪憲也。

張廣雅詠漢高云："身經百戰事尋常，頑頓終能定四方。芒碭風雲鍾左命，鴻門神鬼護真王。""英雄那解治生産，富貴何須歸故鄉。莫喝西風殘照曲，崇陵林樹鬱蒼蒼。"

碧棲丈有詩鐘句云："花片叠高平地月，竹竿鑴滿一庭詩。"想入非非。又有遊石鼓句云："寒泉哀自瀉，棲霧濕還飛。"

香宋先生寄石師云："相思無日畫圖張，何處二官認草堂？自想此生無生理，人烟□角當家鄉。""故交行止各何如，萬里閭天少尺書。桃子花作墻外見，春風燕子石遺居。""三年南雁一書無，想見秋霜上鬢鬚。此是詩人歸宿處，病中猶作福州圖。"

田無逸絶句云："似聽蟬聲不見蟬，柳陰分上白荷烟。寒塘素影出宜淡，數點蓼花開水邊。"

石師輓梁恭人云："霧鬢風鬟不足貪，易安老去恨醰醰。人生只合中年死，桭觸簫閒五十三。"

丙集　談瀛

意大利

一、奈普魯

　　奈普魯爲地中海岸名城，一零四三年瑙曼人據之，一七三〇年與西西里合建王國，以此爲首都。一八六〇年併於意大利。倚山面海，氣候温和，富魚果之利。藝術亦著名，博物院庋藏石刻、銅刻、油畫甚富，均以神韻勝，與開羅博物院之奇偉勝者迥異。内陳滂沛城出土古物甚多。

　　奈普魯諺云："天氣好，窮人寶。"彼人民生是，於風和日暖之下，性情歡樂，耽歌唱，不獨多職業歌人，即流浪街頭之乞丐，往往能唱出名劇中之佳曲。亦由於氣候相宜，故此地多産橘，橄欖亦有名。

　　滂沛建於二千五百年前，奧斯克尼、多羅斯克、别拉治、沙母尼德諸族迭居之。公元前百年，羅馬人據此。公元六十三年二月五日，爲地震所毁。七十九年十一月二十三日，火山爆發，全城爲噴出之鎔岩所覆没。千五百年後，由於農民耕地，掘出房址器皿，始有知之者。一七四八年，西西里王查理第三，始命開掘。現已開發其大半。下午由奈普魯乘汽車往觀，行一小時到。街衢坊巷，一一俱存；房屋園亭，歷歷在目。路幅不廣，皆係石鋪。堂構不敞，惟多樓房，仿佛歐洲荒僻村鎮。躑躅街頭，儼若置身一千九百年前，亦一奇也。所異者，闃然無人，毫無生氣耳。此爲羅馬帝國時縉紳娛樂地，居人達三萬，城周圍二千六百公尺，譙堡環立。開掘後，考古家得無數史材，市場、墓道尤引人注意。蓋當時第宅之結構，生活之狀況，盡在目前，無煩考證也。壁畫、雕刻，造詣亦高。妓院、浴室，壁皆春畫。妓院門前，以石刻䃺男勢，其大如升，縣以紅漆，插於門楣，或刻於地上，藉資識别。其荒淫無度如此。奈普魯博物院中藏有此地出土人臘雞犬，駭怖之狀宛然。

在奈普魯海濱飯店所食，全是海鮮，味美可口。惟烹調不精，合魚蝦蛤蜊而煮之，憾事也。價甚昂，欺生客也。飯時，奏樂賣唱者絡繹不絕，遊人皆厚賸之。計其所得，當亦不薄。歐人重藝術，於此可見。

遊博物院時，有在臨畫者，筆意韶秀，叩之，則願出售。因以意金三十里耳購一神女像，風神絕世，合國幣僅七元半，可謂價廉物美。居民耽藝術，尤擅音樂、繪畫，多以仿製名畫爲生。惟皆意大利派，以風韻長，工摹擬，少創造，故無戛戛獨到者。教育頗發達，大學建於一二二四年。人口九十八萬餘，商業發達，每年轉口貨物近千萬噸。此地教堂、圖書舘，收藏豐富，規制瑰麗，亦負盛名。

奈普魯爲名史學家韋果（一六六八——一七四四）故鄉。韋氏分歷史爲三期，神話期、英雄期、人生期是也。且在德人武爾夫前疑荷馬是否有其人。

滂沛火山，此處可見。噴出白烟，終古不息。視西西里者略小。夜看西西里火山，如看焰火，奇觀也。

二、羅馬

夢中羅馬，忽在目前，是幻是真，亦自疑問。上午十時火車離奈普魯，午後一時四十分到。未到前已喜，蓋羅馬近郊皆帝國遺跡，殘垣斷壁，觸目參差。引水橋尤宏偉，常爲彼邦畫史所取材，足覘古羅馬人關於飲水之重視。其大商肆珍寶雲集，光怪陸離，令人目炫。惟有陋習，貨價出入太鉅，初到此者，購買爲難。

羅馬爲歷史名城，藝術淵藪，而屋宇不宏敞，道路不整齊。惟目之所及，皆古色古香，耐人尋味。街頭巷尾，一堡一寺，皆富史材。大建築如銀行、衙署，輪奐煥彩，雕鏤精緻，異常美觀，不僅以土木勝也。城中心威尼斯廣場上，統一意大利之愛瑪呂厄二世紀念坊，巍峩華麗，首引遊人。坊作玦形，雲母石造，共三層。由石級登，前層在正中，二三層在左右，布置停勻。最後圍以石柱，每柱上有造像，或銅或石，皆出名手。金玉相輝，結構和諧，氣韻生動，意義深長。他城有其一像一柱，已是自豪，此乃薈萃百十精妙傑作於一處，可謂洋洋大觀。其尤可貴者，此爲意大利近代作品，華麗而不失質樸之風，藝術中不易到之境界也。登高眺遠，全城在目，帝國遺墟——入望，歷代人豪祇留陳跡，俯仰今昔，感慨系之。

羅馬先賢祠，莊嚴樸素，藝聖拉斐爾及愛瑪呂厄二世均葬此，巴黎先賢祠所仿也。由此往卡彼多爾博物院。卡彼多爾者，羅馬七名山之一，雙峰。一峰之顛，天帝廟在焉；一峰則城垣在焉。而達爾卑北英坑在其左近，昔時投國賊於此坑，故諺云："達爾卑北英，與卡彼多爾相近。"意謂勝敗相隨，榮辱相接也。當高隆人入侵時，夜襲此堡，適有群鵝，鳴聲如雷，驚醒居民，因將敵人擊退，鵝遂放生於此，以奉上帝。故卡彼多爾鵝之故事甚著。博物院爲古教皇所建，庋藏極富，石刻、油畫，美不勝書。金星石像尤丰神欲絕，令人徘徊不忍去。古城舊址，有崔巍教堂。由此下，至古羅馬鬥獸場。帝國時，以墻圍地，作圓或橢圓形，墻內設堦級，可升而坐。初爲人民議事地。聶隆大帝虐基督教徒，囚之場內，驅獅豹其中，俾爭人而食，帝觀之大樂，此尋丈地不知濺幾許人血矣。近郊有古羅馬帝浴場，雖隳頹垣，而宏模可見。地面皆小彩瓷片砌成圖畫，可想見當日之繁華。羅馬雖有人口百十七萬，而無都會之喧囂，洵藝品寶藏，息遊之勝地。

世界庖厨，以吾華爲冠，法國次之，意大利又次之。此地習慣，魚肉之類未烹調之先，必用盤送至客前，任其自擇，然後熟之。菜蔬水果，亦陳列巨棹上，由客自選。飯後欲購物，則商肆皆閉門，以官商工作時間爲晨九時至午，日四時至七時也。

意國當宁爲保留古蹟，不將工廠設於近郊，故環羅馬畿甸，不見烟突。居民以手工藝品爲生。首飾鑲嵌甚精巧。白雲母小石像、仿古油畫尤負盛名，而以製宗教用品者爲尤衆。蓋遊客以文學藝術家及朝拜教皇之信徒爲多，故此兩類工藝品之銷路特暢。

三、梵諦崗

教皇宮在梵諦崗，瑰麗宏偉，得未曾有。寶藏之富，罄竹難書。石刻、油畫、器物、書籍，至精極美，外不易觀，兩千年來同教國君所貢也。油畫以文藝復興大師米格郎治與拉斐爾手筆爲最貴。大廳迴廊之承塵，皆米氏所繪之神話故事，人物以千計，而面目無一同，皆奕奕欲活，毫髮不苟，尤能以深沉肅穆忘情滲入筆底，故其畫也，非畫也，米氏崇高精神所流露也。舉世聞名之《最後審判》巨幅，祭壇牆上。即其費七年工夫所成者，可謂筆有化工。不知顧愷之、吳道子之人物何如？若弄柔翰，染色素，用人物形象寫人類高尚思想，吾於此嘆觀止矣。

梵諦崗之壁畫，多拉斐爾之神品。另有大廳專庋其傑構，《基督現身》其一也。拉氏之畫，有靈有肉，有出塵之致，形體鈎勒，靈妙不可思議。雖僅三十七歲，而遺作無不精彩，與米格郎治均爲佛洛倫沙派之極峰。世稱畫聖，非無故，有由然也。

石刻難更僕數，著名之《拉奧孔》，赫然在目，殊慰生平。他如嵌鑲寶石之器皿，經神工鬼斧所製之古玩，目不暇接，有筆難述。圖書館蒐藏精槧孤本、名人手稿，難以數計，恐北京故宮博物院難獨步矣。

拉奧孔者，希臘神話所謂特洛亞太陽神祭司也。以勸特洛亞人勿將希臘軍所遺木馬運入城而觸希軍保護神之怒，一日，拉與其二子在河邊爲二毒蛇所害。此石刻出古希臘名手，狀其父子與蛇爭軋之狀，生動有力。原石失而復得，現歸梵諦崗，世奉爲石雕之典型者。

拉斐爾與米格郎治及達芬奇，爲文藝復興三大畫師，各臻極詣，殆惟天授，非由人力。畫史尊爲泰斗，迄今尚未有能企及者。吾得飽眼福，真生平幸事也。

羅馬有四大教教堂，近教皇宮者曰聖彼得，而聖約翰、聖保羅、聖馬麗馬劭皆在城內，均以雲母爲柱，油畫飾壁，嵌鑲小瓷片彩畫飾承塵，白石造像飾牆隅。殫土木之功，窮雕繪之力，華麗精深，不可思議，驚心動魄，難以形容。不知萃多少藝術之菁華，竭多少奇才之心血，始克臻此。善男信女，屬屚於堂，入門必拜，見神則跪，手作勢，口念辭，川流不息，來自四方。吾深悲夫若而人者，造物既畀以智能，乃不求諸己，而求諸神。神而有知，且不可求，況其無知，徒自賤耶！

聖彼得教堂廣一三五點五公尺，深一八七公尺，高四五公尺，能容八萬人，爲世界最大教堂。莊嚴瑰瑋，無有倫比。堂之內牆，用彩色雲母石砌成，嵌以石鑲大幅名畫，亮藍與米紅二色爲多，鮮明奪目，不似其他教堂之陰沈氣象。沿牆排列聖徒、教皇鉅大石像無數。吊燈、小祭壇、懺悔室，皆碩大無朋，攝人心目。大祭壇前有梯，通地下墓堂，聖彼得骨灰葬此。歷代教皇遂以此爲葬地。梯上用燈百二十盞始能照亮。祭壇上覆以鉅大圓頂,高一三八公尺,僅遜埃及金字塔五公尺;廣四二公尺。經始於一四五〇年,落成於一六一四年。中經諸建築大師之增修,與原圖案又不無出入。其最著者爲普拉芒特、米格郎治、拉斐爾、貝爾尼尼、馬德諾。窮窿圓蓋,則米氏所設計也。以整體風格論,時有不甚諧和之感。然規制閎麗,允爲中古建築之菁華。若其裝飾精絶,各類造形之金、銀、紫銅、寶石,交互錯綜,觸目琳瑯,洵人巧之奇蹟,藝林之寶庫也。教皇棺上,飾以精緻石雕,圖案萬變,美不勝收。以視堂內之飾品,則渺乎小矣。

堂內有聖彼得銅坐像,右足略前。信徒來者必撫摩足之大指,繼而以口吻之。吻深長,勝似情人之相見。以爲必如此,神始降福。令人見之,忍雋不禁。現此足指已刓矣。

堂內寶藏中,最引吾注目者,爲米格郎治造之摩西銅像,栩栩如生,神品也。相傳造成時,作者自賞不已,因嘆曰:"所差者,不解語耳。"不禁以手中鐵錐錐像膝,今其迹宛然。低徊留之,如聞其語。

堂外聖彼得廣場亦有名。教堂正面及左右迴廊,有貝爾尼尼設計之多力克式圓柱二八四根,列成四排,如雙臂向廣場圍抱。柱上有雕像一九二軀,氣象雄偉。廣場中央有從埃及運來之石錐,高矗雲表。兩旁噴水池爲名雕刻家馬德諾之名作。兩匹晶瑩素練高射天空,與日光相摩盪,幻成彩色,然後向下飛濺,倍增教堂外觀之勝概。

相傳,使徒彼得倒掛十字架上,被釘死於此,故後人即其地建教堂焉。又傳此地爲聶隆大帝之馬戲場遺址,暴君虐殺基督徒,無數殉道者身漬柏油,在此燒死,如燃火炬。瞑目一想,髮爲之指。然一念中世紀宗教裁判所之虐殺異教徒,亦復如是。以暴易暴,此則宗教之仁愛也夫!

吾於梵諦崗,見中古之遺風焉;於聖彼得教堂,見文藝復興之精神焉。融會貫通希臘、羅馬之英華,成一現代輝煌之文化,此則四百年來無數哲人學士所心慕力追者。後來居上,人類學術進步正未有艾,又何必以此爲觀止乎?

郊外有基督教徒避難窖,蓋聶隆朝基督徒不勝其虐,在羅馬無立錐地,乃穴地爲隧,聚族居之。曲折蜿蜒,達數十里。晝伏夜出,生死於斯,歷三百載,慘酷之狀,如在目前。不屈毅力,良足欽遲,而縱橫穴內,白骨嶙嶙,今且不忍睹，況在當年。嗚乎慘哉！

羅馬民衆會場乃一大花園，下臨廣場，風景清幽，城之勝處也。人民常聚會於此。鄰近有新運動場，石像六十四軀環繞之，每軀作一運動姿勢，皆白雲母石造，名手所雕，頗美觀。

登山至加里巴波地將軍銅像下，瞻仰久之。將軍爲統一意大利之名將，初勝奧地利帝國，後勝奈普魯王國及教皇軍，功在社稷，銅像矗立雲霄宜矣。其夫人與有勞焉，故在其左近亦有銅像。憑高望遠，全城美術建築爭獻奇效技於足下，不僅足以拓萬古之心胸，而憑弔低回，慨然想見古之豪傑。羅馬非僅文藝爲歐洲文化之星宿海，曩者之典章制度以及語言文字，皆爲現代歐洲各國之楷模。若凱撒之雄才偉略，西塞羅之文學，魏琪兒之詩歌，皆人類之鳳麟，藝林之泰斗。翹首遙想，似與神契於千載之上也。

羅馬城自七二八年後，教皇主之。迄一八七〇年，愛馬呂厄二世統一意大利，驅教皇退居梵諦崗，而建都於此。當帝國強盛，版圖遼廣，政治昌明，文事武功彪炳寰宇，故其詩文、音樂、刻畫、建築亦與之相映爭輝。自夷希臘爲省，紹其先哲之遺風，於是乎學術思想愈臻隆盛，爲世宗仰。其法治精神，尤爲瀛寰所祖。《羅馬法》，學者至今稱之。故羅馬實繼往開來，播希臘及其本國文化於東西各國，促成現代文明，厥績至偉。是此一城，關係於人群者甚鉅，來者其可以探奇攬勝等閒視之乎？

羅馬城西南隅，有英國墳場，十九世紀英國浪漫派大詩人雪萊與濟慈之墓在焉。雪萊之心葬於英國，其骨灰葬此，以其死於此也。濟慈墓與之相距不遠。墓碑上刻其詩，有句云："此地一人長眠，姓氏乃水寫成。"意味深長。來憑弔者不絕。

意語諧婉，爲各國之冠。法語雖悅耳，猶有遜色。若拉丁文，則教會尚沿用外，醫藥技術名詞皆用之，是羅馬文化今尚影響於全球。

同行問羅馬與巴黎，應之曰："羅馬莊嚴，巴黎活潑；羅馬毗於古典精神，巴黎毗於浪漫作風；羅馬陳氣襲人，巴黎生意充沛，此其大較也。若夫萃人類智慧之精英，成藝術作品之淵海，吾於二城無間焉矣。"以蠡測海，博遊侶一粲云爾。

四、干那

干那爲意名城，居民六十餘萬。由羅馬乘快車，七時可達。昔曾兩爲小共和國都，一隸法國，現爲意之工商業區，冶金、造船、絲織、油、酒諸業尤盛。意船赴美洲由此出口，美船赴東亞、非洲由此轉口，故市肆繁華，富甲全國。此地雖商埠，而背山面海，教堂閎偉而華麗，博物院收羅亦富，公墓尤有名。

在意所觀祀神紀功之傑構多矣，干那之公墓尤絕特。位於城之勝處。人民既富，遂不惜費，爭倩名手，范銅刻石，造像植於墓前，悲哀祈禱，其態萬殊，鬥巧爭妍，鉥心駭魄。至其地，如入造像之林，目不暇接，真大觀也。馬志尼葬於此，禮之而後去。有售花生媪，積數十年所得，頗豐饒，生前倩名家羅加諾造石像，爲羅氏生平之傑作。老嫗手提花生籃，衣布繡袍，加披肩，戴帽，笑容可掬，立於墓上。驟見之，幾亂真。遊人至此，無不駐足諦視，亦嘉話也。

山巔有名酒店，闤闠在抱，海風滿樓，潑眼嵐光，濤聲接耳，一尊在手，啓足流連。此地人寡言笑，善經商。其女子尤自愛，全國娼妓無一干那人。

吾少讀《飲冰室文集》之《意大利三傑傳》，心向往之。何意今得觀愛瑪呂厄之紀念坊，瞻加里波地之銅像，禮馬志尼之墳墓，償三十年來之宿願。三人若在，爲之執鞭，所厚幸焉。

印度

一、錫蘭

印度錫蘭島，吾國古時所謂獅子國也。居民三十萬。一八一五年为英所佔，經百年經營，純變歐西城市。商埠曰科崙堡。名勝曰坎地，位島之中，海拔千六百尺，距科崙堡七十英里，群山環抱，景物清幽。一路濃陰障日，碧草連天。山道廻環而平如砥，汽車行三小時到。有小湖，澄泓如鏡。環湖喬木葱翠，雜英繽紛。賓館臨湖，雅潔幽舊，風和氣爽，渾忘身處人間。左近有佛齒伽藍，平日大門常閉，茲值盛節啓門，進香士女如雲，齋堂鐘鼓之聲徹户。吾隨衆進，導者請脱鞋，以善男信女均赤足也。從之，雜衆中蜂擁登樓。中設經壇，陳執事，拜禱唪經之衆，緇衣作課之徒，不知其數。壇上有琉璃罩，内藏佛齒，金黃色，拇指大，不禁向之頂禮。或疑其非真，竊謂所見殆護盒，或以漆蠟傅齒，藉保久長。相傳佛曾三至錫蘭超度衆生，第三次在此説法。大慧菩薩曾叩以一百零八句偈，佛皆非之，然後闡發識流性海之真諦，作苦海之慈航，是謂《楞伽經》，爲吾國禪宗之寶典。當佛説法時，有無數天人、神、鬼、夜叉、阿乾闥、阿修羅，隨諸菩薩阿羅漢圍繞敬聽。吾今閉目冥想，猶或見之。前次來遊，有老僧摘菩提樹葉以贈，謂佛説法時坐此樹陰，復以鋼針刻梵文於貝葉相貽。佛教興於印度，而印度傳佛教地僅此一島，明教義之僧亦少。觀其用粗俗顔色塗飾刻石，壁畫拙陋，令人欲噦，其淺薄可知。聞七八月之交，有韋斯侣節，以大象馱佛齒龕遊行，執事之人皆禮服，四方與會者不遠千里而來，教中盛典也。土人以鮮花禮佛，尚存古意。其左有刹，中有巨石卧佛，刻製亦未工。觀此地佛寺規模，知吾國建築之受影響者深矣。赴坎地時，沿途所見，填坑漫阪盡是茶林，採茶女筠籃草笠，三五成群，歌聲與澗流相雜。錫蘭茶品遠遜華茶，比歲經英人改良種植，加以宣揚，遂奪華茶之席。

二、孟買

南自南洋，西至印度洋，商埠以百數，碼頭之便利無過馬尼剌，最不便無逾孟買。一時到，進口，費兩小時，上岸已四時矣。城中商肆輝煌，歐貨雲集，街衢清潔，屋宇巍峩，尚留印度規制，尤爲觀美。交通極便，電汽馬車多而費廉。珠寶店、大商場多焚檀香，入門芬芳撲鼻。所售寶石，雖係土産，而鑲嵌式樣純仿歐洲。工藝品以銅器爲最美，製作精巧，設色瑰奇，純印度作風。象牙品雖多，而作工遠遜我廣東製之精細。午飯於婆羅門飯店。教規絶嚴，外教人不得進門。舌人告以吾等遠來，欲嘗本地風味，若不稍變通，殊負來意。經再三婉商，始允於大門左側另設一席。所餉均印人之食，難以想像者，純是素品，麵製爲多，五味齊備，而終不離咖喱。盛以小盤，以手取食。吾胃弱，少嘗一二則生畏。價不昂，食前方丈，僅費四盧比。是時每盧比合國幣一元二角。經置於吾人棹上之食品，雖未動，皆棄去，他人不食也。土著每食不過一器，呷冷水一盃。飯後往觀婆羅門教神廟。佛未出世時，盛行於此，佛興而婆羅門衰，至九世紀復興。故今日印度人口中，百分之七十五爲婆羅門教徒，百分之二十一爲回教徒，而佛教徒僅百分之二點五，居於錫蘭。婆羅門教神紅面六手，僧以紅抹額，狀殊假蹇。與之錢，群起而爭，一望而知其不明教義，衣食於教耳。不生産者，雖假以神力，莫能自存也。此教崇信各種神祇，故亦稱多神教。往遊山顚，目攝全城，面海倚山，灣環如玦。近延野綠，遠挹波光，誠東方之要港，亦登臨之壯觀也。惟堊壁朱甍，彌望西方華廈，天竺面目渺然無存，不禁有江山依舊，城郭全非之感。回經拜火教天葬處，不得入，從垣外窺之，荒園中一露臺而已。蓋因地熱，尸體易敗，其教以水火土爲至聖潔，不可汙穢，不能投於河，不敢化於火，不可葬於地，於是將尸露天陳於高臺，待鷙鳥之啄食，名曰天葬。除司儀僧外，雖至親不能入視。初疑鳥焉能將人食盡，導遊者謂此鳥鼻觀極敏，尸一陳列，則結隊而來，群聚而啄，頃刻筋肉俱盡，祇餘白骨，如刀剮然。臺傍有井，深而涸。彼教以人類生來平等，死去平等，故不分貧富貴賤，遺骸悉投井中。奉拜火教者曰巴斯，約十萬，由波斯來居於此，多業商。其教即吾國史書所謂祆教也。返時，過舊市區，閭閻囂雜，市肆湫溢。商人赤足盤膝坐地上，或箕踞於肆之櫃臺以貿易，肆内無椅棹，出門則靸拖鞋。

晚觀印度劇，布景佳妙，動作靈敏，非馬來劇可同日語矣。所演係歷史悲劇，服飾歌舞，足徵印度古文明。惜樂器僅一鼓爲土物，餘均西樂。樂調酷似梵唄之聲，閉目聽之，幾疑爲作道場也。殆因佛教策源地，故在在見彼教之遺風歟？有女伶赤足顧身，輕紗蒙頭，披肩垂地，兩手掇之，合於胸膈，立而奏歌，宛然一白衣大士。此地婦女，皆作是裝，始悟吾國觀音乃彼土女子造像。觀衆多本地仕紳。婦女盛裝，赤足拖鞋，鼻左貫小孔，以針刺其上，針頭嵌寶石以爲美；戴耳環、約指、手鈿之屬，與吾華無異。男子則歐化者西服；回教徒著圍裙，戴紅呢帽；印度教徒著紗幃，以長白布圍身，一端向前綴腹際，一端向後綴腰間。戴土耳其帽，以紅、綠、黑色呢區其教中階級。氣候與吾國三月相似。幣制用盧比，一盧比合十六安那，一安那合四銅元。

孟買最使人流連者厥爲博物院。西遊將一月，所至各地，無不有此，大抵搜羅本地天然及人工物品，資博覽，供研究已耳。孟買則進乎是矣。上述物品，既富既豐，而西歐油畫、石刻及東亞玉瓷精品，收輯甚備，銅石佛像尤美不勝收，婆羅門教之木石雕刻亦夥。有石器時代之貨幣，頗難得。而印度古畫，精美罕倫。有一斗方，尺幅中有千里之勢，筆意精緻；人物布景，惟妙惟肖；設色重金碧，畫之外沿多作彩色花紋，新穎別致，絢爛悅目。無以爲名，名爲印度作風。有二幅傳係千年前物，古雅渾穆，令人流連不忍去。觀此，知國畫北派之淵源。唐代佛教盛行，玄奘、義淨之西遊，善無畏、金剛智、不空之東渡，譯藏經，迎佛骨，中印交接頻繁，沙門必有以畫至者，李思訓、道昭父子見而仿之，殆無疑義。如明末曾波臣見耶教神畫，悟以濃淡色分陰陽之法，用以畫像，遂享大名。吾國思想受佛教影响至大，建築、雕刻、音樂、圖畫自不得免焉。

買孟商人言不二價，而接待極殷勤。前與同人購銅器，有數十盧比之交易，付欵時，商減尾數一盧比，則婉謝曰："請諸君飲咖啡可也，生意經不可亂。"初到之夜，欲觀劇，不知所往，姑進一骨董肆，縱觀細問，主人匪獨不慍，且笑曰："固知諸君非爲交易而光臨，殆飯後無俚，來消遣耳。請恣意觀覽無妨也。"貌極和藹。後承指示，并代僱車，始進劇場。

孟買人口百十七萬，奉婆羅門教者居大半，信回教、波斯教者僅少數。出產以棉花爲大宗，年有四十八萬噸。

三、雜感

印度人種既雜，言語、信仰因之大異，而婆羅門教之階級極嚴，所謂種姓制度也。匪僅仇視外教，對本教中不同階級者亦然。故印度自有史以來，統一之日少。其受英人蹂躪，亦由教徒自相攜貳，不知群策群力，英人遂從而抵巇煽動，於是仇恨愈深，永難合併，異族乃坐收漁人之利矣。印人迷信爲人類冠，日常生活，諸多禁忌，迓神進香之舉，幾佔其生事之半，大爲生產及文化進步之障礙，可爲殷鑒者也。

印度種性制度，遠在公元三千年前之《瑪農法典》，已分人民爲婆羅門戰士、商、工、奴隸四階級，而每一階級中又分無數階級。現有千八百分級，每級自有戒律，自有習慣，不獨禁與不同階級者通婚，即不同階級之肴饌亦不能食，禁令至峻，犯者除名。無階級乃印人莫大之恥。惟處以財產四分一之罰金，可復級。無產者則食以牛奶、牛溺、牛矢。階級界限既極嚴，即慈善事業亦祇澤及同級，擁鉅資者可熟視級外人餓死，不拔一毛；病人寧死，不受別級醫生診治。前次歐戰時，印度傷兵寧渴死戰場，不飲異級人壺水。印人不羞貧賤，惟洗衣、理髮則爲下等職業，皆無階級人操之。

宗教不使人在世上有自立能力與責任，不求己而求神，不生產而銷費，貽害之鉅，筆不勝書。而印人階級之害，深入膏肓，尤與進化背馳。蓋階級既將全印分爲無數小組織，不相聯絡而相攜貳，不相諒解而相抵巇，與合群互助之旨大相乖戾，故雖有聖哲之君，終易受外族蹂躪。羅馬格言"分而馭之"，在印度恰適用矣。故聖雄甘地以堅苦卓絕精神，倡與英不合作之説，而莫挽沉淪，積重難返，可不懼哉？

自一七六三年《巴黎條約》，法人承認印度爲英殖民地後，英遂爲印度主人，設總督以治之。其與駐防軍統帥組成政務委員會，受英倫印度委員會監督，治理全印。英人佔印度以來，一切措施，純爲自私自利，而於地方事業，如開鑛、交通、水利、教育、衛生等，雖略有設施，然以視其所胲削於印人者，則微乎其微矣。印度往常苦饑，餓莩無數，自物質建設發達，交通便利，抹濟既易，天亦喪其淫威。

英人之治印也，向不與印人交接，居處遠離城市，生事一如在英。印度一切不能引其興趣。他國人愛好印度文明，英人反以爲異。英國婦女居印多年，歸國後，以足未履印人市區相誇耀。英人俱樂部，印人不能涉足，守府侯王偶被邀請至此，視爲異數。英人視與印度婦女通爲奇恥大辱，若爲人覺，必當離職而歸,故英印雜種極少。英人如此賤視印人,固由其素輕有色人種所致,亦其政策使然。蓋欲維持尊嚴,使畏威而服順,所謂帝國主義面目是也!

所經南洋、印度各地,馬尼剌人生事差裕,市無遊民。馬來諸埠,伊斯兰教徒多操苦業,佛教徒則沿門託鉢,動則成群。壽星岩、極樂寺沿途多乞丐,孟買尤衆,街上常遇之。有乞兒尾我,憐而施之,則更糾纏不休,意以我易與也。舌人曰:"此輩殊不足憐,一憐之,往往如是。"吾聞而傷之。因憶遊吉普地時,見土人僅以白布圍腰,下不及膝,隨地而臥,彌望皆是。噫!若輩奚至斯乎?誰絕其生路乎?殖民者之罪不容誅矣。

法國

三月三十日　尼斯

　　尼斯爲地中海岸名城，本沙戴爾王國之省會，一八六〇年始隸法國版圖。人口二十萬。風光明媚，四季長春，花草鮮妍，林巒幽秀。每屆冬令，來此避寒之士女如雲，故市肆繁華，賓館雅麗。而倚山結屋，濱海築園，堊壁朱甍與晴嵐碧海相輝映，兼城市、山林之美，信西方嬋嬛福地也。十年前曾偕馬克同遊，今日重到，風景依舊，人面已非。根觸前塵，感慨系之。

　　上午偕同行諸君遊覽城市後，乘旅行車赴孟東。法人愛家庭生活，喜村居。天然風景既佳，加以人工點綴，既幽既雅，殊足流連。孟東爲地中海濱小城，旖旎春光，芊綿草樹，僕僕塵襟不禁爲之一滌。午飯於此，雖鄉村風味，而盤餐精美，文化之高隨處可見。飯後回蒙特卡羅觀博場。建築雄偉，入門券二十佛郎。富翁巨賈一擲百萬，幼婦尤多揮金如土，真不知稼穡之艱難矣。此爲摩納哥都城，以博場著。博場地窖有棺木，爲博負而自戕者備也。死者死，博者博，互不相妨，蓋司空見慣矣。

　　摩納哥名爲小王國，實隸法。其王好漁，故水族館極有名。堂構雄美，屹峙海濱，底層在水平線下，以厚玻璃區爲小龕，每龕居一水族，配以岩藻，引海水貫注之，奇形異狀之鱗介，驚心動魄之海藻，歷歷在目，如入馮夷之幽宮而與之遊，信奇觀也。不獨怡人性情，實足啓人智慧。蓋各地博物院所陳標本雖富，皆係枯骸，不若此之能見水族生活，海底真形也。斐律賓水族館，視此不啻小巫見大巫矣。水族館上爲博物館，雖僅備體，而漁具獨多，亦足考其遞嬗之迹。乘原車回，沿途景物佳麗，海色嵐光爭先奪目，洵快遊也。遊行竟日，車費僅十八佛郎。汽車華美，道路坦平，生事不昂，闤闠不囂，而温暖氣候，妍艷陽光，在歐尤不易得，人間樂土，殆庶幾乎！

　　晚飯後，散步海濱。輝煌燈火，悠揚絲肉，繁華如昔，情緒已非。信步至娛樂場，觀雜戲，費省而趣穠，亦招徠之一法。無怪乎泰西人士之樂居此也！念明晨當赴巴黎，依依不忍捨，未知三次重臨在何日矣。

三十一日

九時五十分由尼斯乘特別快車赴巴黎,十二時到馬賽,四時五十分到里昂。行前曾電邀舊居停柏拉奢夫婦及同學福爾至車站一談,到時僅福君及其老父在。相見如隔世,行擁抱禮,悲感交縈。萬里雲天,十年契闊,晷刻晤聚,悵惘奚如!吾之肄業此地工業專科學校也,得同學之益,勝於得良師之教。數十人中,與佛列斯奈及君尤相契。年少氣盛,相許甚高,月必三數次聚君家,作夜課達旦。黎明,老父必起,煮咖啡飲吾三人,慈愛之情,不啻家人骨肉。今則佛君既抑鬱無俚,遠在他方,君兩鬢已斑,老父亦龍鍾矣。忽遽之間,話從何說?但覺彼此淚承睫耳。柏君伉儷以赴南方度春假,緣慳一晤,惆悵久之。車未到時,遙見聖意乃奈教堂鐘樓檐翼,心已怦怦然。鐘樓檐翼,到處相同,此以舊遊獨滋感喟。浮屠不三宿桑下,良有以也。迨納牟河橋赫然入望,而心蕩矣,寧待見福爾喬梓始喜極而哭哉。踪迹萍蓬,生涯苦短,萬里十年,能幾回面?嗟乎!過人哀樂,煩惱障深。車去魂銷,人間何世!

車行甚疾,夜十時四十五分到巴黎。寓聖多諾列街之牛津劍橋飯店。頗雅靜,每日房金三十佛郎,在此不爲貴。

四月一日　巴黎

今日爲耶穌復活節,歐洲極大節日也。晨至使館郵電部,均無人辦公,遂散步於總統府街凱旋坊及剛果德廣場。風景不殊,舉目有今昔之感。廣場爲路易十五所建,圖案乃名建築師加白里愛爾所繪,而一七八九年大革命時之刑場也。路易十六及其后死於此。名人頸血濺此地者,不計數矣。正中有石錐,高矗雲表,一八三六年自埃及之陸克梭運來者,而以二美麗雄奇之噴水泉輔之。四週樹木葱穠,間以造像,清雅之氣沁入心脾,而視力所及,尤爲奪目,誠巴黎勝處也。拿破崙凱旋坊與之遙遙相對;左近爲馬德連大教堂,仿古希臘制,石柱成列;其右則魯佛爾博物院,皆建築雄美,名播瀛寰,至法京者無不首遊焉。

午後偕同行諸君遊盧森堡公園。林泉花木,布置精巧;銅石造像,羅列如林。在巴黎繁華之地,有此幽蒨之區,孰謂歐人不解風雅乎?位詩文家造像於水石之間,尤爲得所。低徊瞻仰,如挹清輝。曾讀其書者,對之彌復嚮往。晚飯於中華飯店,後由旅行社導引作夜遊,每人九十佛郎。用汽車載客,先至蒙巴拉斯咖啡館,巴黎夜咖啡館之最有名者。脂粉香、烟酒氣,薰人欲醉,少坐即去。至一舞場,盡是下流男女,俗不可耐,亦少坐即行。到一地窖酒家,乃一三七三年之遺迹,當時賣酒罏也。椅棹皆粗木板製。廣僅咫尺之地,有歌有樂,有舞有飲。五洲萬國之人好奇如我者,既來巴黎,皆欲觀其夜景,尤欲觀其六七百年前之夜景,故男男女女踵接肩摩,既至此無不相視而笑者。往蒙馬脫大舞場,構造新穎,規格宏大。來賓會舞外,間以伎女舞、露體舞,舞女手執紈帕,面向前時則輕掩其私。時已丙夜,而巴黎夜景之最趣者,尚不在此。

精美大厦之廣廳中,按神話故事用無光玻璃裝成神仙境界,岩石崎嶇,峰巒上下,内燃電燈,外傅草樹之色,顔色和諧,出人意表。岩礀山隈,神女正在遊戲,或坐或卧,或偃或仰,儀態萬方,一如圖畫。風景之美麗,神女之妖冶,非筆墨所能形容,如至蓬萊瀛洲間,渾忘身在塵世。至此者先憩於别室,已而肅容入,見者莫不自失,疑爲夢幻。待注目睇視,而神女已群聚胡旋於前矣。少選舞停,則排列交臂立,可數十人,盡皆佳麗。外人到此,無不蕩魄銷魂。回時,同遊咸目我爲廣平鐵石心腸,吾亦笑而不答。諸君之少見而多怪!

二日

今日仍在假期,訪人不遇,因催車往遊凡爾塞。離巴黎十八公里,法之故宫在焉。宏敞精奇,遥矚已心醉。雕墻刻桷,鬥巧爭妍,綺疏繡户,金碧相宣。臣幅戰畫悉出名家,野戰情形赫然在目。歷代兵制之沿革,火器之進步,於焉可考,不獨士氣之奮勇足資激勸,將帥之英姿令人嚮往已也。若人物之生動,渲染之工緻,猶其餘事。路易十六王后御用之器物,依舊陳於原處,椒房起居,宛然如見。苑囿尤美。圖案爲名手樓諾脱所繪,林木葱蘢,花草旖旎,噴水池尤巧奪天工。山石如屏,下甃圓池,池中銅鑄希臘神話故事,海馬河神,奇形異狀,口皆噴水,縱横高射達數十杖,如數十匹練懸空摇曳,眩人心目。亦有由山石四周激射而出,如萬道晶簾環海入池,上下左右交雜錯綜,低則白道穿攢,其狀萬殊;高則隨風霏霏,飄空如雨,洵人世之大觀,法宫之特色也。

離宮不遠，有大小特里亞濃別苑，大者爲路易十四朝蒙沙之傑構，小則路易十六朝加比里哀之精品也，與王宮相配，倍增勝景。宮苑建自路易十四，享盛名三百年矣。土木之工，園林之美，收藏之富，允足雄誇八埏。惟佈置過於整齊，左右亭榭，東西馳道，修廣式樣，毫髮悉同，乃至一花一木，無不昭穆停勻，如由正中作一直線，兩方可完全相合，殊嫌板滯，無深林曲澗層出不窮之美，斯其短耳。此地非僅以勝概著，亦歷史名城。一七八三年美洲獨立，與英國簽約於此。一七八八年大革命前之貴族會議，開會於此。一八一五年拿破崙敗後，爲普魯士人所蹂躪。一八七〇年普法之役，爲德軍所據，威廉一世加冕於此。前次世界大戰，英法與德於一九一九年六月二十八日簽和平條約於此，簽字之筆尚存。嗟乎！數畝之宮，不知閱幾許興亡矣。①

路易十四，法人所尊爲英主也。知人善任，敉平內亂，復勝班、荷，廣闢疆土，國勢盛強邁越前古，而崇尚藝術，厥功尤偉。有一技之長，無不羅致，如拉辛、高奈依、莫利愛之戲劇，拉風旦、勃亞樂之詩，保緒愛、斐列農之文，聖西蒙、蟲茲之史，拉普陸意哀、拉羅緒福戈之倫理，巴士加之哲理，布散、樓樂林、樓勃倫之畫，比羅、蒙沙之建築，基拉東、布設之雕刻，其尤著者。嗚乎盛矣！上之所好，下必甚焉，蔚然成風，習而成俗。法十七世紀學術昌明，彪炳寰宇，有由然矣。文事武功，既熾既豐，於是思有以宣揚鴻烈、炫耀當世，乃建凡爾塞宮，費合美金一萬萬元。窮奢極侈，美冠歐洲。當是時也，非僅法之強藩主教、名士佳人，以供奉闕廷、霑承雨露爲幸；而列國王侯后主，莫不慕風向化，重譯來儀；貴遊子弟、文人藝士，莫不以未遊巴黎一瞻凡爾塞爲恨。故法京繫瀛海觀瞻，巴黎成文化淵藪。法國服色、習慣、藝術、語言，無不爲各國縉紳所慕效。士以能操法語爲榮，此法語流行歐洲上流社會之故也。史稱此時爲路易十四世紀，豈偶然哉！

下午再往盧森堡公園散步，喜其饒園林泉石之美，不若凡爾塞之一覽無餘也，惟嫌人工太多，天然太少。以巴黎繁華都會，僅此數畝園林，多少藝人才智無所施者，爭於此展其所長，故佈置雖極精緻，而鑿死混沌矣。以造像

---

① 此處原有作者後補"附《凡爾賽》譯稿"七字，二十二日所記又及之，作"附《凡爾塞》譯稿"，惟"賽"、"塞"不同。譯稿均未見附存。今此處七字刪去，譯稿從《慈竹居文續》補於後。

言，銅質石質，全身半身，跬步皆是，幾與林木爭多，不亦過猶不及歟？

　　往訪斐奢師，亦以春假他適，不得一面爲憾。往書肆購書，則所未見之新板書，美不勝收。彼邦學術熾盛，日異月新，爲心折者久之。竭力割愛，而囊已爲之傾矣。旋至塞納河畔書灘覓舊書，乃巴黎文士生活中一段嘉話也。沿塞納河墈有石欄長數里，書賈沿欄設榤，舊籍充斥，珍本佳槧觸手皆是，非僅琳瑯滿目，取值低廉已也。每當夕陽西下，反照河光，無數敝舊禮服、皓首龐眉之叟，埋頭書堆，用力搜尋，孜孜忘倦。叩其姓氏，則大文豪、名教授平時不易見者，每於此遇之。與吾國清代北京之廠肆相似。曾滌生遇莫邵亭於流璃廠，遂定交，傳爲韻事。在巴黎則類此者，難更僕數。

　　晚觀福利貝爾設遊藝場，巴黎商人以裸體舞及粗俗遊藝招徠外國遊人者。而吾人往往目此爲法國文明，非善觀國也。名舞女密士旦格德將屆知命之年，尚粉白黛綠登場，尤物亦怪物也。近曾至開羅奏技，報紙作諷刺畫誚之，畫人面獅身像於女旁，呼爲母親，蓋像已四千歲矣。

三日

　　往郵電部，仍無人辦公。至使舘，得素閒信，知新舉一女，墮地不啼，翌日即夭，竟與我無一面之緣。既不長大，何苦賦形？ 孕毓劬勞，究有何意？ 萬物芻狗，誠哉不仁！

　　偕同行諸君往觀盧森堡博物院。院中名畫，已移庋魯佛爾博物院中，現所陳列係當代所謂印象派、未來派及立體派諸傑作。再細鑒賞，仍作“張茂先我所不解”之嘆。“食肉不食馬肝，未爲不知味”，望望而去之。石刻佳品尚多，俳徊觀玩，致足怡神。憶初到巴黎時，承沙彭師介紹往亞爾沙斯學校訪其校長保愛先生，回經此院，遂往觀之。進門見白雲母石刻女臥像，精美絕倫，生平未見，因駐足靜玩，神爲之奪，不覺移晷，嘆彼邦雕刻之精竟臻斯極。此爲吾對石刻生興趣之始，時尚未睹汨羅金星像也。此種境界，吾生僅有三次。一爲癸丑秋，臥病馬江海軍製造學校，校章：患病者當入病房。一日下午病稍瘥，病房別無他人，獨臥無俚，見架上有俗本《古文析義》，不知誰所遺，姑取閱之，得《戰國策·左師觸讋說趙太后》篇，覺兩千年前事分明在目，宛如雜坐於左師公、老太后間，接其風采而聆其謦欬也者，於是悟文以記事記言之法。初，吾畏作文,值作文課,題目一出,則搔首蹙眉,筆如千鈞,久無一字。自時厥後,則汩汩來矣。此爲吾對文學生興趣之始。一爲丁巳夏偕學侶遊鼓山,至湧泉寺,值僧衆百餘人正作午課,梵唄之聲頓使塵根淨盡,如入無餘涅槃。同人探奇抉勝,久不見我,因四處尋覓,後始見吾呆若木雞立於大雄寶殿之奧。已移時矣,吾不自知也。此者爲吾與佛教及藝術有緣之始,故順筆記之。

下午偕同人往觀魯佛爾博物院,蓋法之舊王宮也。建始於十三世紀之初斐立普奧居士德朝,而查禮第五、方濟各第一、亨利第三、路易十三諸朝,踵事增華,迭興土木。正門之華美石柱,則建於路易十四也。迨一八四八年,始以法令完成此鉅大工程。至於將作大匠,皆歷朝名手,如萊士各、安吐厄、都塞爾梭、樓美爾錫愛、貝羅、威士康第、古尚,其尤著者。魯佛爾不獨建築宏奇,雕刻精美,集藝術之大觀;時閱五百年,迭經增改修造,而完整和諧如出一手,尤見作才。外觀之美,已絕倫比,不特收藏之富甲寰區也。

魯佛爾之爲博物院,肇始於一七五〇年,由凡爾塞運來名畫百十幅,陳列於陸賓士諸傑作旁,洋洋大觀,傾動一時。而大廳則於一七九三年八月十日起任人觀覽,時藏畫五百三十七幅矣。其所以成爲今日之藝海者,固由政府不惜重金之收羅,亦其名將名士蒐集自異邦之力也。拿破崙在意大利之所得,與馬利愛德在埃及之所獲,其尤著者。

魯佛爾數畝之宮,飫閱繁華,不僅法名王之所居,列邦君后翠華遊法,無不駐蹕於此,歌舞管絃,極昇平之盛事。惟疊次革命,此亦爲衆矢之的。然幾經兵燹,終巍然無恙者,則歐人重藝術,雖殘暴之徒不敢加害也。收藏豐富,爲世界第一,若欲一一叙述,則恐罄竹難書。遊人每貪多務得,輒如走馬看花。吾初到此,亦若入山陰道上,目不暇接。似此遊覽,雖十百次亦無所得。後遂自限,每次祇看一廳,而一廳中祇看少數作品,聚精會神,目不他瞬,於是漸與古會,其樂無窮。院中珍品,不勝枚舉。石刻如埃及之書吏坐像、汩羅之金星立像,世所共賞者。油畫至富極豐,資人鑒賞,各有其勝,不易以數言甲乙矣。以畫派言,則荷蘭派之陸賓士、隆勃朗,意大利派之拉發哀爾、德萬西,其神品悉薈萃於是。各國名家寸縑尺素,無不收羅,他人珍藏其一足以自豪,此則滿目琳瑯,不可數計。若夫法國畫師,自能品以上無不蒐藏,若布散之典則,米哀之靜穆,英克之俊逸,威奢樓勃倫之神韻,皆筆參造化,令人動魄驚心,豈僅供遊覽遣煩悶而已哉,實足鑰性靈,啓智慧,開拓胸臆,頤養天和。此吾所以不厭數數至,而每至必流連不忍去也。若夫保管之慎重,一一如新;陳列之得法,秩序井然,在在足令人生敬,在此皆其餘事矣。

四日

往郵電部晤西蒙君,承介與新任郵政司長馬丁細談後,荷派人同往參觀郵政總局。以尚在假期,故入值員司不多。房屋窳敗,精神萎靡,秩序不齊,方法陳舊。女工尤多,電話改自動機後之電話生也。下午往車站觀交換局。局所較新,亦無特異設備足資參考,惟汽筒遞信迅捷簡便,允足楷模。

往觀拿皇陵,規制宏偉,原係傷兵養老院。其教堂圓蓋,高一百零五公尺,十七世紀蒙沙所規畫也。一八六一年,政府將拿皇遺骸遷葬於此。壙在圓蓋下正中,圓形,白雲母石甃成,環以石欄,皇棺露陳壙中,氣象肅穆而莊嚴,其將帥像圍侍欄內,韋斯康蒂所設計也。中山陵園圖案仿之。拿皇生前服用之刀劍、手鎗、衣冠、旟幟,庋藏一廳。其所獲於各國之兵械、寶玩等,則另室藏之。前有武庫,儲古今兵器甚備,自竹茅、木梢以及今之鎗砲,多不能舉其名者。用以考世變,勵進化,不獨資博覽已也。

蓋世英雄而今安在?世徒震其武功,吾尤敬其文治。《拿破崙律》爲法學之寶典,設銀行,建大學,重格致,禮藝人,流風餘沫,迄今未衰,豈僅以攻城略地、彪炳旂常而已哉!

院中有福煦元帥所乘火車。蓋一九一八年十一月十一日德國行人晉謁聯軍元帥時,元帥在車上辦公,於車上簽訂停戰協定,即此車是也。

登厄斐爾鐵塔,高三百公尺。一八八九年工程師厄斐爾所建,因以爲名。純用鐵造,爲世界最高之建築物。由四足用電梯升降至絕頂時,眼界之廣得未曾有,嘆人類思想發達至於此極。用石則金字塔,用鐵則此塔,宏偉精巧,雖有不同,而驅使萬物,表我智能,則一而已。此石與鐵之奇跡,由今視之,不啻皆成已陳之芻狗。人類進步,一日千里,足使人驚心動魄者,正未有艾也。

五日　斯塔斯堡

斯塔斯堡在萊茵河畔,法北方大都會也,爲亞爾沙士省城。普法之役,割與德人；世界大戰後，珠遠合浦。有十三世紀之教堂，樸穆而雄偉，遠近馳名。綺疏繡戶，嵌鑲玻璃，色彩新鮮，歷久不變。大學亦甚著聞。本師高保樂先生就其女公子養於此，吾遂乘晨七時十五分快車往謁，午後一時三十分到。師年七十五歲矣。一九二九年赴埃及、猶太、希臘各地遊覽後，因氣候炎熱，得風疾，現兩足不良於行，語言滯澀，手亦顫動，不能作字，惟聰明猶昔。到時正在看書，見吾之來，喜而淚下。師爲名學大家，所著名學，歷二十年始成。書出風行，法蘭西學院獎以金。西班牙聞名，聘爲巴色倫大學教授者二載。先後教授於里昂大學二十五年。吾從師學，深荷垂青。初以所作論文求教，承誨之曰："歐人著書，最重邏輯，必樹一意以爲幹，然後暢其條枚，繁其花葉，百變不離其根，斷章賸義無所取焉。"吾皇恐，對以"中國先秦諸子著作，莫不如是"。退而焚其稿，易今刊行本之稿以進，則大喜曰："孺子可教矣。"因錫之序，而爲薦於學務委員會。經審查通過，列爲大學叢書，蓋異數也。吾回國後，師函勗甚摯。惜鞱口四方，學殖荒落，不克發揚鴻業，有負師門耳。師所著書，最重方法，闡揚科學精神，非徒託空言者比。師母動定如昔，惟耳重聽。僅一子，名方濟各，現教授《邏輯》於馬剛中學。一女，年逾三十，未適人，現授德文於此地大學。時值春假，故皆承歡膝下。全家見我來，喜形於色，招待殷勤。二時至師寓，五時二十分又當趕車回巴黎，侍函丈不及三小時。萬千語言不能盡吐，有疑欲問，亦忍而不言，因恐損師神也。違教十年，誰意今日數萬里外尚能一面？故不辭勞頓，欣然前來。以同人行期已定，不得不回。師憑欄目送，熱淚盈眶。吾亦屢屢回頭，至無所見，而反顧尚頻也。到巴黎已午夜矣。

赴斯塔斯堡時，車過南錫。吾曾居此一年。城中斯達尼斯拉斯教堂，堂構精美，觚棱刺天，在車站可遙見之。回首舊遊，忽十有三載矣。有巴布夫人者，同學李君友也。其妹色爾曼，以艷陽桃李之年，而作壽世藏山之想，慧質天成，與吾有苔岑之感，每見必滔滔辯論不休，常於課後會於公園，談詩論文，互不相下，見者笑之。吾離此後，頻向李君探吾行踪，十年不斷，亦有心人也。此時何在？想已"綠葉成陰子滿枝"矣。憑窗遙眺，不禁神馳。

在法五日，均爲同行者作嚮導，不論欲往圖書舘查書不可能，欲觀劇聽音樂亦無暇，所謂道不同不相爲謀也。法人生活，當深入其中上等社會，始能見真面目。外人每匆匆覽其遊藝場，接其下流女子，遽以概論法國，真皮相矣。以吾所知，則法縉紳家庭之守舊，幾與吾國往時埒。女子出門，其母必偕。異性往來，不若所傳之無檢束也。以離婚言，固爲彼教所不許者，孰謂法人自由乎？其所謂自由，乃指聚會、結社、言論、出版言也。

常謂在法一分鐘，可一分鐘不虛度。勿論大學公開講授可隨意往聽，專題講座無日無之，圖書館、博物院、公園林立，名師益友薈多，即至無俚，散步街衢，見店窗之陳列，皆有藝術，貨品之裝飾，絕非無意，在在足以增長見聞。甚至入咖啡館，世人目爲無益者，吾以爲適相返也。有音樂歌唱，有雜誌報紙，足娛耳目、屏煩惱，不待言矣。靜坐不語，傾耳細聽，隔坐男女所刺刺不休者，非國是政聞，則商經家務，不啻上一節實用法語課也。舉目四瞬，則攘往熙來者，衣冠色式，舉動風儀，各色人等各有不同，而有其相同者在則彬彬有禮是也，此又不啻上一節交際禮節實用課矣。人自不留意耳，豈必在書本始有學問乎！

法國足資吾人師法者，學術外，其風俗習慣亦多可借鏡。姑舉婚喪爲例：法人遇親友結婚，必餽贈桌幃、窗簾、刀叉、盃壺之類家常用品，以新家庭必須購置也。視吾人之送濫俗對聯不切實用者何如？路遇出殯，不論死者貴賤貧富，自大總統至於庶民，無不脫帽至哀，行人必立路旁俟靈櫬過然後行；在電車上見之，車雖不停，而乘客必脫帽。吾人則以觀出殯如看迎神賽會。以他人哭號，恣吾歡笑，孰爲知禮乎？

法人待人和藹，足迹所至，無不受其優禮，絕無種族之分，作客之苦。道遇生人，向其問路，匪特詳爲指示，有時不嫌窵遠，親送吾至然後去。有同學騎自行車郊遊，傾跌傷足，近有富人別墅，其女在園瞥見，即奔至，以綢帕爲之裹傷，并扶至其家歇息，爲敷藥後，且餉以咖啡、酒烟。視見之不捄且拍掌而笑者，相去幾何？

巴黎生活，惟奢侈品比前貴，普通生事與前相若，三佛郎五之學生飯尚有也。法人聰明活潑，愛美出於天性，故藝術極發達。而好論政治，故黨派紛歧，左自共產黨，右至保皇黨，在議會均有其席。惟對外則團結一致，絕不以私害公，此其可敬者也。

明晨赴比、德、捷、奧、瑞，二十日回法，故移二十日後在法所記於此，俾以類相從。

二十日　里昂

一九三四年四月二十日，爲吾生不能忘懷之日也。吾至里昂之次年，吾父見背，家人詭以病拘學告。吾時肄業工業專科學校二年矣，學費不以時至，勢將輟學東歸。居停伯拉奢君，聞而慨然曰："盤餐與君共之，他日量力償還可也。"吾初主君而食於外，自是食宿於君矣，遂得竟學，復學文於里昂大學者二年。君文學士也，供職市府，長吾五齡，性坦率而好義。夫人少君二歲，性尤溫雅。家無雜賓，亦無僮僕。每晨吾上學，君趨公，夫人理家政。午晚吾回，君亦回。晚餐後，三人圍燈，吾作課，君閱報，而夫人作女紅，至十時方休，以爲常。吾攻讀倦時，君必縱談時事，或其生平閱歷，雜以詼諧，用振吾神。夫人亦停鍼而聽。吾或與君辯，夫人必箴之曰："時不早矣。功課已完乎？"則相視啞然，復歸沉寂。同院有高羅女士者，皈依天主教，業商而好學，過時未適人，與老母相依爲命，柏夫人莫逆交也。每星期四晚飯後，必赴柏作夜談，來必尼吾說東方故事。故逢此日，吾必先理完功課以待之。法國婦女素擅辭令，法文尤委宛諧雅，足以移情。吾雜坐其間，飫聆清韻，其味無窮。凡牛鬼蛇神無不談，黃泉碧落無不涉，莊諧並作，形迹俱忘。高羅亦時備茶點，邀吾及柏君伉儷過談，詼諧無檢束亦復如是。門內他媼因飯後無俚，不時過從，則君夫婦必簡辭欵接，俾早辭去，任吾攻書。星期值雨，則聯袂入劇院，晴必裹糧遊山。勇則攀躋，倦則席地而坐，行久思睡則藉草而寐，飢則取餱糧而食，綠水青山佐吾野膳，清風鳴鳥作吾精神，筋力既罷，食量倍進，既飽復行，採野花，攬名勝，迨暮色蒼然，始相携而返。凡君之遊無不偕，君之親友無不識，人不以吾爲客，吾亦自忘其爲客也。如是者四年，家人骨肉無以逾此，亦奇緣也。日前過此，適君夫婦春遊南方，故今晨八時四十八由日內瓦乘車來訪。十二時到，君已候於車站。悲喜之狀，非筆墨所能形容。先至咖啡館少憩，知君曾偕婦於九時至車站等候，因吾換乘此車而君不知也。迨至君家，則夫人正爲吾治佳餚。相見之下，有如隔世，不知話從何起，反瞠目相對無言。嗣知君父及夫人母均先後逝世，二人得其遺産頗豐，故生事較前爲裕，簾幃器皿均已改觀，吾之臥房亦不可復識矣。人生朝露，爲歡幾何？萬里重洋，十年闊別，誰意今日猶得舊地重逢？煩玉手之調羹，酌香賓之美酒，千金一刻，樂不可支，不覺酩酊而醉。惟語及生死存亡之際，則不禁黯然神傷，蓋貝奧列夫人、馬格里德女士均在妙齡化爲異物。回首前塵，惘惘如夢，未免有情，誰能遣此！少頃，福爾來，同往其家，起居其母。雖久風廢，而神識清明，見吾之來，喜而淚下。酌香賓酒後，復同至柏君家，偕其夫婦至金首園及威爾邦奈村，與君同遊不計次之地也。一草一花，皆吾舊雨；一亭一榭，留我遊踪，萬感交縈，終歸無語。湖光山色乎，此別不知再見何時矣。晚宴柏君夫婦及福爾喬梓於城中名菜館，觥籌交錯，盡歡而散。復至福爾家拜辭老母，仍回柏處暢談。至十一時半，忍痛而行，柏夫婦送我上車始別。柏君好論時事，亦喜詩文，與福爾同學三年，磋磨均多益我。柏夫人於我，尤無微不至。散學歸來，雪花滿身，渠來啓門，親爲拂試，必聲聲溫語慰藉，情溢乎辭。取酒暖我，取衣衣我，言猶在耳，忽已十稔，而今以後，不可再得矣。一日之歡，何時復有？人隨車去，魂逐情留。

　　世界進步，與日俱增。威爾邦奈新村住宅，宏偉簡便，容三萬人，新式設備一切俱全，而取值較舊式房屋廉至一半。負社會事業之責者，所急宜取則者也。

　　貝奧列夫人者，居近里昂之松塔城，當鑪女也。貌僅中人，而慧質靈心，談笑足令人忘倦。其夫貌寢，年事復高，夫人有彩鳳隨鴉之感。吾與同學三人避暑至此，居其樓上，獨荷垂青。故一有暇日，常乘車往訪，作竟日遊。柏君夫婦由吾介紹，遂常與過從。夫人有女，雖在齠齡，而極美麗。現已及笄，不知誰屬，惜不能一往視之。與貝奧列夫人年相若、遇相似者，有馬格里德女士，亞奈西人，以打字爲生。與柏夫人同里閈，自總角則極相得。金黃色髮，碧眼，玉雪膚，皆我東方人所美者。娉婷善舞，尤善歌。每當春夏假期，必來里昂，主柏夫人，於是與吾習。吾遊瑞士，曾先往訪之，承爲治饌，沽酒共醉，後同泛舟列明湖中。時皓月當空，湖平如鏡，涼風送樂，聆君唱拉馬丁《湖》詩，宛轉鶯喉，音韻欲絕，令人萬念都銷，渾忘身處塵世。曾幾何時，竟作幽明之隔，傷哉！君早歲遇人不淑，遂飲恨終天。對吾雖厚，媿無以慰。若有輪迴，惟待來世耳。

二十一日

　　昨晚十二時半離里昂，今晨六時半抵巴黎，徹宵未寐，殊倦。限於時日，不得不陪同行諸君往觀名勝。先至先賢祠,十八世紀中葉名建築師蘇佛樂所建,雄美肅穆,有希臘遺風。圓頂高八十公尺,下環石柱,久播盛名。初爲教堂,大革命時改爲先賢祠,遷葬盧梭、福爾泰遺骸於此,而顏其楣曰:"感恩之祖邦,爲偉人所建。"復闢時改功臣廟,路易斐力普朝仍爲教堂,三次共和復改先賢祠。名宦剛貝達之心藏於此,加諾·約列氏、名將馬索·拉都多魏偶、化學家貝爾德樂、數學家班樂衛、文豪兩果、左拉,先後葬於此。法人視爲無上之榮,猶吾國之崇祀文廟兩廡也。壁畫出名家佩依夏瓦納手,風神絶世。銅石造像不僅藝術之精,而先哲儀型宛然如在,尤足生人景仰。門前有羅丹作之思想者銅坐像及盧梭之銅立像,遊人過此,必低徊留之不忍去。由此往觀凱旋坊。

凱旋坊之制,遠溯羅馬帝國時期,大將立殊勳於外者,凱旋時建坊以旌之,猶吾國之紀功碑也,在法則路易十四朝曾再建之。今所膾炙人口者,則剛果德廣場前後之二坊也。一爲嘉魯色坊,一八〇六年建,紀共和時之軍功者,爲比爾西愛及風丹之傑構。而拿破崙坊尤有名,蓋此類構造之最偉者,在總統府附近,位於十二通衢之中心。一八〇六年二月十二日拿破崙在位時所建,迄一八三六年七月二十九日始落成,閱二十年,而拿氏作古亦一紀矣。坊高四十九公尺五,廣四十四尺八,厚二十二尺一。圖案爲查爾克令所繪,而石刻戰績皆出自名手:《光榮》爲柏拉第愛所刻,《出師》則魯德,《凱旋》則高爾多,《抵抗與和平》則厄德所作,皆奕奕如生,精美絶倫。而共和及帝國時代有功之將帥三百八十六人,及帝國著名戰役,均鑴名其上。大拱門下之正中,則世界大戰時之無名英雄墓在焉,有長明燈,永久不滅。遊人至此,無不禮之。巴黎名建築如林,兼擅莊嚴華麗之美者,惟此坊足以當之,故每至必留連久之而後去。巴黎聖母院由於雨果之名著,而知之者尤衆,瑰瑋絶倫,名聞寰宇,不可不偕諸君一瞻仰也。惜到時已黃昏,大門緊閉,徘徊門外而去。此教堂始建造於十一世紀之初,教皇亞力山大第三及法王路易第七所奠基,其後迭經修造,惟恐不精。信仰所驅,不憚物力,故精巧而宏敞,得未曾有。巍峨之鐘樓,雄偉之門扉,精緻之窗櫺,和諧之間架,聚高迪克藝術之大成,顯人巧勝天功之偉績。自外瞻仰,已有觀止之嘆,不待覽其堂奥之華麗,收藏之豐富也。

本擬今晚觀劇，爲陳、戴諸君邀作夜遊，誼不可却。且以彼久於此，或有異境吾未見者，故勉允之。乃仍入咖啡館觀舞女，殊悔，遂託辭而歸，已誤我觀劇之時矣。法國戲劇，不論曲樂，非名家傑作不能上演，而舞臺藝術尤耐人尋味，如歌唱道白，音極清晰，皆飫經訓練，發最標準之音，外人聽之尤有益。故吾每以觀劇作聽文學課觀，於此所得，優於在講堂聽講也。此次在法，忙於爲人，竟不暇涉足梨園，恨何如之！

二十二日

上午偕諸君往觀動植物園，廣袤出人意外。綠蔭新成，奇花怒放，滿園春色，尤足怡情。動物雖多，而食料不足，往往餓斃，活者亦甚瘠。午飯於申江樓。飯後再至魯佛爾，徘徊於諸大師名作下，爲同遊講解，興趣倍增。讀書貴知人論世，讀畫何獨不然！由此出，別諸君，再至書肆。結習未除，亦殊自笑也。生平樂事，無逾遊山水、讀書畫，故入書肆乃吾排遣之良法，非預儲若干金錢、思購若干書籍也。且最廉而有益之消遣，孰逾此乎？見新出之書，則增長眼界；見舊板之籍，如逢故人。況彼邦學術昌明，科學新板層出不窮，新發明之學說出吾意外，見之如科崙布之發見新大陸，樂且無央。故足迹所至，覽其名勝後必訪其書坊，即蠹簡殘篇，亦益我匪淺。明日將離此，不知再至何年，故復至各大書肆一飽眼福。又往塞納河墘，覽其舊書，價廉物美，恨不能悉載而歸。晚陪諸君觀遊藝劇。

昨承柏君將吾前次回國時所寄沿途見聞錄還我，閱之多可笑者。知十年後閱今所記，亦復如是。然則奚爲孜孜於此乎？前爲柏君，今爲素聞，固所願也。

附　譯稿

凡爾塞——路易十四朝最高思想之一 ①

查禮·孔斯勒 ②

“用新意而構舊詩”，恩忒·色利愛膾炙人口句也。

經無數詩文歌詠形容之凡爾塞，實爲數見不鮮之題材，而南德博物館舘長路克·貝諾亞先生近有傑構問世，予此題以新穎氣味。幸賴貝氏，凡爾塞不啻《幽林仙子》故事中之瓊宮。在其筆底，凡宮廷苑囿與夫周圍城鎮，皆從銷沉百六十年後而復甦。

貝氏謂：“凡爾塞誠爲名王之樂苑，戚畹之璇宮，然亦爲朝廷之典制，時代之傳真，民族之精神，世紀之儀範。”

凡爾塞與巴黎榮譽軍人院皆路易十四朝至高思想，故貝氏書大半爲王之本紀，以其允爲彼時最優典型也。

博雅之作者謂：此書匪僅名王之實録，繼統諸君之史蹟，旨在溯述其時之風尚；書中美不勝收，其最引人入勝者，見地高，斷制嚴，可謂超超元著。

世知以樞機主教任宰相之馬札林，匡弼路易十四治理之責綦重矣。當王在綺年，馬札林已窺其睿才天縱，謂有兼人之資，有正人之度，治績必將邁倫。初雖不免耽聲技，樂頌諛，然未嘗不酷愛其國若民之光榮也。

剛毅果決，有猷有謨，復有驚人記性，路易十四爲法人中最勤勞者，不識失望爲何事，總攬萬機，宵旰不給。無在八小時下者。諭太子日記有云：“以工作治國，亦爲工作而治國。”處至尊之位，而作是思維，似艱辛而拂意，若欲觀

---

① 上文後墨筆書“附《凡爾塞》譯稿”數字（前文二日遊凡爾塞宮文後亦附注此，見前），係後來所書者，字體、墨色均異前文。稿未見附存。《慈竹居文續》卷末附存該稿，係謄清稿，書前目錄無之。今移置於此，於《慈竹居文續》則不復收録。

② 原署“查禮·孔斯勒未刻稿”。

成，實容易而愉怡。

路易十四目光如電，射人懾人，以七十七歲耆齡之威棱，能使最傑驁者畏威而低首。顧和藹可親而多禮，根諸天性，天顏常喜，華貴而雍容，實當世無雙。

方其規拓先王路易十三凡爾塞離宮時，正值大婚未久。后瑪麗·德烈氏，西班牙王斐力普四世之公主也。自一六六一年迄一六八二年二十載中，拓展凡爾塞之工程不斷。王欲苑囿與宮殿相輝，特運巧思，將宮殿與遠村遞嬗嬋聯，爲闕廷之拱衛，益增其高華。甬道如矢，輻輳闕下，倍顯莊嚴。眼界壯闊，遠景近景異態畢呈，噴泉精巧絕倫，馳道寬坦而蔥翠；長河逶迤，投西陂而遠逝，紅輪每夕自威爾普魯平原而西沉，反照長廊，鑑明如熾。凡此勝概，悉將作大匠賴諾脫之神思也。

當一六六四年凡爾塞土木初期工竣，路易十四時年二十有六，爲嬌憨之孌人華麗愛舉燦爛落成會於此。莫利哀扮演其自撰之名劇《蓬萊島》《愛利德公主》《矯偽者》，呂立奏其傾倒一世之提琴，洵極一時之盛。

王之入居凡爾塞，實爲一六八二年五月三日。上林苑雖已拓地畢工，而在名將作大匠孟沙指揮下，操作於宮禁者，尚以千計。孟沙實遵循前任賴武之圖案，而踵事增華。正殿之旁，增築兩翼，每楹長達一里；改露臺爲穹窿長廊，有如木天，飾以明鏡，遂以鏡廊飛聲；重建第一植橘房，繞以百步墀兩行；建小教堂，用紅雲母石改作瓷閣泰亞儂，成大泰亞儂宮；露臺之靈沼，則繞以精美河神之銅像，皆名家葛依色武、賴可羅、杜比、賴翁克得意之作也。

查理·賴勃朗者，畫苑供奉之祭酒也。大內房屋器具之式樣陳設，皆其獨出心裁。凡雕節藻梲，鏤金錯采，錦茵繡幃，以至魚鑰之形式，無不鈎心鬥角，巧奪天工。

爲使凡爾塞之輪奐臻於至美，孟沙復建閱武場。巴黎大道之兩旁，建大小上駟院，一以飼供騎射之馬，一則駕鑾輦之馬飼焉。

路易十四監督各項工程，審核一切圖案，與孟沙研討，時損益之。故貝氏謂凡爾塞宮半爲路易十四所經營，非過言也。

凡爾塞行慶成大典時，內廷廊閣，濟濟嘉賓，達六千人。百炬銀灯，輝煌炫目，照耀雲母之雕牆，鏤金之綺疏，希世之寶繪，沙禾之繡茵，與夫奇花異卉，旖旎爭妍，相輝而益美。其宮內不能容而屆屋於苑囿者，尚不可勝計，誠空前盛會也。

路易十四居此瓊宮御宇二十有五年，指揮六軍，核定和約。蓋法國因爭西班牙王位繼承而抗毆洲各國聯軍十二年之戰事，至是罷兵，定烏特力克及拉士達和約，簽署於此也。

一七一五年九月朔，王崩。凡爾塞蕭條者七年。迨一七二二年夏，路易十五僅十三齡離巴黎宮而駐蹕於此，始復其盛。

路易十五於故宮小有改作，毀大使墀，增華美之新榭、鐘樓、方閣、樂府、梨園是也。苑中又多建純素華麗之亭榭。八角型精巧玲瓏之小泰亞儂宮尤著名，為名家卞白里愛之傑作，竣工於一七六八年。

小泰亞儂宮中尤饒路易十六后瑪麗·安多尼軼事。金碧絢爛之戲臺，其所建也，落成於一七八〇年八月朔。后常與狎客及阿爾多亞伯演諧劇於此。

一七八六年，名師密克環附近小湖需築茅舍，錯落成聚，后常飾村婦而遊幸焉。

一七八九年六月，王室離凡爾塞，從茲不復返矣。此神王增勝之仙境，竟有頹毀之虞。迨路易·斐力普朝，始復修繕，改為博物院，以紀念法國之光榮。

（"Versailles" Luis Benoist 著，巴黎 Cluny 书局 1947 年版）

中法貿易概況 ①

　　本篇係駐華法國大使館商務參贊蘇馨先生，於廿五年二月二十日在南京中法友誼會演講，由黃曾樾先生譯成見寄，謹此誌謝。

今日承諸位在中法友誼會之華廈，作盛大之招待，不勝感激榮幸。在此護晤許多中國朋友，尤深欣幸。本人現年六十歲，在中國三十六年，比在法國多十二載。當一八九九年臘初到上海時，今日法租界繁華之霞飛路，尚為荒野之場。因憶及故韋爾敦公使，先本人一年到申，中國之政變，如義和團，辛亥革命，軍閥戰爭，國民政府成立，均目擊之。韋公使對中國之熱忱，口難盡述。凡有涉及中國者，吾人皆極關心，如與摯友休戚相關也。

今日所談者，為中法商務關係。此問題範圍殊廣，短促時間，不易詳述，已請使館秘書 Clauzel 先生，及南京法國領事 De Feularde 先生，向諸位説明。本人祇作一簡單談話，而非對比問題作深切之演講。

　　① 載《社會經濟月報》1936 年第 3 卷第 3 期，第 9—16 頁。原署"蘇馨，黃曾樾"。按，先生譯稿另有《聖西門文選》，今恐佚。此外少有見聞。今謹將該文附存於此。

一九三五年中法貿易總額,以華幣計之,達一萬萬二千二百萬元,佔中國對外貿易總額百分之八強。上述數目,乃合中國與法國及其屬地而言,法國屬地與中國貿易,比法國本國與中國貿易總額尤鉅。

由法國及他屬地輸入中國之貨價爲:

法国本部:13,362,000 元,佔中國入口總額 1.45%;

法屬安南及廣州灣:59,587,000 元,佔中國入口總額 6.74%;

阿耳及耳:58,000 元,佔中國入口總額 0.01%;

總數爲:73,407,000 元,佔中國入口總額 8.20%。

由中國輸入法國及他屬地者爲:

法國本部:29,245,000 元,佔中國出口總額 5.97%;

法屬安南及廣州灣:6,080,000 元,佔中國出口總額 1.06%。

阿耳及耳及摩洛哥:13,114,000 元,佔中國出口總額 2.27%。

總數爲:48,437,000 元,佔中國出口總額 8.40%。

以上所言,皆舉其犖犖大者,至於詳細數目,恕不贅述。有欲知其詳者,請向友誼會秘書索閱有關圖表。

一、中國之供給法國者

中國之供給法國者,與他國之供給法國者比較之,按法國前年統計,僅列第二十七位,貿易數爲一萬萬四千一百萬法郎。但中國輸入法國者,比法國輸入中國者多至一倍以上。記者按,中國人口面積,比法國不止一倍之多。茲略舉法國向中國購買者如下:

生絲最多,達一千一百萬元。花生、桐油、牛羊肉類、草帽、亂絲、豬毛、苧蔴、乾蛋及凍蛋、山羊皮、綢緞及河南山東之繭綢、亂棉毛、五倍子、紅茶及青茶、豆及芝蔴、鴨毛及鵝毛。

二、法國之供給中國者

法國之供給中國者,與供給他國者比較之,按法國前年統計,中國列在第二十二位,貿易額爲八千八百萬法郎。茲略舉中國向法國購買者於後,可見法國並非如一般人所理想之僅以產酒及香水著名也:

鐵軌、藥品、香烟紙、洋鐵、糖、各種化學品、酒及酒精、機器及其附件、氯化鉀、生色精及柏油類、炭酸、棉花及繡針、紡織機及附件、毛線、軍械、製香水原料。

三、中法貿易之差額

中國貨之售與法國者,常多于所購之法國貨。惟一九三四年中國統計,則謂法國貨之售與中國者,多于所購之中國貨;而法國統計則反是。前上海國際貿易局局長何炳炎先生,最近在商務印書館出版所著之《中國對外貿易》,列舉中國對各國之貿易狀況,並謂自一九〇五年至一九三三年,中法貿易差額,有利於中國者,達八萬萬海關兩,平均三千萬海關兩一年。

附圖二張,其一係按中國海關二十年來之統計,一則根據法國海關最近十二年之統計所製。兩曲線雖微有不同而線形則相似,且有相近之傾向。尤應注意者,法海關圖中,一九二六及一九二八年入超出超最高紀綠之相符合。

輸入額高,乃富足之徵,執政者必强求減低,竊所不解。大經濟家 Bastiat 嘗云,一法國船主,滿載值數百萬之貨,往售于外國,不幸中途遇險,貨盡沈没,空船而歸,若作統計,則誠無輸入矣,而輸出之數百萬何在乎? 似此,於輸出國何利?

兩國統計,理論當完全相符。而頃所言者,乃有差異,諸位得無懷疑? 但一探其原因,當恍然矣。兹略言之:

(一)法國貨物出口時,因出口税極輕,故其數量之計算,純據轉運公司之報告,及到中國,則按市場批發價減百分之七計算。

(二)十二月由法國出口之貨,法國海關當然計入本年賬中,但到中國,已是次年之正月,則中國海關必記入次年賬中,比法國差一年。

(三)貨物到地,往往不即提取,常屯海關堆棧候領,因而有時間之差別。

四、中國與法國屬地之貿易

安南:

中國與安南貿易總額,達六千六百萬元,其六千萬元爲輸入貨額。

中國輸入之安南者,以生絲爲大宗,紙及漁網次之。

安南之輸入中國者,以米穀爲大宗,去年達二千九百萬金單位;他則麩皮、東京之白煤、海防之西門土、漁業品、棉花及生橡皮等。

法國對中國淨輸出與中國對法國淨輸入比較表

（1923—1934） 單位一百萬法郎

根據法國海關報告

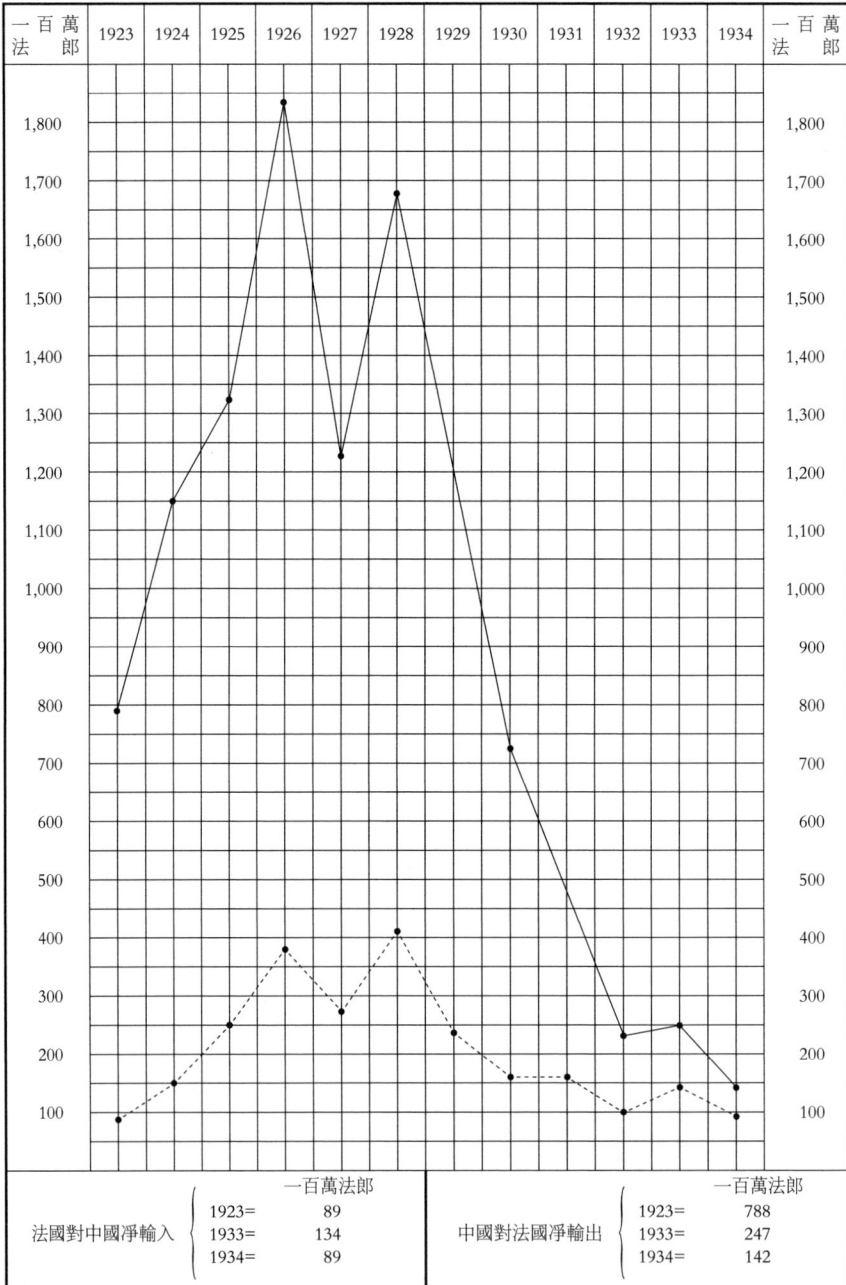

一百萬法郎	1923	1924	1925	1926	1927	1928	1929	1930	1931	1932	1933	1934	一百萬法郎

1,800

1,700

1,600

1,500

1,400

1,300

1,200

1,100

1,000

900

800

700

600

500

400

300

200

100

	一百萬法郎			一百萬法郎
法國對中國淨輸入	1923=	89	中國對法國淨輸出	1923= 788
	1933=	134		1933= 247
	1934=	89		1934= 142

圖例 ——————— 中國對法國淨輸出
　　　 - - - - - - - - 法國對中國淨輸入

法國對中國淨輸入與中國對法國淨輸出比較表

（1915－1934） 單位爲一百萬金單位

根據中國海關報告貿易册

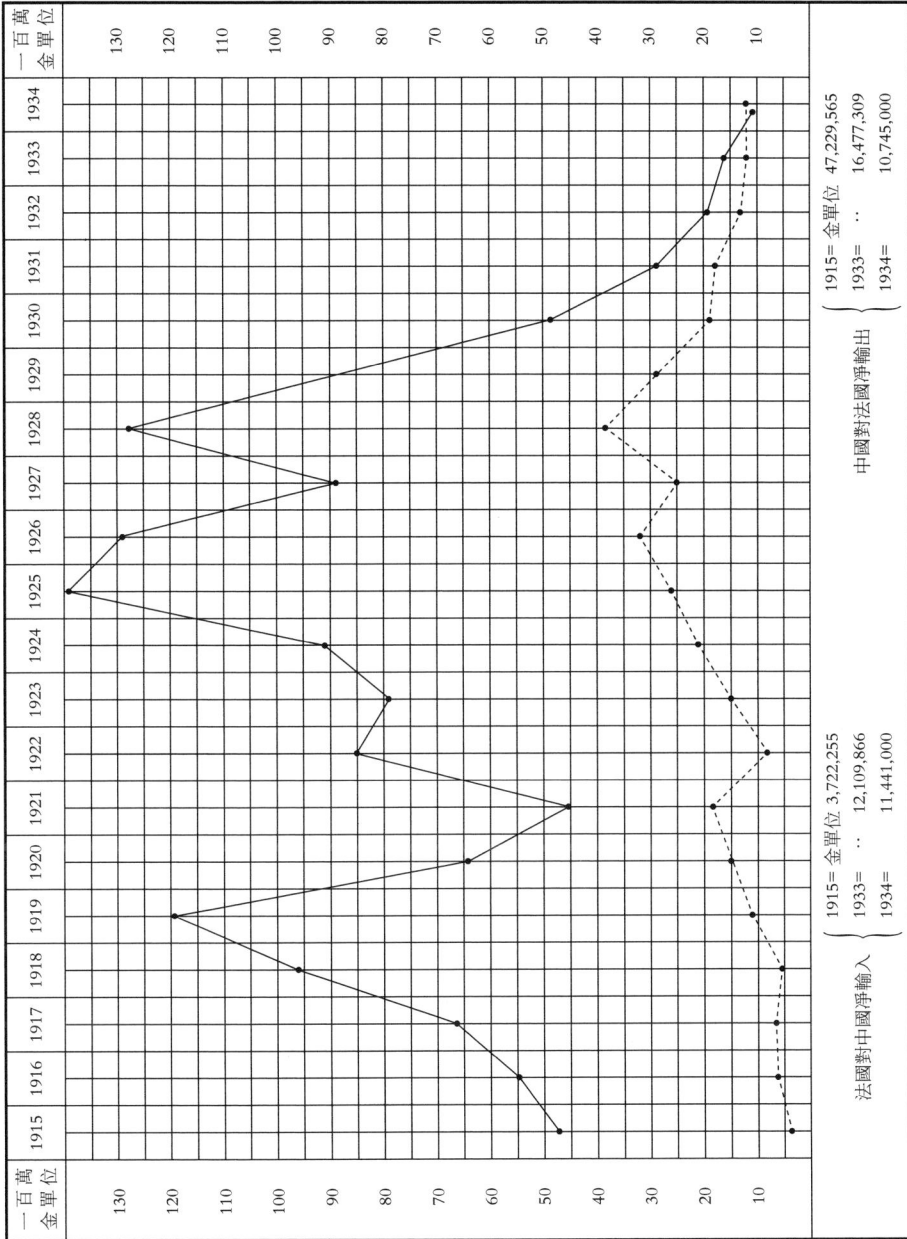

法屬北非洲：

中國貨之輸入法屬北非洲者，亦不多，尤以青茶爲大宗。去歲華茶之銷售於突尼斯（Tunisie）、阿耳及耳（Algérie）及摩洛哥（Maroc）者，達一千二百萬元，佔華茶出口總額百分之六四。花生及絲，雖亦有輸入，然數量相差遠矣。

上所論列，僅進出口貨物之可見者，其不可見者，限于時間，尚未談及。茲舉其興趣濃而統計表上向未列及者，則法國對中國之友誼是也。

中國與法國本部之進出口數目，比較弱小，其故何在？欲增加兩國貿易，法當何從？茲再將愚見一陳之。

（一）中國市場上所最暢銷之物產，如煤油、汽油、麥、麥粉、棉花、烟葉、木材等，法國均不能供給；而法國之主要產物爲酒，在中國又不暢銷。

（二）兩國距離過遠，運費隨之而貴，亦其一因。但法與英、德距中國相等，而法國距日本比距中國更遠，英、德貨之暢銷于中國者，比法貨多；法貨在日本之銷路，亦比中國多[1]，抑又何歟？

（三）或謂法貨價昂，所以銷路不廣。然法貨非盡如此也，且貨價雖略昂，而質料優美，遠足以償之。法之專門材料，久著聲譽，此類物品，購者不應以貨價爲選之標準。

大多數人，常貪小利，購價廉之物，故法產奢侈品之僱額，僅限于大城市之小數居民。

（四）中國漸漸工業化，亦外貨進口之一大障礙。往者中國與英國及印度之主要貿易爲棉紗，現因就地製造，故入口幾全斷絕。此乃必然之趨勢，各國皆然。外商應深明此義，求適應環境，供給中國工業化應需之物品，亦國際貿易之遠大前程。法國最大之主僱，皆係工業化之國，如德、比、英、瑞士、美國等，其故可深長思也。

（五）法國工業界，似專注意於其屬地，如與所屬北非洲，關係日臻密切，是其明證。對於中國市場情形，則多未加研究，亦未在中國盡人事所當爲，俾中國人士，得深切了解法國之工業狀況。

（六）關稅逐漸增高，對法貨銷路，亦一阻礙。法貨往往視爲奢侈品，故法國酒之入口稅特重，除大宴會及資產階級，鮮用之者。此酒稅收問題，至爲明顯。但如減輕稅率，俾待多量進口，則收入亦多，比提高稅率、限制入量，收效更宏。

———————————

[1]　“多”，原脫，據文意補。

且提高入口税，往往增多假冒及走税。現市上冒牌之貨甚多，假冒法國酒類尤夥。此類假冒之物，均在中國製造，産量甚巨，所用商標則與原牌相似，非精於鑑別，極易受欺。嘗見商店中有 Chatean Pére &Fils 或 Bordean &Cie 酒等，殊堪絶倒。諸如此類，不勝枚舉。冒牌酒既無法律制裁，則衛生上不可與原牌同語矣。

至於走税之弊，更不煩言説。尤可恨者，影響收入外，使篤實商人寒心耳。中法商務，未臻繁盛，吾人當倍加努力。竊以必當彼此情形，能互相認識，庶其有豸。本人回國時，深覺法人對中國，殊多隔膜。本人常接極堪發噱之詢函，如某廠云，本廠有值四萬佛郎之呢帽，尊意以爲可於旅行中國數星期中銷罄否；又有函告以製有極廉價之脚踏車，以中國人口計之，若每千人購一輛，當有三四十萬輛之貿易，其不明中國情形多此類。故本人匪僅常以中國市場流通情形，詳告法國工商實業名流，且每以中國農鑛産之富源，大小工業之狀況，詳細介紹焉。惟亦頗覺中國對法國專門技術，及科學方法，如再加深切認識，必有裨補。韋公使嘗告本人，一日散步上海近效，有鄉人問其法國亦産米否，答以不生，問者無言，意似謂法國爲窮鄉僻壤也者，亦中國對法國隔閡之證也。

五、中法之合作

中國正作大規模之經濟復興運動，各種宏偉工程計劃之實施，海陸空交通之改進，農鑛産之開發，水利興修，繁然並舉矣。法國與中國，曾數度經濟及技術合作。投資於中國鐵路者，達一千四百萬美金，約合七千萬華幣，山西、雲南之鐵路是也。京漢、隴海兩路，則比國之資本在焉。此類投資，所補助開發沿海富源者，厥功匪淺。且在經驗豐富之工程師指導下，造成不少中國技術人材；工程進行期間，維持不少中國工人及材料供給者之生計，數千公里地帶之繁榮，皆此種合作精神之良果，吾人尤當發揮而光大之也。

法國技術，在任何工業方面，皆有驚人進步。歐戰後，遊法者無不詫異。今爲諸位舉其大概：

（一）紡織——法國紡織，爲最古最著名之一。紡織廠多在北方，有三百萬工人，出口數達一百五十億佛郎。

（二）化學——歐戰後，化學工業大興，且所製造皆前所未製者，如抱合染料、化學肥料、炭酸鈣、硫酸、苛性蘇打、藥品等。

（三）冶金——陶冶鐵鑛，爲歐洲最重要工業，法國最負盛名。

（四）電力——法國江河自然水力之整頓，已使許多鐵路可用電力行駛，又因利用水力而電力價格大廉。

（五）航空——據航空部報告，法國空軍力量，可與歐洲任何國對抗。中國政府已採購不少法國航空器。最近中國航空公司將航線與法國航空公司接通，亦兩國合作之明徵。法國允中國航空器由廣州至河內，在法國土地上飛航，而無互航條件，他國尚無先例也。

（六）汽車——因道路便利，故極發達，佔全世界第二位。

本欲與諸位談明年巴黎舉行之國際展覽會，限于時間，請留下次詳告。會中如（一）出版部——書籍、日報、雜誌等；（二）實用科學部——關于科學藝術者；（三）美術部——圖書、雕刻、建築等部分，皆與中國極有關係也。此會面積有千畝之廣，巴黎市補助費預算，爲二萬萬二千八百萬佛郎，法國政府補助預算爲三千三百萬佛郎，其重要可知矣。

此外可增進中法友誼之組織，尚有法國高等教育機關，如上海中法專門學校、由褚民誼博士及 Civet 先生主持。天津工商高等學校、上海震旦學院等，皆由中法著名教育家主持。震旦學院之理科內分機械工程、建築及化學三部，尤卓著聲譽。

法使館商務參贊辦事處，亦一極好之聯絡合作機關，本人當盡力使其功效顯著。中國各界有欲知法國與其屬地商務情形，及對法國工業有所調查探詢者，請逕函本人，無不迅即詳告；如本人有所不知，或材料不在手邊者，必爲向法國求之，猶本人報告書中，及復法國函詢中國商務情形信內，對中國工業常不遺餘力而介紹也。通訊處：上海公館馬路二號。

中國尚未有法人士共同研究經濟問題之組織，京滬中法友誼會，曷不專設一組？俾中法會員，有機緣共相討論也。

合作爲中法友誼會之精神，所以聯絡兩國之情感，吾人當盡力互助，學術上、經濟上，求如何有利于同學；貿易上，如何裨補于兩國。玉爾羅曼之言曰："爲有志之士。"願共勉之。今承諸位濟濟一堂，懇摯招待，至感盛意，故暢所欲言，罔有選擇，如舊雨重逢，暢傾積愫，不覺其瑣碎也。

外國文學論稿

目　録

外國文學論稿

寫實派與自然派小説異同辨 [1]

當十九世紀初漫浪派文學正盛時，施丹達爾（Standard）、桑德（G. Sand）、巴爾薩克（Balzac）、梅里美（Merime）諸人所爲説部，已趨重實際觀察。自一八五二年後，文學鉅子始盡移其眼光，對事實作精密研究，浪漫派（Romantisme）大師因排斥古文義法之過嚴而主張藝術自由 [2]，以意境及情感代前兩世紀所視爲金科玉律之理智，馴致一任作者之興會與譎誕，經此個人意志過分發展及玄想過離實際之後，所需要者，爲一種摒除主觀、純以事實爲根據之文學。且孔德（A. Comte）實證學説盛行以來，加以戴侖（Taine）之推波助瀾，故十九世紀下半期初年之作者，競尚真實。此真切觀察之風尚，即巴拉斯派（Parnage）詩人及寫實派（Realisme）稗官之特征也。此種反浪漫派運動，殆即擴展古文義法之復古運動。蓋徒一方面觀之，古文家亦何常非就事實寫照，惟因其忽略天然之外象，而偏重人生，且此人生中，又遺其庸俗特異之點，而偏於高尚有普遍性者 [3]，故祇收現實人生之一部分入文學耳 [4]。寫實派小説家則將此種限制摒除始盡，意在描寫天然之外象，與攝取實際之全體，而在此人生中，則圖畫卑醜，不僅藻繪其雅麗，摹擬其全身，不獨形容其一體，由此遂漸趨於粗橫奇特之刻畫，致其所號召之全部寫實學説，亦

---

[1]　載《公餘生活》1944 年第 1 卷第 6 期第 13—15 頁。又黄家所藏殘稿《永思堂札記》卷三（所見爲光盤刻録書影），僅餘紅欄格紙四頁，無題，文後注“以上二節論寫實派與自然派之别”，即此文也。

[2]　“術”，原脱，據家藏稿補。

[3]　“遍”，原作“偏”，據家藏稿改。

[4]　“分”，原脱，據家藏稿補。

不過如十七世紀之部分寫實。所以異於前者,僅在心靈描寫雅俗之別而已。當一八五七年福羅貝爾（Flaubere）之寫實小説《保華利夫人》（*Madume Bovari*）出世即傳誦藝林,此派小説乃源源而來。蓋此書以真切細密,繪影繪聲,選字造句,如鐵鑄成,創一新藝術,捔捲浪漫派,起而執文壇之牛耳。迨一八六五及六六兩年,貢固（Concourt）兄弟及左拉（E. Zola）之傑作出而極盛。一八七八年,左氏構園於巴黎附近之墨丹（M'edan）,每逢休沐,作文字之會,世號墨丹文友者也。共六人,莫泊桑（Maupassant）與焉。一八八〇年四月,遂有《墨丹社集》之刊,風行一世。其序文對當時文壇多所掊擊。左氏遂於是年所著實驗小説中,規定自然派之規律,自然派（Naturalisme）之幟於是樹矣。由寫實至自然,其遞嬗之迹雖微,然可得而言也。實寫作家祇將藝術作爲實際全部之寫照,遂創紀實小説;自然作者以科學爲根據,乃創實驗小説。前者僅用觀察法搜集瑣事,作人物之印象;後者則於此外加實驗方法,補純用事實觀察所不及。左氏有言,小説家當合觀察者與實驗者爲一人。所謂觀察者,乃將觀察所得,據事直書,主意既定,遂斟定人物作故實穿插之局是也。實驗者則使人物在一特異事故中動作,證明各段事實之聯貫,恰如所研究現象之命定主義所要求。故實寫派於描繪現代生活中,尚摻入前聞往事,遠地風光,而自然派則僅作現時真實之寫照。以文字論,實寫派極重全書之結構,筆調之修鍊;自然派祇欲攝取人生片段,不顧全書構造之章法,而謂小説家不應使人在其筆端得見其爲人也。

自然派自初立名目,則遭世詬,如唯心家訾其祇見特質之世界,及其著作之足以敗俗而傷風;操觚家則斥其對文學之狂妄,其所謂美乃與美絶不相關。然此派受詬最烈,乃在一八九〇年極盛之時,毀之尤力者則左氏之徒也。當一八八七年秋,左氏《大地》（*La Terre*）一書正在巴黎報紙按日刊登之際,有及門五人,亦在報上詆諆此書爲誨淫。四年後,《巴黎迴音報》（*Ecbo de Paris*）自三月至七月每日刊有《文學檢討》一文,對左氏詆諆尤甚。自然派之不洽衆望,照然若揭矣。揆厥原由,則其作品乏意境而粗獷,忽於事物之大體,而迷於極無意義之纖碎觀察,寫物質生活過於可怖可憎,使閲者作惡,是其主因。而此派哲理所淵源之證實學説,雖主張即五官所及之事物而窮其理,爲不刊之論,但凡不能由觀感而得之真理,遽武斷其爲無,則大謬不然者也。蓋官支智慧之力，殊爲有限，六合之外，妙諦無窮，豈能以有限之人力，妄斷無涯之事理哉！於是乎當科學潮流奔騰澎湃之時，而軼出科學之外，研究變態心靈，如神經病、催眠術、靈魂學及一切神異狀態之說，亦飆舉而雲興。其沉潛心理學之內，求神奇之解釋與迷信之疑義，以專寫奇異生活之內心者，亦繼起而與之抗衡。所謂神秘主義（Nysticisme），遂彌漫於世。且此種社會問題，如日方中，北歐文學，如暴雨之驟至，所以影響於文哲學者絕大，自然學說遂不攻而自破矣。然吾觀左拉諸人生當法國內則國體屢更，阢隉不安，外則普法戰後，國威日損之秋，目擊社會之齷齪、工人之慘苦而不能抹，懷才不遇，不得已而託諸空文，故其悲天憫人之意，洋溢於字裏行間，而其崇信科學之心，復極深切，覺時人尚迷夢於無根之幻想，不足語於格致之精神，遂滑稽玩世，睥睨一切，專寫下流社會之言語習俗、人類之獸性，一言以蔽之曰視人如獸耳。嗚呼！君子讀其書，未嘗不悲其志，僅目爲自然派之祖者，自皮相矣。

博馬舍研究 [①]

一

　　博馬舍是法國十八世紀進步的喜劇作家，反對舊秩序的英勇鬥士，被壓迫的"賤民"爲爭取自己的權利向貴族鬥爭的先鋒。他的名著《塞維爾的理髮匠》和《費迦洛結婚》是十八世紀法國社會全面的藝術概括，法國封建制度面臨崩潰、資產階級革命即將爆發的信號。

　　法國的封建法律把社會分爲三個等級：第一僧侶，第二貴族，第三平民。第三等級包括資産階級、農民、工人、城市手工業者和小商人等。第一二兩個等級在政治上享有各種特權，幾乎不交納任何捐稅，所以又稱爲特權階級。第三等級幾乎不能享受任何政治權利，且要交納一切稅捐。

　　十八世紀的法國經過路易十四窮兵黷武之後，弄得老百姓普遍地貧窮，國庫空虛，而且國家負了巨額的債務。他於一七一五年逝世，負債總額等於法國十八年的國家歲收。這種情況已使後人難乎爲繼。加以路易十五王朝

---

① 載《福建師範學院學報》1956 年第 1 期第 1—20 頁。

（1715—1774）的初年，攝政王昏庸誤國，"七年戰爭"節節失敗，法國在北美加拿大和印度的殖民地爲英國所奪，海外市場喪失殆盡，財政危機已難挽救。而且朝廷荒樂幾無虛日，復大興土木①，爲皇親國戚償債②，浪費程度甚於前朝，國家財政瀕於破產。但是，封建統治階級還執迷不悟，只知壓榨人民，供自己享樂，苛捐雜税駭人聽聞。據當時親歷其境的杜·德風夫人所記："什麼東西都有税，除了空氣！"③ 那時人民的痛苦可知了。

在法國封建社會内部發展起來的資本主義經濟，本來已有相當基礎。到了十八世紀中葉，有了許多擁有大批工人和先進技術的手工場，對外貿易以及海外經營也成爲僅次於英國的歐洲第二大國。可是，爲封建制度所維護的封建關係，以及貪污無能的布爾旁王朝，却成爲資本主義經濟發展的絆脚石。況且資產階級雖擁有大量財富，但同第三等級的其他組成部分一樣，幾無任何政治權利，法律不保護它的私有財產。因此，資產階級對現狀不滿，要求徹底改革，提出了參加政治的權利，借以減少自己經濟發展的障礙，保護自己的利益。

從上述的政治經濟狀況，很明顯地看出這時法國第三等級與特權階級的矛盾、資本主義與封建制度的矛盾日益尖鋭；第三等級中間雖然經濟地位和階級要求各有不同，但是反封建、反教會、要求人民應有權利的共同目標把他們團結在一起。由於當前法國工人階級還在萌芽時期，因此，就決定了十八世紀法國階級鬥爭的基本路綫是第三等級對封建特權的階級鬥爭，十八世紀末的法國大革命是資產階級對封建貴族和教會的革命。

革命的爆發有它的進展過程。隨著資產階級的成長和階級鬥爭的逐漸尖鋭化，法國資產階級的意識形態就逐漸形成了。資產階級的意識形態形成之後，就和傳統的封建觀念對立起來，成爲摧毀封建統治的有力武器。於是在這鬥爭中出現了一批資產階級進步思想的啓蒙運動者，如孟德斯鳩、伏爾泰爾、盧梭、狄德羅諸人，在不同程度上對於一七八九年的大革命都起了一定的催生作用。作爲反映社會矛盾與階級鬥爭的文學，也是以反對封建制度爲

---

① 原注：路易十六的王后瑪麗安東妮修建小泰亞儂宮。

② 原注：王弟阿多亞伯爵負債三千二百萬里佛，由國庫代爲清償。

③ 原注：杜·德風侯爵夫人 Du Deffand（1697—1780），法國十八紀紀最著名的女文學家，她的《通信集》甚有名。

它的基本特徵。在這時期用文藝作鬥爭的武器，直接向廣大民衆灌輸革命思想、醞釀革命精神的是博馬舍，所以拿破崙説《費迦洛結婚》的演出，是革命已在進行了"，非常的正確。

二

博馬舍原名彼得·奧古斯丁·加隆，一七三二年一月二十四日生於巴黎。父係鐘錶商，爲人正直有學識，能作詩，愛音樂，有男女兒子各四人。因爲接連死了三個男孩子，所以加倍愛那最小的，捨不得他長久離開，僅送他在技工學校粗習拉丁文。彼得·奧古斯丁在年青時曾因行爲浪漫，被他父親所驅逐，後來他立志悔改，才准他回家。他從此專心業務，至二十歲，成爲一個精巧的技工，發明一種新錶。他替國王路易十五的外嬖彭巴都夫人製了一個戒指錶，國王看見了很喜歡它，就命令他照樣製了一個，廷臣也紛紛學樣了。他曾替某貴婦製了一架精巧的小掛鐘，由她介紹於國王的姊妹，因此他得出入宮廷。可是，宮廷的定貨和王家鐘錶匠的名義不能滿足他的慾望。碰巧有個宮廷御膳監理員佛朗格的夫人來找他修錶，他於是結識了她的丈夫。佛朗格要栽培彼得·奧古斯丁，以賤價將職位讓他，按，此時法國政府中某些職位是可以買賣的。他就做了御膳監理員，待遇雖薄，而有了地位，因爲御膳監理員可以"佩著劍走在御用的肉類前頭"。

佛朗格不久病没，遺留有豐富財産。没後不到一年，彼得·奧古斯丁就和佛朗格夫人結婚。她比他長六歲，不及半年她死了。他繼承亡妻的一塊叫博馬舍的小采地，從此把它作爲自己的姓，這就是我們的喜劇家博馬舍得姓的原因。

博馬舍既精明又機巧，長於口才。他擅長各種技能，尤精於音樂，善彈豎琴。路易十五很歡喜他，叫他做公主們的琴師。

大財政家巴黎·杜威奈賞識博馬舍的才幹，引他作心腹，他因此成了富翁。一七六四年他被杜威奈派往西班牙辦理密件，同時處理他的姊妹被人遺棄的訴訟。回巴黎後，他想在政治舞臺大顯身手，認爲擁有了許多金錢、結交了許多權貴、作爲往上爬的條件還是不夠，因於一七六七年他所撰的灑淚喜劇《歐貞妮》上演，他的第二劇本《兩朋友》也於一七七○年演出，想在文學界挣點名望,但都不成功。

一七六八年他再與一富孀結婚,不到三年她又死了。他的仇人因此攻擊他娶寡婦不是爲了愛情,而是爲了財産,甚至説他的兩個妻子都是被他謀害的。但經証實,均係無稽之談。

一七七〇年杜威奈死,遺産由他的姪孫拉·伯拉希伯爵繼承。伯爵因爲財務糾紛,和博馬舍打起官司。初審時博馬舍勝訴,後來他因爲和邵爾尼公爵爭愛一女伶相毆而被拘禁於富爾·賴惠克堡,伯拉希乘機上訴,且大肆賄賂,散布誣衊的謡言,法院乃判博馬舍敗訴。因此,他的聲名弄得很糟。但是,他在法庭上失敗了,而在輿論上則大勝利,理由是:

處理他案子的法官高埃斯曼有一美麗而貪婪的妻子,博馬舍被禁於富爾·賴惠克時,曾得到准許出來向法官陳述案情,他就以一百路易銀幣和一個鑽石錶賄賂高埃斯曼夫人,以十五路易賄賂法官的秘書。法官判博馬舍敗訴後,法官夫人將銀錶退還他,而留下十五路易,也沒交給秘書。博馬舍向她索取,她竟不認賬。高埃斯曼惱羞成怒,控拆他行賄和毀謗兩罪。他剛出獄,拉·伯拉希案又失敗,受此打擊,處境非常危險。但他有奮鬥的精神,正確的眼光,深深地認識到祇有訴諸群衆,爭取社會的同情,才能擊敗黑暗的司法。他於是陸續發表了四部《回憶録》,申述覆盆的冤獄,發揮無礙的辯才,一部勝似一部,都是文學的傑作。其中人物形象突出,對話生動,對高埃斯曼竭盡冷嘲熱諷的能事,對高埃斯曼夫人尤窮極刻畫的技能。她長得美麗,但是有點傻裏傻氣;她想撈幾個黑錢,但是笨手笨腳,做的都是敗德犯法的勾當。因此,每一部《回憶録》印出,都得到廣大民衆的歡迎。第四部出版時,三天中銷售了六千册,茶樓酒館高聲朗誦,戲園舞會爭相傳觀。他受了法院的制裁,法院也受了他的痛擊,它對人民的威信從此掃地。伏爾泰爾對《回憶録》大爲激賞,貝爾納丁·德·聖彼得 ① 且看出《回憶録》作者的戲劇天才不在莫里哀下。文學史家居斯達夫·朗松(1857—1934)把《回憶録》比作巴士喀爾(1623—1662)的名著《與外省人書》,可見它的價值了。

① 原注:貝爾納丁·德·聖彼得 Bernardin de Saint-Pierre(1739—1814),法國十八指世紀文學家,所著小説《保爾和威吉妮》爲世界名著之一。

路易十五知道博馬舍有幹才，不願意他在巴黎多方鼓動，就派他赴英國辦理秘密案件。回來不久，路易十五就死了。路易十六對博馬舍的賞識雖不及他的父王，但仍派他往英、奧辦理秘密外交。他改名換姓，在各國大肆活動。

　　一七七五年他回巴黎。他的第一部喜劇傑作《塞維爾的理髮匠》於這時在巴黎喜劇院公演。

　　不久，他又被派赴倫敦辦理密件。適值美國爭取自由獨立和英國開戰，法國政府爲了報復英國掠奪了它的北美殖民地，欲助美國，而又不欲開罪於英。博馬舍偵知政府的心理，且得到外交部長韋任尼的支持，就以他自己的資金開設羅得利格·荷爾達來兹公司於巴黎，組織遠洋航隊，幾次運輸大量軍械和一批志願軍官前往接濟美國，使得革命迅速成功，他不無功勞。

　　博馬舍的精力過人，好勝是他的個性。他雖然用了全副力量來支援美國的獨立戰爭，並且同時經營了許多企業，千百件事務都集在他一人身上，他並不覺得疲倦。一七七八年既向最高法院上訴拉·伯拉希案，得到平反，又爲保障劇作家的著作權向喜劇演員展開了激烈的鬥爭，經過是這樣的：

　　這時喜劇作家的著作權不被尊重。按規矩，劇作家應得戲園收入的九分一，而實際上戲園一切開銷都在票價收入中支付，然後由演員任意支配，著作權被剝削而莫奈何。況且喜劇院的勢力甚大，男演員桀驁不馴，女演員擅長交際，加以審判此次糾紛的不是法官，乃是王室貴臣，和他們鬥爭不是容易的事。當《塞維爾的理髮匠》演至第三十二次時，博馬舍忽然向戲園要收支賬目，演員們置之不理。他於是發動群衆力量，聯合作家、組織團體來和他們對抗。雖然有些作者畏事不前，可是有二十三位戲劇作家響應了他的號召，組成協會，經過四年的不斷鬥爭，終於得到差強人意的勝利。一七八〇年十二月二十九日國務院頒布了作家應得戲園純淨收入七分一的命令。從此以後，劇作家集會時必先向博馬舍造象致敬，就是這個緣故。

　　他對文藝界的貢獻尚不止此。一七七八年伏爾泰爾死後，許多遺稿沒有刊行，俄國女皇卡特琳二世計劃替他輯刊全集。博馬舍以爲若是這樣辦，那是法國的恥辱，便毅然以這艱巨自任。但法國政府，尤其天主教會，禁止出版伏爾泰爾的作品。他首先商得首相莫爾巴的同意後，就收購伏爾泰爾的手稿，向英國購了鉛字，在服治設立造紙廠三所，向萊因河左岸與法國接壤的德國邊境拔德租地設廠,編校印刷。中間經過拔德地方首長對手稿的干涉,經理人的舞弊,尤其教會的反對,在巴黎法院控訴了博馬舍。他克服了種種困難,從一七八三年印刷開始,到一七九〇年,《伏爾泰爾全集》八十餘巨册終于出版齊全了。這裏有些使人難解的事,全集出版既得到路易十六首相的支持,這些禁書一朝印好,陸續由法國郵局大批運到國內各地,前任王家查禁伏爾泰爾著作的馬林自任收發亡友遺書的工作,可是販賣《伏爾泰爾全集》的商人則被拘禁、判徒刑,這是十八世紀法國社會的怪現象之一。

這幾年是博馬舍最活動的時期,當時的政治、經濟、實業、文藝、各種活動都少不了他:他和莫爾巴計劃設立儲蓄銀行,和韋仕尼計劃復興農村,和費列里計劃借款,和貝里哀兄弟成立飲水公司。政府權貴、各界要人都來向他求教,失業演員、落拓文士紛來向他求援。他應付得很從容,還有工夫出入交際場中,且能寫出他的傑著《費迦洛結婚》,使它演出。這劇本是一七七八年寫成,因爲猛烈攻擊政府,路易十六不准它公演。博馬舍展其異常的天才,向專制權威挑戰,得到勝利,終於一八八四年在巴黎公演。觀衆如瘋似狂,幾乎不斷的一連演了一百餘場,作者得到廣大人民的愛護,榮譽達到了極峰。

博馬舍是勝利了,他的敵人可不罷休,雙方就展開了劇烈的筆戰。對方攻擊博馬舍劇本中有不道德的地方,如:伯爵勾引女下人,伯爵夫人垂青侍僮,侍僮對任何女人談戀愛等。他因此爲劇本寫了一篇長序,辯明自己的立場。序文的辭鋒四射,是一篇富戰鬥性的妙文。可是,他的聯合敵人仍再接再厲,最凶的是蘇亞。他受掌璽大臣和普羅溫斯伯爵的支持,在審查《費迦洛結婚》時就想阻止它上演。後在法蘭西學院講演時,公開攻擊它,在報紙上又化名攻擊它。博馬舍火了,就寫了一封辯護信給《巴黎日報》,内有"爲了要使一出喜劇公演,我連獅子和老虎都克服了。在成功後,您還想强迫我像荷蘭女僕似的每天早晨用柳枝打臭蟲嗎?"蘇亞明白臭蟲是指他,"獅子""老虎"指誰? 敵人們衆口一聲説只有王和后了。普羅溫斯伯爵將情訴於路易十六,他正在鬥紙牌,就取牌一張,把上諭用鉛筆寫在牌上,命將博馬舍抓下聖拉撒獄。那牢獄是專門拘禁盜犯和淫蕩少年的,這給博馬舍以很大的侮辱。可是,巴黎興論對此大爲不滿,對專制統治這樣任意剝奪人民身體的自由,起了很大的反感,人人都覺得身體没有保障。這種情緒,對朝廷是很不利的。於是朝廷就急要釋放博馬舍，而他却説進來容易出去難，要求用法律解決。他的要求雖被拒絶，但朝廷用盡方法來補償他：出獄的第二天，幾乎各部大臣全體參加了《費迦洛結婚》的上演；路易十六還下令在泰亞儂戲院演《塞維爾的理髮匠》，王后扮露西妮，阿多亞伯爵扮費迦洛；還由國王贈給博馬舍八十萬里佛，作爲補償他幫助美國獨立的損失，他才認爲滿意。這也反映出當時法國没落封建統治的混亂情形。

一七八六年他和已認識了十年且生有一女的魏勤莫娜結婚。一七八七年在巴黎購地建造了一所華麗的住宅。這年他寫了一部哲理歌劇《韃靼人》，上演後博不得觀衆的同情。一七八九年大革命爆發，因爲他曾替專制統治辦過秘密外交，成爲革命的對象。他雖捐獻了一部分財產，做了本區的議員，本區的代表，但革命群衆對他還不諒解。一七九二年他的《有罪的母親》上演，完全失敗。這是《塞維爾的理髮匠》和《費迦洛結婚》的續編。上演的前夕，他以壟斷軍械罪被控於國民大會，因此被拘於亞貝依獄。一七九二年八月二十日由於友人的營救出了獄，三天後即是對反革命分子的九月大鎮壓，他僥倖免於死。出獄後，他避居近郊。不久，他因爲以前代專制政府經手向荷蘭購買軍械案手續未了，得到革命政府許可，赴英、荷交涉，因此他又奔走道途。至漢堡時，知道他的名字在逃亡貴族之列，財產歸公，家屬監禁，這給他以極大的打擊。他的妻子、妹妹和女兒倖免於熱月九日之死，他自己則由於他的劇本揭露了封建社會的罪惡，鼓勵了人民對專制統治的鬥爭，且他對美國的獨立有功，所以終於得到人民的寬恕，他的名字於一七九五年從逃亡貴族的名單中除去了。流寓漢堡的三年中，他過著異常悲慘的生活。回巴黎後，家人團集，女兒結婚，且參加了一次《有罪的母親》的重演，他在演員群中受觀衆的歡迎。一七九九年五月十八日因中風而死，葬於自己的園地。

三

十八世紀上半期的法國社會，戲劇風氣比十七世紀濃厚，公共劇場常滿座，私人小劇場也很多，可是戲劇作品遠不如前，而且都是模仿，很少創造。悲劇作家雖有一伏爾泰爾，勉強追蹤高乃依、拉幸，而實質上已遠遜他們了。喜劇則模仿莫里哀，千篇一律，要等到這世紀的下半期才有一博馬舍，爲法國喜劇增光。

十八世紀下半期的法國由於政治的腐敗,國家財政瀕於破產,社會起了大混亂。貴族階級日趨沒落,資產階級在啓蒙運動家的指導下,由革命理論漸漸變爲革命行動,階級鬥爭日益尖銳。這種情形,顯著地反映到文學領域中來。文學作品中舊的意識形態漸趨死亡,新的傾向日益發達,在戲劇方面就產生了市民戲劇。

在狄德羅還沒有提倡市民戲劇以前,社會上已流行著一種所謂灑淚喜劇。因爲新的社會基礎產生了新的文學作風,所以伏爾泰爾的悲劇已不盡守古典悲劇的規律,有時從現代事物中取題材。至於喜劇方面,則戴都史(1686—1754)、拉·邵賽(1692—1754)、梅錫埃(1740—1814)諸人主張打破悲喜劇的分野,不要在喜劇中使人笑,而要使人哭。一七四○年左右,此種灑淚喜劇成爲風氣。到了一七五八年,狄德羅發表他的《劇詩論》,反對古典悲劇僅從神話、英雄、史實取材,描寫君王貴族生活,與實際人生有相當距離,於是要在悲喜劇之間另闢道路,專寫現實社會的矛盾,社會上各色人等都可在舞臺出現。這是符合新興資產階級的要求,爲下一世紀的戲劇創作闢一新道路。現引近代批評權威布魯奈諦哀的《法蘭西劇壇興盛時期》中一段話以資印証:

> 從約翰·勞銀行破產的時期起,不用說得太遠了。貴族就一天天喪失自己的基礎,他們仿佛匆忙地做著一切,這個階級儘可能的做著一切足以破壞自己的信用的事情,惟恐來不及似的。……可是,尤其重要的是他們在破產下去,而資產階級市民第三等級却在發財起來,逐漸的占著重要的地位,也就認識了自己的權利。當時的不平等狀態使得他們比以前更加憤恨了,一切弊病他們也比以前更加覺得卑劣了,後來一個詩人說的心裏的痛恨和對於正義的渴望同時生長出來,資產階級該著戲院那樣的宣傳和影響的工具,他們會不利用它嗎? 他們能夠不嚴重的從悲劇的觀點來看那些不平等的情形嗎? 那些不平等的情形却祇是喜劇布爾喬亞紳士和喬治·丹丁的作家的消遣品 [1]。最重要的是這個已經得勢的資產階級看著戲

---

[1]　原注:這兩編都是莫里哀的傑著。

臺上經常祇扮演著一些皇帝和王侯,能夠就這麼算了嗎? 假使可以這麼説,這個資産階級能夠不用自己的積蓄去做自己的肖像嗎?

這説明市民戲劇是法國歷史舞臺上出現了資産階級後才産生的。但遠在布魯奈諦哀以前,博馬舍在關於《塞維爾的理髮匠》的批評信中就很諷刺地用反面話批評當時的戲劇説:

描寫被壓迫的不幸的第三等級,唉,祇應把他們表現得可笑。可笑的公民和不幸的王侯那就是可能存在的戲劇。

而他在《歐貞妮》的序文中就正面的説雅典和羅馬的革命不能使十八世紀君主國家的和平國民感到興趣,相反的,描寫風俗的動人的喜劇感動著、安慰著他們,明白表示他是狄德羅的信徒。誠然,到了十八世紀生産力和生産關係發生了矛盾,在文學上的反映就是市民戲劇新文體的出現。這種體裁是資産階級自己給自己畫的肖像 ①。

所以十八世紀下半期法國的戲劇,已打破傳統的規律,在形式上沒有悲喜劇之分,而出現了市民戲劇,在内容上悲劇不僅描寫古代貴族生活,而要反映現實社會的全貌。並且作者不僅是反映社會的全貌,還應給社會以教育,因之,所描寫的事物越普通越好,因爲事件越普通,所收的教育意義越大。這種普通的事件,是要用散文寫出來,更能迫近於現實。所以不論在理論上和在創作上都促成這種文學改革的,博馬舍是一個有力的先鋒。這種新的戲劇内容和形式,都是從古典戲劇過渡到十九世紀初的浪漫戲劇和十九世紀末的社會戲劇的雛形,在整個戲劇史上起著橋樑的作用。

四

一七六七年公演的《歐貞妮》是灑淚喜劇。少女歐貞妮瞞著他的父親與伯爵克拉楞東結婚,其實所謂伯爵,係一僕人僞裝的。首三幕把這騙局穿插得很巧妙。當歐貞妮發覺真情,並且知道克拉楞東將和一繼承有豐富遺産的少女結婚時,把自己由於無知而受欺和被遺棄的悲慘遭遇向她父親陳訴那

---

① 原注:參考瞿秋白的《海上述林》(第 111—115 頁)。

幾場,非常生動感人。但第四幕情節離奇,戲劇性太濃厚。如克拉楞東既騙婚,又將懷著孕的歐貞妮遺棄了,忽又回到她身邊,和她過著幸福的生活,內心安寧,受人敬重,未免減低了人物性格的真實性。惟對話自然活潑,已露出作者的戲劇天才和他的創造特點。所以歌德把他譯成德文,在魏馬宮廷戲院演出。一七七〇年俄國也譯成俄文,在莫斯科公演。在倫敦,則加力克也把《歐貞妮》搬上舞臺。

《兩朋友》,據博馬舍自述是爲第三等級的光榮而寫的。一七七〇年在巴黎公演,得不到觀衆的同情。它也是灑淚喜劇,對話比《歐貞妮》還更生動、輕捷,情節更緊湊真實,但全劇故事不近人情。里昂商人奧列利等待巴黎一筆款來救急,否則當宣告破產。不幸所期待的款被凍結了,他的處境萬分危急。他有朋友米拉克是農村稅收員,知道了這事,私下將存在銀行的稅款移入奧列利賬下以濟他的急。適巡迴總稽核來查賬,米拉克甘受挪用公款的處分,終不將實情告知奧列利。此外又來一段插曲,米拉克的兒子和奧列利的冒名姪女——實即私生女——發生戀愛,同時總稽核也在追求她。兩段故事不相涉,硬湊的痕跡宛然,所以此劇上演終於失敗。

《有罪的母親》是他的喜劇三部曲《塞維爾的理髮匠》和《費迦洛結婚》的續編。作風同《歐貞妮》《兩朋友》一樣,他的目的在淨化感情,轉移風俗,所以他用道德劇作小標題。故事是這樣:貝遮斯是阿爾馬維瓦伯爵當軍官時的參謀,作大使時的秘書,陰險毒辣,既以卑鄙手段博得伯爵的信任,視同心腹,任其和妻子養女接近,形跡不拘,他竟利用機會,既將伯爵的養女從伯爵的兒子手中奪過來,復用計探得伯爵夫人從前和侍僮變愛的秘密,騙到夫人所藏侍僮給他的情書,他就拿這作要挾,想騙取伯爵的財產。幸好正在辦理移轉手續時,公証人非常精明,看破此中秘密,終於揭露了貝遮斯的陰謀,保全了伯爵一家的名譽和財產。在前兩劇中富機智、善謀劃的費迦洛,在此成爲美德善行的象徵,他的對話幾乎全在説教,令人厭倦。至於貝遮斯則所有惡德穢行都叢集於一身,不是真實的性格,變成笑劇的丑角,降低了喜劇的價值。在結構方面,情節貫串亦嫌牽強。除了第四幕"有罪的母親"任憑丈夫大發雷霆,不答一語,祇义著雙手自訴罪過,情辭懇切,動人心絃,觀者至此,無不灑同情之淚,此爲全劇差強人意處。《有罪的母親》自一七九二年上演後,雖還重演過多次,但價值終不高。"博馬舍後期作品的政治性與藝術性的墮落",被蘇聯阿爾塔莫諾夫所批判,是很正確的。

這些都不是博馬舍的代表作。使他在世界戲劇文學中有崇高地位的是他的喜劇《塞維爾的理髮匠》和《費迦洛結婚》。

《塞維爾的理髮匠》於一七七二年寫成,原先是歌舞喜劇。因爲歌劇院演員克勒伐爾曾當過理髮匠,不肯演劇中主角費迦洛這個角色,博馬舍乃改爲五幕喜劇。初在法蘭西喜劇院試演,頗受觀衆歡迎,因他被拘禁於富爾‧賴惠克而不能演出。第二年,《塞維爾的理髮匠》公演的廣告已經張貼,政府因爲高埃斯曼案正在熱烈進行,認爲劇情有攻擊司法的意圖,所以勒令停演。到了一七七五年二月二十三日,費迦洛才得在舞臺和大衆見面。可是,初演就失敗了。博馬舍很快就把一些鬆懈的場面、不關重要的情節和趣味比較庸俗的諧謔删掉,且減去一幕,成爲現在的劇本。第二次公演時,大受觀衆的喝采,一連演了六十八場,哄動了全巴黎,爲當時最賣座的劇本。

這是什麼原故?

本事是這樣:西班牙的塞維爾城有個醫生柏爾多羅,年事已高,想娶年輕貌美的養女露西妮做妻子,而她却不願意。醫生乃多方防備,不讓她接近生人。阿爾馬維瓦伯爵在某地遇見露西妮,驚爲天人,想娶她爲妻,就化名爲藍鐸爾,來到塞維爾,日日徘徊於露西妮的窗下。他有舊僕費迦洛,現在塞維爾做理髮匠,兼柏爾多羅的藥劑師,爲人機警多智謀。一日與舊主相遇,詢知化裝來此的緣由,就教伯爵裝作露西妮音樂老師白濟爾的徒弟,來到柏爾多羅家中,説他的師傅因病叫他來代課,於是得與露西妮接近。不幸白濟爾來了,這個騙局馬上要被拆穿了。好在白濟爾可用錢收買的,伯爵暗中將銀子放在他的手中,他明白了,就説害寒熱,要去休息。於是伯爵和露西妮約好,將於深夜來此和她同走。她將情告知柏爾多羅。柏爾多羅就在屋外等著,讓伯爵爬上牆頭,打窗口鑽進露西妮的房子後,趕快把扶梯搬走。滿以爲回到屋子,抓住藍鐸爾,治他引誘良家婦女的罪,不料舉動太慢,他回來時,阿爾馬維瓦伯爵已和露西尼辦完了結婚手續。他們的証人是由費迦洛預先約來的,所用的証書就是柏爾多羅準備給自己用的。

這劇的情節沒有什麼新穎之處,總的説來,不過是莫里哀《妻子學校》

之類,柏爾多羅就像《妻子學校》中的阿諾爾夫,露西妮像阿崖斯,費迦洛則像《糊塗人》中的馬斯喀黎爾、《唐·璜》中的施那高瑞爾以及《安菲特里央》中的蘇西。可是,博馬舍劇中人物的性格和莫里哀的完全不同。柏爾多羅不似阿諾爾夫的爽直,他多疑,提防得很嚴密。露西妮不似阿崖斯的天真,她明白自己的要求,知道用什麼方法來達到她的願望,她是近代解放婦女的形象。伯爵如願地奪到了露西妮,在婚姻上他是勝利了。可是,以平民和貴族結婚,在當時的眼光看來,是平民打破了貴族的尊嚴,是平民的勝利,是階級解放的先聲。費迦洛地位雖微,可是,他不像貴族做社會寄生蟲,而能自食其力。貴族阿爾馬維瓦祇能得到他同情的援助,而不能對他隨意奴役;資產階級柏爾多羅對他驕傲,他也以倨傲作答復。這是貴族階級已趨沒落,市民階層大大抬頭的象徵。至於劇本對貴族生活的墜落,好色不擇手段的行爲,封建婚姻不合理的現象,資產階級頑冥不靈的醜態,都揭露無遺。所以《塞維爾的理髮匠》的情節是陳舊的,而它的作風是新穎的,合乎當時行將由理論成爲行動的市民革命群衆的趣味的。它受群衆歡迎的原因就在這裏。

《費迦洛結婚》於一七七八年完成,可是經過七次檢查,六年奮鬥,才能於一七八四年在巴黎公演。公演那一天,全巴黎爲之轟動。據當時著名的記載,如巴邵蒙的《密記》[1] 説:

> 今天無疑使那麼喜歡熱鬧的博馬舍先生高興。他非獨帶領著一群戲迷和好奇者,而是整個朝廷、親王、宗室。他一個鐘頭之内接到四十封各界要人的信,向他討作家的入場券來給他捧場。他看見布爾旁公爵夫人上午十一時即派人去等待,到下午四時才開始售票;一群精巧的厨娘和粗鹵的掃煙囱人擠在一起購票;貴婦人不顧身份,不怕害羞,一大早就關在女演員的包廂中,在裏邊用膳,叨她們的光,以便先進場。守衛警被沖散了,門被擠破,連鐵柵欄也擋不住外來的力量,被壓斷了。

---

[1] 原注:巴邵蒙 Louis Petit de Bachaumont（1690—1771）,法國十八世紀的文學家,著有《密記》,有歷史價值。

格林姆① 説：

　　這天能在樓上迴廊得一座位已喜出望外的，不止一位公爵夫人。若在平時，稍有身份的婦女都不屑坐在那兒的。一個可憎的椅子就放在杜黛夫人和卡爾琳夫人一群人旁邊。

拉亞普② 説：

　　爲了有把握得到座位，有三百人在喜劇院演員包廂中進晚餐。售票處門一開，大家搶著買，以致有三個人被擠得氣都癟了。這又是使斯居德里妬忌的一出戲劇。……演第一場時，相當喧嚷是意中事。而且異常的長，一直到了十時才完，中間並沒有小插曲。因爲博馬舍的喜劇情節豐富，這也是一種新奇。按，戲劇五時半開幕，演了四個半小時。

佛羅里③ 説：

　　（上半與巴邵蒙所記相同）……下午兩點鐘，奧松夫人降低身份，對人行禮，請讓她走前去。……這班群衆冲散警衛，擠進大門。……他們大多數是沒有門票的，經過門口時候，把錢擲給收票員。他們不會更低聲下氣，不會更勇敢、更焦急，單爲了要在戲院裏面爭一個座位。在戲院裏面另是一種現狀：一些盆子聲、刀叉聲、開酒瓶聲，……響得幾乎令耳聾，戲院變成了酒店。……

　　博馬舍自己坐在一個包廂裏面，夾在兩位神父巴諦埃和加羅尼中間，他特爲請來陪他去的，因爲據他自己説：要是他一旦死去，就可立刻有神父替他作最後禱告。

　　從此後，差不多繼續不斷演了一百餘次，這種盛況是空前的。

---

　　① 　原注：格林姆 F.-M. Baron de Grimm（1723—1807），德國十八世紀的文學家兼批評家，流寓法國，用法文著作，所著有文學、哲學、批評、書牘。

　　② 　原注：拉亞普 J.-Fr.de Laharpe（1739—1806），法國十八世紀的悲劇家兼批評家，著有悲劇多種和文學講義。

　　③ 　原注：佛德里 Abraham Joseph Benard, de Fleury（1750—1822），法國十八世紀的著名喜劇演員，著有《回憶録》（爲拉斐德 J.-B.Latitte 所編）。

那末,《費迦洛結婚》爲什麽會這樣轟動全巴黎呢?

理由是:觀衆因爲劇本被禁止,就愈認爲其中有違礙政府禁令的東西正是代表自己意志的東西,於是要求公演。加以一七八三年曾在佛得里意伯爵私人戲院上演過,於是人民要求享有權貴同樣的娛樂。經過情形説來很有趣,同時也是很有意義的。

《塞維爾的理髮匠》上演成功後,根據聖德·貝夫 ① 的話,當時已有許多人對作者説:"再寫幾部這類的劇本罷,只有你敢當面笑話人。"據博馬舍在《費迦洛結婚》的自序説,他寫作的動機是由孔蒂親王的鼓勵,他勸作者在理髮匠之後再把費迦洛這個人物發展下去。他接受了,就於一七七八年寫成《費迦洛結婚》。

文藝作品要出版,劇本要上演,按當時的規定,當先經過政府的審查。《費迦洛結婚》第一次審查是由警察總監派法國戲院顧問柯格萊擔任。雖然柯格萊和博馬舍有惡感,而且劇本中有許多攻擊政府的地方,尤其第五幕中費迦洛的獨白,原本比修改本還要尖鋭。審查結果居然通過了。手稿傳入凡爾塞,王和后使人朗誦,於是出了岔子。據康邦夫人可靠的自叙説 ②:

> 我開始念,陛下屢次插嘴,有時讚美,有時批評。……念到獨白一場,裏面有許多攻擊政府的地方,特別是念到攻擊國家監獄那一節,陛下很興奮地站起來説:"可惡得很,這劇本永遠不准上演,除非毀掉巴士提,上演才不至有危險。他嘲弄政府裏面所有應當尊重的東西。"——"那麼,它不能公演了嗎?"王后説。——"不,一定不!"陛下回答説,"這是毫無疑義的。"

路易十六就手諭掌璽大臣禁止這劇本公演或付印。

博馬舍對這禁令毫不在乎,他知道國王的庸弱,朝廷的無能,尤其他認識到輿論的力量。於是他在家中把劇本朗誦給一些貴賓聽,如俄國的大公爵

---

① 原注:聖德·貝夫 Charles Augustin Sainte-Beuve(1804—1869),法國十九世紀的文學批評家,著有《文學寫照》《月曜閒談》等。

② 原注:康邦夫人 Jeanne-Louise Genet,Madame Campan(1732—1822),法國十八世紀的文學家,初爲路易十五諸公主侍讀,後爲路易十六的王后瑪麗·安多妮所親信,最後任 1807—1814 年諸戰役烈屬學校校長,著有《軼事日記》《回憶録》等。

夫婦，朗巴爾伯爵夫人，黎夕流上將，以及許多大主教、總主教都聽過他朗誦。他還把劇本帶到許多沙龍中去朗誦，發揮他那無比的口才，激起聽衆的注意，沒有一次不是博得熱烈的讚許和掌聲。有時人家請他去朗誦，他故意擺架子，非三催四請不去。此外，他還將劇本中的曲辭傳播出去，使得街頭巷尾、茶館市場人人都能歌唱上口。

　　他知道路易十六的掌璽大臣、大法官、警察總監和許多權威都是反對他的，但是王弟阿多亞伯爵則想利用這機會來苦惱路易十六，王后却是同情自己的。尤其是那些權貴們聽到了費迦洛的話，"只有那些小丈夫才害怕小著作"，把它當作口頭禪，深怕做了博馬舍所影射的人物。於是他利用這些權貴的愛虛榮心理，故意去找他們的支持。佛德里意伯爵就是他的一個熱心保護人，波利雅克公爵夫人也是一個。

　　其實，他很可能把劇本送到外國去演。一七八一年十一月，俄國女皇卡德琳二世曾函請博馬舍准許在俄國公演《費迦洛結婚》；波蘭那索・西根親王新近在華沙附近蓋有別墅，也想用別墅舞臺上演這劇本，而博馬舍執意要在法國先演。他自信不久即可克服路易十六的意志，劇本上演只不過是時間問題。他爲此事幾乎用盡心機，日夜奔走。他說："陛下不准我的劇本上演，因此它必要上演。"一七八三年六月十二日，他的奮鬥幾乎勝利了。靠阿多亞伯爵的默契，王室侍從長准許喜劇演員排演這劇本，並准在小娛樂戲院上演，即是在國王御用的戲院公演，且已經半公開的演過幾次了。這一天，戲票已經送出，車馬魚貫而來，阿多亞伯爵從凡爾塞來觀劇，正在半途，忽然衛爾奇埃公爵使人傳達國王的密令，禁止演出。觀衆失望，發出怨聲。據康邦夫人的記載，"壓迫"、"專制"等在大革命前未曾聽過的咒詛，都最有力、最激烈地喊出來了。博馬舍憤怒地對觀衆說："好罷，諸位，他不願這劇本在這兒上演，我誓必使他演出！如有必須，當在巴黎聖母院中上演！"

　　三個月後，佛德里意伯爵要在他的日內維里哀別墅招待阿多亞伯爵和波利雅克公爵夫人，想在別墅表演這劇本。這時博馬舍在英國，伯爵寫信和他商量這事，他初不允，後繳答應，但要求重付審查，並指定"嚴酷的歷史家"加意雅做審查員。審查結果滿意，路易十六特准這次上演。一七八三年九月二十六日，由法蘭西喜劇演員排演，觀衆有三百人，王后因病不能參加，阿多亞伯爵、波利雅克公爵夫人及許多貴族權貴都來爲挖苦他們、毀滅他們的戲劇喝采。據勒勃倫夫人日記所載[①]，"博馬舍這天喜不自禁，有如發狂。因有人覺得悶熱，他等不及打開窗户，即舉起手杖，敲碎了玻璃，讓屋子通通空氣。戲後，人家説他打破了兩重玻璃。"

日内維里哀上演後，民衆要求享受准許貴族們所享受的娱樂。博馬舍要求再審查，爲此將劇本交給由法蘭西文學院院士、審查員、作家、名流、朝臣所組織的檢查庭再行審查。結果通過。國王或者認爲演出必定失敗，或是認爲博馬舍答應修改後可無流弊，所以終於取消了禁令。

一七八四年三月二十七日，《費迦洛結婚》終於在巴黎法蘭西喜劇院公演了，轟動了全城。在它以前的高乃依的《希德》公演、莫里哀的《僞善者》公演，在它以後的雨果的《厄爾拉尼》公演的盛況均所不及，爲法蘭西戲劇史上無可比擬的盛況。所以批評家説博馬舍使這劇本演出的才幹比寫這劇本的天才還大。

五

究竟《費迦洛結婚》爲什麽能這樣使朝廷害怕、使群衆歡迎、甚至使全巴黎轟動呢？概括地説，它透過精巧而複雜的結構，代表人民的意志，對封建制度展開劇烈而全面的鬥爭，達到了高度的藝術水平，可以説是思想性與藝術性相結合的作品。它的結構大約是這樣的：

《費迦洛結婚》是《塞維爾的理髮匠》的續編。伯爵夫人有侍婢蘇薩妮，聰明艷麗。這時費迦洛做伯爵的僕人，因一手造成伯爵婚事的功勞，伯爵不得不允他娶蘇薩妮爲妻。可是，好色的伯爵也垂涎蘇薩妮，想利用貴族可恥的初夜權和金錢的利誘，把蘇薩妮奪取過來做情婦。因此主僕二人站在對立地位，暗中展開劇烈的鬥爭。這是劇本的主要情節。跟著劇情的發展，還有許多插曲，如：伯爵對園丁女兒芳舍德的輕佻舉動，柏爾多羅和馬雪林的私通，費迦洛和馬雪林的母子團圓，司法官普利多桑判案的昏聵胡塗等等，層出不窮，而穿插巧妙，如天衣無縫，極藝術的能事。最後伯爵很愉快地赴蘇薩妮

---

① 　原注：勒勃倫夫人 Madame Vigee Lebrun（1755—1842）法國著名女畫家，著有《備忘録》。

的幽會，那知中了她和夫人的圈套，赴會的不是蘇薩妮而是夫人。結果費迦洛娶得清白的妻子，加上三份妝奩；夫人懲罰了不忠實的丈夫，伯爵賠了錢還要向夫人賠了罪。

從此可見，《費迦洛結婚》是法國十八世紀封建社會貴族生活和階級鬥爭的藝術寫照。作者首先對貴族寄生階級做猛烈的進攻。在《塞維爾的理髮匠》中，他透過費迦洛的口已經說了些諷刺的話："大人物對我們不做壞事時，就是對我們做了許多好事。""照大家所要求於一個僕人的德性，爵爺知道有好多主人配得上做聽差嗎？"第一幕第二景。在續編中，費迦洛更把貴族罵得一文不值："因爲您是個大領主，就自以爲是個偉大的天才！……富貴榮華叫您這樣得意，您幹過什麼，配享有這麼多財富？您衹費過氣力來投胎，此外什麼都没有。"第五幕第三景。伯爵說他的"名聲糟透了"，他就回答說："要是我實際上比名聲好呢，有多少貴族敢這樣說？"第三幕第五景。當法官問他的身份時，他毫不躊躇地答是"貴族"。在他的眼光看來，這些以"收錢、抓錢、要錢"爲事的貴族，與在農民耕地中狩獵野兔、糟蹋村中柔弱女子以消其閑暇的伯爵，高等貴族遠不如"賤民"。這是"賤民"與貴族鬥爭的熊熊火花，在封建壓迫下迸散出來。五年後的革命活動家們，在這些對白中找到了爲推翻專制王朝而鬥爭的支柱。

其次是對封建幫凶司法制度的攻擊。法國十八世紀的一個怪現象是各地法律的不統一。在南部通行羅馬法，中、西、北三部則通行習慣法，各地法典多至四百種，同一案件在某區是合法的，但在未出五里外的別區是不合法了。法院種類很多，往往一地區內有王家法院、領主法庭、教會法庭、軍事法庭以及財政法庭。這些鎮壓人民的法律操在所謂穿袍貴族手裏，他們都是資產階級出身，用錢買到這種官職，子孫世襲，非獨愚昧無知，而貪贓枉法，壓迫人民。在十六世紀拉伯雷的《巨人之父和巨人之子》中就有"穿皮袍的貓"一章，對封建司法制度做過無情的嘲諷。博馬舍對當時法院的黑暗深惡痛絕，除因拉·伯拉希伯爵訟案蒙不白之冤，寫了四部傳誦一時的《回憶錄》，對法官高埃斯曼做猛烈的打擊，和透過費迦洛的口盡情抨擊那些"對強暴寬縱，對弱小殘酷"第三幕第五景的司法外，還插入第三幕第十二至十七幾個場景，它對法官判案的顢頇，法院手續只講"形式"，提出了控訴。這幾場的格外成功,是因爲博馬舍的訟事歷時八年(1770—1788),對當時司法制度黑暗曾親受其苦,有深刻的實際生活體驗,所以寫得特別生動,被當時社會當作茶樓酒館的談資。不獨他的冤氣都發洩在這幾場上,實際上他代表了廣大人民的呼聲,所以它很膾炙人口。在他第三幕第十五景還透過伯爵的口説:"不,書記官,我絕對不裁判關於我私人的侮辱,……我再改正一件,我要説明我裁判的理由。凡法官拒絕説明理由,就是法律的大仇敵。……"伯爵糾正了司法弊端兩種:一,法官不再裁判和本身有關案件;二,法官判案要説明理由。因爲作者飽受過這兩種弊端的迫害,所以在此把他的願望發表出來,這是具體地反映了當時司法制度的黑暗情形。

復次,他對不幸的婦女表示無比的同情。在序文中,他説要把委曲的馬雪林表現出來,并要將費迦洛鼓動觀衆對任意蹂躪民間女子的社會蟊賊所作的鬥爭揭露出來,他這種意圖寫在第三幕第十六景。可惜在巴黎公演時,給喜劇院刪去了。這段是寫馬雪林和柏爾多羅私通所生的孩子被江湖浪人拐走後,她也被無情地遺棄了,而柏爾多羅還厚著臉皮説要是找到那孩子就和她結婚,因爲他估計被拐走的孩子是找不回來的。所以第一幕第四景當馬雪林告訴柏爾多羅説白濟爾對她"發生了很久的討厭的熱情"時,柏爾多羅就很刻薄地回答她説:"要是我,我已擺脱了二十次他的追求。"馬雪林問:"用什麼方法?"柏爾多羅答:"嫁給他。"於是馬雪林憤怒地責備他説:

> 無聊而狠毒的俏皮鬼,您爲什麼不用這方法擺脱我的追求? 難道您不應該這樣嗎? 記得您的誓言嗎? 我們的小愛瑪吕埃在那裏? 這被遺忘了的愛情的結晶,他應促成我們的結婚呀!

不意在法庭公審時,由於費迦洛身上的記號①,馬雪林和伯爾多羅都當場認出費迦洛是他們的兒子。可是柏爾多羅竟食言,不要娶她。這段對白是無數被蹂躪後又被遺棄了的女子對無情男子的控訴,是當時所謂上流社會的寫真,所以不准上演。這段對白是樣:

---

① 原注:按博馬舍在答復批評《塞維爾的理髮匠》的信中説:"失意的柏爾多羅要離開馬雪林母子時,曾用燒紅了的調藥匙烙在孩子的脖子上,使成疤痕,以便他日重逢時容易辨認。"

柏：我也不娶她。

馬：您也不，那麼，您的兒子呢？您向我發過誓……

柏：那時候我瘋了，若是這類記憶約束得住，就要和人人結婚了。

普：如——如果大家看得這樣認真，那就沒——沒有人跟任何人結婚了。

柏：許多這樣明顯的過失！一個可哀的青春！

馬：（漸漸火起來）是的，可哀的，比大家想像的更可哀！我不想否認我的許多過失，今天就把它証明得太好了！可是，經過三十年的苦生涯來消滅它，好艱難呀！我生來要賢淑的，一到人家准我運用理智，我就變得明慧。不過，在多幻想、無經驗和有需要的時期，當情人包圍我們、窮困又襲擊我們的時候，一個女子怎能抵抗這許多聯合的敵人呢？在此嚴審我們的人，他平生也許摧殘過上十的不幸女人！

費：越是罪重，越是待人不寬，是個定律。

馬：（興奮地）比忘恩負義更糟的男子們，你們以蔑視來摧殘情慾的玩具，你們的犧牲者。我們年青時的過失，你們才該受懲罰呢！你們和法官對於審判我們的權利這樣驕傲，由於他們萬惡的疏忽，竟任所有我們生存的正當方法都被剝奪掉！有一職業是為不幸女子們而設的嗎？她們祇有一種婦女們對於各種妝飾的天然權利，大家於此造成千萬的男性技工。

費：（怒）他們還使丘八爺刺繡呢！

馬：（憤激）就算比較上等階級的婦女，祇受你們嘲弄的尊敬，表面尊崇，實際奴隸。為了我們的財產，我們就受未成年的待遇；為了我們的過失，我們就受成年的處罰。啊！在各種面貌之下，你們對我們的行為不使人害怕就使人可憐。

費：她有理。

伯：（旁白）太有理了。

普：她有理，老——老天爺。

馬：可是，我的兒子，一個不公正人的拒絕對我們會怎樣？別看你從哪兒來，要看你向哪兒去，那是對每個人都要緊的。過幾個月，你的未婚妻可自立了，她會嫁給你，我對此負責。在愛妻和慈母中過活，她們會爭著愛你。對她們要寬大，是爲你自己的幸福。兒子，對人要愉快、活潑、和善，你的媽就没有什麽遺憾了。

費：媽，您説的都是金科玉律，我遵從您的意見。果然，人是何等的傻！地球轉了千萬年，在這無窮的年代裏，我碰巧抓住了短短的不再回來的三十年，我自尋煩惱要知道三十年應感謝誰！誰自尋煩惱，誰就活該。這樣擾攘地過一輩子，就像可憐的馬，圈子永套在頸上，逆流而上，站住時也不能休息，雖不前走，也得老是拉著。我們等著罷。

作者於此非獨對任意蹂躪女性的男子提出了憤怒的控訴，并且對後世的女權運動也放出了第一響的砲聲。

阻礙資産階級發展的是封建制度和向資産階級剝削的封建政治，因此，推翻封建統治是資本主義社會的普遍要求。博馬舍活著的時代，正是資本主義生産關係在封建制度内部加緊爲自己開辟道路的時代，作爲資産階級代言人的博馬舍，就在他的劇本中反映出人民對封建特權的鬥爭和對專制統治的猛擊。費迦洛説："我是生來當政客的。"蘇薩妮説："據説這是很難的行當。"費迦洛説："收錢、撲錢、要錢，三語訣。"第三幕第二景。伯爵對費迦洛説："用點品格和聰明，你總有一天陞到官場。"費迦洛諷刺地回答説："用聰明來往上爬？爵爺拿我的聰明開玩笑罷！庸人會鑽，都會成功。"伯爵説："……祇要跟我學點政治。"費迦洛説："是的，要是這裏有什麽可誇張的話。可是，知道裝不知，不懂裝懂，聽不見裝聽見，聽見裝不聽見，尤其是没有本領裝得很能幹，毫無機密裝得常有重大機密要隱藏；閉門削筆尖，顯得很深沉，其實如人所説，肚子空空洞洞；不管好歹，裝作要人：放間諜，養奸細，熔化火漆印，戳留信件，强調對象的重要，掩飾手段的不高明，瞧罷！那就是所有的政治，否則我把生命輸給您。"伯爵説："唉！你所論定的是陰謀呀！"費迦洛説："政治、陰謀，隨便，可是，我以爲它們有點象堂姊妹 ①。"第三幕第五景。那時政治腐敗極點，賣官鬻爵成爲風氣，馬雪林嘆氣説："賣官多腐敗呀！"有力地發出了人

---

① 原注：法文政治 La pohtique、陰謀 L'intrique 都是陰類名詞，所以原文説他們有點像堂姊妹，意思是説有血緣關係。

民的怨聲。

以上所述,透過費迦洛的嘴,作者對貴族制度和它的幫凶封建司法以及專制政治已盡情地攻擊了。可是,還不夠全面。請看當時的社會治安是怎樣?博馬舍在《塞維爾的理髮匠》序文中,説明費迦洛母子被柏爾多羅醫生遺棄後,過了六年的漂泊乞丐生活,後來孩子被一批江湖浪人拐走,因此母子分離。在《費迦洛結婚》第五幕第三景費迦洛的獨白中説,"……被強盜拐走,在他們的環境中長大",作者一再提到此事,分明説出當時的社會如何不安寧了。

當時的文藝生活怎樣呢? 寫寫劇本罷,可是費迦洛説:

> ……就没命地投身戲劇界,真是自己放一塊石在脖子上。我草率編了一本喜劇,描寫回教徒的風俗,以爲是個西班牙作家,可隨便批評謨罕默德,立刻有一位……不知何處派來的人,控告我在劇詩中冒犯了土耳其、波斯、印度半島的一部分、整個埃及、巴爾卡、特里波里、突尼斯、阿爾及利和摩洛哥諸王國,爲了討好那些我相信没有一個識字的、且打得我們遍體鱗傷、叫我們做"基督徒狗"的回教王爺,我的嘉劇就燬了! ──由於不能誣衊天才,就虐待它,以資報復!

作劇作家只是賺到"我的雙頰下陷,債務到期。……"那末,寫寫社評怎樣呢?

> 這時發生了一個討論財産性質的題目,好在不限定要掌握事物才討論這事物,所以雖則不名一文,我寫了《論錢幣值價值和他的純利》的文章,立刻我從馬車裏看見一座堅固的碉堡,爲我放下了吊橋,一進去我就失去了希望和自由。[①]

他竟因爲作經濟論文而下了獄! 後來想作新聞事業,他説:

> 雖則不再在監牢裏面,可是得吃飯呀! 我再整理筆杆,逢人打聽,有什麼問題發生。他們告訴我:在我經濟的退隱時候,馬德里訂了一種自由出賣産品的制度,印刷品也適用。祇要我的文章不談政府、不談宗教、

---

① 原注:博馬舍原稿明寫巴士提獄,詳細見康邦夫人的記載。

> 不談政治、不談要人、不談權威黨派、不談戲劇、不談別的遊藝、不談有身份的人，經過兩個或三個檢查員檢查後，我可自由出版一切作品。爲要利用這愉快的自由，我辦一種定期刊物；免得和任何別的刊物發生衝突，就叫它作"廢報"。可是，呸！成千的文丐起來攻擊，我停刊了我的報紙，於是乎我從此又失業了。

這是何等入骨的諷刺！這就是當時所謂"出版自由"！他不得已想找個位置。恰巧位置有了，那職務和他相稱，他能勝任了。可是"需用的是一個會計，而得到的是個跳舞師"！當時用人的情況就是這樣。那麼正如他所説的：只賸下做賊那條路給他走，他就開賭局：

> 那些號稱妥當人，客客氣的將屋子打開給我用，好在贏利上抽四分之三給他們作頭錢。我很可重新望上爬，甚至開始懂得要掙錢、手段比學問更有用。可是，我的周圍人人都在趁火打劫，偏要我正正經經，就得再失敗。

於是"他在城裏大吃了"，"開始懂得要掙錢、手段比學問更有用"。無奈"周圍的人都在趁火打劫"，他就不得不再失敗，迫得去自殺了！那就是當時社會使人變成鬼的實例。以上這些引語都見第五幕第五景。

再看當時的軍隊罷，費迦洛説："他們還使丘八爺刺繡呢！"第五幕第十六景。又説："難道我們是些爲了莫名其妙的別人利益而殺人和被殺的丘八嗎？……"第五幕第十二景。他對軍隊的腐敗情形和士兵的反抗情緒作了何等的無情揭露呀！

總而言之，費迦洛對當時的社會作了全面性的攻擊，所以路易十六所最厭惡的，朝廷所最害怕的，因而必要禁止它公演的原因就在此。同時廣大民衆所最歡迎的，到今天還在不斷上演的理由也在此。況且以寫作技巧來説，《費迦洛結婚》也達到了極峰。

法國十八世紀的喜劇祇是模仿莫里哀的形式，僅有空洞的内容，往往把喜劇降低爲笑劇，祇博觀衆一噱，失却喜劇的社會意義。《費迦洛結婚》的成功，除了内容有强烈的政治性，有如上述外，他首先恢復了阿里斯多芬、莫里哀以來傳統的喜劇精神，富快樂的氣氛，而不流於庸俗的諧謔。劇本又名《狂歡日》，就說明作者的用意了。其次是它的情節繁複，而結構巧妙，有歌唱，有跳舞，有有趣的法庭辯論，有很長的結婚儀式，可是，綫索分明，貫串靈活，爲注重情節單純的古典戲劇所無。博馬舍雖然遵守古典派三一律，可是他那繁雜的情節，却爲後來的浪漫派戲劇做了先驅。在他以前，一出戲不過演三小時，《費迦洛結婚》却演了四小時半，而歡衆并不覺得疲倦。因爲從開幕起，没有一動作不吸引住觀衆的耳目，没有一對白不搯出了觀衆的心情。它那充滿著快樂的氣氛，又没有一秒鐘不使觀衆心花怒放。他的喜劇如其說是古曲喜劇的再世，無寧說是新時代藝術的誕生。因爲在他以前没有人敢像他這樣轟轟烈烈地敢做敢說的。布魯奈諦哀在《法蘭西戲劇的興盛時期》中把《費迦洛結婚》認作法國戲劇的新紀元，就是這個原故。

　　構成《費迦洛結婚》成功的另一因素是作者對於人物形象的描寫非常生動而突出。他三部曲中的主人公總是那經驗了各種職業——馬車夫、劇作家、經濟學者、藥劑師、理髮匠、聽差的費迦洛。可是，他現在比在《塞維爾的理髮匠》中更尖銳、更膽大。他有無窮盡的生命力量，爲了要從伯爵手中奪得清白的未婚妻，就展開和伯爵敵對的鬥爭。他終於巧妙、狡猾地破壞了主人的陰謀，得到最後的勝利。這反映出"賤民"與貴族鬥爭的勝利。在平等原則上，只要臣僕的才能優於領主，同樣可以高居上風。這不啻宣告了貴族身份的取消。從費迦洛的口中可以聽見那即將爆發的革命的雷鳴。聰明活潑的蘇薩妮雖然處在侍婢的地位，而性格高貴，不受利誘。博馬舍在序文中說："她受一位有權勢誘惑者襲擊，他用了比引誘她那樣身份的女子所需要的利益不知大多少倍來引誘她，她毫不猶豫把伯爵的心事告訴了兩位最關心她行動的人：她的主母和未婚夫，在她的角色裏，没有一句話、一個字不表現出賢淑和盡職。……"他做到了。在她身上反映出"下層階級"的純潔性情和崇高智慧，博得觀衆的深刻同情。此外，如荒淫、嫉妬、昏庸到任人嘲弄的伯爵；被丈夫厭倦而力想挽回恩愛、同時對書僮有點心神迷惘的伯爵夫人；"當著伯爵夫人就膽小到了不得，在別處就是一個可愛的頑童，無計劃、無認識、每一件事都是整個心靈朝著成年時期奔去"的舍魯班；天真、不諳世故的芳舍德；過失和經驗已經使她改變了性格的馬雪林；昏聵胡塗、只講"形式"

的法官普利多桑;自吹法螺、自討没趣的白濟爾;忘恩負義、恬不知恥的柏爾多羅;以至鹵莽而憨直的園丁安東尼歐,無一不是生氣勃勃地生活著。每個人物都有獨特的性格,彷彿是有血有肉的真人。在複雜的情節和突出的形象中,劇中人物有一公共目標:從已過了中年的馬雪林到天真未鑿的芳舍德,每個人都在追求享樂。惟有費迦洛和蘇薩妮運用機謀,發揮智慧,所追求的是合法的婚姻。他們代表純潔正直的人民,是道德的象徵。他們的勝利是貴族的恥辱,第三等級的光榮。由此可見博馬舍的愛憎分明,不但以他銳利的眼光刺透了他所鞭躂的人物的靈魂,而且也以他的熱愛温暖了他所喜愛的善良人物的心。所以蘇聯阿以塔莫諾夫教授説:"費迦洛是資産階級奪取政權時期的正面人物,阿爾馬維瓦伯爵的形象就是一七八九年革命前夜法國貴族階級風習腐化的體現。"非常正確。

博馬舍用散文寫戲劇更能逼近於現實生活。他在語言運用上的成就也是很大的。他用民間的語言、諺語,很成功地展開了他所要描繪的廣闊生活畫面。他劇本中人物的語言都恰合每人的身份。費迦洛的話好象句句有棱,蘇薩妮則輕鬆活潑,甚至村童、馬夫,或登臺片刻,或只有半語片言,都與重要人物一樣有生命、有個性的表現。作者那樣純熟地運用人民的語言,便表明了他對人民生活的了解是十分深入的。

因此,博馬舍劇本的結構雖很新奇,而它的不朽不盡是結構的力量;它的詩詞雖很美妙,而它的傳世不盡是詩詞的力量;他的作風雖則既高雅又通俗,既莊重又詼諧,而造成他的偉大的,這些衹是部分的原因。他的喜劇所以到現在還受人歡迎的,是在那些反映人生的情節,爭取自由的精神,推陳出新的藝術,恰合身份的語言。所以在大革命前法國對封建貴族的鬥爭,到了博馬舍而尖銳;對專制統治的反抗,到了博馬舍而公開;革命情緒的醖釀,到了博馬舍而成熟;革命行動的準備,到了博馬舍而完成。在今天帝國主義資産階級已經把資産階級的旗幟拋棄了的時候,資産階級進步作家愛好自由和反對專制統治鬥爭的作品,就有了新的積極的意義。

六

博馬舍的《費迦洛結婚》是反封建、反貴族的鬥爭,符合於廣大人民對政治改革的迫切要求，因此，在這一特定的歷史階段中，資產階級的進步思想起了積極的作用。費迦洛發揮了高度的人民性和鬥爭性，他的特色是作者大膽地號召人民從一切封建統治勢力的桎梏下掙脫出來，爲追求新的理想——自由平等而鬥爭。

由於作者本人的生活曾經和人民群衆在一起，所以他能夠體會到人民的思想感情，看到人民的智慧和力量。他雖出入宮廷，但他的生活實踐所給予他的切身感受——他在訴訟中所受到的迫害，促使他有一個清醒的頭腦和强烈的正義感。這樣他才有可能從本質上認識到他所處的時代政治的黑暗、社會的罪惡，感覺到封建制度必趨於滅亡。他關心人民，關心他們的生活和幸福，所以他的愛憎在這部精心傑著中表現得異常分明。他對那些構成剝削人民、奴役人民的封建社會核心分子貴族領主和貴婦們的墜落生活，進行了憤怒的揭發和抨擊；相反的，對那些被踐踏的勞動人民——奴婢——則表示真誠的熱愛，并寄予以無限的同情與讚揚。

隨著資本主義的成長和資產階級的壯大，資產階級的意識形態逐漸形成起來。革命前夕，法國資產階級爲了爭取政權，就在思想上和封建統治展開了劇烈的鬥爭。這種思想上的鬥爭任務，是由啓蒙學者和進步作家共同負擔著的。隨著革命前激烈的思想鬥爭的展開，革命思想便在人民群衆中起了啓發和動員的作用，爲革命行動作了思想準備。所以博馬舍對於法國資產階級革命的功績，不在孟德斯鳩、伏爾泰爾、盧梭、狄德羅之下。他的劇本不獨爲伏爾泰爾、狄德羅所不及，他實不愧爲自莫里哀以來第一個最偉大的喜劇作家。

在博馬舍身上集中了一個動盪時代的矛盾。手藝工人出身，擠上了官場，而始終是個推翻封建統治的先鋒，愛護人民的衛士。他的生平和作品，都有重大的歷史意義，所以德國共產黨員文學家沃爾夫用他的事跡作題材寫了著名劇本《博馬舍》[1]，而蘇聯的觀衆今日爲博馬舍戲劇的主人公費迦洛喝采。因爲他是平民與貴族鬥爭的勝利者，因爲他表現人民的勇敢、機智和幽默。博馬舍的喜劇《塞維爾的理髮匠》和《費迦洛結婚》，在蘇聯舞臺上獲得很大的成功。[2] 我國正在社會主義文化建設時期，正在徹底肅清資產階級

---

① 原注：《博馬舍》，德沃爾夫著，廖輔叔譯，作家出版社 1954 年版。
② 原注：見《文史哲》1954 年第 11 期，《世界文學在蘇聯》，黃嘉德著。

思想的大運動時期,像費迦洛那樣分清敵友,對腐朽的鬥爭,對新生的愛護,這種不屈不撓的奮鬥精神在今天還是值得我們借鑒的。研究博馬舍的生平和他的作品,應該不是沒有意義的罷? 關於博馬舍和他作品的評價,我們現在引用蘇聯尼·米·戈爾卡柯夫的話來作本文的結束:

康斯坦丁·塞爾格維奇說:"我認爲這個劇本是個人民的喜劇,對於產生它那個時代來說,是富於革命性的。據我們知道,它第一演出時的效果就是如此。

我們來尋找一下這劇本中的人民性和革命性在哪裏。我們當不會根據這個劇本的情節把它演成人民的起義,但是,過幾年以後,這些人民就會用長槍甚至用草叉和斧頭武裝起來攻破巴士提,摧毀了法國封建貴族的堡壘。

博馬舍的人民性是被另一種武器武裝起來的,這是一種非常起作用的有力的武器——笑。人民已經不畏他們的世仇——貴族——了,人民笑他們,人民感覺到封建勢力已在衰亡,逐漸變成一種空洞的東西。人民迫切要求獲得解放,把封建勢力拋到又髒又深的泥潭中去。

說實話,《費迦洛結婚》中的人民并沒有預先見到在不遠的將來他們將會被布爾喬亞的第三階級的小商人騎在脖子上,而他們又將爲了自己的權利與自由不得不繼續和那些小商人作鬥爭,甚至於博馬舍的三部曲的第三部《有罪的母親》中由於作者的右傾,費迦洛也不由自主地成了典型的半布爾喬亞了。

但是,目前費迦洛是民主的,我們要用一切辦法使他在劇本中保持他的原樣。博馬舍改變了費迦洛人物形象的民主實質,已經受到足夠的懲罰:《有罪的母親》一劇無論在什麼地方,誰也不去排它,不去演它,因爲那裏面沒有民主精神。歷史上只有進步的、反映人民的期望和熱愛自由的作品,才能夠刻上永恒的標記。"[①]

主要參考書:

---

① 原注:見《戲劇》1955 年第 12 期。

Theatre de Beaumarchais, Garnier Freres, Paris.

Beaumarchais, par Andre Halloys, Hachette.

Precis illustre de la Litterature francaise, par L. Joliet, Armand Colin.

Anthologie des Ecrivains francais du XVIII siecle, par Ganthier-Ferrieres Larouse.

Histoire de la Litterature francaise, par Gustave Lanson, Hachette.

《法國文學史》，吳達元著，商務印書館 1946 年版。

《費嘉樂的結婚》，吳達元譯，上海文化生活出版社 1941 年版。

（餘詳注中）

對《都德的最後一課》的商榷 ①

讀了《文藝學習》一九五六年第十一期歐陽文彬同志的《都德的最後一課》，覺得有些意見要提出來談談。

原文說這個短篇的特色在於"取材精鍊，文字簡潔"和"採取第一人稱的寫法"，我認爲是值得商榷的。前兩句不能盡《最後一課》的特長，凡是好的短篇小説都用得著。至於寫小説用第一人稱，也算不得什麼特色。我認爲這個短篇的特色是以精鍊的藝術手法表達强烈的愛國精神，富有高度的感染力和深刻的教育意義。正如歐陽同志所説："……這種感情的傳達不藉助於任何口號，而是在形象和事實的描繪中自然而然感染我們。正因爲這樣，短短的篇幅裏纔會留下廣闊的餘地，供人思索，供人回味，使人感動，使人振奮。"這段分析很正確，很深入，已抓住《最後一課》的核心，若把它當作這個短篇的特色來看，似更恰當。

原文對於人物形象僅舉小佛朗士和韓麥爾，我認爲不夠全面。篇中寫歐賽老頭坐在課堂後邊的板凳上，"帶著一本破了書邊的舊初級課本，把它翻開，攤在膝頭，書上橫放著他的大眼鏡"，跟孩子們在聽課。後來"歐賽老頭戴上眼鏡，雙手捧著初級讀本，跟他們一起拼字母。大家看見他非常專心，他

FOOTNOTE

① 載《文藝學習》1957 年第 4 期第 32 頁。

的聲音由於感情激動而發抖了"。這樣生動而突出地描繪了他的愛國精神，是作者用意所在，否則一篇二千多字的小說，哪來這許多閑筆墨呢？篇中還提到鎮長、郵差、鐵匠和別的人，這些陪襯人物的列舉，並不是浪費筆墨，而是作者要表示"同仇敵愾"的苦心，這些都應該提出。

關於這個短篇的寫作技巧，我認爲還有一點應當挖掘出來：篇中"最後一課"這句話凡出現過五次，每次的用意不同，一次比一次更深刻。第一次是韓麥爾先生說："這是我最後一次給你們講課了。"學生們聽了，還可能了解爲老師因故調職、退休要離開學校，而今天是最後一次給這班學生講課。所以他的話雖然使得學生們的情緒波動，這情緒還不過是師生離別之感。接著他說："柏林已來了命令，阿爾薩斯和洛林的學校只準教德語，……今天是你們最後一節法語課。"這纔給他們一個晴天霹靂，使他們大吃一驚。於是小佛朗士很自然地說了一句："我的最後一節法語課！"這是特筆，作者把它另起一行，要說明這九個字里有萬千個字寫不盡的亡國的痛苦和愛國的熱情。這句話第三次出現，比前兩次的意義深得多了。跟著是第四次出現，說明韓麥爾先生穿上那漂亮的星期衣，原來是爲了紀念這最後一課，這樣就愈加強了這最後一課的重大意義。這時小佛朗士的心情由昂揚變爲沉重。可是，他最後說："我永遠記得這最後一課。"就是說永遠記得祖國的語言，永遠記得祖國的土地。這是何等激昂，何等深刻，比之前四次提到這句時的意義又深入一層。《最後一課》見於一八七三年出版的《月曜故事》中，這時法國新敗，都德把這篇放在卷首，是有意義的，這點也應該指出。

埃及鈎沉

大金字塔

（中為黃乃樞先生，右為胡世澤先生，左為黃曾樾先生）

目 録

序

右（上）《埃及鈎沉》五篇，附《耶路撒冷紀遊》一篇，都三萬幾千言，五年前於役開羅所草，今付手民。研究埃及爲專科之學，畢世鑽討，或難窺其際涯，蓋其政事、文學、藝術、古蹟，遠溯五千年，而載籍缺殘，無從考證。雖經近代鴻儒剔抉爬羅，真蘊漸露，顧無徵不信，未敢隨世抑揚。故覽其遺墟雖已略遍，而徵其文獻則苦未多，遲未操觚，崇緣於此。今則所收圖籍悉付劫灰，人事變遷迅於石火，抱殘守缺，四顧旁皇。念我人士，對彼學術多未究心，而參考鈎稽亦苦無書可讀，敢爲媒介，藉作瀛談；罅漏補苴，願有俟於來日。金字塔爲世界七奇之一，亦埃及所獨有也，述金字塔第一。塔，王陵也，惟其後王往往鑿山爲壙、建廟，埃及古時要政也，時亦因廟爲陵，述陵廟第二。塔陵明器，均無上之史材，亦至珍之藝品，其未流散於列國者，則薈萃於開羅，述博物院第三。古埃及之藝術，允足籠蓋當世，今埃及之治術，尤足箴砭吾人，述社會第四。作者之觀政是邦也，博採勤蒐，欲成巨帙，歲月蹉跎，有志未逮，姑以所得，別類相從，其無可傅麗者，則以雜篇殿焉，述雜俎第五。耶路撒冷與埃及毗連，政教風俗可資參證，因附於後。嗟夫！世界文明之古，無逾尼羅與黃河流域，而受異族侵凌之酷，亦莫或先焉。然今日者，一則剝復相乘，一則火水未濟，何也？夫埃及幅員不若東三省之廣也，埃及人民不及遼、吉、黑之半也，埃及先哲不敢望我黃帝、堯、舜、禹、湯、文、武、周公、孔子之一也,而其志義之士,尺土不階,數年之間,能驅除强暴而光復故物也,疇謂我物力之豐,人民之衆,沐化之深且久,倍蓰十百於彼,而憂困頓者!《泰》之九三曰:“無平不陂,無往不復。”易之理,天之道也。《否》之九五曰:“其亡其亡,繫於苞桑。”《乾·象》謂:“天行健,君子以自强不息。”夫子曰“爲政在人”而已,吾何憂何懼! 歲在己卯孟夏初弦,永安黄曾樾識於重慶。

埃及鈎沉

金字塔第一

一、金字塔

相傳統一埃及之始王爲美奈氏，惜其事不可考。四傳至格約伯，始有大金字塔，埃及著名，初爲此也。塔之大者三，小者八十，建於紀元前二千七百八十九年[①]。當二千四百年前，希臘滅埃及時，良史厄洛多德曾博採埃及遺聞，著於簡策。據其所述，建大金字塔時，每年興工三月，役人十萬，爲運材料，先築大道，費時十年，閱二十年而塔成。按魏介所著《埃及古史》，謂塔高一百四十六公尺，基正方形，邊長二百三十公尺，面積約五萬四千平方公尺，用方石二百萬方，重者逾二噸，體積爲二百五十萬立方公尺。偉矣哉！洵不愧世界七奇之一矣。

吾人目爲金字者，以形似也，名爲塔，則大誤。塔爲瘞佛之所，佛塔十三層，辟支佛塔十一層，阿羅漢塔四層。埃及此時既無佛，金字塔又無層，而埃王梓宮赫然在內，斷爲陵寢絕無可疑。埃及古時，信人死後魂將復返原軀，故用香料不腐其尸，而君權神權，時爲一體，故崇奉亡主，侔於天神，建築崇陵，固藏遺體，此金字塔之作用也。塔之方位尺寸，均有深意存焉。鴻博於此，各有創見。而法天文家莫候神父著《法老翁之神秘科學》，謂古代教士秘守其獨得之知識，不輕示人，又慮《廣陵散》絕，故建此陵，悉寓其數字於尺寸方位，以永其傳。蓋數千年來，無數學者竭精敝神，潛搜默討之天文數學要旨，概見於斯。如幾何之 π 值，地軸之長，日地之距，北極之位，及其他地質物理

---

① 原注：欲研究埃及古文化，當先知埃及史紀年法，請看第五篇第一章。

之要律，往往可於尺寸直接或間接得之，安得謂爲偶然者乎？竊謂莫氏之言誠巧，其所搜討誠勤矣。惟薪傳鉢付，人類皆然，豈在當時，人皆不肖，一無可以傳授之人乎？況文字已興，何不利用？範金斲石，厥方孔多，如此隱藏，歷五千載，始遇知音。後世子雲，若是不易，埃及先哲豈不知滄海可變桑田乎？子孫未必皆賢，難成易毀之理乎？竟將獨得不欲傳人之秘，付諸無靈之物，冀不可知之後世，能默契數千載上之精微，殆不然歟！況上述要律，若未發明，今縱知圓周率、地軸長之數，又誰識其作用乎？惟建塔時科學已甚發達，殆無疑義。其能臻此，必經悠久之演進時期，此期記載，何以一無遺留？科學造詣既到斯境，其他文明亦必稱是，乃不少概見，何哉？有考古家之科崙布乎？此中有新大陸在。

金字塔最大者有三：大曰格約伯，次曰格弗令，次則密格利諾斯，均在開羅附近之基塞鄉。底皆正方形，四邊正對四方，立錐式，四面爲相等之等邊三角形，纍巨石而成，兩石之間并無黏質。未遭阿剌伯人蹂躪前，塔面有彩色石層，銜砌無痕，恍如天造。內有殯宮，有複室，有走廊，有隧道，進口固封，以防盜竊。往往有古文字刻於內壁，大抵銘頌功德、超度亡魂之辭，惜大金字塔內獨無。

魏介所述大金字塔尺寸，乃經阿剌伯人劫後所留者。據英天文家卑亞齊斯密氏之計算，則高一四八點二○八公尺，底邊長二三二點八○五公尺。莫候神父認爲無誤，小數乃建築時所用官尺，與現行公尺不同，故折合如此，無足異也。

按史氏厄洛多德所記，每年十萬人，興工三月，以二十年落成計之，則每日平均當有一千二百方石之工作；以每三十人爲一隊，專司一石之升放論，若每隊須二日將一石放妥，則每日所放之石，應用七萬人，每方面約有一萬七八千人。升高法係將塔之每面，以磚砌成曲折斜徑，用滑車將石沿徑牽挽而上。每面約有斜徑十八至二十道，每徑日有三十餘隊，操作不斷。可嘆異者，此二百萬方石，接合無縫，有如整塊。塔重六百萬噸，當用拖重一千噸之機車六百輛，始能將其移動，用全埃及現有之富源，尚不足以折毀之。

大金字塔高超出拿破崙墓頂四十公尺，巴黎先賢祠脊六六公尺，聖母教堂鐘樓七七公尺。若此塔係空心，可將世界最大之羅馬聖彼得教堂完全蓋覆。

拿破崙征埃及時，曾計算以三大金字塔之石，建造厚一公尺、高尺半之城垣，可將法國完全圍繞，經數學家蒙治核計無訛。而華漱神父則證明如用大金字

三大金字塔

塔之石，築成五公寸厚、二公尺高之城墙，可由利斯本達華沙衛，橫貫歐洲。

自十八世紀末，大金字塔之神秘，始漸顯於世。隨拿氏征埃之學者，發現塔底正方形之對角線引長，恰將尼羅河口之三角洲包含在內，而引申正方形之縱平分線，正從三角洲頂經過，將此洲平分，足證建築者已知幾何原理。尤異者，再將此平分線引申至無窮，成爲地球子午線，其通過之陸地，比任何子午線所經過者爲多，而將可居之大陸，恰分爲相等之兩部，非常準確。此誠理想之子午線也。若再於北三十度作緯線，此線亦爲經過陸地最多者。大塔即建於其上，非偶然也。

塔之四面，正對四方，此在當時，殊非易事，殆已知磁針之用乎？否則以何法較準，無從而知。而厄洛多德述埃及教士之言，知大塔之高與塔面之關係，爲塔高之平方與每面三角形之面積相等。

圓周與直徑之比，謂之圓周率，經數千年數學者鑽研，始得 3.1416，幾何學上名之爲 π。在遠古時期，僅以線繞圓筒所得之長，與其直徑之比，知周長比徑長在三倍與四倍之間，而不能定其小數。紀元前二世紀，希臘學人亞希墨德定爲 $3+\frac{10}{70}$ 及 $3+\frac{10}{71}$ 間。前數爲 3.1428，首二位小數已不誤。但若將大金字塔之四邊相加，得 $4\times232{,}805=931{,}220$，除其高之二倍，則爲 $\frac{931{,}220}{2\times148{,}208}=3.1416$，即塔底周圍之和，與塔高之比，等於 2×3.1416，分明圓周與半徑之比也。而聖約翰萬森德則謂沿子午線之切面，與其底積之比，等於一與 π 之比。有意乎？無意乎？

太陽與地球之距離，經幾許天文家之探討，現公認爲 149,400,000 公里。若將大金字塔之高乘一億，則得 148,208,000 公里，雖係約數，然比七十年前天文家所得，已近似多矣。

大金字塔之進口隧道，正對當時之北極星，在此隧道內，每日任何時，均可觀察此星之變象。

埃及當時所用之尺，有官尺、民尺之別。用以建築大金字塔之官尺，合 635.66 公釐。若將此數乘一千萬，得 63,656,600 公尺，是爲地心至兩極之長。

以上所舉，殆其犖犖大者耳，凡過深學理，非專家不易曉者，茲不著。而埃及此時科學已極發達，則事實俱在，不容駁擊也。天下無無根之草，無無源之泉，必經無數先知，鑽研有得，然後由學理而施於實用，斷斷然也。而莫氏乃謂此種知識，殆由天授，此又神父之本色矣。惟科學真詮，未必盡人皆習，當時教士享有特權，朝廷興土木必歸其指揮，故巧用所知，見於尺度，理之常也。竊謂金字塔純係埃及古代科學之實驗，絕無神秘之可言。

三大金字塔均在開羅附近，環埃京數十里可遙見之。由南京下關進城者，行至中山北路，必見鍾山插雲。在開羅見金字塔，亦復如是。一九三五年二月四日午後二時，由愛理奧博利士旅館乘車，行半小時，至梅納旅邸。門前有橐駝，同行有下車騎橐駝前往者。吾仍乘車至塔下。從北面高二丈處新鑿之孔入，有隧道，斜坡甚峻，磬折而行，左右迴轉，達法老翁之幽宮，石槨在焉。此上層也，尚有下層，與此相似，傳係后之殯室也。石槨之尺寸，及內外廓之容積，均有寓意，莫氏語之詳而有徵。體積既大於隧道，爲塔未造成上半時，已將槨安妥之證。塔內已裝電燈，行走不難，惟甚悶熱，汗出如瀋。自外觀之，儼然一大石山，不禁神爲之慄。閱五千年兀然不動，殆造物亦末如之何乎？而與之較年比壽，則有人面獅身像。

二、人面獅身像

人面獅身像爲埃及之象徵，掌故殊多，均爲神話。雖甚雄偉，而在金字塔傍，則渺乎小矣。年比塔高，前足已壞，身首尚存。久沒沙漠，僅露上身，近始去沙，全形畢露。係整黃雲母斲成，高二十公尺，長七十二公尺，屹蹲尼羅河畔大沙漠中，兩目直視天涯，欲與天地同壽，遠矚高瞻，對之神奪。柏林大學教授愛爾曼著《法老翁之埃及》，謂金字塔傍適有此岩，建塔之王以有礙觀瞻，命匠刻人首於岩端，而將全岩斲爲獅身，傅以泥塑之前足。無稽之談，殊堪噶嚧。載籍所記，石質可稽，意義年齡均有明證，姑置勿論。若如愛氏所言，則埃及古王以建塔威權，何難呼吸之間，將礙眼之岩鏟盡，即欲用此刻成物象，則動植飛潛之類，具體之狀萬殊，胡爲作此人獸間形？果有何意，必當時已有此種傳說，敢斷言也。愛氏又謂金字塔之建築，係先建小規模者，由嗣君逐漸增大，亦未必然。蓋本朝所建，限於物力不能完成，紹統之君既須速成前代工程，復須自己建築，所須財力當倍前朝。此種理論，殊不可通，而稽諸

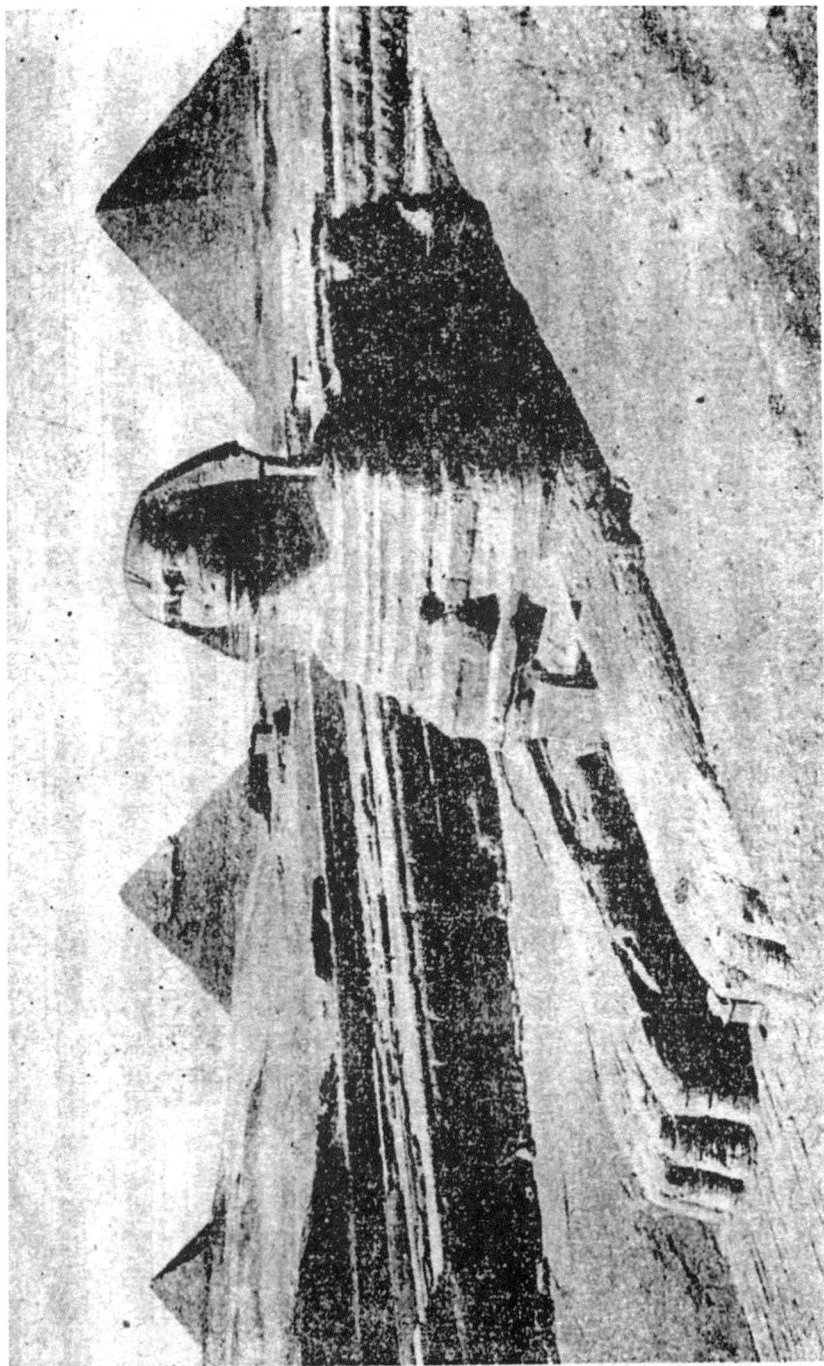

人面獅身像

往史與厄洛多德所記，皆無依據，真臆斷也。

厄氏謂建塔時，歲役十萬人，興工三月，當因此時埃及強盛，役使降虜，不顧人道，一也。而埃及富源全在土地，當尼羅河漲，泛濫兩岸土田，待水退時，土地肥沃，極宜耕種，而漲期三月，在此期內，農民無事，徵赴塔工，二也。基此二因，良史之言，信不虛矣。

開羅附郭，勝跡蓁多，基塞以三大金字塔故，名聞寰宇，而孟斐斯爲故都遺墟，往古霸圖，尤有足供人憑弔者。

三、孟斐斯

埃及古史，遠溯紀元前三千二百年以上，前十朝之始王美奈氏王下埃及，都孟斐斯；後十朝王代北，都陸克梭。二月十八日，由愛理奧博利士旅館乘車行一時許，到孟都遺墟。中道下車，觀拉姆塞司二世造像。碩大無朋，臥棄林下，整花崗石斲成，真巨工也。兩胲已損，殊爲可惜。前行百步，有人面獅身像，黃雲母製，貌極韶秀，近始出土。再進百十武，又一拉姆塞司臥像，略小於前而更精美，既莊嚴，亦華麗，極似洛陽白馬寺之釋迦牟尼像。生平所觀造像，以此爲嘆觀止矣。再前則茫茫沙漠，惟金字塔遠插天閣。當日宏圖，而今安在？徘徊想像，感慨系之。有諦墳，埋沙土中數千年，前世紀末，法人馬利愛德始發現。乃鑿岩石而成，享堂壽域均甚雄偉。尤欲以華臕生活，豐富財產，誇炫後世，遂用畫圖鐫於壁上，如役使僕婢，鞭笪奴隸，佃農左牽牛羊，右籠鵝鴨，三五成群，絡繹來獻之類。能以曲線傳神，刻肖生動，美不勝收。夫諦一大臣耳，有如許財產誇耀後世，如許物力建造巨墳，籩簋不飭，已自供述矣。

去諦址不遠有牛墳。鑿山岩爲念四巨壙，分兩行平列，每壙一石棺，整花崗石斲成，棺蓋厚盈尺，龐然大物，皆以殯牛，牛爲孟城之神也。役千萬人力，爲此蠢獸，其愚又在牛下矣。

下埃及奇蹟，雖如上述，實不足盡其藝術之美也。此邦建築，極刻石之工，窮造形之偉者，無如高埃及故都代北之神廟。而欲往代北者，必經阿漱安，其遺迹有足觀者。

四、阿漱安

　　環開羅名勝，遊覽殆遍。三月五日晚五時，埃政府備專車，邀遊阿漱安。車向南行，天氣漸熱，塵土漫天，耳目爲之蔽塞，車搖氣悶，澈夜難眠。晨九時到，乘汽車至尼羅河畔，用帆船渡河，至象島，乃第二朝王陵之遺迹。紀元前二千四百年時，名王墨古、愛爾庫夫均駐蹕於此，所以固疆圉，鎮南蠻，殘石勒銘，班班可考，惜僅餘壞壁，供人憑弔而已。往昔繁華，衹存蔓草，低徊騁想，萬感交縈。島傍有舊量水器，二千年前物。有博物院，具體而微。渡河回陸，乘汽車往土人村，觀其跳舞。茫茫沙漠，熊熊烈日，塵沙漲天，寸毛不長，蘇丹與呂卑人居之。使之舞，則成群鼓掌，胡旋跳躍，口唱土歌，不成節調；使之鬭，則分兩陣，各執木梃，如臨敵焉。不衣不履，面目猙獰，嗟乎，狂狂榛榛，是人是獸？造物不仁，生此何意！觀者笑之，我獨哀憐。覽其市廛，尤極卑陋。回車午膳，心猶悒悒。

　　由土人村回時，曾往觀此地藝術學校，所製物品，大半石刻。埃及古王，均採石於此。由此往石場，尚見一未完成之方錐，長十餘丈，橫臥山上，當時順石脈而加斧鑿，迨垂成而見裂痕，遂棄之，故三面平滑，而一面尚未離岩，可見當年採石爲長錐之法。並往觀黃雲母石脈，巉峭崢嶸，潔淨瑩潤，璀璨炫目，漫谷填坑，美哉觀也。此邦建築，多用此石，亦以產量豐耳。

　　下午二時復乘汽車往觀水閘，全係石造，偉大絶倫。水差三十公尺，橫跨尼羅上游，河水漲落全司於此。美哉工程，人定勝天矣。改乘帆船，泛乎中流，觀斐那遺廟，孤立水中，僅存壞垣，垣係石質，刻畫尚留。舟子拍掌爲節，擊鼓作樂，在船脣上歌舞娛客，實則可憎，又可憐也。七時乘原車赴陸克梭，高埃及之故都也。十時到。住冬宮旅館，純歐式大旅社，在尼羅河畔。河流如帶，縈繞窗欄，兩岸嘉木，鬱鬱葱葱，街衢寬廣，電炬輝煌，憑欄遠眺，呼吸煙雲，塵慮都鐲，渾忘身處炎蒸之域矣。

阿溯安水閘一

阿溯安水閘二

支那遺廟

麦那遺廟在河水未涨前之景像

支那邊朝之墻

參考書目

Athur Weigall, L'Histoire de l'Egypte ancienne, Payot, éd. Paris.

Abbé Moreux, La Science mystérieuse des Pharaons, G. Doin & Cie éd. Paris.

Adolphe Erman, L'Egypte des Pharaons, Payot, éd. Paris.

陵廟第二

一、王陵谷

　　埃及著名以金字塔，而其真美實在陵廟，陵廟薈萃之區則在代北，故欲知埃及而僅觀開羅，不啻以蠡測海。必遍覽高埃及之故都，庶能擷其英華，衡其分際。而諸陵廟中，專祀太陽神者，則嘉納克與陸克梭；祀神兼祀君者，則戴愛爾巴亞里及代北；專妥先靈者，則王陵谷是也。今以耳目所及，順序而書。或疑金字塔亦陵也，胡獨異名？則歷代相沿，已成習慣。作者述金字塔後，繼以王陵谷，亦比物此志也。

　　三月四日晨九時，由旅館前上船，渡河乘汽車往觀王陵谷。河流所及，樹林陰翳，淺草芊綿；河流所不及處，則砂礫猙獰，一毛不長。再進則群山崒峍，石骨嶙峋。埃及古王鑿此石山，使成方屋，以爲幽宮，重房複室若斷若續。兩室相通，皆用旁門，以石固堵，繪畫其上。發現一室，如無旁房，用意之深，可以想見。共四十八陵，皆相距不遠，有閉藏四千餘年，前世紀末始爲世知者。陵有大小，各有異徵。吾因每至一處，輒低徊留之不能去，故僅觀其二。都東卡蒙陵，壁畫絶佳，顏色和諧，狀貌生動，使歐洲畫聖爲之，無以加也。而一種渾樸之氣，如天真未鑿，極耐人尋味，尤爲任何畫本所無。所畫皆神話，如死後經天神之詰問作何答覆，輪迴之舟如何輪運，經若干轉世復返原軀之類，雖與史蹟無關，而足徵當時之思想。陵內殉葬物富甲古今，悉藏開羅博物院。王之遺體，尚在陵中原石槨內。塞帝一世陵，壙深達一百公尺外，雄偉爲諸陵冠，而壁畫悉鑿於石壁，工程尤偉。銷磨多少藝人心血，成此奇工？不知當時用何工具，能鑿如許巨室；用何燈火，照人作工；用何顏料，色久如新。刻畫之精，規模之偉，在在足徵當時文化，已臻高境。旋往觀拉姆塞司廟遺址，拉姆塞司二世朝所建也。殘柱斷磚皆極雄偉，當年氣象可想而知。折往觀哈采不蘇后所建之戴愛爾巴亞里陵廟，又是一番氣象矣。未述戴愛爾巴亞里陵廟前，先概記都東卡蒙陵之奇異於此，俾以類相從。

都東卡蒙　紀元前一三五八年，亞美諾斐司五世御極之十九年，崩殂無嗣，長壻紹統，未幾升遐，第三壻篡承丕業，是爲都東卡蒙。方在未冠之年，權操大臣之手，正值新舊信仰鬭爭方息，復尊太陽神阿蒙之時，政通人和，物力豐阜。惜不數年，王又殂落，教士亞伊篡位。欲市好於民，奉安大行，舉行隆典，命將故君所備殮具悉納壙中。王陵谷内，重房複室之陵，世所駭爲奇工者，考據家斷爲非王所自營。以殉葬之物填滿壙中，幾無隙地，如係王造，決不若是逼窄也。於是咸謂王所自營生壙，爲亞伊所奪，惟此殊不利於新君。亞伊陵以雄富爲世所歆羨，故坏土未乾，陵已被盜。都東卡蒙陵不爲世知，故歷經浩劫，得免掠奪。迨一九二二年十一月二十六日，陵内奇珍異寶始出人間，雖爲英人迦爾納温所發現，而由政府開掘，故陵中寶物悉得保留，非都東卡蒙之幸，實藝術之福也。當陵之未啓也，石刻銘頌之文，所以闡揚斯時藝術者甚至。世每疑爲贊頌之體常近誇張，未足置信，而今而後，對埃及三千三百年前之藝術，已臻至精極神之境，咸心悦誠服，無異辭矣。嗚乎！非目擊者，固難信也。黃金遍地，駭人聽聞。槨外有槨，棺内有棺，殮尸之棺純黃金鑄，重二百二十五公斤，其餘棺槨盡嵌金葉。金棺之内，有金面具覆於王面，垂肩及胸。面具戴冕，酷肖御容，立陳桌上如像半身。其他器皿傢具，盡嵌金鑲寶石，光怪陸離，不可迫視，非能以言語形容。他如象牙、奇木、黃雲母製品，世所共珍者，在此不足道矣。椅桌床櫃、車輿弓矢之屬，衣裳釧鈿、約指項練之類，無一不鬼斧神工，精巧絶倫。人類思想用藝術表現，造詣臻此，至矣盡矣，無以加矣。每物裝飾，非獨爭奇鬭巧，皆有深意存焉。弓之兩端刻黑人或亞人首，所以示用武之地也。戰車上刻制伏獅子狀，亦此意也。有黃雲母燈罩，燃燈時，現王及后御容。黃雲花盆作小池形，中航小舟，均極精巧。而櫃門寶座背上鑲嵌圖畫之美，罄竹難書。姑略述之，作王之起居注觀可也。王盛服坐椅上，后立於旁，以香料施於王之項練；或后坐於王足下，王傾瓶中香水於后掌。王畋則后隨，以矢奉王，示以珍禽，小獅隨狩，如獵犬焉。畋於沙漠，則王獨往，以大臣扈蹕，射取駝鳥之羽以製扇，射殪獅子，臨斃之狀宛然。作戰陣圖，則王立於戰車，突圍陷陣，當者披靡。凡此刻畫，皆栩栩如生，鑲嵌精絕，一如繪畫，寶石顏色，極和諧之能事，非獨三千年前之製作歷歷目前，遺容相對如對，揚於王廷，而其日常生活若身與焉。覩生平夢想不到之奇，真大快事。當此陵發掘時，世界爲之震盪，非無故也。后之用品及飾物，無論大小，皆精巧無匹。歐洲藝人來此仿造，有畢生不能似者。英人製寶座，其例也。寶座木質，式樣既美，鑲刻尤精，英國費二千鎊命名工仿造，終難近似，現存倫敦博物院中。

瓷陶質瓶，樣式絕美，輕巧精緻，與前朝遺物以粗重見長者迥別。造詣之高，隨時代而進步，於此可證。

二銅鑄武士執戈挺立於陵門內，神采奕奕，如歐洲文藝復興時物，爲院中僅有之銅像，至寶也。

御膳所用雞、鴨、魚、肉、黍、麥、鹽、椒之類，陵中悉備。吾人獲覩數千年前建築，已屬至幸，復得目擊千載上人，覽其日用之瑣物，及華筵之食品，與置身其間何異，非尤厚幸歟！

陵中有兒童玩具，蓋王崩年僅十九，登極時纔十二齡，殆其幼年所愛好者。

述都東卡蒙寶物姑止此，否則任舉其一，萬言難盡。陵中諸物現均陳於開羅博物院二樓，可觀覽。

二、戴愛爾巴亞里陵廟

都德莫西氏后無子，有女曰哈采不蘇。王之二才人，各生一子。庶孽二人，覬覦神器。王后愛女，破位不傳女之戒，於御極之十五年，以公主爲儲君，輔政，紀元前一四九五年即位，是爲哈采不蘇后。君臨埃及凡二十年，爲此邦所未有，而其與普蓉國通商，亦震古所無也。檀香爲祀神要物，祭祀時，當使香氣氤氳，瀰漫滿廟，故埃人於此拱璧同珍，來自紅海普蓉產尤著名，即今之蘇馬利也。時人雖耳普蓉之地，尚視同烏託之邦，偶有交通，全由陸行，既極寫遠，險阻尤多，未有從水路至者。后獨造巨艦，簡皇華之使，賚賜方物，率艦而前，睦鄰綏遠，宣布德威，珍禽異卉滿載而歸，在此時期實爲盛舉。

后建巨廟以祀太陽，廷臣崇后徽猷，以之配享。廟依山起，共分三層。每層正面，皆有十面形偉柱數十，排列成行。正殿享堂，半鑿岩石成洞，繼以土

戴愛爾巴里亞陵廟之石柱

木之工，飾以華璃之彩，莊嚴眏麗，四裔馳名。與普蓉通商事蹟，悉刻於壁上。圖畫生動，恍若身臨。船之航駛不專恃颿，每船水手各三十人搖槳前進，如聞欸乃之聲。五巨艦已達紅海，其二尚維於樹根。別有舢板正由江步運載餱糧，凡日常所須無一不備。有祀普蓉神祇禮物，期邀神佑，常得順風。船長立於桅上，下令向東，此艦隊啓行也。迨到普蓉後，土人訝從天降，酋長夫婦盛服郊迎。貿易檀香，則土人委積於地，猴豹與偕，埃使陳列弓劍、項練及各色珍奇於几，以資互市。俟成交後，埃使犒宴普蓉牧伯於帳中，賓主盡歡，溢於眉宇。此在外國情形也。凡此史實，均於刻石見之。埃及彼時以爲天下無敵，固不屑與視同野蠻民族抗禮分庭，石刻遂書普蓉貢檀香於埃及阿蒙神，而埃及獻禮品於普蓉阿多天后。此種虛文，中外古今竟出一轍，堪嗢噱也。廟前有林園，有池，有石像，普蓉嘉卉植於后園，普蓉異獸豢於后圈。后於此時，洵推英主。今日者，廟雖殘毀，宏榪尚在，十四巨柱依舊成行；五十碩大人首獅身像，當時分列甬道兩旁者，則不可見矣。緬想英風，宛然如在，渾忘身生三千四百餘年後也。后建此廟祀太陽神外，亦用爲己之陵寢。壙在山陰石碙，亦鑿岩而成，不若王陵谷諸陵之宏偉。論者遂謂后以陵小，未足隆祭享，故建此廟。吾謂理正相反，后殆以寢廟既甚雄美，故陵可從簡也。至其不用文字銘功，而用畫圖紀績，倘彼時文字尚不足用歟？抑以爲觀美也？能令遠古事績歷歷目前，四方遊人流連不忍去者，非藝術之功耶？

午飯於廟前酒家。飯後，往觀廟後山窩叢葬諸王處，非王陵谷之比矣。惟其掌故，有可得而言者。

慢藏誨盜，理所固然。埃及古王，何不知此？殉葬之侈，駭人聽聞，惟不旋踵，往往被盜。拉姆塞司九世朝，已有盜陵巨案。埃及古時，尊君如神，陵且遭竊，則人民墳墓更被劫掠無遺。案發後三年，嗣王即位，捕獲陵盜，則有教士官吏與之同謀，盜風之熾於此可知。保屍之術祇有遷藏，於是拉姆塞司二世之屍移藏其父塞帝之壙，此陵旋亦不保，則同遷於伊尼哈比后陵，嗣又與得自盜手之他屍，改葬於亞美諾斐司穴中。惟此終非永固之地，遂於戴愛爾巴亞里神廟附近斜坡，土石鬆劣之岩，鑿深十二公尺之井，橫長六十尺之廊，廊盡處作八尺深之秘室，將所留之王屍盡藏於此，迄無人知，以地形土質均非葬地，盜未注意也。顧劫陵之盜，常將陵地據爲己私，漫谷填坑，覓痕鑽隙，子孫世襲，自古已然。此處隱藏,終於一八七三年爲鄉人所發。初極詭秘,人無所知。後因珍物流落人間,斷爲王陵殉物,跟踪追究,始得顚末,遂於一八八一年將屍悉移開羅,藏於博物院。吾人今日得瞻對數千載上人之面目,不得不謂非幸事,惟珍寶既無,而衣飾練束是否原物,大有可疑,殊堪惜耳。一八八九年,埃及考古團於亞美諾斐司二世陵壁,發現有門通一秘室,內藏第十八、十九兩朝王屍九具,移藏年代與前相同,當時盜氛益可概見,而藏匿之人亦煞費苦心矣。

五時回旅館,旋爲胡世澤兄邀往獵於郊,七時回。因已薄暮,無所獲。晚膳後,泛舟尼羅河上,遂達彼岸。散步河干,沈沈夜色,新月潛光,河淡星稀,劣能辨路,忽然深黑,疑入森林,以手捫之,知在柱下,四顧愕然,莫測神秘。石羊兩行伏列道左,石牆兩扇直插天閣,叩之舌人,知入嘉納克神廟矣。是真是幻,各自猜疑,以夜已闌,貯興而返。宵遊之樂,夢亦同趣。

三、嘉納克神廟

偉矣哉,埃及古王氣魄也! 不到嘉納克,何知古埃及? 不到埃及,何知古文明? 此塞帝一世所建,其嗣王拉姆塞司二世所續成者也。圓石柱百三十四,平列四行,上承枅櫨,肋分翼張。曩日層樓,茲已傾圮,劫後疏欞,殘石尚在。中列二行,高皆二十四公尺,徑長三尺有半,整花崗石斲成。柱之上端作喇叭形,圓徑十二公尺。柱面石刻,精美絕倫,所承構櫨,雄麗稱是。左有別院,偉柱十根,其九皆折,一尚完好而傾斜。政府費三年之久,九千鎊之金,始扶正之,當年所費人力物力,不可數計矣。

如此柱林,雖經強暴之蹂躪,歲月之銷磨,不免多有殘毀,而規橅具在,增世界七奇而爲八,允足當之而無愧。危牆兩扇分峙東西,皆巨石成,上薄而下厚,高插雲漢,拉姆塞司三世所建也。牆面刻畫,美不勝收,均當時史實。太古時期,神權君權合而爲一,埃及古王遂不惜舉國之力,建太陽神廟,己或配享,或葬其中,父死子繼,有加無已。故嘉納克廟莊嚴奇偉,得未曾有。左一椽,右一棟,棟外復有堂,椽外又有殿,蟬聯蟻附,層出不窮,而曲徑迴廊,蜿蜒無盡,蓋後王踵事增華之所得,非一君一時之力所能臻此也。柱廊盡處,神龕在焉。石屋三楹,神居其中,左右兩楹則神之妻子居之。神像之首已殘,其妻

嘉納克神廟正殿之石柱

嘉納克神廟之石像一

嘉納克神廟之石像二

像作獅首，子像久失，不知何狀。屋惟一門，別無疏牖。屋頂留孔，以漏陽光。昏黑中，光一道，似金虹，騰異彩。每逢元旦，日光正射神身，足徵作者測日工深也。觀此藝海，知歐洲文明實孕育於此。希臘古廟以多石柱爲美，是其明證。此廟佔地之廣，無從測知，除碩大無朋之石楹，與高欲遮日之石壁外，凡人力可移動者，經三千年來之盜竊既盡，地亦改觀矣。

嘉納克神廟之方錐一

廟庭有整花崗石方錐二,高皆二十九公尺,哈采不蘇后所建也。其尖餙金,乃聚各地純金爲之。日馭從兩間起時,金光燦爛,四射雄芒,如晨曦初上,紅澈天涯。故石刻有云,錐高刺天,光湧如潮,遍於埃及,若日方升。后作自喜之言曰,千秋萬世後,觀者必不疑爲譽言,而歎爲絕似也。惜僅存其一,字未漶漫,殊美麗,恨不能拓以歸。

嘉納克神廟之方錐二

廟園池畔，有石刻硬殼蟲，約二尺長，一尺闊，承以圓座，製作絕工。埃人敬此，到處可見，取其勇也。與尚人面獅身像迥然不同。埃及古時信多神教，每城自有其神。孟斐斯神爲牛，故有牛墳念四座。此地神爲羊，故昔有羊首獅身像達二千，現尚存數十，分列門前大道，洋洋巨觀，亦增神廟之美。而與嘉納克鬭奇於河之兩岸者，則有陸克梭神廟。

四、陸克梭神廟

陸克梭者，高埃及之故都，後十朝名王之遺墟也。當是時，非獨尼羅流域之富源，動中亞諸國之歆羨，埃及文化尤博各族之欽遲。蓋此邦石刻，斯時已臻極詣，故巴比倫、美達利使至，於瞻仰古代建築之餘，代北新構偉麗絕倫之神廟，尤足令其歡服而稱絕。諸新廟中，以阿美諾斐司三世所建之太陽神廟爲最美。王御宇在紀元前一四一一至一三七五年間，襲列祖列宗餘業，物阜民殷，乃命將作大匠孿生兄弟霍爾及蘇蒂分建神廟於河之東西。河東者，則陸克梭廟也。氣象莊嚴，結構諧整，石柱如林，雄偉奪目。柱之正面，常有王像，雄偉相稱，瑰奇生動，甲於他處。柱形橘式，尤覺新奇。正殿享堂，耳房丙舍，悉用石構。正門閎麗，別具匠心，壁刻柱刻，鬭巧爭妍。門旁二方錐，一爲拿破崙運往法國，植於巴黎康果德廣場中心。論者以陸克梭廟之美，爲埃及諸廟之冠，今猶未甚殘毀。低徊瞻仰，深信名不虛傳。雖拉姆塞斯父子將其拓展，致名手圖案未免改觀，幸尚不損其和諧。河西則王宮在焉。亦有神廟，廣大在諸廟上，祀太陽神外，亦用爲王之陵寢。後人以其石爲建屋之用，目同天然石場，取運便利，故爭盜之。經三千四百年之搬運，遂無復遺留，荒茫曠野，供人想像而已。惟大門傍二巨像存，碩大無朋，刻王御容，坐寶座上，似欲永鎮代北荒原也者。倘以人類之殘暴，亦未如之何耶？如重量足以懾人，則此像足以當之矣。羅馬時代，遊人爭來瞻仰，所謂墨農巨像是也。相傳兩像中，一係希臘詩聖荷買詩中所述之墨農，每晨以哀怨聲禮其母，蓋謂紫色手指之晨曦也。當時遊人，以曾否聞墨農聲卜休咎，有題名可證。吾曾側耳靜聽，覺悲風怒號，如怨如慕，如泣如訴，倘孝子念母乎？抑先王有知，永鳴其亡國之痛也。

陸克梭神廟之石柱一

陸克梭神廟之石柱二

陸克梭神廟之石像

右述代北神廟，不啻以管窺天。起王文考、何平叔於地下，恐無術以形容。所謂"萬楹叢倚，磊砢相扶"，"層櫨礔砢以岌峨，曲枅要紹而環句"者，殆不足以盡之，蓋魯殿之楹，非盡石斲也。埃及古王，耗如許物力於此者，倘亦以為不壯不麗，不足以一民而重威靈；不飭不美，不足以訓後而永厥成乎？嗚呼！何中外古今，思想之相同也，而其時之民，困於土木矣。

埃及神話，筆不勝書，皆想入非非，頗多可愛，《天方夜談》所述，可見一斑，現所流行，尤多傅會。遊陸克梭時，舌人言其祖母夢一人告之曰："若有何求，吾能應若。翌日黎明，來陸克梭廟柱下焚檀香，吾即來矣。"其祖母如言往，無知者。焚香後，果見一呂卑男子狀，裸體來，問曰："何所求？"嫗大駭，則應曰"無所求"，此人遂渺然。又云，啓都東卡蒙陵時，共十二人，十一皆死，其一獨存。此人有兩鳥，善歌。開陵前三日，鳥忽不歌。發陵時，其僕見一蛇來食二鳥，遂奔告主人，忽見此蛇在陵壁上，熟視之則畫也。據未死者言，當王棺啓時，十一人皆以手撫木乃伊，惟彼獨否。屍有猛毒，實致死之由也。現陳列之木乃伊，均用玻璃蓋好，峕為防人接觸，觸之無不死者。開陵之英人迦爾納溫爵士，係為陵中一毒蠅所咬，毒發而死。蠅能咬人死，亦異聞也。迷信者遂謂為王之報復，惟發埃及古陵者多死，事實具在，亦太巧矣。

三月五日上午即暢遊嘉納克、陸克梭，下午本欲休息，三時許為世澤、歆海二先生邀往獵，久不事此，見之心喜，遂與偕行。獵者言有獐，苦覓不見，僅獲野禽。樹林不密，獸於何藏？囑庖人治所獲禽共食，倍覺味之無窮。七時乘火車回開羅，翌晨七時到。

金字塔與代北陵廟，固極盡埃及古代建築雄奇之大觀，而手工藝之精巧絕倫，則不可見也。雖經千百年來外族竊奪，散於四方，而地下寶藏至豐極富，蹂躪所餘，尚足凌跨當世，現均存於開羅博物院中。故述金字塔及陵廟後，繼之以博物院，讀者可互相印證也。

代北荒原之墨農世像

博物院第三

一、開羅博物院

　　世界最貴之博物院，允推開羅。世界最奇之博物院，亦推開羅。最貴者，藏物動輒遠溯四五千年以上，而其工藝均至精極巧，非化石獸骸之比，爲任何國所無也。最奇者，金石雕刻，色素繪畫，各地所有，陳陳相因，其所表現當時生活，僅屬一斑，此院所藏則遠古社會生事所需，洪纖悉備，而古人面目栩栩如生，瞻覽徘徊，如置身數千載上，而其藝術則雕鏤萬象，離婁相加，卓絶古今，無有倫匹，不亦奇乎？吾覽遍瀛寰博物院不下百數，無若此之足資研究廣見聞者。埃及偉人拉哈氏謂我曰，大地文化，惟中國與埃及爲最高而最古。吾固深韙之，然私念《典》《謨》《訓》《誥》之所載，究乏遺型故制之可稽；尼羅流域文化之高，則物質證明，赫然具在。歐洲宿以希臘、羅馬妄自誇大者，自都東卡蒙陵發現後，對素所輕視之非洲藝術，亦驚惶相顧而失色。夫子之作《春秋》也，嘗歎"載諸空言，不如見之行事之深切著明也"。夫深切而著明，有如埃及古陵之葬物者乎？此吾所以不厭數十至，而每至必流連不忍去也。限於時日，未能細考，爰將所尤好者，摭其概，著於篇。

　　開羅博物院建築雄敞，陳列整齊，別類分門，井然有序。樓下陳設盡係刻石，石棺石槨，石獸石人，圓柱方錐，無所不有。埃及石刻以偉大見長，推作者意，殆欲以隆重懾人，抑以粗笨者易垂遠而難壞耶？惟樸拙中有一種靜穆渾厚之氣，耐人尋味，非如印象派與未來派之末流，妄以無形似之作品欺世也。故其石像近視雖覺龐然頑石，遠望則栩栩如生。吾國龍門雲崗巨佛，差堪彷彿，而年代則相去懸殊。或以明陵翁仲相儗。噫！真泰岱之於培塿，河海之於潢潦矣。

　　葬於第二金字塔之格弗令王像，深灰花崗石造，莊嚴淵懿，神采照人。帽後刻鷹,乃君主之徽號,第四朝物也。而此朝造像,以諾弗利夫人像爲最著。乃全身坐像,兩手橫腰,雙眸平視,櫻唇欲笑,豐鬢雙垂,未至肩而齊剪,額環花帶,頸繞肩披,身著薄紗,乳部隆起,兩膝緊合而赤足,儼如現代女郎,惟神情肅穆而簡貴,宛然太古之遺風。像係右灰石刻,傅以彩料,顏色調和,驟見雖知其美,必凝神睇賞,遠近左右,上下正側,各面靜觀,然後能悟其技術之高,傳神之妙,雋味無窮,愈咀嚼而愈出。至於修短咸宜,肥瘠合度,無畸輕畸重之敝,若近代深知解剖學者之所爲,猶其餘事也。

諾弗利夫人石像

書吏盤膝石像

　　稍後於此期,有書吏像。赤身盤膝坐,左手執簿,右手執筆,雙眸嵌寶石,
炯炯向人,微昂其首,注目諦聽,兩唇微合,似啓非啓,顴骨甚高,面上骨多於
肉,含譏誚之色。見者絶倒。其支體之勻稱,恣態之自然,真可以凌斐迪亞司
而駕密格郎治,而此則第五朝藝人所造也。像有二,一存巴黎魯佛爾博物院,

蔭亭遺稿

拉姆塞司二世石像

都德莫西氏三世石像

均石灰石刻，上施顏色。有達尼斯出土人首獅身像，咸謂亞美諾斐氏三世之御容，第十二朝物也。黑花崗石刻，隆準巨眼，高顴而輕唇，英偉之氣溢於眉宇，而肅雍沉毅，若有深思。鐫琢之工，得未曾有。而塞索司特里像，僅餘一首，其鼻又壞，亦此朝遺製。藍花崗石造，深目方口，面露威棱，與前相較，又是一種作風。作者範形惟妙惟肖，於此可見其藝之高。

院中石像美不勝收，以上五軀，世所共賞，故略述之，皆以渾樸長者。而都德莫西氏三世像，則神韻瀟灑，如斐迪亞司氏之徒所爲，與柏林博物院所藏之拉姆塞司二世像，風神絕世，允稱二妙。蓋第十八朝物，亦作品隨時代演變之徵也。

此外梛、碑、楣、礎之類，雕琢精美者，筆不勝書，述石刻姑止於此，而記土木塑刻焉。此類佳品均陳於二樓，木品分棺梛、器具、玩物、造像各種。棺梛則雕花繪彩，踵事增華；器具則翻新式樣，鬥巧爭妍；玩物則匠心獨運，如出神工，目眩神迷，非語言所能形似。茲述木像二尊，以概其餘。嘗鼎一臠，未爲不知味也。

世推美羅金星像爲石刻之冠，若論木像之冠，非推埃及之色克愛爾貝勒像將誰屬耶？像身整木所刻，兩壁則另木所雕，高與常人等；赤身圍裙，長僅過膝；光頂圓臉，目鑲寶石，黑白分明，閃閃欲動；左臂橫曲，手執杖，直植於地；右下垂，作握物狀；挺身直立，體魁梧而微碩；兩膝全露，一足微前。姿勢之自然，神情之活動，直與生人無異，而生人中若非有藝術修養者，無此美態也。密格郎治鑄摩西像成，得意忘形，將手中鐵錘猛錘像膝，曰："祇惜不能言耳。"吾於此亦云。而欲與之競美者，則有女子小木像。木刻而施顏色，高不盈尺，玉立亭亭，肥瘠適當，容顏韶秀，假髮垂肩，兩手則左屈而右垂，兩足則一前而一後。官支體裁，輕盈合度，置文藝復興時作品中，幾不可辨，而此則第十八朝物也。稍遜於色克愛爾貝勒者，渾樸不及耳。蓋此像造於第五朝，時代使然也。

埃及古時科學既甚發達，藝術拓展，理必平衡。木質石質，施工較難，而其造詣已欲凌轢千古。泥壤更易，藝應愈精，惟泥易損，故少遺留。今之所存，矗矗爲眾，式樣穎奇，異常可愛。此外則俑，泥木俱多。俑之造作固乏藝術，惟埃人於此亦有特徵。每俑之背各書職務，且誡之曰："若呼汝職名，當即

色克愛爾貝勒木像

應曰諾。"如在行伍,紀律至嚴。死者生於華臙,供事眾多,迫其死後,俑亦稱是。院中所藏,故亦至夥。

院中木石製品,允足壓倒一世,惟銅器則遠遜吾華。開封博物館所藏,係出鄭武公墓,年代較後,姑不具論。故宮彝鼎,遠溯三代之上者,足以雄視當代矣。埃及銅製藝術品,未足與其他制作頡頏,豈風尚趨於刻石乎?而都東卡蒙陵門之武士,又何精美耶,殆銅質易損易貨之故歟?若能保留,必與木石三分藝術世界,乃寥若晨星,曷勝惋惜!

埃及古畫,自以壁畫爲最佳,皆繪於陵之內壁,所繪均神話與死者日常生事。布局之精美,設色之調和,非獨可怡神而悅目,稽古而證今,其樸拙之中具靈秀之氣,與夫布景渲染,人物、蟲魚、鳥獸、舟車、器皿之屬,無一不表現本地風光,尤爲可貴。獨立性質爲美術之首要,埃及古代作品可謂絶無依傍,獨逞天才。今之歐洲藝人乃絡繹來仿,智遜古人矣。

埃及上古之刻畫與彩畫,均用最簡樸之輪廓,作極生動之描寫,不論飛潛動植,皆能繪色繪聲。歐洲十九世紀之寫實派與自然派,經數千年之演進,不能及也。

有蘆雁橫塊,高約一尺,長倍之,亦壁畫之殘片也,僅用絳墨二色,一何似吾國之宋畫耶。往遊孟買,觀博物院中千年前畫,色重金碧,筆如素描,悟吾國北派實淵源於此。蓋唐時佛教盛行,印度僧人屢航海東來,將畫傳入中國,爲李道昭父子所見,故常仿之,遂與南宗中分壁壘。天方與我溝通,遠溯唐代以前,則吾國繪畫之受其影響,有由然矣。

述埃及畫,不可忽其畫像。以古畫遺留至今者,壁畫之外,人像爲多,人種服飾之嬗嫣,於焉可考。蓋埃及古時,人死將殮,必將死者容顏冠服以彩色繪於約五寸見方之薄板,放於棺內,爲屍蓋面,故每一木乃伊必有一畫像,木乃伊或失而像存,是以此物特多。當時作者或非大家,而今所見,面目如生,冠佩服飾與木乃伊酷肖,其技之高,是爲明證。以其流傳之多,故二十朝中人面之變更,服裝之改易,歷歷在目,藝術價值外,亦研究古史者之一助也。

以上所述木銅質造像及繪畫,均陳於二樓。而此樓中稀世奇珍,名震瀛寰者,爲都東卡蒙陵出土之寶物,佔屋三楹,大者木槨,小者鋼鍼,至富極豐,超凡入聖,藝術造詣,歎觀止矣。曾記其梗概於《王陵谷》篇。

院中二樓珍品雖多，而在都東卡蒙寶物旁，頓無顏色，故此篇亦止於此。三樓所陳列，以棺槨、木乃伊爲多，兹不著，而述高博特及阿剌伯博物院。欲知埃及古代藝術者，覽此可概識其全體矣。

二、高博特博物院

高博特者，乃七世紀時阿剌伯滅埃及後，耶穌教徒不願皈依回教者，保守其信仰習慣之民族也。有廢堡，即用爲收藏高博特藝術博物院。堡有殘門，傳係阿剌伯軍所從入者。收羅木、石、絲、銅器物甚多，然藝術平凡，與古埃及不可同日語矣。神話及《可蘭》經卷插畫，亦不佳妙，最大缺點爲無特立性，乃揉合埃及、羅馬、阿美尼亞作風，而痕迹顯然。院之左近，有阿姆魯寺，此邦最古清真寺也。當阿剌伯酋長奧馬滅巴立斯坦時，建大寺於耶路撒冷，即世界聞名之奧馬寺。時其大將阿姆魯率軍征埃，建此寺，雄壯奇麗，斷礎殘磚中猶可見其餘烈。幾經浩劫，現殊荒涼。講經處甚宏敞，石柱百餘，行列整齊，林立四面，有一柱獨以鐵欄圍之。相傳奧馬在猶太，忽覺其大將在開羅建寺之柱不適用，屬有一柱在前，因叱令飛往，柱不應，遂怒鞭之，柱即飛來。故每逢回教禮拜日，耶教禮拜五。人爭鞭之，現護以鐵柵，恐人鞭損也。其鄰有赤石圓柱二，高僅二尺，面有凹痕。回教徒有疾，爭來以舌舐之，可占勿藥，現尚如此。柱面已陷入，可知來舐者之衆矣。二月十七日

三、阿剌伯博物院

開羅博物院、高博特博物院外，尚有阿剌伯博物院，所蒐集者僅破瓷殘錦，資研究外，實無足觀。土耳其墓頗有致，貴族富人於其墓上立一石櫃，四面刻花，内實以土；蓋作半圓柱形，亦加雕刻；前後豎碑，鐫斲精細。女則花以別之，碑上刻字，如吾國墓碑。院中所存者，乃五百年前物也。二十四日

埃及古墓中出土物，有歷史及藝術價值如上述者外，尚有手書紙卷甚多。軼事格言，方藥咒語，往往賴是以傳。流落各國，人爭寶之，在此則國立圖書館收藏頗富。

四、國立圖書館

　　國立圖書館在開羅博物院後，建築雄偉，藏書亦富。以古代手抄《可蘭經》爲最貴，大本小本，滿目琳瑯。波斯者有插畫，精細美麗，彩光煥發。人物似仇十洲筆意，令人流連不忍去。收藏古墓中出土之手書卷亦多，數千年前墨瀋如新，殊堪寶貴。紙係蘆製，遠在蔡倫前埃人已有紙。捲而藏之，與敦煌石室藏經相似。多用古文書，亦有用今文者①。所寫多淺陋之咀語，俾亡魂念之可禦惡魔，間亦有格言、方藥，惟關於史實者獨少，爲可惜也。

　　圖書館藏埃及近代君主畫像多幅，爲埃國植基之亞利遺像在焉。額骨甚高，隆準，雙目如炬，英偉之氣溢於眉宇，見而生敬。依司馬儀之相則庸矣。今王福亞德乃福相也。茲附述亞利掌故於左。

　　一百年前，埃及尚極擾亂，考古人士常被劫掠，稍入腹地，則殺人越貨，時有所聞。土著以外，人皆爲盜竊其先代寶藏而來，故以夫子之道還諸夫子。自一五一七年隸土耳其後，雖由其簡派巴夏駐節開羅，以資鎮撫，而權操數百小諸侯手，均握兵柄，割據一隅，各自爲政，互相攻伐，橫征暴斂，民不聊生，咸目埃及爲畏途。一七九八年拿破崙征埃，世始注目。拿氏非僅佔領其土地，尚研討其學術，博覽通儒隨軍至埃，此邦古蹟始漸表著。迨爲納爾遜所敗西歸，若非真人誕生，埃及必復入於亂。蓋攻法之土軍將校中，有少年軍官穆罕默德亞利者，阿爾巴尼籍，出身寒微，異軍特起，忽於一八○五年自立爲巴夏，越二年，率諸侯驅逐英人。一八一一年以慶節爲名，約四百八十諸侯會於開羅城高岡上，突令所統之阿爾巴尼軍，悉誅殄之，躍而免者僅一人，屠戮雖慘，咸謂若輩罪惡貫盈，自食其報，而埃及政令從此遂統於一尊。亞利御宇垂四十年，内修政事，重農田，興水利，工商實業日臻旺盛。埃及棉花甲天下，其所植也。外勤遠略，迭勝阿剌伯、蘇丹、叙利亞及小亞細亞諸國，聲威遠震。若非歐洲列強出而干與，其滅土耳其必矣。今日埃及政府，由其奠鞏固之基。近百年來，埃及考古學之進步，亦食其贊助之惠也。

---

　　①　原注：本書所謂之古文今文，請看第五篇二"向勃勒雍"章。

觀金字塔及代北神廟,知埃及建築之雄奇;觀開羅博物院,知埃及工藝之精巧,而埃及之美未盡也。清真寺雖年代較後,而堂構偉麗,丹腹騰輝,回教藝術之菁華也。觀此後,庶幾盡覽此邦古今之美而無憾矣。述清真寺。

五、清真寺

開羅之美,全在清真寺。遠望觚稜刺天,奇彩炫目,近視則雕檐畫桷,備極精奇,而金碧輝煌,五色相宣,配調和諧,匠心獨運,自成其回教藝術,與東亞、西歐迥然不同,而可與之成爲鼎足。每一瞻仰,皆足籲靈啓智,不僅怡神悅目已也。埃京有大小新舊寺六百,以哈辛、亞利諸寺爲最美,均在高岡,憑高望遠,目極天涯,萬家燈火盡在足下,華麗莊嚴,雄偉雍穆,天方建築於斯爲極。觀其宣諭禮拜,一何敬誠,此種精神遠在佛、耶諸教之上,今然後知其信仰力之大也。亞利寺後有井,在山下,深數十丈,傳有神怪故事,亞利遺體即葬寺內。哈辛亦然,此山即亞利誅四百八十諸侯處也。緬想英威,而今宛在。往觀依伯剌依姆寺,作四方形,周圍有窗六百,花紋各異,亦偉觀也。時若我假,當以楊衒之記洛陽伽藍之法,記開羅清真寺。成敗盛衰之感,實不亞於撫軍。二月二十日

清真寺之特異在於清潔。寺內無偶像,惟一壁龕正對墨加,別無他物。地或鋪蓆,或否,皆無纖塵。入寺必去履,或加套鞋,厥禁至嚴。

埃及富人每喜造寺,既可祈福,又可留名,洵一舉而兩得。按回教律,教徒遺產當一部入公,若生前建寺,既博美名,而死後可葬寺內,故達官富賈皆樂爲此。前晤文豪沙基巴夏,欣然以寺之圖案相示,可知此風未泯也。哈辛、亞利諸寺,以國家之力,揭櫫崇德報功之意,故踵事增華,極盡造形繪色之巧,一人財力較此究有遜色也。

觀清真寺,有感於回教民族事,因附記於此。

前清以滿族入主中華,恐人異己,故尊孔以縻漢人,尊佛以繫蒙族。獨對回族不無歧視之心,因之回民數叛,清廷大肆屠殺,結怨遂愈深。王定安《湘軍記・平回篇》記之綦詳。民國建立,五族共和。漢族向以平等待人,故二十餘年相安無事,惟政府眼光似專注於耶教國,對回教國頗覺忽略。固知

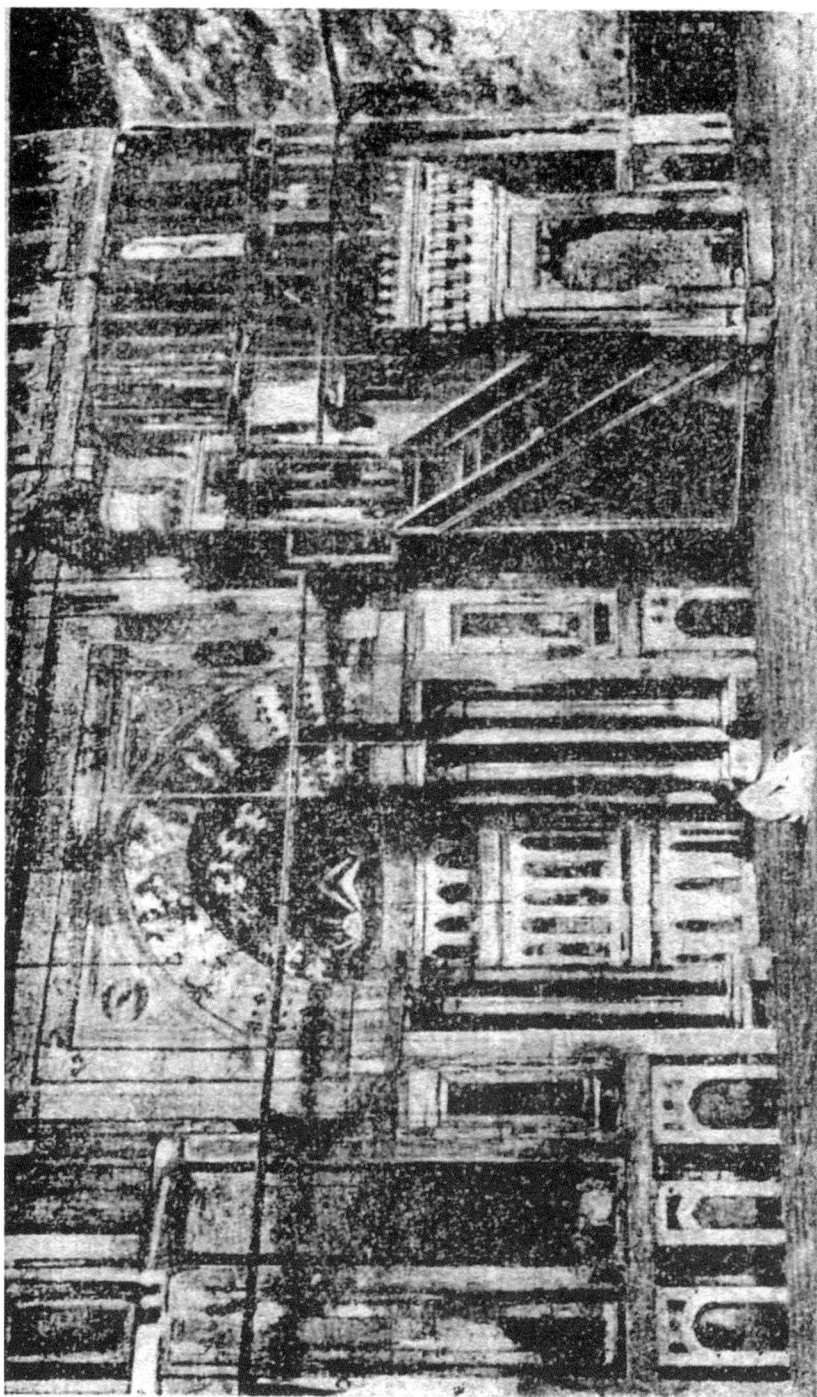

哈幸寺之内景

與耶教國以政治經濟關係，不得不與周旋；對回教國未暇顧及，具有苦衷，惟因素少關懷，對回族生活自多隔膜。而國内回教徒，散在各地者，多小商人，其信仰極堅强，故團結力亦極大；其在邊地者，加以歷史地理關係，力量尤爲雄厚。國外回族，如土耳其、埃及、伊朗波斯、阿富汗、伊拉克、内志阿剌伯諸回教國，近十年來復興運動，成績斐然，或獨立，或建國，蒸蒸日上，正未有艾。此皆所謂弱小民族同情於中國者，正宜與之聯絡，以收互助之功。一九三〇年巴力斯坦回民大會，西藏回族曾派人參加，名爲籌備大學，實政治結合也。埃及政府招致中國學生十餘人，肄業於亞資哈爾大學，備極優待，學費宿費悉行豁免，且每人月給津貼二鎊；前年曾派兩回教師至北平成達中學爲教員，費用由埃政府負擔，其意可知矣。自南洋到此，所見回教徒多係苦力工人，其信仰較知識階級倍更堅固，而信奉回教人數達二萬萬之多，其力量之大不在耶穌教下也。

社會第四

一、蘇彝士

正月二十一日，船竟日沿岸行，左岸非洲沙漠入望，喜將到埃及矣。下午三時，船泊蘇彝士，因上下貨，延至九時纔進河口，所卸皆日貨也。自歐洲工業革命，促進商業之發展，東方航路倍急需要。彼時各國雖有航行遠洋之汽船，惟須繞非洲經好望角以達印度洋，殊嫌紆遠，於是思鑿通歐、亞兩洲間之土峽，以縮短航程。創此驚人計畫者，法人萊賽普子也。一八五四年設公司於巴黎，定股本爲八百萬鎊。埃君塞依德贊成之，且慨認股本四百萬鎊。一八五九年遂興工，歷十年之久，卒底於成。長六十公里，遂爲溝通歐、亞之咽喉。塞依德之嗣君依司馬儀揮霍無度，致埃及財政破產，一八七五年將股權悉售英人，河權遂操英、法之手。一八六九年十一月十七日，河工落成，法后歐姞麗鑾輿親蒞。十六日下午三時，后乘飛鷹船到坡塞，耶、回兩教隆儀迭舉，奧皇、普王及英王之欽使，偕后同臨。各國參加典禮之輪船，共四十三艘，宴遊歌舞，盛極一時。不轉瞬間，法之股權又爲英人所得，自一九〇四年後，英遂爲河主矣。往來船舶當按噸納稅，公司收入既豐，股價遂日增長。此河既縮轂歐、亞交通，英欲維持其東方商業與屬地，非堅握此河主權，則軍艦、物產不能暢行無阻也。

二、坡塞

二十二日上午十時到坡塞。埃君塞依德闢此埠，因以爲名，坡之爲言埠也。一旬足不踐土，今得登觀散趾，喜甚。城雖不大，而商肆繁華，惟積弊甚深，殊可憎厭。商店門前必有人立，强呼行人入店購貨，價則極昂，動輒受詐。街上小販，隨行數里，糾纏不休，揮之不去。午飯於大陸飯店。土耳其咖啡芬芳撲鼻，香留齒頰。飯後，往觀萊賽普銅像。矗立河干，神采奕奕，行旅往來莫不瞻仰。功在人類，宜其日受千人敬禮也。晚八時開船，赴亞力山大。熟於坡塞者言，此埠欺詐詭騙，無所不有。通商口岸，五方雜處，往往如是，惟此爲甚。

三、亞力山大

二十三日。天下事耳聞不如目見，理想不符事實。八時半船已進港，憑舷遙望，煤煙雲罩，商舶蜂屯，以爲商埠容顏莫不如是。下船已十一時，寓塞西爾飯店。美輪美奐，備極奢華，倚欄遠眺，眼界絶佳。城臨地中海岸，作三巨玦形，中與左右相連。左爲郵船停伯港，今晨所見是也。中爲住宅區，惟帆船可以出入。沿岸築堤，沿堤建屋，層華樓厦，鬬巧爭妍，剪海水以成湖，納天光之倒景。故居此者，但見天垂海立，飄飄然如處瓊樓，吐納烟雲，呼吸月露，蠲除萬慮，渾忘身在人間。其右則專爲海浴之用，堤岸樓房亦極精美。氣候極佳，歐人夏季來此避暑，游泳海濱，埃王每年住此七月，故此城非僅歐、亞、非三洲商業薈萃之區，實瀛寰一大都會也。市肆瑰瑋，光怪陸離，法之馬賽不足專美於地中海上矣。

船行三十四日，所食皆一味，今在旅館，獲嘗法國佳厄，亦一快也。飯後，往覽錫拉卑奧姆廟遺址。在高岡上，天色蔚藍，纖雲不滓，茫茫曠野籠以蒼穹，一柱擎天，直刺霄漢，覺天愈廣，野愈曠，人愈小，柱愈高，俛仰徘徊，不禁嘆絶。二九七年所建，整花崗石琢成，高八十八公尺，圍九尺，重二四六噸，偉矣哉。往覽耶穌教徒避亂窖。二世紀時，羅馬大帝亞忒益排斥耶教，教徒無處容身，乃掘地成室，左右毗連如小村落，率族居此，生老病死不見天日，嗚乎慘矣。

此城爲三三二年馬基頓霸王亞力山大所建，因以得名。有大圖書館，藏書二十萬册。四一七年，爲羅馬大將凱撒所燬，有關文獻之抄本，悉遭是劫，殊爲可惜。一五一七年爲土耳其所佔。一七九五年，英海軍名將納爾遜敗拿破崙於此，法水師燼焉。迨十九世紀亞利中興，復歸埃及。一八八三年因排外暴動，爲英海軍所燬。此亞城之大事也。現有居民六十萬。

亞力山大一幟

錫拉卑奧姆廟之石柱

埃及爲古物淵藪，意此地博物院必有可觀，因僱車往遊。收羅果甚豐富，以泥俑、木乃伊及羅馬時代之石刻、壁畫爲最多，刻畫精緻，目不暇接。最可記者，得睹《伊利亞得》稿本殘頁，真人間之瓌寶，乃希臘詩人荷買真迹，世共尊爲詩聖者也。昨所觀石柱、窖室，尚有足流連，因再往細觀之，愈覺其偉大與悲慘。開物成務，則如許雄壯之建築，係生人之所成；滅絕人道，則如許殘酷之屠殺，亦人性之所使。性乎性乎，善惡何分？生乎生乎，視息何義？明主、暴君同歸玄牝，四顧茫茫，孰從而問之？返時，往觀埃王行宮，不得入。折往觀海岸一古堡，因日將亭午，匆匆而回。與同人乘十二時火車赴開羅，下午三時半到。寓塞密哈米氏飯店，華麗若行宮，惟價則奇貴，一人一日之食宿，抵國内八口之家一月生計。噫！亦侈矣。二十四日

四、開羅

二十五日。開羅爲埃及京城，市肆繁華，萬買雲集，瀛寰瑰貨無美不備。街衢寬廣，交通便利，電汽馬車應有盡有，與意中非洲城市迥不相符。夙耳大名之尼羅河，忽然在目。兩岸棗樹參天，阡陌交錯，船帆如燕剪，處處似畫圖。跨河兩橋，雄壯瑰瑋，兩端守以二銅獅，碩大精美，塞納河橋對之減色。通衢散步，恍在歐洲，惟塵土大，紅呢帽多，寺宇舺棱，觸目皆是，其特色耳。氣候温和，四季之中，此時最好。現穿夾衣，早晚稍涼。歐洲富户來此避寒，故賓館奢華逾於歐、美。方言爲阿剌伯語，法、英、意語均可通行，法語尤普遍，店名菜單無非法文。阿剌伯人殊善經商，惟小販嘵嘵，極爲可厭。索值太昂，買賣不易。有角製手杖，欲售兩鎊，合國幣三十金，予值念埃元，僅值三元國幣，竟爾成交，他可知矣。此時每埃元合國幣一毛五分，現合四毛矣。

埃及之地，最初巴比倫人居之，後則埃及人、斐迪息人、希伯來人、波斯人、羅馬人、阿剌伯人、蒙兀人相繼佔領，至十五世紀始屬土耳其。迨前世紀，英、法勢力遂漸侵入，迄一八八三年後，不啻爲英之藩屬，土耳其則名存而實亡久矣。一九一四年十二月十八日，英遂宣布埃及爲其保護國。時當歐戰，英、土爲交戰國也。今王福亞德一世，爲伊司馬儀之次子，一九一七年繼其兄位爲蘇丹，一九二二年三月十五日埃及獨立，遂即王位。一九三〇年公

開羅 勝概 一

二　開羅勝概

開羅之皇宮飯店

皇宫飯店之內景

開羅附近之村景

布憲法,定國體爲君主立憲,君主世襲,回教爲國教,阿剌伯文爲國文。人口一千五百萬,內回教徒佔91.19%,耶教徒8.34%,猶太教徒0.45%,奉他教者佔0.2%。面積共380,000(平)方英里,與我國東三省相似。出產以棉花、糖蔗爲大宗。棉花纖維長而質堅韌,爲世界冠。鑛產有石油、錳等,而雪茄烟尤負盛名。開羅人口百十萬。

埃及雖號獨立,軍政尚操英人之手。各地皆英軍駐防,各部有英顧問,議院決議案,當先得英駐埃長官同意,然後呈諸國王,警察領袖,亦係英人,國際聯盟會不得參加,故其獨立亦僅矣。惟革命黨力量極厚,國民百分之九九,盡是黨員。

五、政黨

埃及政權現操舊土耳其爵士手,一切聽命於英人。若輩惟顧禄位,建樹毫無,人民恨之,號爲傀儡。其革命黨名瓦伏德,建國英雄札克魯爾巴夏所創。札氏手建埃及,雖曾組閣,以與英人齟齬,不安於位。一九一八年被放於馬耳達荒島上,不久釋回。一九二〇年又被謫居直布羅陀海峽,志不少屈。惜一九二七年賚志以没。其夫人尚存,紹其遺志,賡續奮鬥。現在黨務由札克魯爾秘書那哈斯巴夏主持,亦曾任國務總理,因不與英人合作而去位。此其黨宗旨也。黨員中有少數主張與英人妥協者,遂不相中,乃另組所謂國民黨。而土耳其時代之達官勳閥,亦尚有潛勢力,自相結合,不樹黨幟,英人最利用之。國會議員,絕對多數爲革命黨員,故對政府措施多加抨擊,而政府仍能存在,爲各立憲國所未有。代議制國家,內閣一經國會不信任,無不改組者。埃及獨否,國會自國會,政府自政府,英人主之,末如之何也。

承友介紹,識瓦伏德黨秘書穆克隆律師。招待殷勤,尤擅辭令,蒙述與英人交涉蘇丹及被放事甚詳,復荷用電話約札克魯爾夫人及那哈斯巴夏定期與我晤談,意殊可感。

三月二日上午十一時,訪札克魯爾夫人於私邸。禁衛森嚴,常人不易出入,吾因閽人已先得報,故即延入會客室。陳設簡質。坐未定而夫人已出。樸素西服,六十左右年紀,體格不高,銀髮深目,鼻微小,唇薄齒細,語音清緩,法語流利,神采煥發,撝謙肅穆,敬畏自生。聆其雅論,如啜醇醪。經吾細叩,僅云："吾輩但知繼續巴夏遺志，努力奮鬭，不知其他。"談逾半時，不盡政治問題也。恐屬墙有耳乎？抑深心人別人懷抱乎？所尤使人回味者，其態度和藹已甚，每發一語，若恐不勝，一無所謂政治家懸河之口也。

十九日上午十一時，赴那哈斯巴夏之約。瓦伏德黨巨子也，埃人尊之若神。款待真摯，承贈照片及書籍。彼亦覺中國地大物博，因不團結，致受侵凌，殊爲可惜，頻云"東方被壓迫民族，應聯絡起來，一致抵抗"。承告以黨之政策，在解決三大問題，而蘇丹不與焉。三大問題者，收回蘇彝士河主權，收回治外法權，收回海陸軍權也。蘇丹居尼羅河上游，若在英人掌握，則上述三權縱悉收回，而英人仍可以河水制埃死命，故蘇丹萬不能讓英人獨佔也。吾曰："政策則敬聞教矣，敢問其方？"曰："成事在人。先總理札克魯爾巴夏，尺土不階，而能爭回埃及獨立，何憂吾黨之不能爭回主權？惟不與英人合作是本黨主旨，一與合作則不澈底矣。"吾爲首肯者再。那氏年約五十歲，貌甚魁梧，右目微斜，隆準方口，操法語甚熟，娓娓而談，姿態暇逸，而沖虛溫良，晬面盎背，一見知其非常人也。談四十分鐘始別，賓客滿堂，若不勝羨慕者，其平日會客僅寥寥數語也。

按，以上乃五年前所記。現福亞德王已崩，其子紹統，是爲法路克。那氏已東山再起，任國務總理矣。英埃軍事盟約，亦於一九三六年八月二十六簽訂矣。該約規定，英國在埃之領事裁判權可於十二年後取銷，在過渡時期，則儘量擴充原有之混合法庭職權；而英軍駐札地，則限於蘇彝士運河沿線，二十年後，埃可提請英軍之撤退。關於各國在埃之治外法權，埃及與列强亦有相同協定矣。二年之間，突飛猛進有如此者。二十八年五月記。

英人待反對黨黨魁，頗見寬大。甘地鼓動印人反英，英人不加害，監視之而已。對札克魯爾夫人及那哈斯巴夏，惟私邸派警守衛，偵察其行動而已。但政府人員朝一至此，夕則罷黜，厥禁至嚴。禮拜日，那氏必赴潰真寺祈禱。欲往何寺，向不先言，若爲人知，則黨員聚候，寺不能容。足迹所至，偵騎隨之。一日，某地開會，請往演講，已允之矣。英人知而不禁，迫至中途，迫其他往，翌日送回。初則舉國惶惶，疑爲失蹤，嗣因此種趣劇數見不鮮，開紀念會時不待那氏訓詞矣。那氏見吾，開口則曰："世上文明最古國，惟中國與埃及。世上法權最被人蹂躪國，亦惟大國與敝邦。"吾聞之赧然。

六、教育

埃及教育，大抵各教自有學，各國自有校，法國所辦女學尤爲著名。阿剌伯文學校，中小學甚發達；大學則僅一阿資哈爾大學，建於九七二年，方形，甚雄曠，回教之最高學府也。回教國均派青年來此學習經典，有吾國留學生二十人。此地教育普及之故，係因政府設有兩部，爲他國所無，一宗教部，一慈善部。在教育部立案者，經費由財政部發；在宗教部立案者，由慈善部發，此部擁有鉅資，故辦學經費充足也。慈善部之富，係由阿剌伯人遺産必按回教律分配，妻子祇能得其一部，必以一部歸公，由此部保之。而阿人善經商，動致鉅富，歷年所積，額數遂鉅。此外醫、工、法、商諸科，皆有專門學校，大抵外人所設。

阿剌伯字母根極複雜，迄無一字典，能使人欲尋檢一字，開卷即得者。埃政府現設文學院，聘請通人，從事研究，蓋仿法國之通儒院也。

埃及政治，雖在英國勢力之下，而教育則操法人之手。蓋因拿破崙之征埃也，延考古家與之偕來，故此地古迹多係法人發現，而考古學尤爲法人特長，所以開羅博物院長向聘法人任之，埃及學之名亦法考古家所立也。復因依司馬儀酷愛法國文化，敬禮法國文人藝士，今王亦以重幣聘法大史家阿諾多用法文撰埃及史，上行下效，有由然矣。

開羅氣候既佳，地土尤宜嬰孩，甚小即能行走。意大利政府在此設小學，將國內兒童送此讀書。

埃京報紙，除阿剌伯文外，英、法、意文者均有，而法文報尤多。

七、埃及人

今之埃及人，幾盡阿剌伯種，體骼魁梧，高鼻深目，美齒，深黃色膚，既美觀，亦聰明。因生長交通四達之都，言語是其特長，通三五國語文乃其常事，且濡染歐人生活，故舉止有禮，辭令能兼各國所長。男子衣服彷彿天主教士之黑袍，惟略短而袖較闊。不分貧富，皆戴紅呢土耳其帽。齊民多赤足，中人以上則穿皮鞋。

埃及婦女不以色相示人，出門必用黑紗網面，僅露兩眼，鼻樑上下之紗

埃及婦女

以銀管聯絡之。近來女子外出，多不用面網。埃及教育雖甚發達，而男女極不平等。各國均有婦女運動，此地獨無，女子甘爲男子之附庸，絕不作任何反抗。土耳其、埃及、阿剌伯本多妻制，近始改爲一夫一妻。普通婦女常赤足，縉紳之家則穿拖鞋或皮鞋。

尼羅河流域，地極肥沃，宜耕植，故埃及多農民而少赤貧。耽娛樂，遊藝場往往至夜二時纔散。以地處熱帶，故性近懶；以塵土多，亦欠清潔。對人和藹，是其特長。

八、埃及家庭

二月十九日午後，由王世明君介紹，往埃及友胡珊亞美爾家，欲觀其生活狀況，則已歐化，房屋陳設一如歐洲。主人爲交通部科長，其姪擅法語，甚流利，出門不戴面網，出而會客，態度殷勤，與歐女無異。詢其日常生活，則以手繡之床椅罩、窗門簾等相示，手工均甚精緻。問爲何費如許工夫於此，答以埃及女子皆然，在家自製家庭用品，出嫁時無須購買。問亦作娛樂否，答以每星期看電影或看戲一次，餘時均在家作手藝。出本地飲料餉客，向所未嘗者，乃植物和牛乳製，甚可口。旋至其世父家，亦純歐式。二男三女，女子見客亦甚大方，西洋裝束，舉止嫻雅，亦以作手藝爲日常生活。其父爲工商部農科科長。三姊妹均有自繡物品，爭奇鬥巧，各出心才。操法語皆甚熟。因此地女校多爲法人所設，法文最宜於辭令，埃人尤喜令女子習之，故開羅女子十九受法國教育。埃人招待外賓，極爲和藹，有東方風氣。留我久坐，至上燈時才返。胡珊吐斐德，乃主人名也。

二十一日午，同張歆海先生夫婦赴埃及友哈辛之宴。哈氏在教育部爲督學，撝謙可親。東方人心理，待客惟恐不勤，菜豐而美，絕非歐、美之量口計糧也。菜多羊肉，惜少本地風味。堂室陳設，亦純歐風，而婦女不見客，則舊習也。

二十八日，偕王君訪胡珊亞美爾，遇於門，因同至其兄家。長女出而應客，手工圖畫前皆見之，今乃知其甚留心政治，娓娓而談，甚有見地，令人肅然起敬。

九、娛樂

造物既畀埃人以肥沃土地，便宜生活，故賦以懶惰性情，耽樂風氣。開羅城中，自歐洲最高上之奧派拉戲院，至本地最淫穢之腹舞場，無所不有，茲分別略述之。

（一）奧派拉

今王之父依司馬儀，酷慕法國文明，於開羅建戲院，規制一仿巴黎，邀請法國名角來此奏技，故雖不大，而甚精美，所費不貲，亦當時致埃及破產之一因也。二月六日夜，埃政府招待觀《納克梅》劇。曲辭音樂均出名手，十年不見，今如他鄉遇故知，喜何如之！演員樂師，技均精妙，如此藝術，安得不衣禮服而蒞臨。念西洋戲劇，薈萃文學、音樂、劇藝之美，所以啟發智慧，陶冶性靈，輔助藝術之修養，提倡高尚之娛樂，用意至深，厥功殊偉。吾國戲劇，辭語鄙俚，情節粗俗，西皮二簧，祇此濫調，惟有作工而乏意義，豈可同日語哉。以中國之大，欲求一似此戲院，亦不可得，真遜色矣。

埃及婦女出不露面，王后之尊亦復如是。戲園后座以屏圍蔽，內可視外，外不能視內。

（二）阿剌伯戲院

二月十四日，埃政府招待聽阿剌伯樂，在阿剌伯戲院奏演。開場國樂，太短，欠雄壯。次合奏，三數本地樂器外，提琴乃西樂也，未見特異。復次獨唱，和以音樂，似吾國與印度樂合奏。最後舞樂，而以獨唱殿焉，均甚平常。此邦音樂遠遜吾國及西洋，惟戲院純用阿剌伯美術裝飾，甚美麗。阿剌伯建築及彩畫，皆重金碧，璀璨鮮妍，雍容華貴，雖與印度相近，然能自成一派，極可愛。

（三）遊藝場

遊藝場甚多，土戲、雜戲均有，而以歌舞為主。舞女埃人，以綢隱其私，衣薄紗衣，與裸體同。一身能作三部舞，一胸部，兩乳戰動，而身屹立；一腹部，上下左右，跳盪迴旋，上下身皆不動；最後則背立，用臀部轉旋，狀至淫褻。此種穢蕩之舞，竟公然表演，真怪事也。歌辭淫穢，當必稱是；音調亦覺太簡太銳，倘少見多怪之故歟？

（四）舞場

以上所述遊藝場觀衆,皆埃及之農工,及初到此之外人,常住開羅之歐人,則雖最大之巴地亞遊藝場,不屑涉足也。其娛樂之方,則有純歐式舞場。吾曾至最華麗之鸚鵡舞場,粉白黛綠,悉是西人;酒氣菸烟,薰人欲醉,置身其境,如在巴黎。

（五）電影

此地電影,價廉物美,觀者亦多。設備雖佳,然遠遜京、滬之大影戲院也。法國片爲多,固因語言相通,亦因埃人漸漬於法國文化者甚深,故能引起其興趣也。

（六）咖啡館

開羅咖啡館,頗有法國風味。列桌於長廊之下、人行道上,罩以布幔,臨街而坐。土耳其咖啡,氣芳味美,駕巴黎而上之。埃人小康者多,常見三五圍談,或棋或賭,在咖啡館內銷磨光陰。水烟袋裝水部分,大如痰盂,位於兩椅之間,橡皮管聯之,其長數尺,隔座可以取吸。到咖啡館飲土耳其咖啡,吸長皮管水烟,蹉跎半日,此埃及個人之娛樂也。

（七）公園

開羅對河近基塞處有公園,面積寬廣,花木暢茂,珍禽異獸種類繁多,斑馬、長頸鹿、海馬、犀牛、虎、豹、獅、象無所不有,而佈置精雅,山石花草饒有東方園林風韻,尤足留連。

（八）娼妓

埃及係公娼制,聚居於一區,街衢湫隘,屋宇卑陋,而人聲嘈雜,土樂喧闐。妓女皆阿剌伯人,濃妝厚抹,不堪入目。房尤窳陋,坐立不安。招待客人,則以腹舞。如此生活,地獄何殊? 望望而去,惟恐不速,而土人來遊,肩摩轂擊。嗜好不同,真如人面矣。

歐洲婦女在此倚市門者甚多,皆賃居華廈,儼如貴家,不有紹介,無從問津。

此地各種賭博,聞皆有之,因未親覽,不敢以耳代目。

雜俎第五

一、埃及紀年

埃及紀年,一大難事,既無編年春秋,又無紀事本末,古籍以臨御之一姓爲一朝,若吾國之二十四史,固是一法,惟自大金字塔建築之歲,至爲羅馬夷爲一省之時,歷年三千之久,各姓專史,殊屬寥寥,致考據家無法紀述。希臘教士馬奈敦奉旨纂埃及史,創以次序數字紀時代,後世相沿,遂謂金字塔爲第四朝建,嘉納克神廟爲第十九朝物,然此種記法,殊不敢確。蓋一姓臨朝,動輒二三百載,前後相距殊懸遠也。幸第二朝色索氏特里三世及第十八朝亞美諾斐氏登極之年非常確鑿,以此爲據,用天文方法,可推測埃及古史大概年齡。惟第六朝前,毫無天文記載,故此朝至第十一朝共隔若干年,無從稽考。茲就所知,列表如下,無可考者,姑付闕如。

埃及史紀年簡表

朝代	公元前若干年	附記
第四朝	二七二〇—二五六〇	
第五朝	二五六〇—二四二〇	
第六朝	二四二〇—二二七〇	以上三朝,或在上述年代之前,咸謂爲金字塔時期。
第十一朝	二一〇〇—二〇〇〇	
第十二朝	二〇〇〇—一七九〇	
第十三朝	一七九〇—一七〇〇	以上三朝,爲埃及古典時期。
意克索斯期	一七〇〇—一五五五	
第十八朝	一五五五—一三五〇	
第十九朝	一三五〇—一二〇〇	

朝代	公元前若干年	附記
第二十朝	一二〇〇——〇九〇	以上三朝,爲全盛時期。
第二十一朝	一〇九〇—九四五	
第二十二朝	九四五—七四五	
第二十六朝	六六三—五二五	以上三朝,爲陵遲時期。
波斯佔領期	五二五—三三二	
希臘佔領期	三三二—三一	
羅馬佔領期	自三一年起	
阿剌伯佔領期	自公元後六四〇年起	

二、向勃勒雍

埃及古文,作飛潛動植之狀,數千年來無人能讀,歐文字典遂釋不可解者爲埃及文。十六世紀羅馬學人倡言研討,亦謂每一象形專指一事,殆古代教士隱其深理於此,不欲世之盡知也。此種訛傳,實肇自希臘、羅馬時代奧拉保倫所著書。每一埃及字,系以希臘釋文,穿鑿傅會,不堪一噱。流傳歐洲,奉爲圭臬,遂共認鑽研埃及文字如耕石田,徒勞而無穫也。故羅馬大帝康司棟丁曾運一方錐於羅馬,史家亞美盎雖將石錐文譯出,奈先入爲主,無或置信。迄十八世紀,丹麥學者尼厄布爾探險於阿剌伯,覺石刻中某一象形層見疊出,殆係字母;而著名考古家左愛伽悟有橢圓線圍繞之象形,爲君王之名號。此種創見雖均無訛,但惜此外別無所知。迨拿破崙征埃,各大建築始能任碩學通儒之探討,而王陵神廟壁上如許石刻文字,方爲世知。尤奇巧者,法兵於盧色特開壕,發現一碑,刻有三種文字,上爲埃及古文,十四行;次則埃及今文,爲行三十二;下五十四行則希臘文也。希文謂,紀元前一六九年,埃及幼主多勒美愛比發仁民尊教,渥沛鴻恩,全國教士會於孟斐斯,謀所以仰答聖慈,經衆商決,於每廟中爲王造像,廟傍立碑,用三種文紀此決議。祖古文者,神廟所用也。繼以今文者,時之通俗文也。而希臘爲朝廷所重,因以殿焉。此碑即其一,對於校讀古文,泂同寶筏。後爲英人運存倫敦博物院,爲院中至寶。

盧色特碑固可爲讀古文之助,而積習相沿,牢不可破。以古文每一象形,爲一事或一語之記號，不能詮釋，莫或問津。迄一八〇二年，瑞典人亞格柏拉僅於今文中識多勒美王名。而古文則有英國醫生盎格於一八一四年識王名應繞以橢圓線外，偶能猜其一二，然無關宏旨。迨法人向勃勒雍出，而千古之蒙盡發，真快事也。埃及古史，獲大明於今日者，允宜歸功於向氏。

約翰·方濟各·向勃勒雍者，法國人，一七九〇年生於基因尼州之斐亞克。自拿破崙埃及旋麾，此邦之名騰於衆口。向氏之兄，曾爲拿氏掌書記，隨軍征埃。皇綱解紐後，幕遊克諾勃勒州廨，挈小弱弟與俱。向氏十二齡之秋日，縱觀州廨所藏埃及骨董，大好之，自是立志讀埃及古文，廣羅有關文獻，潛研默討；習高博特語，以資參證。高博特者，不皈依回教之埃及耶穌教徒，習慣語言尚保守中古之舊者也。顧雖冥心獨運，而象形爲表記事物符號之成見，尚難盡除，惟天挺向氏奇才，經多年之焦思熟慮，一旦豁然貫通，終獲此中秘鑰。惜法國此時帝制與立憲相水火，向氏欲致力於民衆教育，復思在政事有所建樹，均無所就，反被目爲叛國。時年正三十，遂往依兄於巴黎。一八二一年，當坎壈顛連、貧病交迫之際，驚人發現終底於成。蓋自三年前，向氏即疑每一象形不能專指一事，以希臘文較之，象形多逾希字三倍，則古文必合數象形爲一字無疑。又於古代手書紙卷中，認得今文克勒奧白脫后名，殫精憊神，苦思冥索，竟悟今文從何古文脫變而來。時倫敦有小方錐，據希臘文石刻，知上有后名，一八二二年正月得此錐刻字圖，與己所推想者校斟之，則脗合無誤。一君一后之名已定，遂析其字以讀其他王名，則如瞽復明矣。而埃及古文係由象形字母拼成，遂爲定讞。惟向氏此時尚疑此種書法，或僅限於希臘王、羅馬帝，其餘事物記載或有不同。時有建築師于意奧從埃及携歸古代建築圖畫多種，其年九月二十二日，向氏於畫圖上識拉姆塞司二世及都德莫西氏二名，從此渙然冰釋，絕無所疑，能讀埃及古文矣。往告其兄，並於月之二十七日，將新發明呈於考古學院。埃及古文可通，遂爲學人所共認。而向氏因用心過度，昏迷者數日。大發明家病雖不死，而至困頓，政府既以叛徒視之，幾難容身。幸柏拉加公深器其才，爲緩頰於路易十八，且於一八二四年助其往都令，研究其君所藏之埃及古物及手書紙卷。既以印證其已知，復增益其所未識，所獲至鉅。蓋以前僅從摹本蒐索，至是始見原石與書卷之夥頤，其致力之難有如此者。嗣遊埃及，心得日精。讀其一八二九年由埃致兄書，自述每遇一石刻，均能誦讀，驚喜不勝之狀，猶可於行間見之。惜其早世，造詣爲年所限，對此絕業未竟全功。一八三二年向勃勒雍死矣，年僅四十有二。

向氏死後，法國人無繼其志者，三十餘年中寂然無聞，學者對此尚未能深信也。迨一八六九年，加諾普法令石碑出土，世對向氏學說始心悅誠服。蓋此碑亦如盧色特碑用三種文字，惟文較長，足以祛往日學人之惑，證當時新說之真。故自是之後，繼起有人，古文則法國之羅奢專譯石刻；今文則德國之布魯克煦，著有專書；而專譯手書紙卷之急就篇者，法有夏巴氏，英有古德文，埃及古文之學駸駸乎日盛矣。而德人來布西余氏於此亦有功焉。氏於一八四二年奉斐立德力克威廉四世命，率考察團赴埃，用科學方法研究古埃及，得亞利之助，對埃及古蹟發掘考證，厥功至偉。雖其致力在於科學，而於古文校理有法，俾易明瞭，其勞不可没。今日吾人讀埃及古文，如讀任何國古代文字無有困難者，則飲水思源，不得不拜向氏之賜也。

三、猶太主教

埃及宗教，固以回教爲國教，而信教自由，法律所許，復以地處歐、亞、非三洲交通要衝，五方雜處，故各教無所不有。積習相沿，彼此不相侵犯，亦不相往來，故能相安無事。否則若如巴力斯坦之猶、耶教徒，常相屠殺，則政治上無法管理矣。此地耶教，因歐洲僑民甚衆，故有耶穌教堂、學校、醫院等等。因地理關係，猶太人經商於此者尤多，故猶太教徒多於耶穌教徒，亦有教學、學校、醫院等等。耶教主教、牧師，相識多矣。近多交回教友，而猶太教友獨無。聞此猶太大主教拉武姆依芬蒂學問淵博，尤愜素心，挽人紹介，欲與一談，五時往訪，則地址錯誤，緣慳一面而回。三月二十一日

翌日，猶太大主教知吾昨往訪而未遇也，約下午四時在教堂晤談，適有婚禮由彼主持也。猶太教堂與他教無大異，無偶像，似回教。結婚儀式彷彿耶教。先奏樂歌唱，新夫婦與儐相魚貫入，坐神壇前，面向神位。主教手執盃，先呷盃水一口，然後傾於小盃，新夫婦各飲其一。主教講家庭律畢，另一教士捧經而前，主教高聲唱，每唱一句，音樂和之，此時新夫婦均以白布蒙首，唱畢

始去之。主教復以小盞水進，飲畢，換約指，然後退至大廳受賀。參與者皆穿大禮服，惟不脫帽。吾初進教堂，免冠向主教致敬，彼即曰："請冠，吾輩不露頂也。"

二十四日下午五時，赴猶太大主教茶會，其夫人及其教中名人十許在座。此君年逾花甲，而精神健旺，談吐風雅，名不虛傳。通十四種語言文字，曾任土耳其駐美公使。末次土希休戰條約，是其手定。埃及現設阿剌伯文學研究院，延請通人編纂字典，君其一也。據云，阿剌伯字母根極複雜，迄無一字典，能使人欲覓一字，開卷即得者。吾問現已得法否，答以正用科學方法整理，必有新創獲也。承備述復國運動之經過，及猶太人聚資向阿剌伯購回地中海濱太爾亞威夫土地，建一新城，所有城鄉道路、住宅、交通、種殖、牧畜、教育、衛生、運動、娛名之類，均採各國最新方法，當係世界最新最完美之城市。出示照片，令人神往。遊巴力斯坦時，惜未紆道往觀也。猶太復國運動，於極困難中有此驚人成績，尤足佩服。

三月十四日上午九時，赴猶太大主教之約，參觀猶人所辦之中小學校。校舍雄偉，由四十人釀資所建，費四萬鎊。學生制服、皮鞋，均由學校供給。男女學生千五百人，組織非常精密。授課、運動、食宿、娛樂，均用最新方法，無美不臻。最堪注意者，清潔非常，廚房、厠所絕無氣味，學生皆甚康健活潑。別教子弟來者不拒，惟少數阿剌伯貧兒外，亦罕至者。吾流連不忍去。嗚乎，有此民族，安得不復興哉！

二十日上午十時，再應拉武姆之邀，並與之告別。此君博學多聞，與談殊有益，惟言多誇大，使人生疑，倘猶太人之性情歟？抑教士之本色歟？屢承招待殷勤，則極可感也。

猶太人對於經商確有特長，語言和藹，性情忍耐，能使顧客不忍不購其貨，每致巨富，有生財之道矣。惟滿口謊言，無一可信，為人所厭，亦坐此也。雖然，其衷可諒，其忠可敬矣。彼以亡國之人，播遷各地，託庇他人法律下，欲謀生存，莫便於經商。商者，視本地之厚薄，可以大小，無須專門高深學識，輕而易舉也。數千年來，父子師弟，授受薪傳，皆出於此，故其族人，先天後天，皆得力於賈，至於今日，遂操世界金融牛耳，非偶然也。然彼族雖幾盡出於商乎，而其亡國之痛未嘗或忘。不論何地猶太教堂，作禮拜時，必以希伯來語作復仇之誓。各國猶太商人，歲必輸其贏利若干，作復國運動之用。司其事者，按時巡視，鈎稽帳目，管理至嚴。每一商店均懸一箱，專貯復國捐款，不計多寡，隨意投入，惟店主則每日必投，故其基金達千萬鎊以上。此種精神，安得使人不服？

據親歷者言，猶太女子有一特性爲任何民族所不及，即最重貞操，以非貞女不能對教神也。與人相愛，至可荐枕蓆，甚至以非法出精，惟不可與交媾，必待成婚，始能破身。此種毅力，亦殊可敬。

四、水閘

二月二十五日下午一時，由旅館乘汽車至尼羅河岸，往觀三角洲分流處水閘，埃及政府招待也。此河爲埃及生命。每年水季，河漲水溢，灌漑兩岸土田。漲期三月，一待水退，留下沃壤一層，爲絶好肥料，播種黍麥，祇須隨手散布種子入地，自然生長。往昔全恃天時，河水支流灌注區域，不能盡如人意，故築水閘以資調劑。閘開水溢，則往者河流不及之處，可立變磽瘠爲膏腴，無涸旱之患；若慮水多，祇須閘門一開，水量立洩，故水閘爲此邦極重要工程。船順流行半時許，過一鐵橋，中有墩，可將橋之一段用機器旋轉，船舶往來無阻。約二小時到水閘，登岸。有大花園，氣候鮮妍，花光旖旎。有水利工程模型館，木型甚多。水閘兩處，橫跨尼羅河三角洲之分流、羅塞德支流之閒，共六十三孔，孔闊三公尺，共長六百公尺，水平差爲一公尺，洵巨工也。上流水閘，在阿漱安，工程尤偉。蒼然暮色，乃返開羅。兩岸林木參差，田疇芊麗，牛挽車，人耕種，錯落村莊，一若吾國田園風味。輕風飄袂，水不揚波，其色渾黄，如行揚子江上。惟棗林摩天，金字塔高矗雲表，船帆如燕剪，爲本地風光。初泛尼羅，頓償夙願，蔚藍天色，永不能忘。

三月一日，應胡珊君約，偕其姪女及王世明君再往觀三角洲水閘。胡君曾在彼爲工程師四年，情形極爲熟悉。前由水道，此次乘火車行，亦別有興趣。車行三十五分鐘。園林佳麗，足以遊目騁懷；天宇沉寥，足以吐納烟霞月露。承胡君滔滔解釋工程之經驗，管理之方法，所得匪淺。其姪能歌，爲奏法國名曲及本地古歌，音韻悠揚，令人心醉。復擅辭令，娓娓而談，聽之忘倦。以

三角洲水閘

其受西洋教育也,舉止無東方女子忸怩狀。因念改造國民,非教育不爲功也。

量水器。二十八日下午,同王世明君往觀尼羅河量水器,千三百年前物也,三十六年前重修。河水任受何種狂風暴雨所震盪,器中之水絕不受其影響,而河水漲落,器中可隨時見之,分毫不爽。古埃及科學之發達,此亦明證也。

五、埃及藝術之缺點

埃及古代文化,既若上述之美,將無可議乎?曰多矣。吾國古聖,舜桐棺三寸,禹卑宮室,史乘所載,萬世同欽。秦始皇築長城,以禦胡也。隋煬帝開運河,雖爲遊觀,史所譏刺,而後世亦受其利也。未聞有若埃及古王,鞭箠萬民,連年累歲爲故君築陵者。殉葬之奢,駭人耳目,謚之曰暴,誰謂不宜。

埃及古時,信人死後經若干年,魂將復返原軀,故用珍藥保尸不敗。幽宮之中,必備生人一切須用之物,亦爲此故。惟因相信來生,故對現世建設忽而無聞,稽諸載籍既無紀述,徵之古蹟亦無遺留,吾人所見皆爲死人所建之陵寢及祈福之神廟。迷信之毒,遂使重精神、輕物質,人智不施,專恃神助,終致國亡種滅,任人蹂躪,可不哀哉?

蛇,毒蟲也。埃及古時,以爲王者之徵,取其猛也。男子之勢,隱物也。埃及昔時,以爲強力之象,常以刻石。哈采不蘇后廟及嘉納克神廟,何等尊嚴,而其牆壁所刻武士,則其勢偉然;所刻武功,不外王或后左手握跪在其前降虜之髮,右手鞭箠其身耳。異夫吾先哲所謂懷柔撫字矣。

埃及藝術大病有二:曰亂雜,曰雷同。神廟建築,非一朝所能完,嗣君任意改其圖案,一因也。前代已完之廟,後人任意擴張,東增一椽,西加一院,二因也。故如許偉大廟宇,無完整和諧之美,而有雜亂無序之憾。陵墓則金字塔或石室。廟宇則圓柱與尖錐。人畫則鷹首而人身。石刻則僵臥而抱手如木乃伊然,或一手垂一手曲。坐像則兩膝緊合,兩目平視,數千年間,絕少變化,若由鼻端與兩足間引一直線,可平分爲兩,完全相同,亦太無進步矣。

六、漫志

阿剌伯以馬名,二月十五日下午同世澤兄往觀賽馬,則馬甚瘦,食料不足也,騎術亦疎。

埃及古王、大臣殉葬之物,凡生前所用者無一不備外,石刻、骨刻或瓷造之硬殼蟲尤多,取其勇也。閱時數千年,僵同化石。出土頗多,行狀大小不同,以腹刻王名者爲最貴。歐洲婦女用以鑲成約指,云可闢邪,惟多僞造,殊難辨識;索值甚昂,每枚三五鎊不等。與胡公使數至土人區、雜貨鋪尋覓,均無佳品。吾愛畫,欲購印度、波斯畫,亦未有合意者。

世知法國以産香水名,其實遠遜埃及。此地製法係古方流傳,特點在留香較久,此吾親驗不爽。惟香近濃郁,法國産者較清,此其別也。

開羅因供億歐洲達官富賈來此避寒,故旅館、菜館完全歐化,物質享受備極奢華。侍役必禮服,多禮貌,大半歐人,女傭多瑞士人。

此地有一特別職業,他處所無,即爲人擦皮鞋者,到處皆是。有專店業此,與理髮館相似,旋椅兩排,坐在椅上,頃刻已畢。茶樓酒肆,絡繹不絕;街頭巷尾,電車站旁,大店門口,觸目皆是。在開羅市上行走,若足步稍緩,必有人來與招呼,不問而知係請君擦皮鞋也。

羊肉大餅,爲埃人食品之要件。吾在此所食,以歐菜爲主。水族鱗介來自地中海者,味美價廉,故供奉豐富,在歐洲未曾有此口福也。常謂開羅有三多,三可愛。三多者,紅帽多,木乃伊多,擦皮鞋者多。三可愛者,太陽和煦可愛,地中海魚蝦鮮美可愛,埃及人和藹可愛也。

埃及之巴夏,與土耳其不同,在土耳其爲軍事領袖或省長之稱,在埃則公爵之號。巴夏之上爲親王也,但其下祇有貝,僅兩等。巴夏之號,以前甚濫,現頗不易得,惟尚有六百左右。貝則不勝數矣,無相當譯名,故存其音。

此地藝術建築,不獨於歐式中存阿剌伯色彩,而顏色亦純係本地風味。墻多淺黃,與沙漠之色相調和,因沙漠風來,挾沙土俱至,不易損壞,而生長於此者,目習此色,遂以爲美。如吾國之尚黃同一原理,愈信藝術受環境之影響也。

開羅商業繁盛之區,及達官富賈住宅,皆係歐式。惟阿剌伯中人以下所住，則高牆樓屋，二三層不等，樓梯狹小，窗户不多。想在當時，亦仿歐人者，惟牆傅黃土，此其特色。小販沿街售物，樓上居人多憑欄交易，以繩引籃，下上錢物。住宅區中，每晨所見，別有風趣。

此地手藝品，以布製門簾、椅墊爲最可愛。圖案設色悉依仿古墓壁畫，剪有色布爲小塊，鑲縫白布上，美觀耐用，遠望彷彿古畫。又有緙絲繡本地風景，亦甚可觀。

愛美之心，動物皆同，而所以爲美則異。以人類言，肌膚瑩潤，吾人所歆羨；歐人乃傅黃粉，使成米色，亦有使黑如非洲人者。吾在歐時，深以爲怪。儀容光潔，美之首要。蘇丹男女喜有疤痕，自小用刀黥其面，使成花紋，反以爲美。天下妍媸，寧有準乎？

開羅氣候極佳，惟陽光太強，有損於目，而沙土極多，故眼病者衆。

三月十八日下午，赴加利尼巴夏茶會。此君爲外省巨紳，開羅無家，買舟居焉。陳設精雅，常泊尼羅河畔，離市不遠，而市囂不到。岸上草樹葳蕤，濃陰如幄。坐艙板上，咖啡在手，遊目騁懷，納吐萬象，真快事也。水清秀者常欠雄奇，雄奇者亦欠清秀，厥惟尼羅，蘊茲二美，而河流所及，盡是膏腴。孕秀苞奇，必生靈異，故其藝術發達異常。奈何中斷達四千年，國亡種滅，面目全非。近百年來，蘊藏漸露。太古文明，瀛寰景慕，考古專家尚在搜尋；政治運動如日初升，埃及復興屈指可待。尼羅河乎，行見汝與來茵、泰晤士、塞納、多瑙爭雄矣。旋泛小舟，容與中流。黃昏告別，不盡依依。

耶路撒冷紀遊

東自印度，西至於羅馬，其間名勝以百數，埃及爲最。環埃及之名勝亦以百數，耶路撒冷爲最。佛説法處則再遊矣，回教盛行之都會則久居矣，獨於耶教策源地尚未至也。矧輪軌交通，行旅稱便，若不一遊，非憾事歟！遂於二月九日下午六時，與黃浩川先生同乘快車離開羅，九時十分到坎達拉。下車，渡蘇彝士河。上車，十一時半開赴耶路撒冷。一切由湯姆士庫克旅行社經辦，故上下車、渡河、驗關、查護照、提行李，均有人代勞。從開羅至坎達拉火車免費，自此至耶路撒冷車票半價，三百七十埃元，臥鋪百十埃元，食宿共計七百四十元矣，遊亦不易矣。車因山路紆迴，斜坡甚峻，故用狹軌，雖略小而精潔，惟速率不大。候渡時，有江湖賣藝者數人，爭以二小雞或銀元，奏手技於旅客前。技最劣者所獲獨豐，以狀甚滑稽，見者軒渠，皆優給之。生財之道，殆如斯乎？

翌晨七時起。群山環抱，鐵道縈迴，蜿蜒如蛇，洵是異境。山多石，少樹，磽瘠無田，少人烟。車至城郭，纔見房屋，皆石砌成，方形平頂，規制殊特，驟一見之，疑爲砦堡。到已十時，由庫克招待至華斯特旅館休息，瑰瑋爲此地冠。

環耶路撒冷皆山，山不甚高。城在山上，拔地孤峙，無險可守，所謂四戰之國也。故迭遭外族蹂躪，一五一七年後隸土耳其者四百年；歐戰時英、土爲交戰國，一九一七年英人既得埃及，以巴力斯坦爲埃之外府，遂於是年一戰得之；一九二〇年塞弗勒會議，以巴爲英之委任統治地。耶路撒冷，巴之都會也。

早餐後，往觀世界第一清真寺。七世紀時阿剌伯大將奧馬克此地後所建，迭經修造，踵事增華，瑰麗雄奇，殆無倫比。周環偉柱，雲母琢成，表鑴綺花，斧鑿無迹。正殿六方形，覆以大圓頂。頂内彩畫，瓷片鑲成，精巧疑出鬼工，華美直同油繪，輝煌金碧純出印度、天方之風，而輪奐莊嚴則又希臘、羅馬菁華之所萃，近東藝術嘆觀止矣。正中岩石，犧牲之用。上有小孔，以注牲血。遊人入寺，必加套鞋，否則脱履，厥禁至嚴。與此對宇，有阿沙克寺，雖亦雄壯，視此則如梁父之於岱宗。右有廊廡，甚宏敞，無檻櫨，遠來朝覲者住宿之所也。謨罕默德在此悟道，故清真教亦視此爲聖地。朝覲爲回教五功之一，不能至墨加者，則至此也。觀德人耶穌教堂，堂構雄偉。觀俄人耶穌教堂，雖係新建，而甚精美，神畫百十幅尤佳妙。内有古法院遺址，斷檻殘垣，供人憑弔。觀猶太人哭墻，鉥目鉥心，慄然起敬。奧馬寺本猶太教堂，幾閱滄桑，改回教寺，而沙樂夢朝之猶太教堂，僅存一墻，巨石砌成，既高且闊。猶太遺黎禾黍之痛，千載如新，每逢休沐，男女老幼，手携教經，面墻痛哭。石經倚摩，光潤如玉。吾今之來，適遇哭期，耳聞目擊，音容絶哀。"還我山河，復我主權"，是其禱辭，慘不忍述，二千餘年，未或間斷。土耳其時，不能禁止，現在英人，僅派警察監視而已。猶太復國運動，成效斐然，有由來矣。在此猶人，衣黑長袍，戴大襜帽，形容枯槁，沉默寡言。女子衣飾略似西方，較樸素耳。阿剌伯諺："多譏彼族，憂如猶人。"是口頭語。嗚乎痛矣！

　　回旅館午飯，飯後小息，二時乘汽車往貝得冷姆村，觀耶穌誕生地。石門卑小，心異之。聞係避擾，慎出入也。入門，則堂宇巍峨，大柱四十，岩石琢成，三世紀時聖愛倫所造。神龕右有小徑，燃炬磬折入，有石洞，供耶穌畫像，教主降生地也。前十許步，又一洞，教主生後安放處也。左轉有神龕，教主逃難時全城不滿二歲嬰孩悉被殺之埋骨所也。再左轉向前，則聖耶魯姆墓在焉。聖耶魯姆乃首將希伯來文《新舊約》譯爲拉丁文者，居此譯經，凡歷念載。其對面，則資同譯者來此之聖歐斯多基母女墓也。由此出，經狹徑，有佳城，聖耶魯姆高足歐西卑于氏之幽宮也。出而躑躅於廊廡之下，深覺前人欺我之深。似此磽确之邱，窳隘之竇，若非供奉以香火，點綴以教堂，疇意上帝之子誕育其中乎？孕靈苞秀之説，其誰信之？降生之地則如此矣，葬身之域將何如乎？遂往觀之。經地獄谷，亦曰火坑，蓋羅馬時歲擇美女一焚於此，耶穌因此以名之。車行半小時，到一大教堂，所謂聖墓。在堂内正中，覆以小屋，屋左百許步，又一大堂，爲教主被刑之所。其左尋丈，爲釘在十字架之所。堂之中霤，爲教主正命之所。右有小穴，爲插十字架之所。穴左有橫長小隙，鐵條欄之，燭照可見，下有岩石，爲教主被囚之岩。將近大門，有長方石，爲教主陳尸之石。小屋左再百步，有龕，龕右有木櫥，前有孔，内有電燈，從孔窺之,有斷石柱,爲教主被縛受鞭之柱。屋左大堂下,有洞,爲藏十字架之洞。教主死後三百年,聖康司棟丁之母聖愛倫於此中覓得,因建堂其上。現留小塊,主教保之,不輕示人。尚存大塊,與石柱之半,均教皇保之。小屋之内,有小神壇,雲母兩塊,是謂聖墓。中古時期,交通不便,土耳其稱霸於亞西,歐洲信士冒萬險而來者,爲此而已。十字軍歷二百年之久,興百萬之師,所爭者亦爲此而已。教堂雄偉,古樸黝邃,置身其内,如對神祇。神畫甚多,皆極精妙。適值晚課,歌誦之聲似埃及曲,低徊留之,不忍去云。

耶路撒冷一蕞爾地,而人種甚雜,阿剌伯、猶太人居多,故文字以阿剌伯、希伯來爲最通行,官告文字則阿、希文外,加以英文,能説法文者亦不少。宗教則回、猶、耶並存,故有三種禮拜日:耶教之禮拜五,爲回教禮拜日,其禮拜六爲猶太教禮拜日。耶教又分新、舊、正統三宗。新教多英、美人奉之,舊教多法、意人奉之,奉正統教者則多俄人及希臘人也。而正統宗中,阿美尼亞人所奉與希臘人所奉又不同。聖墓神壇咫尺之地,分爲三部,中歸舊教,有神像;右爲阿美尼亞人所有,亦有神像;左則屬希臘人,另有神畫。壇外大教堂及降生地教堂之内部,皆各有領域,疆界分明,嚴於國界,作課時,各守其地,不得僭越。觀聖墓時,遇希臘人及阿美尼亞人作課,彼此相逢,如秦越人之相值也。然同教民雖相仇,尚不相殺,若猶太人入耶教堂,往往被毆死。政府對此常置若罔聞。或曰,此正當道所嗾使也。

十一日晨八時,乘汽車往觀榨橄欖園。老青菓樹八株,相傳係耶穌未生前四百五十年物。耶穌將死,在此作最後祈禱,故其教堂作工絶麗,丹素煥彩,金碧騰輝,奧馬寺外未有倫比。頂分十三大方格,覆以半球形圓蓋,中爲教主像,餘則經典故事,皆彩色小瓷塊鑲成,精巧絶倫,有逾圖畫。乃各國佛朗西斯干派教徒醵金所造,故每一圓蓋各有國旗,落成僅及十年。壁間有雲母石刻耶穌祈禱、神女降臨像,奕奕如生。神龕上亦作教主跪禱像。龕前有石,圍以鐵欄,所謂教主最後祈禱處也。地亦小瓷片鑲成,乃仿古式,精緻如繪。原有小片,亦嵌於地,相形之下,頓覺前賢畏後生矣。往聖瑪利亞墓,在一十字形教堂中。基比路低,循石級降。左右小屋兩間,左爲聖約瑟墓。既云約瑟不知所終,此處何以有墓?聖瑪利亞墓在正中偏左,覆以亭,如耶墓。近視之,亦不外雲母一片而已,而香濁滿焉。壁上古畫多而美,燭之,若隱若現,耐人尋味。教堂梵宇,必使昏暗,倍顯神秘,人到此間,如入靈境。往耶利谷,山路盤陀,高下旋轉,童山濯濯,絶無人烟,車行時許始到。中道,舌人指道左遠山曰:"君不見有屋翼然臨於岩碉乎?聖喬治修道院也。內有洞,哲人聖厄利亞氏居此,鴉銜食食之,聖喬治因建屋焉。"余唯唯。垂到,又曰:"君不見遙峰戴屋乎?誘惑峰是也。耶穌在此絶食四十日,魔來誘之,耶穌因赴訴於哲人聖巴地斯得,哲人為之洗禮,故此屋亦以四十名。"余唯唯。少頃,到所謂耶利谷,一小村耳。曰:"此新耶利谷也。老耶利谷遺跡尚在前,頹垣殘礎猶有存者。以摩西故來遊人。前有泉,曰厄利塞。村人與其鄰戰,鄰人斷其水源,村有哲人厄利塞,道高望重,衆曰:'曷不禱於上帝?'哲人於是禱於濁泉,撮鹽投之,濁水立清,故以為名。"余唯唯。折往約丹,耶穌洗禮悔罪之所也。耶教之懺悔贖罪昉此。約丹河,小如溝,跨以木橋。下車過橋,舌人曰:"到阿剌伯矣。"吾愕然,翹首,則阿剌伯旗臨風飄揚。蓋巴力斯坦與阿剌伯以河為界,是以橋之兩端,各一國旗。此去百二十公里,尚在英人勢力之下,再過則阿剌伯沙漠矣。徘徊南望,向默加致敬而回。稽諸載籍,希伯來人最初牧長阿伯拉罕,於三千四百年前,率其族自阿剌伯沙漠來居巴力斯坦,其裔有約瑟者,顯仕於埃及,因率衆居之。百五十年後,為埃人所虐,牧長摩西率之而逃,流離於西奈依沙漠者四十年。當希伯來人望見上帝所許地耶利谷時,摩西遽死,可謂極人世之至悲。摩西生平,實人生之寫照。其堅苦卓絶之心,悲天憫人之意,允足師表群倫,儀範奕禩。斯人不作,吾誰與歸!

約丹河水,北起迦利利,南注於死海。死海者,水中鹽分過多,生物不活,因而得名,所謂大鹵是也。長七十五公里,闊十公里,深四百公里。然海雖以死名乎,其用甚大。海濱鹽場,英、猶合辦,房屋閎敞,面積寬曠。日光既强,海水易乾,煮海為鹽,獲利至溥。水富鉀溴,產量有名。近海之地,寸草不生,雖有灌木,枝葉枯槁。此為世界最低處,在水平下千三百公尺,而耶路撒冷則在水平上三千七百公尺,故道路駚駣,紆迴陡峭。回時,便道往尋阿卑西里人修道院舊址。荒草凄風,茫茫曠野,憔悴修士,如或見之。欲覘土人生活,遂應舌人之邀,至其家午飯。屋內陳設,乃純歐式,男女五人,操法語皆甚流利。所食雖西菜,而別有風味,每菜不離羊肉,其特異也。

午飯後,往觀墓園。有英人掘地築墻,發現窖室,石質寬廣。據《新約》

言,耶穌死於城外。窖既負郭,遂謂教主死後葬於此。或謂聖墓中無新教地,新教徒故爲此説,皆傅會也。往觀青菓山,又是一亭覆一頑石。舌人曰:"耶穌復活後,由此升天。此石乃其時所履者,足迹尚宛然。"吾忍儁不禁曰:"城郊土地,幸經聖足踐履者多矣。曷不寸土片石悉覆以亭,豈不益引遊人,資君談助乎?"彼亦啞然,相視而笑。《新約》云,耶穌見城中人虐其徒,因在此哭曰,"行見此地被燬,片瓦不留",六十年後果然。然則此奚獨存乎? 全城風景盡在目前,二千年事恍如昨日,憑弔低徊,不禁有古今旦暮之感。

履猶太地,然後知宗教之所由生。如此磽确之區,草木不長,遑論種植。所見村民,形容憔悴,衣服襤褸,終歲辛勞,難博一飽。生人樂趣,既屬無緣,遂有黠者倡爲極樂世界之説,以資慰藉。其不能取償於今世、可取償於來生之論,又深合乎苦海衆生之心,於是乎宗教之力生焉。

宗教宗旨,在於守舊,況關聖迹,尤慎保存。連日所觀,或非盡妄。然考之傳記,耶穌既判處死刑,則引至城外近城牆之高爾加達崗上,釘死於十字架。故聖墓神壇左之地板,亦留小隙,可窺其下岩石,以爲此即高爾加達崗,或疑其在城内。吾謂此可以垣址變遷解之。惟一五三年羅馬大帝亞忒盎因耶穌教徒在其死處有所點綴,令悉剷平,建木星及金星像其上,且樹木焉。然則今之所見,一切似尚未動。而三百年後,聖愛倫尚能於荒谷中覓得十字架,神乎神乎?

耶墓教堂,乃十二世紀十字軍所建之遺址,幾經劫火,尚留大門。門内長方石,相傳耶穌死後曾陳尸其上,用香料擦身,裹以白布,然後殯殮。據《約翰福音》第十九章三十八至四十節,明謂此係猶太喪禮。耶穌因排斥猶太教,爲猶人釘死,門徒乃用其禮,殆不然歟。

聞有猶太古王陵,因驅車往觀之。在古屋内,進門,降石級十餘,左轉至廣坪,再降級,入小洞,秉燭視之,則大石室,方形。右又一室,再右復一室,大均如前。每壁皆鑿數壙,容一二棺不等。既鑿巨岩爲室,復鑿石壁爲壙,工程之偉,一望而知。用何利器,以何取明,始底於成,惜無可考。一八七四年法人畢勒爾購地建屋,發現此陵,土耳其政府聞而欲得之,畢氏遂於一八八六年將陵中珍寶綑載而歸,以地贈法政府,土國未如之何。故畢氏以銅版顏此處曰"猶太古王陵",必有所據。然不留一物供人稽考,遊者憾焉。此事酷類伯希和之得敦煌石室寶藏，言念及此，猶有餘痛。

　　到此所見耶、回教古跡甚多，殊飽眼福，惜猶太遺墟僅一哭牆。城中達威門，石造，頗古。或謂達威朝遺物，吾未能信。猶太名王，達威爲首。政通人和，遠揚丕烈，然未有巨廟以禮神明。嗣王沙樂夢繼承先志，與埃及締約通商，以香油、小麥易其松杉廟材，役使降人，建造大廟，殫土木之功，窮造形之巧，莊嚴華麗，竹帛垂名。據《舊約》所言，落成之日，聚各國王侯、酋長、巫覡、士庶於此，神馨其德，乘白雲而降於庭，於時觀者頌美騰歡，何其盛也。今訪其遺迹，惟聞回教宣諭之聲而已。其軼事有二婦爭一孩，有司不能決，王召二婦至，置孩其前，令伍伯剖之，俾各執其半。真母遽止之曰："吾寧讓彼，不忍見吾兒死也。"王大笑，以孩歸之，足徵其明矣。求其陵寢，渺然無存，衰草斜陽，徒勞嚮往，然其澤未泯也，復國運動，如日初升。

　　巴力斯坦現有人民七十五萬，阿剌伯人居八之六，猶太人僅八之一，惟散處各國者有七百萬。其復國運動發軔於一八六二年，赫氏著《羅馬與耶路撒冷》一書，大肆鼓吹。迨一八八二年賓克所著之《自決》出版，響者四應。赫蔡爾之《猶太》於一八九六年問世，效乃丕著。其明年，遂有拜耳之大會。歐戰時，英人爲博得操世界金融牛耳之猶太人歡心故，曾允其戰後在其故土建一猶太國。同時因欲博得五十萬阿剌伯軍故，復以猶太地密許阿人。一九一八年猶太人遂公舉魏斯曼爲領袖，籌聚鉅金，據英外交大臣貝爾福之書面宣言，力謀建國。而英人一則百計延宕，不踐諾言；一則慫恿阿剌伯人，萬方阻撓。猶太人不得已，則向阿人購地中海岸之荒地，用最新科學方法，建太爾阿威夫新城。其交通、教育、衛生、娛樂各種設備，無不盡善盡美，而鼓勵各地猶人回去耕植。僅及十年，成績卓著。阿人大懼，禁以地售與猶人。故猶太復國運動總會中，有兩組織[①]：一自一九二一年至一九三三年止，共收捐款四百九十五萬鎊；一自同年起至一九三二年止，共收五百二十萬七千鎊，無所用之。當第一次十字軍攻克此地，於一一○○年曾建立耶路撒冷王國，雖

---

① 原注：兩組織一名 LE KEREN HAYESSOD，一名 LE KEREN HAYEMETH。
Moïse Hess:Rome et Jérusalem，1862.
Léo Pinker:Auto-Emancipation，1882.
Théodore Herzl:Der Judenstact，1896.

祚延八十八年，但其王爲法人巴爾溫。第五次十字軍於一二二八年復建國，德帝斐德立第二加號耶路撒冷王。兩次國王，皆非猶太人也。自此以後，史家咸謂猶太國爲地理上之名詞耳。以吾觀於魏斯曼之徒，再接再厲精神，方突飛猛進而未艾，光復故土，計日可期，猶太國豈終爲地理上之名詞而已乎？

希伯來人返巴力斯坦後，分爲十二部落。至公元前十一世紀，莎武羅始兼併之，建希伯來王國。王崩，達威嗣。達威殂，沙樂夢嗣。沙樂夢晏駕而國裂爲二：北曰以色列，南曰猶太。公元前七二二年，安息人滅以色列國，而猶太獨存百三十餘年。至公元前五八六年，始爲迦勒底王那布學多腦梭所滅，而俘其人於巴比倫。故希伯來文久廢，近始隨猶太復國運動而復興。有大學一，藏書頗富。今值星期，不能參觀。博物院則殊簡陋。初中等教育尚發達，學校皆由各族自辦。

耶路撒冷因山爲城，道路崎嶇，無一坦途，惟屋宇參差，殊爲觀美。土人區，街道狹小，車不能方軌，商肆卑隘，出人意外。倚墻積貨，僅可容人，又無後門，迫窄可知。街不露天，盡是穹窿。每隔二肆，穹窿留孔，以透日光。街鋪巨石，平淨易行。阿婦出門，以紗罩面，尚露兩目。叙利亞與此，婦女外出，黑紗蒙首，面目全蔽，西裝妙女亦復如是。

此地阿人，以白布蒙髮，黑毛繩圈束之，不盡戴紅呢帽也。商人狡猾，買賣索價，出入甚大。貝殼雕刻小品，頗精緻。氣候甚冷，現似南京隆冬。初以今年不見雪矣，在此兩日竟遇之。出產以橘、青菓爲大宗。橘大而甜，不亞美橘。小柚亦美。橄欖及橄欖油，多運銷於歐洲。

猶太人與阿剌伯人雖分區居住，然尚時相鬩，視死如歸。甚矣積恨之深也，豈僅九世之仇必報哉！惟若輩生長於新仇舊恨之中，奚暇作開物成務之夢？不能進步，蓋有由然。自英人主此，政頗寬大，市政整齊，建設亦多，但土人不能干政。猶、阿相殺，半係英人所煽動。其計固妙，其心殊毒，而被愚者則良可哀矣。

所僱舌人頗有學識，係回教徒，故對猶人每多諷刺。知因信仰歧異，不足信也。惟關於耶教徒事，則津津道之，倘以統治者之國教歟？

此處生活，略同埃及。每日工資，可得十皮亞斯脫，生事所須亦當逾半。此地幣價，比埃及略低，百埃及元值此百〇二點五。

十二日晨八時,偕浩川先生乘火車離耶路撒冷,十時半到立達換車,下午五時半到坎達拉。由耶路撒冷至立達,多山,山坡橘樹垂實,紅綠可愛。由此向西,則沿地中海行,盡是沙漠。在坎達拉候車至七時,始駛回開羅。中途遇雨,甚冷。一到開羅,則天氣溫暖,精神爲之一振。回教國復興氣象,似與埃及陽焰爭輝,令人別生感想。關於此節,另有拙文論之。

釋迦牟尼傳教地,耶穌生死地,謨罕德悟道地,幸已遨遊。現所祝者,能一至墨加也。謨聖有靈,其相之乎?

前次環遊大地,本擬與内子甘素閒偕行,適因吾母自閩北避地京畿,遽爾中止。吾遂發願,每至一地,必詳記其風土人情,沿途郵寄,以當卧遊。素閒喜之,珍藏什襲。前歲倉皇出京,衣飾多不及携,而行篋中此稿獨在,不忍負其意也。略加點竄,首將《耶路撒冷紀遊》於二十七年十二月、本年一月先後在昆明《新動向》雜誌、重慶《中央日報》發表。兹將《埃及鈎沉》託商務印書館刊行,關於他國者,統名曰《談瀛》,當繼此付印。惟埃及學號稱奧博,斯編意在包舉,故僅就耳目所及,述其概要。埃及古代之歷史、思想、文字、學術,今日之復國運動、水利工程、農業、植棉等等,均待研究也。世有同志乎,視此書爲嚆引則幸矣。己卯仲夏,曾樾再記。

所收關於埃及之圖籍,悉付劫灰。兹搜羅所僅存及從梅仲彝、韓效蘧兩兄借得之照片共三十三幅,附印書内,藉增讀者興趣。掛一漏萬,真憾事也。曾樾又記。

附録　譯名表

第一篇

Egypte 埃及

Jérusalem 耶路撒冷

Ménès 美奈氏

Khéops 格約伯

Hérodote 厄洛多德

Arthur Weigall 魏介

Moreux 莫候

Colomb 科崙布

Kephren 格弗令

Mykérinos 密格利諾斯

Gizeh 基塞

Arabe 阿剌伯

Piazzi–Smith 卑亞齊司密氏

Napoléon 拿破崙

Saint Pierre 聖彼得

Monge 蒙治

Vazeux 華漱

Lisbonen 利斯本

Varsovie 華沙衛

Nil 尼羅

Archimède 亞基墨德

Saint Jean Vincent Day 聖約翰萬森德

Héliopolis 愛理奧博利士

Ména 梅納

Adolphe Erman 愛爾曼

Memphis 孟斐斯

Thèbes 代北

Louxor 陸克梭

Ramessès II 拉姆塞斯二世

Ti 諦

Mariette 馬利愛德

Assouan 阿漱安

Mekhou 墨古

Herkouf 愛爾庫夫

Soudan 蘇丹

Nubie 呂卑

Feloe 斐那

第二篇

Karnak 嘉納克

Deir el Bahari 戴愛爾巴亞里

Ramesseum 拉姆塞司廟

Hatshepsout 哈采不蘇

Tout Ankhamon 都東卡蒙

Aménophis 阿美諾斐司

Amon 阿蒙

Aï 阿依

Carnavon 嘉爾納溫

Caire 開羅

Touthmosis 都德莫西氏

Pount 普蓉

Somalie 蘇馬利

Hathor 阿多

Séti 塞帝

Hélirapi 伊尼哈比

Babylone 巴比倫

Mitanni 美達尼

Hor 霍爾

Souti 蘇蒂

Concorde 康果德

Memnon 墨農

Homer 荷買

第三篇

Nahas 拉哈氏

Nofret 諾弗利

Phidias 斐迪亞司

Michel Ange 密格郎治

Louvre 魯佛爾

Tanis 達尼斯

Sésostris 塞索司特里

Milo 美羅

Sheikh el Beled 色克愛爾貝勒

Moïse 摩西

Bombay 孟買

Copte 高博德

Aménia 阿美尼亞

Amrou 阿姆魯

Omar 奧馬

Palestine 巴力斯坦

Mahommed Aly 謨罕默德亞利

Ismail 依司馬儀

Fouad 福亞德

Nelson 納爾遜

Albanie 阿爾巴尼

Syrie 叙利亞

Hassein 哈辛

Ibrahim 依伯剌依姆

Méca 墨加
Saki 沙基
Iran 伊朗

Irak 伊拉克
Nedjed 内志
El Azhar 亞資哈爾

第四篇

Nahas 拉哈氏
Nofret 諾弗利
Phidias 斐迪亞司
Michel Ange 密格郎治
Louvre 魯佛爾
Tanis 達尼斯
Sésostris 塞索司特里
Milo 美羅
Sheikh el Beled 色克愛爾貝勒
Moïse 摩西
Bombay 孟買
Copte 高博德

Aménia 阿美尼亞
Amrou 阿姆魯
Omar 奧馬
Palestine 巴力斯坦
Mahommed Aly 謨罕默德亞利
Ismail 依司馬儀
Fouad 福亞德
Nelson 納爾遜
Albanie 阿爾巴尼
Syrie 叙利亞
Hassein 哈辛
Ibrahim 依伯剌依姆

第五篇

Manéton 馬奈敦
Hyksos 意克索
Champollion 向勃勒雍
Horapollon 奧拉保倫
Canstantin 康司棟丁
Ammien 亞美盎
Niebuhr 尼厄布

Zoëga 左愛伽
Rosette 盧色特
Ptolémé Epiphane 多勒美愛比發
Akerblad 亞格伯拉
Young 盎格
Jean Francois 約翰方濟各
Guyenne 基因尼

Figeac 斐亞克

Grenoble 克諾勃勒

Cléopâtre 克勒奧白脱

Huyot 于意奧

Blacas 柏拉加

Turin 都令

Canope 加諾普

Rogé 羅奢

Brugsh 布魯克煦

Chabas 夏巴氏

Goodwin 古德文

Lepsius 來布西余氏

Frédéric Williame 斐立德力克威廉

Haim Nahoum Effendi 拉武姆依芬蒂

Tel Aviv 太爾阿威夫

Pacha 巴夏

Bey 貝

Gallini 加里尼

Rhin 來茵

Times 泰晤士

Seine 塞納

Danube 多瑙

耶路撒冷紀遊

Fl Kantara 坎達拉

Thomas Cook 湯姆士庫克

Fast 華斯特

Sèvres 塞弗勒

Osak 阿沙克

Mahommed 謨罕默德

附録一

黃曾樾先生相關資料彙輯

目　録

黄曾樾先生相關資料彙輯
文録

業師永安黄蔭亭博士曾樾[①] 洪健

  永安黄蔭亭博士曾樾，二十年前與家大人同學馬江，友善。六年前始晤於南平。余民國二十二年夏至南京，首謁先生。時先生爲交通部秘書，公事繁劇，乘暇授余《孟子》。每當上燈之候，則先生課余誦讀時也。先生講學認真，每談一事一物，必窮極其理，發其微言大義，又擅長音韻，讀書之聲達於戶外。常戒余外鶩，並勉求實學。又謂，學問之道貴精，病求速效。先生之論作文曰，第一題目要大方，其次命意要精巧，以不落尋常蹊徑者爲佳。又謂，作日記以能載人所未載，説人所未説爲妙。先生曾奉命出席開羅國際郵政會議，並考察歐美郵政。當先生居埃及時，余亦寄稿就正，幾不可一日離先生也。先生爲法國文學博士，曾任南京社會局長。

---

  ① 文載洪健《江南遊學記》，民國二十五年上海明善書局鉛印本。原題"業師（謹以從游先後爲序）"，首列南平林泰階明經（昇平），次則黄蔭亭（曾樾）先生也。其於《小引》亦言："民國二十二年，奉父命遊學江南。初至南京，考入私立文化學院。是院旋奉令結束，遂從黄蔭亭先生遊。"

黄曾樾傳① 張逢時

民五丙辰（1916），吾家賃廡龍山巷。一日，潘傑民來，請於先君子，介一永安籍學生黄蔭亭曾樾來受業。先君子允之。越旬日來謁，美秀而文，端凝有禮。詢其家世，知其嗣父梓庠先生爲錢塘張蘊梅景祁太史令永安時所取士，並招之入幕。張知晉江、連江諸縣時，皆以筆札委黄。黄善詩詞和金石篆刻，惜貢成均後，未及卅歲病逝矣。辛亥革命後，馬尾海校始定每縣可保送一人入學，故蔭亭得以肄業。海校校規每兩週一休沐，蔭亭必來省，袖所爲文及讀書疑義謁先君子受教。自言知有桐城派及古文義法，皆先君子教之，故敬禮弗衰。先君子亦重其品質，喜其爲學孟晉。故宗起來閩前後，曾問列門墻者孰爲傑出，願聯縞紵，先君子即以蔭亭對。又以宗起之爲人告蔭亭，以是二人交甚摯。時履周二十二歲，蔭亭纔十九耳。閱兩載，海校有學潮，杜錫珪自北京來，下令全班斥退，蔭亭與焉，距卒業僅一年也。乃就延平省立第五中學之聘，教數、理、化諸科。適法國幣制毛荒，佛郎值賤，蔭亭節衣縮食，稍積若干佛郎，負笈西行，抵法後書問無間。先君子五秩壽辰，蔭亭撰文郵祝，極得有物有序之旨。先君子喜而懸諸廳事。稱觴之日，讀者嘖嘖稱美，咸謂不類留學少年手筆，更不類習自然科學者所爲也。蔭亭本習製造於海校，在法國之校仍攻此科，獲考法國國家工程師學位，猶不自滿足，又入巴黎大學文科兩年，得文學博士。彼邦某報記以專欄，印其宵影，蔭亭嘗出示於余。

既歸國，任京漢路工程師。不久，燕都瓦解，蔭亭返閩。邵武丁超五爲建設廳長，閩侯林季良實爲交涉員，皆以蔭亭爲科長。南都既建，國民黨中留

---

① 文載福建省政協文史資料委員會編：《文史資料選編》第三卷《文化編》，福建人民出版社2001年版，第119頁，鄭麗生先生整理之《錢履周與黄曾樾》。前有1983年1月3日鄭麗生先生題識云："原福建師範學院中文系主任、福建省政協委員錢履周，原福建師範學院教授、福州市政協委員黄曾樾，少年時先後受業于福州宿儒張紹九之門。張紹九，字鑑秋，清末優貢，名氣很大。南洋大臣陳寶琛和福建鰲峰書院山長鄭錫光，都曾聘請他做家庭教師。他死後多年，他的長子張逢時（曾任國粹中學校長），追記他父親的門人情況，輯爲《龍田弟子錄》（張氏原籍在福清縣龍田鄉，故門人稱之曰"龍田先生"）。其中有錢履周、黄曾樾二篇，係錄作於1971年前後，那時黄曾樾已死（黄於1966年去世——編者），故所記較詳；而錢履周尚存，所記則較略。過了三年，張逢時老病死了，沒有子女，一部分的遺稿，歸我保存。我少時在錢履周、黄曾樾之後，也曾做過張紹九的學生。張逢時原爲師兄，後來也做過我的老師。爲了保留關於錢履周、黄曾樾兩人的部分資料，並不使張逢時手寫的鄉邦文獻湮没無傳，因此標點校錄原稿二篇，提供作爲參考資料。"今《龍田弟子錄》不知存否？謹暫據鄭先生所整理稿迻錄。錢履周傳則不錄。

法一派元老,皆重蔭亭,介諸交通部任法規委員,閑曹也。蔭亭携眷寓半邊街。時宗起亦官交部,又同一寓廬,相見至歡,恒同訪舊書肆爲樂;又從蔭亭習法文。越一載,魏道明長寧市,亦所謂留法派也,舉蔭亭長社會局。坐席甫暖,即爲二陳派擠之去,投閑置散者年餘,自言爲一生最困時。朱家驊留學法國時,恒於假期遊巴黎,因識蔭亭。迨朱長交通部,招蔭亭爲總務司長。朱去任,俞飛鵬繼之,蔭亭調參事。抗日軍興,俞調後勤總司令,使蔭亭任秘書,往來於重慶、昆明間有年。

日寇樹降幡前三年,蔭亭返閩,先任省驛運處副處長,抗戰勝利後任福州市市長。後又至南都任教育部參事。金陵覆敗,返里爲音樂專科學校教務長。音專合併他校後,改應師專之聘,任教中文系。於是由師專而福州大學,而師範學院,擁皋比者十餘年。

丙午(1966),軒然大波突起。其得意弟子李某,揭其罪狀四十餘款於南門通衢。繼而遊街遊校,凡他人不同之遭遇,幾備於其一身,而猶未已也。是歲陰曆十月十一日凌晨,蔭亭甫醒,數十少年排闥直入捽之起,命其繳槍;弗得,則命其植立門前池中尋拾;又弗得,則聚撻之,至暮始散。蔭亭長日不進勺水,飽受榜掠,憊不能興,喑不能言,諸少年尚恨之曰:明日再來撻汝!其家人延醫急救,無敢至者。百計懇求,始來一醫,按其心臟將停,不敢注射,夜分逝矣。付火葬時,身無完膚,慘哉!

蔭亭不僅工於爲文,於詩亦甚有工力,爲"說詩社"中翹楚。顧喜爲淒惋之音,先君子恒勸戒之,蔭亭善善而弗能痛焉。綜其一生,無疾言厲色,待人接物,恂恂然、彬彬然,交久者莫不欽其丰度,敬其謙恭,不謂如此後場,豈意料所及哉!所著已刊者有《埃及鈎沉》《石遺先生談藝録》;未刊者《左海珠塵》若干卷①,與其所藏書畫及中外群籍,皆散佚無存矣。

與黃蔭亭書② 何振岱

奉手書,敬諗動定佳綏爲慰。每從報章獲讀新著,藻采紛披,靈逸之氣

---

① 按,"塵",原作"藝"。先生未有《左海珠藝》一書,逕改。

② 何振岱:《我春室文集》卷一,1955 年油印本。

溢於紙上,所學孟晉,深堪佩仰。當此吾道衰微之日,甚賴有奮發標勝如世兄者,能於文學前途放大光明,若衰朽退匿,無以自鳴,誠無所用於此時矣。惠書過爲謙沖,且承推許有加,如弟之蹉跎無成,何足以當之。迪庵來,所屬均繕題付之繳回。惟屬寫鄙作,俟旬月内另行郵寄奉政,定不敢忘。諸容再叙。

論詩絶句爲黄蔭亭作 ① 余紹宋

予不能詩,客有强之與談者,因書以爲詩,聊紀一時感想。其未談及者不與焉,非予論詩之全體也,故詞無詮次。

詩原言志本心聲,不爲求知不爲名。三百篇中皆好手,何曾標榜以詩鳴。
風雅從來關教化,温柔敦厚耐人思。石屏一語鍼蒙昧,要做人間有用詩。
唐音宋理元風致②,下逮明清格遂卑。賴有亭林作砥柱,生平不作等閒辭。
詩家原與畫家同,平澹天真即化工③。縱使委心摹古法,也須有我在其中。
悠然孤往動遐思,脱手空靈不自知。始識陶公高絶處,來從獨飲寡懽時。
熱腸迸出傷心語,不事雕鏤見性情。無病呻吟終不類,好詩多自亂離生。
何人作俑賦香奩,託體卑微措語纖。好色不淫徒藉口,裙裾脂粉太詹詹。
屬對停勻儷事工,西崑艷體解難通。我憋腹儉安從學④,自寫胸懷付太空。
摹唐範宋競夸張,風雅陵遲比興亡。但重修詞輕命意⑤,何殊木偶被冠裳。
歎老嗟卑信可憎,思歸慕隱亦羞稱。游詞習語催人睡,未及終篇已不勝。

① 録自黄氏家藏手稿複印件。連天雄兄提供,係早時得自黄驪先生者。原題《論詩絶句》,題下鈐“寒柯六十五歲以後所作”陽文方印。文後鈐“余紹宋”陰文方印,“越園”陽文方印。按,余紹宋《寒柯堂詩》卷二有《與客談詩漫成二十二絶句（有序）》(《余紹宋集》,浙江人民美術出版社 2015 年版,第 119—120 頁),其二十二首:“茫茫終古無窮極,今日爲新往即陳。詩體推遷無止境,莫教來世笑吾人。”爲此件所無,其餘偶有一二字詞不同,知此所謂“客”者蓋爲黄曾樾先生。《余紹宋集》(第 379 頁)附録一《寒柯堂詩集外詩》又有《與客談詩漫成二十三絶句》,其二十三云:“偶因句句强成章,好句翻爲累句傷。斷句何嘗不名世,攬林風雨詠重陽。”有整理者按語:“此詩原二十三首,其他二十二首俱見《寒柯堂詩·與客談詩漫成二十二絶句》,故從略。”由此可知,寒柯先生應蔭亭而作論詩絶句,先成二十一首,即書以贈。後陸續有作,遂有二十二首、二十三首之别。

② “風”,《寒柯堂詩》作“丰”。

③ “即”,《寒柯堂詩》作“見”。

④ 此句《寒柯堂詩》作“我憋腹儉安從學”,則手稿衍一“腸”字。

⑤ “詞”,《寒柯堂詩》作“辭”。

本無寄託漫成章，應讓漁洋擅勝場。綽約風姿流麗句，千篇一律便平常。
銅瓶蕎劍有深思，不是尋常弄巧詞[1]。堪笑效颦誇體物，了無意義鬪妍嬈。
厭讀人間酬應詩，不關美刺祇諛辭[2]。人生出處真難料，莫使他年失悔遲。
運典原來貴自如，泯然無跡始躊躇。搜奇炫博雖華絢，何苦勞人檢類書。
興來步均本無妨，詎可專攻詡擅長。不是做詩成做韻，愚山俊語未爲狂。
箋詩本以明詩事，徵引還須慎取材。莫視篇章同謎語，先懷成見漫疑猜。
承平那識亂離苦，朝市安知山野情。論世知人真不易，休持聲病肆批評。
微詞婉語費追尋，評騭須知作者心。每歎丹黃圈點後，古人精詣反銷沈。
由來詩話資談助，亦可因之見本原。莫作逢迎時貴具，須防柳轂遇朱溫。
協律篇章稱樂府，談言時事入歌謠。正名貴要窮原委，無韻非詩自不挑。
詩隨時會始爲真，豈必斤斤貌古人。但在精神不在體，體新未必即詩新。
蔭亭詩家兩教。戊子春暮，越園。時客金陵。

瀛槎重泛圖記[3]　曾克耑

同門黃子蔭亭，夙遊學法蘭西，遂工事，精文學，嘗見器於其國碩學；歸從吾鄉石遺陳先生遊，爲詩古文詞，精卓過儕輩，蓋將鎔東西學術爲一冶。吾嘗引爲畏友，以爲窮老盡氣所不能及也。既而黃子以《瀛槎重泛圖》出示，曰："吾以遊學，嘗再浮海；比議置郵，奉使遊歐、非諸洲，蓋瀛槎三泛矣。吾所見其風物山川之奇詭怪偉，懸吾夢寐間，久未能忘也。湯子定之既爲之圖，子其能爲我發其意乎？"吾以爲以黃子之學之才，鬱鬱居京師久，得一遊海外以發其抑鬱之氣，恣壯偉之觀，其於黃子之歌詩則誠有神矣。抑吾聞士所貴通海外學術者，蓋將以宏譯事，以通中西之郵，擷人長以益吾短也。輓近自有譯筆以來，惟吾鄉幾道嚴先生所譯書爲獨出絕其儔。對比士不悅學，學術陵夷，佶屈聱牙不可誦之書遍中國，而學子乃祇敬之，曰"此真譯事之指歸，吾所以存

---

①　同上。

②　"辭"，《寒柯堂詩》作"詞"。

③　曾克耑《頌橘廬文存》卷十一，民國間鉛印本。卷後"文本事注"云："《瀛槎重泛圖》，是吾友黃蔭亭乞湯定之作圖紀其三泛重溟之跡者也。蔭亭名曾樾，法國里昂大學文學博士。歸國執業石遺先生門下，治詩古文詞，皆卓然有以自立，吾同門也。"

其真也”，其謬妄淺陋誠無足論。吾獨怪以黄子之通貫東西學，胡不稍分其治詩古文餘力以稍致力於是？吾知黄子之書苟出，其必能趾美嚴先生，而有以箝轅近不學者之口，無疑也。胡黄子久秘藏，不一試邪？抑將有待也？九州裨海之學不可以不溝而貫之，鄉先輩垂絶之業不可以不振而續之，固賢者所有事也。而今之能肩是者，舍黄子莫屬。黄子其有意乎？因書以問之。

爲書延壽圖序 [①]　陳海瀛

　　曹子桓云，文章“經世之大業，不朽之盛事”。韓退之云，“傳來世莫若書”，是以藏之名山，歷千百萬劫而不可泯滅者，彭聃之壽蔑以過也。然若雞癩豕零，適時爲帝，雖亦風行一世，其書本不足傳，奚貴乎孜孜藏庋爲哉？而在精於別擇者，殫心力之所及，覬必得，既得之，相依爲命，廝守不忍去。或遇蟲傷鼠嚙，手自綴緝，俾復完。又或殘缺斷爛，不憚煩費，四出借鈔。其有名著未刊者，爲校勘鋟版，力絀則犕企集貲以成之。凡若此者，吾友黄君蔭亭行之三十年不少倦。斯其《爲書延壽圖》之所以作歟。夫書之壽亦難言也。六經厄於秦，不絶如綫，至漢而復興，則伏生、申公、轅固、歐陽生、高堂生輩，拾遺訂墜之功爲多，否則不有延續其間，詩書之澤斬矣。今觀是圖，益歎古人之著書立説，果能昭垂奕禩者，興滅繼絶，不能不有待於後之人也。顧或謂秦漢以來著述益盛，隋唐以後板刻益多，人壽不過百年，惡能爲役？所謂以有涯逐無涯也，不如其已。若然，則壁中書誰爲發之？井中史誰爲出之？書之夭札而堙阨者不知凡幾，皆後死之責也。孰有如蔭亭之懃懃惓惓，或鈔或補，或廣爲印行，延斯文於一脈者哉？沈子劍知既作圖，余爲之序，重蔭亭請也。

長樂謝賭棋先生山中抱膝圖題識 [②]　何振岱

　　歲在戊戌仲冬，先謝賭棋師八十誕辰，振岱同學陳聚星、鄭容輩先期謀寫

---

　　①　陳海瀛：《希微室家藏文稿》，1959年油印本。

　　②　録自文學院轉交的原件複印件。末鈐“何振岱印”陰文方印、“梅叟書畫”陽文方印。題據《我春室文集》擬。何振岱《我春室文集》卷一，有《長樂謝賭棋先生山中抱膝圖題識》，一二字詞偶略有不同，蓋收入文集時曾加潤色。

師容,以澥外縮影灃請,不許。固請,迺許。影成,拓繪爲圖,屬周愈點綴成幀。其後五載,師歸道山,圖亦隨失。惟影片猶藏予家,歲時焚香獻斝,率諸生禮奠爲常。今夏之孟,年家子黃蔭亭蒞政茲土,得此圖,袖以示予,請題跋語。先德澹庵先生,與予丁酉同譜,又同及師門,先師嘗稱賞之。蔭亭承家學,好古書,善詩文,能恢張其前緒,我先師之學術於是再傳,益綿以遠。此圖屬之蔭亭,珍重庋藏,香火因緣有足多者,予是以樂而識之。旃蒙作詻余月中浣,受業弟子何振岱敬識。時年七十有九。

郭蘭石書册題識 ①　賀航

蘭石道人書參河南,率更娟秀逸宕,爲嘉道間風尚,名重一時。行書致力平原《論坐帖》尤勤,幾與華亭爭席。此册信手臨池,而風華時露楮墨間,足堪玩味。書學日壞,行將絕響,慈竹居其善護之。番禺賀航題于福州。乙未八月。

宋拓聖教序題識 ②　郭虛中

《聖教》宋拓極舊者,每苦墨濃而畫易昏,雖墨皇本亦不能免。此乃斷後拓本,而纖削之畫,夭矯之神,足與張用之本相伯仲,殊爲可寶。蔭亭偶從冷攤得之,亦奇緣也。甲辰中伏,郭虛中拜觀並記。

翰墨奇緣。展懷又題。

莫雲卿書册題識 ③　黃蘭波

莫廷韓在明隆萬間以才學名行,傾倒一世,於詩文書畫無所不窺,亦無所不工。行草書取法米顛,遠宗二王,誠如竹嬾所稱,有咄咄逼人之致。惜其年

①　録自文學院轉交的原件複印件。原鈐"畏壘老人"陽文方印,"賀航"陰文方印。
②　録自郭天沅師所提供書影。有"虛中私印"白文方印、"展懷"白文豎長方印。
③　録自文學院轉交的原件複印件。原鈐"蘭波書印"陰文方印。

壽不永,爵位不顯,故墨迹傳世不多,遂令後之人咸知有董華亭,而知有莫華亭者蓋鮮。廷韓初名是龍,字雲卿,後以字行,改字廷韓,別號秋水。今此册所收尺一,多紙,俱署名雲卿,且有秋水亭一章,定爲後期之作。一九六五年五月六日,觀於慈竹居。蘭波記。

送黄曾樾赴全國交通會議序七月初二日[①] 葉長青

長青無似,謬獲附姓名於石遺室弟子籍。每及門問字,先生必縷述諸弟子中某顔某路某誰短長,近乃亟稱永安黄曾樾能詩文,余耳其名而未遑接覯也。去冬邂逅於先生之匹園,襟宇軒宏,才鋒崒嵂。《詩》云:"既見君子,我心則夷。"及讀其詩文,觀其言行,而得其爲人益詳。君父澹菴先生,有道士也,精考據,工雕刻,不幸早世。君搜集遺文手澤,涕泣求傳於大人先生以見孝子之用心焉。君既孤寒而名卒立,又以見有微必顯,既顯彰微之理焉。君早歲肄業吾閩海軍學校,既留學歐洲,入法國里昂大學,爲教授哥布羅所器。君所著《中國諸子學》,哥氏親爲序,行入大學叢書焉。中國人著作入叢書,自君始。哥氏者,法國一二數學者,猶吾國之石遺先生也。君留法見知於哥氏,歸而袪衣北面於石遺先生,講論文藝,稽合同異,宜其爲魁士也。青不妄許人,亦不妄受許於人,於君無閒然,君亦不肯世俗青也。君近奉省政府命,入都參與全國交通會議,告青曰:"此行,諸友中有贈詩者;君擅文,丐一序壯行,可乎?"余以野拙不解作世俗語,平日酬酢之文遂不敢輒作,然於君謬知之厚,則有不敢自外,抑亦有不能自已者。夫交通之事,古簡今繁;以中國與外國較,中則古繁於外,外則今繁於中。讀史自禹王治水,以至周穆西征,漢武通西域,元代征歐洲,元和使南洋,交通之事固已大備。歐洲後來居上,東鄰日本起而傚之,我國又從而則範,非所謂取法乎下者耶?往歲日本開全國交通展覽會,我國派員參觀,見日本所陳單軌車模型,詫問何少一軌,日人答曰"將來進步或可與貴國同爲雙軌也",報紙宣傳爲笑柄。中國今日交通事業尚可問乎?以路、電、郵、航等政言,靭始雖已數十年,而全國已成鐵路僅七千餘里,電線八萬七千里,無線電臺五十餘所,電話機十萬號,國有航業迄

---

① 葉長青《長青文集》,民國間鉛印本。

未舉辦,商航僅三萬八千三十三噸,郵政一項雖規模略備 ①,而一切施設皆出外人之手,且頻年戰亂,影響殊鉅,他若道路、航空,更無足述。外人乘機侵略,遂益顛躓。夫交通關係立國命脈,舉凡政治、軍事、財政、經濟、文化、實業,莫不恃此爲鍵鎚。今兹會議固不乏建議革新方案之人,然權不一,私心不除,雖千百其議,猶之紙上談兵,毫無實效,何以繫國民之視聽乎? 聞君所提《化兵爲建築公路案》,鍼時之藥可行也,粵書之以媵其別。

老子孔子墨子哲學對照研究序 ② 埃德蒙‧戈布羅

我親愛的黃:

首先,我對您在里昂大學的出色工作表示誠摯的敬意。作爲一位中國著名作家的兒子,您受到貴國廣博文化的薰陶和名家指點,又來到我國學習我們的語言和我們的思維方法,達到了既可用明快、細膩的法語陳述一些常常是敏銳的見解和與我們絕然不同的心態,又可用法語構築一部條理分明且内容相當豐富的著作。這部對中國古代三位偉大哲學家的研究專著,闡明了他們在歷史上的影響和二十五個世紀以來這種影響的擴大,使我們這些不懂中文的人從中學到了很多我們過去不瞭解的東西,以及就連我們那些最傑出的漢學家也不曾透露過的某些事情。在舊大陸,處於極端對立的兩種偉大的文化,經過多少世紀的互不瞭解之後,現在渴望互相靠近,互相補充。您將成爲這個偉大事業的一名優秀的開拓者。您即將帶回貴國一點象徵著法蘭西的靈魂的東西;通過這本書您也將給我們留下一些屬於中國的靈魂的東西。

您送給我的兩個貴國的瓷瓶上面有一幅圖畫和一些字。您告訴我,圖中畫的是一位長者在教導一個孩子;字寫的是忠於祖先的傳統是一切道德和幸福的源泉。也許再没有什麽可以比這更能確切地表達和概括這種使中國成

① "略",原作"路",疑當係形譌,逕改。

② 該文係黃驌先生生前寄示者,原題《給黃曾樾博士的一封信》。原注:"埃德蒙‧戈布羅(Edmond Goblot)是法蘭西研究院通訊院士。以他給黃曾樾博士的信,作爲黃曾樾博士在法國里昂大學獲得最優秀博士論文《老子、孔子、墨子哲學的對照研究》之序。"故擬題如是。文又附薩本珪《一位博學、清廉的船政學生黃曾樾》後,張作興主編:《船政文化研究》第三輯,海潮攝影藝術出版社2006年版,第326頁。

爲世界上獨一無二的民族的獨特個性了。

值得讚賞的不只是產生希臘哲學和由此產生整個人文科學的那個時代，因爲中國已經有了自身發展起來的哲學；更確切地講，是因爲當希臘哲學在西方幾生幾滅只因文藝復興才得以保存下來的時候，在中國則恰恰相反，始終至少保存著其偉大哲學中的一個學派，並且長達二十五個世紀之久。

沒有例外，我們社會學的一條規律是：一種新鮮的思想可以發展或者死亡，但絕不可能毫無變化地存在下去；如果這種新的思想有著完全可靠的科學依據，那麼它必然獲得發展而取得一系列新的成果；一種思想停止更新之日，即其死亡之時。宗教有其非凡的保存能力，它使其所涉及的一切固定不變。對宗教而言，越古老越有價值；一切新生事物在那裏都是被禁忌和懷疑的。仔細留意，就會發現宗教經文和宗教儀式都是一成不變的。一種學說，作爲精神的組成部分，或發展或消亡，但當它存在時，總要致使它的儀式或形式改變其觀念，否則將不再被人理解。因此，即使這種學說是宗教的一個組成部分，其思想似乎也不得不服從這條規律；要存活下去，就得變化，否則就死亡，一成不變是不可能的。因此，就是那種企圖維護這種學說和使其固定不變的那些持久不變的形式，也擺脫不了變化的規律。

傳統觀念是中華民族與中華文明一種深沉的特性，它勝過進化規律。西元前五百年在中國誕生的各種哲學學說中，至少總有一種學說一直是這個龐大帝國中所有學堂上的課程，它宛如今日培養和哺育了中國人的心靈，而這種道德是人性的，而無任何宗教性，它發現尊重家庭符合人類和社會的本性，尊重正義符合理性原則。只有觸及到政治道德時，它才要求一種宗教的原則，即君主是天子。在中國，如同在其他國家一樣，君權是天賦的權力。但當君權已經合法化時，這種宗教原則就失去了作用。孔子把國家比做一個大的家庭，以此來確定君臣的責任與義務。然而，中國曾有各種宗教，一些是土生土長的，一些是從西藏、印度、阿拉伯和歐洲傳入的，這些外來的宗教沒有一種消滅、篡改、併吞了孔子之道。

中國從來認爲自己的文化優越於其他亞洲民族。對中國來說，孔子的學說是純粹中國傳統的整體藝術的一部分，我所指的中國藝術不僅是美術、繪畫、雕刻、建築、音樂、詩歌等，而且還包括精巧的農業、漁業、養蠶業，考究的服裝和烹調,特別是他的書法。所有這一切構成一個不可分割的整體。不允許任何人切割和分解這個置中國於周圍未開化民族之上的古老傳統遺產。

中國文化缺少的是精確含意的科學。科學是希臘天才發明的最高表達形式,在經過多次沉浮之後,現代的歐洲人也只是使它擺脫掉妨礙其發展的各種粗糙的外表。儘管人類知識在我們眼中看來多麼令人肅然起敬,科學仍處在摸索階段;而科學已經征服和制服了一定的自然力,並且它不斷的進步每日都在擴大著人的智力對大自然的控制力。

一種傳統的文明總著眼於過去,二十五個世紀前的孔夫子不想追求革新,却主張繼承更加古老的傳統。他最出名的著作是學堂上使用的選集。他篩選收集了消失在過去歲月中的大量詩歌和充滿智慧的民間格言。一種以科學促其進步的文明是著眼於未來的。我們勉強認爲自己是文明人,但我們的後代子孫定將成爲文明的人。我們僅僅利用了物質的自然界的力量對有機的生命只瞭解了一點皮毛;我們只感覺到我們精神世界的一些朦朧的閃光,只感到我們不可避免地對那可以使我們瞭解它精神世界的一切缺乏判斷力;但我們剛剛纔發現,在這種精神世界裏應該有一個社會學。當然,這一新生的科學有著無限的前景,它遠非要保持一切而是渴望革新一切,儘管取得的成果還很微小,但已引起東方人的羨慕。您來到我國學習歐洲科學,吸引您的首先是工業技術、科學的應用更確切地說是科學的本身;但是您深知在應用之前,不僅應該熟悉其理論,還要深入到論證之中,繼而上升到原理。要成爲科學家,就要具有一種科學家的心靈,要具有審慎和懷疑的精神,這種嚴謹的作風,這種嚴格的自我批評態度,正是我們稱之爲科學的精神。我們之中一些人甚至對歐洲哲學,要麼要求一種科學的準備,要麼要求一種爲他們打開新科學之路的補充教育。

但是,您對歐洲科學和哲學的學習並沒有改變您對貴國民族哲學的情感。恰恰相反,您傾注了滿腔熱情使我們更多地瞭解和恰當地評價中國的哲學。好象您在我們中間尋求它的信徒。好吧,就這樣吧!過去我們一直是通過那些懂中文的歐洲人來認識中國的哲學家,今後我們將可以通過懂法文的中國人來瞭解他們了。現在,我想告訴您,我們將特別希望在您的著作裏而不是在我們最優秀的漢學家的書中尋求探索中國的哲學。

當我們印歐語系裏擁有豐富的表達力來說明概念與推理之間的關係的時候，漢語，無論是口頭語言還是書面語言，則使之兩者並列，並讓聽衆或讀者自己去補充這種叙述，這些叙述毫不費力地從一種語言過渡到另一種語言，並且只要它們合乎邏輯，它們是能够本意相通的。但這只有在最完善的科學中和在其最確切的部分裏才能實現。概念之間的關係常常是通過類比法和相似性來表達的，但不同的民族思想和不同的文化不總是使這些叙述給人同樣的强烈的印象。如若使這些叙述保持著一個社會或一個民族的思維習慣或傳統，保持著其口頭或書面語言的辭彙結構、詞源或派生詞及它的歷史，那麼或是無法翻譯，或是需要通過一種不同於簡單翻譯的闡述來使人明瞭。但是各種語言中的辭彙有其擴展能力和生動的表達力，比如說要翻譯一首詩歌，常常是除了詩意都可以翻譯出來。一切辭彙除了本身確定的含意外，都帶有其可以喚起或抑制一些思想、形象、感情、傾向的引伸含意，儘管它們並非正式包含在其定義之中或正式地排除在其定義之外。這種語言上的親屬關係常常是先人使用的結果。

如果説在哲學乃至科學中，概念之間的聯繫很少毫無例外的全部屬於邏輯叙述，那麼這種叙述往往應該由類比法、相似性、對比法等構成，而這些又和語言的結構或講這種語言的民族的天然或後天的氣質有關。因此，對於直至今天我們才得以體會的那些生活在地球的另一半和一百多代以前的人物所使用的推理方式並不應感到驚奇。

我將通過一些例子加深這種理解。

我在什麼地方談到，根據文字的結構，"恕"這個字的最初含意可能是推理的結果。"恕"在於承認一種存在於兩者之間的關係與存在於另外兩者之間的關係是相同的；我應該根據事物與我的關係來判斷同樣這些事物與其他人的關係。我應該如我希望他們對待我那樣地對待他們。這正是文字的結構令人明瞭這個字所表達的意義：公正。

它同時也表明了爲什麼"恕"這一人類義務的普遍原則不是家庭中的義務原則。家庭中彼此之間的義務不是類似的不可轉換的群臣關係所確定的[①]；

---

① "群臣"，疑當爲"君臣"？

父親没有服從兒子的義務,兒子也没有對父親進行教育的義務。

您的作品又給我提供了另外一個例子。當這部作品還是草稿階段時,我曾要求您研究一下,在老子的哲學中各種不同的,甚至可以説在表面上和"道教"很不一致的語詞涵義之間的關係是什麼。

我曾向您提出派生法,如從"道"這個詞的原義出發,或通過擴大類比,或通過列舉派生法可以引伸出這個詞的各種含義。您對我説,我的假設很符合老子的思想,我對此真難以相信,一個廿世紀的歐洲人能和一位西元前五六世紀的遠東哲學家思想一致。這種可能性是很小的。但是,你們中國人可以考慮,通過語言文學的幫助,對作品進行詳細研究,是否可以肯定、否定或者修正這一假設。

在上面講的第二個例子中,也就是"道"的例子中,涉及的涵義之間的關係,語文學家稱之爲語義學;在第一個例子裏,也就是"恕"的例子裏講到的關係,語文學家稱之爲詞的形態學,無論是前者還是後者,在中文的口語或書面語言中都可以加以考慮。對語義學也好,對形態學也好,都應該考慮到我稱之爲辭彙的神秘主義,考慮到這些字以一種巨大的力量所展示的或壓縮的,書寫又不屬於其原義的語言的親屬性和不一致性、形象和感情、乃至激情辭彙的神秘主義在科學中是不接受的,但不管人們願意與否,它都在哲學,尤其是精神哲學中起著作用;在《對實踐推理的批判》中康得對德瓦爾的有名的"雄辯而充滿詩意"的斥責中,我可以從一百個例子中找出一個來加以説明。

如果涉及到辭彙的語義學或形態學,那麼一個歐洲的漢學家可以成爲行家;但是辭彙的神秘主義,自然是懂法語的中國人比懂中文的法國人更能信手拈來。

思想和辭彙,由於其感情的擴展,與民族的氣質和民族歷史有著神秘的相似。因此,常常發生民族間不能相互理解和某些思想很難從一種文化轉入另一種文化。親愛的黄,今年我和您的一次交談使我感到法國人和中國人可以比人們所期望的更容易互相瞭解。您異常順利而快捷學習了我們的語言,研究了我們的風俗習慣,我們的文學和美術。您來到歐洲首先尋求的是把科學引進到貴國;但您對一切都感興趣,而我相信您對歐洲文明特別是法國的文化形式最有好感。我有時發現，你們中國人比我們的歐洲鄰居能更深刻地領會我們法國人氣質的細微區別。您的觀察不僅是專注的，而且是深入的；您的評論是善意的。返回您的祖國以後，您將使那裏的人瞭解法國，喜愛法國。而我也希望，儘管我們遠隔萬里，儘管我們溝通思想有著巨大的語言障礙，您將繼續您的努力使我們更加瞭解，更加喜愛中國。

艾德蒙・戈布羅

1925 年 5 月 25 日於里昂

陳石遺先生談藝録序 [①]　林庚白

歲辛亥，余年十六，方讀書京師大學，始識石遺先生。越十有五年，納交於黃子蔭亭。蔭亭新自海外歸，時相過從。出似所作詩古文辭，類淵雅，躋於作者之林。因爲言石遺先生於商量舊學，雅極愨摯。蔭亭亦既飫聞先生名，深以得及先生之門爲可樂。如是者又三年。蔭亭與余邂逅南都，則知其有《石遺先生談藝録》之作。問序於余。余受而讀之。其於詩古文辭，凡所論列，皆鞭辟入裏，能抉其奧，不作一膚淺語。而臧否選體詩、桐城派古文，以暨近人樊山、伯嚴詩各則，與余所見，幾合符節。獨謂劉後村詩僅工七言絕句，似未知後村之真者。後村詩無一體不工，蓋出入於杜、韓、蘇、黃、東野、臨川間，淹有諸家之長。其尤勝處在寫實，甚美。以此法作詩，庶幾近數十年以來之中國，可一一於詩歌表而出之。今之語體詩，瞠乎後矣。不諗先生以爲何如？《談藝録》文筆雋永，叙述簡潔，讀之如飲龍井茗，清芬沁人心脾。有志於舊文藝者，人手一編，余知其於詩古文辭入門之途徑，必有獲也。信惟蔭亭足以傳先生，亦惟先生之孳孳於商量舊學若此其篤。余別先生九年，睹此編，猶怳然置身於便坐雅談時。噫！先生遠矣。民國十九年八月，衆難林庚白序於秣陵。

[①]　原附《陳石遺先生談藝録》書前，今重録於此。

黃教授蔭亭詩文集序 ① 　張葆達

　　君與余先後遊石遺師門下。師謂余曰："蔭亭好學深思，有志之士也。子可與往來論文字，均有益。"既稔，君鈔舊作若干首，分致石遺師及余。大抵師最取者，余加密圈或連點或單圈，偶有出入，蓋嚴與寬之別耳。君於近代作家，詩則服膺巢經巢，嘗按集中如古今體、五七言與其人其地其世彙次而評比之，甚當；文取法抑快軒，以其嚴潔，規橅桐城，集貲排印，分餉諸友。其事師也，凡所傳授，耳聽手書，積成《談藝錄》。師門生滿天下，而吾州説詩社弟子未有此作，衣鉢之傳屬於君矣。君弱冠卒業馬江船政學校，留學巴黎，歸客遊大江南北，識四方文士名流。見聞既多，於歷代古物所謂尊彝、鐘鼎、碑板、書畫，爲真爲贗，爲純爲駁，辨別特精，一時目爲賞鑒家。既而教授本省師範學院垂二十年，巋然師表。先是，君以集屬序，余諾之，久未報。今吾集亦欲君序，君責前諾，余敢不勉！因撮平生交誼與文字因緣，書以歸之。甲辰秋暮，秀淵張葆達稿。時年八十有六。

慈竹居集序 ② 　陳海瀛

　　文章者，關乎人之氣質、性情、學養，毗於陽者氣剛，毗於陰者氣柔，因其性之所近，澤之以詩書，而黽没爲之，及其至也皆可傳。是故詩若文，有兒女情多、風雲氣少者，有庶子之春華、家丞之秋實者，所造各異。同門友黃君蔭亭詩，志士苦心，別有懷抱。七言絶句最工，次則七律、五古，石遺師評語也。其出以悲惻婉摯者，與騷雅近；其出以清剛俊逸者，與魏晉近，可於《石遺室詩話》《説詩社詩録》中見之。文則華滋博贍，擢經籍之菁英，以神其運用，奇不戾於法，麗不流於靡，蓋從寢饋范《史》陳《志》來者。二十年前示予十數篇文，已獲窺一斑。近復讀其序及傳記，則益樸茂淵懿，駸駸進乎古矣。蔭亭既哀其積稿，署曰《慈竹居集》，委作序。竊嘆學問之爲道也多端，文章其一耳。詩也文也，爲

---

①　按，録自文學院轉交之原件複印件。原毛筆豎行書寫。

②　文附《慈竹居集》前，原爲複印件。

之者,心欲其虚,腹欲其實。少陵云"轉益多師是汝師",貴能虚。東坡云"腹有詩書氣自華",貴能實。縱觀蔭亭所作,揚之高華,按之沈實,可貴乃在此。他日集出,讀者當不易吾言。一九六四年十一月,弟陳海瀛謹序。

左海珠塵序 ① 　童第德

蔭亭,志節士也。抗戰軍興,余與蔭亭自長沙轉渝,共佐軍須。又數年,寇益深,有托庇敵人於南都立偽政府者,偽行政院長某,使人致意蔭亭,願留部長之職相畀,蔭亭堅拒之。語余曰:"人之無良,至屈身異族,它可恕,此決不可恕。以是挽我,適足以見其不知類而已!"嘗與余從容論閩中明季節行之士,余曰:"石齋道德、學術,允推第一。"蔭亭謂不如鄭延平。問其故,曰:"敢與敵鏖戰也。"其持論如此。寇退,還長福州市,得其鄉先正遺集,世所寡有者若干種。人民共和國肇建,教授本省師範學院。頃寄所著《左海珠塵》見示,首列林子野、黄九煙、林如翥、胡上琛諸公,暨方外永覺禪師,志意皦然,可盟天日。其它一衣之長,一節可録,亦廣爲搜羅,亦以忠義爲歸。或曰:"自建國迄今,中原内外敵人肅清無餘,而工業農業、聲光電化之學,衛國兵形勢、兵技巧,追所謂先進國家而及之,或出其右,足以自豪。蔭亭願顜顜於此,何邪?"曰:"抗戰八年,竭全國之力,僅能勝之。一寇既仆,一寇又來,海外國土尚未收復。强寇狡焉思逞,當寧者日夜飭國人而申戒之,至於再,至於三。著書貴其有用於世,蔭亭益援古而警今,激蕩國人而作其氣。"斯志也,亦猶執政者之志也矣!

公元一九六四年十二月,鄞童第德撰。

永思堂文稿題識 ② 　陳三立

識議明通,氣體贍博。筆勢所控,縱類能盡意而達藴,於歐、蘇爲近。益

---

① 按,黄驪先生生前曾録示電子稿,核之文學院轉交的原件複印件。複印件原鋼筆豎行書寫,共兩頁,頁八行,行二十三字。

② 文附《永思堂文稿》集前,無題,係陳氏手書,末鈐"散原"朱文長方印。暫擬題如是。

進以遒厚，自當追古之作者耳。癸酉九月，散原老人三立讀。

慈竹居文續讀後 ①　陳海瀛

《論易》兩書、《疑佛》一篇，因素未深研易理、佛理，不敢妄置一辭。《墓銘》一、《墓表》二，義法謹嚴，脈絡貫串。《述哀》《記言》二篇，寫瑣事處，神情躍然紙上，令人敬孝之念油然自生。《論文》乃經世不朽之作，非宣文佳，蓋絲積理而來，熟知章習齋所謂文理者也。雒誦諸篇，非寢饋昌黎不能道，《李公墓表》尤近之。佩服！佩服！弟陳海瀛拜讀并識，己丑三月。

永覺和尚廣録探微跋 ②　賀颺

慈竹居主人著述宏富，此録遺著中僅存孤本也。憶丙午歲朝，主人出示定稿，曰："待繕正，爲我審閱署檢。"詎季秋之變，主人授命，著作盡失。以爲此稿亦必亡矣，痛惜久之。邇者，恬齋先生以録存本叚讀，和淚展卷，如對故人。既欽恬齋風義，敢負宿諾，補題其耑。恬齋其善護之。賀颺謹識。戊申八月，時年八十。

永覺和尚廣録探微跋 ③　鄭麗生

是書自注六引近修《福建通志·高士傳·吳楷傳》載"魯王入閩，鄉兵起，有僧石田者，擁萬人入鼓山，號義師"事，蔭亭疑之，謂石田殆不空之誤。頃見《天香閣隨筆》有一條云，"浙僧石田，隱居紹興秦望山下，茅屋三間，

---

① 該文另紙粘附《永思堂文稿》後，係陳氏手書，鈐"陳海瀛印"白文方印。考文中所引篇目，多出自《慈竹居文續》，故擬題如是。《論易》兩書，當即《答丁立夫先生論易書》《答丁立夫先生論易第二書》，《慈竹居文續》卷上有目無文，今未見存。《疑佛》亦見於《慈竹居文續》卷上書前目録，正文闕。《述哀》《記言》（即《恭記先祖母遺訓》）、《論文》均見存於《慈竹居文續》。《李公墓表》，或即《慈竹居文續》收録之《李公冰琴墓表》。《墓銘》一篇，則未詳所指。《慈竹居文續》僅有《官君宗載墓誌銘》。

② 文見福建師範大學圖書館藏抄本《永覺和尚廣録探微》書後。

③ 同上。

師徒四衆,荒寂不堪。魯藩開府紹興,舉爲將,有兵三千左右。魯藩走下海,大兵將至,石田白事急矣,請南行,引兵來迎,遂往説鄭師迎魯藩去,大兵追之不及"云云,則石田實有其人也。惜蔭亭骨灰已寒,不能舉此以質證矣。悲夫! 壬子六月大夏,恬齋記。

永覺和尚廣録探微跋 ^①　錢履周

此慈竹居遺著之一也,恬齋先生手録,藏諸篋衍者數載,今春出示。余諷誦再三,人琴之感,弗能自已。憶作者寫此時,曾下問徵芻見。余謂:"君之彰潜闡幽,考證精博,下走願拜下風,尚何能贊一辭。惟聞諸父老:洪承疇松山敗後被俘,瞑目塞耳,絶食坐一樓,誓言不履清土,不聞清聲,不覩清人,不飲清水。多爾袞聞他降人言洪好色,乃遣其所通之嫂順治之母艷服持人參湯往,挽洪頸曼聲勸飲,洪張目一飲而盡。多爾袞之嫂笑曰:'經略聞清聲、覩清人、飲清水矣,猶不履清土降耶? '遂從之下樓。清師破南京,所謂大宗伯錢謙益者,白髮蒼顏,衣明代朝服,長跪大雨中,迎降於郊外數十里。以與永覺相較,自有人獸之判。第永覺所哭之舊王,考諸史乘,則弘光淫昏,隆武迂庸,永曆駑懦,此輩徒以朱氏之胤嗣,遂暫踞一隅,竊國位耳。縱使史可法、黄道周、李定國、鄭成功諸公,能逐清師、集大勳,恐永覺仍不免於一哭。蓋從來封建王朝之覆滅,必先自伐,而外患始乘隙伐之,或權臣取代之也。永覺雖四十出家,實一儒生。儒家非賴帝王之利用,其學不顯,故君父並尊。又嚮壁虛造,天宣聰明,天與人歸諸讆言,導其君泰然肆於民上。迨易代之際,則以一姓之敗亡爲國變,於是有捐軀以殉者如黄端伯、曹學佺,有惓惓於黍離之痛者如永覺,有曳殘聲而過别枝者如洪、錢,皆儒也。今日科學昌明,世非封建,儒冠失所憑依,宜遭擯棄。然則如永覺者,寧非絶後之陳迹而已歟? "作者頻頷其首,距今將十稔矣。恬齋先生命余於此著加題識,因追記當日之謬見,以就正有道焉。第二癸丑夏至前五日,件翁識於福州城西破瓦齋寓廬。時年七十有九。

---

① 文見福建師範大學圖書館藏抄本《永覺和尚廣録探微》書後。

慈竹居詩鈔跋 ①　　錢履周

　　丙午秋，慈竹居主人授命。翌歲，道真室主人蒐訪遺詩，鄭君恬齋助之。余益以作者所録示及自《采風録》中鈔存諸詩，都四十三首，輯爲《慈竹居詩拾》。鄭君續在《石遺室詩話》中鈔出八首，續得四首；作者令弟養清復覓得《楊花》《寄畹華》《同甘賢遊北海》《抗戰歸里雜詩》《青州贈知新》等篇；畏安長君嶧甫，又撿寄曩歲作者自選之《慈竹居詩鈔》，均附《詩拾》後。共九十四首。畏安常置吟几，病其編排凌亂，囑加校訂。因以作者自選及入《石遺室詩話》者爲《詩鈔》，餘爲《詩拾》，略依時代先後，合訂一册。憶作者少治自然科學，年十九從龍田張夫子，肆力於古文，師亟稱之。迨遊學歐陸，卒業工科，後攻外國文學，成博士。歸，餘事爲詩，入説詩社，爲陳石遺先生高足弟子。其所成就，視專事吟詠者似無多讓。尚有他詩文若干篇及《左海珠塵》，皆曾示余，虛衷徵芻見，今不知散佚何所。此九十四首，嘗鼎一臠已耳。嗟夫！歲月不居，作者身灰八載矣，輯遺詩之道真室主人亦歿兩年。藐躬則衰病侵尋，崦嵫日迫，不識此生尚能重讀作者他著述否耶？甲寅立秋日，後死友錢履周識於福州城西寓廬。時年八十。

讀慈竹居叢談_{談瀛}後 ②　　夷葵室主人

　　以日記體裁寫瀛游聞見，間抒鄘月之思，文詞優美，方之近代，足駕南海康氏師弟諸遊記而上之。下走讀書不多，故所舉例極淺陋，不唐突西施否？讀之甚都，惟略有狂瞽之言，請許我一吐。

　　大作中“風景依舊，人面已非。根觸前塵，感慨系之”；“輝煌燈火，悠揚絲肉，繁華如昔，情緒已非”；“蹤跡萍蓬，生涯苦短。……車去魂銷，人間何世”，此類四字句，偶著一二，無傷大雅，多則絶似南社中人寫小説筆調，將使讀者無清新之感，似宜稍加割愛。

---

　　①　文見《慈竹居詩鈔（附詩拾）》後，題整理者擬。
　　②　録自連天雄兄提供的原件複印件，係早時得自黃驪先生者。夷葵，未知何人字號。先生曾有《跋夷葵室手抄復初齋評漁洋詩》，見《慈竹居集》。

寫路易十四一段，大青大緑著力渲染，此公與以後之大革命有關係否①？下走不諳西史，姑妄詢之。

"若有輪迴，惟待來生耳"，大類彈詞中語，以今日之語頌之，則曰"富有民間文學藝術"耳。附博一笑。

孟買商人言不二價，大作中何來此闤闠中語？請酌。

作者負笈於法有年，此次瀛槎重泛，關於法國部分似應揭彼邦政教進步之速，與協以謀我之深心，則更言之有物，可以信今而傳後。若夫攄懷舊之思，惜人面之非，猶其次焉者也。

乙巳仲夏，夷葵率塗。

附：

《讀〈壯悔堂文集〉》一文，此作極有見解，論人論文均愜心貴當，平步青、張舜徽瞠乎後矣。惟大著旨在論文，而入手論人之詰占全文三之一，賓主易淆，可否入手即論其文？而將論人一段再加精鍊，移置於後，似較醒目些。謹貢芻見，以備採擇。

石遺室詩話四則② 陳衍

永安黃蔭亭曾樾，弱冠畢業法蘭西里昂大學，而夙耽舊學。其師法國老博士某，甚器之，使著《中國周秦諸子哲學概論》，著録巴黎圖書館，得贈哲學博士，中國人所未有也。歸國從余遊，致攻詩古文詞者甚摯。詩工絶句，如《到南平》云："玉屏杉翠塔尖迷，海鳥驚疑返故栖。倦翮欲休休未得，舊巢更在萬山西。"《與養清弟同宿青州》云："襟期湖海樂長征，勞燕東西歲十更。誰意青州三月暮，弟兄茅店聽雞聲。"《到沙縣》云："土語虬溪混故鄉，城西孤塔插天長。到來渾忘身仍客，此去家還五舍强。離永安百六十里。"《到家》云："歲歲還家夢始真，還家景物太愁人。可憐一隻遼東鶴，小別才經十五春。"《歸舟》云："閩江水勢瀉如傾，船似鼉叢峽裏行。一過洪山回首看，滔天巨浪咽榕城。"《看菊》云："秋圃忘憂恍舉杯，夕陽遲我共徘徊。群芳爾怨風霜

---

① 按，行間注："上斷頭臺者似稱路易十六。"
② 按，陳衍《石遺室詩話》及其《續編》，有評黃曾樾先生詩數則，今彙存之。

酷，風緊霜嚴菊始開。"《秋夜》云："荒園料峭病槐黃，缺月雲陰吐晚涼。我與寒鴉共蕭瑟，更深來此對秋光。"取勢皆不平衍。古體音調多悽惻，蓋蔭亭早失怙，而留學異國數載，喪其配偶，歸家始知，故《到家》一首云然。《秋夜》五言古云："夜闌群動息，明月生樹端。多情入我懷，起坐爲長嘆。憑欄一東顧，關塞路漫漫。涼飇吹衣裳，百感摧心肝。家家御棉纊，吾家衣葛單。離亂雙親老，江湖一雁寒。粗糲苦難飽，安敢祝加餐。嚴霜更凛冽，摧折九畹蘭。愧無漆園達，一念一汍瀾。嗟哉五年別，恒沙量悲歡。萬緣蚊聚散，獨剩此心丹。落拓男兒事，肯歌《行路難》。"中悼亡語亦沉痛。《哭賴靜軒》云："常存嚶求意，欲罄天下才。幾人得如君，使我懷抱開。氣同性絕異，相得殊怪哉。平生喜縱酒，挈徒飲巷隈。畏酒常懦我，顧喜邀我陪。笑謂天下事，付此酒一盃。嗒然真喪我，玉山方將頹。吾雖昧茲樂，竊憐君志灰。黃罏復經過，此路爲君廻。西州華屋淚，今始知其哀。長安勢利藪，朋友干戈媒。人琴渺何許，繞屋空徘徊。"筆意倜儻不群。《遊攝山》云："言訪桃花澗，披榛更越巒。五峰屏四面，山有五峰。一壑徑千盤。旁午如將暝，觀天似未寬。一線天在桃花澗左。俗緣渾忘卻，林鳥共忻懽。"又句云"山靜蟬逾噪"，翻前人語，視"一鳥不鳴山更幽"較便。①

　　永安黃蔭亭曾樾，法國哲學博士，嗜詩古文詞。嘗記所請益於余者，爲《石遺室談藝錄》。余已採其詩入《詩話》，大略七言絕句爲上，七言律、五言古次之。近作如《龍門》云："欲迴大地無邊劫，色相何妨任毀傷。靈隱棲霞齊俯首，天留伊闕配雲崗。"《喜養清弟至》云："老母家鄉苦盜氛，十年累汝慰晨昏。艱難白下重相見，喜笑聲中有淚痕。"《不寐》云："清風大月夜真良，世界玲瓏勝睡鄉。不到參橫河淡後，誰知無價是秋光。"《九月三日，再詣隨悔齋賞桂，花已盡謝，餘馥未銷，欣然有作》云："綠葉芳根傲晚霜，餘香凝院極微茫。端應仙子能招隱，留待詩人續《辨亡》。"《郊行》云："氣爽秋高景物清，無邊樂事在郊行。風情誰似霜林好，奇彩天然畫不成。"《口號柬子木》云："悲秋裘子善吟詩，古調尤饒絕妙詞。讀我五言腸斷句，可能無以慰哀思。""賤子秋來悶欲死，課男餵女作生涯。慈耶嚴母從人笑，不泣牛衣意

---

① 陳衍：《石遺室詩話》卷三十二，民國十八年上海商務印書館鉛印本。

自佳。"《簷前古樹》云:"簷前古樹態難摹,月影描窗畫譜無。鐵幹銀柯新粉本,却將濃筆點棲烏。"多沈著不猶人語。句云:"一事自哀年少日,坐看沈陸作詩淫。""感時意共蟲聲亂,干禄心隨夜色寒。""月華未是無情物,不閒炎涼入我懷。""不爲歎老嗟卑語,却乏掀天拔地辭。""何須遲暮傷懷抱,絕好貧交話性情。""絕憐灞上真兒戲,遂使遼東化鶴還。""爲語雲端征雁道,投林總讓暮鴉先。""蛩聲到枕非無意,爲報秋風又一年。"志士苦心,別有懷抱矣。①

蔭亭近詩,可采者已不少。今年赴歐美考察郵政,得詩率寄示余。獨采其《離家》一首,具見性真,云:"七載家園帶淚看,避兵何意獲團欒。精神似昔親還健,菽水從今夢亦安。小聚休嗟仍還別,壯遊不僅救飢寒。歸來携得瀛談富,倘博慈顔一笑歡。"②

蔭亭尚有詩清澈照人者。《夜永》云:"夜永霜高入夢難,巡簷拾級一憑欄。情懷牢落從誰訴,却喜清輝照肺肝。""小樓遥抱蔣山青,霧鬢烟鬟入畫屏。宜雨宜晴看不厭,月中相對更忘形。"又句云:"心單最覺風霜早,才盡寧關筆墨慵。""靜夜樓臺爭突兀,清輝樹木越葱蘢。"③

無悶堂文集跋④　金雲銘

張遠《無悶堂文集》七卷,爲十餘年前托薩逸樵丈所傳鈔者。去年秋間,復蒙黄蔭亭先生一瓻之惠,携其所得原刊本來館,比勘之後,知鈔本尚缺《七姬朝詩跋》等三篇及自序,乃爲補録附焉。並由《翁山文外》補鈔集序一篇,何枚生親筆所書識語一則冠其首,使成完帙。今夏蔭亭先生復携其所作《無悶堂文集跋》原稿到館,洋洋灑灑三千餘言,既考其版刻源流之異同,復闡發其内容事蹟之足以激勵人心者,尤以更正鄭振鐸氏所作《脈望館鈔校古今雜劇》一段,爲發前人之所未發,洵乎其思深意遠,有功是集非淺尠矣。亟爲轉録,附於卷末,以供參考。一九六二年六月廿九日,金雲銘誌。

① 陳衍:《石遺室詩話續編》卷一,民國二十三年鉛印本。
② 陳衍:《石遺室詩話續編》卷三,民國二十三年鉛印本。
③ 陳衍:《石遺室詩話續編》卷六,民國二十三年鉛印本。
④ 清張遠:《無悶堂文集》卷首,福建師範大學圖書館藏抄本。原無標題,整理時暫擬。

詩録 ①

湖西看梅憶去冬與蔭亭同遊却寄 ② 　陳衍

曾共凌晨看野梅，忍寒啜茗踏蒼苔。當時早識須臾樂，未必明年喚得回。

蔭亭自江南寄示遊攝山詩却寄兼示伯修 ③ 　陳衍

小聚論文聊散愁，驚風飄日起離憂。故鄉名勝無多子，替我江南續舊遊。
手訂山經與水經，千巖萬壑各殊形。若無豺虎妨遊屐，豈少數峰江上青。
共汝湖山覓稻粱，持携彩筆有江郎。天然乞與推敲侶，吟向白門秋葉黃。

同蔭亭至莫愁湖 ④ 　陳衍

水鄉容易長菰蘆，絶艷荷花漸欲無。喜汝廓清聊小試，還他十頃女兒湖。

蔭亭曾爲社會局長，濬湖，其所有事也。

---

① 　該附録所輯先生師友贈詩（詞），大略以作者生年先後爲序，生卒年不詳者，參以朋輩之生平，並酌情參考撰著之先後。同一作者詩作，或以撰寫時間、刊發時間爲序，或以原著之編次爲序。以錢履周、胡孟璽、甘賢女史悼詩殿焉。

② 　《石遺室詩續集》卷三，民國二十四年刻本。又載《國聞週報》1929 年第 6 卷第 19 期《采風録》第 2 頁，題《湖西看梅憶去冬與蔭亭同遊》，署“石遺”。又載《長風（上海）》1933 年第 1 卷第 4 期第 13 頁，同題，署“石遺”。

③ 　《石遺室詩續集》卷三，民國二十四年刻本。

④ 　《石遺室詩續集》卷七，民國二十四年刻本。又載《國聞週報》1934 年第 11 卷第 3 期《采風録》第 2 頁，題《同蔭亭至莫愁湖，覺湖面視十年前較寬，殘荷彌望，知爲蔭亭長社會局時廓清，與有力焉。喜作》，署“石遺”。

登燕子磯示蔭亭^①　陳衍

四十年前上此磯,重來筋力太衰微。登高已近風吹帽,乘興何嫌雨濕衣。遇雨,旋晴。^② 振策上頭容跌宕^③,掠波石勢欲翔飛。漁洋樊榭峨詩後,好與留題燦落暉^④。

蔭亭以考察郵政出使外國題其再乘槎圖壯其行色^⑤　陳衍

整頓中華奔命書,三乘槎客陳敬如自號比何如^⑥?倭遲急足終投渚,傳遞奇肱早有車。橫舍十年陳迹在,彼都百戰劫灰餘。滿供日記兼詩料,待汝歸裝一起予。

次韵答黃蔭亭見贈^⑦　陳衍

奔流世念不能幽,迸作心頭百種秋。倦翮風高終出岫,好雲晝靜自明樓。降胡衆傚鮮卑語,鑿空今無博望侯。青史黃金談笑耳,胸羅壁壘復何求。

至南京數日高蓰堪及弟子臺黃挺生吳虞薰黃曾樾
予二子澧澂集高宅斐君軒縮影爲圖諸生皆有詩
予亦題其右^⑧　何振岱

君居吳郡我幽燕,屈指暌離不記年。何分江關新邂逅,又溫几硯舊因緣。相看兩鬢成頒白,萬事多時換海田。別有歡悰圖未得,此時語笑足流連。

---

① 《石遺室詩續集》卷七,民國二十四年刻本。又載《國聞週報》第 10 卷第 45 期《采風録》第 2 頁,題《重登燕子磯示蔭亭》,署"石遺",有異文。

② "乘興何嫌雨濕衣(遇雨,旋晴)",《國聞週報》作"適野何嫌雨濕衣(途中遇雨,旋晴)"。

③ "容",《國聞週報》作"能"。

④ "好與留題燦落暉",《國聞週報》作"好煅新詩燦落暉"。

⑤ 《石遺室詩續集》卷七,民國二十四年刻本。又載《國聞週報》1934 年第 11 卷第 2 期《采風録》第 1—2 頁,題《蔭亭仁弟以考督郵政使出外國,題其再乘槎圖》,署"石遺"。

⑥ 《國聞週報》無夾注。

⑦ 載《長風(上海 1933)》1933 年第 1 卷第 4 期第 14 頁,署"石遺"。

⑧ 何振岱《覺廬詩稿》卷七,民國二十七年福州刻本。

澹庵同年印譜世兄蔭亭屬題 ①　　何振岱

聽講同門憶昔年，楳花書屋換桑田。汪波千頃依稀見，只爲傳文有象賢。
遙從獵碣想周宣，瑰畫奇文鎬社存。摹刻有心應解識，我車我馬整乾坤。

蔭亭屬題近代諸老墨蹟 ②　　何振岱

游蹤淞水與燕塵，出必連輿入接茵。釀酒温經狂作聖，賣珠築閣樂忘貧。
高樓天帝分和極，壞驛癯曇入本真。舊事填胸誰會得，唫箋悽斷墨痕新。

題黄澹盦先生印譜 ③　　趙熙

蔭亭克孝承先澤，寶相花紅一卷書。愴惻中原三月火，從來摹印是秦餘。
<small>蔭亭親見重慶袄火，時夏曆三月。</small>

再題黄澹盦先生印譜 ④　　趙熙

倉姬一綫鼻中天，世守黄家叔度賢。每得楚人三户意，它年勒石向燕然。

題瀛槎重泛圖 ⑤　　吴用威

天海一色涵青蒼，中有萬里之飛航。岸巾坐者神揚揚，似聞擊楫歌慨慷。

①　録自《黄澹盦先生印譜》前附何振岱手書。署"梅叟何振岱"，鈐"何振岱印"白文方印，
"梅叟"朱文方印。何振岱《我春室詩集》亦收録，題《題澹盦同年印譜》，1955 年油印本。

②　何振岱：《我春室詩集》，1955 年油印本。

③　録自《黄澹盦先生印譜》前趙熙手書，無題，末署"己卯夏始春餘，趙熙"，鈐"香宋長壽"
朱文方印。查趙熙著，趙元凱、趙念君編《香宋詩鈔》(四川人民出版社 1986 年版)，未見收録，暫擬
題如是。

④　録自《黄澹盦先生印譜》前趙熙手書，無題，末署"香宋再題"，鈐"堯生"朱文方印。查
趙熙著，趙元凱、趙念君編《香宋詩鈔》(四川人民出版社 1986 年版)，未見收録，暫擬題如是。

⑤　載《青鶴》1935 年第 3 卷第 7 期《近人詩録》第 2 頁，承前署屐齋。吴用威 (1872—
1941)，字董卿，號屐齋，浙江仁和 (今杭州) 人。

支機石壓歸人裝,來自織女牽牛旁。遊情汗漫不可量,更欲鑿空窮遐荒。西
謁戴勝東搏桑,載詩挈畫襲以囊。攫取亦要蛟龍防,搶揄弱羽真自傷。坐視
臣翼凌風翔,扶搖此願何時償?

庚申過厦門書感黃蔭亭 ^①　曹振懋

笳聲不絶更濤聲,十萬樓船鐵鎖横。天與鴻溝界南北,地從鷺島接蓬瀛。
書生已歎疲戎馬,慕府何當洗甲兵。指望澎臺最深處,與君灑酒弔延平。

題瀛槎重泛圖 ^②　夏敬觀

平生畏作渡海人,圖曰泛槎命題尾。驚濤駭浪忽到眼,細看宛如孫位水。
方壺圓嶠豈有根,群聖失居寧得已。從容笑問將安歸,峩舸往還竟彈指。梁
侯手題廿八字,喻以談龍意詼詭。好詩著句不在多,持語鶴亭應唯唯。

黃蔭亭觀察囑畫慈竹圖即題奉贈 ^③　張琴

捐來清俸種千竿,碧篁含漪夏亦寒。一日不教生鄙吝,四時長與報平安。
何曾鸞鳳猶求食,爲愛芭蕉不忍彈。留得高風兼直節,階前長護玉琅玕。

爲黃蔭亭題瀛槎重泛圖 ^④　李宣龔

灘行狎建州,晝夜鬥船石。揚帆渡滄海,枕席吐狼藉。從兹斷歸志,遑問
適異國。披君乘槎圖,來去疾鳥翼。同舟雖楚越,不爲風動色。羅胸供捆載,
刻量殊有力。九能奮一舉,刮眼使絶域。卓犖鳳麟姿,天驕要爭識。

---

①　録自福建省三明市文史資料研究委員會編:《三明歷代名人詩詞選》,1987 年 10 月,第 59 頁。

②　載《國聞週報》1935 年第 12 卷第 4 期《采風録》第 1—2 頁,署"映庵"。又載《青鶴》
1935 年第 3 卷第 6 期《近人詩録》第 2 頁,亦承甶署劍丞。夏敬觀(1875—1953),字劍丞,晚號映庵。
該詩夏敬觀《忍古樓詩》未收録。

③　張琴:《桐雲軒聲畫集》卷二,民國三十七鉛印本。

④　李宣龔:《碩果亭詩》卷下,民國二十九年《墨巢叢刻》本。

題黄澹盦先生印譜 ①　　李宣龔

伊呂遺規擅一鄉,憑君膽智與評量。藥階老眼輕流輩,獨許潭州筆法強。
印人傳記重詞壇,刻畫能爲世所看。高節平生輕肘後,不將斗大換氂官。

蔭亭約陪石師飲匹園爽約賦呈 ②　　董子良

投刺敲扉事亦常,不知紙背有言詳。重勞舊雨來相訪,況坐春風負此觴。
是早蔭亭遣僕投刺,紙背書"午刻陪石師飲匹園"未翻閱,而張鑑秋邀余觀梅西湖。及午,秀淵來訪,余
與鑑秋正在野店對飲。雪意湖堂梅更好,午陰野店酒彌香。果然飲啄皆前定,莫笑
閑人故作忙。

春曉陪石遺師蔭亭兄湖上觀梅 ③　　張葆達

湖雲羃羃漏日景,湖水生風衣鬢冷。梅花有意開春寒,百株能寫湖千頃。
爾時了無車馬音,花前花後三人竚。未能結屋傍湖壖,羨汝老漁泛煙艇。

秋雨懷黄蔭亭時蔭亭在南京　　張葆達

文字相規外,曾無一語私。不來吾亦往,在友子兼師。杳矣江南路,蕭然
秋雨思。梧桐黄未落,落盡以爲期。

偕蔭亭登翠螺山望采石磯 ④　　高贊鼎

山趺巨壯巑修纖,翠螺名實能相兼。南葉落遲及冬始,染霜絢爛成吳縑。

---

① 　録自《黄澹盦先生印譜》前李宣龔手書,無題,末署"己卯除夕李宣龔謹題",鈐"壽墨宧"
白文方印。詩題從李宣龔《碩果亭詩》卷下,民國二十九年《墨巢叢刻》本。
② 　陳衍編:《説詩社詩録》卷十六,民國二十六年鉛印本。
③ 　陳衍編:《説詩社詩録》卷十八,民國二十六年鉛印本。
④ 　載《國聞週報》1936年第13卷第15期《采風録》第1頁,署"迪庵"。迪庵,高贊鼎字也。
又見高贊鼎《斐君軒詩鈔》卷二,民國二十五年油印本。

眼底巉巖猶壁壘，迴波作浪勢無已。山川人物兩悠悠，太息無言望江水。

九日石遺丈約同釋堪次貢薆亭諸君登豁蒙樓
有懷纕蘅黔中[①]　高贊鼎

牢落何曾負一秋，今年今日又茲樓。從無盛會論誰健，猶伴詩翁續是游。寺夢重温宜茗話，湖光共賞豁吟眸。料知嘯侶登高處，不是棲霞定卧牛。貴陽城東有棲霞山，城南有卧牛山。

答薆亭十二韻[②]　高贊鼎

詩人寸草心，牢結在衣線。衣今非母製，心自春暉戀。年家能起予，孺慕詩中見。箕斗不肯神，棄官思告面。用《禮記》出告反面意。鬻藝堪養親，故里恣盤旋。芳蘭夾池軒，紫柏森庭院。魚蔬飼母餘，呼鄰供我醮。鮮民念丘壠，道莩尚酣戰。舟車爾何仇，行李不予便。柳雪紛無情，人事凡幾變。何當獲同軌，歸路吟葱蒨。此心但相知，不足語時彦。

薆亭世講歸里招飲慈竹居賦贈[③]　陳培錕

春夢醒時内翰還，暫辭塵濁戀江關。將殘最愛尊前菊，未隱先營屋後山。勝日朋交都兩世，亂餘書卷尚三間。晉安風雅今垂絶，期與匡扶奈老孱。

水調歌頭爲黃薆亭題瀛槎重泛圖[④]　李宣倜

滄海渺無際，孤詠自蒼茫。更番乘風破浪，萬斛駕龍驤。覘國阿誰著意，

---

① 載《國聞週報》1936 年第 13 卷第 5 期《采風録》第 1—2 頁，署"迪庵"。
② 高贊鼎《斐君軒詩鈔》卷三，民國二十五年油印本。
③ 載《公餘生活》1944 年第 1 卷第 4 期第 82 頁。
④ 載《國聞週報》1937 年第 14 卷第 32 期《采風録》第 64 頁，原署釋堪。又載《青鶴》1937 年第 5 卷第 13 期《近人詞鈔》第 4 頁，同題，署釋戡。李宣倜（1888—1961），字釋戡，又作釋堪、釋戡，號蘇堂，別號阿迦居士，侯官（今福州市）人。

試看鯢居鮒入，吹噏正飛揚。憑仗壯懷好，勝處且徜徉。　　鼓雷霆，浴日月，忒汪洋。迴環島嶼，依稀霄際掛虹梁。我願心兵罷構，從此獰飆都熄，洗甲倒銀潢。夢泛靈槎去，與子訴天閶。

第二泉邀黃蔭亭同作^①　　江古懷

活水還須活火煎，泉非人飲亦徒泉。來源等是名山出，總讓他山占最先。

中秋夕懷蔭亭時蔭亭觀潮海寧余因事不能往^②　　江古懷

攝山有夢繞秋宵，上月蔭亭遊棲霞山，余赴滬不得與。又負錢塘八月潮。公事教人到兀兀，豪情如子總寥寥。獨留坐有千蟲鬧，冥想飛天萬馬驕。欲問同年諸嫂嫂，江山船女相呼爲同年嫂，見《瓶水齋詩注》。輸他金屋幾分嬌。

十二月廿五日到京旅夜與蔭亭深談蔭亭出其所作秋夜讀書詩見示篇中皆悲憤語即次其韻反其意以遣其悲^③　　江古懷

篝鑪熟火夜森森，失喜同爲擇木禽。世俗紛囂餘臘短，京華情緒一燈深。車塵壓道難埋雪，鳥語逢春便會林。莫更不平鳴例物，明朝琴瑟有和音。明日庚兒讀經，故云。

題黃蔭亭瀛槎重泛圖即送其赴歐洲^④　　梁鴻志

稱詩遙愧阮亭翁，多子能文句更工。大編東來勤寄訊，《談瀛》終覺勝《談龍》。趙秋谷娶於孫，王漁洋女甥也。蔭亭娶吾女甥，故以爲喻。

---

①　江古懷:《卻痄樓詩》卷四，民國間稿本。
②　同上。
③　同上。
④　梁鴻志:《爰居閣詩》卷七，民國二十七年刻藍印本。

黄蔭亭屬題其先人詩文殘稿集册[①] 梁鴻志

《伐檀》一集啓涪翁，知子承家亦略同。珠璧無多光燄在，不矜時尚見唐風。

鄉人樸學世難侔，不善爲名意更幽。驚倒當年藥階叟，王通一傳已千秋。册中《文中子集傳》一篇，謝枚如先生掌教致用書院時拔置第一之課藝也。謝自號藥階退叟。

爲黄蔭亭題瀛槎三泛圖[②] 李景堃

阿兄行經地底天，仲兄石芝曾游美洲。"地底天"，用倪文毅少時語。弟亦涉足西瀛壖[③]。季弟受正，曾留學奥國。腰鼓如吾至可哂，遠志垂老羸南遷。平生緉屐兄若弟，摶摶大地才半偏。輸君何止三千里[④]，一足直似夔憐蚿。君冠遠游歸何年？載歌小海重扣舷。讀書行路非兩事[⑤]，無怪健筆凍雲煙[⑥]。瀛槎三乘換途徑[⑦]，天地之奥供探研。後儒詁經病太蔽，謂地廉靜天傾旋。君親追日入嵎谷[⑧]，言歸濯足扶桑邊。境惟身歷書益信，梅勿庵江慎修足引談地圓。梅氏引《大戴禮》曾子答單離居之問，以證明地圜；江氏則言《易·大傳》曰"坤至靜，其德方"，方言其德，其形非方可知。[⑨]王庭歷聘卅六國，問俗裸露兼裘氈。舟車攙摞素所職[⑩]，置郵國命遥能傳。此行有關國大計，豈但周覽誇腰纏。料知篋衍盛紀載，薛叔耘郭嵩燾美不專於前[⑪]。南游我亦草一集，土鼓未可儕宫懸[⑫]。

---

① 梁鴻志：《爰居閣詩》卷八，民國二十七年（1938）刻藍印本。

② 載《文藝捃華》1936年第3卷第1期第28頁，署"（福州）李景堃（次貢）"。又載《國聞週報》1936年第13卷第22期《采風録》第1頁，題《爲蔭亭題瀛槎三泛圖》，署"次貢"。又見李景堃《愉園詩集》卷五，1954年臺灣據手稿影印本，同題。有異文。

③ "瀛"，《愉園詩集》作"海"。

④ "千"，《國聞週報》《愉園詩集》均作"十"。

⑤ "兩"，《國聞週報》《愉園詩集》均作"二"。

⑥ "凍"，《國聞週報》《愉園詩集》作"凌"。

⑦ "乘"，《愉園詩集》作"泛"。

⑧ "嵎"，《愉園詩集》作"昧"。

⑨ 注文據《國聞週報》補，《愉園詩集》稍異。

⑩ "橇樏"，原作"攙摞"，據《國聞週報》《愉園詩集》改。

⑪ 注文據《愉園詩集》補。

⑫ "土鼓"，《愉園詩集》作"瓦缶"。

和黄蔭亭韻後湖小憩四首[①] 黄福頤

水木清華勝莫愁，漫湖生趣望中收。河山依舊春仍在，賸跡殘叢總費搜。

一年春事剛成半，又聽鶯聲度柳梢。更喜碧酥紅黯處，玉梅初謝竹初苞。

枝頭紅鬧十分春，小令宜填《點絳唇》。晏殊有《杏花詞》。湖外遊驄湖上艇，往來都是看花人。

日暖塵香已過梅，幾多往事暗低徊。南來庾信休蕭瑟，賦到江南慎莫哀。

黄蔭亭以先德澹庵先生印譜督題適誦香宋翁題句有愴惻中原三月火縱來摩印是秦餘之句輒書所感[②] 曹經沅

鰲峰譚藝已殊倫，餘事猶應重印人。說與佳兒勤護惜，能逃秦火更堪珍。

爲蔭亭題瀛槎重泛圖[③] 黄濬

舶來道始尊，士生願隆準。又謀服短後，寇臂謂可紉。新説皆餓金，諸天在蛟蜃。吾宗詩中伯，眉宇絶英緊。重溟歸再往，俊意逐風引。百川果何歸，尾閭果何盡？豈伊活國策，萬鼻必一靷？試將無涯嗟，納此有恨畛。憐君飯文字[④]，癡極世所閔。吾尤居井底，望海哆泯泯。玄黄何時戰，大浸蕩群春。相期弄舟狂，懷傷筆自吮。

爲黄蔭亭題瀛槎重泛圖[⑤] 黄孝紓

我家東海濱，靡靡紀行邁。夢痕絓珊株，百險恣一快。遵海足恢奇，況極

---

① 載《鐵路雜志》1936 年第 2 卷第 4 期第 162 頁。

② 録自曹經沅撰，王仲鏞編校：《借槐廬詩集》，成都巴蜀書社 1997 年版，第 196 頁。又按，周正舉編著：《印林詩話》，四川出版社 2004 年版，第 290 頁，《曹經沅爲黄澹庵印譜題詩》收録該詩，原末字"珍"作"惜"。并云"時值抗戰，劫火頻仍，故末句及之，勉黄蔭亭也"，可資參考。

③ 載《國聞週報》1936 年第 13 卷第 29 期《采風録》第 1 頁，同題，署"秋岳"。又見黄濬：《聆風簃詩》卷八，民國三十年刻本。黄濬（1891—1937），字秋岳，福州人。

④ "飯"，《聆風簃詩》作"飲"。

⑤ 載《青鶴》1935 年第 3 卷第 9 期《近人詩録》第 3 頁，署霜腴。黄孝紓（1900—1964），別號霜腴，閩縣人。

九州外。憶君神堂堂，高氣壓群輩。披襟舶趠風，橫睨巨鯤背。狂歌驚鮫宮，耳目發光恠。盪胸納雲濤，浩浩拓詩界。萬流必朝宗，極盛不見派。君當會斯諦，一洗鄉曲隘。彌天石遺翁，教教本廣大。傳薪匪異人，質語庶無詖。

喜蔭亭來 ^①　　曾克耑

喪亂看猶在，相憐呴沫同。御風鬱奇意，叱馭見孤衷。寇盜天終厭，詩書道未窮。山城鄉味好，莫靳醉顏紅。

轉徙經千劫，猶能嘯詠勤。新篇狀荒徼，叔世闊高文。叱咤戎機迫，啁啾世議紛。勞生沈五濁，何計斷知聞？

題黃蔭亭所著埃及鈎沈 ^②　　曾克耑

斷簡摩挲迫何事？廢墟好索契形字。欲從埃及剖鴻濛，自合開羅補載記。陽烏飛天燭沈冥，爬剔喘汗搜幽銘。獅塔抽空鎮寒漠，半殘華表猶亭亭。談天衍恥居稷下，寶書百國試紬寫。真看別派異嚴林，更有遙情託揚馬。九流放廢象胥微，孰持木鐸振區夏？陰陽橐籥鼓機緘，造化小兒待搏冶。知君意度絕恢闊，抗心邃古世蓋寡。海山神異非宵荒，玄著超超追《演雅》。

謝蔭亭惠朹果 ^③　　曾克耑

倚天圜實下炎荒，入手摩挲百感傷。蟠鬱猶能繁海角，流亡何幸飫天漿。南閩丹荔垂垂憶，西蜀櫻桃默默嘗。銀匕金盤都寂寞，膰揮痛淚入蒼茫。

遠道遺馨足廣騷，更看歡踊到兒曹。經年一諾情何摯，萬里層霄意獨勞。欲喚楚臣頌嘉樹，翻思漢使種蒲桃。海西烽燧彌天赤，誰為滄溟掣怒濤？

---

① 　曾克耑：《橘誦廬詩存》卷十一，民國三十六年成都茹古書局刻本。

② 　同上。

③ 　同上。

調蔭亭十一疊均^①　曾克耑

飛書日上飛來寺,述學故精佉盧字。詩家秘密有眼藏,戒定自與客慧異。詩聲格桀驚梁岷,文書堆几躬闇闇。苦吟酷鍊劚肝腎,出手欲使曹劉馴。淒黯流塵忽十載,劫灰無恙風懷在。依舊夫容出水新,眉間方寸春如海。淞波流怨欲卿卿,萬里離魂夢自驚。何若一麾江海去,吳謳聽罷獨逃名。

眼兒媚_{慈竹居小園晚坐}^②　洪心衡

小園無限綠陰滋,涼意滿生衣。千層榕蔭,數團蕉影,何處非詩?　　南風來頃喧天籟,品茗恰相宜。一池綠水,半墻明月,畫境依稀。

六月十二日雨後餞別黃蔭亭於別有天酒樓^③　葉長青

驀驚雨散今爲別,愁緒俄新氣味新。此去石頭煩問訊,開封秉與古鹽陳。

黃蔭亭屬題其瀛槎重泛圖紀君與議萬國郵政之行也^④　潘伯鷹

子昔艨艟起海鷗,畫師微意具扁舟。却思萬變風濤險,豈若孤摹汗漫遊?消息政須通彼我,昇平今已託沉浮。重逢織女應嗟唶,剝蝕支機待更求!

玄武湖共蔭亭泛舟歸飯而別^⑤　潘伯鷹

鍾山隔水半蒼蒼,紫霧如紗漏水光。黝俯女墻能顧影,綠環稚柳欲成行。片雲舒卷延清暇,單舸夷猶語夕陽。莫訝歸城羊胛熟,及君共飽未滄桑。

---

①　曾克耑:《橘誦廬詩存》卷十二,民國三十六年成都茹古書局刻本。
②　洪心衡:《東風引吭集》二卷, 1980 年油印本。
③　葉長青:《松柏長青館詩·南歸草》,民國十九年(1930)鉛印本。
④　載《民族詩壇》1938 年第 2 輯第 24 頁。
⑤　載《民族詩壇》1938 年第 2 輯第 24—25 頁。

次蔭亭兄除夕書懷原韻[①]　陳秉淵

　　小謫靈芝墜世塵，昀昀禹甸遍征輪。逢時文化君輪灌，返國潮流日漸新。
豈但鳩程資測算，更觀鴻著具兼人。風流文采誰能似，仿佛當年李杜身。
　　萑苻嘯集未刪除，水陸舟車不自如。月意故鄉空仰望，騷音晞髮苦難梳。
擘牋欲答拳拳意，搦管無聊呫呫書。寄語羲和鞭緩著，留些駒隙助談餘。

送黃蔭庭西渡[②]　陳雲龍

　　丈夫有志志能伸，津逮東西大有人。看到學成爐冶日，歐風亞雨一番新。
　　連年民氣未能伸，遺恨共和手造人。同室操戈爭未已，轉忘國恥在東鄰。

蔭亭歸里招飲其家賦贈二首並示在莪如香[③]　馬光楨

　　青天蜀道賦歸人，黯黮谿山忽一新。超詣早懸吾社月，好懷欲放此邦春。
講經橫舍聲何盛，蔭亭設家塾招鄉子弟讀書，由其夫人授課。校句師門迹已陳。十六年
來風雅變，與蔭亭別十六年。愴從杯酒話前塵。
　　入門未飲心先醉，飲以醇醪醉十分。蔭亭知余喜飲，是以家藏陳酒宴客。如許年
才偏厚我，可知氣味或同君。平生抱負成何事，萬卷編摩直幾文？ 賸有淵源
終不忘，皆山樓上思孤雲。石遺師在日，社集多在其宅中之皆山樓。

賦贈黃蔭亭[④]　胡爾瑛

　　回頭一別十年強，亂裏相逢喜欲狂。滿面風塵還蘊藉，彌天兵火有行藏。
著書海外才方富，奉母山中日更長。且喜涪翁家法在，詩成上冢莽蒼蒼。

---

①　陳秉淵：《籟鳴詩草》，民國二十二年鉛印本。
②　陳雲龍：《忙中饗詩草》，民國二十二年鉛印本。先生原字蔭庭，後改蔭亭，見《改字説》。
③　載《公餘生活》1944 年第 1 卷第 4 期第 81 頁。
④　同上。

蔭亭學長自渝返閩道經泰和既得良晤復荷嘉招
席次出示石師手書悵然有作即用大著
贈高迪庵詩韻 [①]　黃履思

十載重逢怪我衰，答立骨立取諸離。己卯在恩施法廨酷受飛災，陷於大火中，移時未死，肌肉被灸，漸瘦漸衰。沙渠入劫留微命，蜀道觀光待異時。遺醇酒先施情泰，厚箋細讀淚長垂。星槎萬里來非易，莫唱青青柳色詩。

永安黃蔭亭世伯爲余取名祖邁書此誌謝 [②]　洪祖邁

八百餘年溯祖風，使金亮節見孤忠。命名多謝黃山谷，才薄難追文敏公。

生日感懷其三 [③]　洪祖邁

消寒宜沽酒，一醉增我愁。中原若浮沈，吁嗟杞人憂。何須長戚戚，難免達士羞。年輕懷遠志，矢心報國讎。撫躬憐孱弱，名難青史留。願爲遠遊客，不肯臥小樓。五嶽不足步，有心遍五洲。今冬黃蔭亭師邀遊歷全球，余因病未往。何必嘆孤陋，尚有桑榆收。

自題讀書樓 [④]　洪祖邁

樓在尤溪縣儒林里新建草廬之左邊，蒙黃蔭亭師命名曰讀書樓。於己巳冬落成，並蒙黃師賜撰樓記。

功名與富貴，其勢若冰山。惟有讀書者，臥樓日日閒。

[①]　載《公餘生活》1944 年第 1 卷第 4 期第 82 頁。

[②]　洪祖邁：《壬癸詩集》卷上，民國二十三年鉛印本。按，原附先生撰《祖邁名説》，今已收入《補遺》，此處不復重收。

[③]　洪祖邁：《壬癸詩集》卷下，民國二十三年鉛印本。

[④]　同上。

余因病不能同黃蔭亭師遊歷全球今特贈小影以面目伴遊全球戲作一首並懷黃師埃及 ① 　洪祖邁

江干送別話春申，每念經堂侍讀親。多病此身慵作客，聊將面目繞球循。

隨黃蔭亭師遊惠山二泉亭 ② 　洪祖邁

幸陪杖履共剖瓜，惠麓泉清好品茶。四面桐陰忘溽暑，留連不覺夕陽斜。

庚寅九秋偕瘦愚訪黃蔭亭曾樾承贈抑快軒集賦詩爲謝並际瘦愚 ③ 　包樹棠

與客城南過幾回，新知見晚鄙懷開。登高曾向烏山去，泛宅故從燕水來。難得説詩言有物，最宜讀畫室無埃。百年徵獻存微尚，一卷分貽愴燹灰。

蔭亭招同之六小飲譚菽甚懽 ④ 　包樹棠

丈夫意氣本軒昂，相向何須歎海桑。烏麓春風浮一白，閩中文字得雙黃。擇言鄉哲淵源在，持論吾軍樸學張。寥落雲天爲此別，人生到處有歡場。

乙未大除前一日過蔭亭出际所藏鄉先輩墨蹟命題有賦 ⑤ 　包樹棠

驅車南郭過行窩，人海巢書子奈何。半晌相憐微尚在，斑斕墨蹟足摩挲。

---

①　洪祖邁：《壬癸詩集》卷下，民國二十三年鉛印本。
②　洪祖邁：《客中吟草》，《壬癸詩集》附，民國二十三年鉛印本。
③　包樹棠：《笠山詩鈔》卷八，稿本。
④　包樹棠：《笠山詩鈔》卷八。
⑤　同上。

調蔭亭 ①　包樹棠

白戰無新句，黃公有舊罏。相逢吉山老，不飲欲何如。

黃蔭亭以其從妹瑞盼臨江仙一闋及詩見貽
拈此報之 ②　包樹棠

黃任離家猶賃廡，左思小妹本能詩。溪山到處如人秀，燕水春風二月時。

蔭亭屬題石遺先生詩劄墨蹟久未報命頃讀石遺室詩集
感而成此即題其後 ③　包樹棠

太丘道廣此能幾，弟子侁侁矩不違。一代典型猶可作，百年師事欲何歸。源流坡谷心多契，門戶同光論則非。先生論同光詩體，予以爲未足以盡海內之詩。叔季變風兼變雅，傳鐙粉社振衰微。

偕郭展懷黃六庵姜子潤黃蔭亭潘懋鼎陳祥耀
林新樵登于山 ④　包樹棠

多年不上蓬萊閣，曲徑猶通平遠臺。院落塵封僧侶散，海疆氛靖將軍才。蒼寒城郭三山見，浩蕩天風一水來。雋望范滂思攬轡，沃聞清議鄙懷開。

予有漁洋精華録手跡朱批本蔭亭有墨批本評語十同其九
殊有見地不知出自誰氏假以相校 ⑤　包樹棠

論詩石老阮亭殊，四扇潼關底語乎。我謂精華在神韻，乞君墨本校吾朱。

---

① 包樹棠：《笠山詩鈔》卷九。
② 同上。
③ 同上。
④ 同上。
⑤ 同上。

黄蔭亭以張大千巴西郵來追寫二十五年前同登桂林
獨秀峰觀落日圖囑題一九六四年七月① 黄蘭波

一諾二十五載懸，久要不忘致足賢。展圖驚歎名家筆，淋漓潑墨妙豪巓。桂林山水甲天下，有峰獨秀衆口傳。二客曾同登絶巘，於時落日薄虞淵。追維昔遊逾二紀，今再圖之神邈綿。獨惜畫師滯海外，未瞻中土換新天。懜懜獨存憂亂意，擲筆浩歎心惘然。大千自題有"世亂未已，人間相會是何年？擲筆惘然"之語。畫師畫師聽我語，速歸速歸莫疑邅。明時優洽重耆宿，況復一藝能精專。歸來既遂首丘願，更滌畫筆寫遍吾土信美之山川。

黄蔭亭索畫爲寫其烏石麓寓樓前景
並題二十字一九六四年十月② 黄蘭波

留月池漪定，披風蕉影稠。古榕陰似幄，清閟隱書樓。

讀黄蔭亭先生大作賦贈③ 金雲銘

蔭亭先生喜表彰鄉賢著述，寫有書跋多篇。昨又獲讀其近作二章，歡而賦此，聊博一粲。

激揚佳作重邦鄉，片羽闡幽頌吉光。華國文章工史傳，考槃筆墨表賢良。況耽風雅能餘事，祇恐評量負所望。讜論真堪驚儕輩，鴻篇讀罷一浮觴。

叠前韻再寄蔭亭④ 金雲銘

常懷香草楚纍鄉，浩瀚文章韞玉光。翰墨能追歐趙美，史才豈讓馬班良。詩壇筆陣驚風彩，絳帳生徒頌雅望。萬卷縹緗窺道力，宜將幽思寄瑶觴。

---

① 黄蘭波：《黄蘭波詩詞賸稿》，1981 年油印本。
② 同上。
③ 金雲銘：《覆瓿續草》，稿本。
④ 同上。

十一月九日參加萬里農業社秋收
次韻答蔭亭見贈之作①　黃壽祺

萬頃黃雲接白雲，豐收亘古未前聞。頌揚合有如椽筆，俊逸清新我愧君。

慈竹居主人去歲贈端硯今夜始用以試墨感而有作
即以爲謝②　黃壽祺

絕愛詩人黃蔭亭，數竿瀟灑植門庭。任他穠李夭桃艷，坐對琅玕眼獨青。

蔭亭嘗峻却其姨夫梁鴻志之逆招，築慈竹居以明志，故結句云然。

片石端溪歲幾經，故人貽我舊儀型。橋亭卜硯今何在，欲繼疊山一泐銘。

蔭亭曾囑書好贈之，迄今未書，附記於此。

聞蔭亭長子能容結婚書此以賀③　黃壽祺

海上清秋月倍圓，欣聞嘉耦締良緣。一書遠慰阿翁意，紅燭高燒照綺筵。

夜坐懷蔭亭④　黃壽祺

別君匝月如經歲，每對雲巒念起居。想見烏山寥寂夜，一燈猶自理殘書。

蔭亭閒暇時，輒以修補殘書爲娛。嘗作《爲書延壽圖》。

次韻答笠山兼懷蔭亭⑤　黃壽祺

南朔遨遊任所之，豈緣名利竟奔馳？別來又屆重陽節，詩到常欽一字師。

---

①　黃壽祺《六庵吟草》卷四《朝陽集》，黃高憲《吟稿永存摯友情——黃壽祺〈六庵吟草〉中與黃曾樾有關的詩篇論析》，《福建當代十一家詩詞研討會論文選編》，福建省文史研究館、福建省詩詞學會，2013 年 11 月，第 42—48 頁。《六庵吟草》未刊稿未見，以下所選黃壽祺先生各詩，均錄自黃高憲文。至於《六庵吟草》中記錄了黃壽祺多次採納黃曾樾提出的改詩建議，暫不錄。

②　黃壽祺：《六庵吟草·朝陽集》。

③　同上。

④　同上。

⑤　同上。

治易何曾排正叔,賞音能不憶鍾期。懷人獨自看秋月,不覺涼飇掠鬢絲。

癸卯十二月初三夜夢中作① 黃壽祺

遥見千山凍雪封,凌寒佇立小庭東。天公似惜人頭白,故放梅花萬點紅。按,是夜余夢於大雪後,一人立在中央社會主義學院前庭東方梅樹下,時梅花盛開,紅艷異常。遥望西山,千叠寒雪皚皚,而余則忽白髮滿頭,獨自吟詩。醒而記其原句如此。余甚異之,曾書告蔭亭云:"余夢中嘗作詩,醒時只記一兩句,惟此夜全首皆記,亦不知有何豫兆也? 乞爲一圓之。"蔭亭批答云:"吉兆也。白中見紅,紅有萬點。"附記於此,以資笑談。

次韻和叔有② 黃壽祺

歲暮思鄉亦有因,每期魚雁到京津。開函宛與親朋對,作答常教筆札陳。佳句石倉同骨力,妙書松雪想丰神。蔭亭多病笠山老,來書提及蔭亭在衛生室養疴。後繼詩壇喜得人。

甲辰十月二十六日漫題黃蘭坡先生所作蔭亭烏石山榕幄書樓圖③ 黃壽祺

昔築慈竹居,今寓老榕廬。竹間宜獨酌,榕蔭宜讀書。遠窮三古意,橫覽九州圖。世事常變化,浮雲自卷舒。顧念林中鳥,翔集俱多娛。凝睇池上萍,聚散還一隅。但願老來健,皓首作通儒。浩歌問吾友,此意竟何如? 按,此稿在蔭亭宅閱圖後所擬,以未定稿尚未題上。茲姑依初稿録之,以備稽考。

丙午元夜書懷即寄蔭亭尊六④ 黃壽祺

今年元夕恰逢春,坐對病妻憶故人。無限愁懷兼別緒,怕看墙角柳條新。

---

① 黃壽祺:《六庵吟草・朝陽集》。
② 同上。
③ 同上。
④ 同上。

按，作此詩時，余妻已病在垂危，瀕死者數矣。當時心境實甚悲哀淒涼，故寫成後並未曾寄與蔭亭及尊六。越十二日，即正月二十七日、陽曆二月十六日，而余妻竟死矣！又越十日，即二月初七日，始檢稿交蔭亭閱之。稿末有自注云："此所謂'嘔啞啁哳難爲聽'也，姑以志當時心境而已。"尊六則迄今不知余曾作此詩也。自余妻死之後，遂未再作詩。録稿既訖，回憶余妻臨危情景，不禁潸然！義山詩云："更無人處簾垂地，欲拂塵時簟竟床。"何其言之悲耶！一九六七年四月三日，即丁未年二月二十四日，距清明節之前兩夜，六庵記。時年五十六歲，右手關節炎劇痛，已不能寫小字，勉強書之，殆不成字體矣。

西湖雜感其一① 黄壽祺

園林屐齒幾曾經，開化留題記蔭亭。此地今非佛境界，四山猶似佛頭青。

開化寺舊有黄蔭亭"入佛境界"題石。偶憶東波"曉山濃似佛頭青"之句，因及之。

在介眉教授家過端午節並會見蘇淵雷吳仲匡
兩詩人賦此以別② 黄壽祺

端陽今號詩人節，得會吟儔亦夙因。東道高才銘象骨，故人左海記珠塵。

亡友永安黄蔭亭曾樾，嘗博覽閩中先輩遺書，著論六十五篇，釐爲四卷，名曰《左海珠塵》。今遺稿不知所在。蔭亭與介眉、淵雷、仲匡均雅故。子瞻易學多玄覽，季重書辭總軼倫。粟末松花風物好，何年再晤此江濱？

自度曲神仙會上今昔感賦寄蔭亭之六③ 郭虛中

似紅還似非紅，對滿園佳色，自慚塵土。橫雨狂颸消幾度，種種惱人情緒。換葉無香，移根路遠，目極天涯何處。笑枝頭小鳥，驚魂未定，人前怯語。　　瑶池勝會神仙聚。漸東風吹軟，蓬萊陽煦。細霨輕煙繞過後，姹紫嫣紅誰數。舊燕呢喃，新鶯婉囀，爭把芳懷傾訴。羡人間春意尤多，遍地紅旗飄舞。

---

① 黄壽祺：《六庵吟草·華香園集》。
② 同上。
③ 此爲郭天沅師據家藏稿録示。原署"壬寅展懷漫稿"。

一九七八年八月閩省民盟領導章振乾周問蒼及幹部林銘康各同志訪慰蔭亭嫂予亦偕往距蔭亭被害受命十有二載矣重過黃墟愴然賦此[①]　錢履周

元惡稽誅猶法外，典刑明正待何年？人寰慘事從頭訴，嫠婦聲淒淚湧泉。

病入康復醫院追念亡友蔭庭[②]　錢履周

何因垂死忍須臾？轉徙荒郊正草枯。吾病固知催見汝，汝存定喜數過吾。重泉世異憐猶遠，一息針支弱欲無。聞道孫枝又添苗，魂兮倘稍慰幽孤。

挽慈竹[③]　胡孟璽

聞喪隔歲鬱深悲，憑弔吞聲豈在詩。過巷猶疑君未死，叩闈不信鬼無知。爲誰延壽書千卷，君有《爲書延壽圖》。何處招魂水一漪？忍憶至交頻爽約，秋宵遲我酒盈卮。

悼亡詩[④]　甘賢

四十年來共甘苦，慟君慘亡名永在。斷章殘句考歲月，萬卷珍藏劫一空。一別音容十二年，廻腸往事倍淒然。今朝幸有明主在，掃蕩奸邪得雪冤。

---

① 錢履周：《錢履周先生遺詩》第卅四首，1983 年油印本。錢與先生平常唱和之作未見。此二首作於先生身後，特附於末，不以作者生卒年爲序編次。

② 錢履周：《錢履周先生遺詩》第卅六首。先生原字蔭庭，後改蔭亭。

③ 胡孟璽：《酒隱詩選》，1979 年油印本。

④ http://blog.sina.com.cn/s/blog_4dfabd4301000bu2.html，2018.5.12 下載。

附録二

翰雲草堂詩稿

清・黄梓庠撰

黃梓庠，字杞良，號澹盦，永安人。光緒丁酉拔貢生。少劬學，肄業鰲峰、致用兩書院，文名籍甚。篤嗜金石之學，苟得碑版與古人手跡，雖斷簡殘帙，輒狂喜，用此善八分書，篆刻亦精卓，顧體清癯。戊戌廷試不遇，復值朝端新舊搏擊，政治日淆，乃感憤時事，一發於詩，而體益傲。庚子春遂卒，年僅二十有九。病革時，猶取所愛金石文字置枕畔，摩挲不釋。著有雜文一卷，詞一卷，詩若干卷。

——《福建通志·文苑傳》本傳

目　録

翰雲草堂詩稿卷一①

五古

詠史八首擬左太沖

觀古論得失，乃爲發群書。用世夙有志，所抱良非虛。邊陲忽多事，羽檄飛皇都。因時願奮振，下士忘茹茚。一試好身手，慷慨思吞吳。治平獻良策，安能略遠圖。澄清在華夏，掃蕩輕羌胡。英雄應世出，臥龍起草廬。

幽蘭豈不貴，芝草無根苗。所用獨求舊，遠蔭垂柔條。高踞要路津，世冑紛百僚。英賢阻登進，沉淪匪一朝。座間自顯貴，偏插侍中貂。十室有奇才，在野不見招。

輔佐有臯禹，豈無堯舜君。得志慕霍光，請纓感終軍。伊誰果燕頷，肉食何紛紛。在馬勉爲驥，騁足超凡群。一日縱千里，毋徒芻豆分。意氣一奮發，所當薄風雲。

樓閣如天上，嵯峨帝王居。朱軒曜金城，縱轡當長衢。上書伏闕下，退直承明廬。班自排鵷鸞，音還調笙竽。君平列肆卜，見盡公卿輿。閉門甘寂寥，浮雲過太虛。成都空馳歸，依然舊相如。蒼松葆歲晚，此意存區區。

出門懷所遇，足跡輕九州。一驅長安車，滿衣緇塵浮。無媒愧自薦，長揖差王侯。駿骨不見收，燕市空來游。人生重安命，窮達悟有由。賈生過湘水，弔屈臨清流。

朱亥一瞋目，血濺豪氣振。生平克自見，乃悟非常人。嗟哉擊筑賢，庶幾堪等倫。委靡世俗士，榮華安足陳。蜉蝣幸其生，朝暮隨飛塵。悠悠百代間，

① 錄自福建師範大學圖書館藏抄本《翰雲草堂詩稿》。《翰雲草堂詩稿》四卷，清黃梓庠撰，約二十世紀五六十年代抄本。前有黃梓庠《福建通志·文苑傳》本傳。首卷卷端題："翰雲草堂詩稿卷一，永安淡庵黃梓庠。"半葉十行，行二十五字。

誰歟保千鈞?

達者守貧賤,安見世情薄。原生納決履,金石遠其宅。黔妻不慕利,豈謀田負郭。天地爲吾盧,託身愛寥廓。書城日自擁,欣然樂郡籍[①]。志士各有志,所患填溝壑。尚友惟名賢,寄懷在古昔。蛟龍未騰驤,何防伏大澤。

白日日以逝,忽忽垂西隅。良時不易遇,感慨生蓬廬。誰爲榮簪笏,誰爲辱泥塗? 達者翔雲鵬,困者涸水魚。或則鐘鼎享,或無升斗儲。富貴親戚合,微賤骨肉疏。致君豈乏術,黃石昔授書。雨露原無常,焉用論菀枯。放歌以自縱,俯仰意有餘。與世俱相忘,止足追前模。

九月十八同柏銘遊鼓山

往讀絳雪詩,游興常雄豪。今登白雲堂,老衲迎吾曹。上方足所至,清境還周遭。復得相知心,携手聽松濤。籬尚開黃花,期已逾題糕。或臨澄心亭,一息塵寰勞。倏忽變化神,著眼觀黿鼉。或坐國師巖,懷古頭頻搔。喝水著靈異,師乎茲安逃。烟裏孤磬稀,日落青猿號。趙朱不可擾,東流長滔滔。欲躡为巀峰,極遠窮其高。借此太白杯,聊以開牢騷。

齋中讀書效謝靈運體

少無簪組志,寄情在林壑。羈羈苦游宦,我自耽寂寞。靡慕高飛鴻,詎爲處堂雀? 挂冠便養疴,歌詠時有作。或開羊求徑,良友姿歡謔。析義賞奇文,何必天禄閣。浮生誠有涯,靜者常見樂。古人幸未遠,素心庶可託。

幽蘭

生在空谷中,出身本清潔。況復葆素心,貞固勵其節。無人亦自馨,何求世相悅。凡花莫與京,卓然獨超絶。

---

① 按,"郡",疑當作"群"。

七夕詠牛女擬謝惠連

虛堂受皎月,入簾影娟娟。銀漢雙星朗,駐彎來庭前。靈匹暫相從,情愛何纏綿。良會在今夕,再聚須彌年。颯颯金風吹,團團露珠圓。別離常苦多,鵲駕難永填。晤面未盡歡,膏車行復旋。逝川易阻隔,團扇疑棄捐。佇看雲屏掩,長爲環珮憐。人間自有樂,何事求神仙。吟詩感予衷,夜久罷鳴絃。

古句贈夢庚

芝蘭生而馨,金石出而固。世人不保貴,遂使渝乎素。緬懷千載間,管鮑知其故。①

浙西有威鳳,傑觀卓不群。振翮三山中,斐然章其文。願與鳧鴨伍,豈謂無多分。翩然霄漢飛,一鳴天下聞。

翳彼南天雲,下澤及群木。薜蘿施松柏,託根寧苦獨。何以答造化,守素在空谷。所謂與世遺,淑哉友麋鹿。

勿謂膠與漆,其入不可分。勿謂薰與蕕,其氣不可群。朱墨而赤黑,相雜常紛紛。鵲栖慎擇木,蘭芳避自焚。

日月忽以逝,川流不復返。天生有至聖,尚歎聞道晚。舜跖利善間,相去千里遠。慕彼仙與佛,自修以爲本。

三月蠶嘆

生人有大利,寶此耕與桑。耕者恃犢健,桑者重蠶忙。□蠶生蚳蟓②,蘆箔慎閉藏。清晨采露葉,筍梯倚危墻。放剪折柔腕,綠雲鋪滿筐。觸觸攢萬頭,颯颯響千吭。葉少虞蠶饑,葉濕怕蠶僵。三眠迭護視,百忌勞周防。婦功信云瘁,爾蠶尤可傷。辛苦織成絢,不見成衣裳。化蛹若夢寐,化蛾難飛翔。終焉繅三

---

① 按,原稿如此,或脱一聯。

② 按,該句原脱一字。

盆,微軀沃蟫湯。寧辭爲絲殉,報君錦七襄。胡爲付煎烹,甘脆佐酒漿?何異屠老牛,不記耕種良。之蟲又何知,汝績庸可忘。功成就菹醢,千古同悲傷。

邵武道中暴雨

平明陟崇巘,初曦挂林木。俄焉雲出岫,彌漫遍巖谷。絲亘幅練鋪,蒸騰釜炊熟。前罔忽龍蟄,後嶺亦熊伏。□繩行草中,磴滑不受足。驟雨從東來,奔崩瀉銀竹。危亭得小憩,十里九停躅。炎方朱夏初,氣候失溫燠。浹旬困塗潦,僕夫憚馳逐。敢嗟行者勞,願爲耕者祝。勿漲洪谿流,新苗已如簇。

七古

鄭肖巖丈招飲即席賦贈

於戲!人生相見非無因,所契乃在千載神。憶余鄉曲伏處日,兼葭秋水懷美人。家君秉鐸閩縣,丈出家君門。余少見其上家君書,即欽慕之。片雲黃黃大風鳶,袖海樓頭欣把袂。天留我輩重文章,結交畢竟忘年歲。君年長余以倍。搔首狂談世盡驚,紀群論舊偏多情。叔季如君不可得,此際令我肝膽傾。下馬欣然飲君酒,荷君厚意感君久。詩才畫筆兩清高,更借一杯爲君壽。我亦有兄詩酒豪,謂智臬,時亦在座。孔融座上爭呼號。歸來相見一大笑,門前流水翻波濤。入世敢將阮眼白,牙琴終遇知音客。祇憐賦質鈍如錐,枉向名場勞役役。坐透蒲團善達觀,寄懷澹泊夢皆安。君常倩人寫墨菊以見志。山林不隱隱城市,君以醫隱。物態聊作閒中看。羨君術業相繼羙,尊翁以醫名,君繼之。翻扁名家古少比。時無良相有良醫,滿日瘡疾賴君起。

爲智臬兄題扇

我生傷時每痛哭,青衫淚落秋風多。急於請纓苦無路,中夜起坐將如何!男兒牖下事諷誦,人間歲月空蹉跎。有時憤惋忽勃發,七尺自脫雄刀磨。

相視知君有同志，側身天地能狂歌。健筆動驚鬼神走，怒氣直把風雲訶。入世所貴在大用，否則終日紛紛酒顏酡。安用中原慣馳逐，南船北馬如拋梭。

棗柏銘

户牖憭憭生寒風，春煙昏昏雨濛濛。思夫君兮不可見，夜來短燭燒雙紅。燭成灰，思未已，欲拔長劍斫江水。江水斫斷長流乾，不隔天河在伊邇。萬斛酒，百篇詩，雲龍上下相追隨。百年三萬六千日，只有懽會無別離。

竹如意歌

楚歌忽起層臺側，日影黃黃雲黑黑。忠誠義氣沖青霄，驚看壯士無顏色。壯士手把竹如意，擊石直將孤憤寄。呼出當年信國公，一聲一擊落一淚。高漸離，筑劉起，石笯後人論古常咨嗟。一枝添得竹如意，昂昂大節相傳誇。頑石能使如意裂，如意之名不可滅。烏虖！豈惟其器惟其人，不然如意今即在，枯竹敗腐安足珍。

擬東坡題煙江叠嶂圖

濃雲黭黭山蒼蒼，聳然万叠遥相望。恍惚置身在幽際，微茫煙水思瀟湘。野屋幾家倚江樹，江頭一艇人呼渡。懸崖絕壁尤巉巖，百道寒泉流不住。披君此圖眼忽明，何求妙筆偏奇橫。王維《輞川》偶然耳，千秋墨本堪爭衡。把圖還君向君道，我詩荒怪我書草，惟將依樣覓林泉，他日因緣志坡老。

光緒戊戌元日平莘先生以老伯母葉太孺人遺照命題梓庠適將返舍走筆應命

我尋宗姓來此鄉，伊誰清麗誇文章。及與先生禮相接，翩然忽見鸞鶴翔。持示此圖拜瞻久，遺容嫻靜欽賢母。先生追述賢母賢，慈訓常如敬姜誘。方知詩禮趨庭餘,篝燈猶課先生書。先生成名非偶爾,内外交勉垂嘉譽。更羡先生獨友愛,愛弟懷柑古風在。相將闡範示兒孫,應信此圖可千載。

賦呈蘊師

昔人黄金鑄賈島,瓣香奉事修其虔。東坡數歲一畫像,偶圖笠屐人爭傳。古來學者不忘本,各尊所向良非偏。吾師學非宗瘦島,玉局後身毋乃然。聞師寫有圖數幅,或坐或立或鼓絃。師有《橫琴》《待鶴》各圖。更聞鬚眉入神妙,放翁化作身萬千。近用西法照相。我愧手無畏廬筆,畏廬,亦師學詞弟子。去歲曾爲師寫《新蘅填詞圖》。近事乃慕鉛山賢。鉛山蔣清容太史,弱冠受金檜門尚書德瑛之知,才譽大起。乾隆丁丑通籍,再出尚書門下。乃繪尚書像,歲修春蘭秋菊之薦。欲乞圖像供我齋,千秋師弟存奇緣。況我淵源獨清厚,侍側如登多寶船。書或示以顏平原,詞或示以柳屯田。興酣有時論金石,秦漢甎瓦堆几前。時出古碑廣所見,覃溪秘閣容周旋。嗟今海内好古者,阮文達翁覃溪已逝黄秋盦潘文勤捐。吾師道州蝯翁高足弟,淹埋搜出能窮研。小子生來有同癖,一承緒論惟拳拳。記得授我學篆法,先從方象而之圓,行楷須由漢魏入,到將心得忘蹄筌。詩古文詞更無隱,奥旨精義時相宣。感激不知所自始,師恩未報當勉游。敢道一言爲師祝,詞人眉壽如山川。

李陽冰般若臺磨厓篆書歌

斯翁篆法冠秦漢,千載典型足歆羨。後來妙筆傳者誰?有唐少監名獨擅。快劍長戟森相向用杜句,嶧山之罘未少變。人間早已重四絕,遺蹟非徒縉雲縣。搜奇今到華嚴巖,高立長留石一片。大書深刻文縱橫,不許摩挲只許見。可憐浩劫歷桑海,香臺消歇同荒殿。獨此斑駁蟲魚形,任爾風霜慣磨鍊。是誠鬼物樂守護,得此山川寶光炫。不然十遺其八九,豈能共登金石選。爲我閩邦留故事,拱璧珍藏四海徧。古人有作動萬齡,忽覺南天壽星現。

觀樊圃夫子篆書用少陵李潮八分小篆歌韻偶成歌

嶧山之碑世爭重，野火一過如浮雲。新摹舊搨判肥瘦，牛宅麟角誰能分？伯喈中興李潮接，安得所見證所聞。後來贗本仿秦刻，揣摩古意漓其真。晚近共推鄧完白，隨體詰詘疑有神。我師學古獨私淑，聲欬雖隔神相親。古勁直堪駕而上，與漢開母爲比鄰。師所作篆，實與《開母廟石闕銘》爲近，於方整中寓圓健①。雅俗畢竟無難分，面壁虛造貽誚古之人。何須窮形更盡相，搖筆龍蛇自盤向。時賢撝叔神則佳，骨力寧非輸倔强。年高腕退常八九，於師益信老而壯。七十揮毫姿奇宕，一揖濠翁居輩行。濠翁晚年之作亦佳。今我步前軌，觀篆聊作歌。好嚮此心固長在，巍然泰岱將如何？

---

① 按，原作“師所作篆實與開母於方整中寓圓健廟石闕銘爲近”，當爲抄胥所亂，據文意改正之。

翰雲草堂詩稿卷二

五律

鄭肖巖丈招飲即席賦贈

梅花

開在百花上,爭春孰與儔? 精神風雪裏,韻致凍寒秋。夢入詩魂瘦,香浮月色幽。蕭疏自如此,問爾幾生修。

舟夜

何處能生感,更深月滿舟。數聲清籟發,一枕激湍流。客路添鄉思,浮名壯遠游。題橋偏有興,此念幾時休。

送李少白茂運貳尹赴浙

携手河梁上,難禁別後思。徘徊秋草地,惆悵暮雲時。浙水閩山隔,親情良會歧。何由相角逐,龍起更雲隨。

秋日隨張丕謨孝廉李仲翱秀才及家大人遊琴江雲門寺

蹣屐登臨處,風烟近九秋。野猿啼夕照,黃菊滿荒邱。雲影山前障,江聲門外流。忽聽清磬發,詩思獨悠悠。

酒榼詩瓢在，招邀買勝遊。人來青嶂表，興爲白雲留。此境每相得，吾生行未休。逍遙塵世外，乘興棹扁舟。

舟中即景

一入長江去，高歌擊楫流。蓼花鷗夢醒，蘆葉雁聲秋。趁此風光好，聊爲汗漫游。何從覓高士，清水飲牽牛。

感秋

容易西風至，平疇滿目秋。美人應有怨，客子每生愁。千載懷誰契，三生果欲修。祇宜明月夜，乘興掉扁舟。

到處砧聲急，風光又入秋。庭梧隨月落，江雁使人愁。旅夢憑詩記，長生覓藥修。登樓一遙望，泛泛有漁舟。

送李少白歸里

把袂無窮思，他鄉送客歸。驊騮馳遠道，風雨過征衣。瓜密鴻曾認，天寒雁正飛。行行臨故里，樂事話庭闈。

舟中曉起

推得篷窗起，晨光遶四圍。明星還逐月，微露覺沾衣。乍聽村雞寂，頻看林鳥飛。征途有幽興，閒與白雲歸。

到處是人家輯五兄舟中談次語因賦轆轤體以遣悶

到處是人家，柴扉傍水斜。烟霞橫遠岫，鷗鷺立平沙。風急楓初落，秋深荻正花。扁舟隨意去，同泛斗牛槎。

頻年惟客路,到處是人家。曠野寒烟暝,長江落日斜。雲痕疑隱寺,樹色半藏鴉。兩岸餘枯草,潮平見淺沙。

無限天涯感,蹉跎惜歲華。此生真鹿夢,到處是人家。岸闊惟栽柳,山多合種茶。牧童歸去晚,一笛弄晴霞。

西風秋意透,涼露浸兼葭。詩思天逾迴,鄉關雲欲遮。幾回攜酒榼,到處是人家。肯與漁樵去,吾生應有涯。

圖畫天然似,溪迴叠嶂加。水舂依野外,漁艇泊江乂。澗狹泉常漱,歲寒松自花。炊烟隨霧起,到處是人家。

秋興

一覽苦無際,秋光自等閒。白雲依遠岫,黃葉滿空山。水淺游魚戲,風輕倦鳥還。欲隨斜照去,策杖叩禪關。

客中感懷

自笑癡狂態,生來似石頑。詩書荒舊學,牛馬走塵寰。客思笳吹動,鄉心雁帶還。夜長渾不寐,起看月鈎彎。

哭王輯五元瑞秀才

道義原交寡,年來幸得君。誰知當日別,竟作此生分。哭罷餘殘淚,淒然對暮雲。西窗雖有約,難與再論文。

登延郡試院春風樓次壁間韻

景色來天地,雙溪水遶流。樓高憑客到,壁破有詩留。漫落千秋想,難銷萬古愁。何當明月夜,乘興泛扁舟。

旅店題壁

客子行初倦，萍蹤驛館留。霜嚴侵旅被，夜永數更籌。壯志登陴將，勞生轉磨牛。風塵何日息，將蔽征寒裘。

雙江挹翠樓晚眺

一水連天闊，斜陽正倚樓。春山千叠碧，估客片帆收。烟起人家聚，潮喧海氣浮。何時愜幽興，卜築向江頭。

丙申九月同陳大伯銘游鼓山題半山亭壁

促膝孤亭坐，寒添山澗泉。鳥聲來樹底，帆影落江邊。心事秋雲淡，詩情黃葉傳。何時遂初志，到此息餘年。

丁酉春仲赴試劍津鄭丈肖巖繪臺江小別圖贈行黃三智臯陳大伯銘及諸社友多有惠句作此留別

早結陳蕃契，交游有夙緣。那堪攀柳恨，正入踏青天。贈句慚黃覺，銷魂到鄭虔。分明分手淚，一幅畫圖傳。

飄影春江急，浮名促去舟。千秋安敢望，三叠不勝愁。風雨關山迥，文章世道憂。躊躇珊網意，何以答搜求？

舟中岑寂無以遣悶眷念故舊黯然於懷尤所難置者各系以句

李大少白汀之歸化人。以增貢生宦浙。昔在榕城最相契。蓋情之肫摯，根諸性也。

痛癢相關者，無如李少溫。針砭千載意，肝膽尺書存。每寄余書，多所規勉。宦跡西冷轍，高風北海樽。少白最講交遊。寄言慎交際，薄俗不堪論。

鄭丈肖巖家君門下士也。年長余以倍，好酒，工詩，能書畫，尤善醫。

蓋肖巖三世咸以醫名，然未嘗自多其技。

斗酒能豪飲，臨風憶謫仙。閒將詩送日，妙以畫逃禪。風趣憑誰想，肝腸最可憐。亦知無漆固，長似在山泉。

陳大伯銘長樂人，家省垣。舉於辛卯。癸巳歲寓其家，因訂交。

天真爛然，無世俗態，與余一見如故。

能交陳仲舉，真足慰生平。誼不忘忠告，朋能洞物情。悲歡成涕笑，文字見精神。待得春光好，重尋車笠盟。

張二夢庚錢塘秀才，韻梅師猶子也。蘊藉溫和，喜吟詩、篆刻。

一別鰲江去，相思繞夢魂。今年兩到連江謁韻師，諸承照拂。謳吟同月夜，曾同爲胡霖農先生題帳幅。談笑記師門。多辱陳蕃榻，還慚李白樽。願教梅訊好，時與慰溫存。

哭邱玉山同年

慷慨榕陰別，誰知再見難。江頭埋劍影，天上築文壇。車笠前言在，榮華一夢看。牙琴縱無恙，淒絕不堪彈。

讀書師退谷，玉山最欽服吾閩謝退谷先生。事業竟何成。未遠百年志，定懷千載情。過廬傷掛劍，洒淚哭銘旌。他日長安道，誰同車馬聲？

到沙縣

一入虬溪去，懽然無限情。半天飛鳥疾，千里落帆輕。由省到沙，易舟上永。日色寒沙岸，炊烟隱縣城。最憐篷外月，已近故鄉明。

上樓旅店題壁

如此過長夜，三更尚未眠。燈昏鼠如織，砧息月偏明。枕畔傷時淚，簷前落葉聲。重闈應有夢，隨雁到高城。

途中二首

銜曉籃輿去,山猿睡夢驚。稻黄含露重,日出盪烟輕。原憲還多病,終軍未請纓。愴然撫頭角,漫自笑崢嶸。

忽過一村小,短墻三兩家。牧童騎犢背,村婦戴山花。水淺浴群鷺,烟昏歸暮鴉。天河過八月,猶逐漢人槎。

題番禺金月川其濬北游草

攬轡燕京道,風霜六度秋。才人真跌蕩,詩骨豈窮愁。時洒杜陵淚,來登王粲樓。文章光燄在,一卷劫餘灰。

送曹勉庵同年出都

淹滯難歸去,天涯又送君。驊騮嗟失路,鴻雁苦離群。共擬文章壽,休將筆硯焚。一朝與千載,榮辱未爲分。

舟次塘沽

滄海渺無極,中流一舶浮。何須論失馬,祇要狎閒鷗。落日閩南遠,腥風薊北愁。客途寒易覺,雙袖冷颼颼。

自題二十七歲小影

丈夫三十立,相去只三年。學問因循誤,功名侘傺憐。難酬驚鳳志,易逝感前川。何事滋余媿,看山閉戶賢。

紀年同著録,聊影鏡中身。面目還留我,肝腸苦向人。百年憎朽腐,卅載溷風塵。他日如重省,須知幻即真。

一舸鴟夷去,閒鷗舊有盟。蔭方依密邇,恩未報生平。墨盾磨人易,儒冠誤我頻。笑人防鄧禹,中歲償无成。

消瘦吾憐爾,誰知肉食謀。啓期原有樂,平子奈多愁。慷慨刀能舞,飄零刺孰投?試吾好身手,何必爲封侯。

送夢庚歸錢唐

把盞無多事,惟思再見年。歸遊舊泉石,驪結好因緣。爲酬岳王墓,應逢梅下仙。湖山倘容我,願與結茅椽。

山村晚景

暮煙籠草舍,夕照暗山隅。烏鳥投林宿,牛羊下嶺趨。荷鋤歸野老,負薪返樵夫。遍閱無人識,徘徊獨自娛。

翰雲草堂詩稿卷三

七律

修竹灣

嶙峋樓閣遠連天，圖畫秋來鏡碧淵。傍晚紫雲低處合，深宵白月定中圓。
我尋古蹟憑今日，人去蕭齋感昔年。若問滄桑總成恨，不如詩酒話良緣。

箇中佳勝自天然，石磴層梯到翠巔。飛雁直從高嶺度，浮雲常與遠山連。
苔迷巖壁籠詩句，猿拾松枝煮澗泉。修竹萬竿秋正老，幾番斜照欲生烟。

報張篤臣

生平恨與故人離，曾記天涯幾度思。把酒徘徊明月夜，登樓惆悵暮雲時。
逢君夢裡偏情重，索句燈前已漏遲。讀罷魚書無限感，欲添新病強支持。

冬日錄事

小齋鎮日閉紫扉，多病方知酒力微。風急每驚梅落盡，家貧難怪客來稀。
風塵絆我添新感，身世勞人減舊肥。無限牢騷誰可說？有時自覺淚沾衣。

咏雪

重簾捲起雪紛紛，空際飛來便若雲。高士閉門常偃蹇，天公戲玉轉殷勤。
痕描柳絮春先動，片雜梅花色莫分。冷浸坐氈寒入戶，詩成正值酒微醺。

鎮日飛飛逐朔風，變成銀界一時中。直將氣數占祥瑞，曾為飄流悟色空。

破履先生人共笑，併衣義士世誰同？生涯獨羨寒江裡，且欲披簑作釣翁。

吹時偏比玉瓏玲，點水還應化作萍。鋪滿幾回驚月白，登樓四望失山青。纖纖作雨侵簾幙，片片因風到户庭。寄語芸窗勤讀者，讀書何要更囊螢。

乾坤一覽淨無塵，翻覺風光滿目新。明月輪君深意味，梅花因汝較精神。衣裳恰合裁仙子，顏色還須問玉人。坐看整斜飛未嬾，不降豈是爲爭春？

客鰲峰春雨無事偶閱東坡寓惠集有客中無日不思家句旅況孤寂古今人同感也因即其句賦轆轤體以自遣

客中無日不思家，雲水茫茫一望賖。幾度去來忙似燕，已三至榕城。一腔情事亂如麻。遠書好夢尋常斷，舊恨新愁到處加。塵世勞勞何自息，此身惆悵滯天涯。

回首翻驚歲月加，客中無日不思家。每緣多憶書頻寄，曾爲消懷酒亂賖。旅思最難忘故舊，鄉音誰共話桑麻？登樓無限牢騷感，望盡長天水一涯。

此生何處飯胡麻，琴劍飄零豈有涯。別後與誰同作伴，客中無日不思家。只餘瘦骨腰圍減，難察秋毫眼劇加。痛惜光陰如逝水，少年精力漸須賖。

消受閒中興味賖，筆床茶竈舊生涯。新詩欲好須醫俗，餐飯毋勞更勸加。月夜有時還把酒，客中無日不思家。而今預作田園計，課罷栽花課種麻。

此懷根觸迥無涯，春暮頻教別緒加。長處異鄉魂欲斷，爲尋歸路夢都賖。桐陰滿後烟如縷，梅子黃時雨似麻。寄語遠方休悵望，客中無日不思家。

于麓晚眺

人家十里暮烟橫，滿眼江山逸趣生。翠色遠分雲外寺，綠陰長遶水邊城。臨風獨有思鄉感，倚檻遙聞過雁聲。勝境自能消俗慮，游踪到處豁雙晴。

重九長門登高

秋風爽颯日晴暄，乘興登高記爪痕。青嶂幾彎山路曲，碧雲無際海濤喧。聊斟綠酒酬佳節，已負黃花滿故園。游屐歸來一惆悵，新詩吟罷靜無言。

次韻聶穆堂先生重九詩

吹到西風菊又香，年年客裏過重陽。敢誇彩筆吟黃葉，且上青雲佩紫裳。萸插殷勤憶兄弟，螯持容易引壺觴。昂頭一望長天外，風送飛鴻正遠翔。

過雙駿園懷龔氏主人用其集中登小蓬萊閣韻

風徽已杳不堪求，桑海如今剩一邱。常恨晚生當日暮，爲傾前輩想風流。獨餘灑落歸田後，大展經綸上馬秋。主人昔曾從戎。料得聲名半天下，輪蹄到處已詩留。

游戲人間果有因，主人有"一落人寰便有因"之句。知從爛熳擅天真。荔支啖後原知味，松影描來妙入神。園中有手種荔支，壁間有手繪松樹。合與羲皇同世界，總如鷹隼出風塵。平生雅趣伊誰匹？明月梅花認後身。園中有修到梅花書屋。

瓣香留意學坡仙，今古多情共一天。兩卷注經原好佛，集中有自識，謂注得《黃庭經》兩卷。十年沽酒漸成顛。招呼花月添詩興，收拾湖山到眼前。宦味早教同嚼蠟，田園歸去樂陶然。

當年踪跡到蓬萊，去住無心莫浪猜。盟證白鷗稱長者，自稱盟鷗長。詞題黃絹絕纖埃。興懷我觸無窮恨，現世天生有用才。聞說畫圖遺《抱膝》，烏石山房內廳間供主人《空山抱膝圖》，因門鍵未獲覯。拜觀他日擬重來。

曉行由延歸里道中作

迷離驛路幾回經，小憩猶堪認野亭。喔喔雞聲荒夜月，寥寥鴉影亂晨星。風霜易動天涯感，名利難教客夢醒。無限緇塵滿巾袖，勞勞應見笑山靈。

重九感懷

半生踪跡原無定，猶憶榕陰作客時。菊座傾杯狂醉酒，萸囊覓句苦吟詩。

甲午重九,在省同緝臣、輯五賦詩。風流往日真同夢,星散如今獨縈思。緝臣、輯五均下世。只喜還鄉秋正好,免教佳節慣相離。

黃花相對久徘徊,颯颯秋風兩鬢催。人世駒光偏迅度,天涯鴻爪值初回。王郎生感難爲客,白傅多情易舉盃。用香山寄懷竹簡事。聞說邊防猶未靖,書生愧少濟時才。

登延郡試院春風樓次壁間韻

盪胸如對畫圖開,獨倚危欄數雁回。斜日欲扶山影出,晚風遥送磬聲來。萬年寶氣鍾神劍,千古詩才壽酒盃。我亦仲宣佳興在,揮毫賦罷月升纔。

登高絶巘與肩平,每到層樓意氣橫。一帶雲濤摧兩岸,萬家烟火繞孤城。長江屢動浮槎興,邊海如聞戰鼓聲。安得妖氛群掃靖,中原永若棟間甍。

次韻智皋兄臺灣戎幕感事

果是昆明剩劫灰,飛馳又見羽書來。中原誰畫文公策,用文公至臨安進諫事。邊鎮空思寶將才。鼓角傳聲頻歎息,干戈誤國在徘徊。重洋入寇終流毒,滿目瘡痍劇可哀。

出塞當年賦北征,誰知移禍到邊城。封疆竟辱南天節,駐帥虛傳北府兵。慘入江河流血戰,悲連子女動號聲。傷心棋局誰堪問?無略匡時是鯫生。

殺運重開劫末時,蕭蕭如聽馬鳴悲。將軍令守誰聞詔,丞相多愁託賦詩。養虎偏輸千里地,上書終阻萬言詞。如今國步艱難日,惟奮乾綱尚可持。

中流擊楫獨高歌,年少疎狂爲甚麼?紅燭燒殘劍猶舞,青衫濕遍淚偏多。可憐氛祲憂還伏,未必英雄志肯磨。從古功臣出窮巷,陳平相業更何如?

宿蒼山挹翠樓同智皋兄夜話

丈夫意氣在封侯,琴劍殷勤作壯遊。大叫未醒槐國夢,狂歌頓起酒邊愁。天涯牢落誰青眼,人世光陰易白頭。今夕逢君聊自快,滿江風雨話高樓。

秋日登雙江挹翠樓有感次智皋感懷韻

此際登樓風雨聲，翻將涼意卷簾迎。千重帆影嵐光重，四面荷香夜氣清。閒共笑談真得趣，能傾肝膽倍多情。海邦猶講防邊事，畫角三更度遠城。_{時海防正急。}

破爛青衫得得來，相逢朋舊客懷開。暮烟凝碧供詩料，新麥初黃論酒材。日月且將催短鬢，乾坤詎忍老奇才。百年幾日同懽讌，滿飲何辭把盞陪。_{時智兄爲余在挹翠樓開觴。}

瘦將賈島爲吟詩，況值憂傷國計時。中外至今餘戰氣，東南初見罷征師。雞鳴深夜何人舞？淚洒荒原獨自知。名將年來無復有，爲誰更勒紀功碑？

平生知己在文章，落落真交阮與王。縱論古今同撫髀，笑看傀儡競登場。枝栖未定憐飛鳥，牢補嗟遲感失羊。_{時臺灣爲日本所佔。}斯世茫茫誰伯樂？到來無怪馬留良。_{智皋常渡臺遊幕，避難歸。}

橫雄意氣倍於吾，深夜磨刀喚燭奴。慣把人間收眼歷，欲於天下遍車驅。數篇邊海從軍曲，一幅中流擊楫圖。_{智皋曾請肖巖繪《從軍圖》。}莫訝封侯無骨相，丈夫如此美髯鬚。

誰教白日去堂堂，容易秋風鬢染霜。夜半傷心悲杜老，酒邊拔劍有王郎。蒼茫身世憂愁裏，放浪聲名翰墨場。自問而今空若此，殷拳千里枉行裝。

青宵有路恨難通，虛擲光陰廿載中。愛靜每招雲入座，思鄉欲逐鶴盤空。敢將碌碌輕餘子，真恨年年作寓公。人世知音能有幾，因君聊一譜絲桐。

合作休誇屈宋官，世途閱歷本艱難。不妨得酒將裘換，莫爲無魚把鋏彈。懷抱難舒天地窄，脚跟堪立戶庭寬。何當匹馬長安道，同倚西風一劍寒。

懷謝叠山先生

高尚原來慕隱淪，君亡臣戮益酸辛。灘頭誰是嚴陵友？澤畔依然屈子身。忠義竟能存大節，風塵何地著斯人？可憐落日西臺上，猶有當年憤未伸。

讀灌夫傳

墨絰從戎血淚揮，父仇未報豈言歸。朝廷不悔驕君早，權貴終當與汝違。埋伏禍根機已動，交通豪猾計全非。竇田移奪翻雲雨，左袒如何闇事機？

凌人氣概熾權門，杯酒偏成莫白冤。但為一腔淋熱血，何辭三刖罪狂言。故侯況悟東朝寵，廢將原輸外戚尊。潁水兒歌成惡讖，遺墟憑弔哭聲吞。

柬智皋

袖海樓頭聽晚濤，酒邊誰是萬夫豪？愁添蕉葉窗難曙，思到梅花夢亦勞。智皋有二梅齋。幾輩交遊真落落，百年歲月去滔滔。敢忘漂渺宜修意，風雨關門讀楚騷。

春雨感懷並引

連朝小雨，門前驚羯鼓之聲。幾度愁思，墻外聽鳴鳩之喚。爐香屢爇，春晝偏長。招印友而不來，悵美人兮已遠。此何水部懷人之篇，庾子山感舊之賦所由作也。而況芭蕉新種，梅花乍殘，紙窗懍懍以風生，硯席昏昏其燈暗，著吳棉而不暖，轉欲呼菜讀楚騷以自娛。更安得酒消寒會啟，想像金迷紙醉之場，破寂筵開。恍惚耳熱眼花之際，更或泛宅浮家，怡情江上。烟簑雨笠，漁釣磯邊，無可排此牢憂，除其積悶者矣。僕則花天月地，既少閑情；畫舫詩綸，又輸清福。雖復書藏萬卷，琴蓄一張，高山再鼓而誰聽？《停雲》乍吟而已倦。陶徵士沖神澹蕩，方將有感於斯；孟參軍雅量風流，亦復誰能遣此？矧乃獻策年悲蘇軾，入洛才愧陸機。望前路以茫然，思千秋其曷極。漫漫長夜，淒涼鼙鼓之音；渺渺余懷，惆悵征夫之路，亦識誤投塵網，無非蕉夢一場。何時始換凡胎，忽脫泥塗萬丈？因寄所託，豈云勞者之歌。苟有可觀，亦等偶然之作也已。

雲擁高城百感俱，登樓煙樹認模糊。故交惆悵山千疊，弱弟飄零路一隅。仲良弟聞將發自斗山。對雨長吟寒欲慄，如禪枯坐靜無娛。百年若可支廳糒，願作乾坤一腐儒。

　　可憐往事大江東，不盡淒涼感慨中。草色偏餘前度綠，花容已減舊時紅。十分春緒愁平子，一曲新詞唱惱公。清晝小鑪香乍爇，衡齋寂寂雨濛濛。

　　既落塵中莫浪疑，有生萬事強支持。恩深何日酬吾父，情厚留心答故知。生處總驚髀裏肉，愁來易長鬢邊絲。逢人我欲勤泥首，十載虛名謝白眉。

　　愛我真驚望太奇，興門敢信好男兒。良時尚苦百年短，駑馬偏爲千里期。思到汗顏師誼重，致用院長謝枚如師，每謂梓庠曰：“子之筆底甚清，宜讀書敦品，勿自菲薄，功業、文章可望也。”張韻梅師、陳劍溪師望梓者亦備至，殊自慚也。別來先壟客身羈。梓庠在外日多，春秋家祭，未獲拜登祖宗墓堂，念之極憾。松楸今復高千尺，忍誦西堂《述祖詩》。王父客南公，生平行事卓卓可紀。每思狀公大略，請當世有道君子爲之表彰，至今未及爲。

　　桃李芳菲正及時，又看芍藥贈將離。時將赴試劍津。深宵舞劍方爲勇，常法談兵未足奇。好向乾坤爭事業，漫勞出處問龜蓍。他年若到襄陽去，愛讀羊公墮淚碑。

舟中岑寂眷念故交尤所難已者各系以句

　　王大弼師閩縣人。辛卯以第二人舉於鄉，亦出蘊師門；又在致用與余同學，
　　　　　　以是益親。弼鄰有風骨，不濫交，獨深契余，亦奇緣也。
　　烏衣家世風流在，還識交遊有性情。豪飲曾傾荷梜酒，縱談記剪雪膠榮。同憐孤癖難諧俗，有約雙柑共聽鶯。明歲有同北上之約。悵望沅蘭與澧芷，月明三五思盈盈。

　　高大魚門順昌人。性情融洽，今年在致用同處，殊相得也。比已歸里，將有汀州之行。
　　彼美人兮山之阿，望而不見隔關河。講堂昔日同明月，子舍因風想玉珂。誰信衡陽無過雁，最憐南浦有春波。寄言莫負金臺約，墨盾翻愁萬事磨。亦有北上同行之約。

　　劉二小雲籍侯官。今年同得拔翠，未曾考即丁外艱。學問、書法稱於時。昔在致用，
　　　　　即與余契，今夏因戲謂余曰：“僕與君稱四同矣。”蓋同辛卯歲沈叔眉師入學，
　　　　　同受業張韻師門下，又同在致用肄業也。
　　文藻山頭夢幾圓，含情直到曉星闌。十年燕幕求栖苦，小雲境甚困，每與余談

曰:"吾十年來無定館。"一領麻衣拭淚殘。<small>小雲於六月杪丁外艱。</small>才到茂陵猶抑鬱,交如鮑叔頗艱難。受經同是程門士,賢我君猶忍雪寒。

陳二棣生<small>直齋外舅第二子,少年老成,有至性。</small>

江邊魚笛最淒清,孤艇何堪又月明。烏柏丹楓勞遠夢,白雲江水渺含情。酒酣雪夜歌燕市,詩滿旗亭唱渭城。餘事閉門知學杜,皮毛刮盡索元精。

舟中感懷

滿天濃露薄棉寒,漁火星星客夢殘。身世風霜增閱歷,江湖粱稻歎艱難。凌雲賦擬成司馬,皂布冠偏憶幼安。歲暮懷人更惆悵,百錢肯放酒杯寬。

長至

風急天高節物催,百年容易且銜盃。江流滾滾逢長至,落日黃黃憶釣臺。<small>去年長至,曾同友人登釣龍臺。</small>雨雪鴻泥誰鄭重,江湖雁影久裵徊。三山倘入重闈夢,知憶孫枝第幾回。

學蓮以詩贈行次韻留別

他年鷗鷺要爲盟,忍向征塵老此生。小試橫流掣鯨手,猛馳驛舍聽雞程。天憐離別月無色,人繼風騷詩有聲。此去長安真近日,原來心跡共葵傾。

清獻焚香我所師,古人行誼繫餘思。誰稱潘岳《閒居賦》,喜讀文山題廟詞。故里預思歸去日,鯫生豈補聖明時。如君未必泥塗困,使者輶軒正採詩。

題鄉江志別圖<small>有序</small>

僕五齡時,即隨侍榕垣,嗣由榕而漳,又回里,年已十四五矣。辛卯後,就傅鰲峰、致用,多省居。間有言旋,轉如春鴻秋燕,僅稍作羈留。今且復有都門之役,於故鄉朋舊恒眷眷難已於懷。爰請筱珊世叔繪《鄉江志別圖》，寄秦淮海"碧野朱橋"之感。自題一律，當風笛數聲。客有教而和者，則亦灞岸柳枝，渭城酒盞而已。

故鄉勤隔幾秋歸，展翼今還向北飛。去國杜陵愁獨覺，題橋司馬願寧違。百年身價文章貴，萬里馳驅道路微。最是臨行諸舊執，含情無語自依依。

再叠前韻

丈夫未合說當歸，更奈青年去欲飛。鱸膾笑他鄉思切，丹鉛與我素心違。伊誰駿骨收燕市，自昔文星傍太微。將把此身付君國，重闈惟有夢相依。

由鹽田渡寧德舟夜作

一江明月浸扁舟，恍惚東坡赤壁遊。天靜忽聞孤雁響，潮平倒見遠星浮。匆匆歲月如流水，九月由省過福寧，今已入冬矣。去去征帆感敝裘。回首黃堂有知己，指福寧守嚴子猷先生也。數言堪慰仲宣愁。

京國歸來直舅有勸其在省就學之意梓以重闈春秋高慈闈多病不能從也賦此表志

遠道寧教壯志移，倚閭無以慰重闈。我躬久已虧溫清，游子何堪感別離。奉養長懷三釜樂，功名姑從十年期。裁成敢負殷勤意，爲讀《南陔》戒養詩。

舊業收藏萬卷書，也堪吟誦趁三餘。官衙且效隆中隱，聖域真鄰鹿洞居。福清學署私居處，與文公祠爲鄰。苜蓿闌邊安筆硯，梧桐花下注蟲魚。窗前有大桐一株。我家有弟能和協，商也能詩或啓予。

感懷在京作

九天雨露本無私，樗櫟何因答盛時？青鬢易隨駒隙短，閑愁輒似草茅滋。漫誇身價文章貴，已負平生師友期。滿腹經綸雖弗擅，春蠶到死總抽絲。

擎天事業本來難,能起蒼生讓謝安。鱸膾翻教思故里,江湖只合老吟鞍。溪邊破壞陶潛宅,澤畔芬芳屈子蘭。飯飽酒酣無一事,浮雲聚散等閒看。

入雒聲名久寂寥,百年心事向誰驕?買臣已合爲妻棄,孺子今寧喜舌饒。抱艷有花憐蛺蝶,卷心無術問芭蕉。塵根未淨猴山遠,難學神仙王子喬。

愁懷提起總無端,催曉城頭畫角殘。定遠何因投筆去,馮驩多事向人難。年年落帽還佳節,咄咄書空愧達觀。涼意縱深寒獨耐,楚江江畔有幽蘭。

羈跡榕垣未能回福清蓿署一省重闈感賦

輾轕難與侍親歸,百里翻成兩地違。入幕昔寧知下策,承歡久莫慰重闈。山妻病曠厨娘職,遊子囊多慈母衣。寄語西泠能解否,時在樊圃師處教讀,乃承其姪夢庚之約,不久即來,迄今無信。夢魂夜夜碧梧依。署中有梧一株,予嘗念之。時内子亦在省就醫,故第五句及之。

過小西湖即景

首夏和風拂面涼,四圍烟靄更蒼蒼。新秧乍長如油綠,短荇初花浮水香。百頃荷田栖白鷺,數間茅屋隱漁郎。古今忠藎徒遺跡,惆悵荒祠下夕陽。

宜黃陳少香先生甌汀漁隱集中有咏物詩八首戊戌冬至鄭肖巖袖海樓聽潮戲用元韻和其三

涵膩休誇飲水清,祇憐心事向光明。愁添驛館思鄉味,夢伴金釵墮枕聲。投死真訾蛾撲火,有感近事。偷糧多碍鼠求生。到來笑我生涯拙,百卷殘書一短檠。

似月鮮明記乍磨,背花斑剝劫灰過。照來秋水應如此,添上霜毫又幾多。端怪姦讒貪舞弄,自憐面目悔蹉跎。偷窺未許妝臺便,還隔湘簾隱隱波。

交情一諾踐千金,舞到沙場血腥侵。遠道壯行如健僕,途窮贈客豈初心。倘逢知己頭甘斷,不信沖天光已沈。蛟鱷未除難自秘,夜深時復作龍吟。

戊戌歲暮與陳子從話故鄉事有感即贈

祇憐同是滯風塵，深夜談詩剪燭頻。作楫未酬經世志，探梅還負故園春。江湖落拓思吟侶，歲月蹉跎歎轉輪。修行灣前釣磯在，何時歸去理絲綸？

夏五酷暑弗堪奉韻師到六一泉納涼同集者有俞東生大令王弼鄰孝廉師先成詩四首命和_{案失其一，今祇存三首}

招涼何處快清游，詩酒筵開水上頭。綠樹障天張翠幙，長竿倚石試銀鈎。亭西多賭雙鬟唱，城北遙傳一笛愁。佳會南皮誰可續？浮瓜舊事且重搜。

勘得浮生信若浮，泛游何事讓沙鷗？殷拳還我壺觴樂，辛苦憐他升斗謀。十刹觀荷追昨夢，三山啖荔散新愁。西湖一老耽高詠，擊鉢繁聲聽不休。

綠樹扶疏塵思收，清幽彷彿倚江樓。放懷大笑呼黃鵠，又手狂吟起白鷗。十里香風兩藜杖，_{師與俞秉三先生也。}一聲長笛幾樵謳。傾盆暴雨生涼好，枕簟如冰氣似秋。

依韻師韻再成四首

炎官火繖浩難收，近郭來尋一水樓。楊柳繞堤鞭瘦馬，菰蒲夾岸狎閒鷗。湖山佳日開吟局，絲竹當年憶舊謳。山雨欲來雲潑墨，迷濛釀出滿天秋。

樓閣參差影碧漣，此中合榜小壺天。涼分竹徑三更月，響咽松關百道泉。醴水有靈參聖果，丹砂無術叩仙緣。披襟消得清風爽，七椀何妨效玉川。

巖扃安得快幽居，一舸鴟夷願尚虛。佛塔漫栖橫海鶻，聖泉誰育上竿魚？城頭斷角和銅鼓，堤畔修篁媚綠渠。久是碧紗聲價重，新詩一幅換鵞書。_{師將所作詩張其處。}

琴几湘簾不世情，甘蕉寒綠半窗生。天邊雨歇雲霞潤，林下風回枕簟清。四面時開屏幛影，千畦愛聽桔橰聲。歸來未覺斜陽晚，古寺尋碑過慶城。

贈夢庚歸錢唐

五載言驩忍別離，中年聚散淚交垂。寒沙閃日天無色，大海回潮水有期。皐座聽經傷寂寞，西湖入夢苦支持。孤山山上梅花發，好寄閩南慰所思。

追和松廖山人詠荔詩

第一閩江次蜀江，纖纖手臂佐飛缸。魏文漫擬蒲桃偶，山谷曾誇綠酒雙。妝到金釵嬌婦妬，一種名釵頭荔。漬將紅鹽讀去聲異香降。忠貞終古丹心在，顆顆如今閃節幢。城內惟范公祠稱最。

坡仙三百啖珠江，一顆應須引一缸。火樹紅雲齊簇簇，玉田白璧照雙雙。譜傳忠惠名爭重，笑到楊妃興未降。幾幅畫圖看脫手，一枝妙筆對高幢。

怪儂生長在閩江，醉噉何辭日把缸。鄉味記於京國認，昔在京師啖荔，聞亦至自閩江者。豪情欲合老坡雙。龍牙鳳爪原無價，甘醴瓊漿亦乞降。太息漢宮零落盡，護持誰與作風幢？

兒女菱歌繞碧江，采來伴汝薦銀缸。迎晞態熱空消渴，飲露心同便結雙。椒戶閑鄰詞客賭，桃花艷笑美人降。唐羌一疏驚聰聽，收得炎荒萬里幢。

玉融苜署對月感懷賦示諸弟

醉罷桐陰靜倚闌，清秋皓月倍團圞。壎篪奏叶萊衣舞，刀尺聲催塞北寒。入隊少年偏自媿，枕戈中夜敢求安。涼蛩唧唧還多事，未報君親萬慮攢。

仲良二弟己亥初秋復歸里臨別黯然賦示

秋影橫天一雁飛，療飢豈爲稻粱肥。弟以省墓、收稻返里。關河入望霜初緊，松柏成圍淚替揮。王父客南公棄侍十數載，梓序滯覊省垣，未能歲歸省墓。蘭夢知依北堂草，萍蹤空憶故山薇。攀條贈汝無他囑，繒繳須防到力微。

福清苜署古桐一株最韶秀秋深綠葉盡脫月明時恒徘徊其下

西風昨夜太無情，桐葉敲窗作雨聲。濃蔭乍疎秋有迹，奚奴未掃徑能平。十千美酒餘詩思，三五良宵負月明。剩得條條青玉立，凌霄意氣有餘榮。

須知枯朽亦琴材，次第春風洗綠苔。憔悴未如隋苑柳，栽培正似訟庭槐。一作誰擬辟雍槐。留將鳳影窗嫌寂，咽盡蟬聲劇可哀。待得東皇催吐蘂，層陰依舊結平臺。

落葉打窗一燈如豆夜不成寐因用劍南一年容易又東風句衍成鹿盧體

一年容易又秋風，撫髀閒來感喟同。若個金臺收駿骨，有人爨下辨焦桐。飛書空望傳青鳥，擁被愁聽叫斷鴻。賸得豪情敲鐵板，引聲高唱大江東。

繞砌驚聽唧唧蟲，一年容易又秋風。未聞繡柱圍黃鵠，欲挽强弓射白熊。明鏡苦憐雙鬢綠，緇帷愁對一燈紅。丈夫何處傷無用，石墨豐碑有紀功。

昔時小技誤雕蟲，能補蹉跎壽有功。卅載飄零餘短劍，一年容易又秋風。倚閭豈獨縫衣母，謂重闈也。謀食分飛印雪鴻。仲弟正在行役。嘆我有家歸未得，鄉園風味負秋菘。

不解黃金賄畫工，蛾眉連妬古今同。此身閱世雲能悟，短墨磨人書悔攻。鎮日流連惟酒盞，一年容易又秋風。縱遊安得沖霄鶴，欲訪名山便跨空。

讀書何事計窮通？宦隱初衷本大同。靜夜焚香思趙忭，醉鄉作記怪無功。相傳湖上騎驢客，頗羨村南叱犢翁。十二碧闌梧葉滿，一年容易又秋風。

韻師和余感秋詩大有斜陽烟樹之感因步其韻續成四首

西風一夕撼庭前，海上浮槎憶去年。去年八月客申江。塵夢昔曾嗤覆鹿，高枝今徧徒鳴蟬。陽關送客傳三叠，師近示以《送余東生大令》詩。虁府悲秋賦八篇。

應是畫工圖錯貌，王嬙何至聖明捐。

涼到輕衣御夾重，幾行楊柳動愁容。微茫日影過征雁，淒絕砧聲和夜春。有手補栽玉堂竹，王補帆先生在翰林補種竹於院中，因號玉堂補竹生。何時歸倚故園松？山僧未厭修行事，冷露侵晨自打鐘。

蕭蕭蘆葦滿汀州，鐵笛遙傳古塞秋。伏櫪悲鳴千里驥，隨波笑逐一雙鷗。寒雲黯黯天無色，去日滔滔水自流。試撫吟肩已消瘦，那堪更倚仲宣樓。

倘有江船吾欲東，久傷野鶴竹籠中。小窗坐聽蒹葭雨，短袂涼生薜荔風。時縱幽懷論金石，擬將清響發絲桐。奇文漫説箋天去，此筆何因吐白虹？

秋感

一年容易又秋風，馳逐雙丸逝水同。午夜砧聲悲戍婦，空江笛韻怨漁翁。杜陵能做千篇賦，定遠還貪萬里功。聞到庭除倚檻立，桂花香露已迷濛。

瘦鶴心傷久入籠，一年容易又秋風。燒殘蠟燭窗初曙，滴盡銅壺夢未通。憔悴那堪説楊柳，飄零何事逐萍蓬。釣竿倘踐西湖約，一艇浮沈蘆葦中。

荷鉏空憶草堂東，伏案微吟怪候蟲。萬事因循嗟去日，一年容易又秋風。鄰家絲竹誰清怨，漢室勳名豈至公。擬叩九閽何處所，只餘豪氣欲浮空。

不解黃金賄畫工，琵琶聲激夕陽紅。蛾眉自古傷謠諑，禪鬢於今悟色空。百歲因循成過客，一年容易又秋風。班妃失寵尋常事，乞得閒身長信宮。末首遺失

訪菊

角巾冒雨耐新寒，乘興真同訪戴安。不問主人如看竹，頗憐孝子獨循蘭。一朝未見誰懷友，五斗能輕易挂冠。不慣朱門甘冷落，休來熱客誤譏珊。

釀菊

解渴還應勝療饑，侑觴新得蟹螯肥。何勞十畝收丹秫，多事重陽送白衣。初熱鄰須防吏部，舊釀法合仿宮妃。平生不信災祥説，偏喜登高縱飲歸。

買菊

年來未惜買花錢，況欲須銜署菊顛。秀到九秋寧有價，謀開三徑尚無緣。
蕭齋乍喜添吟侶，來日長教作醉仙。萬卷圖書爲供養，也應甘受主人憐。

移菊

未殘酷愛傲霜枝，比似梅花健步移。硯北窗南新位置，逸情騷怨費支持。
卷簾漫對西風瘦，入户還憑淡月窺。几案之間恍籬落，夜來清影上淄幃。

翰雲草堂詩稿卷四

五絕

海天情趣 以下八首均和鄧開三作

滄海茫無際，長天一帶青。放懷詩酒趣，人世等飄零。

烟水閒情

醉臥船檣下，惺忪一夢閒。醒來無箇事，詩思滿江山。

焚香索句

江青天籟寂，拈韻意偏娛。寶鴨香煙淨，詩成幾斷鬚。

倚枕聽濤

蒼茫浮一葉，恍惚隔塵圜。虛枕嘈嘈入，潮平覺夢閑。

看月對酒

皓月當空照，帆檣倒影來。舉盃天在上，醉裏好開懷。

把袂談心

魚水情猶愜，相期步玉岑。巴山連夜雨，剪燭快談心。

擊楫高歌

倚櫂觀潮去，關懷動故思。浩歌驚水鳥，湖海自爲期。

凭欄遠眺

船樓時獨倚，遥望海天寬。風物皆堪羨，波澄萬里瀾。

別詞

與卿新別離，別離幾何時？好博重闈歡，切莫長相思。

七絕

採蓮曲

芳塘輕泛水蘭橈，莫唱長歌過小橋。正恐鴛鴦繞睡熟，驚回春夢各無聊。

辛卯歲余客榕垣見友人以春秋閨詞相示因戲賦春閨詞

紫陌花濃又報春，深閨愁憶未歸人。枯容懶上妝臺照，玉鏡閒封萬斛塵。

懷人常自倚樓臺，愁鎖眉尖掃不開。恨煞無如梁上燕，一年一度一歸來。

夢裡相逢笑幾場，朝朝暮暮費思量。雙眸望斷還鄉客，開遍梨花又海棠。

可憐雲鬒已蓬飛，猶是他鄉滯未歸。欲覓芳蹤長寂寞，門前草色自菲菲。

桃花依舊逐東流，仙子多情憶阮劉。寄語人間未歸客，青春不爲少年留。

侍女添香春晝長，落花時節倍淒涼。幾回欲繡鴛鴦譜，提起金針便斷腸。

一腔心事亂如麻，厭煞庭前荳蔻花。只爲傷春雙鬢改，妝樓對鏡已飛鴉。

鄰家姊妹勸加餐，縱有膏腴下咽難。今歲春來最多病，腰圍瘦却覺衣寬。

妾住西湖十里村，綠楊遮透幾重門。迴汀芳草無情碧，映到裙釵欲斷魂。

萬紫千紅思不禁，子規啼到血成林。觸來幾種難言事，詩罷吟時酒罷斟。

再叠前韻

鷓鴣啼澈五湖春，兩岸青山是可人。微步門前探遠信，也妨羅襪易生塵。

隔花隱隱見樓臺，二月剛逢柳眼開。最恨春風惱人意，遠方不送客歸來。

燕語鶯啼鬧一場，此般春事費評量。驕人更有穿花蝶，得意雙雙過海棠。

坐看簾外燕飛飛，借問君家何處歸？知否人間離恨事，夕陽兩地怨芳菲。

一寸心情繞碧流，桃花開處倍思劉。郎心也似前溪水，已出長江不少留。

短檠獨對夜偏長，玉露凝春分外涼。更有子規不解事，一聲聲叫斷人腸。

深春微雨正如麻，潤到垂楊幾樹花。極目風光偏可愛，不如秋色亂飛鴉。

滿腹離愁費寢飧，解將心緒亦應難。人言美酒能消恨，飲罷葡萄恨未寬。

幾番烟雨失山村，楊柳桃花護小門。閑寫閨詞多少事，可堪春色觸離魂。

相思淚洒孰能禁，除是征車返故林。把手與談離別苦，筵開懽會不停斟。

秋閨詞

冷夢淒涼閱幾霜，袪寒被薄夜偏長。秋聲處處催刀尺，回首雲山易夕陽。

廿四橋頭月已清，半江秋水太無情。夢魂擬逐東流去，曾奈終宵寐不成。

麗譙聽到鼓聲殘，蠟燭燒餘淚未乾。底怪郎君情太薄，忍教綉被久生寒。

葉落鳴蟬觸萬端，暮笳起處夕陽殘。多愁織就迴文曲，獨抱琵琶月下彈。

斷腸書便寄應難，多少懷情付慨嘆。試問他鄉未歸者，風霜誰奈五更寒？

望郎歸思日悠悠，思到窮時自解愁。獨睡丸應嘗未慣，可能異地久勾留。

水晶簾外月如霜，領略秋閨一味涼。燼落更闌人悄悄，躊躇羞上合懽床。

秋風料峭嫩寒天，獨坐深宵意惘然。吟到閨詞無限恨，淚如雨滴下花箋。

遠隔關河費夢思，挑燈重讀寄來詞。言旋總覺支吾甚，悔不當初莫與離。

征夫紫塞往來稀，天外迴翔有雁飛。遠見唧將書一紙，檀郎寄到是耶非？

再叠前韻

冽冽風生雁叫霜，音書斷後楚天長。依然秋水人何在？惆悵江干怨夕陽。

晚眺郊原露氣清，芙蓉開落最關情。宵來自臥銀床上，一枕西風夢不成。
頻添裘褐悵秋殘，極目平堤百草乾。日暮炊烟迷紫塞，遠風吹到笛聲寒。
望夫臺上倚雲端，望眼穿時夕照殘。愁絕此生懽會少，離懷祇付淚珠彈。
寫到閨詞下筆難，值無言處亦徒嘆。燈前結怨腸堪斷，深夜風霜透骨寒。
吳山越水兩悠悠，行路難兮每替愁。歸馬嘶風回首處，前程知否莫遲留。
蒹葭水國正凝霜，梧葉鋪階月色涼。懶整清絃譜秋思，烟塵萬斛撲琴牀。
莫補人間離恨天，媧皇妙手亦徒然。搗衣未罷砧聲急，觸我情懷滿一箋。
月夜風前惱我思，自知命薄復何詞。可憐秋水芙蓉下，對對鴛鴦不暫離。
人在天涯會面稀，伯勞燕子各分飛。深情脉脉誰堪訴？事到無聊百計非。

送春

好花留得故園稀，蜂自忙忙蝶亂飛。慵與東風較開落，任他春事萬般非。

題張鵠臣山長琴書自樂圖

欲認先生自在身，丹青描出最傳神。琴書獨有無窮趣，當世何從索解人。
默坐應無俗慮侵，先生原不計升沈。無絃寄意長篇把，多妙何如靜者心。

題春江載酒圖

閒中盡舫靜中身，泛泛江頭醉好春。領略湖山美風味，滿堤梅柳一詩人。
倚壺醉臥曲江濱，認得圖中有伯倫。盟定白鷗長汗漫，不知身口在風塵。

梅花

春在江南第幾村，天涯到處繞詩魂。殷勤千里遥相憶，紙帳添梅月到門。憶梅
印遍蒼苔屐齒痕，幾多遊興費評論。杖藜處處看來飽，雪冷烟深欲斷魂。尋梅
風雪何辭歷苦辛，棕鞋桐帽閱嶙峋。乾坤高致孤山裏，已漏人間第一春。探梅

水邊林下細逡巡，折得高枝雪滿巾。姑射神仙無俗骨，十分瀟洒出風塵。折梅

閒來坐對思悠悠，有興姑將大白浮。料峭晚風寒透骨，懶翻繡幕上簾鈎。對梅

丰神如此幾生修，占盡春光孰與儔？記否當年曾點額，深宮吹落美人頭。問梅

把汝同窗共倚偎，瓊英鎮日喜相陪。歲寒高操長如此，始信和羹有大才。賞梅

安排詩酒訂新盟，几席相同覺有情。知是北風吹雪下，深宵還作打窗聲。借梅

環珮玲瓏聽有聲，羅浮夢裡若爲情。驚回月落參橫候，惆悵啾嘈翠羽鳴。夢梅

江南聊寄一枝梅，多感頻驚歲月催。料得故人應遠憶，暮雲相對正徘徊。寄梅

處士風流韻致兼，山中高臥最清廉。梅花以外無長物，祇有新丁鶴子添。妻梅

幾回索笑且巡檐，燒燭閒看自卷簾。欲慰香魂頻覓句，詩情釣定月鈎纖。咏梅

碧紗窗外影沈沈，霜雪雖嚴任爾侵。供向玉堂清不寐，瓣香椀茗伴閒吟。開梅

數聲玉笛最關心，滿徑猶疑積雪深。休矣此花無結局，蒂成梅子葉成陰。落梅

雅韻蕭疎冷畫屏，當年分出爲園丁。橫斜未許旁人折，春色濃時繞戶庭。盆梅

遣懷只合誦《黃庭》，客去紫扉盡日扃。健步移來作清友，此身絕勝在林坰。瓶梅

杏花顏色口脂香，紅妬佳人一幅裳。高傲底因清在骨，何妨艷態逐時妝。紅梅

不御鉛華稱淡妝，相逢仙子縞衣裳。影涵水月清如許，好認白雲爲故鄉。白梅

開落常分南北枝，可知造化擅神奇。年年十月春光到，只許閒雲野鶴知。嶺梅

最合蕭齋讀《易》時，數枝和雪映書幛。丰神態度原無匹，骨格高來是我師。齋梅

買得曾將鶴俸分，自鋤明月獨殷勤。栽培著意應無負，直到春時吐異芳。種梅

橫窗欲引一天雲，艷蕋疎條取次分。借得徐熙一支筆，不須妝點倩東君。畫梅

開處還先廿四風，爭春此際有誰同？陰雲漠漠寒威凛，除是深林雪墜空。早梅

至清豈是畏人知，競放如何爾獨遲？有美也應爲物後，自高晚節特標奇。晚梅

滄桑閱後便槎枒，欲敗枯枝尚看花。遠見驚疑白頭叟，傾頹閒傍路旁斜。古梅

檀心玉蕋並堪誇，每映金釵貼鬢斜。異色自然成一種，小黃香號是誰加？蠟梅

瓊閨共貯便魂消，助得佳人態益饒。濃抹胭脂無限好，繡餘對汝思迢迢。閨閣梅

身世飄蓬恨未消，三更愁裏聽鳴刁。朝來折當家書寄，爭奈天涯去路遥。旅館梅

東閣株梅劇可憐，早教何遜動流連。爲居洛下相思慣，没到揚州訂夙緣。

宦閣梅

色空悟破淨塵緣，解訂維摩即是禪。受得楊枝甘露味，花開更覺十分鮮。

僧舍梅

歸舟雜記

回首榕陰隔暮烟，長途歸去月初弦。琴書以外無行李，一笑悠然杳俗緣。

遥望家鄉落雁邊，徘徊歸路覺茫然。夜來夢向親幃遶，猶是依依在膝前。

多少嬌娃盪書船，洪山橋畔水如烟。旁人莫笑行囊澀，剩有東風買醉錢。

書滿牀頭月滿船，不神仙處亦神仙。濁醪軟飲三盃後，一枕濤聲答醉眠。

水緑山青話舊緣，静中祇對白鷗眠。笑吟自覺饒風味，一種清機似老禪。

夕陽無數賣魚船，來往烟波浪拍天。暫向溪山深處住，滿林風月更無邊。

水似冰壺澈底清，山如舊識喜相迎。盪開雙槳烟雲碧，卧聽長歌欸乃聲。

孤眠不寐到更深，屈指歸期自計程。起揭篷窗長倚看，一天如水月逾明。

烟雲過眼遠山平，風便船如一葉輕。臨水半扉纔過處，笑呼舟子問村名。

黄昏時節翠微邊，碧水灣中正泊船。漁唱一聲天欲晚，數間茅屋起炊烟。

吟罷新詩和者誰，寂寥何物慰相思？算來無限關情處，多在雲停月上時。

無端雨雪悵歸期，一片孤帆歲暮時。做客天涯慣留滯，有人應怪到家遲。

舟中與王輯五兄_{元瑞}夜坐偶成

天涯歸去正秋深，坐話船頭夜氣侵。明月漸高更漏寂，不知涼露濕衣襟。

蘆荻蕭蕭旅思深，入秋天氣嫩寒侵。多逢月白風清夜，好向江湖滌我襟。

咏山中芙蓉

可憐一世老山中，開處偏含夕照紅。如許傾城好姿色，頻年此地怨秋風。

芙蓉開日到山中，相對嫣然笑臉紅。休怪野花憑折取，柴門還自掩秋風。

舟中晚眺

篷窗支枕臥遊多，一葉舟輕緩緩歌。飽看青山與紅樹，不須畫譜讀《宣和》。

江行即景

千里辭家汗漫遊，風霜來往一扁舟。可憐鳴咽灘頭水，長向空江日夜流。

題畫

秋山潑墨光猶涇，老樹撐烟葉漸稀。一片荒寒誰畫得，雲峰石色盡天機。
三間老屋闢荊榛，寂寞空山不見人。要與柴桑添畫稿，南村卜築惜無鄰。
蕭疏尺幅仿雲林，繞屋長松鎖夕陰。想見幽人讀書處，半山風雨作龍吟。
平濤萬頃四山環，爭說年豐足閉關。無數人家烟樹裏，桃源何必在仙寰。
松巒絕頂鏁雲窩，嶺路盤紆一綫過。忽轉峰腰見平曠，蘆花如雪舞清波。
橫支略約冒溪藤，踳步芒鞵觸石棱。不信客兒腰脚健，從容蠟屐最高層。
插天叢篠鬱蒼寒，山徑幽深蹈葉乾。聞道前村多造紙，碧溪流水浸琅玕。

題船山老人山水畫册

　　樊圃夫子藏船山老人淡墨山水畫册八頁，皆其往來蜀中所歷境也。筆墨雄奇，時一展玩，如入三峽。每幅均有詩誌其末，書亦倔强。軼倫才人之筆，無施不可，真不愧三絕。喜成五詩，以志墨緣。

貌來千水與千山，寫盡巴東若等閒。天付張郎才子筆，清詩奇畫落人間。
無限清笳畫角愁，故鄉來坐一扁舟。畫圖本是詩人事，寫罷高吟古渡頭。
休怪先生太好奇，酒杯畫筆日相隨。風流合匹曹居士，一瓣心香首爲低。
想到毫顛墨放時，夔巫三峽寄相思。同行惜少訧吟婦，紙尾無因讀和詩。
六餘山水癖難醫，欲向人間遍剔奇。安得君圖落吾手，他年縱轡一尋之。

次韻徐毓才觀察重遊潁水詩

六十年前一十三,青衫一領著攲籃。耆齡品價高珊網,聲滿人間是鄭覃。

飄簫短鬢更簪花,甲子重週歷歲華。重與香芹搜麗句,秀才風味老堪誇。

幾度長安蹋軟塵,困人一第太艱辛。經綸能向新關展,持節歸來道未貧。
<small>君四上公車不第,後以湖北州牧改捐道員。曾充新關監督,旋告歸。</small>

先進風流一脉承,摰經舊學繼儀徵。<small>君與阮文達公同里,當時以默寫五經入潁。</small>等
身著述名山富,緒論今應徧廣陵。<small>現主廣陵書院。</small>

入門人盡坐春風,絳帳談經味不窮。誰是淵源受衣鉢?任延自昔本神童。

聲名海內重郊祁,棣萼能題絕妙詞。讀罷《浣花箋》八首,更吟《香雪》
一編詩。<small>徐太守兆豐爲君令弟,有《香雪窠詩集》行世。</small>

山斗巍然凤望崇,扶持名教合推公。<small>原作有"須求名教作完人"之句。</small>門看瞿茂
留題在,長使風儀暎潁宫。<small>瞿子玖學使,贈君"望重庠門"額。</small>

從古經師享大年,丹顏鶴髮地行仙。更饒韻事傳他日,扶杖重歌《野鹿》篇。

登樓懷遠<small>集句</small>

獨上江樓思悄然,汀洲無浪復無烟。雲邊雁斷胡天月,馬邑龍堆路幾千?

附録三

黃澹盦先生印譜

清·黃梓庠刻

黃濬盦先生印譜

蒼苔克葊承先澤寶

相花紅一卷書榆州中

原二月火旺末葊印是

秦俑 薩亭叔見壬慶祇火時友歷三月

乙卯夏此書俑 趙熙

倉姬一殘魂中天世守黃家

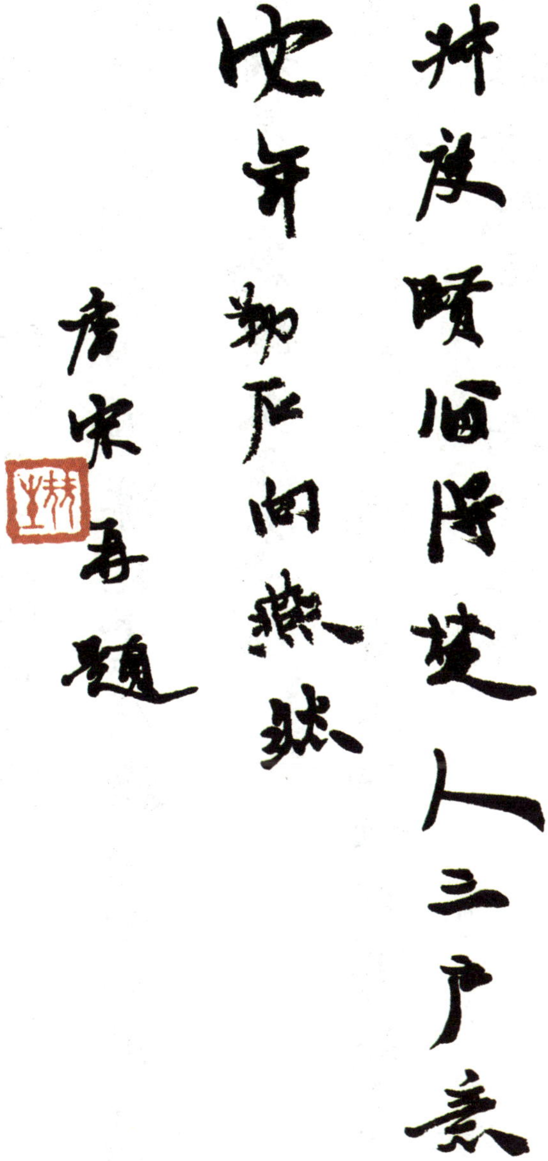
林度賢酒得楚人之户意
此年勒石向燕然
唐宋再題

澄庵同年即譜些兄蔭亭屬題

聽講同門憶昔年棋花書屋換桑田汪波子頃

依稀見只爲傳文有象質

迢迢獼碣趁周宣瓌畫奇文鎬社存摹刻有心

應解詆我車家馬整乾坤

梅叟何振岱

伊呂遠視壇一鄉憑君
膽智興許量棄階老
眼輕流單獨許潭州
牢法強
印人傳記重問壇劖畫

能為世所看高節平生
輕肘後不將斗大換麗
官

己卯除夕

李宣龔謹題

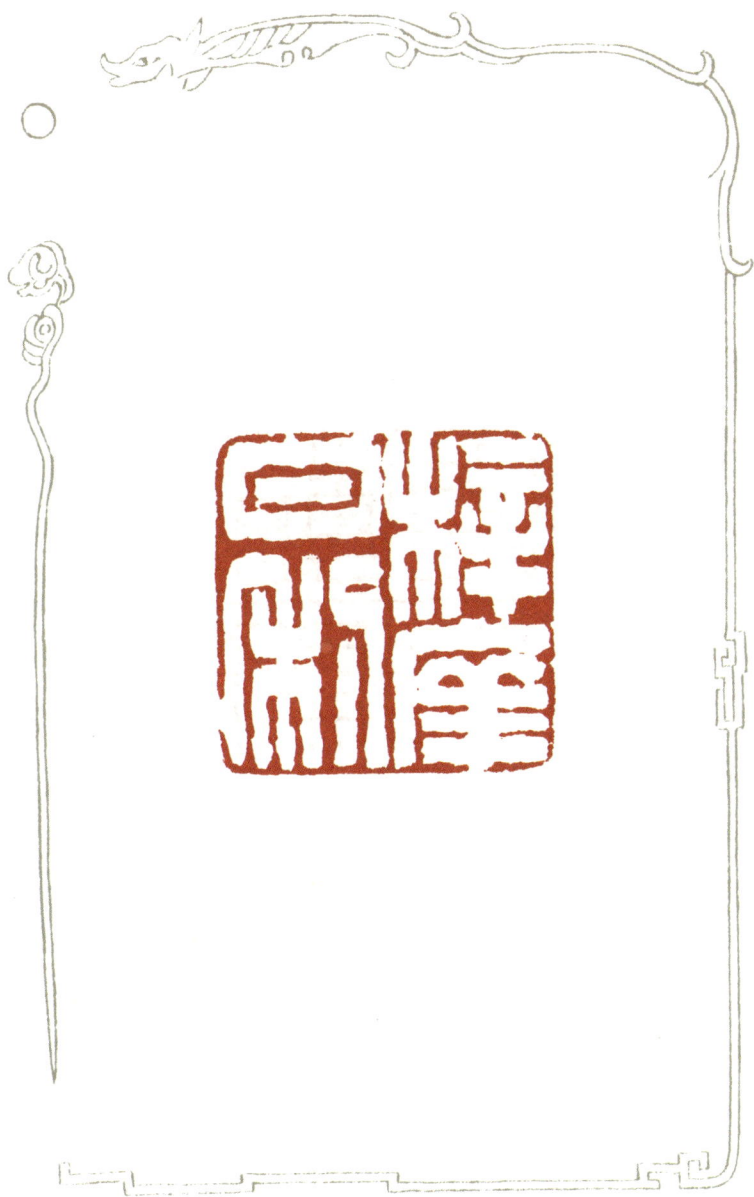

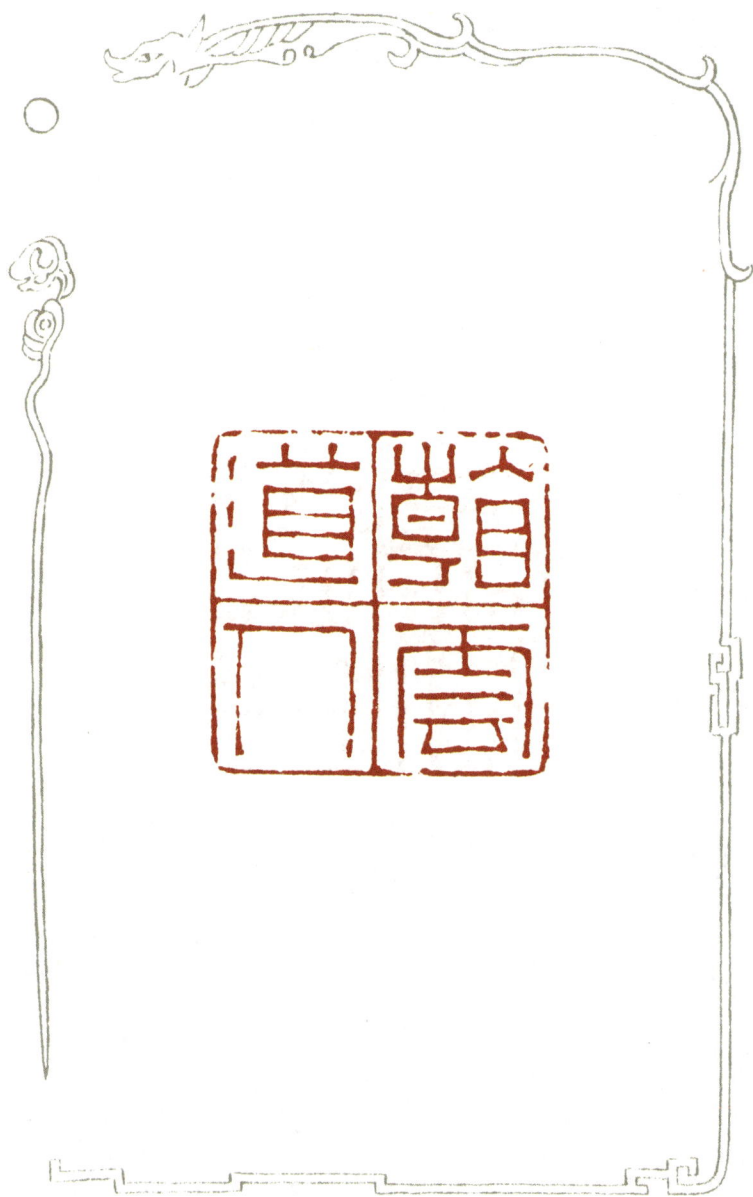

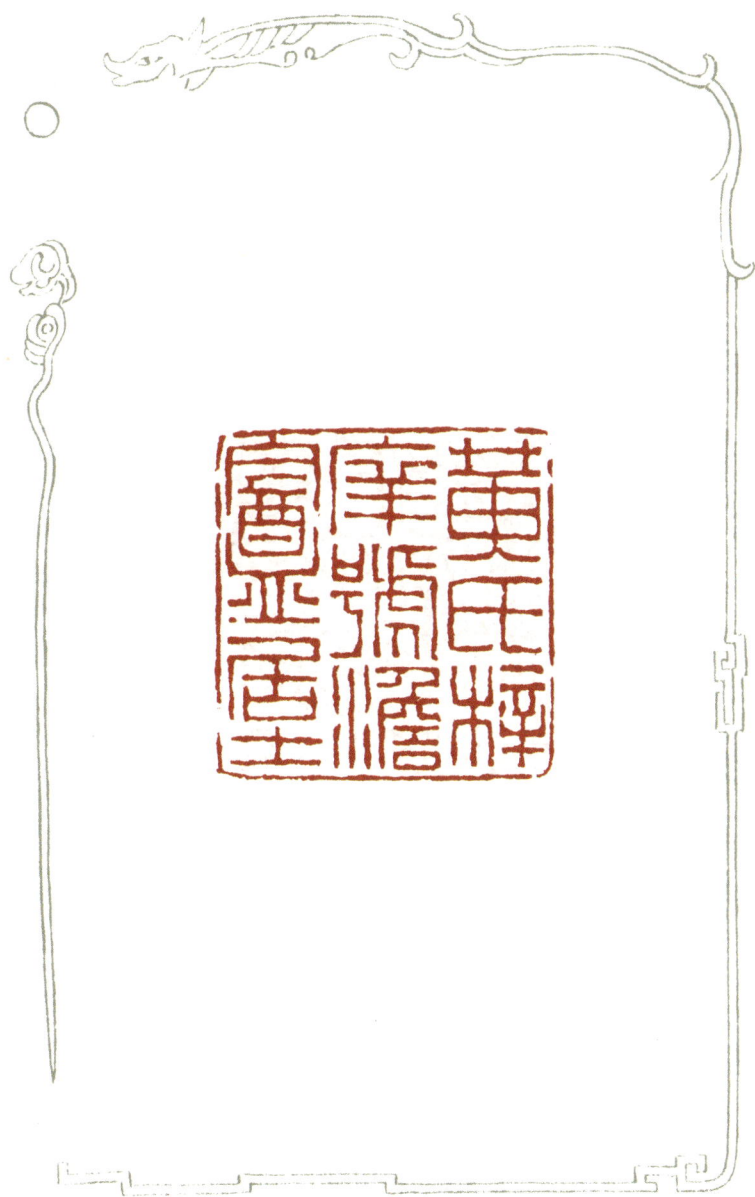

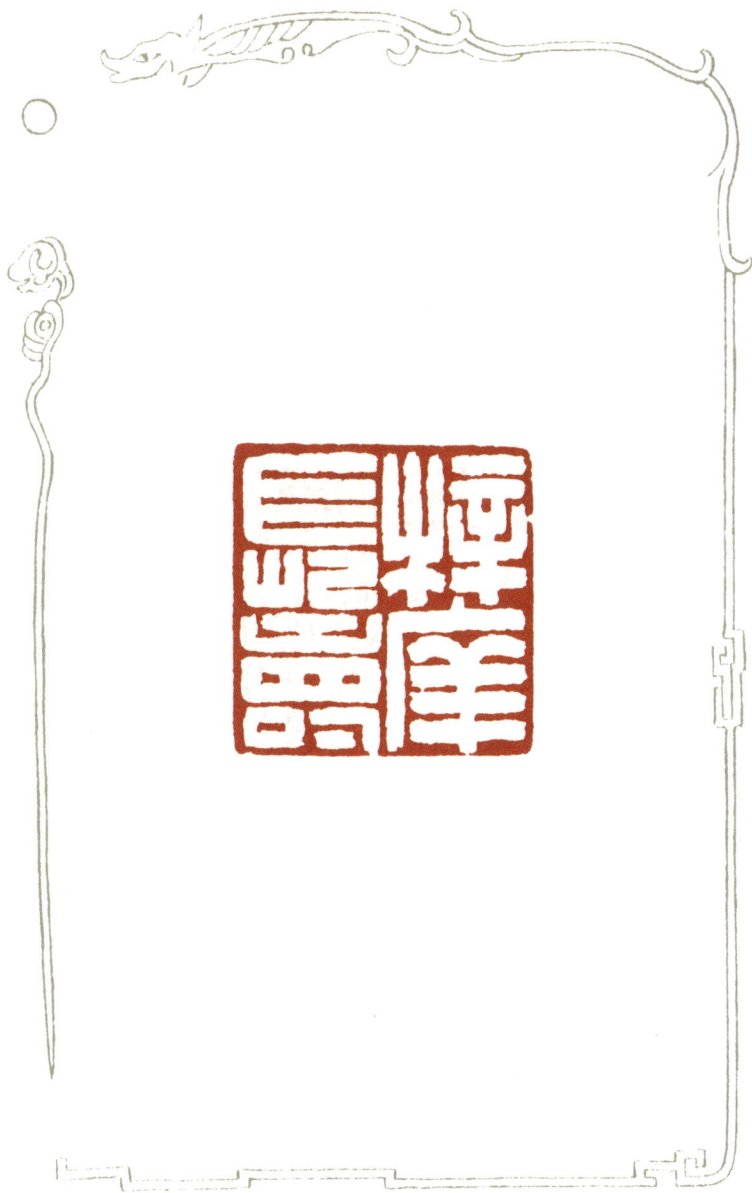

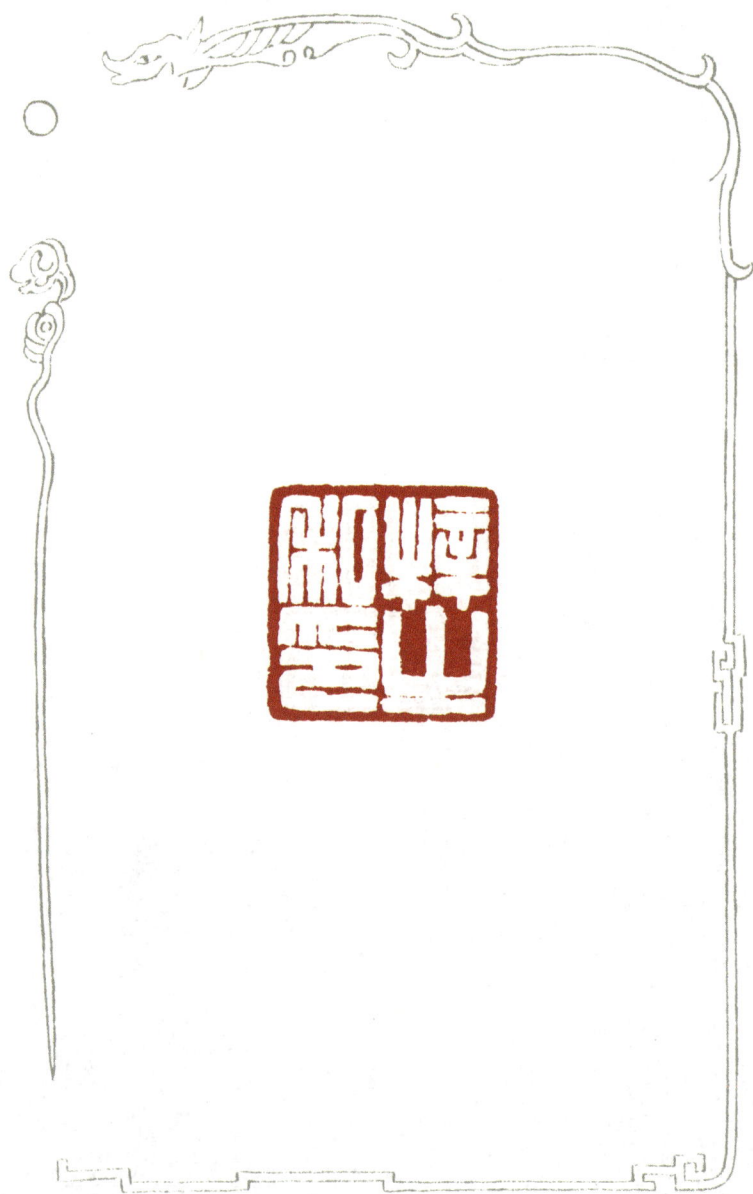

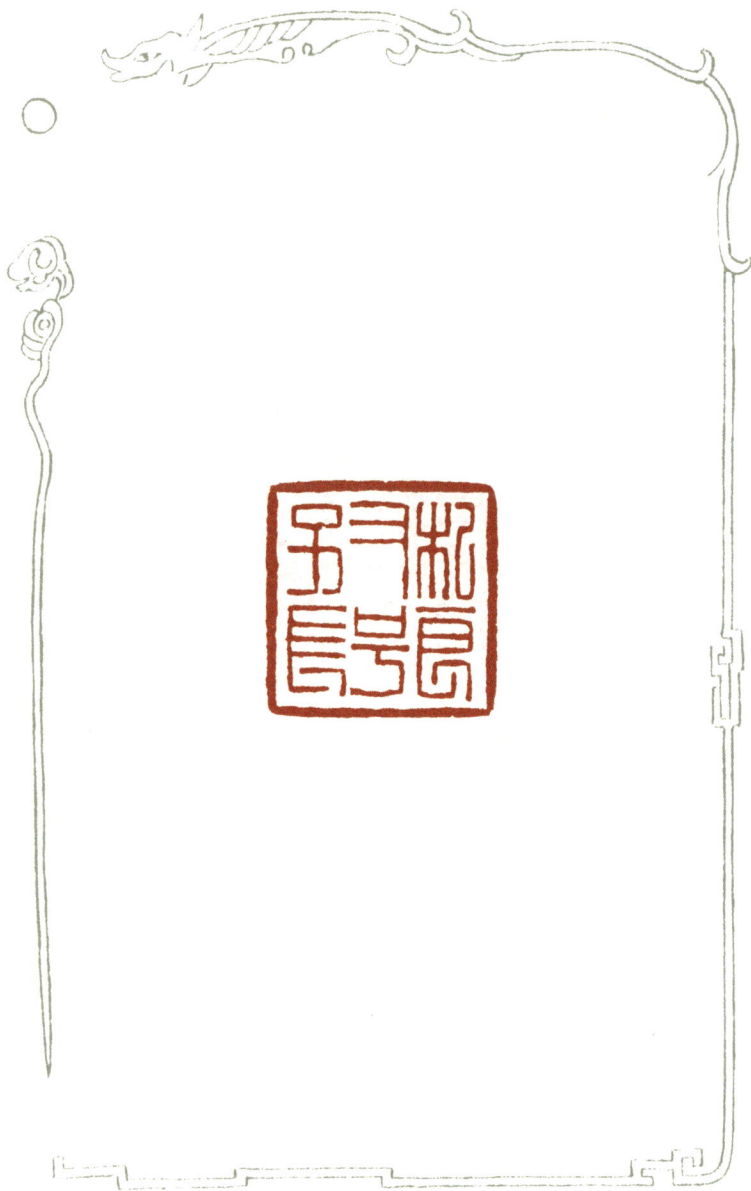

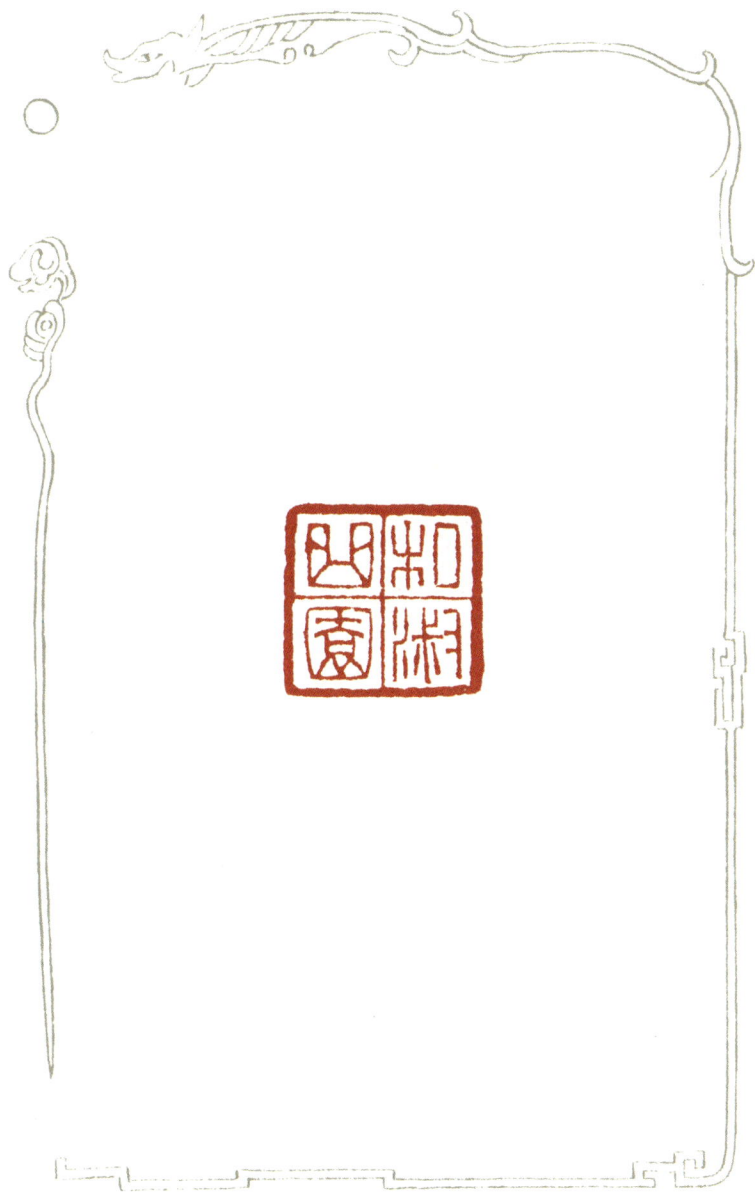

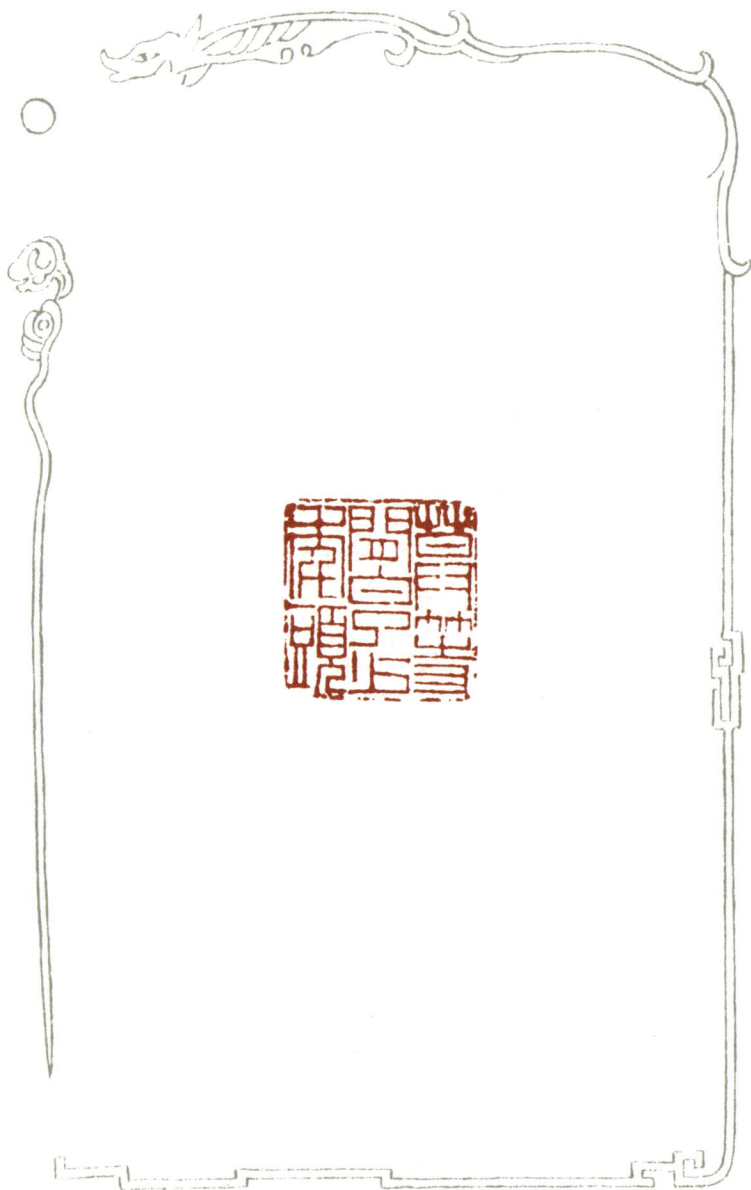

蔭亭遺稿

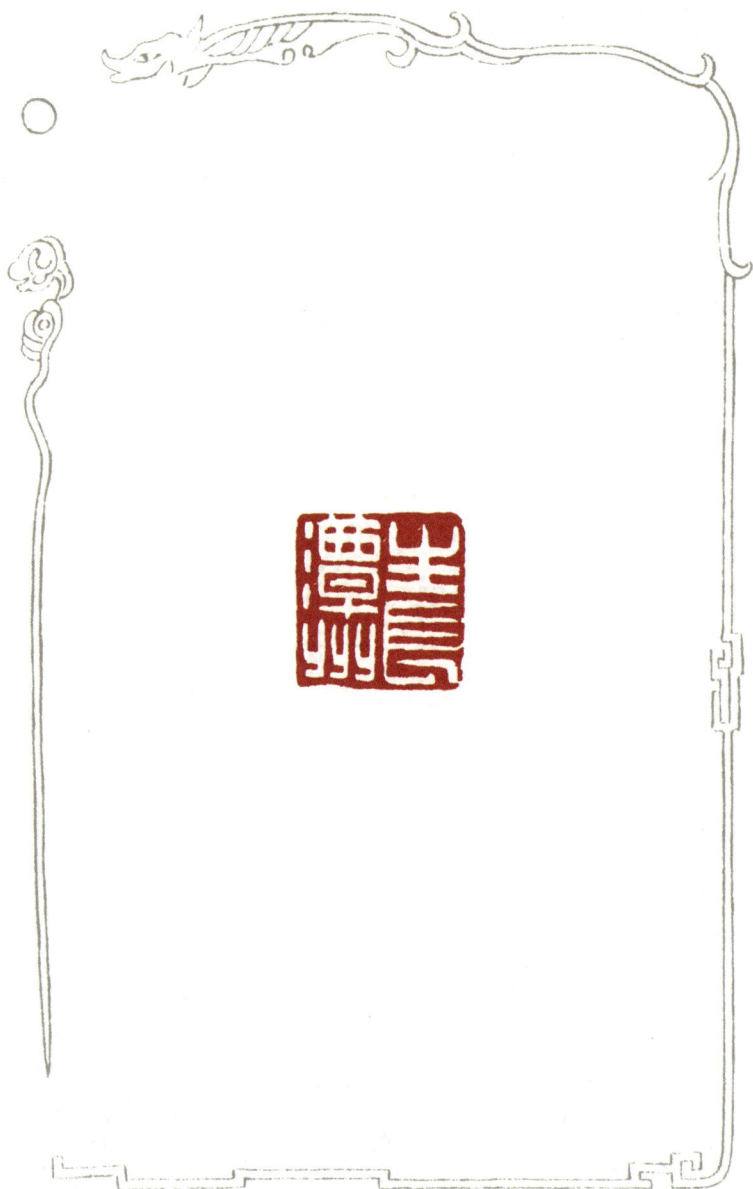

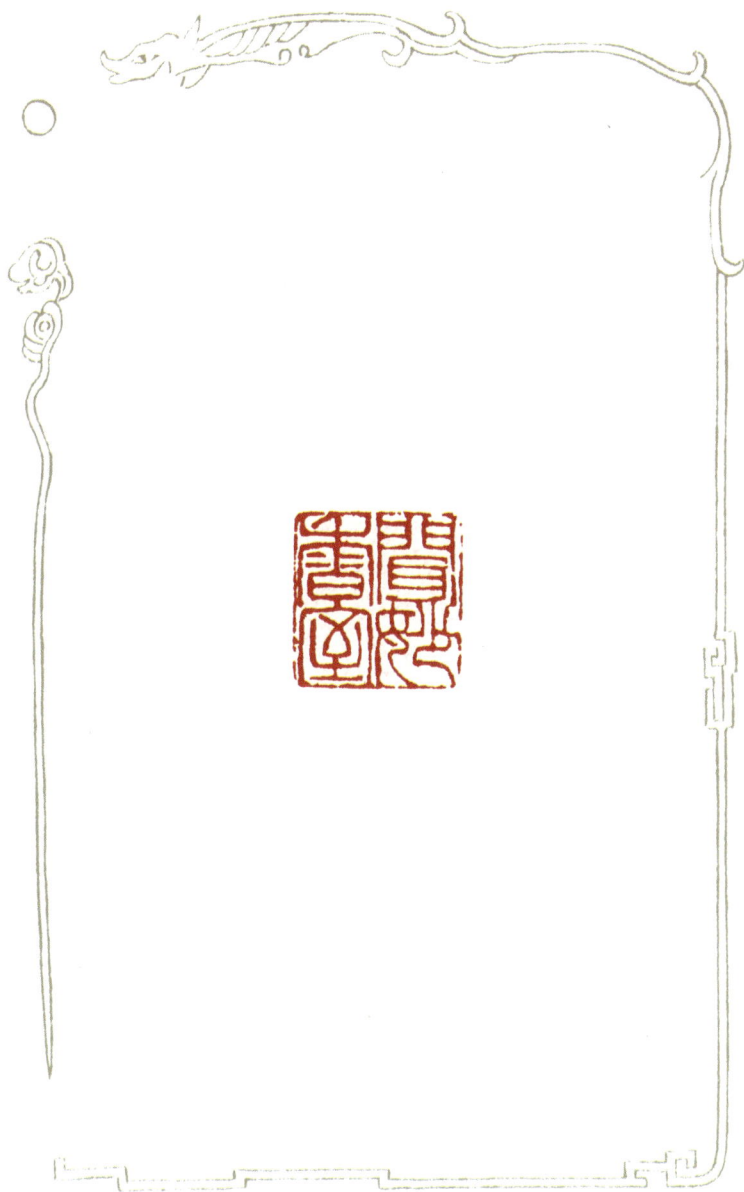

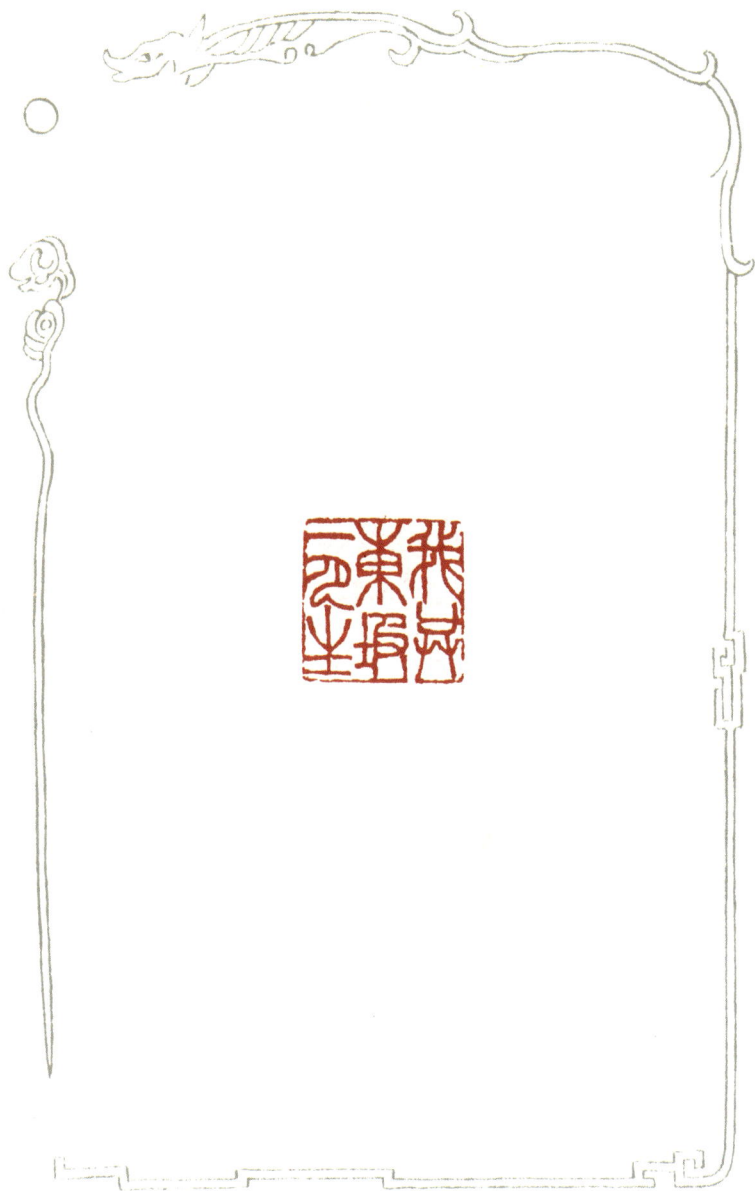

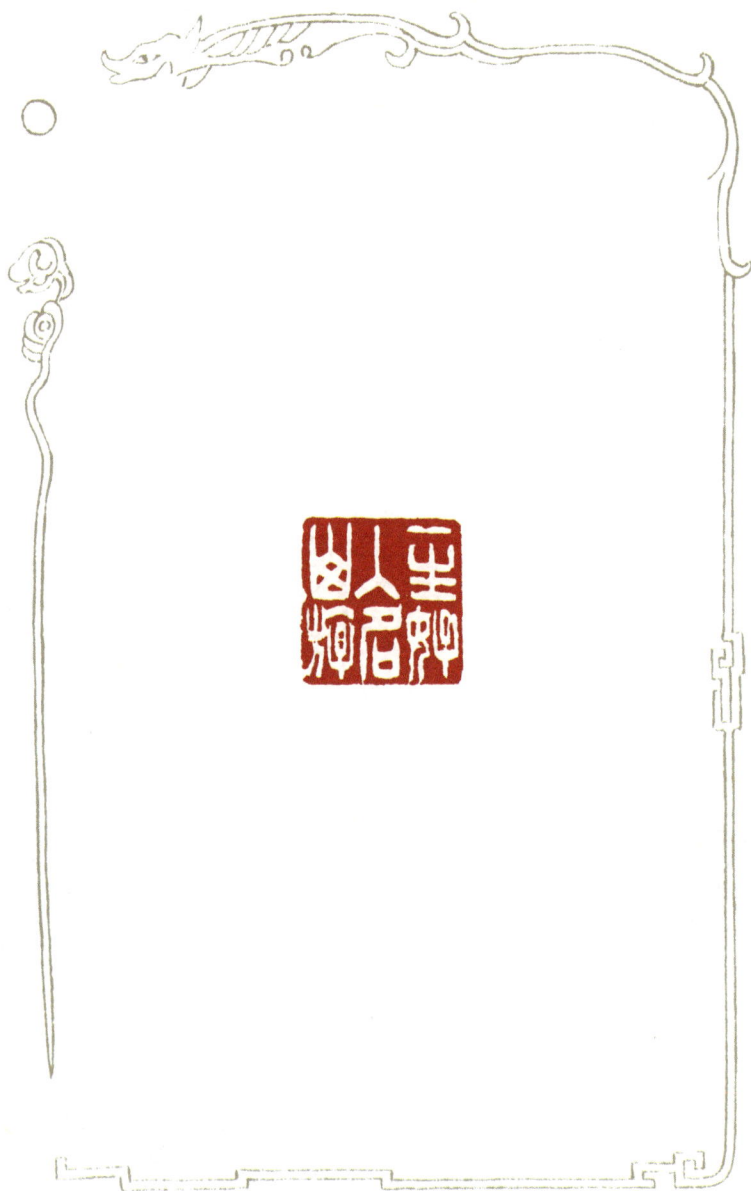

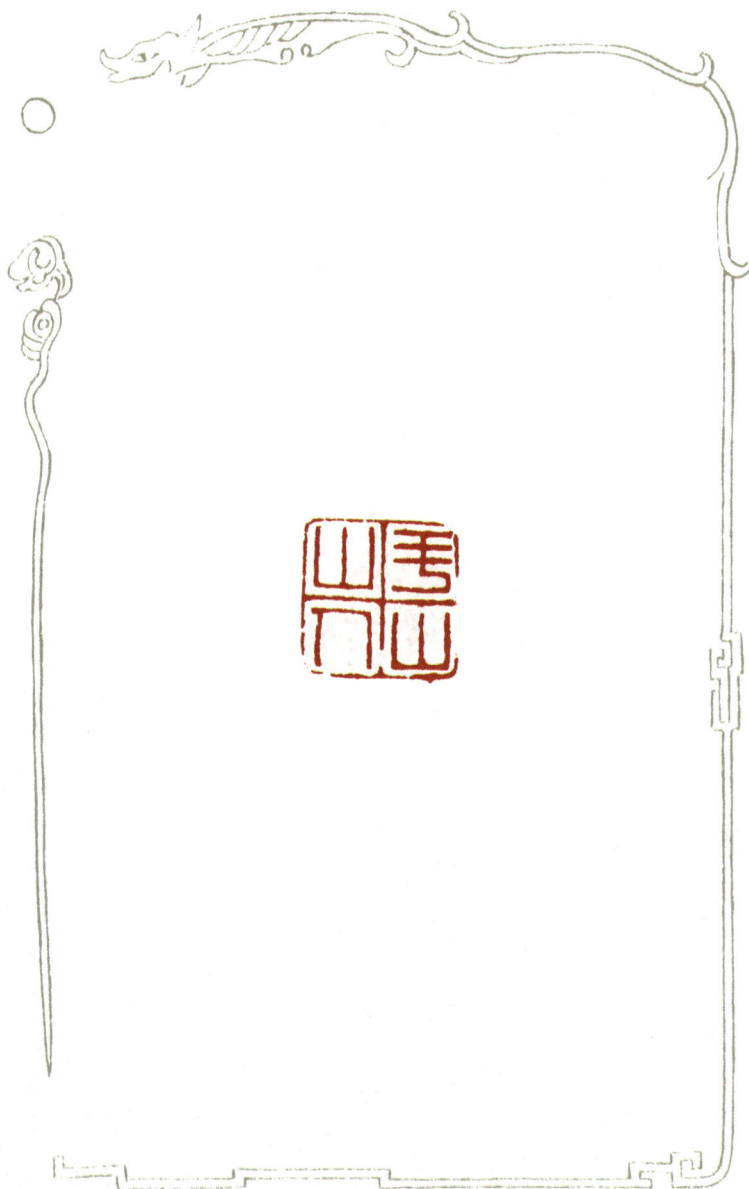

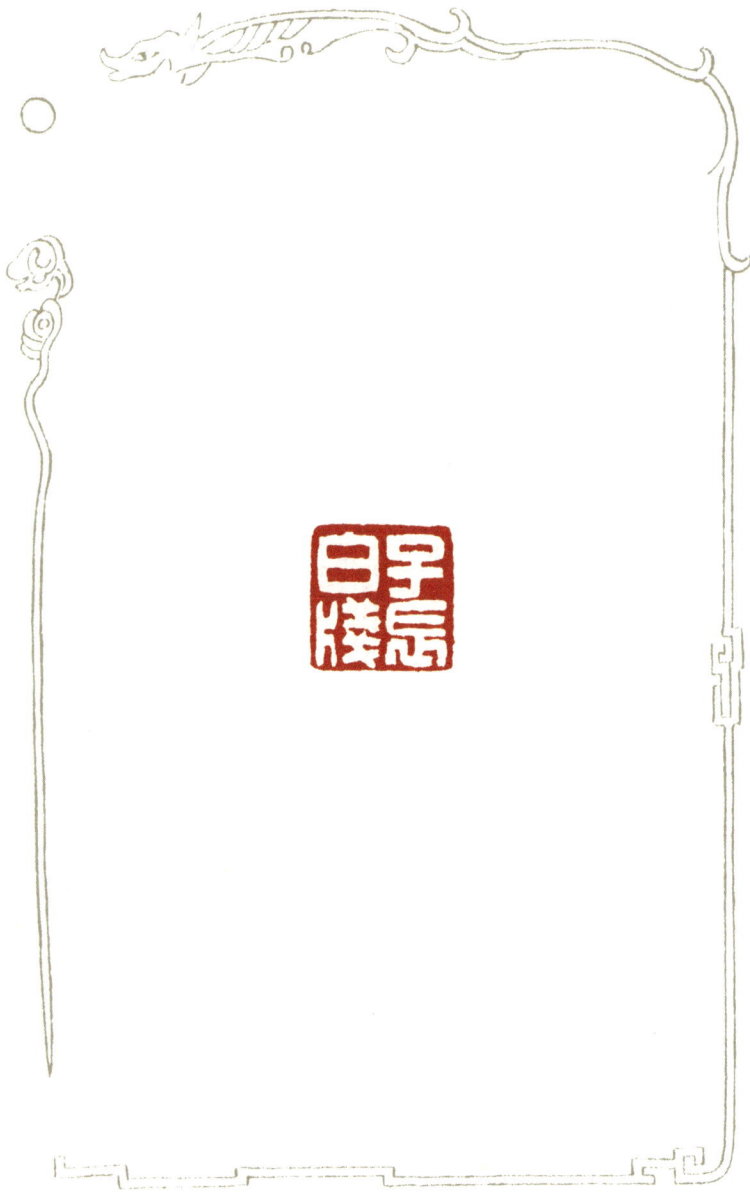

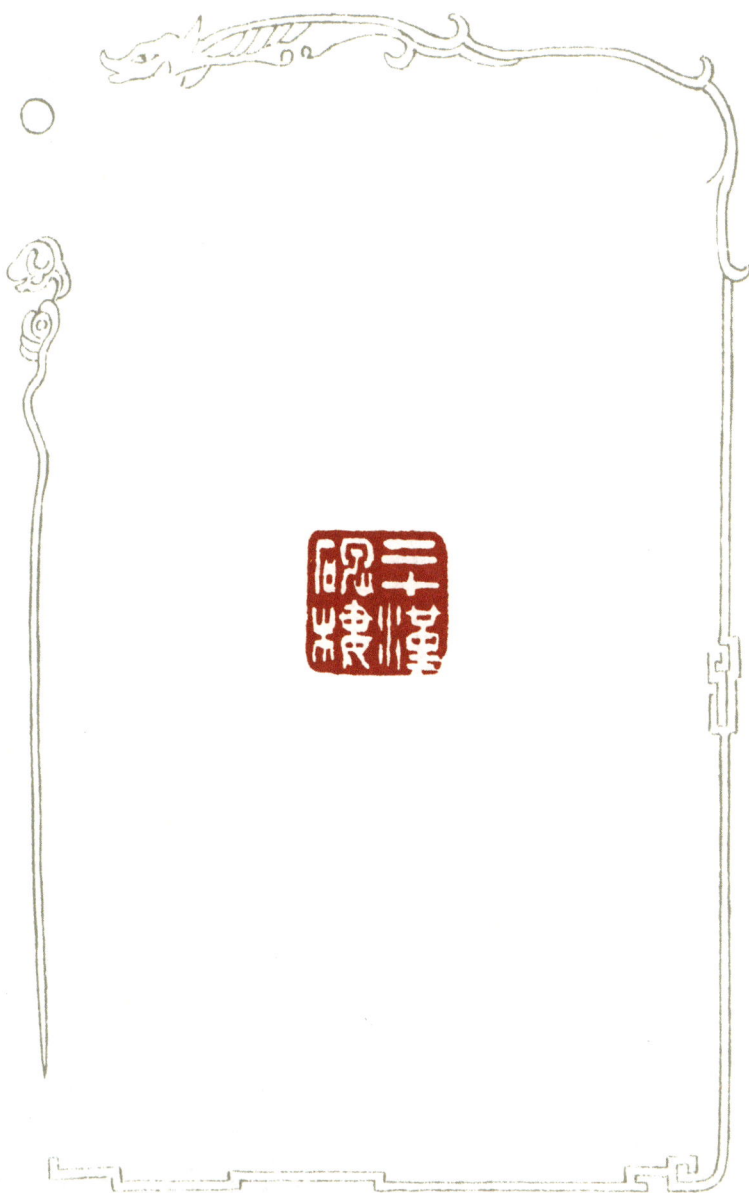

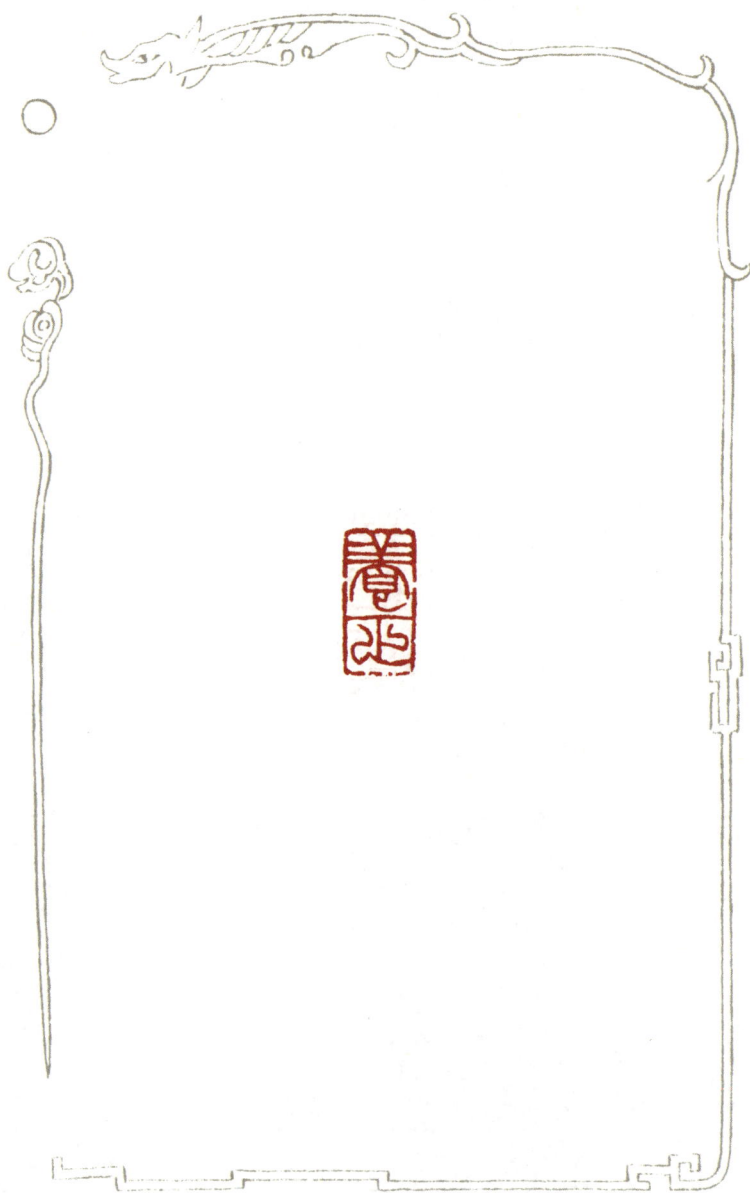

後 記

　　2004 年秋入職圖書館古籍部，爲熟悉業務，曾逐一翻檢館藏古籍卡片目録。隨後輯得廖今雨（元善）先生捐贈遺書目録，並於廖先生舊藏中，偶見"黄曾樾印"、"慈竹居藏書"諸章。經查始知黄先生之生平梗概，知先生有《陳石遺先生談藝録》《埃及鈎沉》行世，另有《慈竹居叢談》《慈竹居詩文集》等遍訪未果。此後遂留心搜輯，先後於館藏中獲見《讀栟櫚文集》《讀尺木堂集》《永覺和尚廣録探微》《抄本春靄亭雜録文稿書後》《羅紋山全集跋》及《瀟碧峒瑣録序》已刊未刊稿多篇。2009 年 6 月，先生哲嗣黄驌教授擬請先師鄭益齋（諱寶謙，李拔可先生之外甥）董理校勘，並約我爲助。當時《福建省舊方志綜録》殺青在即，師無暇他顧。我將準備博士論文的寫作，也不敢應承，僅將歷年來所得資料電郵黄驌先生，並時加商討編纂事宜。9 月 4 日後音訊中斷，至 2013 年夏始從黄鈁（黄驌先生長公子）處知其突發腦溢血離世。哀悼之餘，遂將近年所得《道山堂集書後》《無悶堂文集書後》《炳燭齋詩手稿殘本》《抄本雲間清嘯集》《輯刊了齋集序》諸篇合併前數，悉傳遞黄鈁先生，並相約由其録入整理，我代爲校讎。可惜終無成。我時以爲念，平居仍留心而不稍懈。2015 年年底，時任文學院院長鄭家建教授囑我整理先生集，遂欣然應允。2016 年年初，李建華書記轉交黄炎先生提供的資料，屆此我纔得見黄家舊藏遺稿。

　　粗覽先生遺稿，尚覺遺佚孔多。每屆寒暑假，即到福建省圖書館古籍部翻檢群籍，先後得《讀尺木堂集》初稿本，先生舊藏批注本《香草齋詩集》《古山文鈔》《藏山堂遺篇》。今年初獲見《曾文正公文鈔》書後先生手跋，係 1916 年在馬尾海軍製造學校時作，尤喜不自勝。知先生散落之遺珠待撿者尚多，然而福建省圖書館搬遷重裝在即，只好先暫告一段落。春節後，即著手統稿並進行校對，至今日始克蕆事。

　　數年間，先後承郭天沅師、連天雄兄、邱文瑛同學見告先生部分遺文或師友唱和詩詞。此外賴文婷師兄曾代校對部分篇章。2015 級研究生龔碧珍、劉櫻、楊爽協助部分録文，其餘大多由友人池小容任之。福建省圖書館劉繁師兄、方挺師兄，福建師範大學圖書館劉思得主任、肖書銘師兄，均提供諸多方便。概言之，得師友之助，不勝枚舉。

先生編校高雨農《抑快軒文集》時，"手稿既未得見，諸本多譌脱，讎校殊難，每以一字商勘累日"。如今編校先生集，困難實不稍減。文學院轉交到手的材料，除了《談瀛》一册，其餘均爲複印件或光盤刻録書影。複印、拍攝時有脱漏，圖片質量低劣，均增識讀難度。尤其家藏手稿多草書，屢經先生增删改乙，至幾不可卒讀。又因才學不及先生萬分之一，雖屢獲張質之（善文）師、力畊先生指導，又常得張家壯師兄、連天雄兄、黃曦師兄、蔡飛舟師兄指正，數年兢兢業業，恐難免新增諸多譌誤。幸得詹素娟女士認真編校，心中仍不無惶恐。

編竟，略述顛末如此。然仍有可慨者。先生一生耿介，少時遠涉重洋，思學以報國，不得乃欲以著述自見，尤以表彰前賢爲己任。我十餘年來傾心於鄉賢著述的彙輯整理，實爲先生感召以期踵武前修。惟力薄，成稿日多，而唯以累師友。出版諸事，齊裕焜先生、涂秀虹教授曾多方聯絡，海峽書局茅林立先生、復旦大學出版社張旭輝兄、福建人民出版社宋一明兄諸師友屢屢鼎力成全。慶先賢得表襮之餘，心中實有愧疚。

此次整理，知多家檔案館、博物館、圖書館確藏有先生生平履歷相關資料及其舊藏書籍、碑拓及鄉賢書札，雖經李書記多方周旋，終難得一見。原擬撰先生年譜附集後，以爲知人論世之助，如今只能暫附闕如。至於補苴罅漏，亦唯有寄望於將來。

文學院素重人文，出版先生遺著，可告慰先生之靈，可撫慰黃氏親友哀思，可使天下共知先生之道德文章，其功厥偉。謹記先生言曰：

> 宇宙之内，品彙萬殊，人居其一。人之所以異於萬彙者，學術而已。學術銷亡，則人類滅絶，宇宙亦幾乎息矣！故古人之於學術，必薪有以自見。大者如周、孔、孟、荀、莊、列、賈、董、馬、班、韓、歐之倫，次如沈括、洪邁、王應麟、顧炎武、何焯、王念孫、陳澧、俞樾諸子，或功在天下，德被生民；或學爲儒宗，行爲士表，無不汲汲以著述程功，豈苟求一世之名哉！

二〇一八年五月二十五日

漳浦後學陳旭東敬識於福州